해커스 JLPT N4 한 권으로 합격

일본어능력시험

KB084404

200% 활용법!

**온라인
실전모의고사
1회분**

무료 교재 MP3
(학습용/문제별 복습용/
고사장/단어·문형 암기장)

**JLPT N4 필수
단어·문형 암기장**
(PDF+MP3)

**무료 어휘
암기 퀴즈
(PDF)**

**무료 청해
받아쓰기
(PDF+MP3)**

[이용 방법]

해커스일본어 사이트(japan.Hackers.com) 접속 후 로그인 ▶
페이지 상단 [교재/MP3 → MP3/자료] 클릭 후 이용하기

해커스일본어
사이트 바로 가기 ▶

해커스일본어 인강 **30%** 할인쿠폰

KKA8-K05D-K5K3-2000   * 쿠폰 유효기간: 쿠폰 등록 후 30일

[이용 방법]

해커스일본어 사이트(japan.Hackers.com) 접속 후 로그인 ▶
메인 우측 하단 [쿠폰&수강권 등록]에서 쿠폰번호 등록 후 강의 결제 시 사용 가능

* 본 쿠폰은 1회에 한해 등록 가능합니다.
* 이 외 쿠폰과 관련된 문의는 해커스 고객센터(02-537-5000)로 연락 바랍니다.

JLPT N4 합격 목표를 적어보자!

- 나의 다짐

  한번에 합격하자!

- JLPT N4 합격 달성 _____년 _____월
- JLPT N4 목표 점수 _____점 / 180점

교재 p.20~21에 있는 학습플랜을 활용하여
매일매일 정해진 분량의 학습량으로 **JLPT N4를 준비**해보세요.

해커스

JLPT

일본어능력시험

N4

한 권으로 합격

🏛 해커스 어학연구소

JLPT 최신 출제 경향을 철저히 분석·반영한
「해커스 JLPT N4 한 권으로 합격」 교재를 내면서

"아직 히라가나도 잘 모르는데 N4 합격할 수 있을까요?"

"단어를 아무리 외워도 잘 외워지지 않아서 자신감이 떨어져요."

"청해 문제가 너무 안 들려서 고민입니다."

많은 학습자들이 JLPT N4 학습에 대한 어려움을 호소합니다. 이러한 학습자들의 어려움을 해결하고자 해커스 JLPT 연구소가 수 년간의 시험 분석을 통해 최신 출제 경향을 철저하게 반영한 **「해커스 JLPT N4 한 권으로 합격」**을 드디어 출간하게 되었습니다.

해커스 JLPT 연구소는 학습자들이 단 한 권으로 충분히 JLPT 시험을 대비하고, 한 번에 JLPT 시험에 합격하는 데에 도움을 드리고자 노력하였습니다. 또한, **「해커스 JLPT N4 한 권으로 합격」**은 기존 교재들의 불편함, 부족한 점을 보완하여 단순히 학습자들의 시험 합격을 도와주는 도구뿐만 아니라 일본을 이해하고, 일본과 소통하기 위한 튼튼한 발판이 되도록 정성을 다했습니다.

JLPT N4 최신 출제 경향을 반영한 교재!

JLPT N4를 합격하기 위해서는 최신 출제 경향을 확실하게 파악하고 철저히 대비하는 것이 매우 중요합니다. 이를 위해, 해커스의 JLPT 전문 연구원들은 최신 출제 경향을 심도 있게 분석하여 교재 전반에 철저하게 반영하였습니다.

이제 막 히라가나를 외우고 있는 학습자도 혼자서 JLPT N4를 완벽히 대비할 수 있는 교재!

「해커스 JLPT N4 한 권으로 합격」은 이제 막 일본어 공부를 시작한 일본어 왕초보 학습자들도 기초부터 탄탄히 학습할 수 있도록 구성되었습니다. 기초 학습 코너를 두어 본격적인 JLPT N4 학습 전에 일본어 기초 실력을 다지도록 하였으며, 상세한 해설, 해석, 어휘를 수록하여 혼자서도 효율적으로 학습할 수 있도록 하였습니다.

듣기 실력을 극대화하는 입체적 MP3 구성!

「해커스 JLPT N4 한 권으로 합격」은 JLPT 초보 학습자부터 숙련된 학습자까지 모두 효과적으로 듣기 실력을 향상시킬 수 있도록 하였습니다. 청해 과목의 각 테스트를 한 번에 듣고 푸는 MP3 와 듣고 싶은 문제만 골라서 여러 번 반복해서 듣고 학습할 수 있는 문제별 분할 MP3를 모두 제공하고 있습니다. 따라서 학습자들은 원하는 테스트와 문제를 손쉽게 찾아 듣고 학습할 수 있습니다. 뿐만 아니라, '해커스 MP3 플레이어' 어플을 통해 0.5~2.0배까지 0.05배속 단위로, 원하는 배속을 선택하여 MP3를 들을 수 있습니다.

「해커스 JLPT N4 한 권으로 합격」으로 꼭! 합격하시기를 기원하며, 일본어 실력 향상은 물론, 더 큰 목표와 꿈을 이뤄나가시기를 바랍니다.

CONTENTS

JLPT N4를 위한 기초 학습

언어지식 문자 · 어휘

언어지식 문법

독해

청해

실전모의고사

 해설집 [책 속의 책]

 JLPT N4 필수 단어 • 문형 암기장 [별책] [PDF]

 **교재 MP3 / 고사장 MP3
/ 단어 • 문형 암기장 MP3**

모든 MP3는 해커스일본어 사이트(japan.Hackers.com)에서
무료로 다운받으실 수 있습니다.

「해커스 JLPT N4 한 권으로 합격」이 제시하는

JLPT 합격 비법!

01. JLPT N4 최신 출제 경향 및 문제 풀이 전략을 철저히 익힌다!

문제별 핵심 전략 파악하기!

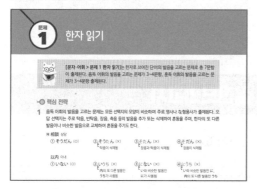

JLPT N4 최신 출제 경향을 문제별로 철저하게 분석하여 핵심 전략을 정리하였습니다.

문제 풀이 Step 익히기!

각 문제별로 가장 효과적인 문제 풀이 Step을 수록하였습니다. 실제 시험장에서 적용 가능한 Step별 문제 풀이 전략을 익힘으로써 실전에 효과적으로 대비할 수 있습니다.

문제 풀이 Step 적용으로 전략 습득하기!

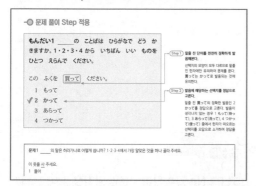

학습한 핵심 전략과 문제 풀이 Step을 문제별 대표 유형에 적용해 풀어봄으로써 더욱 철저히 체득할 수 있도록 하였습니다.

실력 다지기로 문제 풀이 실력 향상하기!

앞서 학습한 핵심 전략과 문제 풀이 Step을 곧바로 적용할 수 있도록, 실전 문제보다 비교적 간단한 형태로 만들어진 다수의 문제를 제공함으로써, 문제 풀이 실력을 충분히 다지고 향상시키도록 하였습니다.

02. 기본기와 실전 감각을 동시에 쌓는다!

핵심 표현 및 필수 어휘 꼼꼼히 암기하기!

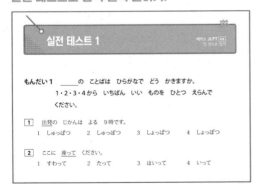

JLPT N4 합격을 위해 꼭 암기해야 하는 문자·어휘의 핵심 표현 및 필수 어휘를 암기 포인트별로 정리하여 수록하였습니다. 또한 2010년부터 현재까지의 기출어휘에 표시하여 보다 집중적으로 암기할 수 있도록 하였습니다.

* 교재에 수록된 모든 단어의 한자 및 히라가나 표기는 JLPT N4 출제 경향에 따른 것입니다.

N4를 위한 기초 학습과 필수 문법 꼼꼼히 학습하기!

JLPT N4를 위한 일본어 기초 학습과 문제 풀이에 꼭 필요한 핵심 문법을 이해하기 쉽게 정리하여 수록하였습니다. 문법 과목 뿐만 아니라 문자·어휘, 독해, 청해 전 과목에 걸친 실력 향상에 큰 도움이 될 것입니다.

실전 테스트로 합격 실력 굳히기!

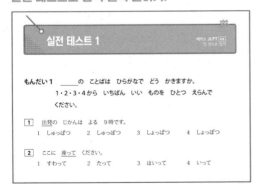

출제 경향을 바탕으로 실제 문제와 동일하게 구성된 여러 회차의 실전 테스트를 풀어봄으로써, 앞서 학습한 내용을 적용하고 실력을 키우면서 각 문제의 학습을 마무리하도록 하였습니다.

실전모의고사 4회분으로 실전 감각 극대화하기!

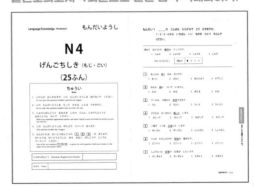

교재 수록 3회분 + 온라인 제공 1회분, 총 4회분의 실전모의고사를 풀어봄으로써, 실전 감각을 극대화하면서 자신의 실력도 확인해볼 수 있습니다. 이로써 학습자들은 실제 시험장에서도 당황하지 않고 마음껏 실력을 발휘할 수 있습니다.

03. 상세한 해설로 문제 풀이 실력을 극대화한다!

실제 시험장에서 바로 적용 가능한 문제 풀이 해설!

14
아이가 싫어하는 것은 먹게 하지 않 도록 ★하는 것이 좋다 고 생각합니다.
1 좋다   2 하는 것이
3 먹게 하지 않   4 도록

해설 선택지 4의 ように는 선택지 2의 する와 접속하여 ようにする(~(하)도록 하다)라는 문형이 된다. 그러므로 선택지 4 ように와 2 するのが를 우선 연결할 수 있다. 이후 나머지 선택지들을 의미적으로 연결하면 3 食べさせない 4 ように 2 するのが 1 いい(먹게 하지 않도록 하는 것이 좋다)가 된다. 전체 문맥과도 자연스럽게 연결되므로 2 するのが(하는 것이)가 정답이다.

가장 효과적으로 문제를 풀 수 있는 문제 풀이 Step을 기반으로 하여 실제 시험장에서 바로 적용 가능한 문제 풀이 해설을 수록하였습니다.

정답뿐만 아니라 오답에 대한 설명까지 포함한 해설!

1	세미나의 자료를 준비합니다.
2	발표의 자료를 준비합니다.
3	**음료수를 20인분 준비합니다.**
4	과자를 15인분 준비합니다.

해설 메모 형식의 실용문으로, 기무라 씨가 내일 해야 할 일을 묻고 있다. 지문의 후반부에서 飲み物は20人分を準備してください(음료수는 20인분을 준비해 주세요)라고 언급하고 있으므로, 3 飲み物を20人分準備します(음료수를 20인분 준비합니다)가 정답이다. 1은 이시하라 씨가 할 일이고, 2는 시마다 씨가 할 일이며, 4는 이시하라 씨가 이미 한 일이므로 오답이다.

어휘 会社 かいしゃ 圏외사 机 つくえ 圏책상   上 うえ 圏위

정답뿐만 아니라 오답에 대한 설명까지 상세하게 수록하여 학습자들이 왜 오답인지를 충분히 이해할 수 있도록 하였습니다.

일본어 문장 구조의 이해를 돕는 해석!

25-27
이것은 켈리 씨가 쓴 작문입니다.
시골 학교에서의 3주간
켈리·진
올해 여름방학에, [25] 저는 시골의 초등학교에서 자원 봉사 활동을 했습니다. 그곳은 제가 살고 있는 도시에서 꽤 떨어져 있는 곳에 있었습니다. 전철을 3회 갈아타서, 겨우 <u>학교</u>에 도착했습니다. [25] 학교는 오래되었습니다. 그래도, 학교의 뒤에 있는 정원은 매우 예뻤습니다.
학교까지의 길은, 길고 힘들었습니다만, 학교에 도착해서 아이들을 보니, 기운이 났습니다. 처음, [26] 아이들은 저에게

자연스럽지만 직역에 가까운 해석을 수록하여 해석을 통해서도 일본어 문장의 구조를 이해할 수 있도록 하였습니다.

사전이 필요 없는 어휘 정리!

어휘 書く かく 圏쓰다   作文 さくぶん 圏작문 田舎 いなか 圏시골
学校 がっこう 圏학교   週間 しゅうかん 圏주간
今年 ことし 圏올해   夏休み なつやすみ 圏여름방학
小学校 しょうがっこう 圏초등학교   ボランティア 圏자원 봉사
活動 かつどう 圏활동   住む すむ 圏살다   都市 とし 圏도시
~から 圂~에서, 부터   かなり 圄꽤, 제법
離れる はなれる 圏떨어지다   ところ 圏곳, 장소
電車 でんしゃ 圏전철   回 かい 圏회, 횟수   のりかえる 圏갈아타다
やっと 圄겨우   着く つく 圏도착하다
古い ふるい い圏오래되다, 낡다   でも 圙그래도   後ろ うしろ 圏뒤
庭 にわ 圏정원   とても 圄매우   きれいだ 圏예쁘다, 깨끗하다

지문, 스크립트에 사용된 거의 모든 어휘 및 문형을 상세히 정리하여 학습자들이 따로 사전을 찾아보지 않아도 효율적으로 학습할 수 있도록 하였습니다.

04. 해커스만의 노하우가 담긴 학습자료를 활용한다!

JLPT N4 필수 단어 · 문형 암기장 & MP3

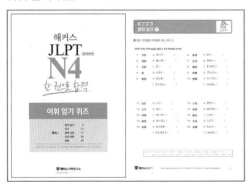

N4 합격을 위해 학습해야 하는 필수 어휘와 문형을 30일 동안 체계적으로 학습할 수 있도록 구성하였습니다. 해커스일본어(japan.Hackers.com)에서 PDF로도 내려받을 수 있으며, 무료로 제공하는 MP3와 함께 학습하면 더욱 효과적으로 어휘와 문형을 암기할 수 있습니다.

학습용 MP3 & 복습용 MP3 & 고사장 MP3

청해 문제 풀이를 위한 MP3뿐만 아니라, 실전모의고사는 실제 시험장의 감각을 익히도록 고사장 버전 MP3까지 준비했습니다. 또한, 듣고 싶은 문제만 골라서 반복해서 들을 수 있는 문제별 분할 MP3를 제공하며, 모든 MP3는 '해커스 MP3 플레이어' 어플을 통해 0.5~2.0배까지 0.05배속 단위로, 원하는 배속으로 MP3를 들을 수 있습니다.

어휘 암기 퀴즈 PDF

어휘 암기 퀴즈 PDF를 통해 어휘를 잘 암기했는지 스스로 확인해볼 수 있도록 하였습니다.

청해 받아쓰기 PDF & MP3

청해 문제 풀이에 핵심이 되는 키워드를 집중적으로 듣고 받아쓰는 연습을 하면서 직청직해 실력을 키울 수 있도록 하였습니다.

JLPT 소개

■ JLPT 란?

Japanese-Language Proficiency Test의 앞 글자를 딴 것으로, 일본어를 모어로 하지 않는 사람의 일본어 능력을 객관적으로 판단하고 인정하는 시험이다. 일본국제교류기금과 일본국제교육지원협회가 담당하고 있으며, 전 세계적으로 인정받을 수 있는 시험이다.

■ JLPT 급수 구성

JLPT 급수	인정 수준
어려움 ↑ **N1**	폭 넓은 화제에 대해 쓰인 신문의 논설, 평론 등 논리적으로 복잡한 글이나 추상적인 글을 읽고 구성이나 내용, 흐름을 이해할 수 있으며, 자연스러운 속도의 뉴스, 강의 등을 듣고 논리 구성을 이해하거나 요지를 파악할 수 있다.
N2	폭 넓은 화제에 대해 쓰인 신문이나 잡지의 기사, 해설, 평론 등 논지가 명쾌한 글을 읽고 이해할 수 있으며, 자연스러움에 가까운 속도의 뉴스, 강의 등을 듣고 흐름이나 내용, 요지를 파악할 수 있다.
N3	일상적인 화제에 대해 쓰인 구체적인 내용의 글을 읽고 이해할 수 있으며, 조금 난이도가 있는 글도 다른 표현이 주어지면 요지를 이해할 수 있다. 제법 자연스러움에 가까운 속도의 회화를 듣고 구체적인 내용이나 등장인물의 관계를 거의 이해할 수 있다.
N4	기본적인 어휘나 한자를 사용하여 쓴 일상생활과 관련된 화제의 글을 읽고 이해할 수 있으며, 천천히 말하면 내용을 거의 이해할 수 있다.
N5 ↓ **쉬움**	히라가나 가타카나, 일상생활에서 쓰이는 기본적인 한자로 쓰인 정형화된 어구나 글을 읽고 이해할 수 있으며, 교실이나 주변 등 일상생활에서 자주 마주치는 장면에서 천천히 말하면 필요한 정보를 듣고 이해할 수 있다.

시험 과목과 시험 시간

레벨	1교시		휴식	2교시
N1	언어지식 (문자·어휘·문법) / 독해 13:30~15:20 (110분)			청해 15:40~16:40 (60분) *시험은 55분간 진행
N2	언어지식 (문자·어휘·문법) / 독해 13:30~15:15 (105분)			청해 15:35~16:30 (55분) *시험은 50분간 진행
N3	언어지식 (문자·어휘) 13:30~14:00 (30분)	언어지식 (문법) / 독해 14:05~15:15 (70분)	20분	청해 15:35~16:20 (45분) *시험은 40분간 진행
N4	언어지식 (문자·어휘) 13:30~13:55 (25분)	언어지식 (문법) / 독해 14:00~14:55 (55분)		청해 15:15~15:55 (40분) *시험은 35분간 진행
N5	언어지식 (문자·어휘) 13:30~13:50 (20분)	언어지식 (문법) / 독해 13:55~14:35 (40분)		청해 14:55~15:30 (35분) *시험은 30분간 진행

* 시험이 시작되는 13시 30분 이후 시험장 입장은 불가하며, 2교시도 응시할 수 없습니다.
* N3 ~ N5 시험의 경우, 1교시에 언어지식(문자·어휘)과 언어지식(문법)·독해가 연결 실시됩니다.

합격 기준

레벨	합격점 / 만점	과목별 과락 기준점 / 만점		
		언어지식 (문자·어휘·문법)	독해	청해
N1	100점 / 180점	19점 / 60점	19점 / 60점	19점 / 60점
N2	90점 / 180점	19점 / 60점	19점 / 60점	19점 / 60점
N3	95점 / 180점	19점 / 60점	19점 / 60점	19점 / 60점
N4	90점 / 180점	38점 / 120점		19점 / 60점
N5	80점 / 180점	38점 / 120점		19점 / 60점

* JLPT는 합격점 이상 득점하면 합격하며, 한 과목이라도 과락 기준점 미만으로 득점하면 불합격됩니다.

JLPT 소개

■ JLPT 문제 구성

*문항 수는 시험마다 각 급수별로 1~4문항씩 달라질 수 있습니다.

과목		문제	문항 수				
		급수	N1	N2	N3	N4	N5
언어지식	문자·어휘	한자 읽기	6	5	8	7	7
		표기	–	5	6	5	5
		단어형성	–	5	–	–	–
		문맥 규정	7	7	11	8	6
		유의 표현	6	5	5	4	3
		용법	6	5	5	4	–
		합계	25	32	35	28	21
	문법	문법형식 판단	10	12	13	13	9
		문장 만들기	5	5	5	4	4
		글의 문법	5	5	5	4	4
		합계	20	22	23	21	17
독해		내용이해(단문)	4	5	4	3	2
		내용이해(중문)	9	9	6	3	2
		내용이해(장문)	4	–	4	–	–
		통합이해	2	2	–	–	–
		주장이해(장문)	4	3	–	–	–
		정보검색	2	2	2	2	1
		합계	25	21	16	8	5
청해		과제 이해	5	5	6	8	7
		포인트 이해	6	6	6	7	6
		개요 이해	5	5	3	–	–
		발화 표현	–	–	4	5	5
		즉시 응답	11	12	9	8	6
		통합 이해	3	4	–	–	–
		합계	30	32	28	28	24
총 문항수			100	107	102	85	67

■ JLPT 시험 접수부터 결과 확인까지

1. JLPT 시험 접수, 시험일, 시험 결과 조회 일정

시험	시험 접수	시험 일시	시험 결과 조회
해당연도 1회	4월 초	7월 첫 번째 일요일	8월 말
해당연도 2회	9월 초	12월 첫 번째 일요일	1월 말

* 일반 접수 기간이 끝난 뒤, 약 일주일 동안의 추가 접수 기간이 있습니다.
정확한 시험 일정은 JLPT 한국 홈페이지 (http://jlpt.or.kr)에서 확인 가능합니다.

2. JLPT 시험 접수 방법

(1) 인터넷 접수

JLPT 한국 홈페이지(http://jlpt.or.kr)에서 [인터넷 접수]로 접수합니다.
  • 접수과정 : [인터넷접수] > [로그인] > [사진 등록] > [개인정보 등록] > [급수 선택] > [고사장 선택] > [결제]

(2) 우편 접수   *시험장 선택 불가

구비 서류를 등기우편으로 발송하여 접수합니다.
  • 구비 서류: 수험원서(홈페이지 다운로드), 증명사진 1매(뒷면에 이름, 생년월일, 휴대전화 번호 기재), 수험료(우체국 통상환)
  • 보낼 곳: [서울권역] (03060) 서울시 종로구 율곡로53, 해영빌딩 1007호 JLPT일본어능력시험
           [부산권역] (48792) 부산광역시 동구 중앙대로 319, 1501호(초량동, 부산YMCA) (사) 부산한일문화교류협회
           [제주권역] (63219) 제주특별자치도 제주시 청사로 1길 18-4 제주상공회의소 JLPT사무국

3. JLPT 시험 준비물

 수험표   규정 신분증
(주민등록증, 운전면허증, 여권 등)   필기구
(연필이나 샤프, 지우개)   시계

4. JLPT 결과 확인

(1) 결과 조회

1회 시험은 8월 말, 2회 시험은 1월 말에 JLPT 한국 홈페이지(http://jlpt.or.kr)에서 조회 가능합니다.

(2) 결과표 수령 방법

JLPT 결과표는 1회 시험은 9월 말, 2회 시험은 2월 말에 접수 시 기재한 주소로 택배 발송됩니다.
합격자 : 일본어능력인정서, 일본어능력시험 인정결과 및 성적에 관한 증명서가 발송됩니다.
불합격자 : 일본어능력시험 인정결과 및 성적에 관한 증명서만 발송됩니다.

(3) 자격 유효 기간

유효 기간이 없는 평생 자격이지만, 기관 등에서는 보통 2년 이내 성적을 요구합니다.

JLPT N4 소개

■ JLPT N4 시험 구성 및 시험 시간

	입실	13:10 까지
1교시	언어지식 (문자·어휘)	13:30 ~ 13:55 (25분)
	언어지식 (문법)	14:00 ~ 14:55 (55분)
	독해	
	휴식	14:55 ~ 15:15 (20분)
2교시	청해	15:15 ~ 15:55 (40분) *시험은 35분간 진행

* 시험 입실시간은 13시 10분까지이며, 13시 30분 이후에는 시험장 입장이 불가합니다.
* 답안지는 문자·어휘, 문법/독해, 청해 답안지를 한 번에 나누어주며, 답안지는 본인이 보관하다가 각각의 시험 시간에 꺼내어 사용합니다.
* 문자·어휘 시험이 종료되면 시험지를 회수하고, 바로 문법/독해 시험을 55분 동안 진행한 후 다시 시험지를 회수합니다.
* 청해는 별도의 마킹 시간이 없으므로, 한 개의 문항을 풀 때마다 바로 바로 마킹합니다.

■ 시험 결과

* JLPT에 합격하면, 「일본어능력인정서」와 「일본어능력시험 인정결과 및 성적에 관한 증명서」를 받을 수 있으며, 불합격할 경우, 「일본어능력시험 인정결과 및 성적에 관한 증명서」만 수령하게 됩니다.
* 「일본어능력시험 인정결과 및 성적에 관한 증명서」에는 과목별 점수와 총점, 백분율, 문자·어휘, 문법, 독해 과목의 정답률을 알 수 있는 참고정보가 표기되어 있어, 자신의 실력이 어느 정도인지 알 수 있습니다.

<인정결과 및 성적에 관한 증명서>

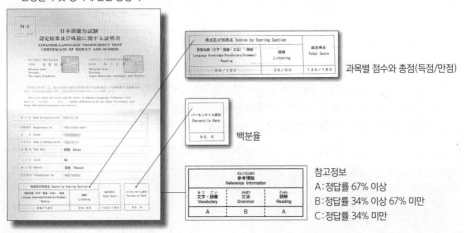

과목별 점수와 총점(득점/만점)

백분율

참고정보
A : 정답률 67% 이상
B : 정답률 34% 이상 67% 미만
C : 정답률 34% 미만

■ 학습자들이 궁금해하는 JLPT N4 관련 질문 BEST 4

01. 아직 히라가나도 안 외웠는데 JLPT N4를 독학으로 합격할 수 있을까요?

아직 히라가나를 몰라도 독학으로 JLPT N4를 충분히 합격할 수 있습니다.

「해커스 JLPT N4」에서는 JLPT N4를 혼자서 준비하고자 하는 일본어 왕초보 학습자들을 위해 일본어 문자와 기초 단어, 기초 문법을 익힐 수 있는 <기초 학습>과 <N4 필수 문법>을 수록하였습니다. 또한 과목별, 문제별로 핵심 전략과 체계적인 문제 풀이 Step을 학습한 후 이를 문제 풀이에 적용하도록 하였으므로 독학으로도 충분히 합격할 수 있습니다.

02. JLPT N4에 합격하려면 어떻게 공부를 해야 할까요?

자신의 학습 스타일과 현재 상황에 맞는 학습 플랜으로 계획적이고 체계적으로 학습하는 것이 중요합니다.

시험까지 남은 기간에 따라서 체계적으로 계획을 세우고 학습을 시작하는 것이 매우 중요합니다. 「해커스 JLPT N4」는 3개월, 1개월 학습 플랜(p.20)을 제공하기 때문에 시험까지 남은 기간과 자신의 상황에 따라 최적의 학습 플랜을 선택할 수 있습니다. 체계적인 학습 플랜에 따라 매일 꾸준히 학습하는 것이 합격에 이르는 지름길입니다.

03. 단어를 아무리 외워도 잘 외워지지가 않아요. 어떻게 해야 하나요?

문자·어휘 문제별 전략에 맞게, 그리고 독해와 청해에 자주 나오는 주제에 맞게 단어를 외웁니다.

「해커스 JLPT N4」에서는 문자·어휘의 문제별 전략에 맞게 단어를 분류하여 제공하기 때문에 보다 효율적으로 단어를 외울 수 있습니다. 또한, 별책부록으로 제공하는 'N4 필수 단어·문형 암기장'에는 독해와 청해에 자주 나오는 단어를 주제별로 분류하여 제공하기 때문에 단어를 좀 더 수월하게 외울 수 있습니다. 더불어, 'N4 필수 단어·문형 암기장'은 MP3도 함께 제공되기 때문에, 더욱 효율적으로 단어와 문형을 외울 수 있습니다.

04. 청해 문제가 너무 안 들려요. 어떻게 해야 하나요?

먼저 청해 문제의 MP3만 내용이 이해될 때까지 여러 번 들은 후, 문제 풀이를 합니다.

단어를 어느 정도 외웠다고 해서 청해 문제 풀이를 바로 시작하면, 듣기 실력이나 문제 풀이 실력은 늘지 않고 정답만 기억하게 될 수 있습니다. 따라서, 우선 해석의 도움 없이 내용이 이해될 때까지 MP3만 들은 다음, 전략을 학습하고 문제를 풀도록 합니다. 본 교재의 '3개월 학습 플랜'(p.20)을 따라 하면 이러한 방식으로 학습할 수 있습니다.

JLPT N4 과목별 문제 유형 및 학습 방법

■ 언어지식 문자·어휘

1. 문제 유형

문제		문항 수	문항 번호	문제 내용
문제 1	한자 읽기	7	1번~7번	한자로 쓰여진 단어의 읽는 방법을 물음
문제 2	표기	5	8번~12번	히라가나로 쓰여진 단어가 한자로 어떻게 쓰여지는지를 물음
문제 3	문맥 규정	8	13번~20번	문맥적으로 가장 잘 어울리는 단어가 무엇인지를 물음
문제 4	유의 표현	4	21번~24번	밑줄 친 문장과 의미적으로 가까운 문장을 물음
문제 5	용법	4	25번~28번	제시된 단어가 문장 속에서 올바르게 사용되는지를 물음

* 문항 수는 JLPT 공식 홈페이지에 제시된 내용으로, 실제 시험에서는 1~2개의 문항 수의 변동이 있을 수 있습니다.

2. 학습 방법

> **어휘의 정확한 발음을 학습한다.**
일본어에는 탁음, 반탁음, 요음, 장음, 단음, 촉음 등 다양한 발음이 있으며 장음의 유무, 촉음의 유무, 탁음의 유무 등을 이용한 문제가 출제되므로, 어휘의 정확한 발음을 학습한다.

> **어휘의 정확한 한자를 학습한다.**
일본어에는 한자가 많이 사용되며, 모양, 발음, 의미가 비슷한 한자를 이용한 문제가 출제되므로 부수, 획, 한자의 전체적인 모양, 발음, 의미에 주의하면서 어휘의 정확한 한자를 학습한다.

> **헷갈리기 쉬운 어휘는 문장과 함께 학습한다.**
헷갈리기 쉬운 어휘는 뜻과 뉘앙스 등의 용법을 정확히 이해할 수 있도록 반드시 문장과 함께 학습한다.

■ 언어지식 문법

1. 문제 유형

문제		문항 수	문항 번호	문제 내용
문제 1	문법형식 판단	13	1번~13번	문장의 내용에 적절한 문법형식이 무엇인지를 물음
문제 2	문장 만들기	4	14번~17번	문법상 옳고, 문맥상 통하는 문장을 완성할 수 있는지를 물음
문제 3	글의 문법	4	18번~21번	문법상 옳고, 문맥상 글의 흐름에 맞는 내용이 무엇인지를 물음

* 문항 수는 JLPT 공식 홈페이지에 제시된 내용으로, 실제 시험에서는 1~2개의 문항 수의 변동이 있을 수 있습니다.

2. 학습 방법

> **문법 사항의 정확한 활용과 의미를 예문과 함께 학습한다.**

글의 흐름에 맞게 빈칸에 들어갈 동사 혹은 형용사의 활용 표현을 고르는 문제가 출제되므로, 추측·전언, 수수, 수동, 사역, 가능, 경어 표현 등 여러 문법 사항의 정확한 활용과 의미를 예문과 함께 학습한다.

> **문형의 정확한 의미와 접속 방법을 예문과 함께 학습한다.**

빈칸에 들어갈 올바른 문형을 골라야 하는 문제나, 선택지 표현들을 조합하여 문법상 옳고, 문맥상 통하는 문장을 만드는 문제가 출제되므로, 문형의 정확한 의미와 접속 방법을 예문과 함께 학습한다.

JLPT N4 과목별 문제 유형 및 학습 방법

■ 독해

1. 문제 유형

문제		문항 수	문항 번호	문제 내용
문제 4	내용 이해 (단문)	3	22번~24번	학습, 생활, 업무 등에 관련된 화제, 장면에 대해 쉽게 쓰여진 100~200자 정도의 텍스트를 읽고, 내용을 이해할 수 있는지를 물음
문제 5	내용 이해 (중문)	3	25번~27번	일상적인 화제, 장면을 제재로 하여 쉽게 쓰여진 450자 정도의 텍스트를 읽고, 내용을 이해할 수 있는지를 물음
문제 6	정보 검색	2	28번~29번	안내나 알림 등에 쓰여진 400자 정도의 정보지 중에서 필요한 정보를 찾아낼 수 있는지를 물음

* 문항 수는 JLPT 공식 홈페이지에 제시된 내용으로, 실제 시험에서는 1~2개의 문항 수의 변동이 있을 수 있습니다.

2. 학습 방법

> **지문에서 정답 선택에 필요한 정보를 찾는 연습을 한다.**
지문의 주제, 세부 사항, 밑줄 친 부분과 관련된 문제 등이 출제되므로 질문의 핵심 어구를 지문에서 찾아 정답의 단서를 파악하는 연습을 한다.

> **지문의 내용과 일치하는 내용을 찾는 연습을 한다.**
지문에서 사용된 표현이 선택지에서 동일하게 사용되지 않고 비슷한 표현으로 바뀌어 제시되기도 하므로, 지문의 내용을 충분히 이해하고, 지문의 내용과 일치하는 내용의 선택지를 찾는 연습을 한다.

> **주제별 어휘를 학습한다.**
별책부록으로 제공되는 <JLPT N4 필수 단어·문형 암기장>을 활용하여, 독해 각 문제에서 주제별로 자주 나오는 어휘를 꾸준히 학습하여 더 빠르고 정확하게 지문의 내용을 이해할 수 있도록 한다.

■ 청해

1. 문제 유형

문제		문항 수	문항 번호	문제 내용
문제 1	과제 이해	8	1번~8번	구체적인 과제 해결에 필요한 정보를 듣고, 다음에 무엇을 할지 적절히 이해할 수 있는지를 물음
문제 2	포인트 이해	7	1번~7번	사전에 제시되는 내용을 근거로 하여, 포인트를 찾아 들을 수 있는지를 물음
문제 3	발화 표현	5	1번~5번	그림을 보며, 상황 설명을 듣고, 적절한 발화를 선택할 수 있는지를 물음
문제 4	즉시 응답	8	1번~8번	질문 등의 짧은 발화를 듣고, 적절한 응답을 선택할 수 있는지를 물음

* 문항 수는 JLPT 공식 홈페이지에 제시된 내용으로, 실제 시험에서는 1~2개의 문항 수의 변동이 있을 수 있습니다.

2. 학습 방법

> **음성을 끝까지 듣고 정답 선택을 하는 연습을 한다.**
음성에는 정답 선택에 혼동을 주는 함정이 여럿 등장하므로, 정답을 속단하지 말고 음성을 끝까지 듣고 질문에 알맞은 내용을 정확하게 파악하는 연습을 한다.

> **음성을 들으며 메모하는 연습을 한다.**
일부 문제는 문제지에 아무것도 제시되어 있지 않고 오로지 듣기로만 문제를 풀어야 하므로, 음성을 들으며 핵심 내용을 재빨리 메모하는 연습을 꾸준히 해야 한다.

> **주제별 어휘를 학습한다.**
별책부록으로 제공되는 <JLPT N4 필수 단어 • 문형 암기장>을 활용하여, 청해 각 문제에서 주제별로 자주 나오는 어휘를 꾸준히 학습하여 더 빠르고 정확하게 본문의 내용을 이해할 수 있도록 한다.

학습 플랜

일본어 초보를 위한 차근차근 3개월 학습 플랜

* 4월~6월 또는 9월~11월, 3개월간 사용하여 7월과 12월 시험에 대비하는 학습 플랜입니다.
* 기초 학습 → 단어·문형 암기장 학습 → 과목별 문제 풀이 학습 → 실전모의고사의 순서로 학습합니다.

	1일	2일	3일	4일	5일	6일
1주	□ ___월___일 [기초학습] 일본어문자	□ ___월___일 [기초학습] 기초단어 익히기 기초문법 익히기	□ ___월___일 [암기장] 단어 1~2일	□ ___월___일 [암기장] 단어 3~4일	□ ___월___일 [암기장] 단어 5~6일	□ ___월___일 [암기장] 단어 7~8일
2주	□ ___월___일 [암기장] 단어 9~10일	□ ___월___일 [암기장] 단어 11~12일	□ ___월___일 [암기장] 단어 13~14일	□ ___월___일 [암기장] 단어 15~16일	□ ___월___일 [암기장] 단어 17~18일	□ ___월___일 [암기장] 단어 19~20일
3주	□ ___월___일 [암기장] 단어 21~22일	□ ___월___일 [암기장] 단어 23~24일	□ ___월___일 [암기장] 단어 25일	□ ___월___일 [암기장] 난어 복습 1~12일	□ ___월___일 [암기장] 단어 복습 13~25일	□ ___월___일 [암기장] 문형 26일
4주	□ ___월___일 [암기장] 문형 27일	□ ___월___일 [암기장] 문형 28일	□ ___월___일 [암기장] 문형 29일	□ ___월___일 [암기장] 문형 30일	□ ___월___일 [문자·어휘] 문제1	□ ___월___일 [문자·어휘] 문제1 - 암기 위주
5주	□ ___월___일 [문자·어휘] 문제2	□ ___월___일 [문자·어휘] 문제2-암기 위주	□ ___월___일 [문자·어휘] 문제3	□ ___월___일 [문자·어휘] 문제3-암기 위주	□ ___월___일 [문자·어휘] 문제4	□ ___월___일 [문자·어휘] 문제4-암기 위주
6주	□ ___월___일 [문자·어휘] 문제5	□ ___월___일 [문자·어휘] 문제5-암기 위주	□ ___월___일 [문자·어휘] 전체 복습	□ ___월___일 [필수문법] 01~04	□ ___월___일 [필수문법] 05~08	□ ___월___일 [필수문법] 09~11
7주	□ ___월___일 [필수문법] 전체 복습	□ ___월___일 [문법] 문제1	□ ___월___일 [문법] 문제1	□ ___월___일 [문법] 문제2	□ ___월___일 [문법] 문제2	□ ___월___일 [문법] 문제3
	[청해 문제1] 실력다지기 음원만 듣기			[청해 문제2] 실력다지기 음원만 듣기		
8주	□ ___월___일 [문법] 문제3	□ ___월___일 [문법] 전체 복습	□ ___월___일 [독해] 문제4	□ ___월___일 [독해] 문제4	□ ___월___일 [독해] 문제5	□ ___월___일 [독해] 문제5
	[청해 문제3] 실력다지기 음원만 듣기			[청해 문제4] 실력다지기 음원만 듣기		
9주	□ ___월___일 [독해] 문제6	□ ___월___일 [독해] 문제6	□ ___월___일 [독해] 전체복습	□ ___월___일 [청해] 문제1	□ ___월___일 [청해] 문제1	□ ___월___일 [청해] 문제2
	[문자·어휘 핵심표현] 문제1		[문자·어휘 핵심표현] 문제2		[문자·어휘 핵심표현] 문제3	

	□__월__일	□__월__일	□__월__일	□__월__일	□__월__일	□__월__일
10주	[청해] 문제2	[청해] 문제3	[청해] 문제3	[청해] 문제4	[청해] 문제4	[청해] 전체 복습
	[문자·어휘 핵심표현] 문제4		[문자·어휘 핵심표현] 문제5		[문자·어휘 핵심표현] 전체 복습	
	□__월__일	□__월__일	□__월__일	□__월__일	□__월__일	□__월__일
11주	[실전모의고사] 1 풀기	[실전모의고사] 1 복습	[실전모의고사] 2 풀기	[실전모의고사] 2 복습	[실전모의고사] 3 풀기	[실전모의고사] 3 복습
	[필수문법] 09		[필수문법] 10		[필수문법] 11	
	□__월__일	□__월__일	□__월__일	□__월__일	□__월__일	□__월__일
12주	[실전모의고사] 1 복습	[실전모의고사] 2 복습	[실전모의고사] 3 복습	[실전모의고사] 1 - 3 복습	[문자·어휘 / 독해] 복습	[문법 / 청해] 복습
	[암기장] 단어 1~8일	[암기장] 단어 9~16일	[암기장] 단어 17~25일	[암기장] 문형 26~30일		

* 6개월 동안 학습하고자 하는 경우에는 1일 분량을 2일에 나누어 꼼꼼히 학습하세요.

벌써 수험표가? 아직 늦지 않았다! **1개월** 학습 플랜

* 매년 시험 직전 6월과 11월에 집중적으로 학습하는 단기학습 플랜입니다.

	1일	2일	3일	4일	5일	6일
	□__월__일	□__월__일	□__월__일	□__월__일	□__월__일	□__월__일
1주	[기초학습]	[문자·어휘] 문제1	[문자·어휘] 문제2	[문자·어휘] 문제3	[문자·어휘] 문제4	[문자·어휘] 문제5
	□__월__일	□__월__일	□__월__일	□__월__일	□__월__일	□__월__일
2주	[필수문법] 01~08	[필수문법] 09~11	[문법] 문제1	[문법] 문제2	[문법] 문제3	[청해] 문제1
	□__월__일	□__월__일	□__월__일	□__월__일	□__월__일	□__월__일
3주	[청해] 문제2	[청해] 문제3	[청해] 문제4	[독해] 문제4	[독해] 문제5	[독해] 문제6
	[문자·어휘] 복습 문제1	[문자·어휘] 복습 문제2	[문자·어휘] 복습 문제3	[문자·어휘] 복습 문제4	[문자·어휘] 복습 문제5	[필수문법] 복습 01~08
	□__월__일	□__월__일	□__월__일	□__월__일	□__월__일	□__월__일
4주	[실전모의고사] 1	[실전모의고사] 2	[실전모의고사] 3	[문자·어휘 / 독해] 복습	[문법 / 청해] 복습	교재 전체 총정리
	[필수문법] 복습 09~11	[청해] 복습 문제1	[청해] 복습 문제2	[청해] 복습 문제3	[청해] 복습 문제4	

* 별책으로 제공되는 「JLPT N4 필수 단어·문형 암기장」은, 3주동안 매일 2일 분량을 음원과 함께 학습하고, 마지막 주에는 하루에 5일 분량씩 잘 외워지지 않은 단어와 문형 위주로 학습합니다.

기초
학습

JLPT N4 합격을 위해
일본어의 기초를 탄탄하게 익혀두자

1. 일본어 문자 익히기
2. 기초 단어 익히기
3. 기초 문법 익히기

1. 일본어 문자 익히기

① '단', '행'의 개념에 유의하여 히라가나 익히기

히라가나는 한자의 초서체에서 비롯된 문자로 현대 일본어의 가장 기본이 되는 문자이다. 아래 표를 '히라가나 50음도'라고 하는데, '단'은 같은 모음을 가진 문자, '행'은 같은 자음을 가진 문자를 의미한다. 50음도의 문자를 그대로 읽을 때 소리가 맑다고 하여 '청음'이라고도 한다.

	あ행	か행	さ행	た행	な행	は행	ま행	や행	ら행	わ행
あ단	あ [아]	か [카]	さ [사]	た [타]	な [나]	は [하]	ま [마]	や [야]	ら [라]	わ [와]
い단	い [이]	き [키]	し [시]	ち [치]	に [니]	ひ [히]	み [미]		り [리]	
う단	う [우]	く [쿠]	す [스]	つ [츠]	ぬ [누]	ふ [후]	む [무]	ゆ [유]	る [루]	*ん [응]
え단	え [에]	け [케]	せ [세]	て [테]	ね [네]	へ [헤]	め [메]		れ [레]	
お단	お [오]	こ [코]	そ [소]	と [토]	の [노]	ほ [호]	も [모]	よ [요]	ろ [로]	を [오]

* ん은 어떤 단, 행에도 속하지 않는다.

② 비슷한 모양의 문자에 유의하여 가타카나 익히기

가타카나는 한자의 일부를 차용해 만든 문자로 외래어를 표기할 때 주로 사용된다. 아래 표는 '가타카나 50음도'인데, 가타카나에는 シ(시)와 ツ(츠), ソ(소)와 ン(응)과 같이 모양이 비슷한 문자가 있어 헷갈리지 않도록 정확히 익혀둔다. 가타카나도 히라가나와 마찬가지로 '단'과 '행'이 있다.

	ア행	カ행	サ행	タ행	ナ행	ハ행	マ행	ヤ행	ラ행	ワ행
ア단	ア [아]	カ [카]	サ [사]	タ [타]	ナ [나]	ハ [하]	マ [마]	ヤ [야]	ラ [라]	ワ [와]
イ단	イ [이]	キ [키]	シ [시]	チ [치]	ニ [니]	ヒ [히]	ミ [미]		リ [리]	
ウ단	ウ [우]	ク [쿠]	ス [스]	ツ [츠]	ヌ [누]	フ [후]	ム [무]	ユ [유]	ル [루]	*ン [응]
エ단	エ [에]	ケ [케]	セ [세]	テ [테]	ネ [네]	ヘ [헤]	メ [메]		レ [레]	
オ단	オ [오]	コ [코]	ソ [소]	ト [토]	ノ [노]	ホ [호]	モ [모]	ヨ [요]	ロ [로]	ヲ [오]

* ン은 어떤 단, 행에도 속하지 않는다.

③ 탁음 익히기

탁음은 か, さ, た, は행의 문자 오른쪽 위에 ゛을 붙인 것이며, が행은 우리말 [ㄱ], ざ행은 [ㅈ], だ행은 [ㄷ], ば행은 [ㅂ]처럼 발음한다. JLPT N4 문자·어휘 과목의 한자 읽기 문제에서 탁음인지 아닌지를 함정으로 이용한 오답 선택지가 자주 제시되므로 꼼꼼히 익혀둔다. 가타카나도 히라가나와 마찬가지로 탁음이 있다.

	が행	ざ행	だ행	ば행
あ단	が [가]	ざ [자]	だ [다]	ば [바]
い단	ぎ [기]	じ [지]	ぢ [지]	び [비]
う단	ぐ [구]	ず [즈]	づ [즈]	ぶ [부]
え단	げ [게]	ぜ [제]	で [데]	べ [베]
お단	ご [고]	ぞ [조]	ど [도]	ぼ [보]

	ガ행	ザ행	ダ행	バ행
ア단	ガ [가]	ザ [자]	ダ [다]	バ [바]
イ단	ギ [기]	ジ [지]	ヂ [지]	ビ [비]
ウ단	グ [구]	ズ [즈]	ヅ [즈]	ブ [부]
エ단	ゲ [게]	ゼ [제]	デ [데]	ベ [베]
オ단	ゴ [고]	ゾ [조]	ド [도]	ボ [보]

④ 반탁음 익히기

반탁음은 は행의 문자 오른쪽 위에 ゜을 붙인 것이며, 우리말 [ㅍ]처럼 발음한다. JLPT N4 문자·어휘 과목의 한자 읽기 문제에서 반탁음인지 아닌지를 함정으로 이용한 오답 선택지가 자주 제시되므로 꼼꼼히 익혀둔다. 가타카나도 히라가나와 마찬가지로 반탁음이 있다.

	ぱ행
あ단	ぱ [파]
い단	ぴ [피]
う단	ぷ [푸]
え단	ぺ [페]
お단	ぽ [포]

	パ행
ア단	パ [파]
イ단	ピ [피]
ウ단	プ [푸]
エ단	ペ [페]
オ단	ポ [포]

⑤ 요음 익히기

い를 제외한 い단의 글자 뒤에 「や, ゆ, よ」를 붙여서, 앞 글자와 함께 한 글자처럼 발음하는 것을 요음이라고 한다. 이때 「や, ゆ, よ」는 앞 글자보다 작게 써야 한다. JLPT N4 문자·어휘 과목의 한자 읽기 문제에서 요음의 종류로 혼동을 주는 문제가 자주 출제되므로 단어를 학습할 때에는 어떤 요음이 사용되었는지에 주의해야 한다. 가타카나도 히라가나와 마찬가지로 요음이 사용된다.

	き	し	ち	に	ひ	み	り	ぎ	じ	ぢ	び	ぴ
や	きゃ [캬]	しゃ [샤]	ちゃ [챠]	にゃ [냐]	ひゃ [햐]	みゃ [먀]	りゃ [랴]	ぎゃ [갸]	じゃ [쟈]	ぢゃ [쟈]	びゃ [뱌]	ぴゃ [퍄]
ゆ	きゅ [큐]	しゅ [슈]	ちゅ [츄]	にゅ [뉴]	ひゅ [휴]	みゅ [뮤]	りゅ [류]	ぎゅ [규]	じゅ [쥬]	ぢゅ [쥬]	びゅ [뷰]	ぴゅ [퓨]
よ	きょ [쿄]	しょ [쇼]	ちょ [쵸]	にょ [뇨]	ひょ [효]	みょ [묘]	りょ [료]	ぎょ [교]	じょ [죠]	ぢょ [죠]	びょ [뵤]	ぴょ [표]

	キ	シ	チ	ニ	ヒ	ミ	リ	ギ	ジ	ヂ	ビ	ピ
ャ	キャ [캬]	シャ [샤]	チャ [챠]	ニャ [냐]	ヒャ [햐]	ミャ [먀]	リャ [랴]	ギャ [갸]	ジャ [쟈]	ヂャ [쟈]	ビャ [뱌]	ピャ [퍄]
ュ	キュ [큐]	シュ [슈]	チュ [츄]	ニュ [뉴]	ヒュ [휴]	ミュ [뮤]	リュ [류]	ギュ [규]	ジュ [쥬]	ヂュ [쥬]	ビュ [뷰]	ピュ [퓨]
ョ	キョ [쿄]	ショ [쇼]	チョ [쵸]	ニョ [뇨]	ヒョ [효]	ミョ [묘]	リョ [료]	ギョ [교]	ジョ [죠]	ヂョ [죠]	ビョ [뵤]	ピョ [표]

⑥ 촉음 익히기

つ가 っ와 같이 작게 표기되어 우리말의 받침과 비슷한 역할을 하는 것을 촉음이라고 한다. 촉음은 뒤에 어떤 글자가 오는지에 따라 여러 발음으로 읽힌다. JLPT N4 문자·어휘 과목의 한자 읽기 문제에서는 つ가 크게 쓰여서 [츠]로 발음해야 하는지, 작게 쓰여서 촉음으로 발음해야 하는지로 혼동을 주는 문제가 출제되므로 단어를 학습할 때 촉음인지 아닌지에 주의해야 한다. 가타카나도 히라가나와 마찬가지로 촉음이 사용된다.

'ㄱ' 받침으로 발음되는 경우	か행 앞에 つ가 올 때 우리말 'ㄱ' 받침과 같이 발음한다.
	がっこう [각꼬-] 학교 　　　いっかい [익까이] 일 층
'ㅂ' 받침으로 발음되는 경우	ぱ행 앞에 つ가 올 때 우리말 'ㅂ' 받침과 같이 발음한다.
	いっぱい [입빠이] 가득 　　　いっぽ [입뽀] 한 걸음
'ㅅ' 받침으로 발음되는 경우	さ, た행 앞에 つ가 올 때 우리말 'ㅅ' 받침과 같이 발음한다
	ざっし [잣시] 잡지 　　　きっと [킷또] 분명히

⑦ 장음 익히기

두 음절을 한 음처럼 길게 소리내는 것을 장음이라고 한다. 일본어는 장음인지 단음인지에 따라 단어의 뜻이
달라지는 경우가 있으므로 주의해야 한다. JLPT N4 문자·어휘 과목의 한자 읽기 문제에서 단어의 발음이 장음
인지 단음인지로 혼동을 주는 문제가 자주 출제되므로 단어를 학습할 때 장단음에 주의하며 꼼꼼히 익혀둔다.

あ단 + あ	앞에 오는 あ단의 글자를 길게 발음한다.	おかあさん [오카-상] 어머니 おばあさん [오바-상] 할머니 ※ おばさん [오바상] 아주머니
い단 + い	앞에 오는 い단의 글자를 길게 발음한다.	おにいさん [오니-상] 오빠, 형 おじいさん [오지-상] 할아버지 ※ おじさん [오지상] 아저씨
う단 + う	앞에 오는 う단의 글자를 길게 발음한다.	すうがく [스-가쿠] 수학 ゆうがた [유-가타] 저녁
え단 + い·え	앞에 오는 え단의 글자를 길게 발음한다.	せんせい [센세-] 선생님 おねえさん [오네-상] 언니, 누나
お단 + う·お	앞에 오는 お단의 글자를 길게 발음한다.	おとうさん [오토-상] 아버지 おおい [오-이] 많다
요음 + う	앞에 오는 요음의 글자를 길게 발음한다.	じょうし [조-시] 상사 ※ じょし [조시] 여자 じゅう [쥬-] 10
가타카나의 장음 'ー'	'ー' 앞에 오는 글자를 길게 발음한다.	チーズ [치-즈] 치즈 コーヒー [코-히-] 커피

2. 기초 단어 익히기

JLPT N4의 전 영역에 걸쳐 지문이나 문제에서 자주 나오는 기초 단어를 익혀두자. 특히 한자 단어의 경우 실제 시험에서는 발음이 자주 표기되지 않은 채 사용되니, 한자만 보아도 단어를 읽을 수 있도록 학습해두어야 N4 문제를 읽고 이해하는 데 도움이 된다.

① 명사

N4에 자주 나오는 명사를 익혀두자.

わたし 私	나, 저	せんせい 先生	선생님	いえ 家	집	ほん 本	책
ひと 人	사람	はな 花	꽃	だいがく 大学	대학	じかん 時間	시간
バス	버스	タクシー	택시	きょう 今日	오늘	まいにち 毎日	매일

② い형용사

N4에 자주 나오는 い형용사를 익혀두자.

いい	좋다	わる 悪い	나쁘다	おお 大きい	크다	ちい 小さい	작다
おお 多い	많다	すく 少ない	적다	たか 高い	비싸다, 높다	やす 安い	저렴하다
おいしい	맛있다	うれしい	기쁘다	あたら 新しい	새롭다	おもしろい	재미있다

③ な형용사

N4에 자주 나오는 な형용사를 익혀두자.

す 好きだ	좋아하다	きらいだ	싫어하다	じょうず 上手だ	잘 하다, 능숙하다	へた 下手だ	잘 못하다
いろいろだ	여러 가지 이다	きれいだ	깨끗하다, 예쁘다	しんせつ 親切だ	친절하다	しず 静かだ	조용하다
げんき 元気だ	건강하다	たいへん 大変だ	힘들다, 큰일이다	べんり 便利だ	편리하다	ふべん 不便だ	불편하다

④ 동사

N4에 자주 나오는 동사를 익혀두자.

行く	가다	来る	오다	聞く	듣다	言う	말하다
なる	되다	飲む	마시다	食べる	먹다	会う	만나다
読む	읽다	買う	사다	出る	나가다, 나오다	見る	보다

⑤ 부사

N4에 자주 나오는 부사를 익혀두자.

とても	매우, 대단히	いつも	언제나, 항상	もっと	좀 더, 더욱	やっと	겨우, 간신히
ちょっと	조금, 약간	ずっと	계속, 훨씬	きっと	꼭, 반드시	まだ	아직
もうすぐ	이제 곧	たとえば	예를 들면	だんだん	점점	少し	조금

⑥ 접속사

N4에 자주 나오는 접속사를 익혀두자.

だから	그러니까	でも	그래도	しかし	그러나, 하지만	それに	게다가
それなら	그렇다면	それで	그래서	けれども	그렇지만	そして	그리고
では	그렇다면, 그러면	じゃあ	그렇다면, 그러면				

3. 기초 문법 익히기

일본어 문장을 이해하기 위한 가장 기초적인 문법을 익혀두자. 특히 일본어 명사, 조사, 형용사, 동사의 활용 방법과 의미를 학습해두면 JLPT N4의 전 영역의 지문과 문제의 내용을 정확히 이해할 수 있다.

① 명사

명사는 〜だ와 접속하여 '~이다'라는 의미의 보통형으로 활용되거나, 〜です와 접속하여 '~입니다'라는 의미의 정중형으로 활용된다. 각각의 활용 표현과 의미를 꼼꼼히 익혀둔다.

종류	보통형 (반말)	정중형 (존댓말)
현재 긍정 표현	本^{ほん}だ 책이다	本^{ほん}です 책입니다
현재 부정 표현	本^{ほん}では (じゃ) ない 책이 아니다	本^{ほん}では (じゃ) ないです = 本^{ほん}では (じゃ) ありません 책이 아닙니다
과거 긍정 표현	本^{ほん}だった 책이었다	本^{ほん}だったです = 本^{ほん}でした 책이었습니다
과거 부정 표현	本^{ほん}では (じゃ) なかった 책이 아니었다	本^{ほん}では (じゃ) なかったです = 本^{ほん}では (じゃ) ありませんでした 책이 아니었습니다

② 조사

조사는 주로 명사에 결합하여 주어나 목적어로 만들어주거나 단어와 단어 사이를 연결한다.

종류	의미	예문
の	~의	私^{わたし}の学校^{がっこう}です 나의 학교입니다
は	~는/은	彼^{かれ}は学生^{がくせい}です 그는 학생입니다
が	~가/이	私^{わたし}が行^いきます 제가 가겠습니다
を	~을/를	パンを食^たべます 빵을 먹습니다
で	~에서 (장소) ~로 (수단)	家^{いえ}で会^あいます 집에서 만납니다 タクシーで行^いきます 택시로 갑니다
へ	~에/로 (방향)	大学^{だいがく}へ行^いきます 대학에 갑니다

に	~에 (시간, 장소) ~에게 ~하러	5時に出ます 5시에 나갑니다 先生に言います 선생님에게 말합니다 パンを買いに行きます 빵을 사러 갑니다
と	~와/과	ともだちと映画を見ます 친구와 영화를 봅니다
も	~도	りんごも好きです 사과도 좋아합니다
か	~까? (문장의 마지막에 붙어서 의문문을 만든다)	これは本ですか 이것은 책입니까

③ い형용사

형용사는 사물의 성질이나 상태, 모양 등을 나타내는 품사인데, 그 중 어미가 い인 형용사를 い형용사라고 한다. い형용사는 명사를 수식할 때에는 변화가 없으나, 활용할 때에는 어미 い가 변하므로, 각각의 활용 방법과 의미를 꼼꼼히 익혀둔다. 참고로, 어간은 동사나 형용사가 활용될 때 변하지 않는 부분이며, 어미는 활용될 때 변하는 부분이다.

활용형		활용 방법	예문
명사 수식	–	–	おいしいうどん 맛있는 우동
기본형	보통형	–	おいしい 맛있다
	정중형	보통형 + です	おいしいです 맛있습니다
부정형	보통형	~い → ~くない	おいしくない 맛있지 않다
	정중형	~い → ~くありません ~くないです	おいしくありません = おいしくないです 맛있지 않습니다
과거형	보통형	~い → ~かった	おいしかった 맛있었다
	정중형	~い → ~かったです	おいしかったです 맛있었습니다
과거 부정형	보통형	~い → ~くなかった	おいしくなかった 맛있지 않았다
	정중형	~い → ~くありませんでした ~くなかったです	おいしくありませんでした = おいしくなかったです 맛있지 않았습니다
연결형(~하고, ~해서)		~い → ~くて	おいしくて 맛있고, 맛있어서
부사적 표현(~하게)		~い → ~く	おいしく 맛있게

④ な형용사

형용사 중에서 어미가 だ이고 명사를 수식할 때 だ를 떼고 な를 붙이는 형용사를 な형용사라고 한다. な형용사는 활용할 때 어미 だ가 변하므로, 각각의 활용 방법과 그 의미를 꼼꼼히 익혀둔다.

활용형		활용 방법	예문
명사 수식	–	–	静かな教室 조용한 교실
기본형	보통형	–	静かだ 조용하다
	정중형	~だ → ~です	静かです 조용합니다
부정형	보통형	~だ → ~では(じゃ)ない	静かでは(じゃ)ない 조용하지 않다
	정중형	~だ → ~では(じゃ)ありません ~では(じゃ)ないです	静かでは(じゃ)ありません = 静かでは(じゃ)ないです 조용하지 않습니다
과거형	보통형	~だ → ~だった	静かだった 조용했다
	정중형	~だ → ~でした ~だったです	静かでした = 静かだったです 조용했습니다
과거 부정형	보통형	~だ → ~では(じゃ)なかった	静かでは(じゃ)なかった 조용하지 않았다
	정중형	~だ → ~では(じゃ)ありませんでした ~では(じゃ)なかったです	静かでは(じゃ)ありませんでした = 静かでは(じゃ)なかったです 조용하지 않았습니다
연결형(~하고, ~해서)		~だ → ~で	静かで 조용하고, 조용해서
부사적 표현(~하게)		~だ → ~に	静かに 조용하게

⑤ 동사

● 동사의 종류

모든 동사의 사전형은 어미가 う단이며, 1그룹 동사, 2그룹 동사, 3그룹 동사 세 가지로 나뉜다. 참고로, 사전형이란 사전에 수록된 기본 형태를 의미한다.

종류	내용	단어 예시
1그룹	2그룹과 3그룹 동사를 제외한 모든 동사를 포함한다. * 예외적으로 어미가 る이고, る 앞의 문자가 い단 혹은 え단인 1그룹 동사도 있다. 예 帰る(돌아가다), 知る(알다)	書く 쓰다 買う 사다 移る 옮기다

2그룹	어미가 る이고, る 앞의 문자가 い단 혹은 え단인 동사이다.	食^たべる 먹다 見^みる 보다
3그룹	する와 来^くる 두 가지뿐이다.	する 하다 来^くる 오다

● ます형

ます는 '~합니다' 라는 의미로, 동사를 정중하게 말할 때 사용한다. 동사 뒤에 ます를 붙이려면 동사를 활용해야 하는데, 이렇게 바뀐 형태를 동사의 ます형이라고 하며, 동사의 ます형에 ます를 붙인 것을 동사의 정중형이라고 한다. 동사의 ます형 뒤에는 ~ます(~합니다), ~ましょう(~합시다), ~たい(~하고 싶다) 등의 문형을 붙일 수 있다.

종류	방법	활용 예시
1그룹	어미 う단을 い단으로 바꾼다.	書^かく 쓰다 → 書^かきます 씁니다 買^かう 사다 → 買^かいます 삽니다 移^{うつ}る 옮기다 → 移^{うつ}ります 옮깁니다
2그룹	어미 る를 삭제한다.	見^みる 보다 → 見^みます 봅니다 食^たべる 먹다 → 食^たべます 먹습니다
3그룹	불규칙 동사 2개를 오른쪽과 같이 활용한다.	する 하다 → します 합니다 来^くる 오다 → 来^きます 옵니다

● ない형

ない는 '~않다, ~않는다' 라는 의미로, 동사의 부정을 나타낼 때 사용한다. 동사 뒤에 ない를 붙이려면 동사를 활용해야 하는데, 이렇게 바뀐 형태를 동사의 ない형이라고 하며, 동사의 ない형에 ない를 붙인 것을 동사의 부정형이라고 한다. ない형 뒤에는 ~ない(~않다), ~ないで(~하지 않고), ~なければならない(~하지 않으면 안 된다) 등의 문형을 붙일 수 있다.

종류	방법	활용 예시
1그룹	어미 う단을 あ단으로 바꾼다. (단, 어미가 う인 경우는 わ로 바꾼다.)	書^かく 쓰다 → 書^かかない 쓰지 않다 買^かう 사다 → 買^かわない 사지 않다
2그룹	어미 る를 삭제한다.	見^みる 보다 → 見^みない 보지 않다 食^たべる 먹다 → 食^たべない 먹지 않다
3그룹	불규칙 동사 2개를 오른쪽과 같이 활용한다.	する 하다 → しない 하지 않다 来^くる 오다 → 来^こない 오지 않다

● て형

て형은 '~해서, ~하고'라는 의미로, 동사 두 개를 연결할 때 사용한다. 동사 뒤에 て를 붙이려면 동사를 활용해야 하는데, 이렇게 바뀐 형태에 て를 붙인 것을 동사의 て형이라고 하며, 동사의 て형은 동사의 연결형이라고도 한다. 동사의 て형은 ~てください(~해 주세요), ~ている(~하고 있다), ~てみる(~해 보다) 등의 문형에서 사용된다.

종류	방법	활용 예시
1그룹	1. 어미가 く인 경우 いて로 바꾼다. 2. 어미가 ぐ인 경우 いで로 바꾼다. 3. 어미가 う, つ, る인 경우 って로 바꾼다. 4. 어미가 す인 경우 して로 바꾼다. 5. 어미가 ぬ, む, ぶ인 경우 んで로 바꾼다.	1. 書く 쓰다 → 書いて 써서, 쓰고 2. 脱ぐ 벗다 → 脱いで 벗어서, 벗고 3. 知る 알다 → 知って 알아서, 알고 4. 話す 말하다 → 話して 말해서, 말하고 5. 読む 읽다 → 読んで 읽어서, 읽고
2그룹	어미 る를 빼고 て를 붙인다.	見る 보다 → 見て 봐서, 보고 食べる 먹다 → 食べて 먹어서, 먹고
3그룹	불규칙 동사 2개를 오른쪽과 같이 활용한다.	する 하다 → して 해서, 하고 来る 오다 → 来て 와서, 오고

● た형

た형은 '~했다'라는 의미로, 동사의 과거를 나타낼 때 사용한다. 동사 뒤에 た를 붙이려면 동사를 활용해야 하는데, 이렇게 바뀐 형태에 た를 붙인 것을 동사의 た형이라고 하며, 동사의 た형은 동사의 과거형이라고도 한다. 동사의 た형은 ~たことがある(~한 적이 있다), ~たところ(~한 결과), ~たり~たりする(~하거나 ~하거나 하다) 등의 문형에서 사용된다.

종류	방법	활용 예시
1그룹	1. 어미가 く인 경우 いた로 바꾼다. 2. 어미가 ぐ인 경우 いだ로 바꾼다. 3. 어미가 う, つ, る인 경우 った로 바꾼다. 4. 어미가 す인 경우 した로 바꾼다. 5. 어미가 ぬ, む, ぶ인 경우 んだ로 바꾼다.	1. 書く 쓰다 → 書いた 썼다 2. 脱ぐ 벗다 → 脱いだ 벗었다 3. 知る 알다 → 知った 알았다 4. 話す 말하다 → 話した 말했다 5. 読む 읽다 → 読んだ 읽었다
2그룹	어미 る를 빼고 た를 붙인다.	食べる 먹다 → 食べた 먹었다 見る 보다 → 見た 봤다
3그룹	불규칙 동사 2개를 오른쪽과 같이 활용한다.	する 하다 → した 했다 来る 오다 → 来た 왔다

● 동사의 의지형과 청유형

의지형은 '~해야지'라는 의미이며, 청유형은 '~하자'라는 의미이다. 의지형과 청유형을 만들기 위한 동사의 활용 방법은 동일하지만, 의지형으로 사용될 때는 뒤에 ～と思う(~라고 생각하다) 또는 ～とする(~라고 하다)와 같은 표현을 붙여서, '~하려고 생각하다', '~하려고 하다'의 뜻으로 주로 사용한다.

종류	방법	활용 예시
1그룹	어미 う단을 お단으로 바꾸고 う를 붙인다.	書く 쓰다 → 書こう 써야지, 쓰자 買う 사다 → 買おう 사야지, 사자
2그룹	어미 る를 빼고 よう를 붙인다.	食べる 먹다 → 食べよう 먹어야지, 먹자 見る 보다 → 見よう 봐야지, 보자
3그룹	불규칙 동사 2개를 오른쪽과 같이 활용한다.	する 하다 → しよう 해야지, 하자 来る 오다 → 来よう 와야지, 오자

● 동사의 명령형

명령형은 '~해' 라는 의미로, 다른 사람에게 무언가를 하라고 명령할 때 사용한다.

종류	방법	활용 예시
1그룹	어미 う단을 え단으로 바꾼다.	書く 쓰다 → 書け 써 買う 사다 → 買え 사
2그룹	어미 る를 빼고 ろ를 붙인다.	食べる 먹다 → 食べろ 먹어 見る 보다 → 見ろ 봐
3그룹	불규칙 동사 2개를 오른쪽과 같이 활용한다.	する 하다 → しろ 해 来る 오다 → 来い 와

● 동사의 부정 명령형

부정 명령형은 '~하지 마' 라는 의미로, 다른 사람에게 무언가를 금지시킬 때 사용한다.

종류	방법	활용 예시
모든 동사	동사 사전형 뒤에 な를 붙인다.	書く 쓰다 → 書くな 쓰지 마 買う 사다 → 買うな 사지 마 食べる 먹다 → 食べるな 먹지 마 見る 보다 → 見るな 보지 마 する 하다 → するな 하지 마 来る 오다 → 来るな 오지 마

문자·어휘

문제 1 한자 읽기

[문자·어휘 > 문제 1 한자 읽기]는 한자로 쓰여진 단어의 발음을 고르는 문제로 총 7문항이 출제된다. 음독 어휘의 발음을 고르는 문제가 3~4문항, 훈독 어휘의 발음을 고르는 문제가 3~4문항 출제된다.

핵심 전략

1 음독 어휘의 발음을 고르는 문제는 모든 선택지의 모양이 비슷하며 주로 명사나 な형용사가 출제된다. 오답 선택지는 주로 탁음, 반탁음, 장음, 촉음 등의 발음을 추가 또는 삭제하여 혼동을 주며, 한자의 또 다른 발음이나 비슷한 발음으로 교체하여 혼동을 주기도 한다.

예 **相談** 상담

① そうだん (○) ② そうたん (×) ③ そたん (×) ④ そだん (×)
　　　　　　　　탁음이 삭제됨　　장음과 탁음이 삭제됨　　장음이 삭제됨

以内 이내

① いない (○) ② いうち (×) ③ にない (×) ④ にうち (×)
　　　　　　　　内의 또 다른 발음인　　い와 비슷한 발음인　　い와 비슷한 발음인 に,
　　　　　　　　うち가 사용됨　　に가 사용됨　　内의 또 다른 발음인 うち가 사용됨

2 훈독 어휘의 발음을 고르는 문제는 모든 선택지의 모양이 다르며 주로 동사나 い형용사가 출제되고 가끔 명사도 출제된다. 오답 선택지는 문맥에 어울리는 단어로 구성되며, 특히 명사의 경우에는 정답과 관련된 주제의 단어들로 자주 구성된다.

예 ここは **入らないで** ください。여기는 들어오지 말아 주세요.

① はいらないで (○) ② すわらないで (×) ③ きらないで (×) ④ さわらないで (×)
　　(入る – 들어오다)　　(座る – 앉다)　　(切る – 자르다)　　(触る – 손을 대다)

とても きれいな **湖**ですね。매우 깨끗한 호수네요.

① みずうみ 호수 (○) ② うみ 바다 (×) ③ みなと 항구 (×) ④ かわ 강 (×)

3 문장의 문맥에 어울리는 단어나 없는 단어가 오답 선택지에 포함되기도 하므로, 오로지 밑줄 친 단어의 발음에만 집중하여 문제를 푼다.

4 한자 읽기에 자주 출제되는 단어를 탁음, 반탁음, 장음, 요음, 촉음 등에 유의하여 꼼꼼하고 정확하게 입으로 말해보면서 암기한다.

◉ 문제 풀이 Step

Step 1 밑줄 친 단어를 천천히 정확하게 발음해본다.

선택지의 모양이 모두 비슷하면 탁음, 반탁음, 장음, 요음, 촉음 등에 유의하여 정확하게 발음해 본다.
선택지의 모양이 모두 다르면 밑줄 친 한자에만 유의하여 정확하게 발음해 본다.

Step 2 발음에 해당하는 선택지를 정답으로 고른다.

음독 어휘의 경우 발음이 헷갈리면 다시 천천히 발음해 보고 가장 정확하다고 판단되는 선택지를 정답으로 고른다.
훈독 어휘의 경우 발음이 생각나지 않으면 선택지 중 한자가 떠오르는 선택지를 오답으로 소거하면서 정답을 고른다.

◉ 문제 풀이 Step 적용

もんだい1 ＿＿＿＿＿の ことばは ひらがなで どう か きますか。1・2・3・4から いちばん いい ものを ひとつ えらんで ください。

この ふくを 　買って　 ください。

　1　もって
✓ 2　かって
　3　あらって
　4　つかって

Step 1 밑줄 친 단어를 천천히 정확하게 발음해본다.

선택지의 모양이 모두 다르므로 밑줄 친 한자에만 유의하여 문제를 푼다. 買っては かって로 발음되는 것에 유의한다.

Step 2 발음에 해당하는 선택지를 정답으로 고른다.

밑줄 친 買って의 정확한 발음인 2 かって를 정답으로 고른다. 발음이 생각나지 않는 경우 1 もって(持って), 3 あらって(洗って), 4 つかって(使って) 중에서 한자가 떠오르는 선택지를 오답으로 소거하며 정답을 고른다.

문제1 ＿＿＿＿＿의 말은 히라가나로 어떻게 씁니까? 1·2·3·4에서 가장 알맞은 것을 하나 골라 주세요.

이 옷을 사 주세요.
1　들어
2　사
3　씻어
4　사용해

어휘 買う かう 图 사다　持つ もつ 图 들다　洗う あらう 图 씻다　使う つかう 图 사용하다　ふく 图 옷　～てください ~(해) 주세요

■ 탁음·반탁음에 주의해야 하는 단어 ◀ N4_문제1 한자읽기_핵심표현 및 필수어휘01.mp3

★표시는 2010년 이후 기출 어휘입니다.

구분	한자	읽기	뜻	한자	읽기	뜻
か·が	海岸	かいがん	해안	会話	かいわ	회화
	以外★	いがい	이외	音楽	おんがく	음악
き·ぎ	機会	きかい	기회	帰国	きこく	귀국
	電気	でんき	전기	銀行	ぎんこう	은행
く·ぐ	空気	くうき	공기	具合★	ぐあい	상태, 형편
け·げ	意見★	いけん	의견	玄関	げんかん	현관
こ·ご	外国	がいこく	외국	今夜	こんや	오늘 밤
	午後	ごご	오후	最後	さいご	최후, 마지막
さ·ざ	野菜★	やさい	채소	経済	けいざい	경제
し·じ	試合★	しあい	시합	質問	しつもん	질문
	市民	しみん	시민	事故	じこ	사고
す·ず	水道★	すいどう	수도	地図	ちず	지도
せ·ぜ	世界★	せかい	세계	世話★	せわ	보살핌
	千円	せんえん	천 엔	安全★	あんぜん	안전
そ·ぞ	祖父	そふ	할아버지	家族	かぞく	가족
た·だ	退院	たいいん	퇴원	大使館	たいしかん	대사관
	時代	じだい	시대	大学生	だいがくせい	대학생
て·で	運転★	うんてん	운전	交差点	こうさてん	교차로, 사거리
	自転車★	じてんしゃ	자전거	店員★	てんいん	점원
	電車	でんしゃ	전철, 전차	電話	でんわ	전화

★표시는 2010년 이후 기출 어휘입니다.

と・ど	都会	とかい	도회, 도시	図書館	としょかん	도서관
	一度★	いちど	한 번	運動	うんどう	운동
	今度★	こんど	이번, 이 다음	自動車	じどうしゃ	자동차
は・ば・ぱ	発音	はつおん	발음	反対★	はんたい	반대
	番組	ばんぐみ	방송	先輩	せんぱい	선배
ひ・び・ぴ	必要	ひつよう	필요	美術館	びじゅつかん	미술관
	病院	びょういん	병원	発表	はっぴょう	발표
ふ・ぶ・ぷ	財布	さいふ	지갑	学部	がくぶ	학부
	作文	さくぶん	작문	新聞社	しんぶんしゃ	신문사
	文学	ぶんがく	문학	十分	じゅっぷん	10분
へ・べ・ぺ	返事★	へんじ	답장	お弁当	おべんとう	도시락
	便利★	べんり	편리	短編	たんぺん	단편
ほ・ぼ・ぽ	本屋★	ほんや	서점, 책방	祖母	そぼ	할머니
	貿易	ぼうえき	무역	百本	ひゃっぽん	백 송이 (백 자루)

📄 **확인 문제** 한자로 쓰여진 단어의 알맞은 발음을 고르세요.

01	機会	ⓐ きかい	ⓑ ぎかい	**05**	新聞社	ⓐ しんふんしゃ	ⓑ しんぶんしゃ
02	必要	ⓐ ひつよう	ⓑ びつよう	**06**	反対	ⓐ はんたい	ⓑ ばんたい
03	外国	ⓐ がいごく	ⓑ がいこく	**07**	大学生	ⓐ たいがくせい	ⓑ だいがくせい
04	千円	ⓐ せんえん	ⓑ ぜんえん	**08**	短編	ⓐ たんべん	ⓑ たんぺん

정답: 01 ⓐ 02 ⓐ 03 ⓑ 04 ⓐ 05 ⓑ 06 ⓐ 07 ⓑ 08 ⓑ

★표시는 2010년 이후 기출 어휘입니다.

	以上	いじょう	이상	屋上★	おくじょう	옥상
	課長	かちょう	과장(님)	教育	きょういく	교육
	教室	きょうしつ	교실	競争	きょうそう	경쟁
	兄弟	きょうだい	형제	公園	こうえん	공원
	工業	こうぎょう	공업	高校	こうこう	고등학교
	工場★	こうじょう	공장	交通	こうつう	교통
	故障★	こしょう	고장	産業	さんぎょう	산업
	社長	しゃちょう	사장(님)	紹介★	しょうかい	소개
	招待★	しょうたい	초대	丈夫だ	じょうぶだ	튼튼하다
お단+う	将来★	しょうらい	장래	食料品★	しょくりょうひん	식료품
	西洋	せいよう	서양	戦争	せんそう	전쟁
	相談★	そうだん	상담	卒業	そつぎょう	졸업
	都合	つごう	형편, 사정	天気予報	てんきよほう	일기예보
	道具	どうぐ	도구	入場	にゅうじょう	입장
	寝坊★	ねぼう	늦잠	文法	ぶんぽう	문법
	放送	ほうそう	방송	法律	ほうりつ	법률
	用意★	ようい	준비	洋服	ようふく	옷, 양복
	予報	よほう	예보	利用★	りよう	이용
	料金	りょうきん	요금	料理★	りょうり	요리
	冷蔵庫	れいぞうこ	냉장고	冷房	れいぼう	냉방

★표시는 2010년 이후 기출 어휘입니다.

え단+い	映画	えいが	영화	営業	えいぎょう	영업
	英語	えいご	영어	計画★	けいかく	계획
	経験★	けいけん	경험	生産★	せいさん	생산
	説明★	せつめい	설명	先生	せんせい	선생(님)
	男性	だんせい	남성	予定★	よてい	예정
う단+う	空港★	くうこう	공항	研究★	けんきゅう	연구
	集中	しゅうちゅう	집중	柔道	じゅうどう	유도
	重要だ	じゅうようだ	중요하다	数学	すうがく	수학
	台風	たいふう	태풍	注意★	ちゅうい	주의
	注射	ちゅうしゃ	주사	駐車場	ちゅうしゃじょう	주차장
	途中	とちゅう	도중	入学	にゅうがく	입학
	復習	ふくしゅう	복습	夕飯	ゆうはん	저녁밥
	輸入★	ゆにゅう	수입	来週	らいしゅう	다음 주
	理由	りゆう	이유	練習	れんしゅう	연습

📄 **확인 문제** 한자로 쓰여진 단어의 알맞은 발음을 고르세요.

01 教育	ⓐ きょいく	ⓑ きょういく
02 将来	ⓐ しょうらい	ⓑ しょおらい
03 都合	ⓐ つごう	ⓑ つご
04 予報	ⓐ よほ	ⓑ よほう

05 冷蔵庫	ⓐ れいぞうこ	ⓑ れいぞおこ
06 数学	ⓐ すがく	ⓑ すうがく
07 経験	ⓐ けけん	ⓑ けいけん
08 集中	ⓐ しゅちゅう	ⓑ しゅうちゅう

정답: 01 ⓑ 02 ⓐ 03 ⓐ 04 ⓑ 05 ⓐ 06 ⓑ 07 ⓑ 08 ⓑ

★표시는 2010년 이후 기출 어휘입니다.

요음 や	医者 ★	いしゃ	의사	会社	かいしゃ	회사
	汽車	きしゃ	기차	自動車	じどうしゃ	자동차
	社会	しゃかい	사회	写真	しゃしん	사진
	写真家	しゃしんか	사진가	乗客	じょうきゃく	승객
	茶色	ちゃいろ	갈색	到着	とうちゃく	도착
	歯医者	はいしゃ	치과 (의사)	列車	れっしゃ	열차
요음 ゆ	技術	ぎじゅつ	기술	急行 ★	きゅうこう	급행
	牛乳	ぎゅうにゅう	우유	高級	こうきゅう	고급
	習慣 ★	しゅうかん	습관	宿題	しゅくだい	숙제
	趣味 ★	しゅみ	취미	準備 ★	じゅんび	준비
	中止 ★	ちゅうし	중지	注文	ちゅうもん	주문
	入院	にゅういん	입원	輸出	ゆしゅつ	수출
	予習 ★	よしゅう	예습	留学	りゅうがく	유학
요음 よ	遠慮	えんりょ	사양	去年	きょねん	작년
	校長	こうちょう	교장	就職	しゅうしょく	취직
	食堂 ★	しょくどう	식당	女性	じょせい	여성
	体力	たいりょく	체력	部長	ぶちょう	부장(님)
	勉強 ★	べんきょう	공부	郵便局	ゆうびんきょく	우체국
	旅館	りょかん	여관	旅行	りょこう	여행

촉음에 주의해야 하는 단어 🔊 N4_문제1 한자읽기_핵심표현 및 필수어휘04.mp3

★표시는 2010년 이후 기출 어휘입니다.

촉음 っ	一週間	いっしゅうかん	1주일	一緒	いっしょ	함께 함
	一方	いっぽう	한쪽, 한편	楽器	がっき	악기
	格好	かっこう	모습	学校	がっこう	학교
	切手	きって	우표	切符	きっぷ	표, 티켓
	結果	けっか	결과	結構だ★	けっこうだ	훌륭하다
	結婚	けっこん	결혼	決心	けっしん	결심
	決定	けってい	결정	作家	さっか	작가
	雑誌	ざっし	잡지	失敗★	しっぱい	실패
	出身	しゅっしん	출신	出席	しゅっせき	출석
	出発★	しゅっぱつ	출발	食器	しょっき	식기
	特急★	とっきゅう	특급	日程	にってい	일정
	熱心だ★	ねっしんだ	열심이다	発見	はっけん	발견
	物価	ぶっか	물가	三日	みっか	3일
	四日	よっか	4일	立派だ	りっぱだ	훌륭하다

📄 확인 문제 한자로 쓰여진 단어의 알맞은 발음을 고르세요.

01 決心 ⓐけっしん ⓑけつしん　　05 趣味 ⓐしゅみ ⓑしょみ
02 三日 ⓐみか ⓑみっか　　06 入院 ⓐにゅういん ⓑにょんいん
03 到着 ⓐとうちゃく ⓑとうちゅく　　07 遠慮 ⓐえんりゅ ⓑえんりょ
04 写真 ⓐしょしん ⓑしゃしん　　08 去年 ⓐきゅねん ⓑきょねん

정답: 01 ⓐ 02 ⓑ 03 ⓐ 04 ⓑ 05 ⓐ 06 ⓐ 07 ⓑ 08 ⓑ

★표시는 2010년 이후 기출 어휘입니다.

事 [こと] [じ]	仕事★	しごと	일	火事	かじ	화재
	食事★	しょくじ	식사	用事★	ようじ	용무, 볼일
所 [しょ] [ところ]	近所★	きんじょ	근처	住所★	じゅうしょ	주소
	場所★	ばしょ	장소	台所	だいどころ	부엌
物 [もの] [ぶつ]	品物	しなもの	물건, 물품	建物	たてもの	건물
	見物	けんぶつ	구경	動物	どうぶつ	동물
日 [じつ] [にち] [ひ]	平日	へいじつ	평일	日記★	にっき	일기
	毎日	まいにち	매일	誕生日	たんじょうび	생일
方 [かた] [ほう]	仕方	しかた	하는 방법	夕方★	ゆうがた	저녁 무렵
	方向	ほうこう	방향	両方	りょうほう	양쪽, 양방
下 [か] [げ] [した]	以下★	いか	이하	廊下	ろうか	복도
	下宿	げしゅく	하숙	下着	したぎ	속옷
口 [くち] [こう]	入口★	いりぐち	입구	口	くち	입
	窓口	まどぐち	창구	人口	じんこう	인구
地 [じ] [ち]	地震	じしん	지진	地下鉄	ちかてつ	지하철
	地図	ちず	지도	地理★	ちり	지리
中 [じゅう] [ちゅう] [なか]	一日中	いちにちじゅう	하루 종일	中学校	ちゅうがっこう	중학교
	中心	ちゅうしん	중심	背中	せなか	등
大 [たい] [だい]	大使	たいし	대사	大切だ★	たいせつだ	소중하다
	大学	だいがく	대학	大学院	だいがくいん	대학원

人 [じん] [にん]	主人	しゅじん	남편, 주인	友人	ゆうじん	친구
	何人	なんにん	몇 명	人形	にんぎょう	인형
場 [じょう] [ば]	会場	かいじょう	회장	工場 ★	こうじょう	공장
	場合	ばあい	경우	場所 ★	ばしょ	장소
月 [がつ] [げつ]	お正月	おしょうがつ	설, 정월	四月	しがつ	4월
	今月	こんげつ	이번 달	来月	らいげつ	다음 달
手 [しゅ] [て]	運転手	うんてんしゅ	운전수	歌手	かしゅ	가수
	お手洗い	おてあらい	화장실	手袋	てぶくろ	장갑
親 [おや] [しん]	父親	ちちおや	아버지	母親	ははおや	어머니
	親切だ ★	しんせつだ	친절하다	両親	りょうしん	부모님
分 [ふん] [ぶん] [ぷん]	五分	ごふん	5분	気分 ★	きぶん	기분
	自分	じぶん	자기 자신	三分	さんぷん	3분
小 [こ] [しょう]	小声	こごえ	작은 목소리	小鳥	ことり	작은 새
	小学校	しょうがっこう	초등학교	小説 ★	しょうせつ	소설

📄 **확인 문제** 한자로 쓰여진 단어의 알맞은 발음을 고르세요.

01	気分	ⓐ きふん	ⓑ きぶん		05	背中	ⓐ せなか	ⓑ せちゅう
02	手袋	ⓐ てぶくろ	ⓑ しゅぶくろ		06	下宿	ⓐ かしゅく	ⓑ げしゅく
03	友人	ⓐ ゆうにん	ⓑ ゆうじん		07	動物	ⓐ どうぶつ	ⓑ どうもの
04	大使	ⓐ たいし	ⓑ だいし		08	平日	ⓐ へいにち	ⓑ へいじつ

★표시는 2010년 이후 기출 어휘입니다.

~う	洗う★	あらう	씻다	歌う	うたう	노래하다
	行う	おこなう	행하다	買う	かう	사다
	通う	かよう	다니다	使う	つかう	사용하다
	習う★	ならう	배우다	間に合う★	まにあう	시간에 맞추다
~く	開く	あく	열리다	歩く★	あるく	걷다
	動く★	うごく	움직이다	書く	かく	쓰다
	着く★	つく	도착하다	働く	はたらく	일하다
~ぐ	急ぐ★	いそぐ	서두르다	泳ぐ★	およぐ	헤엄치다
~す	動き出す	うごきだす	움직이기 시작하다	写す★	うつす	(사진을) 찍다
	押す★	おす	밀다	落とす★	おとす	떨어뜨리다
	思い出す	おもいだす	생각나다	返す★	かえす	돌려주다
	貸す	かす	빌려 주다	消す★	けす	지우다, 끄다
	探す	さがす	찾다	出す	だす	내다, 꺼내다
~つ	待つ★	まつ	기다리다	持つ★	もつ	가지다
~ぶ	運ぶ★	はこぶ	나르다, 운반하다	喜ぶ★	よろこぶ	기뻐하다
~む	進む★	すすむ	나아가다	住む★	すむ	살다
	休む	やすむ	쉬다	読む	よむ	읽다
~まる	集まる★	あつまる	모이다	決まる★	きまる	정해지다
	止まる★	とまる	멈추다	始まる	はじまる	시작되다
~める	閉める★	しめる	닫다	始める★	はじめる	시작하다

★표시는 2010년 이후 기출 어휘입니다.

~る	上げる	あげる	(위로) 올리다	開ける	あける	열다
	売る★	うる	팔다	起きる★	おきる	일어나다
	送る★	おくる	보내다	教える★	おしえる	가르치다
	終わる★	おわる	끝나다	帰る	かえる	돌아가다
	数える★	かぞえる	세다	借りる	かりる	빌리다
	考える★	かんがえる	생각하다	切る★	きる	자르다
	着る	きる	입다	答える★	こたえる	대답하다
	知る★	しる	알다	座る	すわる	앉다
	食べる	たべる	먹다	足りる★	たりる	충분하다
	出る★	でる	나가다	通る	とおる	통하다, 지나다
	取る★	とる	집다	眠る	ねむる	자다
	乗る★	のる	타다	入る	はいる	들어가다, 들어오다
	走る★	はしる	뛰다	光る★	ひかる	빛나다
	見せる	みせる	보이다	見る	みる	보다

📄 **확인 문제** 한자로 쓰여진 단어의 알맞은 발음을 고르세요.

01	走る	ⓐ はしる	ⓑ とおる		05	進む	ⓐ すすむ	ⓑ やすむ
02	知る	ⓐ しる	ⓑ きる		06	返す	ⓐ かす	ⓑ かえす
03	答える	ⓐ かぞえる	ⓑ こたえる		07	動く	ⓐ うごく	ⓑ あるく
04	始まる	ⓐ あつまる	ⓑ はじまる		08	歌う	ⓐ うたう	ⓑ あらう

정답: 01 ⓐ 02 ⓐ 03 ⓑ 04 ⓑ 05 ⓐ 06 ⓑ 07 ⓐ 08 ⓐ

★표시는 2010년 이후 기출 어휘입니다.

~しい	忙しい★	いそがしい	바쁘다	美しい	うつくしい	아름답다
	嬉しい	うれしい	기쁘다	悲しい★	かなしい	슬프다
	寂しい	さびしい	외롭다	親しい	したしい	친하다
	涼しい★	すずしい	선선하다	正しい	ただしい	옳다, 바르다
	楽しい★	たのしい	즐겁다	恥ずかしい	はずかしい	부끄럽다
	珍しい	めずらしい	드물다	優しい	やさしい	상냥하다
~い	青い★	あおい	파랗다	赤い★	あかい	빨갛다
	明るい★	あかるい	밝다	暖かい	あたたかい	따뜻하다
	暑い	あつい	덥다	多い	おおい	많다
	大きい★	おおきい	크다	重い★	おもい	무겁다
	軽い★	かるい	가볍다	暗い★	くらい	어둡다
	黒い★	くろい	검다	寒い★	さむい	춥다
	白い★	しろい	하얗다	高い★	たかい	높다, 비싸다
	小さい	ちいさい	작다	近い	ちかい	가깝다
	強い★	つよい	세다, 강하다	遠い★	とおい	멀다
	長い	ながい	길다	眠い★	ねむい	졸리다
	低い	ひくい	낮다	広い	ひろい	넓다
	太い	ふとい	굵다	古い	ふるい	낡다, 오래되다
	短い	みじかい	짧다	安い	やすい	싸다
	弱い★	よわい	약하다	悪い	わるい	나쁘다, 미안하다

★표시는 2010년 이후 기출 어휘입니다.

~かだ	明らかだ	あきらかだ	분명하다	静かだ	しずかだ	조용하다
	確かだ	たしかだ	확실하다	豊かだ	ゆたかだ	풍부하다
~だ	安心だ★	あんしんだ	안심이다	安全だ★	あんぜんだ	안전하다
	同じだ	おなじだ	같다	簡単だ★	かんたんだ	간단하다
	盛んだ	さかんだ	활발하다, 왕성하다	残念だ★	ざんねんだ	아쉽다
	自由だ	じゆうだ	자유롭다	十分だ★	じゅうぶんだ	충분하다
	上手だ★	じょうずだ	잘하다	親切だ★	しんせつだ	친절하다
	心配だ★	しんぱいだ	걱정하다	好きだ★	すきだ	좋아하다
	大事だ★	だいじだ	소중하다	大切だ★	たいせつだ	중요하다, 소중하다
	丁寧だ★	ていねいだ	정중하다	適当だ	てきとうだ	적당하다
	特別だ	とくべつだ	특별하다	熱心だ★	ねっしんだ	열심이다
	必要だ	ひつようだ	필요하다	複雑だ	ふくざつだ	복잡하다
	不便だ★	ふべんだ	불편하다	便利だ★	べんりだ	편리하다
	無理だ	むりだ	무리하다	有名だ	ゆうめいだ	유명하다

📋 **확인 문제** 한자로 쓰여진 단어의 알맞은 발음을 고르세요.

01	弱い	ⓐ よわい	ⓑ つよい		05	簡単だ	ⓐ べんりだ	ⓑ かんたんだ
02	豊かだ	ⓐ たしかだ	ⓑ ゆたかだ		06	広い	ⓐ ひろい	ⓑ ふとい
03	親しい	ⓐ やさしい	ⓑ したしい		07	大事だ	ⓐ だいじだ	ⓑ たいせつだ
04	安心だ	ⓐ あんしんだ	ⓑ あんぜんだ		08	忙しい	ⓐ いそがしい	ⓑ めずらしい

정답: 01 ⓐ 02 ⓑ 03 ⓑ 04 ⓐ 05 ⓑ 06 ⓐ 07 ⓐ 08 ⓐ

★표시는 2010년 이후 기출 어휘입니다.

가족	兄	あに	형, 오빠	姉	あね	누나, 언니
	妹	いもうと	여동생	弟	おとうと	남동생
시간	秋★	あき	가을	朝★	あさ	아침
	夏★	なつ	여름	春★	はる	봄
	昼★	ひる	낮	冬★	ふゆ	겨울
위치·물건	間	あいだ	사이, 동안	糸	いと	실
	上	うえ	위	紙★	かみ	종이
	北	きた	북, 북쪽	切手	きって	우표
	着物	きもの	옷, 일본 옷	皿	さら	접시
	下	した	아래	品物	しなもの	물품, 물건
	外	そと	밖	机★	つくえ	책상
	手紙	てがみ	편지	出口	でぐち	출구
	中	なか	가운데, 안	西	にし	서, 서쪽
	左	ひだり	왼쪽	服	ふく	옷
	前	まえ	앞	町	まち	마을
	右	みぎ	오른쪽	店	みせ	가게
	道	みち	길	港★	みなと	항구
	南	みなみ	남, 남쪽	村	むら	마을
음식	味★	あじ	맛	薬★	くすり	약
	米	こめ	쌀	魚	さかな	생선

★표시는 2010년 이후 기출 어휘입니다.

자연	雨	あめ	비	池★	いけ	연못
	石★	いし	돌	色★	いろ	색
	風	かぜ	바람	川	かわ	강
	木	き	나무	雲★	くも	구름
	空★	そら	하늘	鳥★	とり	새
	花	はな	꽃	林★	はやし	수풀, 숲
	水	みず	물	湖★	みずうみ	호수
	森★	もり	숲	雪★	ゆき	눈
신체	足★	あし	다리, 발	頭★	あたま	머리
	親指	おやゆび	엄지 손가락	顔★	かお	얼굴
	体★	からだ	신체, 몸	首	くび	목
	声★	こえ	목소리, 소리	力	ちから	힘
	手	て	손	耳	みみ	귀
	目	め	눈	指	ゆび	손가락

📄 **확인 문제** 한자로 쓰여진 단어의 알맞은 발음을 고르세요.

01 空　　ⓐ あめ　　ⓑ そら 　　　　05 北　　ⓐ きた　　ⓑ にし

02 耳　　ⓐ くび　　ⓑ みみ 　　　　06 港　　ⓐ いけ　　ⓑ みなと

03 林　　ⓐ もり　　ⓑ はやし 　　　07 村　　ⓐ まち　　ⓑ むら

04 姉　　ⓐ あね　　ⓑ いもうと 　　08 魚　　ⓐ とり　　ⓑ さかな

정답: 01 ⓑ 02 ⓑ 03 ⓑ 04 ⓐ 05 ⓐ 06 ⓑ 07 ⓑ 08 ⓑ

문자·어휘

문제 1 한자 읽기

해커스 JLPT [N4] 한 권으로 합격

실력 다지기

한자로 쓰여진 단어의 알맞은 발음을 고르세요.

01 社会
① さかい ② しゃかい ③ さがい ④ しゃがい

02 相談
① ぞうだん ② ぞうたん ③ そうだん ④ そうたん

03 進む
① すむ ② すすむ ③ よむ ④ やすむ

04 必要だ
① ぴつようだ ② ひつよだ ③ ぴつよだ ④ ひつようだ

05 太い
① ふとい ② ふるい ③ おもい ④ つよい

06 決心
① けっしん ② けっそん ③ けつしん ④ けつそん

07 光る
① はしる ② おくる ③ ひかる ④ すわる

08 複雑だ
① ふくさつだ ② ぶくさつだ ③ ふくざつだ ④ ぶくざつだ

09 近所
① きんじょ ② きじょ ③ きんじょう ④ きじょう

10 親切だ

① しんぜつだ   ② しんせつだ   ③ じんせつだ   ④ じんぜつだ

11 涼しい

① かなしい   ② さびしい   ③ したしい   ④ すずしい

12 通る

① のる   ② とる   ③ とおる   ④ ねむる

13 教育

① きょういく   ② きゅういく   ③ きゅういぐ   ④ きょういぐ

14 北

① した   ② きた   ③ みなみ   ④ みぎ

15 弱い

① ひくい   ② やすい   ③ わるい   ④ よわい

16 使う

① ならう   ② かよう   ③ つかう   ④ あらう

17 下宿

① げしゅく   ② かしゅく   ③ げじゅく   ④ かじゅく

18 適当だ

① できとうだ   ② てきとうだ   ③ できとだ   ④ てきとだ

19 近い

① とおい   ② ちかい   ③ ながい   ④ ひろい

20 首

① あし   ② みみ   ③ ゆび   ④ くび

정답 해설집 p.4

もんだい1　＿＿＿の　ことばは　ひらがなで　どう　かきますか。
　　　　　　1・2・3・4から　いちばん　いい　ものを　ひとつ　えらんで
　　　　　　ください。

1　出発の　じかんは　よる　9時です。
　　1　しゅっぱつ　　　2　しゅっぽつ　　　3　しょっぱつ　　　4　しょっぽつ

2　ここに　座って　ください。
　　1　すわって　　　　2　たって　　　　　3　はいって　　　　4　いって

3　地図の　みかたが　わかりません。
　　1　じず　　　　　　2　ちず　　　　　　3　じと　　　　　　4　ちと

4　かれは　水泳の　練習を　して　います。
　　1　れんしゅう　　　2　えんしゅう　　　3　れんしゅ　　　　4　えんしゅ

5　わたしが　生まれた　きせつは　春です。
　　1　なつ　　　　　　2　あき　　　　　　3　はる　　　　　　4　ふゆ

6　遠いけど　海に　いきたいです。
　　1　さむい　　　　　2　とおい　　　　　3　たかい　　　　　4　くらい

7　自由な　せいかつを　して　います。
　　1　ぢゅ　　　　　　2　ぢゅう　　　　　3　じゆう　　　　　4　じゆ

정답 해설집 p.4

もんだい1 _____の ことばは ひらがなで どう かきますか。

1・2・3・4から いちばん いい ものを ひとつ えらんで

ください。

1 この ホテルは 不便な ところに あります。
1 ふぺん 　　　 2 ふべん 　　　 3 ぶぺん 　　　 4 ぶべん

2 少しだけ 切って ほしいです。
1 きって 　　　 2 はって 　　　 3 まって 　　　 4 とって

3 日記を 書く ことが すきじゃないです。
1 ひっき 　　　 2 ひき 　　　 3 にき 　　　 4 にっき

4 さいきん 涼しく なりました。
1 いそがしく 　 2 すずしく 　　 3 うつくしく 　　 4 したしく

5 これを 消さないで ほしいです。
1 けさないで 　 2 おとさないで 　 3 かえさないで 　 4 ださないで

6 雪の えが きれいですね。
1 ほし 　　　　 2 くも 　　　　 3 あめ 　　　　 4 ゆき

7 計画を かえました。
1 けがく 　　　 2 けかく 　　　 3 けいがく 　　　 4 けいかく

もんだい1 ＿＿＿の ことばは ひらがなで どう かきますか。
1・2・3・4から いちばん いい ものを ひとつ えらんで
ください。

1 考えて みても いいですか。
   1 こたえて   2 おしえて   3 かぞえて   4 かんがえて

2 きのう、家族しゃしんを とりました。
   1 かぞく   2 がそく   3 がぞく   4 かそく

3 この ビルは とても 高いです。
   1 くらい   2 やすい   3 たかい   4 ひろい

4 無理な おねがいを して すみません。
   1 むり   2 むりい   3 ぶり   4 ぶりい

5 経済の じゅぎょうは すきでは ありません。
   1 けさい   2 けいざい   3 けざい   4 けいさい

6 足に けがを して しまいました。
   1 あし   2 からだ   3 あたま   4 ゆび

7 地下鉄から バスに のりかえて ください。
   1 じかてっつ   2 ちかてつ   3 ちかてっつ   4 じかてつ

もんだい1 _____の ことばは ひらがなで どう かきますか。
1・2・3・4から いちばん いい ものを ひとつ えらんで
ください。

1 わたしは 貿易の しごとを して います。
  1 ぼえぎ　　　　　2 ぼえき　　　　　3 ぼうえぎ　　　　4 ぼうえき

2 あそこに みえる 雲は とても きれいですね。
  1 くも　　　　　　2 にわ　　　　　　3 うみ　　　　　　4 はな

3 残念ですが、あしたは 行けません。
  1 さねん　　　　　2 ざんねん　　　　3 さんねん　　　　4 ざねん

4 みなさん、会場に あつまって ください。
  1 けいじゅう　　　2 けいじょう　　　3 かいじょう　　　4 かいじゅう

5 この 道は ひろくて いいです。
  1 みち　　　　　　2 みせ　　　　　　3 まち　　　　　　4 むら

6 待って いて くれて ありがとうございます。
  1 とって　　　　　2 おくって　　　　3 まって　　　　　4 もって

7 嬉しい ことが いっぱい ありました。
  1 うれしい　　　　2 かなしい　　　　3 はずかしい　　　4 たのしい

정답 해설집 p.6

문제 2 표기

[문자·어휘 > 문제 2 표기]는 히라가나로 쓰여진 단어의 올바른 한자 표기를 고르는 문제로, 총 5문항이 출제된다. 명사의 한자를 고르는 문제가 1~3문항, い형용사의 한자를 고르는 문제가 1~2문항, 동사와 な형용사의 한자를 고르는 문제가 각각 1문항 정도 출제된다.

🔵 핵심 전략

1 밑줄 친 히라가나가 명사나 な형용사인 경우에는 오답 선택지에 모양이 비슷한 한자, 발음 또는 의미가 같거나 비슷한 한자를 자주 사용하며, 이러한 한자를 사용하여 실제로 없는 단어를 만들어서 혼동을 주기도 한다. 따라서, 표기할 한자의 모양, 발음, 의미에 유의하여 정답을 고른다.

예 **いしゃ** 의사

① 医者 의사 (O)   ② 匹者 (X)   ③ 医員 의원 (X)   ④ 匹員 (X)

                       医와 모양이 비슷한   者(사람)와 의미가 비슷한   医와 모양이 비슷한 匹,
                       匹가 사용됨, 없는 단어   員(인원)이 사용됨   者(사람)와 의미가 비슷한
                                                                   員(인원)이 사용됨, 없는 단어

2 밑줄 친 히라가나가 い형용사나 동사인 경우에는 선택지가 '한자+어미'의 형태로 제시되며, 이때 의미적으로 관련성이 있는 어휘의 한자나 모양이 비슷한 한자를 사용하여 혼동을 준다. 모양이 비슷하지만 실재하지 않는 한자를 만들어 사용하기도 하므로, 표기할 한자의 의미와 모양에 유의하며 정답을 고른다.

예 **くろい** 까맣다

① 黒い 까맣다 (O)   ② 青い 파랗다 (X)   ③ 赤い 빨갛다 (X)   ④ 白い 하얗다 (X)

                       정답의 黒(검정)과 같은   정답의 黒(검정)과 같은   정답의 黒(검정)과 같은
                       주제의 青(파랑)가 사용됨   주제의 赤(빨강)가 사용됨   주제의 白(하양)가 사용됨

あるく 걷다

① 歩く 걷다 (O)   ② 歩く (X)   ③ 走く (X)   ④ 走く (X)

                       歩와 모양이 비슷한   歩(걷다)와 같은 주제의   오답 선택지의 走와 모양이
                       없는 한자가 사용됨   走(달리다)가 사용됨   비슷한 없는 한자가 사용됨

3 밑줄 친 히라가나가 い형용사나 동사인 문제의 경우, 밑줄 친 히라가나의 어디까지가 한자의 발음인지를 알아야 하는 문제도 출제된다.

예 **いそがしい** 바쁘다

① 忙しい 바쁘다 (O)   ② 忙がしい (X)

                       いそがしい의 경우, いそが까지가 한자 발음에 해당하므로 ②는 오답이다.

4 한자를 암기할 때, 모양이 비슷한 한자, 의미가 관련된 한자, 발음이 같거나 비슷한 한자를 포함하는 단어들을 구별하면서 꼼꼼히 암기한다. 특히, い형용사와 동사의 경우 어디까지가 한자의 발음인지에 유의하며 정확히 암기해야 한다.

문제 풀이 Step

(Step 1) **밑줄 친 히라가나를 읽고 단어의 뜻을 떠올리며 한자를 정확하게 써 본다.**

선택지의 모양이 모두 비슷한 경우 한자의 모양, 발음, 의미에 유의하여 한자를 써 본다.
선택지에 한자와 히라가나가 함께 표시된 경우 한자의 의미, 모양에만 주의하여 한자를 써 본다.

(Step 2) **히라가나에 해당하는 한자를 정답으로 고른다.**

한자 표기가 생각나지 않는 경우, 문장을 읽고 해석하여 문맥에 어울리지 않는 선택지나 잘못된 일본어를 사용한 선택지를 오답으로 소거하면서 정답을 고른다.

문제 풀이 Step 적용

문자·어휘

문제 2 표기

해커스 JLPT N4 한 권으로 합격

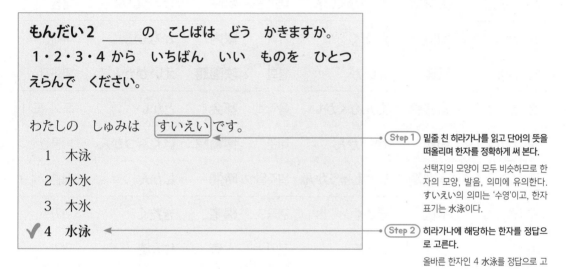

もんだい2 ＿＿＿の ことばは どう かきますか。
1・2・3・4から いちばん いい ものを ひとつ えらんで ください。

わたしの しゅみは すいえい です。

　1　木泳
　2　水氷
　3　木氷
✓　4　水泳

(Step 1) 밑줄 친 히라가나를 읽고 단어의 뜻을 떠올리며 한자를 정확하게 써 본다.

선택지의 모양이 모두 비슷하므로 한자의 모양, 발음, 의미에 유의한다. すいえい의 의미는 '수영'이고, 한자 표기는 水泳이다.

(Step 2) 히라가나에 해당하는 한자를 정답으로 고른다.

올바른 한자인 4 水泳를 정답으로 고른다. 1 木泳는 木가 정답의 水와 모양이 비슷하고, 2 水氷는 氷가 정답의 泳와 모양이 비슷한 오답이다. 3 木氷는 木가 정답의 水와 모양이 비슷하고, 氷가 정답의 泳와 모양이 비슷한 오답이다.

문제2 ＿＿＿의 말은 어떻게 씁니까? 1·2·3·4에서 가장 알맞은 것을 하나 골라 주세요.

저의 취미는 수영입니다.

어휘 水泳 すいえい 몡 수영　しゅみ 몡 취미

■ 발음이 같거나 비슷한 한자를 포함하는 단어 ① ◀)) N4_문제2 표기_핵심표현 및 필수어휘01.mp3

★표시는 2010년 이후 기출 어휘입니다.

意 [い]	意見 ★	いけん	의견	意味	いみ	의미
以 [い]	以外 ★	いがい	이외	以内	いない	이내
員 [いん]	公務員	こうむいん	공무원	店員 ★	てんいん	점원
院 [いん]	大学院	だいがくいん	대학원	病院	びょういん	병원
家 [か]	家族	かぞく	가족	家内	かない	아내
画 [が]	映画	えいが	영화	映画館	えいがかん	영화관
会 [かい]	音楽会	おんがくかい	음악회	都会	とかい	도회, 도시
館 [かん]	開館	かいかん	개관	博物館	はくぶつかん	박물관
間 [かん]	一週間	いっしゅうかん	일주일	時間	じかん	시간
帰 [き]	帰国 ★	きこく	귀국	帰宅	きたく	귀가
気 [き]	空気	くうき	공기	人気	にんき	인기
急 [きゅう]	急行 ★	きゅうこう	급행	特急 ★	とっきゅう	특급
究 [きゅう]	研究 ★	けんきゅう	연구	研究会	けんきゅうかい	연구회
教 [きょう]	教会	きょうかい	교회	教室	きょうしつ	교실
強 [きょう]	強調	きょうちょう	강조	勉強 ★	べんきょう	공부
業 [ぎょう]	授業	じゅぎょう	수업	卒業	そつぎょう	졸업
計 [けい]	計画 ★	けいかく	계획	時計	とけい	시계
経 [けい]	経営	けいえい	경영	経済	けいざい	경제
見 [けん]	見学 ★	けんがく	견학	見物	けんぶつ	구경
験 [けん]	実験	じっけん	실험	受験	じゅけん	수험

★표시는 2010년 이후 기출 어휘입니다.

行 [こう]	銀行	ぎんこう	은행	飛行場	ひこうじょう	비행장
校 [こう]	高校	こうこう	고등학교	校長	こうちょう	교장
交 [こう]	交差点	こうさてん	교차로	交通	こうつう	교통
試 [し]	試合 ★	しあい	시합	試験	しけん	시험
仕 [し]	仕方	しかた	하는 방법	仕事 ★	しごと	일
失 [しつ]	失敗 ★	しっぱい	실패, 실수	失礼 ★	しつれい	실례
自 [じ]	自分	じぶん	자기 자신	自由 ★	じゆう	자유
事 [じ]	工事 ★	こうじ	공사	事情	じじょう	사정
週 [しゅう]	今週	こんしゅう	이번 주	週末	しゅうまつ	주말
住 [じゅう]	住所 ★	じゅうしょ	주소	住民	じゅうみん	주민
出 [しゅつ]	出席	しゅっせき	출석	出発 ★	しゅっぱつ	출발
所 [しょ]	事務所	じむしょ	사무소	長所	ちょうしょ	장점
書 [しょ]	辞書	じしょ	사전	図書館	としょかん	도서관
小 [しょう]	小学生	しょうがくせい	초등학생	小学校	しょうがっこう	초등학교

문자·어휘

문제 2 표기

해커스 JLPT N4 한 권으로 합격

📋 **확인 문제** 히라가나로 쓰여진 단어의 알맞은 한자 표기를 고르세요.

01 ぎんこう   ⓐ 銀行   ⓑ 銀校   05 こうむいん   ⓐ 公務院   ⓑ 公務員

02 しかた   ⓐ 試方   ⓑ 仕方   06 はくぶつかん   ⓐ 博物間   ⓑ 博物館

03 こうじ   ⓐ 工事   ⓑ 工自   07 けいかく   ⓐ 計画   ⓑ 経画

04 じしょ   ⓐ 辞所   ⓑ 辞書   08 けんぶつ   ⓐ 見物   ⓑ 験物

정답: 01 ⓐ 02 ⓑ 03 ⓐ 04 ⓑ 05 ⓑ 06 ⓑ 07 ⓐ 08 ⓐ

★표시는 2010년 이후 기출 어휘입니다.

上 [じょう]	以上	いじょう	이상	上手だ ★	じょうずだ	잘하다
食 [しょく]	食品	しょくひん	식품	昼食	ちゅうしょく	점심 식사
心 [しん]	安心 ★	あんしん	안심	心配 ★	しんぱい	걱정
親 [しん]	親戚	しんせき	친척	両親	りょうしん	부모님
世 [せ]	世界 ★	せかい	세계	世話 ★	せわ	보살핌
生 [せい]	生活	せいかつ	생활	先生	せんせい	선생(님)
性 [せい]	女性	じょせい	여성	男性	だんせい	남성
切 [せつ]	親切だ ★	しんせつだ	친절하다	大切だ ★	たいせつだ	소중하다
節 [せつ]	季節	きせつ	계절	節約	せつやく	절약
大 [たい]	大使館	たいしかん	대사관	大抵	たいてい	대부분
題 [だい]	宿題	しゅくだい	숙제	問題	もんだい	문제
転 [てん]	運転 ★	うんてん	운전	自転車 ★	じてんしゃ	자전거
店 [てん]	喫茶店	きっさてん	찻집, 카페	店長	てんちょう	점장
天 [てん]	天気	てんき	날씨	天気予報	てんきよほう	일기예보
電 [でん]	電車	でんしゃ	전철, 전차	電灯	でんとう	전등
度 [ど]	一度 ★	いちど	한 번	今度 ★	こんど	이번
堂 [どう]	講堂	こうどう	강당	食堂 ★	しょくどう	식당
道 [どう]	道具	どうぐ	도구	道路	どうろ	도로
半 [はん]	半日	はんにち	반일, 한나절	半分	はんぶん	반
飯 [はん]	晩ご飯	ばんごはん	저녁 식사	昼ご飯	ひるごはん	점심 식사

★표시는 2010년 이후 기출 어휘입니다.

不 [ふ]	不便だ ★	ふべんだ	불편하다	不満だ	ふまんだ	불만이다
服 [ふく]	制服	せいふく	교복, 제복	洋服	ようふく	옷
分 [ぶん]	十分だ ★	じゅうぶんだ	충분하다	部分	ぶぶん	부분
文 [ぶん]	作文	さくぶん	작문	文化	ぶんか	문화
明 [めい]	説明 ★	せつめい	설명	発明	はつめい	발명
名 [めい]	地名	ちめい	지명	有名だ	ゆうめいだ	유명하다
夜 [や]	今夜	こんや	오늘 밤	深夜	しんや	심야
屋 [や]	部屋	へや	방	本屋 ★	ほんや	서점
用 [よう]	用意 ★	ようい	준비	用事 ★	ようじ	볼일, 용건
洋 [よう]	西洋	せいよう	서양	東洋	とうよう	동양
理 [り]	理由	りゆう	이유	料理 ★	りょうり	요리
利 [り]	便利だ ★	べんりだ	편리하다	利用 ★	りよう	이용
旅 [りょ]	旅館	りょかん	여관	旅行 ★	りょこう	여행
料 [りょう]	食料品 ★	しょくりょうひん	식료품	資料	しりょう	자료

확인 문제 히라가나로 쓰여진 단어의 알맞은 한자 표기를 고르세요.

01	しんせつだ	ⓐ 親切だ	ⓑ 親節だ	05	てんき	ⓐ 天気	ⓑ 電気
02	せいかつ	ⓐ 世活	ⓑ 生活	06	はつめい	ⓐ 発名	ⓑ 発明
03	こうどう	ⓐ 講道	ⓑ 講堂	07	りゆう	ⓐ 利由	ⓑ 理由
04	てんちょう	ⓐ 店長	ⓑ 転長	08	ようじ	ⓐ 用事	ⓑ 洋事

정답: 01 ⓐ 02 ⓑ 03 ⓑ 04 ⓐ 05 ⓐ 06 ⓑ 07 ⓑ 08 ⓐ

★표시는 2010년 이후 기출 어휘입니다.

会	会う	あう	만나다	展覧会	てんらんかい	전람회
合	似合う	にあう	어울리다	間に合う★	まにあう	시간에 맞추다
明	明日	あした	내일	説明★	せつめい	설명
朝	朝ご飯	あさごはん	아침 밥	毎朝	まいあさ	매일 아침
転	回転	かいてん	회전	転ぶ	ころぶ	넘어지다
軽	軽い★	かるい	가볍다	手軽だ	てがるだ	손쉽다
動	動く★	うごく	움직이다	自動車	じどうしゃ	자동차
働	共働き	ともばたらき	맞벌이	働く	はたらく	일하다
重	重い★	おもい	무겁다	重要だ	じゅうようだ	중요하다
送	送る★	おくる	보내다	放送	ほうそう	방송
遠	遠慮	えんりょ	사양	遠い★	とおい	멀다
速	速度	そくど	속도	速い★	はやい	빠르다
買	買い物	かいもの	쇼핑	買う	かう	사다
貸	貸出し	かしだし	대출	貸す★	かす	빌려 주다
員	駅員	えきいん	역무원	全員	ぜんいん	전원
間	昼間	ひるま	주간, 낮 동안	間違える	まちがえる	틀리다
聞	聞く	きく	듣다, 묻다	聞こえる	きこえる	들리다
開	開ける	あける	열다	開く	ひらく	열리다
音	音★	おと	소리	発音	はつおん	발음
暗	暗記	あんき	암기	暗い★	くらい	어둡다

★표시는 2010년 이후 기출 어휘입니다.

計	計算	けいさん	계산	計る	はかる	(길이, 무게 등을) 재다
話	電話	でんわ	전화	話す	はなす	이야기하다
験	経験★	けいけん	경험	試験	しけん	시험
険	危険★	きけん	위험	険しい	けわしい	험하다
小	小指	こゆび	새끼손가락	小さい	ちいさい	작다
少	少ない	すくない	적다	多少	たしょう	다소
大	大人	おとな	어른	大事だ★	だいじだ	소중하다
文	文学	ぶんがく	문학	文字	もじ	문자
美	美しい	うつくしい	아름답다	美人	びじん	미인
親	親類	しんるい	친척	両親	りょうしん	부모님
新	新しい	あたらしい	새롭다	新聞	しんぶん	신문
先	先	さき	앞, 이전	先週	せんしゅう	지난 주
生	生まれる	うまれる	태어나다	生徒	せいと	학생
住	住宅	じゅうたく	주택	住む★	すむ	살다

📋 **확인 문제** 히라가나로 쓰여진 단어의 알맞은 한자 표기를 고르세요.

01	たしょう	ⓐ 多小	ⓑ 多少	05	ぜんいん	ⓐ 全員	ⓑ 全買
02	にあう	ⓐ 似会う	ⓑ 似合う	06	けいさん	ⓐ 計算	ⓑ 話算
03	ころぶ	ⓐ 転ぶ	ⓑ 軽ぶ	07	しんぶん	ⓐ 新聞	ⓑ 親聞
04	そくど	ⓐ 遠度	ⓑ 速度	08	じゅうたく	ⓐ 先宅	ⓑ 住宅

정답: 01 ⓑ 02 ⓑ 03 ⓐ 04 ⓑ 05 ⓐ 06 ⓐ 07 ⓐ 08 ⓑ

★표시는 2010년 이후 기출 어휘입니다.

特	特色	とくしょく	특색	特別だ	とくべつだ	특별하다
待	招待★	しょうたい	초대	待つ★	まつ	기다리다
持	気持ち	きもち	기분, 감정	持つ★	もつ	가지다, 들다
走	走り出す	はしりだす	뛰기 시작하다	走る★	はしる	뛰다
歩	歩く★	あるく	걷다	散歩	さんぽ	산책
夕	夕方★	ゆうがた	저녁 무렵	夕飯	ゆうはん	저녁 식사
名	名前	なまえ	이름	有名だ	ゆうめいだ	유명하다
強	強い★	つよい	강하다, 세다	勉強★	べんきょう	공부
弱	弱い★	よわい	약하다	弱気	よわき	나약함
引	引く	ひく	끌다	引っ越す	ひっこす	이사하다
水	水道★	すいどう	수도	水	みず	물
氷	かき氷	かきごおり	빙수	氷★	こおり	얼음
入	入れる	いれる	넣다	入る	はいる	들어가다
人	人口★	じんこう	인구	人	ひと	사람
終	終わり	おわり	끝	終点	しゅうてん	종점
紙	紙★	かみ	종이	手紙	てがみ	편지
薬	薬★	くすり	약	薬局	やっきょく	약국
楽	音楽	おんがく	음악	楽しい★	たのしい	즐겁다
鳥	小鳥	ことり	작은 새	鳥★	とり	새
島	島	しま	섬	半島	はんとう	반도

★표시는 2010년 이후 기출 어휘입니다.

食	食事	しょくじ	식사	食べる	たべる	먹다
館	会館	かいかん	회관	旅館	りょかん	여관
汚	汚い★	きたない	더럽다	汚れる★	よごれる	더러워지다
洗	洗う★	あらう	씻다	洗濯★	せんたく	세탁
場	場所★	ばしょ	장소	広場	ひろば	광장
地	地図	ちず	지도	地理★	ちり	지리
分	気分★	きぶん	기분	分ける	わける	나누다
今	今日	きょう	오늘	今朝	けさ	오늘 아침
数	数える★	かぞえる	세다	数学	すうがく	수학
教	教育	きょういく	교육	教室	きょうしつ	교실
書	書く	かく	쓰다	葉書	はがき	엽서
事	返事★	へんじ	답장	用事★	ようじ	용무, 볼일
工	工業	こうぎょう	공업	工場★	こうじょう	공장
土	お土産★	おみやげ	기념품, 선물	土曜日	どようび	토요일

📄 **확인 문제** 히라가나로 쓰여진 단어의 알맞은 한자 표기를 고르세요.

01	とくべつだ	ⓐ 持別だ	ⓑ 特別だ	05	せんたく	ⓐ 洗濯	ⓑ 汚濯
02	じんこう	ⓐ 人口	ⓑ 入口	06	ちず	ⓐ 地図	ⓑ 場図
03	やっきょく	ⓐ 楽局	ⓑ 薬局	07	かぞえる	ⓐ 教える	ⓑ 数える
04	しゅうてん	ⓐ 紙点	ⓑ 終点	08	おみやげ	ⓐ お土産	ⓑ お工産

정답: 01 ⓑ 02 ⓐ 03 ⓑ 04 ⓑ 05 ⓐ 06 ⓐ 07 ⓑ 08 ⓐ

★표시는 2010년 이후 기출 어휘입니다.

者 사람	医者 ★	いしゃ	의사	歯医者	はいしゃ	치과(의사)
員 인원	会員	かいいん	회원	店員 ★	てんいん	점원
多 많다	多い	おおい	많다	多少	たしょう	다소
大 크다	大きい ★	おおきい	크다	大勢	おおぜい	많은 사람
長 길다	成長	せいちょう	성장	長い	ながい	길다
屋 집	屋上 ★	おくじょう	옥상	部屋	へや	방
室 방	会議室	かいぎしつ	회의실	教室	きょうしつ	교실
堂 큰 건물	講堂	こうどう	강당	食堂 ★	しょくどう	식당
館 건물	体育館	たいいくかん	체육관	美術館	びじゅつかん	미술관
思 생각하다	思い出す	おもいだす	생각해내다	思う	おもう	생각하다
考 생각하다	考え方	かんがえかた	사고방식	考える ★	かんがえる	생각하다
文 글	文	ぶん	글	文章	ぶんしょう	문장
書 글	教科書	きょうかしょ	교과서	読書	どくしょ	독서
光 빛	光	ひかり	빛	光る ★	ひかる	빛나다
明 밝다	明るい ★	あかるい	밝다	明らかだ	あきらかだ	분명하다
話 이야기하다	会話	かいわ	대화, 회화	話	はなし	이야기
説 말하다	小説 ★	しょうせつ	소설	説明 ★	せつめい	설명
言 말하다	言う	いう	말하다	言葉	ことば	말
買 사다	買う	かう	사다	売買	ばいばい	매매
売 팔다	売り場	うりば	파는 곳	売る ★	うる	팔다

★표시는 2010년 이후 기출 어휘입니다.

始 시작하다	始まる	はじまる	시작되다	始める★	はじめる	시작하다
終 끝나다	終える	おえる	끝내다	終わる★	おわる	끝나다
青 파랑	青	あお	파랑	青い★	あおい	파랗다
赤 빨강	赤い★	あかい	빨갛다	赤ん坊	あかんぼう	갓난아기
黒 검정	黒	くろ	검정	黒い	くろい	까맣다
白 하양	面白い	おもしろい	재미있다	白い★	しろい	하얗다
院 학교, 병원	退院	たいいん	퇴원	入院	にゅういん	입원
校 학교	高校生	こうこうせい	고등학생	中学校	ちゅうがっこう	중학교
業 일	営業★	えいぎょう	영업	休業	きゅうぎょう	휴업
事 일	事件	じけん	사건	仕事★	しごと	일
貸 빌려주다	貸出し	かしだし	대출	貸す★	かす	빌려주다
借 빌리다	借りる	かりる	빌리다	借金	しゃっきん	빚
昼 낮	昼★	ひる	낮	昼休み	ひるやすみ	점심 시간
夜 밤	夜中	よなか	한밤중	夜★	よる	밤

📄 **확인 문제** 히라가나로 쓰여진 단어의 알맞은 한자 표기를 고르세요.

01 おくじょう	ⓐ 屋上	ⓑ 室上	05 ことば	ⓐ 言葉	ⓑ 説葉
02 おもう	ⓐ 考う	ⓑ 思う	06 あおい	ⓐ 赤い	ⓑ 青い
03 ぶん	ⓐ 文	ⓑ 書	07 えいぎょう	ⓐ 営事	ⓑ 営業
04 ひかる	ⓐ 明る	ⓑ 光る	08 かす	ⓐ 貸す	ⓑ 借す

정답: 01 ⓐ 02 ⓑ 03 ⓐ 04 ⓑ 05 ⓐ 06 ⓑ 07 ⓑ 08 ⓐ

★표시는 2010년 이후 기출 어휘입니다.

運 옮기다	運転★	うんてん	운전	運ぶ★	はこぶ	옮기다
動 움직이다	運動場	うんどうじょう	운동장	動物園	どうぶつえん	동물원
兄 형, 오빠	兄	あに	형, 오빠	兄弟	きょうだい	형제
姉 누나, 언니	姉	あね	누나, 언니	お姉さん	おねえさん	(남의)누나, 언니
寝 자다	寝坊★	ねぼう	늦잠	寝る	ねる	자다
眠 자다	眠い★	ねむい	졸리다	眠る	ねむる	자다
海 바다	海★	うみ	바다	海岸	かいがん	해안
港 항구	空港★	くうこう	공항	港★	みなと	항구
教 가르치다	教える★	おしえる	가르치다	教わる★	おそわる	배우다
学 배우다	科学	かがく	과학	学校	がっこう	학교
天 하늘	天気	てんき	날씨	天才	てんさい	천재
空 하늘	空港★	くうこう	공항	空★	そら	하늘
前 앞	午前	ごぜん	오전	前	まえ	앞
後 뒤	後ろ	うしろ	뒤	午後	ごご	오후
住 살다	住まい	すまい	사는 곳	住む★	すむ	살다
生 살다, 낳다	生きる	いきる	살다	生産★	せいさん	생산
行 가다	行く	いく	가다	行う	おこなう	행하다
来 오다	来る	くる	오다	将来★	しょうらい	장래
暑 덥다	暑い	あつい	덥다	蒸し暑い	むしあつい	무덥다
熱 뜨겁다	熱い	あつい	뜨겁다	熱心だ★	ねっしんだ	열심이다

★표시는 2010년 이후 기출 어휘입니다.

決 결정하다	決まる★	きまる	결정되다	決める★	きめる	결정하다
定 정하다	指定	してい	지정	予定★	よてい	예정
所 장소	台所	だいどころ	부엌	所	ところ	장소
場 장소	会場	かいじょう	회장	場合	ばあい	경우
痛 아프다	痛い	いたい	아프다	痛む	いたむ	아프다
病 병	病院	びょういん	병원	病気	びょうき	병
本 책	本棚	ほんだな	책장	本当だ	ほんとうだ	정말이다
紙 종이	手紙	てがみ	편지	表紙	ひょうし	표지
短 짧다	短期	たんき	단기	短い	みじかい	짧다
近 가깝다	近所★	きんじょ	근처	近い	ちかい	가깝다
使 사용하다	使用	しよう	사용	使う	つかう	사용하다
捨 버리다	捨てる	すてる	버리다	使い捨て	つかいすて	1회용
新 새롭다	新しい	あたらしい	새롭다	新聞社	しんぶんしゃ	신문사
古 낡다	中古	ちゅうこ	중고	古い	ふるい	낡다

📋 **확인 문제** 히라가나로 쓰여진 단어의 알맞은 한자 표기를 고르세요.

01	いたい	ⓐ 痛い	ⓑ 病い	05	ねむる	ⓐ 寝る	ⓑ 眠る
02	きんじょ	ⓐ 短所	ⓑ 近所	06	ごご	ⓐ 午前	ⓑ 午後
03	ちゅうこ	ⓐ 中古	ⓑ 中新	07	かいがん	ⓐ 海岸	ⓑ 港岸
04	はこぶ	ⓐ 運ぶ	ⓑ 動ぶ	08	くる	ⓐ 行る	ⓑ 来る

정답: 01 ⓐ 02 ⓑ 03 ⓐ 04 ⓐ 05 ⓑ 06 ⓑ 07 ⓐ 08 ⓑ

히라가나로 쓰여진 단어의 알맞은 한자 표기를 고르세요.

01 ぎんこう
① 銀行　　　② 金校　　　③ 銀校　　　④ 金行

02 せかい
① 生果　　　② 世界　　　③ 生界　　　④ 世果

03 はしって
① 表って　　② 衣って　　③ 走って　　④ 起って

04 あかるかった
① 光かった　② 明かった　③ 光るかった　④ 明るかった

05 しんせつ
① 新初　　　② 親切　　　③ 親初　　　④ 新切

06 たしょう
① 多少　　　② 大少　　　③ 多小　　　④ 大小

07 じゅうよう
① 乗安　　　② 重安　　　③ 乗要　　　④ 重要

08 かみ
① 糸　　　　② 紙　　　　③ 組　　　　④ 緑

09 みじかい
① 遠い　　　② 近い　　　③ 短い　　　④ 長い

10 とくべつ

① 待別　　　② 特別　　　③ 特例　　　④ 待例

11 ひく

① 引く　　　② 強く　　　③ 弟く　　　④ 弓く

12 じゅぎょう

① 住事　　　② 授事　　　③ 住業　　　④ 授業

13 たのしい

① 楽しい　　② 薬しい　　③ 来しい　　④ 案しい

14 おしえる

① 習える　　② 考える　　③ 学える　　④ 教える

15 じゅうぶん

① 十今　　　② 十分　　　③ 千今　　　④ 千分

16 しけん

① 試険　　　② 仕験　　　③ 試験　　　④ 仕険

17 はなす

① 言す　　　② 説す　　　③ 話す　　　④ 討す

18 いたい

① 退い　　　② 痛い　　　③ 病い　　　④ 通い

19 おくじょう

① 屋上　　　② 家所　　　③ 家上　　　④ 屋所

20 あね

① 妹　　　　② 姉　　　　③ 弟　　　　④ 兄

정답 해설집 p.7

もんだい2 ＿＿＿の　ことばは　どう　かきますか。1・2・3・4から
　　　　　　いちばん　いい　ものを　ひとつ　えらんで　ください。

8　けさは　ごはんを　食べませんでした。

　　1　今朝　　　　　2　今日　　　　　3　明日　　　　　4　夕方

9　これは　あそこの　お店で　かいました。

　　1　貸いました　　2　資いました　　3　買いました　　4　賃いました

10　まいにち　さんぽを　して　います。

　　1　散走　　　　　2　婿走　　　　　3　婿歩　　　　　4　散歩

11　いちばん　たいせつな　ものは　かぞくです。

　　1　大切　　　　　2　大説　　　　　3　太切　　　　　4　太説

12　うつくしい　けしきを　見に　いきます。

　　1　実しい　　　　2　美しい　　　　3　夫しい　　　　4　完しい

정답 해설집 p.7

실전 테스트 2

해커스 JLPT N4
한 권으로 합격

문자·어휘

문제 2 표기

해커스 JLPT N4 한 권으로 합격

もんだい2 ＿＿＿の ことばは どう かきますか。1・2・3・4から
いちばん いい ものを ひとつ えらんで ください。

8 しろい かばんを かって もらいました。
1 黒い　　　　　2 青い　　　　　3 白い　　　　　4 赤い

9 先生の 話を よく きいて ください。
1 聞いて　　　　2 開いて　　　　3 閉いて　　　　4 問いて

10 今から しけんに ついて せつめいします。
1 説晴　　　　　2 話明　　　　　3 説明　　　　　4 話晴

11 来週まで としょかんの りようが できません。
1 利用　　　　　2 科用　　　　　3 利要　　　　　4 科要

12 さいきん、どくしょが 好きに なりました。
1 計康　　　　　2 読康　　　　　3 計書　　　　　4 読書

もんだい2 ＿＿＿の ことばは どう かきますか。1・2・3・4から
いちばん いい ものを ひとつ えらんで ください。

8 がっこうの まえに えきが あります。

1 学交　　　　　2 学校　　　　　3 教交　　　　　4 教校

9 あにの へやは わたしの へやより おおきいです。

1 長きい　　　　2 多きい　　　　3 太きい　　　　4 大きい

10 すみませんが、ドアを あけて ください。

1 開けて　　　　2 閉けて　　　　3 鬨けて　　　　4 閇けて

11 この くるまは ふべんだから かいません。

1 木便　　　　　2 木更　　　　　3 不便　　　　　4 不更

12 きのうは よる おそく ねました。

1 昼　　　　　　2 夜　　　　　　3 朝　　　　　　4 晩

정답 해설집 p.8

もんだい2 ＿＿＿の ことばは どう かきますか。1・2・3・4から
いちばん いい ものを ひとつ えらんで ください。

8 すいどうから みずが 出ません。

1 水堂　　　　2 氷堂　　　　3 水道　　　　4 氷道

9 あの スーパーの まえに やまださんが いました。

1 前　　　　2 上　　　　3 後　　　　4 下

10 にもつが とても おもいです。

1 軽い　　　　2 重い　　　　3 経い　　　　4 運い

11 わたしの しゅみは じてんしゃに のる ことです。

1 白動車　　　2 白転車　　　3 自動車　　　4 自転車

12 あしたから 大会が はじまります。

1 終まります　　2 始まります　　3 止まります　　4 決まります

문제 3 | 문맥 규정

> [문자·어휘 > 문제 3 문맥 규정]은 제시된 문장의 빈칸에 들어갈, 문맥에 알맞은 어휘를
> 고르는 문제로 총 8문항이 출제된다. 명사를 고르는 문제가 3~4문항, 동사를 고르는 문제
> 가 2~3문항 정도 출제되며, 형용사나 부사를 고르는 문제가 각각 1문항 정도 출제된다.

⭕ 핵심 전략

1 문맥에 알맞은 명사나 な형용사를 고르는 문제는 빈칸의 앞뒤와 문맥이 어울리는 선택지를 정답으로 고른다.

예 たのしい（　　）を たくさん 作^{つく}りましょう。

즐거운 （　　）을 많이 만듭시다.

① おもいで 추억 (O)　　　　② ゆめ 꿈 (×)

2 문맥에 알맞은 동사나 い형용사를 고르는 문제는 문장 전체의 문맥에 어울리는 선택지를 정답으로 고른다.

예 この いすを そとに（　　）ください。

이 의자를 밖에 （　　）주세요.

① だして 내놓아 (O)　　　　② ひろって 주워 (×)

これは（　　）ので、ひとりで はこべません。

이것은 （　　）때문에, 혼자서 옮길 수 없습니다.

① おもい 무겁기 (O)　　　　② はやい 빠르기 (×)

3 문맥에 알맞은 부사를 고르는 문제는 빈칸 뒤의 동사 또는 문장 전체와 문맥이 어울리는 선택지를 정답으로 고른다.

예 こんどは かのじょも（　　）来^くると 思^{おも}います。

이번은 그녀도 （　　）올 거라고 생각합니다.

① きっと 꼭 (O)　　　　② いつも 항상 (×)

4 시험에 자주 출제되는 단어를 앞이나 뒤에서 자주 사용되는 표현들과 구문으로 학습해둔다.

🔹 문제 풀이 Step

Step 1 **선택지를 먼저 읽고 의미를 파악한다.**

선택지를 먼저 읽고, 각 선택지의 의미를 떠올리며 품사도 함께 파악한다. 이때 각 선택지의 의미를 살짝 적어두면, 제시된 문장을 읽을 때 빈칸에 들어갈 적절한 표현을 떠올리기 쉽다.

Step 2 **빈칸의 앞뒤 혹은 문장 전체와 문맥이 가장 잘 어울리는 선택지를 정답으로 고른다.**

빈칸의 앞뒤를 먼저 확인하여 문맥상 가장 잘 어울리는 선택지를 정답으로 고른다. 정답 후보가 2개 이상인 경우에는 문장 전체를 읽고 문맥에 알맞은 선택지를 정답으로 고른다.

🔹 문제 풀이 Step 적용

もんだい3 （　　　）に　なにを　いれますか。1・2・
3・4 から　いちばん　いい　ものを　ひとつ　えらんで
ください。

くうこうまで　行く　バスの　（　　　）時間は　何時で
すか。

1　さんか

✓2　しゅっぱつ

3　にゅうじょう

4　こうじ

Step 1 선택지를 먼저 읽고 의미를 파악한다.
각 선택지의 의미는 1 '참가', 2 '출발', 3 '입장', 4 '공사'이며, 품사는 명사이다.

Step 2 빈칸의 앞뒤 혹은 문장 전체와 문맥이 가장 잘 어울리는 선택지를 정답으로 고른다.
빈칸 앞뒤를 확인했을 때 バスのしゅっぱつ時間(버스의 출발시간)이라는 문맥이 가장 자연스러우므로 2 しゅっぱつ(출발)가 정답이다. 1은 大会へのさんか(대회에의 참가), 3은 観客のにゅうじょう(관객의 입장), 4는 道路のこうじ(도로의 공사)와 같이 쓰인다.

문제3 （　　　）에 무엇을 넣습니까? 1·2·3·4에서 가장 알맞은 것을 하나 골라 주세요.

공항까지 가는 버스의 (　　　) 시간은 몇 시입니까?
1　참가　　　　　**2　출발**　　　　　3　입장　　　　　4　공사

어휘　くうこう 團 공항　〜まで 图 ~까지　行く いく 團 가다　バス 團 버스　時間 じかん 團 시간　さんか 團 참가　しゅっぱつ 團 출발
にゅうじょう 團 입장　こうじ 團 공사

무료 MP3 바로듣기

문맥 규정에 자주 출제되는 명사 ① 🔊 N4_문제3 문맥규정_핵심표현 및 필수어휘01.mp3

★표시는 2010년 이후 기출 어휘입니다.

足★ あし	발, 다리	くつが小さくて足が痛い	신발이 작아서 발이 아프다
案内★ あんない	안내	道を案内する	길을 안내하다
うそ★	거짓말	うそをつく	거짓말을 하다
うで	팔, 솜씨, 실력	うでを組む	팔짱을 끼다
売り場 うりば	매장	子ども服の売り場に行く	아동복 매장에 가다
遠慮 えんりょ	사양함, 삼감, 조심함	遠慮なく食べてください	사양하지 말고 드세요
おいわい	축하 선물, 축하	合格のおいわいをおくる	합격 축하 선물을 보내다
大勢 おおぜい	많은 사람, 여럿	大勢の人があつまっている	많은 사람이 모여 있다
おじぎ★	인사, 절	おじぎをする	인사를 하다
おつり	잔돈	おつりをもらう	잔돈을 받다
音★ おと	소리, 음	外から車の音がする	밖에서 차 소리가 난다
思い出★ おもで	추억	思い出のある場所	추억이 있는 장소
おもちゃ	장난감	子どものおもちゃを買う	아이의 장난감을 사다
お礼★ れい	감사의 말, 사례	お礼を言う	감사의 말을 하다
会議 かいぎ	회의	会議の時間が変わる	회의 시간이 바뀌다
会場 かいじょう	회장	コンサートの会場に行く	콘서트 회장에 가다
かがみ	거울	かがみを見る	거울을 보다
かんけい	관계	それはこの事件とかんけいがあります 그것은 이 사건과 관계가 있습니다	
かんごし	간호사	かんごしになる	간호사가 되다
きかい	기계	きかいの使い方がわからない	기계의 사용 방법을 모르다
帰国★ きこく	귀국	来月に帰国する	다음달에 귀국한다

★표시는 2010년 이후 기출 어휘입니다.

ぎじゅつ★	기술	ぎじゅつを勉強する 기술을 공부하다
季節 (きせつ)	계절	好きな季節 좋아하는 계절
きそく	규칙	交通のきそくを守る 교통 규칙을 지키다
きょうそう	경쟁	ともだちときょうそうする 친구와 경쟁하다
興味 (きょうみ)★	흥미	興味を持つ 흥미를 가지다
禁煙 (きんえん)	금연	禁煙する 금연하다
具合 (ぐあい)★	상태, 형편	具合が悪い 상태가 나쁘다
経験 (けいけん)★	경험	失敗を経験する 실패를 경험하다
景色 (けしき)★	경치	美しい景色 아름다운 경치
結果 (けっか)	결과	試験の結果が出る 시험 결과가 나오다
けんか★	다툼, 싸움	けんかをする 다툼을 하다
こうがい	교외(학교의 밖)	こうがい活動をする 교외 활동을 하다
声 (こえ)★	목소리	大きい声 큰 목소리
心 (こころ)★	마음	心にないことを言う 마음에 없는 것을 말하다
故障 (こしょう)★	고장	けいたいが故障する 휴대전화가 고장 나다

📋 **확인 문제** 문맥에 맞게 괄호에 들어갈 단어를 고르세요.

01 大学で科学(ⓐ ぎじゅつ/ⓑ こしょう)を勉強します。

02 (ⓐ かがみ/ⓑ おもちゃ)を見て、けしょうをします。

03 美しい(ⓐ けしき/ⓑ こうがい)を見ることができます。

04 (ⓐ おれい/ⓑ おつり)をもらうのを忘れないでね。

05 交通の(ⓐ けっか/ⓑ きそく)は守ってください。

06 弟の(ⓐ こえ/ⓑ ぐあい)は大きいです。

정답: 01 ⓐ 02 ⓐ 03 ⓐ 04 ⓑ 05 ⓑ 06 ⓐ

★표시는 2010년 이후 기출 어휘입니다.

最近 ★ ^{さいきん}	최근	彼女の最近の作品を読む ^{かのじょ さいきん さくひん よ} 그녀의 최근 작품을 읽다
最後 ^{さい ご}	끝, 최후	いちばん最後のページ ^{さい ご} 가장 끝 페이지
最初 ^{さいしょ}	처음, 최초	最初からやりなおす ^{さいしょ} 처음부터 다시 하다
さか	비탈길, 고개, 언덕	さかを自転車でのぼる ^{じ てんしゃ} 비탈길을 자전거로 오르다
賛成 ★ ^{さんせい}	찬성	彼の意見に賛成する ^{かれ いけん さんせい} 그의 의견에 찬성하다
じゃま	방해	じゃましないでください 방해하지 말아 주세요
習慣 ^{しゅうかん}	습관	朝早く起きる習慣 ^{あさはや お しゅうかん} 아침 일찍 일어나는 습관
準備 ★ ^{じゅん び}	준비	大会を準備する ^{たいかい じゅん び} 대회를 준비하다
紹介 ★ ^{しょうかい}	소개	自己紹介をする ^{じ こ しょうかい} 자기소개를 하다
将来 ★ ^{しょうらい}	장래, 미래	将来先生になりたい ^{しょうらい せんせい} 장래 선생님이 되고 싶다
新聞 ^{しんぶん}	신문	毎日新聞を読む ^{まいにちしんぶん よ} 매일 신문을 읽는다
すみ	구석, 모퉁이	部屋のすみまでそうじする ^{へ や} 방의 구석까지 청소하다
相談 ★ ^{そうだん}	상담, 상의	先生と相談する ^{せんせい そうだん} 선생님과 상담하다
だんぼう	난방	部屋にだんぼうをつける ^{へ や} 방에 난방을 틀다
遅刻 ★ ^{ち こく}	지각	学校に遅刻する ^{がっこう ち こく} 학교에 지각하다
注意 ★ ^{ちゅう い}	주의	階段に注意する ^{かいだん ちゅう い} 계단에 주의하다
におい ★	냄새	いいにおいがする 좋은 냄새가 나다
人気 ^{にん き}	인기	あの歌手は人気がある ^{か しゅ にん き} 저 가수는 인기가 있다
熱 ★ ^{ねつ}	열	今日は熱がある ^{きょう ねつ} 오늘은 열이 있다
寝坊 ★ ^{ね ぼう}	늦잠	寝坊して学校に遅刻した ^{ね ぼう がっこう ち こく} 늦잠 자서 학교에 지각했다
のど	목, 인후	のどが痛い ^{いた} 목이 아프다

문맥 규정에 자주 나오는 어휘를 꼭 암기하자!

★표시는 2010년 이후 기출 어휘입니다.

はさみ	가위	はさみで切る 가위로 자르다
番組	(TV)프로그램	好きなテレビ番組 좋아하는 텔레비전 프로그램
ひきだし	서랍	ひきだしの中にある 서랍 속에 있다
ひっこし	이사	明日ひっこしする 내일 이사한다
返事★	대답, 답장	返事をまだ聞いていない 대답을 아직 듣지 않았다
貿易	무역	この国は貿易がさかんだ 이 나라는 무역이 활발하다
ほうそう	방송	インターネットでほうそうする 인터넷으로 방송하다
本屋★	서점, 책방	テキストは本屋で買う 교과서는 서점에서 산다
ほんやく	번역	外国の小説をほんやくする 외국의 소설을 번역하다
約束★	약속	友だちと約束する 친구와 약속하다
輸出	수출	米を輸出する 쌀을 수출하다
夢★	꿈	将来の夢 장래의 꿈
用意★	준비, 마련	プレゼントを用意する 선물을 준비하다
留守★	부재중	彼は今留守だ 그는 지금 부재중이다
冷房	냉방	冷房を入れる 냉방을 넣다

📋 **확인 문제** 문맥에 맞게 괄호에 들어갈 단어를 고르세요.

01 本を読むことが(ⓐ しゅうかん/ⓑ しょうらい)になっています。

02 母の誕生日プレゼントを(ⓐ ようい/ⓑ へんじ)しました。

03 (ⓐ ねつ/ⓑ のど)が痛くて、病院に行きました。

04 パンのいい(ⓐ におい/ⓑ にんき)がします。

05 部屋の(ⓐ さか/ⓑ すみ)までそうじします。

06 この国は(ⓐ ほうそう/ⓑ ぼうえき)がさかんです。

정답: 01 ⓐ 02 ⓐ 03 ⓑ 04 ⓐ 05 ⓑ 06 ⓑ

★표시는 2010년 이후 기출 어휘입니다.

アイディア★	아이디어	いいアイディア 좋은 아이디어
アクセサリー	액세서리	かわいいアクセサリーを買う 귀여운 액세서리를 사다
アパート	아파트	アパートに住む 아파트에 살다
アルバイト★	아르바이트	毎日アルバイトをする 매일 아르바이트를 하다
エアコン	에어컨	エアコンをつける 에어컨을 켜다
エスカレーター	에스컬레이터	エスカレーターに乗る 에스컬레이터를 타다
エレベーター	엘리베이터	エレベーターでのぼる 엘리베이터로 올라가다
ガソリンスタンド	주유소	ガソリンスタンドで給油する 주유소에서 급유하다
カッター★	커터칼	カッターで切る 커터칼로 자르다
カラオケ	노래방	試験の後カラオケに行った 시험 후 노래방에 갔다
ガラス	유리	ガラスが割れた 유리가 깨졌다
グラム★	그램	300グラム 300그램
ケーキ	케이크	誕生日にケーキを食べる 생일에 케이크를 먹다
ゲーム	게임	弟といっしょにゲームをする 남동생과 같이 게임을 하다
サービス	서비스	この店はサービスがわるい 이 가게는 서비스가 좋지 않다
サンダル	샌들	海ではくサンダルを買った 바다에서 신을 샌들을 샀다
スイッチ★	스위치	スイッチを切る 스위치를 끄다
スーツ	정장, 양복	彼はスーツを着ている 그는 정장을 입고 있다
センチ★	센티미터	かみを10センチ切る 머리카락을 10센티미터 자르다
タイプ	타입, 유형	好きなタイプ 좋아하는 타입
チェック★	체크	もう一回チェックしてください 한 번 더 체크해 주세요

★표시는 2010년 이후 기출 어휘입니다.

チケット	티켓	チケットを２枚買う	티켓을 2장 사다
チャンス	기회, 찬스	今回がいいチャンスだ	이번이 좋은 기회이다
テキスト	교과서	日本語のテキスト	일본어 교과서
デパート	백화점	デパートで買い物した	백화점에서 쇼핑했다
パートタイム	파트 타임	パートタイムで働く	파트 타임으로 일하다
パソコン	컴퓨터	パソコンを買った	컴퓨터를 샀다
バレーボール	배구	運動場でバレーボールをした	운동장에서 배구를 했다
ヒーター	히터	ヒーターをつける	히터를 켜다
ビル	빌딩	高いビル	높은 빌딩
プレゼント	선물	誕生日プレゼント	생일 선물
ホテル	호텔	ホテルに泊まる	호텔에 숙박하다
メートル	미터	地面から５メートル上	지면에서 5미터 위
メニュー	메뉴	ランチメニュー	런치 메뉴
ルール★	규칙, 룰	試合のルール	시합의 규칙
レジ	계산대	レジでお金をはらう	계산대에서 돈을 지불하다
レポート	리포트	レポートを書く	리포트를 쓰다

📄 **확인 문제** 문맥에 맞게 괄호에 들어갈 단어를 고르세요.

01 試合の（ⓐ メニュー/ⓑ ルール）を知っています。

02 （ⓐ スーツ/ⓑ アクセサリー）を着て、会社に行きます。

03 日本語の（ⓐ テキスト/ⓑ レポート）を買いました。

04 この店の（ⓐ サンダル/ⓑ サービス）はよくないです。

05 もう一回（ⓐ チケット/ⓑ チェック）をしてください。

06 寒いので、（ⓐ ヒーター/ⓑ パソコン）をつけます。

정답: 01 ⓑ 02 ⓐ 03 ⓐ 04 ⓑ 05 ⓑ 06 ⓐ

★표시는 2010년 이후 기출 어휘입니다.

謝る[★]（あやま）	사과하다	謝ってください（あやま） 사과해 주세요
洗う[★]（あら）	씻다	お皿を洗う（さら・あら） 접시를 씻다
いのる	빌다, 기원하다, 바라다	成功をいのる（せいこう） 성공을 빌다
うえる	심다	木をうえる（き） 나무를 심다
うける	받다	電話をうける（でんわ） 전화를 받다
打つ（う）	치다	ボールを打つ（う） 공을 치다
落とす[★]（お）	떨어뜨리다	コップを落とす（お） 컵을 떨어뜨리다
踊る（おど）	춤추다	みんなの前で踊る（まえ・おど） 모두의 앞에서 춤추다
驚く[★]（おどろ）	놀라다	そのニュースを見て驚いた（み・おどろ） 그 뉴스를 보고 놀랐다
覚える（おぼ）	외우다, 익히다	彼の電話番号を覚えている（かれ・でんわばんごう・おぼ） 그의 전화 번호를 외우고 있다
おれる	부러지다, 접히다	えだがおれる 나뭇가지가 부러지다
かかる	(시간이) 걸리다, (돈이) 들다	時間がかかる（じかん） 시간이 걸리다
かける	걸다, (안경을) 쓰다	かべにコートをかける 벽에 코트를 걸다
飾る[★]（かざ）	장식하다	部屋を飾る（へや・かざ） 방을 장식하다
片づける[★]（かた）	정리하다	車の中を片づける（くるま・なか・かた） 차 안을 정리하다
かむ	물다, 씹다	犬がかむ（いぬ） 개가 물다
消える（き）	없어지다, 사라지다	痛みが消える（いた・き） 아픔이 없어지다
決める[★]（き）	정하다	ピクニックの日を決める（ひ・き） 피크닉 날을 정하다
比べる[★]（くら）	비교하다	大きさを比べる（おお・くら） 크기를 비교하다
込む（こ）	붐비다	電車の中が込んでいる（でんしゃ・なか・こ） 전철 안이 붐비고 있다
壊れる（こわ）	고장 나다, 부서지다	機械が壊れる（きかい・こわ） 기계가 고장 나다

★표시는 2010년 이후 기출 어휘입니다.

探す★	찾다	図書館で本を探す 도서관에서 책을 찾다
さす	(우산을) 쓰다	かさをさす 우산을 쓰다
誘う★	권유하다	映画に誘う 영화를 보자고 권유하다
騒ぐ	떠들다	教室で騒いでいる 교실에서 떠들고 있다
さわる★	만지다	さわらないでください 만지지 말아 주세요
しかる★	혼내다	お母さんにしかられた 어머니께 혼났다
しらべる★	조사하다	値段をしらべる 가격을 조사하다
空く	비다	おなかが空いている 뱃속이 비어 있다
捨てる	버리다	ゴミを捨てる 쓰레기를 버리다
すべる	미끄럽다, 미끄러지다	雨で道がすべる 비로 길이 미끄럽다
住む★	살다	いっしょに住んでいる 함께 살고 있다
育てる★	키우다	子どもを育てる 아이를 키우다
たす	더하다, 보태다	4に5をたす 4에 5를 더하다
たのむ	부탁하다	案内をたのむ 안내를 부탁하다
足りる★	충분하다, 족하다	お金が足りない 돈이 부족하다

📋 **확인 문제** 문맥에 맞게 괄호에 들어갈 단어를 고르세요.

01 この絵には (ⓐ さわらない/ⓑ さわがない) でください。

02 よく (ⓐ たのんで/ⓑ しらべて) から、レポートを書きます。

03 お金が (ⓐ たりなくて/ⓑ たさなくて)、買えません。

04 学校に木を (ⓐ うえる/ⓑ きめる) ことにしました。

05 このバットでボールを (ⓐ うちます/ⓑ さします)。

06 コートは、かべに (ⓐ かかって/ⓑ かけて) ください。

정답: 01 ⓐ 02 ⓑ 03 ⓐ 04 ⓐ 05 ⓐ 06 ⓑ

★표시는 2010년 이후 기출 어휘입니다.

つか 疲れる	피곤하다	しごと つか 仕事で疲れる 일 때문에 피곤하다
つた 伝える★	전달하다, 알리다	つた ニュースを伝える 뉴스를 전달하다
つつ 包む	싸다	かみ つつ プレゼントを紙で包む 선물을 종이로 싸다
て つだ 手伝う	돕다	しょくじ じゅんび て つだ 食事の準備を手伝う 식사 준비를 돕다
とど 届ける	보내다	に もつ とど 荷物を届ける 짐을 보내다
と 止まる★	멈추다, 서다	でんしゃ と 電車が止まる 전철이 멈추다
と 止める★	세우다, 멈추다	くるま と 車を止める 차를 세우다
とりかえる	바꾸다	せき 席をとりかえる 자리를 바꾸다
なお 直す	고치다	と けい なお 時計を直す 시계를 고치다
なお 治る★	낫다	びょう き なお 病気が治る 병이 낫다
なら 習う★	배우다	なら ピアノを習う 피아노를 배우다
な 鳴る	울리다	な ベルが鳴る 벨이 울리다
な 慣れる★	익숙해지다	し ごと な 仕事に慣れる 일에 익숙해지다
に あ 似合う	어울리다	かのじょ に あ ふく 彼女に似合う服 그녀에게 어울리는 옷
に 逃げる★	도망가다	よる に 夜に逃げる 밤에 도망가다
にる	닮다	かれ かあ 彼はお母さんににている 그는 어머니와 닮았다
ぬぐ	벗다	コートをぬぐ 코트를 벗다
ぬ 濡れる★	젖다	ぬ かみが濡れる 종이가 젖다
のりかえる	갈아타다, 환승하다	でんしゃ 電車をのりかえる 전철을 갈아타다
はら 払う★	지불하다	かね はら お金を払う 돈을 지불하다
はる★	붙이다	きって 切手をはる 우표을 붙이다

★표시는 2010년 이후 기출 어휘입니다.

冷える★	식다, 차가워지다	スープが冷える 수프가 식다
増える★	늘다	人口が増える 인구가 늘다
太る	살찌다	運動しなかったので太った 운동하지 않았기 때문에 살이 쪘다
ふむ	밟다	足をふむ 발을 밟다
ほめる	칭찬하다	子どもをほめる 아이를 칭찬하다
負ける★	지다	試合で負ける 시합에서 지다
見つかる★	발견되다	かぎが見つかった 열쇠가 발견되었다
迎える★	맞이하다	お客さんを迎える 손님을 맞이하다
戻る	되돌아가다(오다)	家に戻る 집으로 되돌아가다
もらう	받다	プレゼントをもらう 선물을 받다
やめる★	그만두다	会社をやめる 회사를 그만두다
ゆれる	흔들리다	木がゆれる 나무가 흔들리다
よる	들르다, 접근하다	帰り道にスーパーによる 돌아가는 길에 슈퍼에 들르다
喜ぶ★	기뻐하다, 즐거워하다	合格を喜ぶ 합격을 기뻐하다
割る★	깨다	たまごを割る 계란을 깨다

📋 **확인 문제** 문맥에 맞게 괄호에 들어갈 단어를 고르세요.

01 雨でふくがぜんぶ(ⓐ ひえました/ⓑ ぬれました)。

02 わすれものをしたので、家に(ⓐ もどりました/ⓑ にげました)。

03 彼はお兄さんと顔が(ⓐ にあって/ⓑ にて)います。

04 お皿を(ⓐ わって/ⓑ なおして)、しかられました。

05 この国の人口は(ⓐ ふえて/ⓑ ふとって)います。

06 切手を1枚(ⓐ はらって/ⓑ はって)ください。

정답: 01 ⓑ 02 ⓐ 03 ⓑ 04 ⓐ 05 ⓐ 06 ⓑ

★표시는 2010년 이후 기출 어휘입니다.

浅_{あさ}い	얕다	水_{みず}が浅_{あさ}いところ 물이 얕은 곳
危_{あぶ}ない ★	위험하다	その道_{みち}は危_{あぶ}ない 그 길은 위험하다
あまい	달다	あまいお菓子_{かし} 단 과자
美_{うつく}しい	아름답다	美_{うつく}しい景色_{けしき} 아름다운 경치
うまい ★	맛있다, 잘 하다	この店_{みせ}の料理_{りょうり}はうまい 이 가게의 요리는 맛있다
うるさい	시끄럽다	教室_{きょうしつ}の中_{なか}がうるさい 교실 안이 시끄럽다
おとなしい	조용하다, 얌전하다	あの子_こはおとなしい 저 아이는 조용하다
硬_{かた}い ★	딱딱하다, 단단하다	硬_{かた}い食_たべ物_{もの} 딱딱한 음식
悲_{かな}しい ★	슬프다	悲_{かな}しいストーリー 슬픈 이야기
暗_{くら}い ★	어둡다	暗_{くら}くて何_{なに}も見_みえない 어두워서 아무것도 보이지 않는다
こまかい	작다, 미세하다, 자세하다	字_じがこまかい 글씨가 작다
こわい	무섭다	一人_{ひとり}で寝_ねるのはこわい 혼자서 자는 것은 무섭다
涼_{すず}しい ★	시원하다, 선선하다	風_{かぜ}がふいて涼_{すず}しい 바람이 불어서 시원하다
楽_{たの}しい ★	즐겁다	友_{とも}だちと外_{そと}で遊_{あそ}ぶのは楽_{たの}しい 친구와 밖에서 노는 것은 즐겁다
小_{ちい}さい	작다	この服_{ふく}は私_{わたし}には小_{ちい}さい 이 옷은 나에게는 작다
冷_{つめ}たい	차갑다	冷_{つめ}たいお水_{みず} 차가운 물
ねむい ★	졸리다	英語_{えいご}の時間_{じかん}はねむい 영어 시간은 졸리다
はやい ★	빠르다	新幹線_{しんかんせん}はとてもはやい 신칸센은 매우 빠르다
深_{ふか}い ★	깊다	この池_{いけ}は深_{ふか}い 이 연못은 깊다
めずらしい	희귀하다, 드물다	めずらしい事件_{じけん} 희귀한 사건
やわらかい	부드럽다	やわらかいもち 부드러운 떡

★표시는 2010년 이후 기출 어휘입니다.

いっしょうけんめいだ	매우 열심히 하다	彼はいつもいっしょうけんめいだ 그는 항상 매우 열심히 한다
危険だ★	위험하다	危険なところには行かないで 위험한 곳은 가지 마
けっこうだ	좋다, 훌륭하다	けっこうな話 좋은 이야기
さかんだ	활발하다, 번성하다	貿易がさかんだ 무역이 활발하다
残念だ★	아쉽다	会えなくて残念だ 만날 수 없어서 아쉽다
しつれいだ★	무례하다, 실례다	しつれいな人 무례한 사람
十分だ★	충분하다	1万円で十分だ 1만엔이면 충분하다
親切だ★	친절하다	この店の店員は親切だ 이 가게의 점원은 친절하다
大事だ★	소중하다	大事な手紙 소중한 편지
だいじょうぶだ	괜찮다	彼ならだいじょうぶだ 그라면 괜찮다
大切だ★	소중하다	大切なもの 소중한 물건
たしかだ	확실하다	たしかな事実 확실한 사실
丁寧だ★	정중하다	丁寧に話す 정중하게 이야기하다
必要だ	필요하다	お金が必要だ 돈이 필요하다
真面目だ★	성실하다	真面目な人 성실한 사람

📋 **확인 문제** 문맥에 맞게 괄호에 들어갈 단어를 고르세요.

01 (ⓐ つめたい/ⓑ めずらしい)じけんが起こりました。

02 彼は(ⓐ たのしい/ⓑ おとなしい)せいかくで、しずかです。

03 そぼからもらった(ⓐ たいせつな/ⓑ ていねいな)ものです。

04 一人で寝るのは(ⓐ こわい/ⓑ くらい)です。

05 私は(ⓐ あまい/ⓑ すずしい)おかしが大好きです。

06 中国とのぼうえきが(ⓐ さかんな/ⓑ けっこうな)国です。

정답: 01 ⓑ 02 ⓑ 03 ⓐ 04 ⓐ 05 ⓐ 06 ⓐ

■ 문맥 규정에 자주 출제되는 부사 🔊 N4_문제3 문맥규정_핵심표현 및 필수어휘07.mp3

★표시는 2010년 이후 기출 어휘입니다.

いつも★	항상	赤ちゃんはいつも寝ている 아기는 항상 자고 있다
かわりに	대신에	ジュースのかわりに水を飲む 주스 대신에 물을 마신다
きっと	분명	彼はきっと来ると思う 그는 분명 올 거라고 생각한다
けっこう★	제법, 충분히	けっこういいかばん 제법 좋은 가방
決して	결코	決してわすれられない 결코 잊을 수 없다
さっき	아까, 조금 전	さっき田中さんに会った 아까 다나카 씨를 만났다
しばらく	당분간, 오래간만	しばらく行けない 당분간 갈 수 없다
すっかり	모두, 온통	けがはすっかり治った 상처는 모두 나았다
ずっと	계속	ずっとほしかったけいたい 계속 가지고 싶었던 휴대 전화
ぜひ★	꼭, 반드시	今度はぜひ行ってみたい 이번에는 꼭 가 보고 싶다
ぜんぜん	전혀	ぜんぜん覚えていない 전혀 기억하고 있지 않다
そろそろ	슬슬	そろそろ帰る時間だ 슬슬 돌아갈 시간이다
だいぶ	상당히, 어지간히	具合がだいぶよくなった 상태가 상당히 좋아졌다
ちょっと	조금	ちょっと待ってください 조금 기다려주세요
とうとう	드디어, 결국	あの二人はとうとう結婚した 저 두 사람은 드디어 결혼했다
ときどき	가끔, 때때로	ときどき映画を見に行く 가끔 영화를 보러 간다
特に	특히	特にこれがいちばん重要だ 특히 이것이 가장 중요하다
どんどん	점점	どんどん近くなった 점점 가까워졌다
なかなか	상당히, 좀처럼	彼はなかなかいい人だ 그는 상당히 좋은 사람이다
なるべく	가능한 한	ここではなるべく話さないでください 여기서는 가능한 한 이야기하지 말아 주세요
にこにこ	싱글벙글	彼女はいつもにこにこ笑っている 그녀는 항상 싱글벙글 웃고 있다

★표시는 2010년 이후 기출 어휘입니다.

はっきり	분명히, 똑똑히	はっきり見<ruby>見<rt>み</rt></ruby>える 분명히 보인다
ひじょうに ★	매우	あの<ruby>山<rt>やま</rt></ruby>はひじょうに<ruby>高<rt>たか</rt></ruby>い 저 산은 매우 높다
ほとんど	거의	<ruby>力<rt>ちから</rt></ruby>はほとんどいらない 힘은 거의 필요없다
まず	우선	まず<ruby>手<rt>て</rt></ruby>を<ruby>洗<rt>あら</rt></ruby>ってください 우선 손을 씻어주세요
また	또, 다시	<ruby>同<rt>おな</rt></ruby>じ<ruby>問題<rt>もんだい</rt></ruby>をまた<ruby>間違<rt>まちが</rt></ruby>ってしまった 같은 문제를 또 틀려버렸다
まだ	아직	まだわからない 아직 이해하지 못했다
まっすぐ ★	곧장, 곧바로	まっすぐ<ruby>行<rt>い</rt></ruby>ってください 곧장 가 주세요
もう	더, 이미	もう<ruby>一回<rt>いっかい</rt></ruby>やる 한 번 더 하다
もうすぐ	이제 곧, 머지않아	もうすぐ<ruby>終<rt>お</rt></ruby>わると<ruby>思<rt>おも</rt></ruby>う 이제 곧 끝날 거라고 생각한다
もし	만약	もし<ruby>明日<rt>あした</rt></ruby><ruby>雨<rt>あめ</rt></ruby>だったら<ruby>来<rt>こ</rt></ruby>なくてもいい 만약 내일 비가 온다면 오지 않아도 된다
もっと	더, 더욱	もっと<ruby>話<rt>はな</rt></ruby>してください 더 이야기해 주세요
やっと	겨우	やっと<ruby>到着<rt>とうちゃく</rt></ruby>した 겨우 도착했다
やっぱり	역시	やっぱりわたしには<ruby>無理<rt>むり</rt></ruby>だ 역시 나에게는 무리다
ゆっくり	천천히	ゆっくり<ruby>食<rt>た</rt></ruby>べてください 천천히 먹으세요

📋 **확인 문제** 문맥에 맞게 괄호에 들어갈 단어를 고르세요.

01 ジュースがなくて、(ⓐ かわりに/ⓑ ひじょうに)<ruby>水<rt>みず</rt></ruby>を<ruby>飲<rt>の</rt></ruby>みます。

02 これをやるのに、<ruby>力<rt>ちから</rt></ruby>は(ⓐ どんどん/ⓑ ほとんど)いりません。

03 かいぎは(ⓐ まっすぐ/ⓑ もうすぐ)おわると<ruby>思<rt>おも</rt></ruby>います。

04 <ruby>二人<rt>ふたり</rt></ruby>は(ⓐ そろそろ/ⓑ とうとう)<ruby>結婚<rt>けっこん</rt></ruby>しました。

05 あたまのけがは(ⓐ ぜひ/ⓑ すっかり)<ruby>治<rt>なお</rt></ruby>りました。

06 (ⓐ まず/ⓑ もし)<ruby>手<rt>て</rt></ruby>をあらってください。

정답: 01 ⓐ 02 ⓑ 03 ⓑ 04 ⓑ 05 ⓑ 06 ⓐ

문맥에 맞게 괄호에 들어갈 단어를 고르세요.

01 こうじょうで （　　　）を　まなびます。
① ぎじゅつ　　　　　　　　　② けっか

02 みちが　こんで　いて　じかんが （　　　）。
① こわれました　　　　　　　② かかりました

03 びょうきが （　　　）よかったです。
① 似合って　　　　　　　　　② 治って

04 アメリカの　ドラマに （　　　）を　持って　います。
① こえ　　　　　　　　　　　② きょうみ

05 （　　　）いいかたを　しては　いけません。
① しつれいな　　　　　　　　② ていねいな

06 あねは （　　　）ごうかくしました。
① とうとう　　　　　　　　　② どんどん

07 しあいの （　　　）を　まもって　ください。
① スイッチ　　　　　　　　　② ルール

08 あしを （　　　）しまって　すみません。
① ふんで　　　　　　　　　　② つたえて

09 マラソンは （　　　）わたしには　むりです。
① まっすぐ　　　　　　　　　② やっぱり

10 だいがくに ついて （　　　　） したいです。
　　① ねぼう　　　　　　　　　　　② そうだん

11 にほんの しょうせつを （　　　　） して ください。
　　① ほんやく　　　　　　　　　　② やくそく

12 よる おそくまで かだいを して （　　　　） です。
　　① ねむい　　　　　　　　　　　　② はやい

13 あめで くつが （　　　　） しまいました。
　　① あいて　　　　　　　　　　　　② ぬれて

14 らいねん （　　　　） する よていです。
　　① きこく　　　　　　　　　　　　② ねぼう

15 おにくを 100 （　　　　） かいました。
　　① グラム　　　　　　　　　　　　② メートル

16 からだは もう （　　　　） です。
　　① いっしょうけんめい　　　　　② だいじょうぶ

17 プレゼントを （　　　　） とても うれしかったです。
　　① やめて　　　　　　　　　　　　② もらって

18 （　　　　） えいがを みた あとは よく ねむれません。
　　① すずしい　　　　　　　　　　② こわい

19 まいあさ、ニュースを みる （　　　　） が あります。
　　① しゅうかん　　　　　　　　　② ゆめ

20 にわに はなを （　　　　） と おもいます。
　　① うえたい　　　　　　　　　　② おぼえたい

정답 해설집 p.9

もんだい3 (   )に　なにを　いれますか。1・2・3・4から　いちばん
いい　ものを　ひとつ　えらんで　ください。

13　かれは　いつも　(　　　)を　言うので、しんじる　ことが　できません。
　　1　うそ　　　　　　2　ゆめ　　　　　　3　そうだん　　　　4　こたえ

14　だれにでも　(　　　)　人に　なろうと　おもいました。
　　1　べんりな　　　　2　しんせつな　　　3　ふべんな　　　　4　じょうずな

15　きのうの　雨で　車が　汚くなったので、きょうは　車を　(　　　)。
　　1　かたづけます　　2　はたらきます　　3　あらいます　　　4　はこびます

16　(　　　)けっこんしきの　じゅんびで　とても　忙しかったです。
　　1　もっと　　　　　2　すこし　　　　　3　しばらく　　　　4　まだ

17　今　(　　　)いる　いえは　とても　ふるいので、ひっこしたいと　おもって　います。
　　1　持って　　　　　2　とって　　　　　3　あそんで　　　　4　住んで

18　きょうしつの　中で　かのじょだけが　わたしの　いけんに　(　　　)して　くれました。
　　1　さんせい　　　　2　はんたい　　　　3　あいさつ　　　　4　せつめい

19　海で　およぐ　ときは、海の　(　　　)ところに　ちゅういして　ください。
　　1　にがい　　　　　2　ふかい　　　　　3　ちかい　　　　　4　つよい

20　おかあさんが　買い物が　したいと　いって　いましたよ。だから、明日は　(　　　)
　　に　行きましょう。
　　1　がっこう　　　　2　きっさてん　　　3　カラオケ　　　　4　デパート

정답 해설집 p.10

もんだい3 （　　　）に　なにを　いれますか。1・2・3・4から　いちばん
いい　ものを　ひとつ　えらんで　ください。

13　やっと（　　　）した　ばしょに　つきました。
1　やくそく　　　　　2　じゅんび　　　　　3　ほんやく　　　　4　せいり

14　こどもの　ときの（　　）思い出は　忘れたく　ないです。
1　ねむかった　　　　2　たのしかった　　　3　きびしかった　　4　かなしかった

15　ともだちから　もらった　プレゼントを（　　　）持って　います。
1　じょうずに　　　　2　まっすぐに　　　　3　ひじょうに　　　4　だいじに

16　買い物に　行く　まえに　どの　スーパーが　やすいか（　　　）みました。
1　あんないして　　　2　くわえて　　　　　3　くらべて　　　　4　みかけて

17　ちかてつで　音楽を　きく　時は（　　　）を　大きく　しないで　ください。
1　おと　　　　　　　2　はなし　　　　　　3　うた　　　　　　4　こえ

18　はっぴょうに　ついて　何か　いい（　　　）は　ありませんか。
1　ゆめ　　　　　　　2　こころ　　　　　　3　アイディア　　　4　サービス

19　2しゅうかん　前に　ともだちに　てがみを　送りましたが、まだ（　　　）が　あり
ません。
1　しゅちょう　　　　2　にってい　　　　　3　へんじ　　　　　4　あいさつ

20　今日は　やすみなので　きむらさんを　えいがに（　　　）。
1　さそいました　　　2　分かりました　　　3　さがしました　　4　えらびました

정답 해설집 p.12

もんだい3 (   )に なにを いれますか。1・2・3・4から いちばん
いい ものを ひとつ えらんで ください。

13 きのうは からだの (   )が 悪かったので、はやめに 家に かえりました。
1 ぐあい　　　　　2 ぎじゅつ　　　　3 おと　　　　　4 こえ

14 さいきん (   )うんどうを 始めようと かんがえて います。
1 なおして　　　　2 とりかえて　　　3 ふえて　　　　4 ふとって

15 けさは どうろが こんで いて 学校に (   )しました。
1 しょうかい　　　2 きこく　　　　　3 ちこく　　　　4 ねぼう

16 フランスで 食べた りょうりは 本当に (   )。
1 うまかったです　　　　　　　　2 こわかったです
3 かなしかったです　　　　　　　4 眠かったです

17 やまださんは (   )かいしゃに 来て いません。
1 だいじに　　　　2 まだ　　　　　　3 ひじょうに　　　4 だいぶ

18 あたらしく 買った (   )は むずかしいけど、面白いです。
1 はさみ　　　　　2 かがみ　　　　　3 ゲーム　　　　4 パソコン

19 この かばんは 世界に 一つしか ないので 本当に (   )です。
1 しんせつ　　　　2 ていねい　　　　3 まじめ　　　　4 たいせつ

20 この きょうかしょの ないようを ぜんぶ (   )。
1 あらいました　　2 おぼえました　　3 おとしました　　4 こわしました

정답 해설집 p.13

실전 테스트 4

해커스 JLPT N4
한 권으로 합격

문자·어휘

문제 3 문맥 규정

해커스 JLPT N4 한 권으로 합격

もんだい 3 （　　　　）に　なにを　いれますか。1・2・3・4から　いちばん
いい　ものを　ひとつ　えらんで　ください。

13　友だちと　（　　　）して から　あいさつも　して　いないです。
1　さんせい　　　　2　けんか　　　　　3　ぼうえき　　　　4　ほんやく

14　彼女は　ちいさい　ころから　（　　　）が　はやかったです。
1　あし　　　　　　2　のど　　　　　　3　みみ　　　　　　4　おなか

15　きんちょうして、からだが　（　　　）なりました。
1　あかるく　　　　2　くらく　　　　　3　かたく　　　　　4　すずしく

16　かいしゃを　（　　　）あと、カフェを　ひらきました。
1　ぬいだ　　　　　2　払った　　　　　3　やめた　　　　　4　くらべた

17　私は　日本に　行ったら、いつも　その　（　　　）に　とまります。
1　カラオケ　　　　2　かいぎ　　　　　3　かいじょう　　　　4　ホテル

18　明日の　パーティーの　ために　へやを　（　　　）。
1　つたえました　　2　うけました　　　3　かざりました　　　4　あらいました

19　妹に　あげる　プレゼントを　かわいい　かみで　（　　　）。
1　さがしました　　2　つつみました　　3　ならいました　　　4　しらべました

20　花に　水を　まいにち　あげたら、（　　　）大きく　なりました。
1　どんどん　　　　2　ぜひ　　　　　　3　けっして　　　　　4　なるべく

정답 해설집 p.15

유의 표현

[문자·어휘 > 문제 4 유의 표현]은 제시문과 의미가 같거나 비슷한 문장을 고르는 문제로, 총 4문항이 출제된다. 주로 제시문 속 특정 표현의 동의어를 고르는 문제가 출제되며, 제시문의 내용을 풀어서 설명한 것을 정답으로 고르는 문제도 출제된다.

─◯ 핵심 전략

1 제시문 속 특정 표현의 동의어를 고르는 문제는, 선택지들의 문장이 동의어를 골라야 하는 자리를 제외하고는 모두 똑같은 형태이다. 주로 명사, 동사, 형용사, 부사의 동의어를 고르는 문제가 출제되며, 의미가 같은 구를 고르는 문제도 가끔 출제된다.

⟨예⟩ かれは <u>うんどうが</u> にがてです。 그는 운동을 잘 하지 못합니다.

　① かれは <u>スポーツが</u> にがてです。 그는 스포츠를 잘 하지 못합니다. (O)

　② かれは はっぴょうが にがてです。 그는 발표를 잘 하지 못합니다. (X)

わたしは レストランで <u>はたらいて</u> います。 저는 레스토랑에서 일하고 있습니다.

　① わたしは レストランで <u>しごとを して</u> います。 저는 레스토랑에서 일을 하고 있습니다. (O)

　② わたしは レストランで たべて います。 저는 레스토랑에서 먹고 있습니다. (X)

2 제시문과 선택지가 주어를 포함한 문장의 앞부분만 비슷한 경우에는, 제시문의 내용을 의미가 비슷하도록 풀어 쓴 선택지를 정답으로 고른다.

⟨예⟩ おとうとは おかあさんに しかられました。 남동생은 어머니에게 혼났습니다.

　① おかあさんは おとうとに 「それは よく ないよ」と 言いました。
　　　어머니는 남동생에게 "그것은 좋지 않아"라고 말했습니다. (O)

　② おかあさんは おとうとに 「よく できたね」と 言いました。
　　　어머니는 남동생에게 "잘했네"라고 말했습니다. (X)

3 시험에 자주 출제되는 각 품사별 단어와 구를 동의어 또는 비슷한 의미의 단어·구와 함께 학습한다.

문제 풀이 Step

Step 1 제시문과 선택지를 읽고, 제시문과 선택지의 다른 부분을 찾아 표시한다.

제시된 문장과 다른 부분을 4개의 선택지에서 찾아 표시한다. 이때 다른 부분이 단어면 뜻을 살짝 적어둔다.

Step 2 제시문을 정확히 해석한 후, 의미가 같거나 비슷한 선택지를 정답으로 고른다.

제시된 문장을 정확히 해석한 후, 다른 부분이 단어면 동의어를 포함한 선택지를, 구면 의미가 같은 표현을 포함한 선택지를 정답으로 선택한다. 제시문과 선택지가 만약 문장의 앞부분만 비슷하고 모두 다르면, 제시문의 내용을 비슷한 의미로 풀어 쓴 선택지를 정답으로 고른다.

문제 풀이 Step 적용

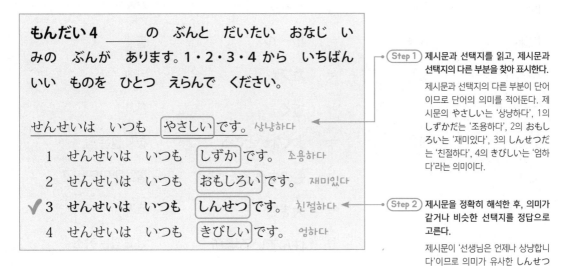

もんだい4 ＿＿＿ の ぶんと だいたい おなじ いみの ぶんが あります。1・2・3・4 から いちばん いい ものを ひとつ えらんで ください。

せんせいは いつも やさしい です。 상냥하다

1 せんせいは いつも しずか です。 조용하다
2 せんせいは いつも おもしろい です。 재미있다
✓3 せんせいは いつも しんせつ です。 친절하다
4 せんせいは いつも きびしい です。 엄하다

Step 1 제시문과 선택지를 읽고, 제시문과 선택지의 다른 부분을 찾아 표시한다.

제시문과 선택지의 다른 부분이 단어이므로 단어의 의미를 적어둔다. 제시문의 やさしい는 '상냥하다', 1의 しずかだ는 '조용하다', 2의 おもしろい는 '재미있다', 3의 しんせつだ는 '친절하다', 4의 きびしい는 '엄하다'라는 의미이다.

Step 2 제시문을 정확히 해석한 후, 의미가 같거나 비슷한 선택지를 정답으로 고른다.

제시문이 '선생님은 언제나 상냥합니다'이므로 의미가 유사한 しんせつだ(친절하다)를 포함한 3을 정답으로 고른다.

문제4 ＿＿＿ 의 문장과 대체로 같은 의미의 문장이 있습니다. 1·2·3·4에서 가장 알맞은 것을 하나 골라 주세요.

선생님은 언제나 상냥합니다.

1 선생님은 언제나 조용합니다.
2 선생님은 언제나 재미있습니다.
3 선생님은 언제나 친절합니다.
4 선생님은 언제나 엄합니다.

어휘 せんせい 圏선생(님) いつも 囝항상 やさしい い형상냥하다 しずかだ な형조용하다 おもしろい い형재미있다
しんせつだ な형친절하다 きびしい い형엄하다

자주 출제되는 명사와 유의 표현 🔊 N4_문제4 유의표현_핵심표현 및 필수어휘01.mp3

★표시는 2010년 이후 기출 어휘입니다.

意見★	의견	≒	考え	생각
うら	뒤	≒	後ろ	뒤
おくさん	아내, 부인	≒	かない	아내, 집사람
家具★	가구	≒	テーブルやベッド★	테이블이나 침대
機会	기회	≒	チャンス	찬스
規則	규칙	≒	ルール★	룰
喫茶店	찻집	≒	カフェ	카페
きんじょ★	근처	≒	近く	근처
欠点	결점	≒	よくないところ	좋지 않은 점
工場★	공장	≒	ものを作るところ★	물건을 만드는 곳
サイズ	사이즈	≒	大きさ	크기
住所★	주소	≒	住んでいる場所	살고 있는 장소
食堂★	식당	≒	レストラン	레스토랑
食料品★	식료품	≒	肉や野菜	고기나 야채
女性	여성	≒	女の人	여자
水泳★	수영	≒	泳ぐの★	헤엄치는 것
スポーツ	스포츠	≒	運動	운동
生活	생활	≒	暮らし	생활
祖父	조부	≒	おじいさん	할아버지
祖母	조모	≒	おばあさん	할머니
台所	부엌	≒	キッチン	주방, 키친

★표시는 2010년 이후 기출 어휘입니다.

ただ	무료, 공짜	≒	無料 むりょう	무료
男性 だんせい	남성	≒	男の人 おとこ ひと	남자
店員★ てんいん	점원	≒	スタッフ	스태프
都会 と かい	도회	≒	都市 と し	도시
日程 にってい	일정	≒	スケジュール	스케줄
二年前 に ねんまえ	2년 전	≒	おととし	재작년
場所 ば しょ	장소	≒	ところ	곳
反対★ はんたい	반대	≒	逆 ぎゃく	역, 반대
ゆうべ	어젯밤	≒	昨日の夜 きのう よる	어젯밤
用意★ ようい	준비, 마련	≒	準備★ じゅん び	준비
予定★ よ てい	예정	≒	つもり	예정
理由 り ゆう	이유	≒	わけ	이유
両親 りょうしん	부모	≒	父と母 ちち はは	아버지와 어머니

📋 **확인 문제** 제시된 단어와 가장 가까운 의미를 가지는 단어를 고르세요.

01	生活	ⓐ 暮らし	ⓑ 準備	**05**	家具	ⓐ 肉や野菜	ⓑ テーブルやベッド
02	スポーツ	ⓐ 日程	ⓑ 運動	**06**	意見	ⓐ 考え	ⓑ 反対
03	欠点	ⓐ ものを作るところ	ⓑ よくないところ	**07**	予定	ⓐ おととし	ⓑ つもり
04	機会	ⓐ チャンス	ⓑ ルール	**08**	祖父	ⓐ おばあさん	ⓑ おじいさん

정답: 01 ⓐ 02 ⓑ 03 ⓑ 04 ⓐ 05 ⓑ 06 ⓐ 07 ⓑ 08 ⓑ

자주 출제되는 동사와 유의 표현 🔊 N4_문제4 유의표현_핵심표현 및 필수어휘02.mp3

★표시는 2010년 이후 기출 어휘입니다.

あいさつする ★	인사하다	≒	「おはようございます」という	"안녕하세요"라고 말하다
あやまる ★	사과하다	≒	「ごめんなさい」という	"미안합니다"라고 말하다
案内する ★	안내하다	≒	一緒に行く	같이 가다
送る ★	보내다	≒	出す	(편지를) 보내다
遅れる ★	늦다	≒	間に合わない	시간에 맞추지 못하다
教わる ★	배우다	≒	習う ★	익히다
おどる	춤추다	≒	ダンスをする	댄스를 하다, 춤추다
おどろく ★	놀리다	≒	びっくりする ★	깜짝 놀라다
終わる ★	끝나다	≒	済む ★	끝나다
確認する	확인하다	≒	チェックする ★	체크하다
帰国する ★	귀국하다	≒	国へ帰る	고국으로 돌아가다
故障する ★	고장 나다	≒	壊れる ★	부서지다
さわぐ ★	소란 피우다, 떠들다	≒	うるさくする	시끄럽게 하다
散歩する	산책하다	≒	歩く ★	걷다
仕事する	일하다	≒	働く ★	일하다
修理する	수리하다	≒	直す	고치다
出発する ★	출발하다	≒	出る ★	나가다
食事する ★	식사하다	≒	ごはんを食べる ★	밥을 먹다
知らせる	알리다	≒	教える ★	가르치다
生産する ★	생산하다	≒	作る	만들다

★표시는 2010년 이후 기출 어휘입니다.

育てる★	기르다	≒	飼う	키우다
使う	사용하다	≒	利用する★	이용하다
届く	도달하다	≒	到着する	도착하다
届ける	전하다	≒	持っていく	가지고 가다
なくす	잃다	≒	落す★	잃어버리다, 떨어뜨리다
運ぶ★	운반하다	≒	持つ★	들다
働く★	일하다	≒	アルバイトする★	아르바이트 하다
引っ越す	이사하다	≒	家が変わる	집이 바뀌다
冷やす	식히다	≒	冷たくする	차갑게 하다
増える★	늘다	≒	多くなる	많아지다
戻る	돌아오다	≒	帰ってくる	돌아오다
輸出する	수출하다	≒	ほかの国に売る	다른 나라에 팔다
輸入する★	수입하다	≒	ほかの国から買う★	다른 나라로부터 사다
渡す	건네주다	≒	運ぶ★	운반하다
笑う	웃다	≒	にこにこする	싱글벙글하다

📄 **확인 문제** 제시된 단어와 가장 가까운 의미를 가지는 단어를 고르세요.

01 輸入する   ⓐ ほかの国に売る   ⓑ ほかの国から買う
02 びっくりする   ⓐ おどろく   ⓑ わらう
03 届く   ⓐ 運ぶ   ⓑ 到着する
04 アルバイトする ⓐ 働く   ⓑ 確認する

05 おどる   ⓐ チェックする   ⓑ ダンスをする
06 さわぐ   ⓐ うるさくする   ⓑ 利用する
07 修理する   ⓐ 直す   ⓑ 渡す
08 生産する   ⓐ 教える   ⓑ 作る

정답: 01 ⓑ 02 ⓐ 03 ⓑ 04 ⓐ 05 ⓑ 06 ⓐ 07 ⓐ 08 ⓑ

★표시는 2010년 이후 기출 어휘입니다.

あぶない★	위험하다	≒	危険だ★	위험하다
忙しい★	바쁘다	≒	仕事が多い	일이 많다
うつくしい★	아름답다	≒	きれいだ★	예쁘다
うまい★	잘하다	≒	上手だ★	잘하다, 능숙하다
おいしい	맛있다	≒	うまい	맛있다
おかしい	이상하다	≒	変だ	이상하다
おとなしい	조용하다, 얌전하다	≒	静かだ	조용하다
汚い★	더럽다	≒	汚れている	더럽혀져 있다
厳しい★	심하다	≒	大変だ	힘들다
こわい	무섭다	≒	おそろしい	두렵다
冷たい	차갑다	≒	冷えている★	차가워져 있다
安全だ★	안전하다	≒	あぶなくない	위험하지 않다
簡単だ	간단하다	≒	やさしい	쉽다
残念だ★	유감이다, 아쉽다	≒	おしい	아쉽다, 아깝다
上手だ★	잘하다, 능숙하다	≒	得意だ	특히 잘하다
親切だ★	친절하다	≒	やさしい	상냥하다
大事だ★	중요하다	≒	大切だ★	중요하다, 소중하다
ねっしんだ★	열심이다	≒	まじめだ★	성실하다
必要だ	필요하다	≒	いる★	필요하다
不便だ★	불편하다	≒	使いにくい	사용하기 어렵다

■ 자주 출제되는 부사와 유의 표현 🔊 N4_문제4 유의표현_핵심표현 및 필수어휘04.mp3

★표시는 2010년 이후 기출 어휘입니다.

いきなり	갑자기	≒	急_{きゅう}に	갑자기	
いっしょうけんめい	열심히	≒	ねっしんに★	열심히	
必_{かなら}ず	반드시, 꼭	≒	いつも★	항상	
きっと	꼭	≒	必_{かなら}ず	반드시, 꼭	
ぜひ★	꼭	≒	どうしても	어떻게 해서라도	
全然_{ぜんぜん}	전혀	≒	少_{すこ}しも	조금도	
だいたい	대개	≒	ほとんど	대부분	
ちょっと	조금	≒	多少_{たしょう}	약간	
丁寧_{ていねい}に★	주의 깊게, 정성껏	≒	きれいに★	깔끔하게	
ときどき	때때로	≒	たまに	가끔	
なるべく	되도록	≒	できるだけ	가능한 한	
はじめに	우선	≒	最初_{さいしょ}に	처음에	
まず	먼저	≒	はじめに	우선	
やっと	겨우	≒	ようやく	겨우, 간신히	

📄 확인 문제 제시된 단어와 가장 가까운 의미를 가지는 단어를 고르세요.

01	おかしい	ⓐ 変だ	ⓑ 大変だ		**05**	いきなり	ⓐ ねっしんに	ⓑ 急に
02	あぶない	ⓐ 危険だ	ⓑ 不便だ		**06**	たまに	ⓐ ときどき	ⓑ ほとんど
03	残念だ	ⓐ やさしい	ⓑ おしい		**07**	どうしても	ⓐ ぜひ	ⓑ いつも
04	上手だ	ⓐ 得意だ	ⓑ 大事だ		**08**	やっと	ⓐ なるべく	ⓑ ようやく

정답: 01 ⓐ 02 ⓐ 03 ⓑ 04 ⓐ 05 ⓑ 06 ⓐ 07 ⓐ 08 ⓑ

■ 자주 출제되는 구와 유의 표현 🔊 N4_문제4 유의표현_핵심표현 및 필수어휘05.mp3

★표시는 2010년 이후 기출 어휘입니다.

いいと思う	좋다고 생각하다	≒	さんせいする	찬성하다
映画にさそう	영화를 보러가자고 권유하다	≒	「映画を見に行きませんか」と言う	"영화를 보러 가지 않을래요?"라고 말하다
起きるのが遅くなってしまう★	일어나는 것이 늦어져 버리다	≒	ねぼうする★	늦잠 자다
お店を始めた理由	가게를 시작한 이유	≒	なぜお店を始めたか	왜 가게를 시작했는지
お礼を言う	감사 인사를 말하다	≒	「ありがとうございました」と言う	"감사했습니다"라고 말하다
ぐあいがよくなる	몸 상태가 좋아지다	≒	元気になる	건강해지다
ここでたばこをすってはいけない	여기에서 담배를 피워서는 안 된다	≒	ここはきんえんだ	여기는 금연이다
授業の前に勉強する★	수업 전에 공부하다	≒	予習する★	예습하다
将来の計画★	장래의 계획	≒	これからの計画★	앞으로의 계획
始まる時間に遅れる	시작되는 시간에 늦다	≒	遅刻する	지각하다
バスがこんでいる★	버스가 붐비고 있다	≒	バスに人がたくさん乗っている★	버스에 사람이 많이 타고 있다
人が少ない★	사람이 적다	≒	すいている★	비어있다
「一人でいるのはいやだ」と言う	"혼자 있는 것은 싫다"고 말하다	≒	「さびしい」と言う	"외롭다"고 말하다
本当じゃない★	사실이 아니다	≒	うそだ★	거짓말이다

★표시는 2010년 이후 기출 어휘입니다.

理由を伝える	이유를 전달하다	≒	理由を言う	이유를 말하다
留守のようだ	부재중인 것 같다	≒	家にいないようだ	집에 없는 것 같다
AがBにしかられる★	A가 B에게 혼나다	≒	BがAをおこる★	B가 A를 꾸짖다
AがBにほめられる★	A가 B에게 칭찬 받다	≒	BがAに「とてもよかったですよ」と言う★	B가 A에게 "정말 좋았어요"라고 말하다

📄 **확인 문제** 제시된 표현과 가장 가까운 의미를 가지는 표현을 고르세요.

01 映画にさそう
ⓐ「映画を見に行きませんか」と言う
ⓑ「映画はおもしろかった」と言う

02 留守のようだ
ⓐ 家にいないようだ　　ⓑ 家にいるようだ

03 将来の計画
ⓐ これからの計画　　ⓑ しごとの計画

04 田中さんが先生にほめられる
ⓐ 先生が田中さんに「気をつけてください」と言う
ⓑ 先生が田中さんに「とてもよかったですよ」と言う

05 始まる時間に遅れる
ⓐ 遅刻する　　ⓑ 元気になる

06 人が少ない
ⓐ こんでいる　　ⓑ すいている

07 起きるのが遅くなってしまう
ⓐ ねぼうする　　ⓑ さんせいする

정답: 01 ⓐ 02 ⓐ 03 ⓐ 04 ⓑ 05 ⓐ 06 ⓑ 07 ⓐ

실력 다지기

제시된 표현과 가장 가까운 의미를 가지는 표현을 고르세요.

01 おくさん
① おとうと　　② かない　　③ ちち　　④ ともだち

02 ふえる
① おおく　なる　② すくなく　なる　③ ひろく　なる　④ ちいさく　なる

03 いそがしい
① 仕事が　少ない② 仕事が　ない　③ 仕事が　多い　④ 仕事が　やさしい

04 なるべく
① いつも　　② できるだけ　　③ ときどき　　④ やっと

05 せいかつ
① くらし　　② しごと　　③ アルバイト　　④ べんきょう

06 おかしい
① うつくしい　　② ふべんだ　　③ かわいい　　④ へんだ

07 さわぐ
① うるさく　する　② しずかに　する　③ きれいに　する　④ きたなく　する

08 まじめに
① はっきり　　② はじめに　　③ ゆっくり　　④ ねっしんに

09 お礼を　言う
① 「何を　食べますか」と　言う　　② 「ありがとうございました」と　言う
③ 「ごめんなさい」と　言う　　④ 「さようなら」と　言う

10 家に　いない　ようだ

① べんきょうして　いる　ようだ　　② るすの　ようだ

③ ねて　いる　ようだ　　④ 休みの　ようだ

11 チェックする

① そだてる　　② ダンスをする　　③ おしえる　　④ かくにんする

12 あんぜんだ

① あぶなく　ない　　② うまく　ない

③ ふべんでは　ない　　④ たいせつでは　ない

13 ぐあいが　よく　なる

① あぶなく　なる　② 元気に　なる　③ きれいに　なる　④ 忙しく　なる

14 だいたい

① たまに　　② まず　　③ ほとんど　　④ ぜひ

15 りゆう

① わけ　　② チャンス　　③ いけん　　④ かんがえ

16 おわる

① はじまる　　② すむ　　③ つづく　　④ かわる

17 きっと

① かならず　　② きゅうに　　③ まじめに　　④ ようやく

18 バスが　こんで　いる

① バスに　人が　たくさん　のって　いる

② バスに　人が　あまり　のって　いない

③ バスに　人が　すくない

④ バスに　人が　すこし　のって　いる

정답 해설집 p.16

もんだい4 ＿＿＿の ぶんと だいたい おなじ いみの ぶんが あります。
1・2・3・4から いちばん いい ものを ひとつ えらんで
ください。

21 友だちと かいがんを さんぽしました。

1 友だちと かいがんを あるきました。

2 友だちと かいがんを 車で はしりました。

3 友だちと かいがんを きれいに しました。

4 友だちと かいがんを カメラで とりました。

22 プレゼントを よういしました。

1 プレゼントを もらいました。

2 プレゼントを じゅんびしました。

3 プレゼントを 送りました。

4 プレゼントを あげました。

23 電車に のりかえる ところまで あんないしました。

1 電車に のりかえる ところまで もどりました。

2 電車に のりかえる ところまで にもつを はこびました。

3 電車に のりかえる ところまで 来て いました。

4 電車に のりかえる ところまで 一緒に 行きました。

24 おとうとに さびしいと 言われました。

1 おとうとは わたしに 「一人で どこかに いきたい」と 言いました。

2 おとうとは わたしに 「一人で いるのは いやだ」と 言いました。

3 おとうとは わたしに 「一人で いても 大丈夫だよ」と 言いました。

4 おとうとは わたしに 「一人で かいもの できるよ」と 言いました。

정답 해설집 p.16

もんだい4 ＿＿＿の　ぶんと　だいたい　おなじ　いみの　ぶんが　あります。
1・2・3・4から　いちばん　いい　ものを　ひとつ　えらんで
ください。

21 父は　りょうりが　じょうずです。

1　父は　りょうりが　へたです。

2　父は　りょうりが　にがてです。

3　父は　りょうりが　とくいです。

4　父は　りょうりが　すきじゃないです。

22 わたしは　日本で　アルバイトを　して　います。

1　わたしは　日本で　べんきょうを　して　います。

2　わたしは　日本で　しごとを　さがして　います。

3　わたしは　日本で　せいかつして　います。

4　わたしは　日本で　はたらいて　います。

23 この　のみものは　ただです。

1　この　のみものは　むりょうです。

2　この　のみものは　あついです。

3　この　のみものは　わたしのです。

4　この　のみものは　おいしく　ないです。

24 ねる　まえに　かならず　本を　よみます。

1　ねる　まえに　なるべく　本を　よみます。

2　ねる　まえに　たまに　本を　よみます。

3　ねる　まえに　いつも　本を　よみます。

4　ねる　まえに　ときどき　本を　よみます。

정답 해설집 p.17

もんだい4 _____の　ぶんと　だいたい　おなじ　いみの　ぶんが　あります。
1・2・3・4から　いちばん　いい　ものを　ひとつ　えらんで
ください。

21　ともだちと　私は　はんたいの　ほうこうに　すすみました。
1　ともだちと　私は　ぎゃくの　ほうこうに　すすみました。
2　ともだちと　私は　おなじ　ほうこうに　すすみました。
3　ともだちと　私は　ひだりの　ほうこうに　すすみました。
4　ともだちと　私は　みぎの　ほうこうに　すすみました。

22　すずきせんせいの　じゅぎょうに　おくれました。
1　すずきせんせいの　じゅぎょうに　でました。
2　すずきせんせいの　じゅぎょうに　行きませんでした。
3　すずきせんせいの　じゅぎょうに　なれました。
4　すずきせんせいの　じゅぎょうに　間に合いませんでした。

23　店員に　「ここは　きんえんです」と　いわれました。
1　店員は　私に　「大きな　こえで　はなしては　いけません」と　いいました。
2　店員は　私に　「すこし　待って　ください」と　いいました。
3　店員は　私に　「こちらへ　どうぞ」と　いいました。
4　店員は　私に　「ここで　たばこを　すっては　いけません」と　いいました。

24　この　会社は　パソコンを　ゆしゅつして　います。
1　この　会社は　パソコンを　ほかの　国に　しょうかいして　います。
2　この　会社は　パソコンを　ほかの　国で　作って　います。
3　この　会社は　パソコンを　ほかの　国に　売って　います。
4　この　会社は　パソコンを　ほかの　国で　なおして　います。

정답 해설집 p.18

もんだい4 _____の ぶんと だいたい おなじ いみの ぶんが あります。
1・2・3・4から いちばん いい ものを ひとつ えらんで
ください。

21 たいせつに して ください。
1 しずかに して ください。
2 きれいに して ください。
3 だいじに して ください。
4 かんたんに して ください。

22 この ペンを つかっても いいですか。
1 この ペンを かっても いいですか。
2 この ペンを すてても いいですか。
3 この ペンを りようしても いいですか。
4 この ペンを はんばいしても いいですか。

23 うそを つかないで ください。
1 わるぐちを いわないで ください。
2 本当じゃない ことを いわないで ください。
3 悲しい ことを いわないで ください。
4 じょうだんを いわないで ください。

24 こんなに こわい はなしは はじめてです。
1 こんなに おそろしい はなしは はじめてです。
2 こんなに おもしろい はなしは はじめてです。
3 こんなに かなしい はなしは はじめてです。
4 こんなに うつくしい はなしは はじめてです。

정답 해설집 p.18

[**문자·어휘 > 문제 5 용법**]은 제시어가 문맥상 올바르게 사용된 문장을 고르는 문제로 총 4문항이 출제된다. 명사가 1~2문항 출제되며, 동사나 형용사, 부사를 묻는 문제가 각각 1문항 정도 출제된다.

─◉ 핵심 전략

1 제시어가 명사인 경우에는 제시어의 앞뒤 표현에 유의하고, 동사인 경우에는 제시어의 앞부분에 유의하여 문맥상 올바르게 사용된 선택지를 정답으로 고른다.

예 こえ 목소리

① ともだちが わたしを よぶ こえが 聞こえました。 친구가 저를 부르는 목소리가 들렸습니다. (○)

② がっきの こえが とても おおきかったです。 악기의 목소리가 매우 컸습니다. (×)

おとす 떨어뜨리다

① きのう 買った けいたいを おとしました。 어제 산 휴대전화를 떨어뜨렸습니다. (○)

② この いすを きょうしつの 中に おとして ください。 이 의자를 교실 안에 떨어뜨려 주세요. (×)

2 제시어가 형용사인 경우에는 제시어의 앞부분에 유의하고, 부사인 경우에는 제시어의 뒷부분이나 문장 전체의 문맥에 유의하여 문맥상 올바르게 사용된 선택지를 정답으로 고른다.

예 おいしい 맛있다

① この りょうりは とても おいしいです。 이 요리는 매우 맛있습니다. (○)

② かれは すいえいが おいしいです。 그는 수영이 맛있습니다. (×)

ねっしんに 열심히

① いもうとは ねっしんに 宿題を して います。 여동생은 열심히 숙제를 하고 있습니다. (○)

② 約束を ねっしんに 忘れて しまいました。 약속을 열심히 잊어버리고 말았습니다. (×)

3 시험에 자주 출제되는 품사별 단어를 자주 사용되는 구문으로 학습해 둔다.

🔵 문제 풀이 Step

Step 1 **제시어를 읽고 의미와 품사를 확인한다.**

제시어를 읽고 제시어의 의미와 품사를 확인한다. 이때 제시어의 의미를 살짝 적어둔다.

Step 2 **제시어의 앞뒤 혹은 문장 전체의 문맥을 파악하여, 제시어가 올바르게 사용된 선택지를 정답으로 고른다.**

각 선택지를 읽고 해석할 때 제시어의 품사에 따라 앞뒤 혹은 문장 전체의 문맥이 가장 자연스러운 선택지를 정답으로 고른다. 선택지를 읽으면서 확실히 오답인 것은 ×, 헷갈리는 것은 △, 확실히 정답인 것은 ○로 표시하고, 확실하게 ○로 표시한 선택지가 있다면 정답으로 고른 뒤 바로 다음 문제로 넘어간다.

🔵 문제 풀이 Step 적용

もんだい５ つぎの ことばの つかいかたで いちばん いい ものを １・２・３・４から ひとつ えらんで ください。

ほめる　칭찬하다

✓ 1　毎日 こどもを ほめることは じゅうようです。　○

2　おとうさんに 大きい 声で なまえを ほめられました。　×

3　たくさん れんしゅうしたのに ほめて しまいました。　×

4　友だちの にもつが 多かったので ほめました。　×

Step 1 제시어를 읽고 의미와 품사를 확인한다.

제시어 ほめる는 '칭찬하다'라는 의미의 동사이다.

Step 2 제시어의 앞뒤 혹은 문장 전체의 문맥을 파악하여, 제시어가 올바르게 사용된 선택지를 정답으로 고른다.

제시어가 동사이므로, 각 선택지에서 먼저 제시어의 앞부분과 함께 읽어 본다.
1의 こどもをほめる(아이를 칭찬하다)에서 문맥상 올바르게 사용되었으므로 1을 정답으로 고른다. 2는 '이름을 칭찬받았다', 3은 '연습했는데 칭찬해 버렸다', 4는 '짐이 많았기 때문에 칭찬했다'라는 어색한 문맥이므로 오답이다.

문제5 다음의 말의 사용 방법으로 가장 알맞은 것을 1·2·3·4에서 하나 골라 주세요.

칭찬하다

1 매일 아이를 <u>칭찬하는</u> 것은 중요합니다.
2 아빠에게 큰 목소리로 이름을 <u>칭찬받았</u>습니다.
3 많이 연습했는데 <u>칭찬해</u> 버렸습니다.
4 친구의 짐이 많았기 때문에 <u>칭찬했</u>습니다.

어휘 ほめる 图칭찬하다　毎日 まいにち 圏매일　こども 圏아이　じゅうようだ 恬형중요하다　おとうさん 圏아빠, 아버지
大きい おおきい い형크다　声 こえ 圏목소리　なまえ 圏이름　たくさん 凰많이　れんしゅう 圏연습　〜のに 图〜는데
〜てしまう 〜(해) 버리다　友だち ともだち 圏친구　にもつ 圏짐　多い おおい い형많다　〜ので 图〜때문에

■ 용법에 자주 출제되는 명사 ① 🔊 N4_문제5 용법_핵심표현 및 필수어휘01.mp3

★표시는 2010년 이후 기출 어휘입니다.

あいさつ★ 인사	<ruby>笑顔<rt>え がお</rt></ruby>であいさつをします。 웃는 얼굴로 인사를 합니다.
<ruby>案内<rt>あん ない</rt></ruby>★ 안내	<ruby>乗<rt>の</rt></ruby>り<ruby>換<rt>か</rt></ruby>える<ruby>場所<rt>ば しょ</rt></ruby>まで<ruby>案内<rt>あん ない</rt></ruby>します。 갈아타는 장소까지 안내할게요.
<ruby>以外<rt>い がい</rt></ruby>★ 이외	<ruby>日曜日<rt>にちよう び</rt></ruby><ruby>以外<rt>い がい</rt></ruby>は<ruby>仕事<rt>し ごと</rt></ruby>があります。 일요일 이외는 일이 있습니다.
<ruby>音<rt>おと</rt></ruby>★ 소리, 음	<ruby>外<rt>そと</rt></ruby>からへんな<ruby>音<rt>おと</rt></ruby>が<ruby>聞<rt>き</rt></ruby>こえました。 밖에서 이상한 소리가 들렸습니다.
お<ruby>見合<rt>み あ</rt></ruby>い 맞선	お<ruby>見合<rt>み あ</rt></ruby>いにはあまり<ruby>興味<rt>きょう み</rt></ruby>がありません。 맞선에는 그다지 흥미가 없습니다.
お<ruby>見舞<rt>み ま</rt></ruby>い★ 병문안	<ruby>友<rt>とも</rt></ruby>だちが<ruby>入院<rt>にゅういん</rt></ruby>して、お<ruby>見舞<rt>み ま</rt></ruby>いに<ruby>行<rt>い</rt></ruby>ってきました。 친구가 입원해서, 병문안을 다녀왔습니다.
お<ruby>土産<rt>み やげ</rt></ruby>★ 기념품, 선물	<ruby>旅行<rt>りょ こう</rt></ruby>のお<ruby>土産<rt>み やげ</rt></ruby>に<ruby>何<rt>なに</rt></ruby>か<ruby>買<rt>か</rt></ruby>いましょうか。 여행의 기념품으로 무엇을 살까요?
お<ruby>礼<rt>れい</rt></ruby>★ 감사의 말	<ruby>先生<rt>せん せい</rt></ruby>にお<ruby>礼<rt>れい</rt></ruby>を<ruby>言<rt>い</rt></ruby>いました。 선생님에게 감사의 말을 했습니다.
<ruby>機械<rt>き かい</rt></ruby> 기계	<ruby>機械<rt>き かい</rt></ruby>が<ruby>故障<rt>こ しょう</rt></ruby>しました。 기계가 고장 났습니다.
<ruby>具合<rt>ぐ あい</rt></ruby>★ 상태, 형편	<ruby>体<rt>からだ</rt></ruby>の<ruby>具合<rt>ぐ あい</rt></ruby>がよくないです。 몸의 상태가 좋지 않습니다.
けが 부상, 상처	<ruby>事故<rt>じ こ</rt></ruby>でけがをしました。 사고로 부상을 입었습니다.
<ruby>景色<rt>け しき</rt></ruby>★ 경치	<ruby>窓<rt>まど</rt></ruby>から<ruby>見<rt>み</rt></ruby>える<ruby>景色<rt>け しき</rt></ruby>が<ruby>美<rt>うつく</rt></ruby>しかったです。 창문으로 보이는 경치가 아름다웠습니다.
<ruby>結果<rt>けっ か</rt></ruby> 결과	<ruby>昨日<rt>き のう</rt></ruby>の<ruby>英語<rt>えい ご</rt></ruby>のテストの<ruby>結果<rt>けっ か</rt></ruby>はよかったです。 어제 영어 시험의 결과는 좋았습니다.
<ruby>原因<rt>げん いん</rt></ruby> 원인	アレルギーの<ruby>原因<rt>げん いん</rt></ruby>は<ruby>何<rt>なん</rt></ruby>ですか。 알레르기의 원인은 무엇입니까?

★표시는 2010년 이후 기출 어휘입니다.

けんか★	싸움, 다툼	**けんか**をするのはやめてください。 싸움을 하는 것은 그만해 주세요.
見学★ けんがく	견학	お菓子の工場を**見学**する予定です。 과자 공장을 견학할 예정입니다.
工事★ こうじ	공사	そこはまだ**工事**中です。 거기는 아직 공사 중입니다.
故障★ こしょう	고장	テレビが**故障**しているので、ドラマが見られません。 텔레비전이 고장 나기 때문에, 드라마를 볼 수 없습니다.
最近★ さいきん	최근	**最近**、映画を見ることが好きになりました。 최근, 영화를 보는 것이 좋아졌습니다.
支度 したく	준비	夕食の**支度**をします。 저녁 식사의 준비를 합니다.
失敗★ しっぱい	실패, 실수	**失敗**しても、あきらめないでください。 실패해도, 포기하지 말아 주세요.
習慣 しゅうかん	습관	日記を書く**習慣**があります。 일기를 쓰는 습관이 있습니다.
準備★ じゅんび	준비	会議の**準備**をしています。 회의의 준비를 하고 있습니다.

📋 **확인 문제** 제시어가 올바르게 사용된 문장을 고르세요.

01 げんいん　ⓐ テストのげんいんはよかったです。　ⓑ びょうきのげんいんは何ですか。

02 しゅうかん　ⓐ 日記を書くことがしゅうかんになりました。　ⓑ 会議のしゅうかんをおねがいします。

03 したく　ⓐ 今から夕食のしたくをはじめます。　ⓑ したくしても、けっしてあきらめません。

04 おれい　ⓐ 先生におれいをつたえました。　ⓑ 韓国のしょうせつを友人におれいしました。

05 けが　ⓐ かぜで体のけががよくありません。　ⓑ 足にけがをしてしまいました。

정답: 01 ⓑ 02 ⓐ 03 ⓐ 04 ⓐ 05 ⓑ

■ 용법에 자주 출제되는 명사 ② ◀》 N4_문제5 용법_핵심표현 및 필수어휘02.mp3

★표시는 2010년 이후 기출 어휘입니다.

紹介_{しょうかい} ★	소개	韓国の小説を海外に紹介しました。 한국의 소설을 해외에 소개했습니다.
招待_{しょうたい} ★	초대	パーティーに招待されました。 파티에 초대받았습니다.
将来_{しょうらい} ★	장래	将来のために毎日勉強しています。 장래를 위해서 매일 공부하고 있습니다.
人口_{じんこう} ★	인구	中国の人口は日本より多いです。 중국의 인구는 일본보다 많습니다.
スイッチ ★	스위치	スイッチを押してください。 스위치를 눌러주세요.
生産_{せいさん} ★	생산	パソコンを生産しています。 컴퓨터를 생산하고 있습니다.
世話_{せわ} ★	보살핌, 도와 줌	犬の世話をするのは思ったより大変です。 개를 보살피는 것은 생각보다 힘듭니다.
相談_{そうだん} ★	상담	進学について先生に相談したいです。 진학에 대해서 선생님에게 상담하고 싶습니다.
チェック ★	체크, 확인	毎朝、メールをチェックしています。 매일 아침, 이메일을 체크하고 있습니다.
遅刻_{ちこく} ★	지각	寝坊して、会社に遅刻してしまいました。 늦잠을 자서, 회사에 지각해 버렸습니다.
チャンス	찬스, 기회	チャンスをつかみました。 찬스를 잡았습니다.
中止_{ちゅうし} ★	중지	朝から雨が降っているので、運動会は中止です。 아침부터 비가 내리고 있기 때문에, 운동회는 중지입니다.
貯金_{ちょきん} ★	저금	給料の一部を貯金しています。 급료의 일부를 저금하고 있습니다.
途中_{とちゅう}	도중	電話が途中で切れました。 전화가 도중에 끊어졌습니다.

★표시는 2010년 이후 기출 어휘입니다.

寝坊★	늦잠을 잠	昨日遅くまでゲームをして、寝坊してしまいました。 어제 늦게까지 게임을 해서, 늦잠을 자고 말았습니다.
場所★	장소	車をとめる場所がありません。 차를 세울 장소가 없습니다.
引っ越し	이사	引っ越しの日は決めましたか。 이삿날은 정했습니까?
返事★	답장, 대답	このメールを読んだら、返事をください。 이 이메일을 읽으면, 답장을 주세요.
約束★	약속	一緒に映画を見に行く約束をしました。 같이 영화를 보러 가는 약속을 했습니다.
輸出	수출	外国に何を輸出しているのかよくわかりません。 외국에 무엇을 수출하고 있는 것인지 잘 모릅니다.
輸入★	수입	この国は車を輸入しています。 이 나라는 자동차를 수입하고 있습니다.
留守★	부재중	私が留守の間に手紙が届いていました。 제가 부재중인 동안에 편지가 와 있었습니다.
連絡	연락	なるべく早く連絡してください。 되도록 빨리 연락해 주세요.

문자·어휘

문제 5 용법

해커스 JLPT N4 한 권으로 합격

📑 확인 문제 제시어가 올바르게 사용된 문장을 고르세요.

01 るす ⓐ 私がるすの間にでんわがありました。 ⓑ 電話がるすで切れてしまいました。

02 せわ ⓐ パソコンをせわしています。 ⓑ 犬のせわをするのは大変です。

03 そうだん ⓐ ねぼうして、会社にそうだんしました。 ⓑ 進路について先生にそうだんしました。

04 スイッチ ⓐ 電気のスイッチをおしてください。 ⓑ とうとう留学のスイッチをつかみました。

05 ちょきん ⓐ 毎月5万円はちょきんしています。 ⓑ メールを見たら、ちょきんしてください。

정답: 01 ⓐ 02 ⓑ 03 ⓑ 04 ⓐ 05 ⓐ

★표시는 2010년 이후 기출 어휘입니다.

あやまる★	사과하다	姉の服を汚してしまったので、姉にあやまりました。 언니의 옷을 더럽혀 버려서, 언니에게 사과했습니다.
急ぐ★	서두르다	バスの時間に間に合うように、急ぎました。 버스 시간에 맞추기 위해서, 서둘렀습니다.
遅れる★	늦다	授業に遅れて、しかられました。 수업에 늦어서, 꾸지람을 들었습니다.
怒る	화내다, 꾸짖다	彼は小さいことですぐに怒ります。 그는 작은 것으로 금방 화냅니다.
落とす★	떨어뜨리다, 잃어버리다	さいふを落としました。 지갑을 떨어뜨렸습니다.
おどる	춤추다	お祭りでおどりました。 축제에서 춤추었습니다.
おどろく★	놀라다	ニュースを見ておどろきました。 뉴스를 보고 놀랐습니다.
覚える	외우다, 기억하다	単語を覚えるのが難しいです。 단어를 외우는 것이 어렵습니다.
かざる★	장식하다	花をかざったので、部屋が明るくなりました。 꽃을 장식해서, 방이 밝아졌습니다.
片づける★	치우다	部屋を片づけようと思いました。 방을 치우려고 생각했습니다.
乾く★	마르다, 건조하다	洗濯ものが乾いています。 세탁물이 말라 있습니다.
決める★	정하다	掃除の担当を決めましょう。 청소 담당을 정합시다.
比べる★	비교하다	昔に比べると、車が多くなりました。 옛날과 비교하면, 자동차가 많아졌습니다.
込む	붐비다, 혼잡하다	通勤の電車はいつも込みます。 통근 전철은 항상 붐빕니다.

★표시는 2010년 이후 기출 어휘입니다.

壊れる	고장 나다, 깨지다	けいたいが壊れました。 휴대전화가 고장 났습니다.
探す ★	찾다	今、さいふを探しています。 지금, 지갑을 찾고 있습니다.
騒ぐ	소란 피우다, 떠들다	ここでは騒がないように気をつけてください。 여기에서는 소란 피우지 않도록 주의해 주세요.
さわる ★	만지다, 닿다	美術館の作品にさわらないでください。 미술관의 작품을 만지지 말아 주세요.
しかる ★	꾸짖다, 야단치다	母にしかられました。 어머니에게 꾸지람을 들었습니다.
しめる ★	닫다	寒いのでドアをしめます。 추우니까 문을 닫을게요.
調べる ★	조사하다	アメリカについて調べています。 미국에 대해서 조사하고 있습니다.
空く	비다	バスが空いています。 버스가 비어있습니다.

📋 **확인 문제** 제시어가 올바르게 사용된 문장을 고르세요.

01 こわれる ⓐ 教室ではこわれてはいけません。 ⓑ けいたいがこわれて連絡できません。

02 おぼえる ⓐ 単語をおぼえるのがにがてです。 ⓑ 道でさいふをおぼえています。

03 かざる ⓐ もう洗濯ものがかざったようです。 ⓑ 花をかざったので部屋が明るくなりました。

04 くらべる ⓐ 昔にくらべると、じこが多くなりました。 ⓑ アメリカについてくらべています。

05 あやまる ⓐ あやまったのに、許してくれません。 ⓑ 作品にあやまらないでください。

정답: 01 ⓑ 02 ⓐ 03 ⓑ 04 ⓐ 05 ⓐ

★표시는 2010년 이후 기출 어휘입니다.

捨てる	버리다	いらないものは捨てましょう。 필요 없는 것은 버립시다.
育てる ★	기르다, 키우다	花を育てるのが好きです。 꽃을 기르는 것을 좋아합니다.
倒れる	쓰러지다	台風で木が倒れました。 태풍으로 나무가 쓰러졌습니다.
建てる	짓다, 세우다	大きい家を建てたいです。 큰 집을 짓고 싶습니다.
包む	포장하다, 싸다	新聞紙で荷物を包みました。 신문지로 짐을 포장했습니다.
治る ★	낫다, 치료되다	風邪が治りました。 감기가 나았습니다.
慣れる ★	익숙해지다	仕事に慣れていきます。 일에 익숙해져 갑니다.
似合う	잘 어울리다	彼女によく似合うくつですね。 그녀에게 잘 어울리는 구두네요.
逃げる ★	도망치다	犯人が逃げました。 범인이 도망쳤습니다.
ぬれる ★	젖다	急に雨が降り出して、全部ぬれました。 갑자기 비가 내리기 시작해서, 전부 젖었습니다.
払う ★	지불하다	食事代を払いました。 식사비를 지불했습니다.
引っ越す	이사하다	来月、新しいマンションに引っ越します。 다음 달, 새로운 맨션으로 이사합니다.
拾う ★	줍다	お金を拾いました。 돈을 주웠습니다.
増える ★	늘다	ロボットを使う工場が増えています。 로봇을 사용하는 공장이 늘고 있습니다.

★표시는 2010년 이후 기출 어휘입니다.

ほめる	칭찬하다	父にほめられて、うれしかったです。 아버지에게 칭찬받아서, 기뻤습니다.
むかえる ★	맞이하다	新入生をむかえました。 신입생을 맞이하였습니다.
戻る	돌아오다	留学に行った弟が戻ってきました。 유학을 간 남동생이 돌아왔습니다.
止む	(비가) 그치다	雨が止んでよかったです。 비가 그쳐서 다행입니다.
汚れる ★	더러워지다	テーブルが汚れました。 테이블이 더러워졌습니다.
よろこぶ ★	기뻐하다	ともだちにプレゼントをあげたら、よろこんでくれました。 친구에게 선물을 주었더니, 기뻐해 주었습니다.
わかす	끓이다, 데우다	お茶をわかします。 차를 끓입니다.
割る ★	깨뜨리다, 나누다	たまごを割ってしまいました。 달걀을 깨뜨려 버렸습니다.

📋 **확인 문제** 제시어가 올바르게 사용된 문장을 고르세요.

01 もどる
ⓐ 留学に行った弟がもどってきました。
ⓑ 新しいマンションにもどるつもりです。

02 やむ
ⓐ ゆっくり休んだので、かぜがやみました。
ⓑ 雨がやんだらさんぽに行きたいです。

03 ひろう
ⓐ いらないものはひろいましょう。
ⓑ 道で黒いさいふをひろいました。

04 にげる
ⓐ 100点をとって、父ににげられました。
ⓑ けいさつが来る前に犯人はにげました。

05 たてる
ⓐ ひまわりをたてています。
ⓑ しょうらい、大きな家をたてたいです。

정답: 01 ⓐ 02 ⓑ 03 ⓑ 04 ⓑ 05 ⓑ

★표시는 2010년 이후 기출 어휘입니다.

浅い あさ	얕다	この池は浅いです。 いけ あさ 이 연못은 얕습니다.
薄い★ うす	연하다, 얇다	水色のような薄い色が好きです。 みずいろ うす いろ す 하늘색처럼 연한 색을 좋아합니다.
軽い★ かる	가볍다	このカメラは軽くて、使いやすいです。 かる つか 이 카메라는 가벼워서, 사용하기 쉽습니다.
汚い★ きたな	더럽다, 지저분하다	机の上が汚くて、すみません。 つくえ うえ きたな 책상 위가 더러워서, 죄송합니다.
厳しい★ きび	엄하다	となりのクラスの先生はとても厳しいです。 せんせい きび 옆 반의 선생님은 매우 엄합니다.
さびしい	허전하다, 외롭다	妹が留学に行ってさびしいです。 いもうと りゅうがく い 여동생이 유학을 가서 허전합니다.
苦い★ にが	쓰다	くすりが苦くて飲みたくないです。 にが の 약이 써서 먹기 싫습니다.
恥ずかしい は	부끄럽다	多くの人の前で発表するのは恥ずかしいです。 おお ひと まえ はっぴょう は 많은 사람의 앞에서 발표하는 것은 부끄럽습니다.
深い★ ふか	깊다	海の深いところまで行ってみたいです。 うみ ふか い 바다의 깊은 곳까지 가보고 싶습니다.
太い ふと	굵다	太いペンで名前を書いてください。 ふと なまえ か 굵은 펜으로 이름을 써주세요.
若い わか	젊다	新しい先生は思ったより若かったです。 あたら せんせい おも わか 새로운 선생님은 생각보다 젊었습니다.
安全だ★ あんぜん	안전하다	安全な場所に行ったほうがいいです。 あんぜん ばしょ い 안전한 장소로 가는 편이 좋습니다.
危険だ★ き けん	위험하다	夜遅く出かけるのは危険です。 よるおそ で き けん 밤 늦게 외출하는 것은 위험합니다.
元気だ げん き	건강하다	具合が悪いと聞いていたけど、元気そうでよかったです。 ぐあい わる き げんき 상태가 나쁘다고 들었는데, 건강해 보여서 다행입니다.

残念だ ★ ざんねん	유감이다	楽しみにしていた運動会が中止になって、残念です。 기대하고 있던 운동회가 중지가 되어서, 유감입니다.
十分だ ★ じゅうぶん	충분하다	十分な休みを取って、元気になりました。 충분한 휴식을 취해서, 건강해 졌습니다.
親切だ ★ しんせつ	친절하다	この店の人はいつも笑顔で、とても親切です。 이 가게의 사람은 항상 웃는 얼굴이고, 매우 친절합니다.
大事だ ★ だいじ	중요하다, 소중하다	これは大事な書類です。 이것은 중요한 서류입니다.
丁寧だ ★ ていねい	정중하다, 정성스럽다	彼が丁寧に説明してくれました。 그가 정중하게 설명해 주었습니다.
適当だ てきとう	적당하다	適当な大きさに切ってください。 적당한 크기로 잘라 주세요.
にぎやかだ	떠들썩하다, 활기차다	お祭りなのでにぎやかです。 축제라서 떠들썩합니다.
熱心だ ★ ねっしん	열심이다	山本さんは仕事に熱心な人です。 야마모토 씨는 일에 열심인 사람입니다.
まじめだ ★	성실하다	まじめに勉強して、大学に合格しました。 성실하게 공부해서, 대학에 합격했습니다.

📋 **확인 문제** 제시어가 올바르게 사용된 문장을 고르세요.

01 きたない　ⓐ つくえの上がきたないから、片づけてください。　ⓑ 妹が家を出ていって、きたないです。

02 にがい　ⓐ 水色のようなにがい色が好きです。　ⓑ このくすりはにがくて、飲みたくありません。

03 ふかい　ⓐ 海のふかいところまで泳いでみたいです。　ⓑ この川はふかくて、安全に遊べます。

04 にぎやか　ⓐ 山本さんは仕事ににぎやかな人です。　ⓑ お祭りなので、まちがにぎやかです。

05 ざんねん　ⓐ 運動会が中止になってざんねんです。　ⓑ 一人で夜遅く出かけるのはざんねんです。

정답: 01 ⓐ 02 ⓑ 03 ⓐ 04 ⓑ 05 ⓐ

★표시는 2010년 이후 기출 어휘입니다.

いっぱい	가득	プレゼントを<u>いっぱい</u>もらいました。 선물을 가득 받았습니다.
必_{なら}ず	반드시	<u>必ず</u>大学_{だいがく}に行_いきたいです。 반드시 대학에 가고 싶습니다.
けっして	결코	<u>けっして</u>悪_{わる}いことはしません。 결코 나쁜 일은 하지 않습니다.
さっき	아까, 조금 전	<u>さっき</u>、電話_{でんわ}がかかってきました。 아까, 전화가 걸려 왔습니다.
しっかり	단단히, 똑똑히	くつひもを<u>しっかり</u>結_{むす}びました。 신발 끈을 단단히 묶었습니다.
しばらく	당분간, 잠깐	<u>しばらく</u>休_{やす}みたいです。 당분간 쉬고 싶습니다.
ずいぶん	아주, 대단히	<u>ずいぶん</u>昔_{むかし}の話_{はなし}です。 아주 옛날의 이야기입니다.
すぐに	곧, 즉시	雨_{あめ}が止_やんだら、<u>すぐに</u>行_いきます。 비가 그치면, 곧 가겠습니다.
すっかり	완전히	約束_{やくそく}を<u>すっかり</u>忘_{わす}れていました。 약속을 완전히 잊고 있었습니다.
ずっと	쭉, 계속	暑_{あつ}い日_ひが<u>ずっと</u>続_{つづ}いていて、大変_{たいへん}です。 더운 날이 쭉 계속되고 있어서, 힘듭니다.
ぜひ ★	꼭, 제발	<u>ぜひ</u>食_たべてください。 꼭 먹어 주세요.
全然_{ぜんぜん}	전혀	コーヒーは<u>全然</u>飲_のめません。 커피는 전혀 못 마십니다.
そろそろ	슬슬	<u>そろそろ</u>帰_{かえ}ったほうがいいと思_{おも}います。 슬슬 돌아가는 편이 좋다고 생각합니다.
だいたい	대체로, 대개	意味_{いみ}は<u>だいたい</u>分_わかりました。 의미는 대체로 이해했습니다.

★표시는 2010년 이후 기출 어휘입니다.

たいてい	대개, 대부분	週末はたいてい家で休みます。 주말은 대개 집에서 쉽니다.
とうとう	드디어	とうとう成功しました。 드디어 성공했습니다.
にこにこ	싱글벙글	彼はいつもにこにこしています。 그는 언제나 싱글벙글하고 있습니다.
はっきり	분명히, 확실히	今日はくもっていて、富士山がはっきり見えません。 오늘은 흐려서, 후지산이 분명히 보이지 않습니다.
ほとんど	거의, 대부분	課題がほとんど終わりました。 과제가 거의 끝났습니다.
もう	벌써, 이미	もう約束の時間が過ぎてしまいました。 벌써 약속 시간이 지나버렸습니다.
やはり	역시	夏はやはりすいかが一番だと思います。 여름은 역시 수박이 제일이라고 생각합니다.
ゆっくり	느긋하게, 천천히	明日は家でゆっくり休む予定です。 내일은 집에서 느긋하게 쉴 예정입니다.

📄 **확인 문제** 제시어가 올바르게 사용된 문장을 고르세요.

01 けっして
ⓐ 彼はけっして悪いことをしません。
ⓑ けっしてあの大学に行きたいです。

02 しっかり
ⓐ くつひもをしっかりむすんでください。
ⓑ 約束をしっかり忘れてしまいました。

03 さっき
ⓐ さっき、家に遊びに来てくださいね。
ⓑ さっき、田中さんから電話がありました。

04 たいてい
ⓐ 週末はたいてい家にいます。
ⓑ たいてい帰りましょう。

05 ずいぶん
ⓐ ずいぶん食べてください。
ⓑ ずいぶん昔の話ですが、私も留学しました。

정답: 01 ⓐ 02 ⓐ 03 ⓑ 04 ⓐ 05 ⓑ

제시어가 올바르게 사용된 문장을 고르세요.

01 したく

① びょうきの したくは なんですか。

② ひるごはんの したくを して います。

02 あさい

① この みずうみは あさいので あんぜんです。

② かみのけを あさく きって ください。

03 あやまる

① じゅぎょうに おくれて せんせいに あやまられました。

② めいわくを かけた ひとに あやまって ください。

04 るす

① るすの あいだに でんわが かかって きました。

② あたらしい マンションに るすする よていです。

05 ほとんど

① よるには ひとが ほとんど いません。

② くらく なったので ほとんど かえりましょう。

06 ずいぶん

① むかしは ずいぶん にんきでした。

② ずいぶん はっぴょうかいに きて ください。

07 にぎやか

① かれは しごとに にぎやかな ひとです。

② わたしは にぎやかな まちに すんで います。

08 しっぱい

① かいぎの しっぱいは できて いますか。

② ひとは だれでも しっぱいを します。

09 けんか

① きのう あにと けんかを して しまいました。

② ははに ともだちを けんかしました。

10 もどる

① みちで さいふを もどりました。

② いつ にほんから もどって きましたか。

もんだい5 つぎの ことばの つかいかたで いちばん いい ものを
1・2・3・4から ひとつ えらんで ください。

25 おとす

1 しゅくだいを する ときは テレビを おとして ください。

2 雨が おとして いる ことを 見て、少し かなしく なりました。

3 おとす 駅を 間違えて しまって、こまりました。

4 おさらを おとさない ように 気を つけて ください。

26 かるい

1 今日は じゅぎょうが 少ないので、かばんが かるいです。

2 夜は へやを もう ちょっと かるく して ください。

3 これ とても かるいので、だれか 手伝って くれませんか。

4 今日 スーパーに 行ったら、この ジュースが かるかったので 買いました。

27 げんき

1 かれは いつも げんきに せいかつして います。

2 この ぐらいの ものは げんきに はこぶ ことが できます。

3 かれに えいごの はっぴょうを おねがいしても げんきだと おもいます。

4 パソコンの げんきが わるいので、サービスセンターに 行きます。

28 ばしょ

1 私は かのじょの そんな ばしょが 好きです。

2 人が たくさん あつまる ばしょは 行きたくないです。

3 となりの ばしょの おじいさんは とても やさしいです。

4 今 乗って いる 電車の ばしょは とうきょう駅です。

정답 해설집 p.20

もんだい5 つぎの ことばの つかいかたで いちばん いい ものを
1・2・3・4から ひとつ えらんで ください。

25 きけん

1 明日までに 出す 課題が のこって きけんです。

2 夜 おそく ひとりで 外に 出るのは きけんです。

3 まつだ先生は とても きけんですので ちこくしては いけません。

4 昨日 よく ねむれなくて、ぐあいが きけんです。

26 ちゅうし

1 テレビが ちゅうしして ドラマが 見られません。

2 旅行に 行きたいけど、 試験の べんきょうの ために ちゅうしして います。

3 今は 昼休みなので ゆっくり ちゅうしして います。

4 急に 雨が ふりだして しあいが ちゅうしに なりました。

27 おこる

1 マラソン 大会で 1位を とって おこりました。

2 冬休みに どこへ 行くか おこって います。

3 へやの そうじを しなかったので 母に おこられました。

4 父が びょうきに なって かぞく みんな おこりました。

28 ずっと

1 こどもの 時から ずっと アメリカに 行きたかったです。

2 タクシーなら 約束の じかんに ずっと 間に合います。

3 今 しごとが 終わったので、ずっと かえります。

4 やまだくんの おかげで ずっと しゅくだいを おえました。

정답 해설집 p.21

もんだい５ つぎの ことばの つかいかたで いちばん いい ものを
１・２・３・４から ひとつ えらんで ください。

25 ていねい

1 あいての はなしを 聞く ことは ていねいです。
2 かれは かのじょに おくる てがみを ていねいに 書きました。
3 母は あたらしい ものを 学ぶ ことに とても ていねいです。
4 かれは うんどうは もちろん、べんきょうも ていねいに する ひとです。

26 うすい

1 いま すんで いる ところは うすいので 安いです。
2 今回の りょこうは とても うすかったです。
3 この うすい みちを 通ったら すぐに つきます。
4 この いろより うすい いろの ほうが いいです。

27 すてる

1 みちで しらない ひとの さいふを すてました。
2 つかった ティッシュを ごみばこに すてました。
3 りょうしんが 来る まえに いえを すてましょう。
4 しょくじが 終わったら テーブルの うえを すてて ください。

28 ゆしゅつ

1 ネットで 友だちの プレゼントを ゆしゅつしました。
2 えいごの べんきょうの ために イギリスに ゆしゅつしました。
3 来月から テレビを ゆしゅつする ことに なりました。
4 今年の ふゆやすみには ヨーロッパを ゆしゅつしたいです。

정답 해설집 p.22

もんだい5　つぎの　ことばの　つかいかたで　いちばん　いい　ものを　1・2・3・4から　ひとつ　えらんで　ください。

25　チャンス

1　今回が　ごうかく　できる　チャンスだと　おもいます。

2　ことしは　とても　あついそうですので　チャンスを　買って　きました。

3　この　チャンスは　かれには　まだ　むずかしいです。

4　先週の　しけんの　チャンスが　わるかったので　おどろきました。

26　なれる

1　まつださんの　かおは　お母さんに　なれて　います。

2　かのじょは　ピアノが　なれたいと　おもって　います。

3　この　国の　さむさにも　もう　なれました。

4　きのうは　夜　おそく　なれたので　とても　つかれて　います。

27　だいじ

1　みなさん、だいじな　ところには　いかないで　ください。

2　たなかさんは　アメリカに　すんで　いたので、英語が　とても　だいじです。

3　おいしい　たべものを　たくさん　食べて　ほんとうに　だいじです。

4　お父さんから　もらった　プレゼントを　だいじに　して　います。

28　かならず

1　来週の　たいかいには　かならず　さんかして　ください。

2　この　みちを　かならず　行くと　コンビニが　あります。

3　人が　かならず　来なかったので、かいじょうは　すいて　いました。

4　タワーから　けしきが　かならず　みえるのが　よかったです。

정답 해설집 p.23

혼자 하기 어렵고
막막할 땐?

해커스일본어 (japan.Hackers.com)

문법

문제 1 문법형식 판단

문제 2 문장 만들기

문제 3 글의 문법

01 조사

괄호 안에 들어갈 조사를 고르세요.

わたしは　アメリカにも　中国（　　　　）行った　ことが　あります。

저는 미국에도 중국 (　　　) 간 적이 있습니다.

1　で	2　にも	3　でも	4　が
에서	에도	이라도	이

정답 : 2

학습목표
문법에서는 이처럼 괄호에 들어갈 알맞은 조사를 고르는 문제가 출제된다. N4에 자주 나오는 조사의 의미를 예문과 함께 암기하자.

1. 조사의 역할

조사는 주로 명사와 결합하여 주어나 목적어를 만들어주고 수식, 강조 등의 일정한 의미를 덧붙이는 등 문장 내에서 단어와 단어를 연결한다.

[주어]　私は会社に行く。　나는 회사에 간다.

[목적어]　友だちはバナナを食べる。　친구는 바나나를 먹는다.

[수식]　これは私のかばんです。　이것은 나의 가방입니다.

[강조]　この仕事はあなたにしかできない。　이 일은 당신밖에 할 수 없다.

2. N4 필수 조사

か ~할지	パーティーに行くか行かないかまだ決めていないです。 파티에 갈 지 안 갈 지 아직 결정하지 않았습니다.
が ~가(이)	母が作ったケーキはおいしいです。 엄마가 만든 케이크는 맛있습니다.
から ~부터, ~에서	来週から夏休みが始まります。 다음 주부터 여름 방학이 시작됩니다.
から ~때문에	今日は日曜日だからこのレストランは休みです。 오늘은 일요일이기 때문에 이 식당은 휴일입니다.
くらい ~정도	中国に2週間くらい旅行に行きます。 중국에 2주일 정도 여행을 갑니다.

くらい ~만큼	悲しいことがあって、これ以上なみだが出ない**くらい**泣いた。 슬픈 일이 있어서, 이 이상 눈물이 나오지 않을 만큼 울었다.
けれど/けど ~지만	つらかった**けれど**、毎日練習をしました。 괴로웠지만, 매일 연습을 했습니다.
し ~고	彼は性格もいい**し**、頭もいい。 그는 성격도 좋고, 머리도 좋다.
しか ~밖에	今行けるところは、そこ**しか**ない。 지금 갈 수 있는 곳은, 그곳밖에 없다.
だけ ~만, ~뿐	英語**だけ**は自信があります。 영어만은 자신이 있습니다.
で ~에서	これはアメリカ**で**買ったものです。 이것은 미국에서 산 것입니다.
でも ~라도, ~든지	今は誰**でも**海外に行けます。 지금은 누구라도 해외에 갈 수 있습니다.
と ~과(와)	妹**と**一緒に住んでいます。 여동생과 함께 살고 있습니다.

📋 **확인 문제** 밑줄에 들어갈 알맞은 조사를 골라보세요.

01 英語＿＿＿＿は自信があります。 　　　　　ⓐ しか　　　ⓑ だけ

02 妹＿＿＿＿一緒に住んでいます。 　　　　　ⓐ と　　　ⓑ で

03 つらかった＿＿＿＿、毎日練習しました。 　　ⓐ でも　　　ⓑ けれど

04 彼は性格もいい＿＿＿＿、頭もいい。 　　　　ⓐ か　　　ⓑ し

05 中国に2週間＿＿＿＿旅行に行きます。 　　　ⓐ から　　　ⓑ くらい

정답: 01 ⓑ 02 ⓐ 03 ⓑ 04 ⓑ 05 ⓑ

とか	~라든가	イギリス**とか**アメリカに留学に行ってみたいです。 영국이라든가 미국에 유학하러 가보고 싶습니다.
に	~에	週末は、プール**に**行きたいです。 주말은, 수영장에 가고 싶습니다.
に	~에게	申込書は田中さん**に**出してください。 신청서는 다나카 씨에게 내 주세요.
の	~의	それは田中さん**の**コップです。 그것은 다나카 씨의 컵입니다.
の	~것	雨で家に帰る**の**が遅くなりました。 비로 집에 돌아가는 것이 늦어졌습니다.
ので	~때문에	昨日雪が降った**ので**、運転に気を付けてください。 어제 눈이 내렸기 때문에, 운전에 주의해 주세요.
ので	~므로	来週、試験がある**ので**、週末は図書館で勉強をします。 다음 주, 시험이 있으므로, 주말은 도서관에서 공부를 합니다.
のに	~인데	彼女は外国人な**のに**、日本語が上手だ。 그녀는 외국인인데, 일본어를 잘 한다.
のに	~(하)는 데에	パスポートは海外に行く**のに**必要です。 여권은 해외에 가는 데에 필요합니다.
は	~은(는)	今日**は**天気がいいです。 오늘은 날씨가 좋습니다.
ばかり	~만, ~뿐	そんなに肉**ばかり**食べるのは、健康によくないよ。 그렇게 고기만 먹는 것은, 건강에 좋지 않아.
へ	~에	ここ**へ**来るまで1時間くらいかかりました。 여기에 오기까지 1시간 정도 걸렸습니다.
ほど	~정도	レポートを書くのに、4時間**ほど**かかりました。 리포트를 쓰는 데에, 4시간 정도 걸렸습니다.
まで	~까지(지속)	図書館は10時**まで**開いています。 도서관은 10시까지 열려 있습니다.
までに	~까지(기한, 한계)	宿題は明日の2時**までに**出してください。 숙제는 내일 2시까지 내 주세요.

も ~도	私はピザもパスタも好きです。 나는 피자도 파스타도 좋아합니다.
も ~(이)나	彼は約束の時間より1時間も遅れて来ました。 그는 약속 시간보다 1시간이나 늦게 왔습니다.
や ~(이)나	最近は学校の宿題やバイトで忙しいです。 최근에는 학교 숙제나 아르바이트로 바쁩니다.
より ~보다	私は彼より日本語が上手です。 나는 그보다 일본어를 잘합니다.
を ~을(를)	新しいかばんを買いました。 새로운 가방을 샀습니다.

📋 **확인 문제** 밑줄에 들어갈 알맞은 조사를 골라보세요.

01 彼は約束の時間より1時間＿＿＿＿遅れて来ました。 ⓐ も ⓑ に

02 図書館は10時＿＿＿＿開いています。 ⓐ まで ⓑ までに

03 彼女は外国人な＿＿＿＿、日本語が上手だ。 ⓐ のに ⓑ は

04 そんなに肉＿＿＿＿食べるのは、健康によくないよ。 ⓐ より ⓑ ばかり

05 イギリス＿＿＿＿アメリカに留学に行ってみたいです。 ⓐ ので ⓑ とか

정답: 01 ⓐ 02 ⓐ 03 ⓐ 04 ⓑ 05 ⓑ

괄호 안에 들어갈 부사를 고르세요.

9<ruby>月<rt>がつ</rt></ruby>に　なって、<ruby>涼<rt>すず</rt></ruby>しく　なりました。（　　　）<ruby>秋<rt>あき</rt></ruby>です。

9월이 되고, 선선해졌습니다. (　　　) 가을입니다.

1 もうすぐ	2 かならず	3 けっして	4 もっと
이제 곧	반드시	결코	좀 더

정답 : 1

학습목표

문법에서는 이처럼 괄호에 들어갈 알맞은 부사를 고르는 문제가 출제된다. N4에 자주 나오는 부사의 의미를 예문과 함께 암기하자.

1. 부사의 역할

부사는 동사, 형용사, 다른 부사 혹은 문장 전체를 수식하는 역할을 한다.

[동사 수식]　この<ruby>言葉<rt>ことば</rt></ruby>の<ruby>意味<rt>いみ</rt></ruby>が**やっと** わかりました。　이 말의 의미를 겨우 알았습니다.

　　　　　　　　　　　　부사└─────┘↑

[い형용사 수식]　<ruby>彼<rt>かれ</rt></ruby>の<ruby>家<rt>いえ</rt></ruby>は**あまり** <ruby>広<rt>ひろ</rt></ruby>くない。　그의 집은 그다지 넓지 않다.

　　　　　　　　　　　부사└──┘↑

[부사 수식]　あしたは**もっと** <ruby>早<rt>はや</rt></ruby>く<ruby>来<rt>き</rt></ruby>てください。　내일은 좀 더 빨리 와주세요.

　　　　　　　　　부사└──┘↑

2. N4 필수 부사

부사에는 정도, 시간, 강조 등을 나타내는 부사가 있다.

(1) 정도를 나타내는 부사

あまり 그다지	このかばんは**あまり**<ruby>高<rt>たか</rt></ruby>くない。 이 가방은 그다지 비싸지 않다.
ずいぶん 상당히, 꽤	**ずいぶん**<ruby>前<rt>まえ</rt></ruby>にここにきました。 상당히 전에 여기에 왔습니다.
<ruby>少<rt>すこ</rt></ruby>**し** 조금, 약간	<ruby>家<rt>いえ</rt></ruby>から<ruby>学校<rt>がっこう</rt></ruby>までは<ruby>少<rt>すこ</rt></ruby>**し**<ruby>遠<rt>とお</rt></ruby>いです。 집에서 학교까지는 조금 멉니다.
ずっと 쭉, 훨씬	お<ruby>昼<rt>ひる</rt></ruby>まで**ずっと**<ruby>寝<rt>ね</rt></ruby>ていました。 점심까지 쭉 자고 있었습니다.

だいたい 대체로, 대개	内容が難しくなかったので、**だいたい**理解できました。 내용이 어렵지 않았기 때문에, 대체로 이해할 수 있었습니다.
ちっとも (부정 표현과 함께) 조금도	**ちっとも**練習しなかったので、発表が不安だ。 조금도 연습하지 않았기 때문에, 발표가 불안하다.
とても 매우, 대단히	電車に乗る人が**とても**多いです。 전철을 타는 사람이 매우 많습니다.
なかなか 1. (부정 표현과 함께) 좀처럼 ~않다 2. 상당히	1. 駅に行くバスが**なかなか**来なかったので、学校に遅刻しました。 　역에 가는 버스가 좀처럼 오지 않았기 때문에, 학교에 지각했습니다. 2. 価格も安いし、味も**なかなか**おいしいですね。 　가격도 싸고, 맛도 상당히 맛있네요.
もっと 좀 더, 더욱	**もっと**大きい声で話してください。 좀 더 큰 소리로 이야기 해 주세요.
やっと 겨우	一週間かかりましたが、今日、**やっと**終わりました。 일주일 걸렸습니다만, 오늘, 겨우 끝났습니다.

📄 **확인 문제** 밑줄에 들어갈 알맞은 부사를 골라보세요.

01 _____ 練習しなかったので、発表が不安だ。　　ⓐ とても　　ⓑ ちっとも

02 _____ 前にここに来ました。　　ⓐ だいたい　　ⓑ ずいぶん

03 一週間かかりましたが、今日、_____ 終わりました。　　ⓐ やっと　　ⓑ ずっと

04 _____ 大きい声で話してください。　　ⓐ もっと　　ⓑ あまり

05 駅に行くバスが_____ 来なかったので、学校に遅刻しました。　　ⓐ 少し　　ⓑ なかなか

정답: 01 ⓑ 02 ⓑ 03 ⓐ 04 ⓐ 05 ⓑ

(2) 시간을 나타내는 부사

いつか 언젠가	私もいつか富士山に登ってみたい。 나도 언젠가 후지산에 올라가 보고 싶다.
いつも 언제나, 늘	いつも10時に寝ます。 언제나 10시에 잡니다.
さっき 아까, 조금 전	上田さんなら**さっき**教室で見ましたよ。 우에다 씨라면 아까 교실에서 봤어요.
そろそろ 슬슬	**そろそろ**出発しないと間に合わないよ。 슬슬 출발하지 않으면 시간에 맞추지 못해.
だんだん 점점	子どもの数が**だんだん**少なくなっている。 아이의 수가 점점 적어지고 있다.
まず 우선, 먼저	**まず**名前を書いてください。 우선 이름을 써 주세요.
まだ 아직, 여태까지	彼女は**まだ**来ていない。 그녀는 아직 오지 않았다.
もうすぐ 이제 곧, 머지않아	先月中学校を卒業しました。**もうすぐ**高校の入学式です。 지난 달 중학교를 졸업했습니다. 이제 곧 고등학교 입학식입니다.

(3) 강조의 역할을 하는 부사

かならず 반드시	祭りに行くときは、**かならず**ゆかたを着ます。 축제에 갈 때는, 반드시 유카타를 입습니다.
きっと 꼭, 반드시	彼は**きっと**帰ってくると思う。 그는 꼭 돌아올 거라고 생각한다.
けっして 결코	彼は**けっして**うそをつきません。 그는 결코 거짓말을 하지 않습니다.
しっかり 꽉, 단단히	**しっかり**結んでください。 꽉 묶어 주세요.
ぜひ 꼭, 제발	**ぜひ**遊びに来てください。 꼭 놀러 와주세요.

また 또	ヨーロッパにまた旅行に行きたいです。 유럽에 또 여행을 가고 싶습니다.
やはり 역시	やはりソウルの冬は本当に寒いね。 역시 서울의 겨울은 정말로 춥네.

(4) 그 외의 부사

たとえば 예를 들어	たとえば、赤やオレンジのような暖かい色が好きです。 예를 들어, 빨강이나 오렌지와 같은 따뜻한 색이 좋습니다.
なんでも 무엇이든	彼はなんでも頑張る人だ。 그는 무엇이든 열심히 하는 사람이다.
もう 벌써, 이제, 이미	私が日本旅行に行ったのも、もう2年前のことだ。 내가 일본 여행에 간 것도, 벌써 2년 전 일이다.
もし 만약, 만일	もし100万円があったら、何に使う? 만약 100만엔이 있다면, 무엇에 사용할래?
ゆっくり 느긋하게	ゆっくり話したいです。 느긋하게 이야기하고 싶습니다.

📄 **확인 문제** 밑줄에 들어갈 알맞은 부사를 골라보세요.

01 子どもの数が_____少なくなっている。 ⓐ だんだん ⓑ もうすぐ

02 祭りに行くときは、_____ゆかたを着ます。 ⓐ けっして ⓑ かならず

03 _____名前を書いてください。 ⓐ まず ⓑ さっき

04 _____遊びに来てください。 ⓐ まだ ⓑ ぜひ

05 _____、赤やオレンジのような暖かい色が好きです。 ⓐ もし ⓑ たとえば

정답: 01ⓐ 02ⓑ 03ⓐ 04ⓑ 05ⓑ

괄호 안에 들어갈 접속사를 고르세요.

来週は 祖母の 誕生日です。（　　　） 手紙を 書きました。

다음 주는 할머니의 생신입니다. （　　　） 편지를 썼습니다.

1 なぜなら	2 それに	3 それで	4 しかし
왜냐하면	게다가	그래서	하지만

정답 : 3

학습목표

문법에서는 이처럼 괄호에 들어갈 알맞은 접속사를 고르는 문제가 출제된다. N4에 자주 나오는 접속사의 의미를 예문과 함께 암기하자.

---

1. 접속사의 역할

접속사는 단어와 단어, 혹은 문장과 문장을 연결하는 역할을 하며, 순접, 역접, 선택, 설명, 보충 등의 관계를 나타낸다.

[역접]　2時間待った。けれども、ケーキは買えなかった。
　　　　ㅡㅡㅡㅡㅡㅡㅡ　　　　　ㅡㅡㅡㅡㅡㅡㅡㅡㅡㅡㅡㅡ
　　　　　문장　　　　＋　　　　　　　문장

2시간 기다렸다. 하지만, 케이크는 살 수 없었다.

---

2. N4 필수 접속사

(1) 순접

こうして 이렇게 해서	毎日寝る前に、30分間中国語の勉強をした。**こうして**、中国語が上手になった。 매일 자기 전에, 30분간 중국어 공부를 했다. 이렇게 해서, 중국어를 잘하게 됐다.
じゃあ(=じゃ) 그럼	じゃあ、来週の金曜日にまた会おう。 그럼, 다음 주 금요일에 또 만나자.
すると 그러자	箱を開けた。**すると**、かぎが入っていた。 상자를 열었다. 그러자, 열쇠가 들어있었다.
そこで 그래서	英語が苦手だ。**そこで**ジョンさんに手伝ってもらうことにした。 영어를 잘 못한다. 그래서 존 씨에게 도움을 받기로 했다.
そして 그리고	イタリアに行ってみたい。**そして**ドイツにも行ってみたい。 이탈리아에 가보고 싶다. 그리고 독일에도 가보고 싶다.

そのため 그 때문에	昨日夜遅くまで仕事をしました。**そのため**、今日はとても疲れています。 어제 밤 늦게까지 일을 했습니다. 그 때문에, 오늘은 매우 피곤합니다.
それから 그 다음에, 그리고 또	週末は友だちとサッカーを見に行った。**それから**一緒にご飯を食べた。 주말은 친구와 축구를 보러 갔다. 그 다음에 같이 밥을 먹었다.
それで 그래서	昨日は母の誕生日でした。**それで**弟とケーキを作ってお祝いしました。 어제는 엄마의 생신이었습니다. 그래서 남동생과 케이크를 만들어서 축하했습니다.
それなら 그렇다면	もう行きますか。**それなら**私も一緒に行きます。 벌써 가나요? 그렇다면 저도 같이 갈게요.
だから 그러니까, 그래서	彼はいつも自分のことばかり考える。**だから**、彼が嫌なんだ。 그는 항상 자신만 생각한다. 그러니까, 그가 싫은 것이다.
ですから 그러므로	旅行が好きです。**ですから**長い休みがあると、いつも旅行に行きます。 여행을 좋아합니다. 그러므로 긴 휴일이 있으면, 항상 여행을 갑니다.
では 그럼	**では**、今日の授業はここまでにします。 그럼, 오늘 수업은 여기까지 하겠습니다.

📑 **확인 문제** 밑줄에 들어갈 알맞은 접속사를 골라보세요.

01 昨日夜遅くまで仕事をしました。＿＿＿＿、今日はとても疲れています。　　ⓐ そのため　ⓑ それから

02 箱を開けた。＿＿＿＿、かぎが入っていた。　　ⓐ すると　ⓑ それで

03 旅行が好きです。＿＿＿＿長い休みがあると、いつも旅行に行きます。　　ⓐ では　ⓑ ですから

04 イタリアに行ってみたい。＿＿＿＿ドイツにも行ってみたい。　　ⓐ そして　ⓑ こうして

05 彼はいつも自分のことばかり考える。＿＿＿＿、彼が嫌なんだ。　　ⓐ だから　ⓑ じゃあ

정답: 01 ⓐ 02 ⓐ 03 ⓑ 04 ⓐ 05 ⓐ

(2) 역접

けれども 하지만	私はピンク色が好きです。**けれども**、ピンク色の服はあまり持っていません。 저는 핑크색을 좋아합니다. 하지만, 핑크색 옷은 별로 가지고 있지 않습니다.
しかし 그러나	毎日プールで泳いでいます。**しかし**、一年前までは泳ぐことができませんでした。 매일 수영장에서 헤엄치고 있습니다. 그러나, 1년 전까지는 헤엄치는 것을 할 수 없었습니다.
それでも 그렇지만	お腹が痛いです。**それでも**会社に行かなければなりません。 배가 아픕니다. 그렇지만 회사에 가지 않으면 안 됩니다.
だが 하지만	新しいかばんを買いたい。**だが**、お金がたりない。 새 가방을 사고 싶다. 하지만, 돈이 부족하다.
でも 그렇지만	今日は休みだ。**でも**、仕事に行く人が多い。 오늘은 휴일이다. 그렇지만, 일을 가는 사람이 많다.
ところが 그런데	たくさんの人が集まると思っていた。**ところが**、だれも来なかった。 많은 사람이 모일 거라고 생각하고 있었다. 그런데, 아무도 오지 않았다.

(3) 선택

それとも 혹은, 또는	外食にする？ **それとも**家で簡単に食べる？ 외식으로 할까? 혹은 집에서 간단히 먹을까?
または 혹은, 또는	メールで連絡ください。**または**電話でもかまいません。 이메일로 연락주세요. 혹은 전화라도 괜찮습니다.

(4) 설명

それでは 그러면, 그렇다면	準備ができました。**それでは**、開会式を始めます。 준비가 되었습니다. 그러면, 개회식을 시작합니다.
なぜなら 왜냐하면	会議には参加できません。**なぜなら**その日に出張に行かなくてはいけないからです。 회의에는 참가할 수 없습니다. 왜냐하면 그 날에 출장에 가지 않으면 안 되기 때문입니다.

(5) 보충

さらに 게다가, 더욱더	林くんは最近、毎日学校に行くようになった。**さらに**、勉強も頑張っている。	
	하야시 군은 최근, 매일 학교에 가게 되었다. 게다가, 공부도 열심히 하고 있다.	
しかも 게다가	このレストランの料理はおいしい。**しかも**値段も高くない。	
	이 레스토랑의 요리는 맛있다. 게다가 가격도 비싸지 않다.	
そのうえ 게다가	佐藤くんはハンサムだ。**そのうえ**勉強もよくできる。	
	사토 군은 잘생겼다. 게다가 공부도 잘한다.	
それに 게다가, 더욱이	姉は私の宿題を手伝ってくれます。**それに**、おいしいものも作ってくれます。	
	언니는 나의 숙제를 도와줍니다. 게다가, 맛있는 것도 만들어 줍니다.	
ただし(ただ) 단, 다만	この自転車はだれでも使えます。**ただし**、予約が必要です。	
	이 자전거는 누구든지 사용할 수 있습니다. 단, 예약이 필요합니다.	

📋 확인 문제 밑줄에 들어갈 알맞은 접속사를 골라보세요.

01 お腹が痛いです。_____会社に行かなければなりません。 　　ⓐ それとも　　ⓑ それでも

02 この自転車はだれでも使えます。_____、予約が必要です。 　　ⓐ さらに　　ⓑ ただし

03 準備ができました。_____、開会式を始めます。 　　ⓐ そのうえ　　ⓑ それでは

04 たくさんの人が集まると思っていた。_____、だれも来なかった。 　　ⓐ なぜなら　　ⓑ ところが

05 メールで連絡ください。_____電話でもかまいません。 　　ⓐ または　　ⓑ しかも

정답: 01 ⓑ 02 ⓑ 03 ⓑ 04 ⓑ 05 ⓐ

04 추측·전언 표현

괄호 안에 들어갈 표현을 고르세요.

もうすぐ　席_{せき}が　（　　　）ので、　待_まって　みましょう。　이제 곧 자리가 （　　　） 때문에, 기다려 봅시다.

1　空_あきそうです	2　空_あいて　ないです	3　空_あいた　らしいです	4　空_あいたままです
빌 것 같습니다	비어 있지 않습니다	비었다는 것 같습니다	빈 채입니다

정답 : 1

학습목표

문법에서는 이처럼 괄호에 들어갈 알맞은 표현을 고르는 문제가 출제된다. N4에 자주 나오는 추측, 전언 표현의 의미를 예문과 함께 암기하자.

1. そうだ는 추측과 전언 모두 사용할 수 있으며, 추측의 경우 직감적인 판단으로 추측할 때 사용한다.

(1) 추측의 そうだ

	명사	い형용사	な형용사	동사
긍정	-	おいしそうだ 맛있을 것 같다	静_{しず}かそうだ 조용할 것 같다	行_いきそうだ 갈 것 같다
부정	人_{ひと}ではなさそうだ 사람이 아닐 것 같다	おいしそうではない おいしくなさそうだ 맛있을 것 같지 않다	静_{しず}かそうではない 静_{しず}かではなさそうだ 조용할 것 같지 않다	行_いきそうにない 갈 것 같지 않다

今_{いま}にも行_いきそうだ。지금이라도 갈 것 같다.

今日_{きょう}は雨_{あめ}が降_ふりそうだ。오늘은 비가 내릴 것 같다.

(2) 전언의 そうだ

	명사	い형용사	な형용사	동사
긍정	人_{ひと}だそうだ 사람이라고 한다	おいしいそうだ 맛있다고 한다	静_{しず}かだそうだ 조용하다고 한다	行_いくそうだ 간다고 한다
부정	人_{ひと}ではないそうだ 사람이 아니라고 한다	おいしくないそうだ 맛있지 않다고 한다	静_{しず}かではないそうだ 조용하지 않다고 한다	行_いかないそうだ 가지 않는다고 한다

今_{いま}からでも行_いくそうだ。지금부터라도 간다고 한다.

彼_{かれ}は留学生_{りゅうがくせい}だそうだ。그는 유학생이라고 한다.

2. らしい는 추측과 전언 모두 사용할 수 있으며, 추측의 경우 객관적 근거를 가지고 추측할 때 사용한다.

	명사	い형용사	な형용사	동사
긍정	人らしい 사람인 것 같다/ 사람이라고 한다	おいしいらしい 맛있는 것 같다/ 맛있다고 한다	静からしい 조용한 것 같다/ 조용하다고 한다	行くらしい 가는 것 같다/ 간다고 한다
부정	人ではないらしい 사람이 아닌 것 같다/ 사람이 아니라고 한다	おいしくないらしい 맛있지 않은 것 같다/ 맛있지 않다고 한다	静かではないらしい 조용하지 않은 것 같다/ 조용하지 않다고 한다	行かないらしい 가지 않는 것 같다/ 가지 않는다고 한다

旅行に行くと言っていたのに、中止になったらしい。 여행에 간다고 말했었는데, 중지가 된 것 같다.

山田さんは今日、旅行に行くらしい。 야마다 씨는 오늘 여행 간다고 한다.

3. ようだ는 추측으로만 사용할 수 있으며, 주관적 근거를 가지고 추측할 때 사용한다.

	명사	い형용사	な형용사	동사
긍정	人のようだ 사람인 것 같다	おいしいようだ 맛있는 것 같다	静かなようだ 조용한 것 같다	行くようだ 가는 것 같다
부정	人ではないようだ 사람이 아닌 것 같다	おいしくないようだ 맛있지 않은 것 같다	静かではないようだ 조용하지 않은 것 같다	行かないようだ 가지 않는 것 같다

パスポートを持っているから、今から旅行に行くようだ。 여권을 갖고 있으니까, 지금부터 여행을 가는 것 같다.

📋 **확인 문제** 밑줄에 들어갈 알맞은 추측·전언 표현을 골라보세요.

01 今日は雨が降り_____。 　　　ⓐ そうだ 　　ⓑ ようだ

02 パスポートを持っているから、今から旅行に_____。 　　ⓐ 行きようだ 　　ⓑ 行くようだ

03 彼は留学生だ_____。 　　　ⓐ らしい 　　ⓑ そうだ

04 あの店のケーキはおいしい_____。 　　ⓐ らしい 　　ⓑ ないらしい

05 教室は静かな_____。 　　　ⓐ ようだ 　　ⓑ らしい

ⓐ 50 ⓐ 70 ⓑ 03 ⓑ 02 ⓐ 01 :답정

05 수수 표현

괄호 안에 들어갈 표현을 고르세요.

今日、となりの 山田さんが ペンを 忘れて きたので、 ペンを 貸して （　　　　）。

오늘, 옆자리의 야마다 씨가 펜을 잊고 왔기 때문에, 펜을 빌려 (　　).

1　もらいました	2　あげました	3　くださいました	4　くれました
받았습니다	주었습니다	주셨습니다	(나에게) 주었습니다

정답 : 2

학습목표

문법에서는 이처럼 괄호에 들어갈 알맞은 표현을 고르는 문제가 출제된다. N4에 자주 나오는 수수 표현의 의미를 예문과 함께 암기하자.

1. 수수 동사

	주다		받다
주는 사람 → 받는 사람	나 → 상대 제 3자 → 제 3자	상대 → 나 상대 → 나의 가족, 동료, 친구 등	상대 → 나 제 3자 → 제 3자
상대와 동등한 관계일 때	あげる 주다	くれる (나에게) 주다	もらう 받다
상대가 윗사람일 때	さしあげる 드리다	くださる (나에게) 주시다	いただく 받다
상대가 손아래 / 동물, 식물일 때	やる 주다	くれる (나에게) 주다	もらう 받다

2. あげる 주다, さしあげる 드리다, やる 주다

私は兄に本をあげました。 나는 오빠에게 책을 주었습니다.

先生にお礼の手紙をさしあげました。 선생님께 감사의 편지를 드렸습니다.

僕は毎日ペットにえさをやる。 나는 매일 애완동물에게 먹이를 준다.

3. くれる (나에게) 주다, くださる (나에게) 주시다

となりの家の人が私の母にお土産をくれました。 이웃집 사람이 우리 어머니에게 여행 선물을 주었습니다.

先生が私にいい本をくださいました。 선생님께서 저에게 좋은 책을 주셨습니다.

4. もらう 받다, いただく 받다

私は友だちからプレゼントをもらいました。 나는 친구로부터 선물을 받았습니다.

娘は先生に手紙をいただきました。 딸은 선생님께 편지를 받았습니다.

5. て형에 연결하여 사용하는 수수 표현

'~해 주다', '~해 받다'라는 뜻으로 사용할 때는 수수 동사에 て형을 연결하여 사용한다.

林さんにペンを貸してあげました。 하야시 씨에게 펜을 빌려 주었습니다.

社長に英語で書かれたメールを翻訳してさしあげた。 사장님께 영어로 쓰여진 이메일을 번역해 드렸다.

近所の子にアイスクリームを買ってやった。 이웃집 아이에게 아이스크림을 사 줬다.

友だちが大阪を案内してくれた。 친구가 오사카를 안내해 주었다.

課長は新しい仕事について説明してくださった。 과장님은 새로운 일에 대해서 설명해 주셨다.

親切な人に道を教えてもらった。 친절한 사람에게 길을 가르쳐 받았다. (= 친절한 사람이 길을 가르쳐 주었다.)

先生に日本語を教えていただきました。 선생님께 일본어를 가르쳐 받았습니다. (=선생님이 일본어를 가르쳐 주셨습니다.)

📋 **확인 문제** 밑줄에 들어갈 알맞은 수수 표현을 골라보세요.

....

01 私は友だちからプレゼントを_____。 ⓐ くれました ⓑ もらいました

02 僕は毎日ペットにえさを_____。 ⓐ やる ⓑ もらう

03 先生にお礼の手紙を_____。 ⓐ さしあげました ⓑ くださいました

04 課長は新しい仕事について説明して_____。 ⓐ くださった ⓑ いただいた

05 林さんにペンを貸して_____。 ⓐ くれました ⓑ あげました

정답: 01 ⓑ 02 ⓐ 03 ⓐ 04 ⓐ 05 ⓑ

06 수동·사역·사역 수동 표현

괄호 안에 들어갈 표현을 고르세요.

わたしの　ノートパソコンが　うちの　ねこに　（　　　）。

저의 노트북이 우리 집 고양이에 의해 (　　　).

1　こわさせます　　　　2　こわしました　　　　3　こわせました　　　　4　こわされました

　고장 내게 합니다　　　　　고장 냈습니다　　　　　고장 낼 수 있었습니다　　　　고장 났습니다

정답 : 4

학습목표

문법에서는 이처럼 괄호에 들어갈 알맞은 표현을 고르는 문제가 출제된다. N4에 자주 나오는 수동, 사역, 사역 수동 표현의 의미를 예문과 함께 암기하자.

1. 수동 표현

상대의 행동이나 동작을 받을 때 사용하는 표현으로 '~하게 되다', '~해지다'라는 의미이다.

동사의 종류	만드는 방법	활용 예시
1그룹 동사	마지막 문자를 あ단으로 바꾸고 れる를 붙인다. (마지막 문자가 う인 경우 わ로 바꾸고 れる를 붙인다.)	書く → 書かれる 쓰이다 読む → 読まれる 읽히다 言う → 言われる 말해지다
2그룹 동사	마지막 문자인 る를 빼고 られる를 붙인다.	食べる → 食べられる 먹히다 見る → 見られる (남에게) 보이다
3그룹 동사	する → される 来る → 来られる	する → される 당하다 来る → 来られる 오다(상대방이 와서 곤란하다)

この本は日本語で書かれている。이 책은 일본어로 쓰여 있다.

2. 사역 표현

상대에게 행동이나 역할을 시키려는 의도를 나타내는 표현으로 '~하게 하다'라는 의미이다.

동사의 종류	만드는 방법	활용 예시
1그룹 동사	마지막 문자를 あ단으로 바꾸고 せる를 붙인다. (마지막 문자가 う인 경우 わ로 바꾸고 せる를 붙인다.)	書く → 書かせる 쓰게 하다 読む → 読ませる 읽게 하다 言う → 言わせる 말하게 하다
2그룹 동사	마지막 문자인 る를 빼고 させる를 붙인다.	食べる → 食べさせる 먹게 하다 見る → 見させる 보게 하다

3그룹 동사	する → させる 来る → 来させる	する → させる 하게 하다 来る → 来させる 오게 하다

子どもに野菜を食べさせています。 아이에게 야채를 먹게 하고 있습니다.

3. 사역 수동 표현

자신의 의지와 상관없이 행동하게 되는 것을 나타내는 표현으로 '(억지로) ~당하다, ~하게 되다'라는 의미이다.

동사의 종류	만드는 방법	활용 예시
1그룹 동사	마지막 문자를 あ단으로 바꾸고 せられる 혹은 される를 붙인다. 마지막 문자가 う인 경우 わ로 바꾸고 せられる 혹은 される를 붙인다. (단, 마지막 문자가 す인 경우에는 される를 붙일 수 없다.)	飲む → 飲ませられる／飲まされる (억지로) 마시게 되다 言う → 言わせられる／言わされる (억지로) 말하게 되다 話す → 話させられる (억지로) 이야기하게 되다
2그룹 동사	마지막 문자인 る를 빼고 させられる를 붙인다.	食べる → 食べさせられる (억지로) 먹게 되다 見る → 見させられる (억지로) 보게 되다
3그룹 동사	する → させられる 来る → 来させられる	する → させられる (억지로) 하게 되다 来る → 来させられる (억지로) 오게 되다

先輩に酒を飲まされた。 선배에게 (억지로) 술 마심을 당했다. (직역) → 선배가 (억지로) 술을 마시게 했다. (자연스러운 의역)

📄 **확인 문제** 밑줄에 들어갈 알맞은 수동 · 사역 · 사역 수동 표현을 골라보세요.

01 父に日記を＿＿＿＿＿。 　　　　ⓐ 見れました　　　ⓑ 見られました

02 開会式でスピーチを＿＿＿＿＿。 　ⓐ されました　　　ⓑ させられました

03 子どもに野菜を＿＿＿＿＿います。 　ⓐ 食べられて　　　ⓑ 食べさせて

04 先輩に酒を＿＿＿＿＿。 　　　　　ⓐ 飲まれた　　　　ⓑ 飲まされた

05 この本は日本語で＿＿＿＿＿いる。 　ⓐ 書かれて　　　　ⓑ 書かされて

정답: 01 ⓑ 02 ⓑ 03 ⓑ 04 ⓑ 05 ⓐ

07 가능 표현

괄호 안에 들어갈 표현을 고르세요.

弟は 英語は できないが、日本語の 勉強を して いるので、日本語は （　　　）。

남동생은 영어는 못하지만, 일본어 공부를 하고 있기 때문에, 일본어는 (　　　).

1 話させます	2 話せます	3 話されます	4 話して いません
말하게 합니다	말할 수 있습니다	말해집니다	말하고 있지 않습니다

정답 : 2

학습목표
문법에서는 이처럼 괄호에 들어갈 알맞은 표현을 고르는 문제가 출제된다. N4에 자주 나오는 가능 표현의 의미를 예문과 함께 암기하자.

---

1. 가능 표현은 어떤 행동이나 상태가 가능함을 나타내는 표현이다.

(1) 동사의 활용을 통한 가능 표현

동사의 종류	만드는 방법	활용 예시
1그룹 동사	마지막 문자를 え단으로 바꾸고 る를 붙인다.	書く → 書ける 쓸 수 있다 読む → 読める 읽을 수 있다 言う → 言える 말할 수 있다
2그룹 동사	마지막 문자인 る를 빼고 られる를 붙인다.	食べる → 食べられる 먹을 수 있다 見る → 見られる 볼 수 있다
3그룹 동사	する → できる 来る → 来られる	する → できる 할 수 있다 来る → 来られる 올 수 있다

* 단, わかる(알다, 이해할 수 있다)와 같이, 단어 자체에 이미 가능의 의미를 가진 동사나 見える(보이다), 聞こえる(들리다)와 같은 지각동사는 가능 표현으로 만들 수 없다.

私はハングルが読めます。 저는 한글을 읽을 수 있습니다.

100メートルを15秒で走れます。 100미터를 15초에 달릴 수 있습니다.

昨日は空がきれいで、星が見られた。 어제는 하늘이 맑아서, 별을 볼 수 있었다.

母は英語ができる。 어머니는 영어를 할 수 있다.

(2) 동사 できる를 사용한 가능 표현

만드는 방법	활용 예시
명사 + ができる ~를 할 수 있다	中国語ができる。 중국어를 할 수 있다.
동사 사전형 + ことができる ~(할) 수 있다	連絡することができる。 연락할 수 있다.

彼女は水泳ができます。 그녀는 수영을 할 수 있습니다.

高橋くんは色々な外国語ができます。 다카하시 군은 여러 가지 외국어를 할 수 있습니다.

おばあさんは運転することができます。 할머니는 운전할 수 있습니다.

彼は料理することができます。 그는 요리할 수 있습니다.

📄 확인 문제 밑줄에 들어갈 알맞은 가능 표현을 골라보세요.

01 100メートルを15秒で_____。　　ⓐ 走れます　　ⓑ 走られます

02 私はハングルが_____。　　ⓐ 読めます　　ⓑ 読まれます

03 昨日は空がきれいで、星が_____。　　ⓐ 見せた　　ⓑ 見られた

04 彼は料理する_____。　　ⓐ できます　　ⓑ ことができます

05 母は英語が_____。　　ⓐ できる　　ⓑ ことができる

정답: 01 ⓐ 02 ⓐ 03 ⓑ 04 ⓑ 05 ⓐ

괄호 안에 들어갈 표현을 고르세요.

お客様、こちらで 少々（　　　　）。　손님, 이쪽에서 잠시만（　　　）.

1 お待ちください　　**2** お待ちします　　**3** 待っていただきます　　**4** 待ってくださいます

기다려 주세요　　　　　　기다리겠습니다　　　　　　기다려 받습니다　　　　　　기다려 주십니다

정답 : 1

学習目標

문법에서는 이처럼 괄호에 들어갈 알맞은 표현을 고르는 문제가 출제된다. N4에 자주 나오는 경어 표현의 의미를 예문과 함께 암기하자.

1. 존경 표현은 윗사람의 행위를 높이는 말이다.

만드는 방법	예문
お/ご + 동사 ます형 / 한자 명사 + になる ~하십니다	部長はもうお帰りになりました。 부장님은 벌써 귀가하셨습니다. サービスがご利用になれます。 서비스를 이용하실 수 있습니다.
お/ご + 동사 ます형 / 한자 명사 + ください ~해 주세요	少々お待ちください。 잠시 기다려 주세요. まずはお電話ください。 우선은 전화 주세요.
~てくださる ~해 주시다	先生が資料をコピーしてくださった。 선생님께서 자료를 복사해 주셨다.
~させてくださる ~하게 해 주시다	昨日、休ませてくださったので、すっかり治りました。 어제, 쉬게 해 주셔서, 완전히 나았습니다.

2. 겸양 표현은 자기 자신 또는 자기와 관련된 사람(가족, 동료 등)의 행위를 낮추는 말이다.

만드는 방법	예문
お/ご + 동사 ます형 / 한자 명사 + する (いたす) ~하겠습니다	ここでお待ちします。 여기에서 기다리겠습니다. 私 がご説明いたします。 제가 설명하겠습니다.
~ていただく ~해 주시다, ~해 받다	部長に駅まで送っていただきました。 부장님께서 역까지 바래다 주셨습니다.
~させていただく ~하겠습니다	スケジュールを変更させていただきます。 스케줄을 변경하겠습니다.

3. 특수 경어

일부 동사들은 앞서 언급한 방법의 경어 표현 외에, 특수 경어를 가지고 있기 때문에 그것을 사용하기도 한다.

단어	존경어	겸양어
会う 만나다	없음	お目にかかる 뵙다
行く / 来る 가다/오다	いらっしゃる 가시다, 오시다	参る 가다, 오다
いる 있다	いらっしゃる 계시다	おる 있다
知っている 알고 있다	ご存知だ 알고 계시다	存じている 알고 있다
する 하다	なさる 하시다	いたす 하다
言う 말하다	おっしゃる 말씀하시다	申す / 申し上げる 말하다
聞く 묻다, 듣다	없음	伺う 묻다, 듣다
訪ねる 방문하다	없음	伺う 방문하다
見る 보다	ご覧になる 보시다	拝見する 보다
あげる 주다	없음	差し上げる 드리다
くれる (나에게) 주다	くださる (나에게) 주시다	없음
もらう 받다	없음	いただく 받다
食べる / 飲む 먹다/마시다	召し上がる 드시다	いただく 먹다

📝 **확인 문제** 밑줄에 들어갈 알맞은 경어 표현을 골라보세요.

01 先生が資料をコピーして_____。 ⓐ くださった ⓑ いただいた

02 スケジュールを変更させて_____。 ⓐ くださります ⓑ いただきます

03 私がご説明_____。 ⓐ なります ⓑ いたします

04 昨日先生の論文を_____。 ⓐ 拝見しました ⓑ ご覧になりました

05 社長、お客様が_____。 ⓐ いらっしゃいました ⓑ 参りました

정답: 01 ⓐ 02 ⓑ 03 ⓑ 04 ⓐ 05 ⓐ

09 명사 뒤에 접속하는 문형

괄호 안에 들어갈 문형을 고르세요.

キッチンから いい におい （　　　）。　부엌에서 좋은 냄새 (　　　).

1　に　なります　　　2　が　します　　　3　に　します　　　4　が　できます
　　가 됩니다　　　　　　　가 납니다　　　　　　　　로 합니다　　　　　　　　가 가능합니다

정답 : 2

학습목표

문법에서는 이처럼 괄호에 들어갈 알맞은 표현을 고르는 문제가 출제된다. N4에 자주 나오는 문형의 의미를 예문과 함께 암기하자.

01　〜にする　~로 하다

접속　명사 + にする

예문　私はカレーとサラダにします。 저는 카레랑 샐러드로 할게요.

02　〜について　~에 대해서

접속　명사 + について

예문　日本の文化について調べている。 일본의 문화에 대해서 조사하고 있다.

03　〜になる　~이(가) 되다

접속　명사 + になる

예문　彼は昔からの夢だった先生になりました。 그는 예전부터의 꿈이었던 선생님이 되었습니다.

04　〜によって　~에 의해서, ~에 따라서

접속　명사 + によって

예문　この船は、100年前にアメリカ人によって作られました。 이 배는, 100년 전에 미국인에 의해서 만들어졌습니다.

05　〜によると　~에 의하면, ~에 따르면

접속　명사 + によると

예문　天気予報によると明日は雨だそうです。 일기 예보에 의하면 내일은 비라고 합니다.

06 ～がする ~가 나다, ~이 든다

접속　명사 + がする

예문　彼女からはいつもいい匂いがする。 그녀로부터는 항상 좋은 냄새가 난다.

07 ～と～とどちら ~와 ~ 중 어느 쪽

접속　명사 + と + 명사 + とどちら

예문　飲み物は、コーラとジュースとどちらにしますか。 마실 것은, 콜라와 주스 중 어느 쪽으로 합니까?

08 Aほど～Bはない A만큼 ~한 B는 없다

접속　명사 A + ほど ~ 명사 B + はない

예문　子どもほど大切なものはない。 아이만큼 소중한 것은 없다.

📋 확인 문제　밑줄에 들어갈 알맞은 표현을 골라보세요.

01 彼は昔からの夢だった先生_____。	ⓐ にしました	ⓑ になりました
02 子ども_____大切なものはない。	ⓐ ほど	ⓑ にして
03 日本の文化_____調べている。	ⓐ について	ⓑ によって
04 私はカレーとサラダ_____。	ⓐ がします	ⓑ にします
05 天気予報_____明日は雨だそうです。	ⓐ によって	ⓑ によると

정답: 01 ⓑ 02 ⓐ 03 ⓐ 04 ⓑ 05 ⓑ

10 동사 뒤에 접속하는 문형

01　〜おわる　다 ~(하)다, ~(하)는 것이 끝나다

접속　동사 ます형 + おわる

예문　先週借りた本は**読みおわった**。 지난주 빌린 책은 다 읽었다.

02　〜かた　~(하)는 방법

접속　동사 ます형 + かた

예문　新しいコピー機の**使いかた**を知っていますか。 새로운 복사기의 사용하는 방법을 알고 있습니까?

03　〜たい　~(하)고 싶다

접속　동사 ます형 + たい

예문　夏休みには、海外旅行に**行きたい**です。 여름 방학에는, 해외 여행을 가고 싶습니다.

04　〜だす　~(하)기 시작하다

접속　동사 ます형 + だす

예문　止まっていた車が急に**動きだした**。 멈춰 있던 차가 갑자기 움직이기 시작했다.

05　〜つづける　계속 ~(하)다

접속　동사 ます형 + つづける

예문　彼女はさっきから**話しつづけている**。 그녀는 아까부터 계속 이야기하고 있다.

06 ~なさい ~(하)세요, ~(하)시오

접속 　동사 ます형 + なさい

예문 　早く起きなさい。 빨리 일어나세요.

07 ~にくい ~(하)기 어렵다

접속 　동사 ます형 + にくい

예문 　字が小さくて、見にくいです。 글자가 작아서, 보기 어렵습니다.

08 ~はじめる ~(하)기 시작하다

접속 　동사 ます형 + はじめる

예문 　ピアノを習いはじめて、もうすぐ1年になる。 피아노를 배우기 시작하고, 이제 곧 1년이 된다.

09 ~やすい ~(하)기 쉽다

접속 　동사 ます형 + やすい

예문 　彼の説明はとても分かりやすかった。 그의 설명은 매우 이해하기 쉬웠다.

📋 **확인 문제** 밑줄에 들어갈 알맞은 표현을 골라보세요.

01 字が小さくて、＿＿＿＿＿＿です。 　　　　　ⓐ 見にくい 　　　ⓑ 見なさい

02 止まっていた車が急に＿＿＿＿＿。 　　　　ⓐ 動きだした 　　ⓑ 動きつづけた

03 夏休みには、海外旅行に行き＿＿＿＿＿です。 　ⓐ たい 　　　　ⓑ かた

04 先週借りた本は＿＿＿＿＿。 　　　　　　　ⓐ 読みおわった 　ⓑ 読むおわった

05 新しいコピー機の＿＿＿＿＿を知っていますか。 　ⓐ 使うかた 　　ⓑ 使いかた

정답: 01 ⓐ 02 ⓐ 03 ⓐ 04 ⓐ 05 ⓑ

10 　～ては(= ちゃ)　~(하)면

접속　동사 て형 + は(= ちゃ)
★ ちゃ를 사용할 때는 て형에서 て를 빼고 ちゃ를 붙인다.

예문　そこに行っちゃ(= 行っては)いけない。 그 곳에 가면 안 된다.

11 　～てある　~되어 있다

접속　동사 て형 + ある

예문　大事なことは最後に書いてある。 중요한 것은 마지막에 쓰여 있다.

12 　～ていく　~(하)고 가다

접속　동사 て형 + いく

예문　夕食は家で食べていきます。 저녁은 집에서 먹고 갑니다.

13 　～ている　~(하)고 있다, ~(한) 상태이다

접속　동사 て형 + いる

예문　そふがくれたペンを大切に使っています。 할아버지가 준 펜을 소중하게 쓰고 있습니다.

14 　～ておく　~(해) 두다

접속　동사 て형 + おく

예문　出かけるから、夕食を作っておいたよ。 외출하기 때문에, 저녁 식사를 만들어 두었어.

15 　～てから　~(하)고 나서

접속　동사 て형 + から

예문　遊びに行くのは試験が終わってからだ。 놀러 가는 것은 시험이 끝나고 나서다.

16 　～てしまう　~(해)버리다

접속　동사 て형 + しまう

예문　父の時計をこわしてしまいました。 아버지의 시계를 고장 내버렸습니다.

17 ～てばかりいる ~(하)기만 하다

접속 동사 て형 + ばかりいる

예문 テスト期間なのに、遊んでばかりいた。 시험 기간인데, 놀기만 했다.

18 ～てほしい ~(해) 주었으면 좋겠다, ~(하)면 좋겠다

접속 동사 て형 + ほしい

예문 英語の宿題を手伝ってほしいです。 영어 숙제를 도와주었으면 좋겠습니다.

19 ～てもいい ~(해)도 좋다

접속 동사 て형 + もいい

예문 6時をすぎたら、行ってもいいです。 6시가 지나면, 가도 좋습니다.

20 ～てもかまわない ~(해)도 괜찮다

접속 동사 て형 + もかまわない

예문 寒いときは窓を閉めてもかまいません。 추울 때는 창문을 닫아도 괜찮습니다.

📋 **확인 문제** 밑줄에 들어갈 알맞은 표현을 골라보세요.

01 6時をすぎたら、＿＿＿＿です。 ⓐ 行っちゃ ⓑ 行ってもいい

02 テスト期間なのに遊んで＿＿＿＿。 ⓐ おいた ⓑ ばかりいた

03 英語の宿題を手伝って＿＿＿＿。 ⓐ ほしいです ⓑ なさい

04 父の時計をこわして＿＿＿＿。 ⓐ たかったです ⓑ しまいました

05 そふがくれたペンを大切に使って＿＿＿＿。 ⓐ います ⓑ あります

정답: 01 ⓑ 02 ⓑ 03 ⓐ 04 ⓑ 05 ⓐ

21 **〜たことがある** ~(한) 적이 있다 / **〜たことがない** ~(한) 적이 없다

접속　동사 た형 + ことがある/ことがない

예문　フランスの文学を読んだことがある。 프랑스 문학을 읽은 적이 있다.

　　　食べてみたことがないので、ぜひ食べてみたい。 먹어본 적이 없기 때문에, 꼭 먹어보고 싶다.

---

22 **〜たところ** ~(해) 보니, ~(한) 결과

접속　동사 た형 + ところ

예문　なっとうを食べてみたところ、思ったよりもおいしかった。 낫토를 먹어보니, 생각보다도 맛있었다.

---

23 **〜たばかり** ~(한)지 얼마 되지 않다, 막 ~(하)다

접속　동사 た형 + ばかり

예문　買ったばかりの服にソースをつけてしまった。 산지 얼마 되지 않은 옷에 소스를 묻혀버렸다.

---

24 **〜たり〜たりする** ~(하)거나 ~(하)거나 하다

접속　동사 た형 + り + 동사 た형 + りする

예문　週末はたいてい家で映画を見たり、本を読んだりする。 주말은 대개 집에서 영화를 보거나, 책을 읽거나 한다.

---

25 **〜ところだ** ~(하)려는 참이다 / **〜たところだ** ~(한) 참이다

접속　동사 사전형 + ところだ / 동사 た형 + ところだ

예문　今行くところだよ。 지금 가려는 참이다.

　　　今家に帰ってきたところです。 지금 집에 돌아온 참입니다.

---

26 **〜ずに** ~(하)지 않고

접속　동사 ない형 + ずに

예문　6年間一度も欠席せずに小学校を卒業した。 6년간 한 번도 결석하지 않고 초등학교를 졸업했다.

　　　★ 예외 する→せずに / 来る→来ずに

27 ~ないで ~(하)지 않고

접속　동사 ない형 + ないで

예문　電話にも出ないで何をしていたの? 전화도 받지 않고 무엇을 하고 있었어?

28 ~しかない ~밖에 없다

접속　동사 사전형 + しかない

예문　電車に乗って行くしかない。 전철을 타고 갈 수 밖에 없다.

29 ~か~ないか ~(할)지 안 (할)지, ~인지 아닌지

접속　동사 보통형 + か + 동사 보통형의 ない형 + ないか

예문　今夜のパーティーに行くか行かないか、まだ決めていない。
오늘 밤의 파티에 갈지 안 갈지, 아직 결정하지 않았다.

30 ~ことにする ~(하)기로 하다

접속　동사 보통형 + ことにする

예문　けんこうのためにたばこをやめることにした。 건강을 위해서 담배를 그만두기로 했다.
アメリカ旅行に行かないことにした。 미국 여행에 가지 않기로 했다.

📋 **확인 문제** 밑줄에 들어갈 알맞은 표현을 골라보세요.

01　なっとうを食べて＿＿＿＿、思ったよりもおいしかった。　ⓐ みるところ　　　　　ⓑ みたところ

02　けんこうのためにたばこを＿＿＿＿。　　　　　　　　　　ⓐ やめることにした　　ⓑ やめたことにした

03　フランスの文学を＿＿＿＿。　　　　　　　　　　　　　　ⓐ 読んだところ　　　　ⓑ 読んだことがある

04　6年間一度も＿＿＿＿小学校を卒業した。　　　　　　　　ⓐ 欠席したあとで　　　ⓑ 欠席せずに

05　今夜のパーティーに行くか＿＿＿＿、まだ決めていない。　ⓐ 行かずに　　　　　　ⓑ 行かないか

정답: 01 ⓑ 02 ⓐ 03 ⓑ 04 ⓑ 05 ⓑ

31 　～ことになっている　~(하)게 되어 있다

접속　**1** 동사 사전형 + ことになっている　　　　**2** 동사 ない형 + ないことになっている

예문　**1** 毎週水曜日はお弁当を持って行くことになっています。 매주 수요일은 도시락을 가지고 가게 되어 있습니다.
　　　2 これ以上は予約できないことになっています。 이 이상은 예약할 수 없게 되어 있습니다.

32 　～ことになる　~(하)게 되다

접속　**1** 동사 사전형 + ことになる　　　　**2** 동사 ない형 + ないことになる

예문　**1** 夫の留学でアメリカに行くことになりました。 남편의 유학으로 미국에 가게 되었습니다.
　　　2 お金がないので、結婚式はしないことになった。 돈이 없기 때문에, 결혼식은 하지 않게 되었다.

33 　～つもりだ　~(할) 계획이다, ~(할) 생각이다

접속　**1** 동사 사전형 + つもりだ　　　　**2** 동사 ない형 + ないつもりだ

예문　**1** 明日からダイエットを始めるつもりだ。 내일부터 다이어트를 시작할 계획이다.
　　　2 今日は勉強しないつもりです。 오늘은 공부하지 않을 생각입니다.

34 　～ほうがいい　~(하)는 편이 좋다

접속　**1** 동사 사전형 + ほうがいい　　　　**2** 동사 ない형 + ないほうがいい
　　　3 동사 た형 + ほうがいい

예문　**1** かぜなら早く帰って、休むほうがいい。 감기라면 빨리 돌아가서, 쉬는 편이 좋아.
　　　2 興味がないなら、行かないほうがいいと思う。 흥미가 없다면, 가지 않는 편이 좋다고 생각해.
　　　3 彼にも会議の時間を伝えたほうがいいですか。 그에게도 회의 시간을 전하는 편이 좋습니까?

35 　～(よ)うと思う　~(하)려고 생각하다

접속　동사 의지형 + と思う

예문　今週から運動を始めようと思っている。 이번 주부터 운동을 시작하려고 생각하고 있다.

36 ~(よ)うとする ~(하)려고 하다

접속   동사 의지형 + とする

예문   勉強_{べんきょう}しようとしたのに、友_{とも}だちから連絡_{れんらく}がきた。 공부하려고 했는데, 친구로부터 연락이 왔다.

37 ~ように言_いう ~(하)라고 말하다

접속   1 동사 사전형 + ように言う   2 동사 ない형 + ないように言う

예문   1 朝_{あさ}ごはんを食_たべるように言_いいました。 아침밥을 먹으라고 말했습니다.
      2 夫_{おっと}にたばこを吸_すわないように言_いいました。 남편에게 담배를 피우지 말라고 말했습니다.

38 ~ようにする ~(하)도록 하다

접속   1 동사 사전형 + ようにする   2 동사 ない형 + ないようにする

예문   1 毎日_{まいにち}7時_じに起_おきるようにしています。 매일 7시에 일어나도록 하고 있습니다.
      2 寝_ねる前_{まえ}はスマホを使_{つか}わないようにしています。 자기 전에는 스마트폰을 사용하지 않도록 하고 있습니다.

39 ~ようになる ~(하)게 되다

접속   동사 보통형 + ようになる

예문   日本語_{にほんご}を学_{まな}びたいと思_{おも}うようになった。 일본어를 배우고 싶다고 생각하게 되었다.

📋 **확인 문제** 밑줄에 들어갈 알맞은 표현을 골라보세요.

01   今日_{きょう}は勉強_{べんきょう}しない_____。   ⓐ つもりです   ⓑ ことになります

02   日本語_{にほんご}を学_{まな}びたいと思_{おも}う_____。   ⓐ ようになった   ⓑ ようにした

03   今週_{こんしゅう}から運動_{うんどう}を始_{はじ}め_____いる。   ⓐ ようになって   ⓑ ようと思って

04   彼_{かれ}にも会議_{かいぎ}の時間_{じかん}を伝_{つた}えた_____。   ⓐ ほうがいいですか   ⓑ ようとしますか

05   これ以上_{いじょう}予約_{よやく}はできない_____。   ⓐ ことになっています   ⓑ ように言いました

정답: 01 ⓐ 02 ⓐ 03 ⓑ 04 ⓐ 05 ⓐ

11 여러 품사 뒤에 접속하는 문형

01 〜あいだ ~사이, ~동안

접속 1 동사 사전형 + あいだ /
　　　동사 て형 + いる + あいだ

　　2 い형용사 사전형 + あいだ

　　3 명사 の + あいだ

예문 1 母は私が勉強するあいだ、夕食を準備しておいてくれた。
　　　엄마는 내가 공부하는 사이, 저녁을 준비해 놓아주었다.

　　2 長いあいだ、家族に会えなかったです。 오랫동안, 가족을 만나지 못했습니다.

　　3 私は夏休みのあいだアメリカに行ってきました。 저는 여름방학 동안 미국에 갔다 왔습니다.

02 〜ても ~(해)도, ~라도

접속 1 동사 て형 + も

　　2 な형용사 어간 + でも

　　3 い형용사 어간 く + ても

　　4 명사 + でも

예문 1 約束の時間をすぎても、田中さんは来なかった。
　　　약속 시간이 지나도, 다나카 씨는 안 왔다.

　　2 不便でも、私はこの機械に慣れているからこれを使う。
　　　불편해도, 나는 이 기계에 익숙해져 있기 때문에 이것을 사용한다.

　　3 今日はコートを着たから、風が強くても寒くない。
　　　오늘은 코트를 입었으니까, 바람이 세도 춥지 않다.

　　4 ラーメンは、料理が下手な人でも簡単に作れる。
　　　라면은, 요리가 서투른 사람이라도 간단하게 만들 수 있다.

03 いくら〜ても 아무리 ~(해)도, 아무리 ~라도

접속　1 いくら + 동사 て형 + も　　　　　　2 いくら + な형용사 어간 + でも
　　　　3 いくら + い형용사 어간 く + ても　　4 いくら + 명사 + でも

예문　1 私がいくら頑張っても彼には勝てない。 내가 아무리 열심히 해도 그에게는 이길 수 없다.
　　　2 いくら上手でも、毎日練習しないといけない。 아무리 잘해도, 매일 연습하지 않으면 안 된다.
　　　3 いくら貧しくても家族と一緒なら幸せだ。 아무리 가난해도 가족과 함께라면 행복하다.
　　　4 いくら先生でも間違えるときがある。 아무리 선생님이라도 틀릴 때가 있다.

04 どんなに〜ても 아무리 ~(해)도, 아무리 ~라도

접속　1 どんなに + 동사 て형 + も　　　　　2 どんなに + な형용사 어간 + でも
　　　　3 どんなに + い형용사 어간 く + ても　4 どんなに + 명사 + でも

예문　1 どんなに練習してもできないことだった。 아무리 연습해도 할 수 없는 것이었다.
　　　2 どんなに大変でもあきらめないでね。 아무리 힘들어도 포기하지 마.
　　　3 どんなに忙しくても家族を忘れたことはない。 아무리 바빠도 가족을 잊은 적은 없다.
　　　4 どんなに優しい人でもそんなことをしたら怒りますよ。 아무리 상냥한 사람이라도 그런 것을 하면 화낼 거예요.

📋 **확인 문제** 밑줄에 들어갈 알맞은 표현을 골라보세요.

01　どんなに練習＿＿＿＿＿できないことだった。　　　　ⓐ しては　　　　ⓑ しても

02　いくら先生＿＿＿＿＿間違えるときがある。　　　　　ⓐ でも　　　　　ⓑ ほど

03　約束の時間を＿＿＿＿＿、田中さんは来なかった。　　ⓐ すぎても　　　ⓑ すぎてから

04　長い＿＿＿＿＿、家族に会えなかったです。　　　　　ⓐ あいだ　　　　ⓑ のあいだ

05　どんなに＿＿＿＿＿あきらめないでね。　　　　　　　ⓐ 大変ても　　　ⓑ 大変でも

정답: 01 ⓑ 02 ⓐ 03 ⓐ 04 ⓐ 05 ⓑ

05　〜かどうか　~(할)지 어떨지, ~인지 어떤지

접속　1 동사 보통형 + かどうか　　　　　　2 な형용사 어간 + かどうか
　　　3 い형용사 보통형 + かどうか　　　　4 명사 + かどうか

예문　1 この仕事を彼に任せるかどうか、また考えてみます。
　　　　이 일을 그에게 맡길지 어떨지, 다시 생각해 보겠습니다.

　　　2 彼女が親切かどうかは友だちの私が一番分かっています。
　　　　그녀가 친절한지 어떤지는 친구인 내가 가장 잘 알고 있습니다.

　　　3 その映画がおもしろいかどうかは見てみなければ分からない。
　　　　그 영화가 재미있는지 어떤지는 봐 보지 않으면 모른다.

　　　4 来週の運動会が中止かどうかは当日の天気で決まります。
　　　　다음 주 운동회가 중지일지 어떨지는 당일의 날씨로 결정됩니다.

06　〜かもしれない　~(할)지도 모른다, ~일지도 모른다

섭속　1 동사 보통형 + かもしれない　　　　2 な형용사 어간 + かもしれない
　　　3 い형용사 보통형 + かもしれない　　4 명사 + かもしれない

예문　1 午前中には用事があるので、遅れるかもしれません。 오전 중에는 볼일이 있기 때문에, 늦을지도 모릅니다.

　　　2 木村さんは料理が苦手かもしれない。 기무라 씨는 요리가 서툴지도 모른다.

　　　3 思ったよりおもしろいかもしれない。 생각보다 재미있을지도 몰라.

　　　4 あの人はいろいろな病気について詳しいから医者かもしれない。
　　　　저 사람은 여러 가지 병에 대해 잘 알고 있기 때문에 의사일지도 모른다.

07　〜がる　~(하)고 싶어 하다, ~(해) 하다

접속　1 동사 ます형 + たがる　　　　　　2 な형용사 어간 + がる
　　　3 い형용사 어간 + がる　　　　　　（느낌을 나타내는 な형용사만 가능）

예문　1 彼女は海外旅行に行きたがっている。 그녀는 해외 여행을 가고 싶어 하고 있다.

　　　2 子どもが不安がるので、大きな声で騒がないでくれませんか。
　　　　아이가 불안해하기 때문에, 큰 소리로 떠들지 말아 주시겠습니까?

　　　3 妹は犬を怖がる。 여동생은 개를 무서워한다.

　　　★ 〜がるは 제 3자의 감정이나 행동을 말할 때만 사용한다.
　　　★ '~(하)고 싶어 하다'의 뜻은 동사에 접속할 경우에만 해당한다.

08 　～こと　～(할) 것, ~일

접속　**1** 동사 사전형 + こと　　　　　　　　　**2** な형용사 어간 な + こと
　　　　동사 ない형 + ないこと
　　　3 い형용사 보통형 + こと　　　　　　　**4** 명사 の + こと

예문　**1** レポートは来週の金曜日までに提出すること。 리포트는 다음 주 금요일까지 제출할 것.

　　　★ '~(할) 것'의 뜻은 동사에 접속할 경우에만 해당한다.

　　　2 将来は私が好きなことをやりたい。 장래에는 내가 좋아하는 일을 하고 싶다.

　　　3 彼女が学校に遅れるのは、めずらしいことだった。 그녀가 학교에 늦는 것은, 드문 일이었다.

　　　4 明日の会議のこと、田中さんにも言った? 내일 회의의 일, 다나카 씨에게도 말했어?

09 　～さ　~함

접속　**1** な형용사 어간 + さ　　　　　　　　　**2** い형용사 어간 + さ

예문　**1** 家族の大切さがやっとわかった。 가족의 소중함을 겨우 알았다.

　　　2 彼は足の速さならクラスで一番です。 그는 발의 빠름이라면 반에서 제일입니다.

📋 확인 문제　밑줄에 들어갈 알맞은 표현을 골라보세요.

01　この仕事を彼に任せる＿＿＿＿、また考えてみます。　　ⓐ かないか　　　ⓑ かどうか

02　妹は犬を＿＿＿＿。　　ⓐ 怖がる　　　ⓑ 怖いがる

03　木村さんは料理が苦手＿＿＿＿。　　ⓐ かもしれない　　　ⓑ あいだ

04　レポートは来週の金曜日までに＿＿＿＿。　　ⓐ 提出するのこと　　　ⓑ 提出すること

05　家族の＿＿＿＿がやっとわかった。　　ⓐ 大切さ　　　ⓑ 大切なさ

정답: 01 ⓑ　02 ⓐ　03 ⓐ　04 ⓑ　05 ⓐ

10 　～すぎる　너무 ~(하)다

접속　**1** 동사 ます형 + すぎる　　　　　　　**2** な형용사 어간 + すぎる
　　　　3 い형용사 어간 + すぎる

예문　**1** 辛い物を食べすぎるのは体に良くない。　매운 것을 너무 먹는 것은 몸에 좋지 않다.

　　　2 このテストは簡単すぎる。　이 시험은 너무 간단하다.

　　　3 この本は大きすぎて、かばんに入らない。　이 책은 너무 커서, 가방에 들어가지 않는다.

11 　～ために　~위해서

접속　**1** 동사 사전형 + ために /　　　　　　　　**2** 명사 の + ために
　　　　동사 ない형 + ないために

예문　**1** おいしい野菜を育てるためにはきれいな水が必要です。
　　　　맛있는 야채를 키우기 위해서는 깨끗한 물이 필요합니다.

　　　　太らないために運動を始めようと思う。
　　　　살이 찌지 않기 위해서 운동을 시작하려고 생각한다.

　　　2 世界平和のために私たちに何ができるだろうか。
　　　　세계 평화를 위해서 우리들이 무엇을 할 수 있는가.

12 　～たら　~(했)더니, ~(하)면

접속　**1** 동사 た형 + ら　　　　　　　　　　　**2** な형용사 어간 + だったら
　　　　3 い형용사 어간 + かったら　　　　　　**4** 명사 + だったら

예문　**1** 薬を飲んだら少し楽になりました。　약을 먹었더니 조금 편해졌습니다.

　　　2 まわりが静かだったら、もっと集中できたのに。　주위가 조용했으면, 더 집중할 수 있었을 텐데.

　　　3 服がもうちょっと大きかったら、よかったのに。　옷이 조금 더 컸으면, 좋았을 텐데.

　　　4 あの先生だったら、許してくれると思うよ。　저 선생님이라면, 용서해 줄 거라고 생각해.

　　　★ '~(했)더니'의 뜻은 동사에 접속할 경우에 해당한다.

13 ~だろう ~이겠지

접속   **1** 동사 보통형 + だろう   **2** な형용사 어간 + だろう
         3 い형용사 보통형 + だろう   **4** 명사 + だろう

예문   **1** 来週にはさくらが咲くだろう。 다음 주에는 벚꽃이 피겠지.

       2 彼は日本に住んだことがあるから、日本語が上手だろう。
          그는 일본에서 산 적이 있으니까, 일본어를 잘하겠지.

       3 家賃が安いから部屋はせまいだろう。 집세가 싸니까 방은 좁겠지.

       4 留学して1年、そろそろ帰国するときだろう。 유학한 지 1년, 슬슬 귀국할 때겠지.

14 ~でしょう ~겠지요, ~이지요

접속   **1** 동사 보통형 + でしょう   **2** な형용사 어간 + でしょう
         3 い형용사 보통형 + でしょう   **4** 명사 + でしょう

예문   **1** 明日は雨が降るでしょう。 내일은 비가 내리겠지요.

       2 このかばん、すてきでしょう？ 이 가방, 멋지지요?

       3 ほら、ここから近いでしょう？ 봐요, 여기에서 가깝지요?

       4 本当に高い建物でしょう？ 정말로 높은 건물이지요?

📋 확인 문제 밑줄에 들어갈 알맞은 표현을 골라보세요.

01 来週にはさくらが咲＿＿＿＿。   ⓐ だろう   ⓑ あいだ

02 本当に高い建物＿＿＿＿。   ⓐ でしょう   ⓑ こと

03 この本は＿＿＿＿、かばんに入らない。   ⓐ 大きすぎて   ⓑ 大きいすぎて

04 世界平和＿＿＿＿私たちに何ができるだろうか。   ⓐ によると   ⓑ のために

05 まわりが静か＿＿＿＿、もっと集中できたのに。   ⓐ でも   ⓑ だったら

정답: 01 ⓐ 02 ⓐ 03 ⓐ 04 ⓑ 05 ⓑ

15 ～と ~(하)면 / ～ないと ~(하)지 않으면, ~가 아니면

접속   1 동사 사전형 + と /
       동사 ない형 + ないと
      3 い형용사 사전형 + と /
       い형용사 어간 く + ないと

      2 な형용사 어간 だ + と /
       な형용사 어간 では(じゃ) + ないと
      4 명사 だ + と /
       명사 では(じゃ) + ないと

예문   1 さとうを入れると甘くなります。 설탕을 넣으면 달아집니다.
      2 英語が上手じゃないと、授業を理解するのは難しい。 영어를 잘하지 않으면, 수업을 이해하는 것은 어렵다.
      3 部屋があまりにも汚いと母に怒られる。 방이 너무나도 더러우면 엄마에게 혼난다.
      4 島には空港がないから、船じゃないと行けないよ。 섬에는 공항이 없으니까, 배가 아니면 갈 수 없어.

16 ～といい ~(하)면 좋다

접속   1 동사 사전형 + といい
      3 い형용사 사전형 + といい

      2 な형용사 어간 だ + といい
      4 명사 だ + といい

예문   1 肉と野菜を一緒に食べるといい。 고기와 야채를 함께 먹으면 좋다.
      2 もう少し積極的だといいな。 조금 더 적극적이면 좋겠다.
      3 私の部屋がもっと広いといいのに。 내 방이 더 넓으면 좋겠는데.
      4 息子しかいないから、次は女の子だといいな。 아들 밖에 없으니까, 다음은 여자 아이면 좋겠다.

17 ～という ~라고 하는, ~라는

접속   1 동사 보통형 + という
      3 い형용사 보통형 + という

      2 な형용사 어간 だ + という
      4 명사 + という

예문   1 林先輩が部活をやめるという話を聞きました。
       하야시 선배가 동아리 활동을 그만둔다고 하는 이야기를 들었습니다.
      2 犬はかわいいが、世話が大変だということを忘れてはいけない。
       개는 귀엽지만, 돌보는 것이 힘들다는 것을 잊어서는 안 된다.
      3 失敗することが恥ずかしいという人は、ずっと下手なままだ。
       실패하는 것이 부끄럽다고 하는 사람은, 계속 서툰 그대로이다.
      4 ひまわりというまんがを読んだことがありますか。
       해바라기라고 하는 만화를 읽은 적이 있습니까?

18 ～とき ~(할) 때

접속 **1** 동사 보통형 + とき **2** な형용사 어간 な + とき
3 い형용사 보통형 + とき **4** 명사 の + とき

예문 **1** 祖父は新聞を**読む**ときめがねをかけます。 할아버지는 신문을 읽을 때 안경을 씁니다.
2 まわりが**静かな**とき、よく集中できます。 주위가 조용할 때, 잘 집중할 수 있습니다.
3 私は**寂しい**とき、この音楽を聞きます。 나는 외로울 때, 이 음악을 듣습니다.
4 森くんは**子どもの**とき、先生になりたかったそうです。 모리 군은 어렸을 때, 선생님이 되고 싶었다고 합니다.

19 ～ないといけない ~(하)지 않으면 안 된다

접속 **1** 동사 ない형 + ないといけない **2** な형용사 어간 で(じゃ) + ないといけない
3 い형용사 어간 く + ないといけない **4** 명사 で(じゃ) + ないといけない

예문 **1** 痛みがないときも薬を**飲ま**ないといけないんですか。
아픔이 없을 때도 약을 먹지 않으면 안 됩니까?
2 勉強するときは、机の上が**きれいで**ないといけない。
공부할 때는, 책상 위가 깨끗하지 않으면 안 된다.
3 時間は３分しかないから発表する内容は**短く**ないといけない。
시간은 3분밖에 없으니까 발표할 내용은 짧지 않으면 안 된다.
4 明日持っていくえんぴつは**新しいもので**ないといけない。
내일 가지고 갈 연필은 새 것이지 않으면 안 된다.

📄 **확인 문제** 밑줄에 들어갈 알맞은 표현을 골라보세요.

01 私は寂しい_____、この音楽を聞きます。 ⓐ こと ⓑ とき

02 勉強するときは、机の上がきれい_____。 ⓐ ではいけない ⓑ でないといけない

03 さとうを_____甘くなります。 ⓐ 入れると ⓑ 入れずに

04 息子しかいないから、次は女の子だ_____な。 ⓐ でも ⓑ といい

05 ひまわり_____まんがを読んだことがありますか。 ⓐ という ⓑ によると

정답: 01 ⓑ 02 ⓑ 03 ⓐ 04 ⓑ 05 ⓐ

20 ～なければならない　~(하)지 않으면 안 된다

접속　1 동사 ない형 + なければならない　　　2 な형용사 어간 で + なければならない
　　　3 い형용사 어간 く + なければならない　　4 명사 で + なければならない

예문　1 先生に言うときは、話し方に気をつけなければならない。
　　　선생님에게 말할 때는, 말하는 방법에 신경 쓰지 않으면 안 된다.

　　　2 お客様へのサービスは丁寧でなければならない。
　　　손님에의 서비스는 정중하지 않으면 안 된다.

　　　3 時間がないので、説明は短くなければならない。
　　　시간이 없기 때문에, 설명은 짧지 않으면 안 된다.

　　　4 会議室は20人以上が入れる部屋でなければならない。
　　　회의실은 20인 이상이 들어갈 수 있는 방이지 않으면 안 된다.

21 ～なくて　~(하)지 않아서, ~이 아니라

접속　1 동사 ない형 + なくて　　　　　　　2 な형용사 어간 で + なくて
　　　3 い형용사 어간 く + なくて　　　　　4 명사 で + なくて

예문　1 教室のルールを守らなくて先生にしかられました。 교실의 규칙을 지키지 않아서 선생님에게 혼났습니다.
　　　2 店員の説明が十分でなくて、理解できなかった。 점원의 설명이 충분하지 않아서, 이해할 수 없었다.
　　　3 この料理は思ったよりも辛くなくて、おいしかったです。 이 요리는 생각보다도 맵지 않아서, 맛있었습니다.
　　　4 彼が言ったのはうそでなくて事実でした。 그가 말한 것은 거짓이 아니라 사실이었습니다.

22 ～なくてもいい　~(하)지 않아도 좋다

접속　1 동사 ない형 + なくてもいい　　　　2 な형용사 어간 で + なくてもいい
　　　3 い형용사 어간 く + なくてもいい　　4 명사 で + なくてもいい

예문　1 明日は何も準備しなくてもいいよ。 내일은 아무것도 준비하지 않아도 좋아.
　　　2 英語が上手でなくてもいいです。 영어를 잘 하지 않아도 좋습니다.
　　　3 一人で住むつもりだから、部屋は広くなくてもいい。 혼자 살 예정이기 때문에, 방은 넓지 않아도 좋다.
　　　4 毎日でなくてもいいから、もっと練習してください。 매일이지 않아도 좋으니까, 더 연습해 주세요.

23 ～なくてもかまわない   ~(하)지 않아도 상관없다

접속 1 동사 ない형 + なくてもかまわない   2 な형용사 어간 で + なくてもかまわない
3 い형용사 어간 く + なくてもかまわない   4 명사 で + なくてもかまわない

예문 1 一日ぐらいは行かなくてもかまわない。 하루 정도는 가지 않아도 상관없다.
2 内容がよければ、文字がきれいでなくてもかまわない。 내용이 좋다면, 글씨가 예쁘지 않아도 상관없다.
3 車で行くから、近くなくてもかまわない。 차로 가기 때문에, 가깝지 않아도 상관없다.
4 英語が十分に上手であれば、ネイティブでなくてもかまいません。
영어를 충분히 잘한다면, 원어민이지 않아도 상관없습니다.

24 ～なら   ~(한)다면, ~라면

접속 1 동사 보통형 + なら   2 な형용사 어간 + なら
3 い형용사 보통형 + なら   4 명사 + なら

예문 1 ペットが飼えるなら毎日世話をすると約束します。 애완 동물을 키울 수 있다면 매일 돌보겠다고 약속합니다.
2 一人でやるのが無理なら、誰かに頼みます。 혼자서 하는 것이 무리라면, 누군가에게 부탁하겠습니다.
3 ご飯のりょうが少ないなら、ここから持って行ってくださいね。 밥의 양이 적다면, 여기에서 가져가 주세요.
4 あしたは都合が悪いけど、あさってなら行けるよ。 내일은 형편이 좋지 않지만, 모레라면 갈 수 있어.

📋 **확인 문제** 밑줄에 들어갈 알맞은 표현을 골라보세요.

01 車で行くから、近く＿＿＿＿。   ⓐ なければならない   ⓑ なくてもかまわない

02 お客様へのサービスは丁寧で＿＿＿＿。   ⓐ なくてもいい   ⓑ なければならない

03 教室のルールを＿＿＿＿先生にしかられました。 ⓐ 守らなくて   ⓑ 守らないで

04 一人でやるのが＿＿＿＿、誰かに頼みます。   ⓐ 無理だなら   ⓑ 無理なら

05 明日は何も準備＿＿＿＿よ。   ⓐ してもいい   ⓑ しなくてもいい

정답: 01 ⓑ 02 ⓑ 03 ⓑ 04 ⓑ 05 ⓑ

25 　～なる　~(하)게 되다

접속　1 な형용사 어간 に + なる　　　　　　　2 い형용사 어간 く + なる
　　　3 명사 に + なる

예문　1 毎日練習して、**上手になりました**。 매일 연습해서, 잘 하게 되었습니다.
　　　2 牛乳を飲んで、背が**高くなりました**。 우유를 마시고, 키가 커지게 되었습니다.
　　　3 雨で明日の運動会は**中止になりました**。 비로 내일 운동회는 중지 되었습니다.

26 　～に行く　~(하)러 가다

접속　1 동사 ます형 + に行く　　　　　　　　2 동작 명사 + に行く

예문　1 彼に**会いに行きます**。 그를 만나러 갑니다.
　　　2 今日は先生と**食事に行きます**。 오늘은 선생님과 식사하러 갑니다.

27 　～のだ　~(인) 것이다

접속　1 동사 보통형 + のだ　　　　　　　　　2 な형용사 보통형 + のだ
　　　　　　　　　　　　　　　　　　　　　　 (단, 현재·긍정은 な형용사 어간 な에 접속)
　　　3 い형용사 보통형 + のだ　　　　　　　4 명사 な + のだ

예문　1 来月大会に出るから、週末にも練習**しているのだ**。
　　　　다음 달 대회에 나가기 때문에, 주말에도 연습하고 있는 것이다.
　　　2 この店はお昼だけ飲み物が**無料なのだ**。 이 가게는 낮에만 음료가 무료인 것이다.
　　　3 弟は昨日からご飯も食べなくて、なんか**おかしいのだ**。
　　　　남동생은 어제부터 밥도 먹지 않고, 뭔가 이상한 것이다.
　　　4 サッカー選手になることが、昔から私の**夢なのだ**。 축구 선수가 되는 것이, 옛날부터 나의 꿈인 것이다.

28 　～はずだ　~일 것이다

접속　1 동사 보통형 + はずだ　　　　　　　　2 な형용사 어간 な + はずだ
　　　3 い형용사 보통형 + はずだ　　　　　　4 명사 の + はずだ

예문　1 彼は明日、試験だから勉強**しているはずだ**。 그는 내일, 시험이니까 공부하고 있을 것이다.
　　　2 スーパーで買ったばかりの卵だから**新鮮なはずだ**。 슈퍼에서 막 산 달걀이므로 신선할 것이다.
　　　3 今日は明日の発表の準備で**忙しいはずです**。 오늘은 내일의 발표 준비로 바쁠 것입니다.
　　　4 今年はあの子も**卒業のはずだ**。 올해는 그 아이도 졸업일 것이다.

29 ~はずがない ~일 리가 없다

접속 **1** 동사 보통형 + はずがない   **2** な형용사 어간 な + はずがない
       3 い형용사 보통형 + はずがない   **4** 명사 の + はずがない

예문 **1** 彼女がそこに**行くはずがない**。 그녀가 거기에 갈 리가 없다.
       2 彼の部屋が**きれいなはずがない**。 그의 방이 깨끗할 리가 없다.
       3 彼が作った料理だから、**おいしいはずがない**。 그가 만든 요리니까, 맛있을 리가 없다.
       4 今日は日曜日だから、木村さんが**仕事のはずがない**。
         오늘은 일요일이기 때문에, 기무라 씨가 일 할리가 없다.

30 ~ば ~(하)면

접속 **1** 동사 사전형 마지막 う단을 え단으로 + ば   **2** な형용사 어간 + ならば
       3 い형용사 어간 + ければ   **4** 명사 + ならば

예문 **1** タクシーに**乗れば**間に合うかもしれない。 택시에 타면 시간에 맞출 수 있을지도 몰라.
         ★ 예외 する→すれば / 来る→来れば
       2 助けが**必要ならば**、いつでも手伝います。 도움이 필요하면, 언제든지 도울게요.
       3 天気が**良ければ**、ここから東京タワーが見える。 날씨가 좋으면, 여기에서 도쿄 타워가 보인다.
       4 彼が優しい**人ならば**よかったのに。 그가 상냥한 사람이라면 좋았을 텐데.

📋 확인 문제 밑줄에 들어갈 알맞은 표현을 골라보세요.

01 雨で明日の運動会は中止_____。   ⓐ になりました   ⓑ に行きました
02 今年はあの子も卒業の_____。   ⓐ だろう   ⓑ はずだ
03 この店はお昼だけ飲み物が_____。   ⓐ 無料なのだ   ⓑ 無料なことだ
04 彼の部屋がきれいな_____。   ⓐ かもしれない   ⓑ はずがない
05 タクシーに_____間に合うかもしれない。 ⓐ 乗れば   ⓑ 乗るため

정답: 01 ⓐ 02 ⓑ 03 ⓐ 04 ⓑ 05 ⓐ

31 〜ほう   ~편, ~쪽

접속　1 동사 보통형 + ほう　　　　　　　　2 な형용사 어간 な + ほう
　　　3 い형용사 보통형 + ほう　　　　　　4 명사 の + ほう

예문　1 一緒に練習するほうがいいと思う。함께 연습하는 편이 좋다고 생각해.
　　　2 彼は田中さんに比べると、静かなほうだ。그는 다나카 씨에 비하면, 조용한 편이다.
　　　3 私の家は会社から近いほうだ。우리 집은 회사에서 가까운 편이다.
　　　4 パスタよりピザのほうが好き。파스타보다 피자 쪽이 좋다.

32 〜まま   ~(한) 채, ~(한) 그대로

접속　1 동사 た형 + まま　　　　　　　　　2 な형용사 어간 な + まま
　　　3 い형용사 사전형 + まま　　　　　　4 명사 の + まま

예문　1 弟は買ったまま着ていない服がたくさんあります。
　　　　남동생은 산 채 입지 않는 옷이 많이 있습니다.
　　　2 遠藤さんは50歳になっても元気なままだ。
　　　　엔도 씨는 50세가 되어도 건강한 그대로이다.
　　　3 １週間薬を飲み続けても、体の調子は悪いままだった。
　　　　1주일간 약을 계속 먹어도, 몸의 상태는 나쁜 그대로였다.
　　　4 いくら電話をかけても、留守番電話のままです。
　　　　아무리 전화를 걸어도, 부재중 전화인 채입니다.

33 〜より〜ほうが   ~보다 ~쪽이

접속　1 동사 보통형 + より + 동사 보통형 + ほうが　　　2 명사 + より + 명사 の + ほうが

예문　1 一人で行くよりみんなで一緒に行くほうが楽しい。혼자서 가기 보다 모두 함께 가는 쪽이 즐겁다.
　　　2 車より電車のほうが速い。자동차보다 전철 쪽이 빠르다.

34 ~てはいけない ~(하)면 안 된다

접속 **1** 동사 て형 + はいけない   **2** な형용사 어간 + ではいけない
      3 い형용사 어간 く + てはいけない   **4** 명사 + ではいけない

예문 **1** 肉ばかり食べてはいけませんよ。 고기만 먹으면 안 돼요.
      2 問題が複雑ではいけない。 문제가 복잡하면 안 된다.
      3 勉強するときは、部屋が暗くてはいけない。 공부할 때는, 방이 어두우면 안 된다.
      4 あまりにも昔の写真ではいけない。 너무나도 옛날 사진이면 안 된다.

35 ~あとで ~(한) 후에

접속 **1** 동사 た형 + あとで   **2** 명사 の + あとで

예문 **1** 宿題をしたあとで、遊んでね。 숙제를 한 후에, 놀아라.
      2 食事のあとでアイスクリームを食べに行こう。 식사 한 후에 아이스크림을 먹으러 가자.

📋 **확인 문제** 밑줄에 들어갈 알맞은 표현을 골라보세요.

01 1週間薬を飲み続けても、体の調子は_____だった。   ⓐ 悪いまま   ⓑ 悪いはず

02 宿題を_____、遊んでね。   ⓐ したあとで   ⓑ しないで

03 私の家は会社から_____だ。   ⓐ 近くてはいけない ⓑ 近いほう

정답: 01 ⓐ 02 ⓐ 03 ⓑ

문법형식 판단

[문법 > 문제 1 문법형식 판단]은 짧은 서술문 또는 대화문의 빈칸에 들어갈 알맞은 문법형식을 고르는 문제로, 총 13문항이 출제된다. 문형을 고르는 문제가 5~6문항, 조사를 고르는 문제가 4~5문항 정도 출제되며, 그 외 부사, 동사, 의문사를 고르는 문제가 3~4문항 출제된다.

핵심 전략

1 빈칸에 들어갈 알맞은 문형을 고르는 문제는, 빈칸 앞뒤의 문맥이나 접속 형태에 적절한 선택지를 정답으로 고른다. 문말에 오는 문형을 고르는 문제는, 주로 대화문의 형태로 출제되며 대화 전체의 상황과 문맥에 적절한 문말 표현을 정답으로 고른다.

예 田中「林さん、週末に テニスの 練習に 行きますか。」
다나카 "하야시 씨, 주말에 테니스 연습에 갑니까?"

林 「はい。でも、週末は 仕事が あるので、(　　　　)。」
하야시 "네. 하지만, 주말은 일이 있기 때문에, (　　　　)."

① 遅れるかもしれません (○)　② 遅れないほうが いいです (×)
　늦을지도 모릅니다　　　　　　　　늦지 않는 편이 좋습니다

2 빈칸에 들어갈 알맞은 조사를 고르는 문제는, '조사', '조사+조사', '명사+조사'의 형태로 선택지가 구성된다. 빈칸 앞 명사와 빈칸 뒤 동사의 의미 관계에 따라 알맞은 조사를 정답으로 고르되, 정답 선택이 어려울 경우 문장 전체의 문맥을 파악하여 정답을 고른다.

예 山田さんの 犬(　　　　) 泳ぐことが できます。 야마다 씨의 강아지 (　　　) 헤엄치는 것을 할 수 있습니다.
① は 는 (○)　　　　　　　　② へ 에 (×)

今朝は 電車が 来なくて、(　　　) 待ちました。 오늘 아침은 전철이 오지 않아서, (　　　) 기다렸습니다.
① 30分も 30분이나 (○)　　② 30分で 30분으로 (×)

3 부사, 동사, 의문사를 고르는 문제는, 문장 전체의 문맥에 어울리는 선택지를 정답으로 고른다.

예 妹は 昨日 小学校を 卒業しました。(　　　　) 中学生に なります。
여동생은 어제 초등학교를 졸업했습니다. (　　　) 중학생이 됩니다.

① もうすぐ 이제 곧 (○)　　　　② だんだん 점점 (×)

娘「お母さん、この 漢字は (　　　　) 読みますか。」 딸 "엄마, 이 한자는 (　　　) 읽어요?"
母「『こめ』と 読むよ。」 엄마 "'코메'라고 읽어."

① どう 어떻게 (○)　　　　　② どのぐらい 어느 정도 (×)

4 N4 필수 문법(p.140~185)에서 조사, 부사, 경어 표현, 문형 및 활용 표현 내용을 특히 더 꼼꼼하게 학습해둔다.

문제 풀이 Step

Step 1 **선택지를 읽고 무엇을 고르는 문제인지 파악한다.**

선택지를 읽고 조사, 부사, 동사, 의문사 그리고 문형 중 무엇을 골라야 하는 문제인지 파악한다. 이때 각 선택지의 의미를 살짝 적어둔다.

Step 2 **빈칸 앞뒤 또는 서술문이나 대화문 전체의 문맥에 적절한 선택지를 정답으로 고른다.**

선택지를 빈칸 안에 넣었을 때 빈칸 앞뒤 또는 서술문이나 대화문 전체의 문맥에 적절한 선택지를 찾고, 빈칸 앞뒤의 접속 등과 같은 문법적인 사항에도 적절한지 확인한 후 정답을 고른다.

문제 풀이 Step 적용

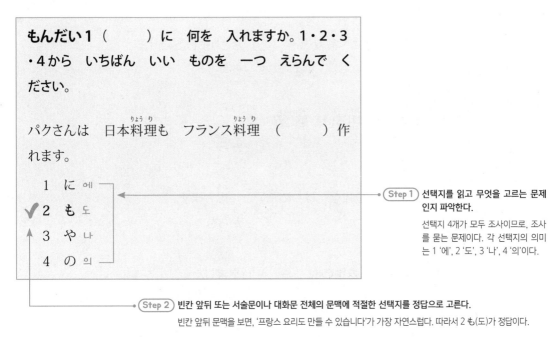

もんだい1 （　　　）に 何を 入れますか。1・2・3・4から いちばん いい ものを 一つ えらんで ください。

パクさんは 日本料理(りょうり)も フランス料理(りょうり)（　　　）作れます。

1 に 에
✓ 2 も 도
3 や 나
4 の 의

Step 1 선택지를 읽고 무엇을 고르는 문제인지 파악한다.

선택지 4개가 모두 조사이므로, 조사를 묻는 문제이다. 각 선택지의 의미는 1 '에', 2 '도', 3 '나', 4 '의'이다.

Step 2 빈칸 앞뒤 또는 서술문이나 대화문 전체의 문맥에 적절한 선택지를 정답으로 고른다.

빈칸 앞뒤 문맥을 보면, '프랑스 요리도 만들 수 있습니다'가 가장 자연스럽다. 따라서 2 も(도)가 정답이다.

문제1 （　　　）에 무엇을 넣습니까? 1・2・3・4에서 가장 알맞은 것을 하나 골라 주세요.

박 씨는 일본 요리도 프랑스 요리 （　　　） 만들 수 있습니다.

1 에 　　　　　　　 2 도 　　　　　　　 3 나 　　　　　　　 4 의

어휘 日本 にほん 圏일본　料理 りょうり 圏요리　フランス 圏프랑스　作る つくる 圏만들다　～に 조~에　～も 조~도　～や 조~(이)나　～の 조~의

다음 제시문의 빈칸에 들어갈 올바른 표현을 고르세요.

01 そんな　おかしい　こと（　　　）言わないで　ください。

① は　　　　　　　　　　　　　② へ

02 代表的な　日本料理には、すし（　　　）とんかつが　あります。

① や　　　　　　　　　　　　　② を

03 彼の　そのような　たいどに　彼女（　　　）おこりました。

① に　　　　　　　　　　　　　② が

04 私は　黄色が　好きです。明るい　感じが　する（　　　）です。

① まで　　　　　　　　　　　　② から

05 来週（　　　）試験の　勉強を　はじめたいと　思います。

① からは　　　　　　　　　　　② からも

06 彼は　休みの日、好きな　歌手の（　　　）行きました。

① コンサートに　　　　　　　　② コンサートで

07 ごはんを　食べる　前に（　　　）手を　あらって　ください。

① まず　　　　　　　　　　　　② もうすぐ

08 前田「田中さんは　今度（　　　）旅行に　行きますか。」
　　田中「遠い　ところに　行きますので、3週間ぐらいです。」

① どうやって　　　　　　　　　② どのぐらい

09 A「今日は 朝 はやく 起きたから 眠いね。」

B「そうだね。家に 帰ったら（　　　　）休もう。」

① ゆっくり　　　　　　　　　　② どんどん

10 私は 友だちと（　　　　）間、ボランティア活動を しました。

① 週末に　　　　　　　　　　② 週末の

11 A「たけるくんが（　　　　）ことを 聞きましたか。」

B「たけるくんが もう 卒業ですか。卒業式は いつですか。」

① 卒業すると いう　　　　　　② 卒業したと いう

12 本田さんは 今 旅行中だから、いえに（　　　　）。

① いると 思います　　　　　　② いない はずです

13 A「この ぼうしは どこで 買いましたか。」

B「あ、これは 買った ものじゃなくて、鈴木さんから（　　　　）。」

① もらいました　　　　　　　　② あげました

14 学生「大会さんかの 申込書は いつまでに 出しますか。」

先生「今週の 金曜日までに（　　　　）。」

① 出すかもしれないです　　　　② 出さないと いけません

15 これぐらいの 大きさだったら 十分に（　　　　）。

① 入らない ほうが いいです　　② 入れそうです

정답 해설집 p.24

もんだい1 （　　　）に　何を　入れますか。1・2・3・4から　いちばん
いい　ものを　一つ　えらんで　ください。

[1]　私は　夫（　　　）日本に　行った　ことが　あります。
　　　1　を　　　　　　　2　へ　　　　　　　3　と　　　　　　　4　や

[2]　ダイエット中なので、夕食は　サラダ（　　　）くだものを　食べて　います。
　　　1　や　　　　　　　2　を　　　　　　　3　の　　　　　　　4　が

[3]　電車が　30分も（　　　）約束の　時間に　間に合わなかった。
　　　1　遅れたけど　　　2　遅れて　　　　　3　遅れて　いる　　4　遅れたくて

[4]　ねぼうを　して　しまった。今　学校に（　　　）試験は　受けられないと　思う。
　　　1　行っても　　　　2　行ったり　　　　3　行くし　　　　　4　行ったけど

[5]　学生「先生、レポートの　締め切りは　いつですか。」
　　　先生「レポートは　来週の　金曜日（　　　）出して　ください。」
　　　1　までにも　　　　2　までも　　　　　3　までに　　　　　4　まで

[6]　鈴木「キムさんは（　　　）日本語を　勉強しましたか。」
　　　キム「日本の　ドラマや　映画を　見て　勉強しました。」
　　　1　どうやって　　　2　どういう　　　　3　どの　　　　　　4　どのぐらい

[7]　難しい　ピアノ曲が（　　　）ひけるように　なりました。
　　　1　きっと　　　　　2　とても　　　　　3　やっと　　　　　4　ぜひ

8　客　「ランチは　何時からですか。」

店員「12時からです。もうすぐ　始まります（　　　　）少し　待って　ください。」

1　ので　　　　　2　だけ　　　　　3　でも　　　　　4　より

9　佐藤　「田中さん、よかったら　週末に　テニス　見に　行かない?」

田中　「行きたい（　　　　）、来週　しけんが　あるから　勉強しなきゃ。」

1　から　　　　　2　とか　　　　　3　しか　　　　　4　けど

10　去年の　夏は（　　　　）すぎて、本当に　たいへんでした。

1　あつい　　　　2　あつ　　　　　3　あつくて　　　　4　あつく

11　(お店で)

店員「お客さま、（　　　　）とは　おもいますが、30分後　閉店いたします。」

客　「もう　そんな　時間ですか。わかりました。」

1　知らせる　　　　2　存じて　いる　　　3　ご存知だ　　　4　知った

12　森　「新しい　自転車ですね。どこで　買ったんですか。」

中村「この　自転車ですか。これは　キムさんから（　　　　）。」

1　貸しては　いけません　　　　　　　2　貸しても　いいです

3　貸して　もらいました　　　　　　　4　貸したかもしれないです

13　(食堂で)

高橋「パクさんは　何を　ちゅうもんしますか。」

パク「ぼくは　しおラーメンに　します。」

高橋「ええ。しおラーメン（　　　　）ね。私も　それに　します。」

1　おいしそうです　　　　　　　　　2　おいしいところです

3　おいしく　なかったです　　　　　　4　おいしいつもりです

정답 해설집 p.25

もんだい1　（　　　）に　何を　入れますか。1・2・3・4から　いちばん
　　　　　　　いい　ものを　一つ　えらんで　ください。

1　今朝、ちこくして　先生（　　　）おこられました。
　　1　や　　　　　　2　に　　　　　　3　で　　　　　　4　と

2　わたしは　コーヒー（　　　）好きで、毎日　カフェに　行きます。
　　1　で　　　　　　2　を　　　　　　3　が　　　　　　4　へ

3　この　家は、家を　出ると（　　　）駅が　あるので　便利です。
　　1　ちょっと　　　2　ずっと　　　　3　けっして　　　4　すぐに

4　おかあさんは　最近　忙しいです。食事を　する（　　　）仕事を　します。
　　1　ときを　　　　2　ときが　　　　3　ときにも　　　4　ときで

5　林　「あしたの　パーティーは　何時からですか。」
　　鈴木「パーティーは　午後　6時からです。（　　　）来て　くださいね。」
　　1　いつも　　　　2　やっと　　　　3　ぜひ　　　　　4　まだ

6　A「会社（　　　）お知らせ　見ましたか。」
　　B「うんどうかいの　ことですよね。とても　楽しみですね。」
　　1　からの　　　　2　からは　　　　3　からでも　　　4　からとか

7　さっき　松田さんに　会いましたが、かおが　あかくて　ねつが（　　　）。
　　1　あるはずが　ないです　　　　　　2　あるためでした
　　3　あっては　いけないです　　　　　4　あるようでした

8 田中さんは（　　　）あんなに　英語が　上手なんだろう。

1　どのぐらい　　　2　どういう　　　3　どんな　　　4　どうして

9 佐藤「テストの　結果が　わるかったから、先生に　注意（　　　）よ。」
小林「そうか。じゃあ、次の　テストまで　わたしと　いっしょに　勉強しよう。」

1　させた　　　2　した　　　3　して　いた　　　4　された

10 テキストを　忘れて　きたので、ほかの　クラスの　友だちから　貸して（　　　）。

1　やりました　　　2　もらいました　　　3　あげました　　　4　くれました

11 わたしは　最近　人気が　ある　あの　作家の　小説を（　　　）ことが　あります。

1　よんで　　　2　よみ　　　3　よんだ　　　4　よんで　いる

12 森　「今度の　夏休みには　どこに　行きますか。」
前田「きれいな　海に　行きたいですね。でも、およげないのが　少し　心配です。」
森　「それは　あぶないですよ。およげるように　なってから　海に（　　　）。」

1　行ったほうが　いいです　　　　　2　行っては　いけません

3　行けるかもしれません　　　　　　4　行って　しまいました

13 田中「飛行機の　時間に　遅れそう。どうしよう。」
松本「まだ　3時間以上　あるし、タクシーに（　　　）だいじょうぶだよ。心配しないで。」

1　乗って　　　2　乗ったら　　　3　乗りたくて　　　4　乗ること

정답 해설집 p.28

もんだい1 （　　）に　何を　入れますか。1・2・3・4から　いちばん
いい　ものを　一つ　えらんで　ください。

1　あしたは　子どもの　ころ　とても　親(した)しかった　友だち（　　）会(あ)います。

　1　に　　　　　2　は　　　　　3　を　　　　　4　の

2　先生(せんせい)（　　）ほめられて、とても　うれしかったです。

　1　まで　　　　2　から　　　　3　の　　　　　4　で

3　うちの　クラスで　中国語(ちゅうごくご)が　話(はな)せる　人は　田中(たなか)さん（　　）いません。

　1　のに　　　　2　だけ　　　　3　しか　　　　4　より

4　前田(まえだ)「森(もり)さん、毎朝(まいあさ)　何時に　家を　出ますか。」
　森(もり)　「わたしの　家から　学校（　　）電車(でんしゃ)で　1時間　以上(いじょう)　かかるので、
　　　　　8時に　家を　出ます。」

　1　までで　　　2　までは　　　3　までも　　　4　までを

5　これは　友だちが　（　　）買って　くれた　時計(とけい)です。

　1　わたし　　　2　わたしへ　　　3　わたしに　　　4　わたしから

6　リー「この　あいだの　テニス大会で　誰が　ゆうしょうしましたか。」
　林(はやし)　「田中(たなか)さんが　（　　）はずです。毎日(まいにち)　3時間(じかん)も　れんしゅうして　いまし
　　　　たからね。」

　1　ゆうしょうし　　2　ゆうしょうする　　3　ゆうしょうして　　4　ゆうしょうした

7　今すぐ　出発(しゅっぱつ)すれば　大会の　時間に　（　　）間(ま)に合(あ)います。

　1　ちょうど　　　2　ずっと　　　3　なかなか　　　4　そろそろ

8 先生「松田くん、教室で そんなに （　　　　）。まわりに 勉強して いる 友だちも いるんじゃないですか。」

　　学生「すみません。気を つけます。」

1　さわいでも かまいません　　　　　2　さわいで しまいました

3　さわいで ください　　　　　　　　4　さわいでは いけません

9 車が こわれましたので、（　　　）家に 帰るか 考えて います。

1　どうやって　　　2　どういう　　　　3　どのぐらい　　　4　どの

10 A「今 持って いるのは 何ですか。」

　　B「アイスクリームですよ。弟が 冬でも アイスクリームを （　　　）ので 買いました。」

1　食べたい　　　　　　　　　　　　　2　食べたいかもしれない

3　食べたがる　　　　　　　　　　　　4　食べた ほうが いい

11 母親「さっきから ずっと ゲームを して いるけど、学校の 宿題は 終わったの?」

　　息子「宿題は まだ やって いないよ。今から （　　　）つもりだよ。」

1　始める　　　　　2　始め　　　　　3　始めて　　　　　4　始めた

12 鈴木「佐藤さん、いつ 車を 買いましたか。」

　　佐藤「先月です。これを 買うために 1年間 お金を ほとんど （　　　）ずに 生活しました。」

1　使う　　　　　2　使った　　　　3　使って　　　　4　使わ

13 （会社で）

　　部長「今回の 会議の しりょうを 準備するのは 坂本さんじゃ なかったっけ?」

　　部下「坂本さんは 急に 用事が できまして、私が かわりに （　　　）。」

1　準備いたします　　　　　　　　　2　準備して ください

3　ご準備に なります　　　　　　　4　準備させて くださいます

정답 해설집 p.30

もんだい1 （　　　）に　何を　入れますか。1・2・3・4から　いちばん
いい　ものを　一つ　えらんで　ください。

---

1 大阪までは　しんかんせん（　　　）乗って　行きます。

1　で　　　　　　2　に　　　　　　3　を　　　　　　4　の

2 きのうの　夜に　雨が　ふった（　　　）、地面が　ぬれて　います。

1　の　　　　　　2　で　　　　　　3　ので　　　　　4　のに

3 夏（　　　）たまには　あたたかい　飲み物が　飲みたい　ときが　あります。

1　より　　　　　2　ほど　　　　　3　まで　　　　　4　でも

4 毎日（　　　）食べるのは　からだに　よく　ないので、やめて　ください。

1　肉は　　　　　2　肉しか　　　　3　肉とか　　　　4　肉ばかり

5 今度の　英語の　テスト（　　　）自信が　あります。

1　だけは　　　　2　だけで　　　　3　だけも　　　　4　だけでも

6 伊藤　「週末、花見に　いっしょに　行きませんか。」
チェン「花見ですか。いいですね。きれいな　さくらと　いっしょに　しゃしんも　と
　　　　れて、（　　　）そうですね。」

1　楽しい　　　　2　楽しかった　　3　楽し　　　　　4　楽しく

7 学生「先生、すみません、この　漢字は　（　　　）読みますか。」
先生「これは　『れい』と　読みます。今度の　テストに　出るかもしれませんよ。」

1　どこ　　　　　2　どう　　　　　3　どういう　　　4　どのぐらい

8 冬に　友だちと　いっしょに　山に　（　　　　）。

1　のぼった　ことが　あります　　　　2　のぼった　ところです

3　のぼって　おきます　　　　　　　　4　のぼる　ことに　なって　います

9 高橋「この　レストラン　思ったより　（　　　）　おいしく　ないですね。」

木村「そうですね。新しく　できた　ところなので　期待して　いたのに…。」

1　かならず　　　　　2　そろそろ　　　　　3　やっと　　　　　4　あまり

10 今日、わたしは　ペンを　家に　忘れて　きて　しまったので、友だちが　（　　　　）。

1　貸して　くれました　　　　　　　　2　貸して　いました

3　貸して　みました　　　　　　　　　4　貸して　きました

11 まどを　（　　　）　まま　ねて　しまって、かぜを　ひきました。

1　開き　　　　　　　2　開く　　　　　　　3　開けた　　　　　4　開けて

12 原田「田中さんの　誕生日プレゼント、何に　するか　なやんで　います。」

古川「ケーキを　（　　　　）　どうですか。この前、原田さんが　作った　ケーキ、お

いしかったですよ。」

原田「ありがとうございます。そうしますね。」

1　作ったり　　　　2　作ったら　　　　3　作る　あいだ　　4　作るのに

13 上田「山本さん、今　資料が　1まい　足りないんですけど、下の　じむしつから

1まい　（　　　　）。」

山本「はい、わかりました。」

1　持って　こない　はずです　　　　　2　持って　こなくても　かまいません

3　持って　こないで　ください　　　　4　持って　きて　くれませんか

정답 해설집 p.32

もんだい1 （　　　）に　何を　入れますか。1・2・3・4から　いちばん
　　　　　いい　ものを　一つ　えらんで　ください。

1　会議の　日と　時間（　　　）決まったら、教えて　ください。
　　1　や　　　　　　　2　が　　　　　　　3　を　　　　　　　4　に

2　今年の　テニス大会は　4月（　　　）行われる　予定です。
　　1　に　　　　　　　2　で　　　　　　　3　へ　　　　　　　4　は

3　今日は　雨が　強いです。家（　　　）安全に　帰れるか　心配です。
　　1　だけ　　　　　　2　ので　　　　　　3　から　　　　　　4　まで

4　前田「大島さんは、お茶と　コーヒーと　どちらに　しますか。」
　　大島「私は　お茶（　　　）コーヒーが　好きなので、コーヒーに　します。」
　　1　しか　　　　　　2　のに　　　　　　3　より　　　　　　4　とか

5　ねつが　あるため、週末（　　　）ゆっくり　休んで　ください。
　　1　までの　　　　　2　までで　　　　　3　までは　　　　　4　までが

6　中村「原さんは　本を　よく　読みますか。」
　　原　「いいえ、最近（　　　）読んで　いません。子どもの　ころは　たくさん
　　　　読んで　いたのに。」
　　1　やっぱり　　　　2　そろそろ　　　　3　ぜんぜん　　　　4　しっかり

7　山本「原田さん、今回は　（　　　）アメリカへ　行きますか。」
　　原田「あ、今回は　アメリカに　いる　友だちに　会う　ために　行きます。」
　　1　どうして　　　　2　どうやって　　　3　どう　　　　　　4　どの

8 最近、家に いる 時間が ふえて、パンを （　　　）。

1　作りおえました　　　　　　　　2　作りにくいです

3　作りやすいです　　　　　　　　4　作りはじめました

9 (会社で)
部下「社長に （　　　） おみやげ、おいしかったです。ありがとうございました。」
社長「それは　よかった。」

1　なさった　　　　2　いただいた　　　　3　さしあげた　　　　4　くださった

10 おとうさんは　さっき　会社から　（　　　）　ところです。

1　帰って　きた　　2　帰って　　　3　帰って　きて　　4　帰ったら

11 夕ご飯を　（　　　）　ばかりなのに、おなかが　空いて　います。

1　食べ　　　　　　2　食べる　　　　　　3　食べた　　　　　　4　食べて　いる

12 鈴木「高橋さん、これ　高橋さんの　テキストですか。」
高橋「はい、そうですよ。ずっと　探して　いました。（　　　）ありがとうございます。」
鈴木「いいえ、どういたしまして。」

1　見つけて　やって　　　　　　　2　見つけて　もらって

3　見つけて　あげて　　　　　　　4　見つけて　くれて

13 川島「英語の　テスト　いつなのか　知って　いますか。」
メイ「来週の　水曜日です。先生に　ちょくせつ　きいた　ことなので、（　　　）よ。」

1　間違える　はずです　　　　　　2　間違いない　はずです

3　間違えた　ようです　　　　　　4　間違えるかもしれません

정답 해설집 p.35

문제 2 문장 만들기

[문법 > 문제 2 문장 만들기]는 4개의 선택지를 올바른 순서로 배열한 뒤 ★이 있는 빈칸에 들어갈 선택지를 고르는 문제로, 총 4문항이 출제된다. ★은 주로 세 번째 빈칸에 위치하며, 2~3회에 1문항 정도 다른 빈칸에 위치하기도 한다.

핵심 전략

1 문형으로 연결되는 선택지가 있으면 먼저 배열한 후 나머지 선택지를 의미에 맞게 배열한다. 선택지만으로 배열이 가능하더라도 앞뒤 문맥과 맞지 않을 수 있으므로, 배열을 마친 후 전체 문장이 자연스러운지 반드시 확인한다.

예 ① 食べて みたい ② ことが ない ③ 食べて みた ④ ので
　　먹어보고 싶다　　　　적이 없다　　　　먹어 본　　　　때문에

→ ③ 食べて みた ② ことが ない ④ ★ので ① 食べて みたい
　　먹어 본 적이 없기 ★때문에 먹어보고 싶다

※ 〜たことがない는 '~한 적이 없다'라는 의미의 문형이므로, 선택지 3 食べて みた와 2 ことが ない를 먼저 배열한다.

私は 高校の 卒業式に 父が ＿＿＿＿ ＿＿＿＿ ★ ＿＿＿＿ います。
① 大切に ② ペンを ③ くれた ④ 使って
　소중하게　　　펜을　　　준(주었다)　　사용하고(사용해)

→ 私は 高校の 卒業式に 父が ② ペンを ① 大切に ④ ★使って ③ くれた います。(×)
　나는 고등학교 졸업식에 아빠가 펜을 소중하게 ★사용해 주었다 있습니다.

→ 私は 高校の 卒業式に 父が ③ くれた ② ペンを ① ★大切に ④ 使って います。(O)
　나는 고등학교 졸업식에 아빠가 준 펜을 ★소중하게 사용하고 있습니다.

2 선택지만으로 배열이 어려운 경우, 빈칸 앞이나 빈칸 뒤의 표현과 문맥이 어울리는 것을 먼저 고른 후 나머지 선택지를 배열한다. 배열을 마친 후에는 반드시 전체 문장이 자연스러운지 확인한다.

예 今 ＿＿＿＿ ＿＿＿＿ ★ ＿＿＿＿ 行こう。
① 車に ② 車で ③ 間に合うかもしれないから ④ 乗れば
　차에　　차로　　시간에 맞출 수 있을지도 모르니까　　타면

→ 今 ① 車に ④ 乗れば ③ ★間に合うかもしれないから ② 車で 行こう。
　지금 차에 타면 ★시간에 맞출 수 있을지도 모르니까 차로 가자.

3 문형으로 연결되는 선택지를 빠르게 찾기 위해, N4 필수 문법(p.162~185)에서 문형의 접속 형태와 의미를 꼼꼼하게 학습해 둔다.

🔵 문제 풀이 Step

Step 1 **선택지를 읽고 의미를 파악한다.**

선택지를 읽고 의미를 파악한다. 이때 각 선택지의 의미를 옆에 적어두면, 의미상 자연스럽게 연결되는 선택지를 빠르게 찾아 배열할 수 있다.

Step 2 **선택지를 의미가 통하도록 배열한 뒤, 문장의 전체 문맥과도 어울리는지 확인한다.**

앞서 파악한 선택지들의 의미를 바탕으로 우선 선택지를 배열한다. 이때 문형으로 연결되는 선택지가 있을 경우 먼저 배열한다. 선택지만으로는 배열이 어렵거나, 남는 선택지가 있는 경우, 제시문의 빈칸 앞뒤 표현을 보고 배열한 후, 최종적으로 문장 전체의 문맥이 자연스러운지 확인한다.

Step 3 **배열한 선택지의 번호를 각 빈칸에 적고 ★이 있는 빈칸에 들어갈 선택지를 정답으로 고른다.**

배열이 완료된 선택지의 번호를 순서대로 각 빈칸에 적고, ★이 있는 빈칸의 선택지 번호를 정답으로 고른다.

🔵 문제 풀이 Step 적용

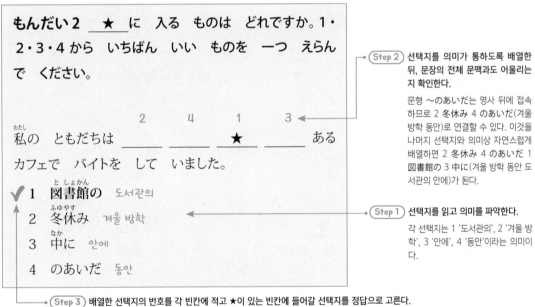

Step 2 선택지를 의미가 통하도록 배열한 뒤, 문장의 전체 문맥과도 어울리는지 확인한다.

문형 ~のあいだ는 명사 뒤에 접속하므로 2 冬休み 4 のあいだ(겨울 방학 동안)로 연결할 수 있다. 이것을 나머지 선택지와 의미상 자연스럽게 배열하면 2 冬休み 4 のあいだ 1 図書館の 3 中に(겨울 방학 동안 도서관의 안에)가 된다.

Step 1 선택지를 읽고 의미를 파악한다.

각 선택지는 1 '도서관의', 2 '겨울 방학', 3 '안에', 4 '동안'이라는 의미이다.

Step 3 배열한 선택지의 번호를 각 빈칸에 적고 ★이 있는 빈칸에 들어갈 선택지를 정답으로 고른다.

배열이 완료된 제시문은 '나의 친구는 2 겨울 방학 4 동안 1 도서관의 3 안에 있는 카페에서 아르바이트를 했습니다'이다. 따라서 ★이 있는 세 번째 빈칸에 위치한 1 図書館の(도서관의)를 정답으로 고른다.

문제2 ___★___ 에 들어갈 것은 어느 것입니까? 1·2·3·4에서 가장 알맞은 것을 하나 골라 주세요.

나의 친구는 2 겨울 방학 4 동안 ▲1 도서관의 3 안에 있는 카페에서 아르바이트를 했습니다.

어휘 ともだち 図친구   カフェ 図카페   バイト 図아르바이트   図書館 としょかん 図도서관   冬休み ふゆやすみ 図겨울 방학
中 なか 図안, 가운데   ~のあいだ ~동안, 사이

실력 다지기

선택지를 올바르게 배열하여 ___★___ 에 들어갈 선택지를 고르세요.

01 お弁当を 学校に 持って 来たと ____ __★__ ____ 来て しまった。

① 置いて   ② のに   ③ 思った

02 私は さとうを 入れた 甘い ____ ____ __★__ です。

① 好き   ② コーヒーが   ③ 味の

03 かぜを ____ __★__ ____ コートを 着て でかけます。

① ように   ② ひかない   ③ あたたかい

04 昨日 ____ ____ __★__ ので、今日は 早めに 寝たい。

① まで   ② 勉強した   ③ 遅く

05 彼が 学校を 出る ____ __★__ ____ が 誰にも 言わなかった。

① ところ   ② みた   ③ を

06 私は ____ __★__ ____ で いぬが いちばん 好きです。

① なか   ② の   ③ 動物

07 お酒を ____ ____ __★__ 痛くなって、病院に 行きました。

① 飲み   ② すぎて   ③ 頭が

08 森 「石原さんは、何 いろが 好きですか。」

石原「私の ____ __★__ ____ いろです。」

① ピンク   ② いろは   ③ 好きな

09 母「勉強する ときは、____ __★__ ____ 勉強に 集中してね。」

子「はい。でも、音楽は きいても 大丈夫ですよね。」

① 見ないで   ② テレビ   ③ を

10 A「この かばん、新しく 買ったんですか。」

B「はい。先週、＿＿＿ ＿★＿ ＿＿＿ かばんです。」

① の ② 買った ③ ばかり

11 A「昼ごはん、何 食べようか。」

B「昨日 イタリア ＿＿＿ ＿＿＿ ＿★＿ から、今日は すしを 食べに 行こう。」

① を ② 料理 ③ 食べた

12 きのうは 疲れて、テレビを ＿＿＿ ＿★＿ ＿＿＿ しまいました。

① まま ② つけた ③ 寝て

13 A「まだ 8月なのに ＿＿＿ ＿★＿ ＿＿＿ ですね。」

B「そうですね。今年は 夏が 短いようですね。」

① すずしくて ② みたい ③ あき

14 彼女は ＿＿＿ ＿＿＿ ＿★＿ だれよりも 詳しく 知って いる。

① 野球 ② は ③ に関して

15 高橋「キムさんは 日本語の ＿＿＿ ＿★＿ ＿＿＿ ことが ありますか。」

キム「いいえ。まだ ないです。もっと 勉強を した 後に うける つもりです。」

① うけた ② しけん ③ を

16 彼は ＿＿＿ ＿★＿ ＿＿＿ 遅刻する ことは ないと 思う。

① だから ② 人 ③ まじめな

17 そんな 危ない ＿＿＿ ＿★＿ ＿＿＿ のは やめて ください。

① を ② こと ③ やる

18 私は まだ、フランス ＿＿＿ ＿＿＿ ＿★＿ が ありません。

① こと ② 食べた ③ 料理を

정답 해설집 p.37

もんだい2 ___★___ に 入る ものは どれですか。1・2・3・4から いちばん
いい ものを 一つ えらんで ください。

14 友だちと 旅行に 行こうと ____ ____ _★_ ____ 行けなく なりま
した。

1 されて   2 親に   3 反対   4 しましたが

15 私の 姉は 駅前 ____ ____ _★_ ____ あります。

1 パン屋で   2 バイトを した   3 にある   4 ことが

16 吉村「キムさん、明日、日本語の 試験ですね。」
   キム「はい、吉村さんが ____ ____ _★_ ____ 点数が とれそうで
   す。」

1 いい   2 教えて   3 おかげで   4 くれた

17 小林「つくえが 足りないですね。となりの 教室から つくえを 持って きます。」
   松本「となりの 教室の つくえは ____ ____ _★_ ____ くだ
   さい。」

1 一階の   2 音楽室から
3 壊れて いる ので   4 持って きて

もんだい2 ＿★＿に 入る ものは どれですか。1・2・3・4から いちばん
いい ものを 一つ えらんで ください。

14 最近、夜 ＿＿＿ ＿＿＿ ＿★＿ ＿＿＿ 体の 調子が いいです。

　　1 から　　　　　　2 ねるように　　3 はやく　　　　4 なって

15 きのう 財布を 会社の 机の 上に ＿＿＿ ＿＿＿ ＿★＿ ＿＿＿ しまい
ました。

　　1 家に　　　　　　2 まま　　　　　3 おいた　　　　4 かえって

16 中村「週末は 何を しますか。」
　　佐藤「今週末は 息子と いっしょに ＿＿＿ ＿＿＿ ＿★＿ ＿＿＿ います。」

　　1 行こう　　　　　　　　　　　　2 買いに
　　3 ピザの 材料を　　　　　　　　4 と 思って

17 リー 「森さん、これは どういう 意味ですか。」
　　森 　「これは この 部屋の 中に ＿＿＿ ＿★＿ ＿＿＿ ＿＿＿ くださ
　　　　　い。」

　　1 意味なので　　　　　　　　　　2 という
　　3 気を つけて　　　　　　　　　　4 入っては いけない

정답 해설집 p.40

もんだい2 ＿★＿に 入る ものは どれですか。1・2・3・4から いちばん
いい ものを 一つ えらんで ください。

14 最近 人気の エッセイは ＿＿＿＿ ＿＿＿＿ ＿★＿ ＿＿＿＿ そうです。
1 書かれた 　　2 に 　　　　3 アメリカ人 　4 よって

15 高橋さんの 部屋の 電気が ＿＿＿＿ ＿＿＿＿ ＿★＿ ＿＿＿＿ ないと 思う。
1 が 　　　　2 から 　　　3 留守の はず 　4 ついて いる

16 先生「みなさん、発表の ＿＿＿＿ ＿＿＿＿ ＿★＿ ＿＿＿＿ 発表する 内容は
短くないと いけませんよ。」
学生「はい、わかりました。」
1 しか 　　　2 3分ずつ 　　3 時間は 　　　4 ないので

17 松田「この カフェは ペットを ＿＿＿＿ ＿＿＿＿ ＿★＿ ＿＿＿＿ 来て いま
す。」
鈴木「そうなんですか。私も うちの わんちゃんと 来たいですね。」
1 ので 　　　　　　　　　　　2 連れて 来ても
3 よく 　　　　　　　　　　　4 かまわない

정답 해설집 p.40

もんだい2 ___★___ に 入る ものは どれですか。1・2・3・4から いちばん

いい ものを 一つ えらんで ください。

14 子どもが 嫌がる ものは ＿＿＿ ＿＿＿ ＿★＿ ＿＿＿ と 思います。

1 いい 　　　　2 するのが 　　3 食べさせない 　4 ように

15 田中 「木村くんは 走るのが とくいですよね。」

木村 「いいえ。昔は 100メートルを ＿＿＿ ＿＿＿ ＿★＿ ＿＿＿ ありま

せん。」

1 走れましたが 　　　　　　　　2 13秒で

3 今は 　　　　　　　　　　　　4 あまり とくいでは

16 A 「何を して いるの?」

B 「明日の ＿＿＿ ＿★＿ ＿＿＿ ＿＿＿ 食文化に ついて 調べて い

るんだ。」

1 授業の 　　　2 タイ 　　　　3 の 　　　　4 ために

17 どんなに ＿＿＿ ＿＿＿ ＿★＿ ＿＿＿ 怒るかもしれないので、やめて くだ

さい。

1 そんな ことを 　　　　　　　2 山口さんでも

3 やさしい 　　　　　　　　　　4 したら

정답 해설집 p.41

もんだい 2　★　に　入る　ものは　どれですか。1・2・3・4から　いちばん
いい　ものを　一つ　えらんで　ください。

14　冬休みに　＿＿＿　＿＿＿　★　＿＿＿　バイトを　はじめました。

　1　行こうと　　　　2　海外旅行に　　　3　パン屋で　　　4　思って

15　長野「その　ジャケット　かっこいいですね。」

　　　松村「これは　買った　＿＿＿　＿＿＿　★　＿＿＿　大切な　ジャケットです。」

　1　くれた　　　　　2　なくて　　　　　3　ものでは　　　4　父が

16　二宮「アンケートの　結果は　どうでしたか。」

　　　木下「じっさい　アンケート　＿＿＿　＿＿＿　★　＿＿＿　結果が　出て

　　　　びっくり　しました。」

　1　調査を　　　　　2　ところ　　　　　3　意外な　　　　4　して　みた

17　兄「お母さんの　誕生日　プレゼントに　何が　いいかな。」

　　　弟「そうだね。そういえば、お母さんは　＿＿＿　＿＿＿　★　＿＿＿　に　し

　　　　たら　どう?」

　1　から　　　　　　　　　　　　　2　それ

　3　ほしがって　いる　　　　　　　4　新しい　くつを

정답 해설집 p.42

일본어도 역시,
1위 해커스

japan.Hackers.com

문제 3 글의 문법

핵심 전략

1 접속사나 부사를 고르는 문제의 경우, 선택지가 주로 접속사 3개와 부사 1개로 구성된다. 빈칸 앞뒤가 상반되는 내용인지, 연속되는 내용인지, 혹은 원인과 결과의 내용인지에 따라 가장 적절한 선택지를 정답으로 고른다.

예 彼は 真面目な 学生です。 [____]、みんなに 親切です。

그는 성실한 학생입니다. [____], 모두에게 친절합니다.

① それに 게다가 (O) ② たとえば 예를 들어 (X)

(접속사) (부사)

→ 빈칸 앞의 내용에 한층 더한 내용이 덧붙여진 내용이므로, 빈칸에는 내용을 덧붙일 때 사용하는 접속사 **それに**가 들어가야 한다.

2 조사를 고르는 문제는 빈칸 앞의 명사와 빈칸 뒤의 내용에 따라 가장 적절한 선택지를 정답으로 고른다.

예 ロリー [____] わたしの 大切な ともだちです。 로리 [____] 나의 소중한 친구입니다.

① は 는 (O) ② で 로 (X)

3 문형을 고르는 문제는 빈칸이 포함된 문장의 문맥에 알맞은 선택지를 정답으로 고른다. 정답 선택이 어려운 경우 앞 또는 뒷문장까지 문맥을 파악하여 정답을 고른다.

예 韓国語が 上手な ともだちに 韓国語を [____]。 한국어를 잘하는 친구에게 한국어를 [____].

① 教えて もらいました 가르쳐 받았습니다 (O) ② 教えて あげました 가르쳐 주었습니다 (X)

昨日は 本当に はらが たちました。弟が 私の 時計を [____] からです。

어제는 정말로 화가 났습니다. 남동생이 나의 시계를 [____] 때문입니다.

① こわして しまった 고장 내버렸기 (O) ② こわした ところだ 고장 낸 참이었기 (X)

4 N4 필수 문법(p.140~185)에서 접속사, 부사, 조사, 문형과 관련된 내용을 꼼꼼하게 학습해 둔다.

⊸◯ 문제 풀이 Step

Step 1 **선택지를 읽고 무엇을 고르는 문제인지 파악한다.**

선택지를 읽고 접속사나 부사, 조사, 문형 중 무엇을 고르는 문제인지를 파악한다. 이때 선택지의 의미를 살짝 적어둔다.

선택지　1　行って　きました　갔다 왔습니다
　　　　2　行きやすいです　가기 쉽습니다 ⎤
　　　　3　行きはじめました　가기 시작했습니다 ⎟ 문형을 고르는 문제
　　　　4　行きたいです　가고 싶습니다

Step 2 **빈칸이 포함된 문장 혹은 주변 문장을 꼼꼼히 해석한다.**

빈칸이 포함된 문장 혹은 그 앞뒤 문장까지 읽고 문맥을 파악한다.

문제　はやく　夏に　なって、また　ともだちと　海に　☐☐☐☐　。

빨리 여름이 되어서, 또 친구들과 바다에 ☐☐☐☐ .

Step 3 **문맥에 맞는 선택지를 정답으로 고른다.**

빈칸이 포함된 문장 혹은 그 앞뒤 문장의 문맥에 가장 적절한 선택지를 정답으로 고른다.

선택지　1　行って　きました　갔다 왔습니다
　　　　2　行きやすいです　가기 쉽습니다
　　　　3　行きはじめました　가기 시작했습니다
　✓　4　行きたいです　가고 싶습니다

문제　はやく　夏に　なって、また　ともだちと　海に　行きたいです　。

빨리 여름이 되어서, 또 친구들과 바다에 가고 싶습니다 .

문제 풀이 Step 적용

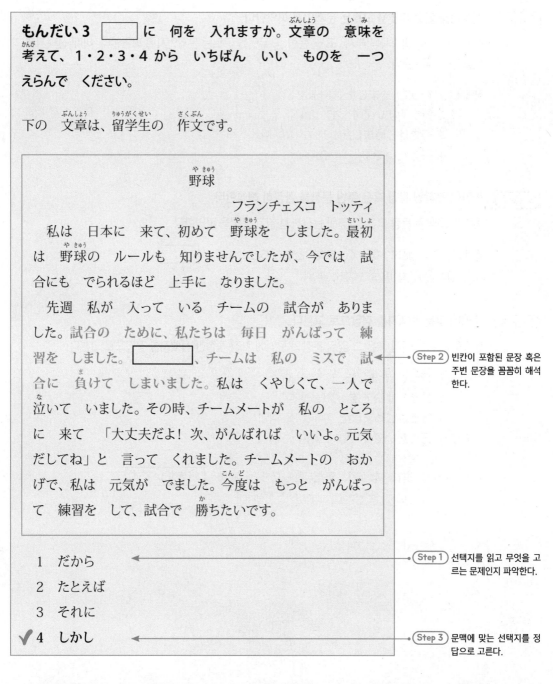

もんだい3 ☐ に 何を 入れますか。文章の 意味を 考えて、1・2・3・4 から いちばん いい ものを 一つ えらんで ください。

下の 文章は、留学生の 作文です。

野球

フランチェスコ　トッティ

　私は 日本に 来て、初めて 野球を しました。最初は 野球の ルールも 知りませんでしたが、今では 試合にも でられるほど 上手に なりました。
　先週 私が 入って いる チームの 試合が ありました。試合の ために、私たちは 毎日 がんばって 練習を しました。[　　　　]、チームは 私の ミスで 試合に 負けて しまいました。私は くやしくて、一人で 泣いて いました。その時、チームメートが 私の ところに 来て 「大丈夫だよ! 次、がんばれば いいよ。元気だしてね」と 言って くれました。チームメートの おかげで、私は 元気が でました。今度は もっと がんばって 練習を して、試合で 勝ちたいです。

　1　だから
　2　たとえば
　3　それに
✓ 4　しかし

Step 2 빈칸이 포함된 문장 혹은 주변 문장을 꼼꼼히 해석한다.

Step 1 선택지를 읽고 무엇을 고르는 문제인지 파악한다.

Step 3 문맥에 맞는 선택지를 정답으로 고른다.

Step1 선택지를 보면 1 '그러니까', 2 '예를 들어', 3 '게다가', 4 '하지만'이므로, 문맥에 맞는 접속사 혹은 부사를 고르는 문제이다.

Step2 빈칸 뒤의 チームは私のミスで試合に負けてしまいました(팀은 저의 실수로 시합에 져버렸습니다)는 빈칸 앞의 試合のために、私たちは毎日がんばって練習をしました(시합을 위해서, 우리들은 매일 열심히 연습을 했습니다)와 상반되는 내용이므로, 빈칸에는 역접을 나타내는 접속사가 필요하다.

Step3 선택지 1 '그러니까', 2 '예를 들어', 3 '게다가', 4 '하지만' 중 4 しかし (하지만)가 문맥상 가장 자연스러우므로 4 しかし를 정답으로 고른다.

문제3 ☐ 에 무엇을 넣습니까? 문장의 의미를 생각해서, 1·2·3·4에서 가장 알맞은 것을 하나 골라 주세요.

아래의 글은, 유학생의 작문입니다.

야구

프란체스코 토티

　저는 일본에 와서, 처음으로 야구를 했습니다. 처음에는 야구의 규칙도 알지 못했습니다만, 지금은 시합에도 나갈 수 있을 정도로 잘 하게 되었습니다.

　지난주 제가 들어가 있는 팀의 시합이 있었습니다. 시합을 위해서, 우리들은 매일 열심히 연습을 했습니다. ☐ , 팀은 저의 실수로 시합에 져버렸습니다. 저는 분해서, 혼자서 울고 있었습니다. 그 때, 팀 메이트가 제가 있는 곳에 와서 "괜찮아! 다음에, 열심히 하면 돼. 기운 내"라고 말해 주었습니다. 팀 메이트 덕분에, 저는 기운이 났습니다. 다음에는 더 열심히 연습을 해서, 시합에서 이기고 싶습니다.

1　그러니까　　　　　2　예를 들어　　　　　3　게다가　　　　　**4　하지만**

어휘　下 した 圏아래　文章 ぶんしょう 圏글, 문장　留学生 りゅうがくせい 圏유학생　作文 さくぶん 圏작문　野球 やきゅう 圏야구
日本 にほん 圏일본　来る くる 圏오다　初めて はじめて 囝처음으로　最初 さいしょ 圏처음, 최초　ルール 圏규칙, 룰
知る しる 圏알다　今 いま 圏지금　試合 しあい 圏시합　でる 圏나가다, 나다　～ほど 国～정도
上手になる じょうずになる 잘 하게 되다　先週 せんしゅう 圏지난주　入る はいる 圏들어가다　チーム 圏팀
～ために ～위해서, 때문에　毎日 まいにち 圏매일　かんばる 圏열심히 하다, 힘내다　練習 れんしゅう 圏연습　ミス 圏실수
負ける まける 圏지다　～てしまう ～(해) 버리다　くやしい い圏분하다　一人 ひとり 圏혼자　泣く なく 圏울다　時 とき 圏때
チームメート 圏팀 메이트, 같은 팀의 동료　ところ 圏곳, 장소　大丈夫だ だいじょうぶだ 好圏괜찮다　次 つぎ 圏다음
元気 げんき 圏기운, 기력　だす 圏내다　言う いう 圏말하다　～てくれる (나에게) ～(해) 주다　おかげ 圏덕분　今度 こんど 圏다음
もっと 囝더, 더욱　勝つ かつ 圏이기다　～たい ～(하)고 싶다　だから 圖그러니까　たとえば 囝예를 들어　それに 圖게다가
しかし 圖하지만

실력 다지기

빈칸에 들어갈 알맞은 표현을 고르세요.

01

私は ねこを 飼って います。名前は ハチです。八月に 会ったから ハチ に しました。ハチは 道に [   ]。初めて 会った ときは、ハチは 本当に 小さかったです。しかし、私が えさを たくさん 食べさせて、大事に 世話を したら、大きく なりました。これからも 私は、ハチを 大切に 飼う つもりです。

① 捨てられて いました

② 捨てさせて いました

02

私は 昨日、初めて、好きな 歌手の コンサートに 行って きました。コン サートで 音楽を きく ことは、テレビ [   ] ラジオとかで きくのとは、また 違う 楽しみが ありました。コンサートの チケットは 少し 高かったですが、お金を ためて、また コンサートに 行きたいと 思いました。

① や

② も

03

最近、車を 運転する ときに マナーや ルールを 守らない 人が 多いよ うです。昨日も ある 運転者が 赤い 信号なのに、止まらなくて 事故に なる ところでした。私が もう 少し 早く 道を 渡って いたら、本当に 危ない 状況に なって いたかもしれないです。車を 運転する ときは、マナーや ルー ルを きちんと [   ]。

① 守るはずです

② 守って ほしいです

04

先週の　金曜日に、私は　妹と　一緒に　ホラー映画を　みました。そして　その　日から、妹は　夜　一人で　寝る　ことを　[　　　　]ように　なりました。それで　夜、寝る　ときに　なったら、私の　ところに　来て、昔の　ように　私と　一緒に　寝て　います。私も　小さい　ころに　戻った　ような　気分に　なって、妹と　一緒に　寝る　ことを　楽しんで　います。

① 怖くない

② 怖がる

05

私が　朝、電車に　乗ると、もう　多くの　人が　電車に　乗って　います。[　　　　]、今朝は　電車が　空いて　いました。私は　会社に　着くまで、その　理由が　分からなかったです。会社に　着いて、今日が　休みの　日だった　ことを　知りました。私は　外国人で　あるため、日本の　休みの　日を　知らなかったのです。今日の　ような　ミスを　しないため、外国人でも、日本の　休みの　日を　よく　知って　おかなければ　ならないと　思いました。

① それで

② しかし

06

最近、私は　中国語を　学んで　います。新しい　言語を　学ぶのは　いつも　楽しいです。[　　　　]、中国語は　日本語と　同じく、漢字を　使うため、他の　言語より　学びやすいです。来週は　中国語の　テストが　あります。今まで　がんばって　勉強して　きたので、テストで　私の　実力が　どれくらいか　確認する　ことが　楽しみです。

① また

② だから

もんだい3 　18 　から 　21 　に 　何を 　入れますか。文章の 　意味を
考えて、1・2・3・4から 　いちばん 　いい 　ものを 　一つ
えらんで 　ください。

下の 　文章は、 留学生の 　作文です。

日本人の 　優しさ

グエン 　ナム

　　私は 　今年の 　はる、はじめて 　日本に 　きました。日本に 　ついた 　初日に、空
港 　18 　みちに 　迷って 　いました。私は 　どうしたら 　いいか 　わからなくて、困って
いました。その 　とき、ある 　日本の 　方が 　私に 　きて 　声を 　かけて 　くれました。
そして 　私が 　19 　場所まで 　つれて 　いって 　くれました。

　　また 　その 　あとも、学校で 　日本人の 　ともだちは 　私が 　困って 　いる 　とき
に、 　20 　優しく 　てつだって 　くれました。こういった 　ことで、日本人は 　ほんとうに
親切だと 　感じました。

　　外国人である 　私に 　たいする 　日本人の 　あたたかさに 　感動しました。私も、ベ
トナムに 　戻って 　日本人に 　会ったら 　日本で 　優しく 　して 　もらった 　ように、
21 　。

18

　　1　も　　　　　2　と　　　　　3　で　　　　　4　は

19

　　1　探<ruby>探<rt>さが</rt></ruby>しては　いけない　　　　　2　<ruby>探<rt>さが</rt></ruby>して　しまった
　　3　<ruby>探<rt>さが</rt></ruby>しても　いい　　　　　　　4　<ruby>探<rt>さが</rt></ruby>して　いた

20

　　1　すこし　　　　　2　いつも　　　　　3　しかし　　　　　4　やっと

21

　　1　<ruby>優<rt>やさ</rt></ruby>しく　したいと　思<ruby>思<rt></rt></ruby>います　　　　2　<ruby>優<rt>やさ</rt></ruby>しそうです
　　3　<ruby>優<rt>やさ</rt></ruby>しく　なるためです　　　　　4　<ruby>優<rt>やさ</rt></ruby>しく　なったようです

もんだい3 　18　 から 　21　 に 何を 入れますか。文章の 意味を
考えて、1・2・3・4から いちばん いい ものを 一つ
えらんで ください。

下の 文章は、 留学生の 作文です。

花見

ソフィア スミス

日本に 来てから もう 2年に なります。 私の 国は 一年中 さむいですが、
日本では 時期 　18　 よって 季節が かわるので おどろきました。
去年の 春に、 日本語 学校の ともだちに 花見に 行こうと 　19　 。 その と
もだちの おかげで 桜を 見ながら おべんとうを 食べたり、 写真を とったり し
て すごく 楽しかったです。 花見は ただ 桜を 見る ことだと 思って いました
が、 そうでは ありませんでした。 あとで しらべたら、 日本では かぞくや ともだ
ちと 花見に 行くのが 　20　 。
今は 冬なので 花見に 行く ことが できません。 　21　 、 もうすぐ 桜が 咲
く 春に なります。 はやく 花見が できる 春に なって、 また ともだちと 花
見に 行きたいです。

18

1 　に　　　　　2 　を　　　　　3 　のに　　　　4 　から

19

1 　さそって　みました	2 　さそって　もらいました
3 　さそって　くれました	4 　さそって　いました

20

1 　普通_{ふつう}そうです	2 　普通_{ふつう}なだけです
3 　普通_{ふつう}なはずが　ないです	4 　普通_{ふつう}だそうです

21

1 　まず　　　　　2 　それで　　　　3 　しかし　　　　4 　それに

정답 해설집 p.45

もんだい3　18 から 21 に 何を 入れますか。文章の 意味を
考えて、1・2・3・4から いちばん いい ものを 一つ
えらんで ください。

下の 文章は、 留学生の 作文です。

自動販売機

リ シンイェン

　私が 日本に 来て おどろいた ことは、いろいろ ありますが、その 中でも 一
番 おどろいたのは、自動販売機です。もちろん、私の 国にも、自動販売機が あります。 18 、日本ほど、いろいろな ものは 売って いないです。

　日本の 自動販売機は、飲みものだけじゃなく、おにぎり、ハンバーガー などの 食べものまで 19 。

　私が 住んで いる 家の 前にも おにぎり 20 売る 自動販売機が あります。毎朝、学校に 行く 前に その 自動販売機で 買った おにぎりを 食べます。

　一人で 住んで いる 私 21 、このような 自動販売機は とても 便利です。
日本に いる 間、もっと いろいろな 自動販売機を 利用して みたいです。

18

1　もし　　　　　2　しかし　　　　3　それで　　　　4　だから

19

1　売るでしょう　　　　　　　　　2　売って　ほしいです

3　売って　います　　　　　　　　4　売って　いますか

20

1　に　　　　　2　へ　　　　　3　が　　　　　4　を

21

1　に　よって　　2　に　よると　　3　に　ついて　　4　に　とって

もんだい3 　18　 から 　21　 に 何を 入れますか。文章の 意味を
考えて、1・2・3・4から いちばん いい ものを 一つ
えらんで ください。

下の 文章は 「自然」に ついての 作文です。

自然を 守る こと

アンディ カサテリ

今日 学校で 自然を 守る ことに ついて 勉強しました。　18　、プラスチック
の 使用が、自然に どんなに 悪いのか 学びました。プラスチックは リサイクルす
る ことが 難しい ため、自然に 悪いそうです。

考えて みたら、私は 今 　19　 プラスチックを 本当に たくさん 使って きま
した。家に いる 時も、便利だと いう 理由で、よく プラスチックを 　20　。そん
な 自分が とても 恥ずかしく なりました。

しかし、これからは プラスチックの 使用を 減らして いこうと 思います。不便な
ところも ありますが、自分の コップを 　21　。そんなに 難しい ことでは ありま
せん。だから、私だけでは なくて、多くの 人が こういう 簡単な ことから 始
めて、自然を 守る ことに 関心を 持つように なったら いいなと 思いました。

18

1　とくに　　　　　2　しかし　　　　3　すると　　　　4　または

19

1　が　　　　　　　2　で　　　　　　3　から　　　　　4　まで

20

1　使って　いますか　　　　　　2　使って　いました

3　使わなくても　かまわないです　4　使ったままです

21

1　持ちあるこうと　思います　　　2　持ちあるいたようです

3　持ちあるいて　ほしかったです　4　持ちあるいて　あげました

정답 해설집 p.47

もんだい 3　　18　から　21　に　何を　入れますか。文章の　意味を
考えて、1・2・3・4から　いちばん　いい　ものを　一つ
えらんで　ください。

下の　文章は、留学生の　作文です。

サークル

ウォン　フェイ

　日本の　大学に　留学に　来て、私　18　一番　楽しんで　いる　ことは　サークルの　活動です。私は　旅行が　好きなため、「たびと　鉄」と　いう　旅行の　サークルに　入りました。

　その　サークルでは　毎週の　土曜日に、地下鉄に　乗って　旅行に　行きます。19　先週は、私が　前から　行きたかった、「おだいば」にも　行って　来ました。写真でしか　見た　ことが　なかった　ものを　実際に　見る　ことが　できて、本当に　嬉しかったです。

　また、私は　サークルの　友だちも　好きです。外国人である　私に　いつも　優しく　して　くれるからです。サークルの　友だちは　私に　旅行する　ところの　歴史なども　20　。これからも、サークルの　友だちと　日本の　あちこちに　21　。

18

  1　に   2　を   3　が   4　で

19

  1　そして   2　なぜなら   3　けれども   4　ぜひ

20

  1　教えるでしょう   2　教えて　くれます
  3　教えて　もらいます   4　教えた　ところです

21

  1　行ったばかりです   2　行って　おきました
  3　行きにくいです   4　行きたいです

정답 해설집 p.48

혼자 하기 어렵고
막막할 땐?

해커스일본어 (japan.Hackers.com)

독해

[독해 > 문제 4 내용 이해(단문)]은 100~200자의 지문 및 관련된 문항을 읽고 푸는 문제이다. 지문 2~3개와 각 지문에 관련된 문제가 1~2문항씩, 총 3문항이 출제된다. 일상생활에서의 경험 또는 개인의 일 등과 관련된 에세이가 1~2개, 해야 할 일과 관련된 메모나 이메일이 1~2개, 주의사항이나 공지사항 등과 관련된 안내문이 1개 정도 출제된다.

─○ 핵심 전략

1 에세이는 주로 세부 내용이나 밑줄 친 부분에 대해 묻는 문제, 필자의 생각을 묻는 문제가 출제된다. 세부 내용을 묻는 문제는 각각의 선택지 내용을 지문에서 찾아 일치하는 내용의 선택지를 정답으로 고른다. 밑줄 친 부분을 묻는 문제는 지문에서 밑줄 친 부분을 찾아 그 주변의 내용과 일치하는 내용의 선택지를 정답으로 고른다. 필자의 생각을 묻는 문제는 지문의 마지막 부분에서 필자의 생각을 찾아 일치하는 내용의 선택지를 정답으로 고른다.

예 **本村さんはなぜ甘いものが好きですか。** 모토무라 씨는 왜 단 것을 좋아합니까?

つらいことは何ですか。 괴로운 것은 무엇입니까?

運動についてこの人が言いたいことはどれですか。 운동에 대해서 이 사람이 말하고 싶은 것은 무엇입니까?

2 메모나 이메일은 주로 필자 혹은 수신자가 해야 할 일에 대해서 묻는 문제가 출제된다. 질문에서 언급된 인물이 해야 할 일을 지문에서 꼼꼼하게 찾아 일치하는 내용의 선택지를 정답으로 고른다.

예 **中村さんは、明日何をすると言っていますか。** 나카무라 씨는, 내일 무엇을 한다고 말하고 있습니까?

1 **松本さんにノートを返します。** 마쓰모토 씨에게 노트를 돌려줍니다. (○)
2 **松本さんにテキストを返します。** 마쓰모토 씨에게 교과서를 돌려줍니다. (×)

3 안내문은 주로 주의사항이나 공지사항에 대한 세부 내용을 묻는 문제가 출제된다. 각각의 선택지 내용을 하나하나 꼼꼼하게 지문에서 찾아 지문의 내용과 일치하는 선택지를 정답으로 고른다.

예 **このお知らせから、体育館についてわかることは何ですか。**

이 안내문으로부터, 체육관에 대해서 알 수 있는 것은 무엇입니까?

1 **サンダルやスリッパをはいてはいけません。** 샌들이나 슬리퍼를 신어서는 안 됩니다. (○)
2 **午後5時から30分間はそうじの時間です。** 오후 5시부터 30분간은 청소 시간입니다. (×)

4 문화·취미, 업무, 학업 등과 관련된 다양한 주제의 지문이 출제되므로, <N4 필수 단어·문형 암기장>(암기장 p.42~45)을 활용하여 관련된 어휘를 꼼꼼하게 학습해둔다.

문제 풀이 Step

Step 1 **질문을 먼저 읽고 무엇을 묻고 있는지 파악한다.**

지문을 읽기 전에 질문을 먼저 읽고, 무엇을 묻고 있는지 파악한다. 지문을 읽을 때 중점적으로 파악해야 할 내용에 살짝 표시해둔다.

질문 このメモを読んで、小松さんは上野さんに何を知らせなければなりませんか。
　　　이 메모를 읽고, 고마츠 씨는 우에노 씨에게 무엇을 알리지 않으면 안 됩니까?

Step 2 **지문을 꼼꼼히 읽으면서 질문과 관련된 내용을 파악하여 정답의 단서를 찾는다.**

지문을 꼼꼼히 읽으면서 질문과 관련된 내용을 파악한다. 지문의 세부 내용을 묻는 문제는 지문에서 각각의 선택지 내용을 찾아 읽고, 필자 혹은 수신자가 해야 할 일에 대해서 묻는 문제는 해야 할 일과 관련된 내용을 지문에서 찾아 꼼꼼히 읽는다. 밑줄 친 부분을 묻는 문제는 지문의 밑줄 친 부분과 그 주변을 읽고, 필자의 생각을 묻는 문제는 지문의 마지막 부분을 주의 깊게 읽는다.

지문 ほし図書館の上野さんから連絡がありました。
　　　残念ですが、4月は「絵本作り」のイベントが開かれないそうです。
　　　5月は毎週火曜日以外の午前中はいつでも「絵本作り」の参加ができるそうです。
　　　5月に参加する日、そして参加する人の人数について連絡してくださいと言っていました。

호시 도서관의 우에노 씨로부터 연락이 있었습니다.
유감스럽지만, 4월은 '그림책 만들기' 이벤트가 열리지 않는다고 합니다.
5월은 매주 화요일 이외의 오전 중에는 언제라도 '그림책 만들기'의 참가가 가능하다고 합니다.
5월에 참가할 날, 그리고 참가할 사람의 인원 수에 대해서 연락해 주세요라고 말했습니다.

Step 3 **선택지를 읽고 지문에서 찾은 정답의 단서와 일치하는 선택지를 정답으로 고른다.**

선택지와 지문에서 찾은 정답의 단서를 하나씩 대조하여, 일치하는 선택지를 정답으로 고른다.

선택지 1 「絵本作り」に参加する人の人数だけ　'그림책 만들기'에 참가하는 사람의 인원 수만
　　　　2 「絵本作り」に参加する日だけ　'그림책 만들기'에 참가하는 날만
　　　　3 「絵本作り」に参加する曜日だけ　'그림책 만들기'에 참가하는 요일만
　　　✔4 「絵本作り」に参加する日と人の人数　'그림책 만들기'에 참가하는 날과 사람의 인원 수

독해

문제 4 내용 이해 (단문)

해커스 JLPT N4 한 권으로 합격

もんだい4 つぎの文章を読んで、質問に答えてください。答えは、1・2・3・4から、いちばんいいものを一つえらんでください。

学校に、このお知らせがあります。

○　　　　　　　**運動会のご案内**　　　　　　　○

　　日　時：10月23日（金）9：00～17：00

　※　雨の場合は一週間後に日時を変えます。

　　場　所：あおやま運動場

　持ち物：おべんとう（お水は学校で準備します。）

　　当日は動きやすいふくを着てください。

今年も運動会のきせつがやってきました。みんなでいっしょに楽しみましょう！ こどもとゲームに参加してくれる方々のためにおみやげを用意していますので、家族の方々もぜひ参加してください。

　　　　　　　　　10月1日（木）みなみ小学校

このお知らせから、わかることは何ですか。

1　運動会はみなみ小学校で行われます。

2　当日雨が降っても行われます。

3　おべんとうとお水を準備しなければなりません。

✓4　こどもといっしょに参加する家族はおみやげがもらえます。

Step 2 지문을 꼼꼼히 읽으면서 질문과 관련된 내용을 파악하여 정답의 단서를 찾는다.

Step 1 질문을 먼저 읽고 무엇을 묻고 있는지 파악한다.

Step 3 선택지를 읽고 지문에서 찾은 정답의 단서와 일치하는 선택지를 정답으로 고른다.

Step1 안내문을 읽고 알 수 있는 것이 무엇인지 묻는 문제이므로, わかること에 표시해둔다.

Step2 지문을 꼼꼼히 읽으면서 내용을 파악하고, 지문의 내용과 일치하는 내용의 선택지를 찾는다. 지문에서 こどもとゲームに参加してくれる方々のためにおみやげを用意していますので、家族の方々もぜひ参加してください(아이와 게임에 참가해주는 분들을 위해서 기념품을 준비하고 있으므로, 가족 분들도 부디 참가해 주세요)라고 언급하고 있다.

Step3 따라서, 정답의 단서와 일치하는 4 こどもといっしょに参加する家族はおみやげがもらえます(아이와 함께 참가하는 가족은 기념품을 받을 수 있습니다)를 정답으로 고른다.

문제 4 다음의 글을 읽고, 질문에 답해주세요. 답은, 1·2·3·4에서, 가장 알맞은 것을 하나 골라주세요.

학교에, 이 안내문이 있습니다.

<table>
<tr><td>○</td><td></td><td>○</td></tr>
</table>

운동회 안내

일시 : 10월 23일 (금) 9:00 ~ 17:00
※ 비가 오는 경우는 일주일 뒤로 일시를 바꿉니다.
장소 : 아오야마 운동장
준비물 : 도시락 (물은 학교에서 준비합니다.)
당일은 움직이기 쉬운 옷을 입어주세요.

올해도 운동회의 계절이 찾아왔습니다. 모두 함께 즐깁시다! 아이와 게임에 참가해주는 분들을 위해서 기념품을 준비하고 있으므로, 가족 분들도 부디 참가해 주세요.

10월 1일 (목) 미나미 초등학교

이 안내문으로부터, 알 수 있는 것은 무엇입니까?

1 운동회는 미나미 초등학교에서 행해집니다.
2 당일 비가 내려도 행해집니다.
3 도시락과 물을 준비하지 않으면 안 됩니다.
4 아이와 함께 참가하는 가족은 기념품을 받을 수 있습니다.

어휘 学校 がっこう 圏학교 お知らせ おしらせ 圏안내문 運動会 うんどうかい 圏운동회 案内 あんない 圏안내 日時 にちじ 圏일시
雨 あめ 圏비 場合 ばあい 圏경우 一週間 いっしゅうかん 圏일주일 変える かえる 圏바꾸다 場所 ばしょ 圏장소
運動場 うんどうじょう 圏운동장 持ち物 もちもの 圏준비물 おべんとう 圏도시락 水 みず 圏물 準備 じゅんび 圏준비
当日 とうじつ 圏당일 動きやすい うごきやすい 움직이기 쉽다 ふく 圏옷 着る きる 圏입다 ~てください ~(해) 주세요
今年 ことし 圏올해 きせつ 圏계절 やってくる 찾아오다 みんな 圏모두 いっしょに 함께 楽しむ たのしむ 圏즐기다
こども 圏아이 ゲーム 圏게임 参加 さんか 圏참가 ~てくれる ~(해) 주다 方々 かたがた 圏분들 ~ために ~위해서
おみやげ 圏기념품 用意 ようい 圏준비 ~ので 图~므로 家族 かぞく 圏가족 ぜひ 團부디, 꼭
小学校 しょうがっこう 圏초등학교 行う おこなう 圏행하다 降る ふる 圏(비가) 내리다 ~なければならない ~(하)지 않으면 안 된다
もらう 圏받다

지문을 읽고 질문에 답하세요.

01

　私の趣味(しゅみ)は映画を見ることです。それで、毎週の金曜日は部屋で夜遅くまで映画を見ることにしています。映画館の大きいスクリーンで見ることももちろんいいですが、それより、部屋で映画を見ることがもっと好きです。お菓子(かし)を食べながら好きな場面を何回も見ることができるからです。

どうして部屋で映画を見ることが好きですか。

① 夜遅くまで映画が見られるから

② 好きなところが何回も見られるから

02

　昨日英語の本(ほん)を買いに本屋(ほんや)へ行ってきました。本屋(ほんや)にはイタリア語やアラビア語など、遠い国の言語の本(ほん)もたくさんありました。色々な外国語を学ぼうとしている人が多いということにおどろきました。英語を学ぶことも少し大変ですが、いつかはほかの国の言語も学びたいと思いました。

「私」が外国語の勉強についていちばん言いたいことはどれですか。

① 英語を勉強することが大変で嫌(いや)です。

② 英語以外の言語も勉強してみたいです。

03

　私はプールで働いています。水泳(すいえい)を教えるほかに、安全のために子どもたちを見守ったりもします。私はもともと水泳(すいえい)が好きですが、特に冬にプールで泳ぐことが好きです。寒いので夏より人が少ないこともありますが、一番の理由は寒い季節(きせつ)に、あたたかいプールに入ると落(お)ち着(つ)くからです。

「私」はどうして冬にプールに行くことが好きですか。

① プールがあたたかくて落(お)ち着(つ)くから

② プールがあたたかくて人が少ないから

04　松本さんの机の上に、このメモとお菓子が置いてあります。

松本さん

　先週、私の代わりに新製品の発表をしてくださって、本当にありがとうございました。おかげさまで、家族と京都に行って、楽しい休みを過ごせました。旅行のおみやげを買ってきました。よかったら召し上がってください。

吉田

吉田さんは、先週、何をしたと言っていますか。

①　新製品の発表をしました。

②　京都に行ってきました。

05　音楽室のドアに、このお知らせがあります。

音楽室の利用について

★　バンドの練習のために音楽室を利用するときは予約が必要です。

　（音楽の先生に話して予約してください。）

★　1日3時間まで利用することができます。

　（ただし、週末は利用することができません。）

★　音楽室の利用が終わったら、きれいに片づけてください。

このお知らせから、音楽室の利用についてわかることは何ですか。

①　予約がしたい人は音楽の先生に話します。

②　土曜日に音楽室でバンドの練習ができます。

06　これは、佐藤先生から石田くんに届いたメールです。

石田くん

　明日（4日）の相談の約束ですが、今日から6日まで、急に出張に行くことになりました。悪いんですが、相談の日を10日に変えてもいいですか。もし、難しいなら、石田くんの日程に合わせます。このメールを読んだら、すぐに電話してください。

佐藤

石田くんはこのメールを読んだあと、まず何をしますか。

①　佐藤先生との相談の約束を変えます。

②　佐藤先生に電話をします。

정답 해설집 p.50

もんだい4 つぎの（1）から（3）の文章を読んで、質問に答えてください。答えは、
1・2・3・4から、いちばんいいものを一つえらんでください。

（1）

鈴木さんの机の上に、このメモが置いてあります。

鈴木さん

　先週、出張の準備でいろいろお世話になりました。ありがとうございました。おかげさまで無事行ってきました。出張のおみやげを買ってきました。よかったら召し上がってください。そして、この間鈴木さんから借りた本なんですけど、2冊の本のうち、まだ1冊しか読んでいません。今週末に読んで、来週2冊を持っていきます。

石田

22 　石田さんは、来週、何をすると言っていますか。

1　出張に行く準備をします。

2　出張に行きます。

3　借りた本2冊を返します。

4　借りた本1冊を返します。

(2)

　マリアさんは、去年から日本で留学しています。日本語をもっと学びたいと思って先月から
コンビニで働きはじめました。コンビニのそうじをしたり、お会計をしたりしています。仕事
をすることが大変なときもありますが、日本語がどんどん上手になることがうれしくて、もっと
<u>がんばっています</u>。

23　　<u>がんばっています</u>とありますが、なぜですか。

　1　日本に留学したいから

　2　日本語が前よりうまくなったから

　3　そうじをすることが嫌いだから

　4　仕事をさがしたいから

(3)

これは、本村さんから松山さんに届いた<ruby>届<rt>とど</rt></ruby>いたメールです。

松山さん

　今週の金曜日（20日）の<ruby>約束<rt>やくそく</rt></ruby>ですが、急に<ruby>会議<rt>かいぎ</rt></ruby>が入ってしまいました。本当にすみませんが、<ruby>約束<rt>やくそく</rt></ruby>を来週の土<ruby>曜日<rt>ようび</rt></ruby>に<ruby>変更<rt>へんこう</rt></ruby>してもいいですか。その日、松山さんの<ruby>都合<rt>つごう</rt></ruby>が悪ければ、ほかの日でも大丈夫です。このメールを読んだら、<ruby>返事<rt>へんじ</rt></ruby>をください。

本村

24　松山さんは、メールを読んだあと、何をしなければなりませんか。

1　急に入った<ruby>会議<rt>かいぎ</rt></ruby>に出ます。
2　<ruby>約束<rt>やくそく</rt></ruby>を金<ruby>曜日<rt>ようび</rt></ruby>に変えます。
3　本村さんの<ruby>都合<rt>つごう</rt></ruby>を<ruby>確認<rt>かくにん</rt></ruby>します。
4　<ruby>約束<rt>やくそく</rt></ruby>の<ruby>変更<rt>へんこう</rt></ruby>について<ruby>返事<rt>へんじ</rt></ruby>をします。

정답 해설집 p.51

もんだい４　つぎの（１）から（３）の文章を読んで、質問に答えてください。答えは、
１・２・３・４から、いちばんいいものを一つえらんでください。

（1）

このお知らせが文化センターの教室にあります。

忘れ物のお知らせ

７月５日に以下のものが見つかりました。
忘れた人は、事務室へ取りに来てください。

　✓ 財布（音楽の教室にありました）

　✓ 携帯電話（１階の女子トイレにありました）

※　文化センターは工事により、７月20日から８月20日までお休みします。取りに来る方
　はそれ以外の期間に、来るようにしてください。

７月８日（水）大山文化センター

22　忘れ物を取りに行きたい人は、どうしなければなりませんか。

1　７月20日まで、文化センターの工事が終わることを待ちます。

2　７月20日までに、忘れ物があった場所へ取りに行きます。

3　７月20日から８月20日までの期間に、事務室へ取りに行きます。

4　７月20日から８月20日の以外の期間に、事務室へ取りに行きます。

(2)

　私はストレスを受けたとき、辛いものが食べたくなります。辛いものを食べると、ストレスがなくなるからです。しかし、この前、病院でお医者さんから、「辛いものを食べすぎることは体に悪いので、少し減らしてください」と言われました。いますぐ減らすことは難しいと思いますが、健康のためにゆっくり減らしていこうと思います。

23　辛いものを食べることについて、「私」はどのように考えていますか。

1　ストレスを受けるから健康によくないと思っています。

2　ストレスが少くなくなるから健康にいいと思っています。

3　健康のために食べる量を少なくしようと思っています。

4　健康に悪いからこれからは食べないと思っています。

(3)

さとしくんの家のテーブルの上に、このメモがあります。

さとしへ

　今日は友だちと食事の約束があって、家に帰るのが遅くなりそうです。

　ご飯は作っておいたから、れいぞうこから出して食べてください。

　となりの佐藤さんから電話があると思います。

　今日は遅くなると思うから、返す予定だった本は明日返すと、伝えておいてください。

母より

24　このメモを読んで、さとしくんはとなりの人に何を知らせなければなりませんか。

　1　家に遅く帰ること

　2　ご飯がれいぞうこにあること

　3　今日、本を返すこと

　4　明日、本を返すこと

もんだい4 つぎの（1）から（3）の文章を読んで、質問に答えてください。答えは、
1・2・3・4から、いちばんいいものを一つえらんでください。

（1）

（会社で）

木村さんの机の上に、このメモがあります。

木村さん

　私は明日から10日まで、セミナーのために海外出張です。すみませんが、明日、私の代わりに発表会の準備をお願いします。発表の資料は島田さんが用意してくれることになっていますので、木村さんは飲み物の準備をお願いします。発表会に参加する方は15人ですが、飲み物は20人分を準備してください。お菓子は私が買っておいたので準備しなくても大丈夫です。では、お願いします。

石原

---

22 このメモを読んで、木村さんは明日、何を準備しなければなりませんか。

1　セミナーの資料を準備します。

2　発表の資料を準備します。

3　飲み物を20人分準備します。

4　お菓子を15人分準備します。

(2)

　私は大学2年生のころからマラソンをしてきました。テレビでがんばっているマラソン選手<ruby>選手<rt>せんしゅ</rt></ruby>たちを見て、ゴールに<ruby>向<rt>む</rt></ruby>かって走りつづけることが、すてきだなと思いました。それで私も<u>マラソンを始めました</u>。一人でマラソンをすると、走ることだけに集中できるし、頭がすっきりしてとても気持ちがいいです。先月は初めてマラソン大会に出ました。一人で走ることより、多くの人々と走るほうがもっと楽しかったです。これからも1年に2回くらいはマラソン大会に出ようと思っています。

23 マラソンを始めましたとありますが、なぜですか。

1 大学でマラソンをしようとさそわれたから

2 有名なマラソン大会に出たかったから

3 好きなマラソン選手に会いたかったから

4 マラソンを走ることがすてきだと思ったから

(3)

教室の掲示板に、このお知らせがあります。

掃除するときの注意

● 掃除は毎日、授業が全部終わったあとにします。

（昼休みには掃除をしません。）

● 今週の掃除の担当は次の通りです。

   － 掃除機をかける人：日村、前田、吉本

   － つくえといすをきれいに並べる人：佐藤、原田、木村

   － ホワイトボードをきれいにする人：小松

● 掃除の担当の人は掃除が終わったら、先生に話しにきてください。

先生が確認して、きれいに掃除ができた人だけ家に帰ります。

---

24 このお知らせから、掃除することについてわかることは何ですか。

1 毎日、お昼ご飯を食べる前に掃除をします。

2 掃除機をかける人は4人です。

3 先生から掃除の確認をしてもらわなければなりません。

4 掃除が終わったら先生に話す前に帰ってもいいです。

정답 해설집 p.54

もんだい4 つぎの（1）から（3）の文章を読んで、質問に答えてください。答えは、1・2・3・4から、いちばんいいものを一つえらんでください。

（1）

（日本語学校で）

有村先生の机の上に、このメモがあります。

有村先生

　来月の15日、見学する日のお弁当の予約について、ひまわりベーカリーと、はなまるお弁当屋から電話がありました。

　ひまわりベーカリーは見学の当日、もう予約があって、サンドイッチの予約ができないそうです。はなまるお弁当屋はその日、お弁当の予約ができるそうです。ただし、団体の割引は20人から受けられるそうです。見学する人の人数と、お弁当といっしょに飲み物も注文するかどうかも知らせてもらいたいそうです。

竹内

---

22 このメモを読んで、有村先生はどこに何を知らせなければなりませんか。

1　ひまわりベーカリーに、見学する人の人数

2　ひまわりベーカリーに、見学する人の人数と飲み物も注文するかどうか

3　はなまるお弁当屋に、見学する人の人数

4　はなまるお弁当屋に、見学する人の人数と飲み物も注文するかどうか

(2)

　私の弟はカフェでケーキを作っています。季節に合わせて、もっともおいしいフルーツが使われることが彼のデザートのいいところです。最近は弟が作ったケーキが少し有名になって、電話でケーキの予約を受けることもあるそうです。毎日朝早くから、材料の準備など色々大変なこともももちろんあるようですが、自分が作ったデザートをおいしそうに食べているお客さんを見たら元気が出ると私によく話してくれます。

23　「私」の弟はなぜ元気が出ると言いますか。
　1　季節に合うデザートを毎日作るから
　2　自分が作ったケーキをお客さんがおいしそうに食べるから
　3　カフェが有名になってケーキの予約を受けるから
　4　毎朝、材料の準備をするから

(3)

　佐藤さんは日本で私がいちばん仲良くなった友だちです。日本に来たばかりのころは、心配や不安でいっぱいでした。今回が初めての留学だったからです。佐藤さんは私が留学している大学の留学センターでバイトをしていました。それで、佐藤さんが色々手伝ってくれて安心できました。佐藤さんとの思い出は色々あります。特に、いっしょに山をのぼったことは忘れられない思い出です。佐藤さんがいて、私の毎日がとても楽しく、幸せです。佐藤さんに会えてよかったと思います。

24　なぜ心配や不安でいっぱいでしたか。
1　佐藤さんに会ったから
2　留学することが初めてだったから
3　留学センターでバイトを始めたから
4　佐藤さんを手伝わなければならなかったから

정답 해설집 p.55

내용 이해(중문)

[독해 > 문제 5 내용 이해(중문)]는 400~500자의 지문 및 관련된 질문을 읽고 푸는 문제로, 지문 1개 및 관련 문제 3문항이 출제된다. 지문으로는 주로 필자의 경험이나 생각을 담은 에세이가 출제된다. 밑줄 친 부분에 대해 묻는 문제, 지문의 세부 내용을 묻는 문제, 빈칸에 들어갈 말을 묻는 문제, 그리고 필자의 생각이나 지문의 주제를 묻는 문제가 출제된다.

━◯ 핵심 전략

1 밑줄 친 부분에 대해 묻는 문제는, 지문에서 밑줄 친 부분의 앞 또는 뒤에서 정답의 단서를 찾아 일치하는 내용의 선택지를 정답으로 고른다.

예 どんな<u>遊園地</u>に行きましたか。 어떤 유원지에 갔습니까?

<u>こういうこと</u>とありますが、どんなことですか。 이런 것이라고 했습니다만, 어떤 것입니까?

2 지문의 세부 내용을 묻는 문제는, 질문에 포함된 핵심 어구를 지문에서 찾아 그 주변의 내용과 일치하는 선택지를 정답으로 고른다.

예 バスに乗ってから、何をしましたか。 버스를 타고 나서, 무엇을 했습니까?

なぜ小松さんはマラソンが楽しいと思いましたか。 왜 고마츠 씨는 마라톤이 재미있다고 생각했습니까?

3 빈칸에 들어갈 말을 묻는 문제는, 지문에서 빈칸이 포함된 문장과 앞뒤 문장의 문맥에 어울리는 선택지를 정답으로 고른다.

예 （　　　　）に入れるのに、いちばんいい文はどれですか。

（　　　　）에 넣을 것으로, 가장 알맞은 글은 어느 것입니까?

4 필자의 생각이나 지문의 주제를 묻는 문제는, 지문의 마지막 부분에서 필자의 생각이나 지문의 주제를 찾아 내용이 일치하는 선택지를 정답으로 고른다.

예 この文章を書いた人がいちばん言いたいことは何ですか。

이 글을 쓴 사람이 가장 이야기하고 싶은 것은 무엇입니까?

5 대체로 지문의 내용 순서대로 문제가 출제되므로, 지문을 처음부터 꼼꼼히 읽고 해석하면서, 한 단락 읽고 문제 풀고, 그 다음 단락 읽고 다음 문제를 풀어가는 방식으로 문제를 푼다.

6 문화·취미, 업무 등과 관련된 다양한 주제의 지문이 출제되므로, <N4 필수 단어·문형 암기장>(암기장 p.42~45)을 활용하여 관련된 어휘를 꼼꼼히 학습해둔다.

🔵 문제 풀이 Step

※ 아래의 문제 풀이 Step을 각 문제에 적용하여 지문의 흐름에 따라 차례대로 문제를 푼다.

Step 1 **질문을 먼저 읽고 무엇을 묻고 있는지 파악한다.**

지문을 읽기 전에 질문을 먼저 읽고, 무엇을 묻고 있는지 파악한다. 지문을 읽을 때 중점적으로 파악해야 할 내용에 살짝 표시해둔다.

질문 おどろきました とありますが、 なぜ ですか。 놀랐습니다 라고 했습니다만, 왜 입니까?

Step 2 **지문에서 하나의 단락을 꼼꼼히 읽으면서 정답의 단서를 찾는다.**

질문이 묻는 내용을 염두에 두며 하나의 단락을 꼼꼼히 읽으면서 질문과 관련된 내용을 정답의 단서로 찾는다.

지문 大学に入って、初めて日本に旅行に行きました。日本については映画やドラマでしかわからなかったので、実際に行って おどろきました 。日本の電車やバスがとても静かだったのです。日本人は周りの人にめいわくをかけないように気をつかっているようです。

대학에 들어가서, 처음으로 일본에 여행을 갔습니다. 일본에 대해서는 영화나 드라마로밖에 알지 못했기 때문에, 실제로 가서 놀랐습니다. 일본의 전철이나 버스가 매우 조용했던 것입니다. 일본인은 주변 사람에게 폐를 끼치지 않도록 신경을 쓰고 있는 것 같습니다.

Step 3 **선택지를 읽고 정답의 단서와 일치하는 선택지를 정답으로 고른다.**

각 선택지를 지문에서 찾은 정답의 단서와 대조하여 내용이 일치하는 선택지를 정답으로 고른다.

질문 おどろきました とありますが、 なぜ ですか。 놀랐습니다 라고 했습니다만, 왜 입니까?

선택지 1 日本に初めて行ったから 일본에 처음 갔기 때문에

2 日本の映画やドラマが好きだったから 일본의 영화나 드라마가 좋았기 때문에

✓3 日本の電車やバスが静かだったから 일본의 전철이나 버스가 조용했기 때문에

4 日本の人々が親切じゃなかったから 일본의 사람들이 친절하지 않았기 때문에

─◉ 문제 풀이 Step 적용

もんだい 5　つぎの文章を読んで、質問に答えてください。
答えは、1・2・3・4から、いちばんいいものを一つえらんでく
ださい。

　私は音楽をきくことが好きです。音楽は私にとって、なくては
ならないものです。元気がないとき、音楽をきくと元気がでたり、
気持ちが楽になったりします。そして、うれしいときは音楽をきく
ともっと楽しく、幸せな気持ちになります。この間、私が大好き
な音楽を私だけが知っていることはもったいないと思いました。
それで、周りの人に音楽をおすすめするのはどうかなと考えま
した。

　そのために、まず、私が好きな歌手や曲の紹介ができるよう
にブログを作りました。最近はだれでも簡単にブログが作れるよ
うになっているので、そんなに難しくありませんでした。

　そして、そのブログをかぞくやともだちに教えました。最初は
そのブログにだれも興味を持ってくれないようで、がっかりしま
した。しかし、一週間ぐらいすぎると何人かのともだちが私が
おすすめした音楽がよかったと言ってくれてとてもうれしかった
です。

　まだ、私のブログを見てくれる人は少ないですが、これからも
私が好きな音楽をブログに紹介しながら、私も音楽をもっと楽し
みたいと思います。

「私」は 音楽をきくと、どうなりますか 。

　1　元気がないとき音楽をきくと、元気がもっとなくなります。
　2　元気がないとき音楽をきくと、幸せな気持ちになります。
✓ 3　うれしいとき音楽をきくと、もっと楽しくなります。
　4　うれしいとき音楽をきくと、気持ちが楽になります。

Step 2 지문에서 하나의 단락을 꼼꼼히 읽으면서 정답의 단서를 찾는다.

Step 1 질문을 먼저 읽고 무엇을 묻고 있는지 파악한다.

Step 3 선택지를 읽고 정답의 단서와 일치하는 선택지를 정답으로 고른다.

Step1 '나'가 음악을 들으면 어떻게 되는지를 묻는 문제이므로, 질문에서 音楽をきくと、どうなりますか(음악을 들으면, 어떻게 됩니까)에 표시해둔다. 지문을 읽으면서 음악을 듣는 것에 대해 어떻게 언급하고 있는지 파악해야 한다.

Step2 지문의 초반부에 元気がないとき、音楽をきくと元気がでたり、気持ちが楽になったりします。そして、うれしいときは音楽をきくともっと楽しく、幸せな気持ちになります(기운이 없을 때, 음악을 들으면 기운이 나거나, 기분이 편안해지거나 합니다. 그리고, 기쁠 때는 음악을 들으면 더 즐겁고, 행복한 기분이 됩니다)라고 서술하고 있다.

Step3 따라서, 정답의 단서와 일치하는 3 うれしいとき音楽をきくと、もっと楽しくなります(기쁠 때 음악을 들으면, 더 즐거워집니다)를 정답으로 고른다.

문제 5 다음의 글을 읽고, 질문에 답해주세요. 답은, 1·2·3·4에서, 가장 알맞은 것을 하나 골라주세요.

　저는 음악을 듣는 것을 좋아합니다. 음악은 저에게는 없어서는 안 되는 것입니다. 기운이 없을 때, 음악을 들으면 기운이 나거나, 기분이 편안해지거나 합니다. 그리고, 기쁠 때는 음악을 들으면 더 즐겁고, 행복한 기분이 됩니다. 일전, 제가 매우 좋아하는 음악을 저만 알고 있는 것은 아깝다고 생각하였습니다. 그래서, 주변 사람에게 음악을 추천하는 것은 어떨까 하고 생각했습니다.

　그 때문에, 우선, 제가 좋아하는 가수나 곡의 소개를 할 수 있도록 블로그를 만들었습니다. 최근에는 누구라도 간단하게 블로그를 만들 수 있도록 되어있기 때문에, 그렇게 어렵지 않았습니다.

　그리고, 그 블로그를 가족이나 친구에게 알려주었습니다. 처음에는 그 블로그에 누구도 흥미를 가져주지 않는 듯해서, 실망했습니다. 하지만, 1주일 정도 지나자 몇 명의 친구가 제가 추천한 음악이 좋았다고 말해 주어서 매우 기뻤습니다.

　아직, 저의 블로그를 봐주는 사람은 적습니다만, 앞으로도 제가 좋아하는 음악을 블로그에 소개하면서, 저도 음악을 더 즐기고 싶다고 생각합니다.

'나'는 음악을 들으면, 어떻게 됩니까?

1　기운이 없을 때 음악을 들으면, 기운이 더 없어집니다.
2　기운이 없을 때 음악을 들으면, 행복한 기분이 됩니다.
3　기쁠 때 음악을 들으면, 더 즐거워집니다
4　기쁠 때 음악을 들으면, 기분이 편안해집니다.

어휘　音楽 おんがく 圏음악　きく 圏듣다　好きだ すきだ 圏형좋아하다　～にとって ~에게는　なくてはならない 없어서는 안 되다
元気 げんき 圏기운　とき 圏때　でる 圏나다　気持ち きもち 圏기분　楽だ らくだ 圏형편안하다　そして 圏그리고
うれしい 圏형기쁘다　もっと 圏더, 더욱　楽しい たのしい 圏형즐겁다　幸せだ しあわせだ 圏형행복하다
この間 このあいだ 圏일전, 요전　大好きだ だいすきだ 圏형매우 좋아하다　～だけ 조~만　もったいない 圏형아깝다
～と思う ～とおもう ~라고 생각하다　それで 圏그래서　周り まわり 圏주변, 주위　おすすめ 圏추천　考える かんがえる 圏생각하다
そのために 그 때문에　まず 圏우선　歌手 かしゅ 圏가수　曲 きょく 圏곡　紹介 しょうかい 圏소개　できる 圏할 수 있다
～ように ~(하)도록, 처럼　ブログ 圏블로그　作る つくる 圏만들다　最近 さいきん 圏최근　だれ 圏누구　～でも 조~라도
簡単だ かんたんだ 圏형간단하다　～ので 조~때문에　難しい むずかしい 圏형어렵다　かぞく 圏가족　ともだち 圏친구
教える おしえる 圏알려주다　最初 さいしょ 圏처음, 최초　興味 きょうみ 圏흥미　持つ もつ 圏가지다　がっかりする 실망하다
しかし 圏하지만　～てくれる (나에게) ~(해) 주다　とても 圏매우　まだ 圏아직　見る みる 圏보다　少ない すくない 圏형적다
これから 앞으로　楽しむ たのしむ 圏즐기다

실력 다지기

지문을 읽고 질문에 답하세요.

01 これはリサさんが書いた作文です。

> ### 日本人とはがき
>
> リサ・ホワイト
>
> この間、日本人の友だちから、はがきをもらいました。「あけましておめでとうございます。今年もよろしくお願いします。」という内容でした。最近はパソコンやスマホで新年のあいさつをすることが多いですが、多くの日本人は今も新年になるとこのように、はがきを書いています。パソコンやスマホで、新年のあいさつをすることももちろんいいですけど、一つ一つ手で書いたはがきのほうが（　　　　）が感じられて、とてもうれしかったです。

（　　　　）に入れるのに、いちばんいい文はどれですか。

① より気持ちが入っていること

② より便利であること

02

> みなみさんは最近、ロシア語の勉強をしています。去年、家族旅行でロシアに行ってきました。それがきっかけになってロシア語の勉強を始めました。ロシア語が学べるところがまわりにありませんので、本を買って一人で勉強しています。ロシア語は日本語とは文字や文法がまったく違うので、学ぶのが難しいけれども、学べば学ぶほどロシア語の発音の美しさを感じています。いつかロシアに行って、留学したいと思っています。

みなみさんは、ロシア語についてどう思っていますか。

① 文法を学ぶのが難しいのでやめたいと思っています。

② 文字は難しいが、発音が美しいと思っています。

03

　　大野さんは３か月前に一人暮らしを始めました。料理は全然しなかった大野さんですが、一人暮らしなのでしかたなく料理をすることになりました。最初は簡単な料理しかできませんでした。しかし、どんどん料理をすることにはまって、料理が楽しくなりました。今は難しい料理にもチャレンジしていて、家でパンを焼いたり、ピザを作ったりしています。

　　大野さんはなぜ料理をすることになりましたか。

① 　一人暮らしを始めたから

② 　簡単な料理が好きだから

04

　　私はテレビ番組を見ることが好きです。その中でも世界の色々なところを紹介する旅行の番組が一番好きです。私は旅行することが好きですが、仕事をしているので、休みを取って旅行することが難しいです。それで、旅行の番組を見ることが好きになりました。そういう番組を見ていると、まるで自分が旅行しているようなとても楽しい気分になります。番組を通じて部屋から世界のどこへでも行けるのです。

　　そういう番組とありますが、どんな番組ですか。

① 　きらいだったのに、好きになった番組

② 　旅行をしているような気分になる番組

05　　これはマイケルさんが書いた作文です。

新幹線とお弁当

マイケル・スミス

　　先週、友だちが住んでいる大阪に行ってきました。午後12時の新幹線を予約したので、昼ごはんのことで悩んでいました。すると、友だちが「駅弁を買って新幹線に乗るのはどう?」と言いました。「駅弁って何?」と友だちに聞いたら、駅で売っているお弁当だと教えてくれました。大阪駅ではたくさんのお弁当が売られていました。そこには大阪駅でしか食べられないお弁当もあって、おもしろかったです。新幹線に乗って、駅弁を食べることも楽しい経験でした。

　　楽しい経験とありますが、どんな経験ですか。

① 　大阪駅でお弁当を売った経験

② 　新幹線でお弁当を食べた経験

정답 해설집 p.57

もんだい5　つぎの文章を読んで、質問に答えてください。答えは、

1・2・3・4から、いちばんいいものを一つえらんでください。

　去年の夏、わたしは家族と一緒に北海道へ行ってきました。北海道は初めてだったので、楽しみにしていました。特に、北海道のラベンダーはとても有名なので、昔からずっと見てみたかったものでした。ラベンダーが咲いているところはホテルから遠いところにあり、車もなかったので、公共交通を利用して行くしかありませんでした。バスで行くのがもうちょっと速いですが、乗り換えるのが難しくて列車に乗ることにしました。時間はかかりましたが、列車に乗って無事に着くことができました。

　行き方が大変でしたが、ラベンダーはとても美しかったです。きれいな花がたくさん咲いていて、見ているだけで幸せな気持ちになりました。家族と一緒に写真もたくさん撮って、ラベンダーのアイスクリームも食べて楽しい時間を過ごしました。かわいいおみやげもいろいろありましたが、買いませんでした。

　ホテルに戻るときもまた列車に乗りました。列車一本でホテルに着くことができましたが、列車に乗っていた時間が長かったし、列車の中でゆっくり休めなくて本当に疲れました。しかし、今考えると、それもいい思い出です。窓からすてきな景色も見られたし、普段忙しくて、あまり話せない家族とたくさん話すこともできたからです。いつかまた家族で一緒に北海道に行きたいです。

25 　行き方が大変でしたがとありますが、それはなぜでしたか。

　1　バスに乗って時間がかかったから

　2　公共交通に乗れなかったから

　3　公共交通で行ったから

　4　列車の時間がわからなかったから

26 　ラベンダーが咲いているところに着いてから、何をしましたか。

　1　家族とごはんを食べて、写真を撮りました。

　2　家族と写真を撮って、アイスクリームを食べました。

　3　アイスクリームを食べて、おみやげを買いました。

　4　ごはんを食べて、おみやげを買いました。

27 　この文を書いた人がいちばん言いたいことは何ですか。

　1　大変だったので、また家族で北海道に行きたくないです。

　2　大変だったが、また家族で北海道に行きたいです。

　3　楽しかったが、次は北海道に行きたくないです。

　4　楽しかったので、次は一人で北海道に行きたいです。

정답 해설집 p.58

もんだい5 つぎの文章を読んで、質問に答えてください。答えは、
1・2・3・4から、いちばんいいものを一つえらんでください。

これはケリーさんが書いた作文です。

田舎の学校での3週間

ケリー・チン

　今年の夏休みに、私は田舎の小学校でボランティア活動をしました。そこは私が住んでいる都市からかなり離れているところにありました。電車を3回のりかえて、やっと学校に着きました。学校は古かったです。でも、学校の後ろにある庭はとてもきれいでした。

　学校までの道は、長くてたいへんでしたが、学校に着いて子どもたちを見ると、元気がでました。最初、子どもたちは私にあまり声をかけてくれませんでした。しかし、彼らの名前を覚えて、毎日私から声をかけていたら、彼らも私に声をかけてくれるようになりました。私は彼らの宿題を手伝ってあげたり、都市での生活について話してあげたりして、楽しい時間を過ごしました。都市では忙しくて、自分の時間を持てませんでしたが、ここに来て、ゆっくりした時間を過ごせてよかったです。

　田舎の学校での3週間は、あっという間に過ぎました。最後の日に、子どもたちは私のために、サプライズパーティーを開いてくれました。私はとても感動しました。子どもたちのためのボランティア活動でしたが、都市から離れて、（　　　）過ごした3週間は私にとっても、大切な経験となりました。

25　「私」はどんな学校でボランティア活動をしましたか。

1　都市にある古い学校

2　都市にあるきれいな学校

3　田舎にあるきれいな学校

4　田舎にある古い学校

26　どうやって「私」は子どもたちと親しくなりましたか。

1　「私」が子どもたちの名前を覚えて、声をかけました。

2　「私」が子どもたちの宿題を手伝ってあげました。

3　「私」が子どもたちに都市での生活について話しました。

4　「私」が子どもたちにパーティーを開いてあげました。

27　（　　　　）に入れるのに、いちばんいい文はどれですか。

1　毎日電車に乗って

2　ゆっくり時間を

3　宿題をしながら

4　パーティーをしながら

정답 해설집 p.60

もんだい5 つぎの文章を読んで、質問に答えてください。答えは、
1・2・3・4から、いちばんいいものを一つえらんでください。

　私は日本で留学したとき、学校のドーミトリーではなく、ある家でホームステイをしました。
そこは学校からは少し離れていましたが、交通がべんりなところにありました。また、ホスト
ファミリーのおばさんは私の国である、韓国に住んだことがある方でした。それでおばさんと私
は、おばさんが韓国で経験したことや、私が日本で経験したことを話しながら、すぐになかよく
なりました。

　またホームステイ先のおばさんは本当のお母さんのように、私の日本での生活を手伝ってく
れました。おばさんに感謝していることは、たくさんありますが、その中でも、一番感謝してい
ることは、私が日本語のスピーチ大会に出たときのことです。

　私が日本語のスピーチ大会に出ることをおばさんに話したら、おばさんは、スピーチの練習
を熱心に手伝ってくれました。また、大会の当日は、大会の場所まで車で送ってくれました。
そのおかげで私は、大会でゆうしょうできました。

　私は家族以外の人と生活したことがなかったため、ホームステイをすることをとても心配し
ていました。しかし今考えると、ホームステイをして良かったと思います。おばさんが韓国に来
たら、今度は私がおばさんにいい思い出を作ってあげたいです。

25 どんな家ですか。

1 学校からちかい家

2 交通がふべんなところにある家

3 韓国に住んだことがある人の家

4 韓国人が住んでいる家

26 「私」はおばさんに何を一番感謝していますか。

1 お母さんになってくれたこと

2 生活を手伝ってくれたこと

3 大会に出られるようにしてくれたこと

4 大会に出たときに、手伝ってくれたこと

27 おばさんは大会の当日、「私」のために何をしてくれましたか。

1 大会に出ることを家族に言ってくれました。

2 大会の場所まで一緒に行ってくれました。

3 スピーチの練習を手伝ってくれました。

4 大会の場所までのって行く車をかしてくれました。

정답 해설집 p.61

もんだい 5 つぎの文章を読んで、質問に答えてください。答えは、
1・2・3・4から、いちばんいいものを一つえらんでください。

これはラウラさんが書いた作文です。

ネットショッピングの長所と短所

ラウラ・フリック

　この前、ネットで買った財布がとどきました。財布は思ったより早くとどきました。楽しみにしていたので、ドキドキしながら開けてみました。しかし、じっさいに開けてみたら、思ったより色がうすかったので、少しがっかりしました。ネットでショッピングをすることはとてもべんりですが、たまにこのようなこともありますので、買うときに注意しないといけないです。

　もちろん、ネットショッピングには、いいところもあります。まず、ネットショッピングは普通、お店よりねだんが安いため、安く買うことができます。そして、おなじものでも、色々なサイトでねだんをくらべて買うと、もっと安く買えます。ものをより安く買えること、それが、私がネットショッピングが好きなもっとも大きい理由です。

　また、場所や時間にかんけいなく、いつでもどこでもショッピングすることができます。私はショッピングできるお店から遠い、田舎に住んでいるし、仕事もおそく終わるので、私のような人にとって、ネットショッピングは本当にべんりです。

　今回、ネットで買った財布は思った色と違ってがっかりしましたが、私はこれからも、（　　　　）つもりです。

---

25 なぜがっかりしましたか。

1 思ったよりおそくとどいたから

2 思った色とじっさいの色が違ったから

3 色がうすくなかったから

4 べんりではなかったから

26 「私」がネットショッピングが好きな一番大きい理由はなんですか。

1 お店よりものを安く買えるから

2 お店より正確にねだんをくらべることができるから

3 場所にかんけいなくショッピングできるから

4 時間にかんけいなくショッピングできるから

27 （　　　　）に入れるのに、いちばんいい文はどれですか。

1 うすい色の財布を買う

2 ねだんをくらべてみる

3 お店でものを買う

4 ネットショッピングをよく利用する

정답 해설집 p.62

문제 6 정보 검색

[독해 > 문제 6 정보 검색]은 2개의 문항과 400자 내외의 지문을 읽고 푸는 문제로, 조건이나 상황을 제시하는 문제 2문항과 관련 안내문 1개가 출제된다. 조건에 맞는 상품이나 행사 등을 검색해야 하는 문제와 주어진 상황에 따라서 해야 할 행동이나 지불할 금액을 파악해야 하는 문제가 출제된다.

─○ 핵심 전략

1 조건에 맞는 상품이나 행사 등을 검색해야 하는 문제는, 질문에 제시된 각 조건을 지문에서 찾아 모든 조건을 만족하는 선택지를 정답으로 고른다.

예 マイケルさんは「秋（あき）の音楽会（おんがくかい）」に行（い）きたいと思（おも）っています。10月（がつ）のもので、日常生活（にちじょうせいかつ）で聞（き）い
　　　　　　　　　　　　　　　　　　　　　　　　　　　　　조건 ①　　　　　　　조건 ②

たことがあるクラシック音楽（おんがく）を聞（き）きながら解説（かいせつ）も聞（き）けるものがいいです。マイケルさんが選（えら）べる

のは、どれですか。

마이클 씨는 '가을의 음악회'에 가고 싶다고 생각하고 있습니다. 10월의 것으로, 일상 생활에서 들은 적이 있는 클래식 음악을 들으면서 해설도 들을 수 있는 것이 좋습니다. 마이클 씨가 고를 수 있는 것은, 어느 것입니까?

2 주어진 상황에 따라서 해야 할 행동이나 지불할 금액을 파악해야 하는 문제는, 질문의 상황과 관련된 내용을 지문에서 찾아 상황에 맞는 행동이나 금액을 언급한 선택지를 정답으로 고른다.

예 英会話（えいかいわ）の授業（じゅぎょう）を受（う）けたいが、自分（じぶん）のレベルがよくわからない人（ひと）は、まずどうしなければなりま
せんか。 상황

영어 회화 수업을 듣고 싶지만, 자신의 레벨을 잘 모르는 사람은, 우선 어떻게 하지 않으면 안 됩니까?

3 지문에서 注意, ※ 등의 표시가 있는 부분이나, 표 아래에 설명으로 적힌 주의사항 및 특이사항이 있으면 그 내용을 꼼꼼히 확인한다.

4 지문 내용을 토대로 날짜나 금액 등을 계산하여 정답을 선택해야 할 수도 있다.

5 문화·취미, 학업 등과 관련된 다양한 주제의 지문이 출제되므로, <N4 필수 단어·문형 암기장>(암기장 p.42~45)을 활용하여 관련된 어휘를 꼼꼼하게 학습해둔다.

🔵 문제 풀이 Step

Step 1 질문을 읽고 조건에 맞는 상품이나 행사를 검색하는 문제인지, 상황에 따라서 해야 할 행동이나 지불할 금액을 묻는 문제인지 파악하여 표시한다.

질문을 읽으면서 제시되는 조건이나 상황을 찾아 표시하고, 묻는 내용을 파악하여 해당 내용에 표시해둔다.

질문 リンさんは、「あおい 1 日美術教室」に参加したいと思っています。8月に行われて、
조건 ①

午後に行けるものがいいです。リンさんが選べるのは、どれですか。
조건 ②

린 씨는, '아오이 1일 미술 교실'에 참가하고 싶다고 생각하고 있습니다. 8월에 열리고, 오후에 갈 수 있는 것이 좋습니다. 린 씨가 고를 수 있는 것은, 어느 것입니까?

Step 2 질문에서 제시된 조건이나 상황에 해당하는 내용을 지문에서 찾아 표시한다.

질문의 조건이나 상황에 해당하는 부분을 지문에서 찾아 표시한다. 조건을 검색하는 문제의 경우 제시된 조건을 모두 만족하는 내용을 찾아야 한다. 상황에 따라서 해야 할 행동이나 지불할 금액을 묻는 문제는 특히 주의사항이나 표 하단의 설명을 꼼꼼히 읽는다.

지문

	授業	内容	日時
①	おりがみを学ぼう 종이접기를 배우자	おりがみが初めての人でも簡単にできます。 종이접기가 처음인 사람이어도 간단히 할 수 있습니다.	7月30日(木) 15時〜17時 조건 ②
②	お菓子の家を作ろう 과자의 집을 만들자	いろいろなお菓子で世界に一つしかないお菓子の家を作ります。 다양한 과자로 세계에 하나밖에 없는 과자의 집을 만듭니다.	8月3日(月) 조건 ① 11時〜12時30分
✓③	動物を描こう 동물을 그리자	好きな動物を描いて、自分が描いた絵について発表をします。 좋아하는 동물을 그리고, 자신이 그린 그림에 대해서 발표를 합니다.	8月5日(水) 조건 ① 14時〜16時 조건 ②
④	モザイクアートを楽しもう 모자이크 아트를 즐기자	自由に描いた絵をもとにしてモザイクアートを作ります。 자유롭게 그린 그림을 토대로 모자이크 아트를 만듭니다.	8月7日(金) 조건 ① 9時〜11時

Step 3 질문의 조건에 모두 부합하는 선택지나 상황에 맞는 선택지를 정답으로 고른다.

각 문제마다 2~3개의 조건이 제시되므로, 반드시 모든 조건을 만족시키는 선택지인지 꼼꼼하게 확인하여 정답을 고른다.

선택지 1 ①   2 ②   ✓3 ③   4 ④

もんだい6 下のお知らせを見て、下の質問に答えてください。答えは、1・2・3・4から、いちばんいいものを一つえらんでください。

坂本さんは空港に無料シャトルバスに乗って行きたいと思っています。空港まで行く日は 9月15日（火） です。 朝9時30分ま でに空港に着く ために 坂本さんが乗るバス はどれですか。

Step 1 질문을 읽고 조건에 맞는 상품이나 행사를 검색하는 문제인지, 상황에 따라서 해야 할 행동이나 지불할 금액을 묻는 문제인지 파악하여 표시한다.

1　Aバス
2　Bバス
✓ 3　Cバス
4　Dバス

Step 3 질문의 조건에 모두 부합하는 선택지나 상황에 맞는 선택지를 정답으로 고른다.

無料シャトルバスの時間

9月から空港までの無料シャトルバスの営業を開始します。以下の内容を確認してください。

	出発の場所	かかる時間
Aバス	にじ公園	2時間30分
Bバス	吉本高校	2時間
Cバス	さくらホテル	1時間
Dバス※	バスターミナル	1時間30分

Step 2 질문에서 제시된 조건이나 상황에 해당하는 내용을 지문에서 찾아 표시한다.

※ Dバスは週末だけ営業しますので間違えないように注意してください。

全てのバスは朝8時から営業が始まります 。バスは15分に一本あります。

バスの詳しい情報はホームページを見てください。

ひまわりバス　電話：012-345-6789

www.himawaribus.co.jp

Step1 질문을 읽고, 제시된 조건인 (1) 9月15日 (火) (9월 15일(화)), (2) 朝 9時30分までに空港に着く(아침 9시 30분까지 공항에 도착한다)에 따라 사카모토 씨가 탈 버스가 무엇인지 묻는 문제임을 파악한다.

Step2 (1) 9월 15일(화): 평일이므로 주말에만 영업하는 D 버스는 X 표시를 한다.

(2) 아침 9시 30분까지 공항에 도착: 모든 버스는 아침 8시부터 영업이 시작되므로, 공항까지 걸리는 시간이 1시간 30분을 초과하는 A 버스와 B 버스에 X 표시를 한다.

Step3 질문에서 제시된 모든 조건과 상황을 만족시키는 것은 C バス(C 버스)이므로 3 C バ스를 정답으로 고른다.

문제 6 아래의 안내를 보고, 아래의 질문에 답해주세요. 답은, 1·2·3·4에서, 가장 알맞은 것을 하나 골라주세요.

사카모토 씨는 공항에 무료 셔틀버스를 타고 가고 싶다고 생각하고 있습니다. 공항까지 가는 날은 9월 15일(화)입니다. 아침 9시 30분까지 공항에 도착하기 위해서 사카모토 씨가 탈 버스는 어느 것입니까?

1　A 버스
2　B 버스
3　C 버스
4　D 버스

무료 셔틀버스 시간

9월부터 공항까지의 무료 셔틀버스 영업을 개시합니다. 이하의 내용을 확인해 주세요.

	출발 장소	걸리는 시간
A 버스	니지 공원	2시간 30분
B 버스	요시모토 고등학교	2시간
C 버스	사쿠라 호텔	1시간
D 버스※	버스터미널	1시간 30분

※D 버스는 주말만 영업하기 때문에 착각하지 않도록 주의해 주세요.
모든 버스는 아침 8시부터 영업이 시작됩니다. 버스는 15분에 한 대 있습니다.
버스의 상세한 정보는 홈페이지를 봐 주세요.

히마와리 버스 전화: 012-345-6789
www.himaribus.co.jp

어휘 空港 くうこう 몡공항　無料 むりょう 몡무료　シャトル 몡셔틀　バス 몡버스　乗る のる 동타다　行く いく 동가다
～たい ~(하)고 싶다　～と 思う ～とおもう ~라고 생각하다　～まで 조~까지(지속)　日 ひ 몡날　朝 あさ 몡아침
～時 ～じ ~시　～分 ～ふん ~분　～までに ~까지(기한)　着く つく 동도착하다　～ために ~위해서　時間 じかん 몡시간
～から 조~부터　営業 えいぎょう 몡영업　開始 かいし 몡개시　以下 いか 몡이하　内容 ないよう 몡내용　確認 かくにん 몡확인
～てください ~(해) 주세요　出発 しゅっぱつ 몡출발　場所 ばしょ 몡장소　かかる 동걸리다　公園 こうえん 몡공원
高校 こうこう 몡고등학교　ホテル 몡호텔　ターミナル 몡터미널　週末 しゅうまつ 몡주말　～だけ ~만　～ので 조~때문에
間違える まちがえる 동착각하다, 틀리다　～ように ~(하)도록　注意 ちゅうい 몡주의　全て すべて 몡모두
始まる はじまる 동시작되다　～本 ～ほん ~대, 송이　詳しい くわしい い형상세하다　情報 じょうほう 몡정보
ホームページ 몡홈페이지　見る みる 동보다　電話 でんわ 몡전화

실력 다지기

지문을 읽고 질문의 정답으로 알맞은 선택지를 고르세요.

01 さくら高校の長野さんは健康のために運動をしようと思っています。週２回以上運動をやりたいですが、火曜日は18時に英会話の授業があります。長野さんが選べるのは、どれですか。

① A

② A, C

さくら高校の運動プログラム

さくら高校のみなさんの体力をつけるために運動プログラムを始めます。

ぜひ参加してください。

	プログラム	曜日	時間
A	ヨガ	月・水	15:00-17:00
B	バスケットボール	金	18:00-20:00
C	テニス	火・木	17:00-19:00
D	サッカー	月・火・木	18:00-20:00

＊ 動きやすい服とくつを準備してください。

＊ 服やくつ以外、運動に必要なものはすべて学校で準備します。

02 スミスさんは今週の土曜日に上田動物園に行こうと思っています。その日、動物教室に参加したいですが、午前はほかの用事があります。動物教室に参加するために、スミスさんは、どうしなければなりませんか。

① 金曜日までにメールで「パンダ教室」を申し込みます。

② 土曜日までにメールで「キリン教室」を申し込みます。

上田動物園をもっと楽しもう

いろいろな動物と友だちになれる、動物教室を紹介します。

パンダ教室	キリン教室
パンダの生活について学んで、パンダに関するクイズに答えます。	キリンの食生活について学んで、直接えさをあげることができます。
毎週土曜日　14:00 – 16:00	毎週土曜日　10:00 – 11:30
（途中からでも参加できます。）	（途中参加はできません。）

申し込み　必要

　　　　　毎週、各動物教室が行われる日の前日までにメールで申し込んでください。

参加料金　不要

集合場所　入り口の前の広場

정답 해설집 p.63

もんだい6　右のページの「一緒に楽しむ音楽!」のお知らせを見て、下の質問に
答えてください。答えは、1・2・3・4から、いちばんいいものを一つえらん
でください。

28　佐藤さんは、「一緒に楽しむ音楽!」に行きたいと思っています。平日の午前に参加で
きるもので、お金がかからないものがいいです。佐藤さんが選べるのは、どれですか。

1　②

2　③

3　④

4　⑤

29　ローラさんは「一緒に楽しむ音楽!」に行こうと思っています。平日の午後に行けるも
ので、楽器について学べるものがいいです。ローラさんが選べるものに申し込むとき、ど
うしなければなりませんか。

1　6月30日までに電話で申し込んで、お金は7月15日に支払います。

2　6月30日までに電話で申し込んで、お金は7月16日に支払います。

3　6月30日までにEメールで申し込んで、お金は7月20日に支払います。

4　6月30日までにEメールで申し込んで、お金は7月21日に支払います。

一緒に楽しむ音楽!

7月15日〜7月21日

場所：ひまわりセンター

「ひまわりセンター」では、夏休みの間、いろいろな音楽が楽しめる音楽会を開きます。

	プログラム	月・日	時間	お金
①	「映画と音楽」 - 有名な映画の音楽が楽しめます。	7月15日 （水）	午後2時	ただ
②	「クラシックの世界」 - 日常生活でよく聞くクラシックが楽しめます。	7月16日 （木）	午前11時	ただ
③	「アニメと音楽」 - アニメの音楽を聞きながら、好きなアニメの絵を描くことができます。	7月18日 （土）	午前10時	100円
④	「バイオリンを学ぼう」 - バイオリンの曲を聞いて、バイオリンのひき方が学べます。	7月20日 （月）	午後3時	1,000円
⑤	「お茶と音楽」 - お茶を飲みながら、心が落ちつく音楽を聞きます。	7月21日 （火）	午前10時半	500円

※ 注意

6月30日までにEメールでお申し込みください。

Eメールには、お名前、電話番号、参加するプログラムの名前を書いてください。

お金は当日現金でお支払いください。

電話：(0410)22−1212　Eメール：himawari@nihon.co.jp

もんだい6 右のページの「料理教室」のお知らせを見て、下の質問に答えてください。答えは、1・2・3・4から、いちばんいいものを一つえらんでください。

28 田中さんは、「楽しくおいしい料理教室」に行きたいと思っています。午前中に始まるもので、ただで参加できるものがいいです。田中さんが選べるのは、どれですか。

1 ①

2 ②

3 ④

4 ⑤

29 リナさんは、「楽しくおいしい料理教室」に行こうと思っています。1時間以内で作れるし、家族と一緒に食べるために持ち帰ることができる料理が作りたいです。料金は1,000円以下がいいです。リナさんが選べるのは、どれですか。

1 ②と③

2 ②と③と④

3 ③と④

4 ③と④と⑤

楽しくおいしい料理教室

7月12日(日)11:00～17:00

場所:大東文化センター

「楽しくおいしい料理教室」では、誰でも簡単に作れる料理を教えます。
おいしい料理を作って楽しみましょう。

メニュー	時間	場所	お金
① スパゲッティ (初めての人でも簡単に作れます。)	11:00～ 12:30	2階料理室	1,500円
② 焼きそば (野菜がたっぷり入った焼きそばを作ります。)	11:30～ 12:30	3階料理室	ただ
③ クッキー (動物の形のクッキーを作ります。)	14:00～ 15:00	2階料理室	ただ
④ メロンパン (クリームが入ったメロンパンを作ります。)	14:00～ 15:00	3階料理室	1,000円
⑤ マカロン (いちご味のマカロンを作ります。)	15:30～ 17:00	3階料理室	1,000円

※ スパゲッティ、焼きそば：料理を作ったあと、一緒に料理を食べます。

　クッキー、メロンパン、マカロン：作ったものを持ち帰ることができます。

　お金は、料理教室当日、スタッフにお支払いください。

　参加を希望の方は、3日前までに電話で、お申込みください。

　キャンセルの場合、2日前までに、ご連絡ください。

大東文化センター

電話：0178-25-3412

もんだい6　右のページの「外国語教室」のお知らせを見て、下の質問に答えてください。答えは、1・2・3・4から、いちばんいいものを一つえらんでください。

28　吉田さんは、新しい言語を学びたいと思っています。ネイティブの先生から学びたいです。会社が終わる18時の後に行われるものがいいです。吉田さんが選べるのは、どれですか。

1　①

2　②

3　③

4　④

29　韓国語の授業を取りたい人の中で、会話も学びたい人は、いくら払わなければなりませんか。

1　10,000円

2　11,000円

3　12,000円

4　13,000円

いしばし文化センターでは、会員_{かいいん}さまのために、10月から外国語の授業がひらかれます。興味_{きょうみ}のある方は以下の内容を見てください。

いしばし外国語教室

	言語	曜日_{ようび}	時間	場所	お金 (一か月分)
①	フランス語 1	月曜日_{げつようび}、水曜日_{すいようび}	10:00〜11:30	第1教室_{だい}	12,000円
②	フランス語 2	火曜日_{かようび}、木曜日_{もくようび}	19:00〜20:00	第2教室_{だい}	10,000円
③	韓国語 1	火曜日_{かようび}、木曜日_{もくようび}	10:00〜11:30	第1教室_{だい}	13,000円
④	韓国語 2	水曜日_{すいようび}、金曜日_{きんようび}	19:00〜20:00	第2教室_{だい}	11,000円

※ 注意

1. フランス語 1 と韓国語 1 の授業では、読み、書き、文法、会話を学びます。

2. フランス語 2 と韓国語 2 の授業では、読み、書き、文法を学びます。

3. すべての授業のレベルは、しょきゅうです。

4. フランス語の授業はネイティブの先生が教えます。

5. 韓国語の授業は日本人の先生が教えます。

6. 授業は最初_{さいしょ}の月曜日_{げつようび}から、はじまります。

いしばし文化センター

電話：013－246-4788

もんだい6　右のページのお知らせを見て、下の質問に答えてください。答えは、1・2・3・4から、いちばんいいものを一つえらんでください。

28　マリーさんは6さいの子どもと一緒に「りんごまつり」に行きたいと思っています。終わる時間が17時より早いもので、料金は一人500円以下のものがいいです。マリーさんが選べるのは、どれですか。

1　①

2　②

3　③

4　④

29　スミスさんは、「りんごまつり」に行こうと思っています。当日は仕事があるので、始まる時間が15時より早いものには行けません。料金は1,000円以下のものがいいです。スミスさんが選べるのは、どれですか。

1　③

2　④

3　⑤

4　⑥

青木市 「りんごまつり」

青木市では、9月26日土曜日、「りんごまつり」を開きます。

プログラム	時間・場所	料金	参加できる人
① ジュース作り おいしいりんごジュースを作って飲みます。	10:00~12:00 青木市民会館	ただ	誰でも参加 できます
② りんごとり りんごの木から自分でりんごをとります。	12:00~15:00 青木市民公園	1,000円	誰でも参加 できます
③ りんごパイ作り りんごパイを作って一緒に食べます。	14:00~16:00 青木市民会館	500円	中学生以上
④ りんごディナー りんごで作った高級ディナーが食べられます。	17:00~18:30 青木市民公園	2,000円	誰でも参加 できます
⑤ りんごジャム作り りんごのジャムを作ります。家に持ち帰ることができます。	16:00~18:00 青木小学校	500円	小学生以上
⑥ りんごと一緒に花火 りんごあめから、りんご味のビールまで、りんご料理と一緒に花火大会が楽しめます。	19:00~21:00 青木市民運動場	1,500円	誰でも参加 できます※

※ ビールは大人しか飲めません。

青木市 「りんごまつり」 係　電話：013-245-6789

받아쓰기로
청해 점수 올리려면?

해커스일본어 (japan.Hackers.com)

청해

[청해 > 문제 1 과제 이해]는 두 사람의 대화 또는 한 사람의 말을 듣고 최종적으로 결정된 사항을 고르는 문제로, 총 8문항 출제된다. 주로 친구, 직원과 손님, 직장 동료, 선생님과 학생, 상사와 부하 간의 대화와 행사나 일정 안내, 설명에 대한 한 사람의 말이 출제된다.

🔵 핵심 전략

1 상황과 질문을 먼저 들려주므로, 누가, 무엇을 하는 것을 묻는지 미리 파악한다. 질문에 何(무엇), どこ(어디), いつ(언제)와 같은 의문사가 포함되어 있으면 이와 관련된 최종 결정된 사항을 파악해야 한다. 질문이 해야 할 일을 묻고 있으면, 누가 해야 할 일인지에 주의하여 관련 내용을 파악해야 한다.

예 会社で女の人と男の人が話しています。男の人は、明日何を持っていきますか。
　　회사에서 여자와 남자가 이야기하고 있습니다. 남자는, 내일 무엇을 가지고 갑니까?

2 선택지는 주로 그림으로 제시되며, 대화나 한 사람의 말에서 최종 결정된 사항이나 해야 할 일을 파악하여 관련 그림을 정답으로 고른다.

예 문제지

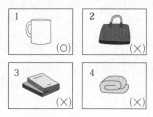

음성

女の人と男の人が話しています。男の人は、何を買いますか。
여자와 남자가 이야기하고 있습니다. 남자는, 무엇을 삽니까?

F : じゃあ、カップはどう？ 그럼, 컵은 어때?
　　会社で使っていたカップこわれたって言ってたから。
　　회사에서 쓰던 컵 망가졌다고 말했으니까.

M : いいね、そうしよう。ありがとう。좋네, 그렇게 하자. 고마워.

3 선택지가 하나의 항목으로 구성된 문제는, 중간에 내용을 번복하는 부분에 특히 주의하여 듣는다. 선택지가 두 개 이상의 항목으로 구성된 문제는, 주로 중반부에서 한 번, 후반부에서 한 번 최종 결정되는 내용이 언급되므로 해당 부분을 주의하여 듣는다.

예 문제지

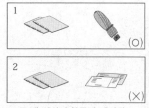

→ 두 개 이상의 항목이 제시됨

음성

先生が話しています。学生は何を持っていかなければなりませんか。
선생님이 이야기하고 있습니다. 학생은 무엇을 들고 가지 않으면 안 됩니까?

M : ノートを忘れないようにしてください。そして、雨がふるかもしれないから、かさも持ってきてください。入場のチケットは明日くばります。노트를 잊지 않도록 해 주세요. 그리고, 비가 내릴지도 모르니까, 우산도 들고 와 주세요. 입장 티켓은 내일 나눠 줍니다.

4 학교, 회사, 여가 생활, 교통·날씨, 건강·음식 등과 관련된 내용이 출제되므로, <N4 필수 단어·문형 암기장>(암기장 p.46~51)을 활용하여 관련된 어휘를 꼼꼼히 학습해둔다.

◀─◎ 문제 풀이 Step

Step 1 음성을 듣기 전, 선택지를 보고 음성에서 언급될 내용을 미리 확인한다.

문제지에 제시되는 선택지들은 음성에서 언급될 내용이며, 주로 선택지 순서대로 음성에서 언급되므로 음성을 듣기 전에 선택지를 미리 확인하면 음성을 더 쉽게 파악할 수 있다.

선택지

→ 음성에서 펜, 꽃에 대한 내용이 나올 것임을 알 수 있음

Step 2 음성에서 상황과 질문을 들을 때 누가, 무엇을 하는 것을 묻는지 파악하고, 대화 또는 한 사람의 말을 들을 때 최종 결정된 사항을 파악한다.

상황과 질문을 들을 때, 누가, 무엇을 하는 것을 묻는지 파악한다. 대화 또는 한 사람의 말을 들을 때 최종 결정된 사항을 파악하여 해당 선택지에 ○ 표시한다. 번복되거나 하지 않아도 되는 사항에 해당하는 선택지는 ✕ 표시한다.

질문 男の学生と女の学生が話しています。男の学生は、何を買いますか。 남학생이 살 물건
　　 남학생과 여학생이 이야기하고 있습니다. 남학생은, 무엇을 삽니까?

대화 　F : 鈴木さんの誕生日プレゼント、ペンはどう? 스즈키 씨의 생일 선물, 펜은 어때?

　　 M : ペンはもうたくさん持っているかもしれないな。→ 선택지 1에 ✕ 표시
　　 　　 펜은 이미 많이 가지고 있을지도 몰라.

　　 　F : じゃあ、花はどう? 鈴木さん花が好きだから。 그럼, 꽃은 어때? 스즈키 씨 꽃을 좋아하니까.

　　 M : そうだね。じゃあ、そうしよう。→ 선택지 2에 ○ 표시
　　 　　 그러네. 그럼, 그렇게 하자.

Step 3 질문을 다시 들을 때, 결정된 사항으로 언급된 선택지를 정답으로 고른다.

질문을 다시 들을 때, 결정된 사항으로 언급되어 ○ 표시한 선택지를 정답으로 고른다.

질문 男の学生は、何を買いますか。 남학생은, 무엇을 삽니까?

선택지

[문제지]

もんだい１では、まず　しつもんを　聞^きいて　ください。それから　話^{はなし}を　聞^きいて、もんだいようしの　１から４の　中^{なか}から、いちばん　いい　ものを　一^{ひと}つ　えらんで　ください。

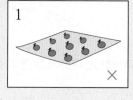
1　×

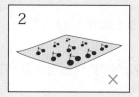
2　×

✓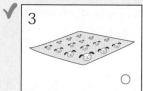
3　○

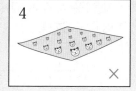
4　×

Step 1 음성을 듣기 전, 선택지를 보고 음성에서 언급될 내용을 미리 확인한다.

[음성]

お店^{みせ}で、男^{おとこ}の人^{ひと}と女^{おんな}の人^{ひと}が話^{はな}しています。二人^{ふたり}は何^{なに}を使^{つか}って、プレゼントを包^{つつ}みますか。

M：田中^{たなか}さんのプレゼントを包^{つつ}む紙^{かみ}は、このりんごの模様^{もよう}とチェリーの模様^{もよう}とどっちがいいかな。

F：えっと、この二^{ふた}つだったらチェリーがいいけど、これしかないのかな。

M：うーん。あ、あそこにいぬの模様^{もよう}とねこの模様^{もよう}もあるよ。

F：いいね。ねこの模様^{もよう}がかわいい。ねこの模様^{もよう}にしよう。

M：でも、田中^{たなか}さんいぬをかっているから、いぬの模様^{もよう}がいいんじゃない？

F：あ、そうね。そうしよう。

二人^{ふたり}は何^{なに}を使^{つか}って、プレゼントを包^{つつ}みますか。

Step 2 음성에서 상황과 질문을 들을 때 누가, 무엇을 하는 것을 묻는지 파악하고, 대화 또는 한 사람의 말을 들을 때 최종 결정된 사항을 파악한다.

Step 3 질문을 다시 들을 때, 결정된 사항으로 언급된 선택지를 정답으로 고른다.

Step1 선택지의 그림을 보고, 1 사과무늬 포장지, 2 체리무늬 포장지, 3 강아지무늬 포장지, 4 고양이무늬 포장지에 관한 내용이 대화에 언급될 것임을 파악해둔다.

Step2 두 사람이 선물을 무엇으로 포장할 것인지 고르는 문제임을 파악한다. 최종적으로 대화에서 남자가 강아지무늬로 하자고 언급했으므로 3번에 O 표시를 한다. 사과무늬, 체리무늬 포장지는 선택하지 않았으므로 1, 2번에 X 표시를 한다. 여자가 고양이무늬 포장지로 하자고 했으나, 남자가 강아지무늬 포장지로 하자고 했을 때 동의하여 번복했으므로 4번에도 X 표시를 한다.

Step3 질문을 다시 들을 때, O 표시를 한 3 강아지무늬 포장지를 정답으로 고른다.

[문제지]

문제 1에서는, 우선 질문을 들어주세요. 그리고 이야기를 듣고, 문제 용지의 1부터 4 중에서, 가장 알맞은 것을 하나 골라주세요.

[음성]

가게에서, 남자와 여자가 이야기하고 있습니다. 두 사람은 무엇을 사용해서, 선물을 포장합니까?

M : 다나카 씨의 선물을 포장하는 종이는, 이 사과무늬와 체리무늬 중 어느 쪽이 좋으려나.

F : 어, 이 두 개라면 체리가 좋은데, 이거밖에 없는 건가?

M : 으음. 아, 저기에 강아지무늬와 고양이무늬도 있어.

F : 좋네. 고양이무늬가 귀여워. 고양이무늬로 하자.

M : 그래도, 다나카 씨 강아지를 키우니까, 강아지무늬가 좋지 않을까?

F : 아, 그러네. 그렇게 하자.

두 사람은 무엇을 사용해서, 선물을 포장합니까?

어휘 店 みせ 圏 가게   使う つかう 圐 사용하다   プレゼント 圏 선물   包む つつむ 圐 포장하다, 싸다   紙 かみ 圏 종이   りんご 圏 사과
模様 もよう 圏 무늬, 모양   チェリー 圏 체리   ～けど 丞 ~는데, 지만   ～しか 丞 ~밖에   いぬ 圏 강아지   ねこ 圏 고양이
かわいい い휑 귀엽다   ～にする ~로 하다   でも 젭 그래도   かう 圐 키우다, 기르다   ～から 丞 ~니까

🔊 N4_문제1 과제이해_02실력다지기.mp3

무료 MP3 바로듣기

대화를 듣고 질문에 알맞은 선택지를 고르세요.

01

02

03

① ア　ウ
② イ　ウ

04

① ア　ウ
② イ　エ

05

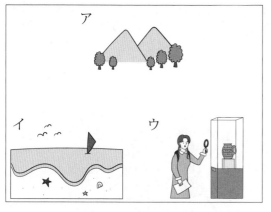

① ア　イ

② イ　ウ

06

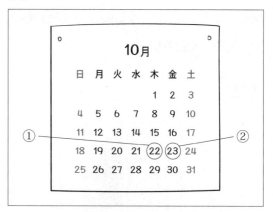

① 　②

07

① 28まい

② 30まい

08

① Tシャツと　くつした

② Tシャツと　くつ

09

① 10じ　30ぷん

② 9じ　30ぷん

10

① みなみゲートから　でる

② ひがしゲートから　でる

정답 해설집 p.70

🔊 N4_문제1 과제이해_03실전테스트1.mp3

무료 MP3 바로듣기

もんだい 1

　もんだい 1 では、まず　しつもんを　聞いて　ください。それから　話を
聞いて、もんだいようしの　1 から 4 の　中から、いちばん　いい　ものを　一つ
えらんで　ください。

1 ばん

2 ばん

1　ひこうきの　チケットを　プリントする

2　ふくと　かばんを　よういする

3　りょこうの　たんとうしゃに　メールする

4　よやく　かくにんの　メールを　プリントする

3ばん

1　ア　イ
2　イ　ウ
3　イ　エ
4　ウ　エ

4ばん

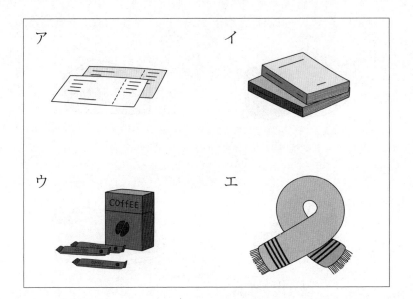

1 ア
2 ア　エ
3 ア　イ　エ
4 ア　ウ　エ

5ばん

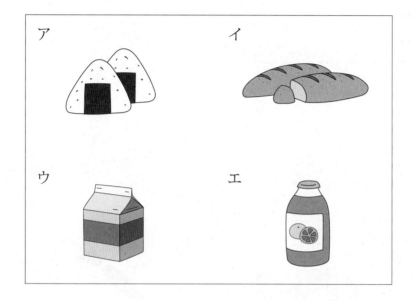

ア　ア　ウ
イ　ア　エ
ウ　イ　ウ
エ　イ　エ

1　ア　ウ
2　ア　エ
3　イ　ウ
4　イ　エ

6ばん

1　2つ
2　3つ
3　4つ
4　5つ

7ばん

1　すいようび

2　もくようび

3　きんようび

4　どようび

8ばん

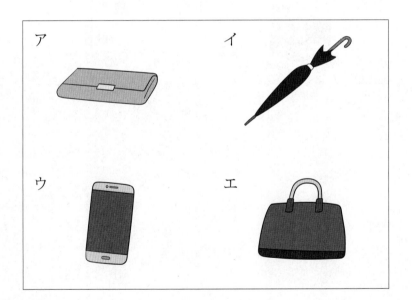

1　ア　イ

2　ア　ウ

3　イ　ウ

4　ウ　エ

정답 해설집 p.74

🔊 N4_문제1 과제이해_04실전테스트2.mp3

もんだい 1

もんだい 1では、まず しつもんを 聞いて ください。それから 話を 聞いて、もんだいようしの 1から4の 中から、いちばん いい ものを 一つ えらんで ください。

1ばん

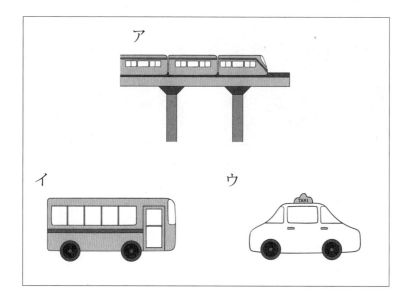

1 ア イ
2 ア ウ
3 イ ウ
4 イ

2 ばん

3 ばん

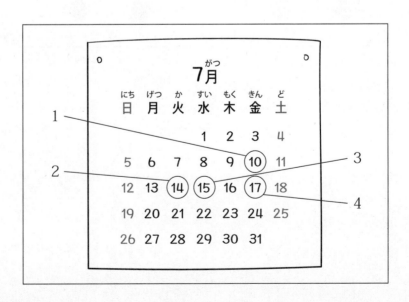

4ばん

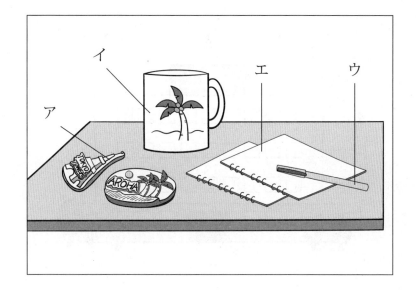

1 ア　イ
2 ア　エ
3 イ　ウ
4 ウ　エ

5ばん

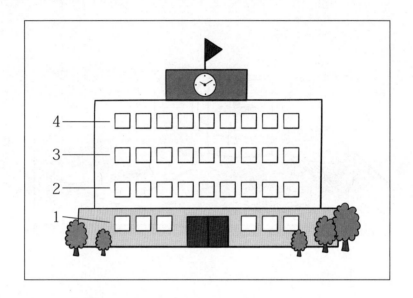

6ばん

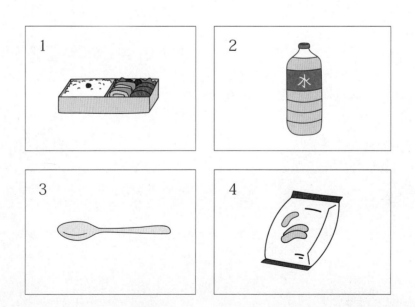

7ばん

1　いちばん　うえの　たな

2　うえから　にばんめの　たな

3　いちばん　したの　たな

4　したから　にばんめの　たな

8ばん

1　ア　　ウ

2　ア　　エ

3　イ　　ウ

4　イ　　エ

정답 해설집 p.79

🔊 N4_문제1 과제이해_05실전테스트3.mp3

무료 MP3 바로듣기

もんだい 1

　もんだい 1 では、まず　しつもんを　聞^きいて　ください。それから　話^{はなし}を
聞^きいて、もんだいようしの　1 から 4 の　中^{なか}から、いちばん　いい　ものを　一^{ひと}つ
えらんで　ください。

1 ばん

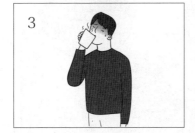

2 ばん

1　20まい

2　18まい

3　17まい

4　16まい

3ばん

1 ア
2 ア　ウ
3 イ　ウ
4 イ　ウ　エ

4ばん

1 ア イ
2 イ ウ
3 イ エ
4 ウ エ

5ばん

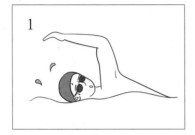

6ばん

7ばん

1 9時 半に はくぶつかんの 1かい

2 10時に はくぶつかんの 5かい

3 12時に ちゅうしゃじょう

4 12時 半に しょくどう

8ばん

1 ガス代と すいどう代

2 ガス代と でんき代

3 すいどう代と けいたいでんわの 料金

4 でんき代と けいたいでんわの 料金

정답 해설집 p.84

일본어도 역시,
1위 해커스

japan.Hackers.com

[청해 > 문제 2 포인트 이해]는 두 사람의 대화 또는 한 사람의 말을 듣고 질문에 맞는 정답을 고르는 문제로, 총 7문항이 출제된다. 주로 음성에서 언급된 내용과 관련하여 일정, 이유, 방법, 할 일, 인물 등을 묻는 문제가 출제된다.

─◯ 핵심 전략

1 음성이 시작되기 전에 상황과 질문을 먼저 들려주므로, 이때 의문사에 유의하여 무엇을 묻는 문제인지 파악해야 한다. 질문이 끝나면 20초 동안 선택지를 읽는 시간이 주어지는데, 선택지의 내용이 음성에서 대부분 순서대로 언급되므로 정확하게 읽고 파악해두는 것이 중요하다.

2 두 사람의 대화의 경우 주로 친구, 선생님과 제자, 직장 동료, 직원과 손님 간의 대화가 제시되며, 대화에서 언급되는 일정, 이유, 할 일 등을 묻는 문제가 출제된다.

　㉠ 学校で、男の学生と女の学生が話しています。男の学生は、いつ中村さんにプレゼントを渡しますか。학교에서, 남학생과 여학생이 이야기하고 있습니다. 남학생은, 언제 나카무라 씨에게 선물을 전달합니까?

　女の先生と男の学生が話しています。男の学生は、どうして先生になりたいですか。
　여자 선생님과 남학생이 이야기하고 있습니다. 남학생은, 어째서 선생님이 되고 싶습니까?

3 한 사람의 말의 경우 특정 행사, 일정에 대한 설명이나 안내 방송, 라디오 방송, 일기예보 등을 이야기하는 상황이 제시되며, 이와 관련하여 일정, 방법, 인물 등을 묻는 문제가 출제된다.

　㉠ 教室で先生が学生に話しています。学生は、見学に行って、何を作りますか。
　교실에서 선생님이 학생에게 이야기하고 있습니다. 학생은, 견학을 가서, 무엇을 만듭니까?

　ラジオを聞いています。ひがしデパートはオープンの日にどうなりますか。
　라디오를 듣고 있습니다. 히가시 백화점은 오픈일에 어떻게 됩니까?

　天気予報を聞いています。何曜日に、雪が降ると言っていますか。
　일기예보를 듣고 있습니다. 무슨 요일에, 눈이 내린다고 말하고 있습니까?

4 오답 선택지는 대부분 음성에서 언급된 표현으로 구성되므로 질문의 핵심 어구와 관련하여 언급되는 내용과 일치하는 선택지를 정답으로 고른다.

5 회사, 학교, 교통·날씨, 건강·음식, 여가 생활 등과 관련된 내용이 출제되므로, <N4 필수 단어·문형 암기장>(암기장 p.46~51)을 활용하여 관련된 어휘를 꼼꼼히 학습해둔다.

─◎ 문제 풀이 Step

Step 1 음성에서 상황 설명과 질문을 들은 뒤 20초 동안 선택지를 읽고 의미를 파악한다.

상황 설명과 질문을 들으며 대화자 중 누구와 관련된 문제인지, 무엇을 묻는 문제인지 등을 파악하여 재빨리 적어둔다. 이후, 주어지는 20초 동안 각 선택지를 읽으며 내용을 파악해둔다. 선택지 순서대로 음성에서 언급되므로 미리 읽어두면 음성의 내용을 더 쉽게 이해할 수 있다.

음성 　男の先生と女の学生が話しています。女の学生は、いつ、中村さんに本を渡しますか。
　　　　　　　　　　　　　　　　　　　　　　　　　　　　　여학생　　　언제　　　　　　　　책을 전달

남자 선생님과 여학생이 이야기하고 있습니다. 여학생은, 언제, 나카무라 씨에게 책을 전달합니까?

선택지 　1　今日の　じゅぎょうの　まえ　오늘 수업 전

　　　　2　今日の　じゅぎょうの　あと　오늘 수업 후

　　　　3　明日の　じゅぎょうの　まえ　내일 수업 전

　　　　4　明日の　じゅぎょうの　あと　내일 수업 후

Step 2 음성을 들으며 질문이 묻는 내용에 유의하여 정답의 단서를 파악한다.

음성을 들을 때 질문이 묻는 내용에 유의하며 정답의 단서를 파악한다. 이때, 음성의 내용에 부합하는 선택지에 ○ 표시를 한다. 음성에서 언급된 표현을 사용하였더라도, 음성의 내용과 부합하지 않는 선택지에는 ✕ 표시를 한다.

음성 　M：木村さん、今日授業の後、この本を中村さんに渡してくれないかな。

　　　　　기무라 씨, 오늘 수업 후, 이 책을 나카무라 씨에게 전달해 주지 않을래?

　　　　F：すみません。今日は用事があってすぐ家に帰らなければいけません。

　　　　　죄송합니다. 오늘은 일이 있어서 바로 집에 돌아가지 않으면 안 됩니다.　→ 선택지 2에 ✕표시

　　　　M：そっか。どうしよう…。

　　　　　그렇구나. 어떻게 하지….

　　　　F：明日の授業の前なら中村さんに会えますので、その時、渡します。

　　　　　내일 수업 전이라면 나카무라 씨와 만날 수 있으므로, 그때, 전달하겠습니다.　→ 선택지 3에 ○표시

Step 3 음성에서 질문을 다시 들을 때 정답의 단서와 일치하는 내용의 선택지를 정답으로 고른다.

질문을 다시 들으며 정답의 단서와 일치하여 ○ 표시한 내용의 선택지를 정답으로 고른다.

음성 　女の学生は、いつ、中村さんに本を渡しますか。

　　　　여학생은, 언제, 나카무라 씨에게 책을 전달합니까?

선택지 　1　今日の　じゅぎょうの　まえ　오늘 수업 전

　　　　2　今日の　じゅぎょうの　あと　오늘 수업 후　✕

　✔　3　明日の　じゅぎょうの　まえ　내일 수업 전　○

　　　　4　明日の　じゅぎょうの　あと　내일 수업 후

[문제지]

もんだい２では、まず　しつもんを　聞いて　ください。そのあと、もんだいようしを　見て　ください。読む　時間が　あります。それから　話を　聞いて、もんだいようしの　１から４の　中から、いちばん　いい　ものを　一つ　えらんで　ください。

1　ランチ　✕　　학생 / 내일 가지고 올 것　◀─────
2　ジュース　✕
✓3　おかし　〇
4　おみず　✕

> **Step 1** 음성에서 상황 설명과 질문을 들은 뒤 20초 동안 선택지를 읽고 의미를 파악한다.

[음성]

先生が話しています。学生は明日何を持ってきますか。

F：みなさん、明日は運動会です。ランチと飲み物は学校で用意します。飲み物はコーラとジュースがあるので、一つ選んでくださいね。みなさんは自分が食べるお菓子を一つ持ってきてください。なんでもいいですよ。あ、お水は学校にありますので、持ってこなくてもいいです。

> **Step 2** 음성을 들으며 질문이 묻는 내용에 유의하여 정답의 단서를 파악한다.

学生は明日何を持ってきますか。　◀─────

> **Step 3** 음성에서 질문을 다시 들을 때 정답의 단서와 일치하는 내용의 선택지를 정답으로 고른다.

Step1 학생이 내일 무엇을 가지고 와야 하는지를 묻는 문제이다. 각 선택지의 내용은 1 '점심', 2 '주스', 3 '과자', 4 '물'이다.

Step2 ランチ、飲み物는 학교에서 준비한다고 했으므로 1 ランチ(점심), 2 ジュース(주스)에 ✕ 표시를 한다. 선생님이 みなさんは自分が食べるお菓子を一つ持ってきてください(여러분은 자신이 먹을 과자를 하나 가지고 와 주세요)라고 언급했으므로 3 おかし(과자)에 〇 표시를 한다. おみず는 학교에 있다고 언급되었으므로 4 おみず(물)에 ✕ 표시를 한다.

Step3 학생이 내일 무엇을 가지고 와야 하는지 묻는 문제이므로, 〇 표시를 한 3 おかし(과자)를 정답으로 고른다.

[문제지]

문제 2에서는, 먼저 질문을 들어 주세요. 그 후, 문제 용지를 봐주세요. 읽는 시간이 있습니다. 그리고 이야기를 듣고, 문제 용지의 1부터 4 중에서, 가장 알맞은 것을 하나 골라주세요.

1 점심
2 주스
3 과자
4 물

[음성]

선생님이 이야기하고 있습니다. 학생은 내일 무엇을 가지고 옵니까?

F : 여러분, 내일은 운동회입니다. 점심과 음료는 학교에서 준비합니다. 음료는 콜라와 주스가 있으니까, 하나 골라주세요. 여러분은 자신이 먹을 과자를 하나 가지고 와 주세요. 무엇이든 괜찮습니다. 아, 물은 학교에 있으니까, 가지고 오지 않아도 괜찮아요.

학생은 내일 무엇을 가지고 옵니까?

어휘 先生 せんせい 團선생(님)   学生 がくせい 團학생   明日 あした 團내일   持つ もつ 團가지다, 들다   みなさん 團여러분
運動会 うんどうかい 團운동회   ランチ 團점심   飲み物 のみもの 團음료   学校 がっこう 團학교   用意 ようい 團준비
コーラ 團콜라   ジュース 團주스   ~ので 固~니까, 때문에   選ぶ えらぶ 團고르다, 선택하다   ~てください ~(해) 주세요
自分 じぶん 團자신, 자기   食べる たべる 團먹다   お菓子 おかし 團과자   水 みず 團물

실력 다지기

🔊 N4_문제2 포인트이해_02실력다지기.mp3

무료 MP3 바로듣기

대화를 듣고 질문에 알맞은 선택지를 고르세요.

01
 ① らいしゅうの　すいようび
 ② らいしゅうの　きんようび

02
 ① もうしこみしょ
 ② しゃしん

03
 ① おにいさん
 ② おねえさん

04
 ① 30分
 ② 1時間

05
 ① りょこうに　いくから
 ② りゅうがくする　つもりだから

06

① コピー機を　かくにんする

② あたらしい　インクを　買う

07

① おんせん

② うみ

08

① ごぜん　10時

② ごぜん　11時

09

① きょうかしょ

② おべんとう

10

① もくようび

② きんようび

정답 해설집 p.90

🔊 N4_문제2 포인트이해_03실전테스트1.mp3

무료 MP3 바로듣기

もんだい2

　もんだい2では、まず　しつもんを　聞いて　ください。そのあと、もんだいようしを　見て　ください。読む　時間が　あります。それから　話を　聞いて、もんだいようしの　1から4の　中から、いちばん　いい　ものを　一つ　えらんで　ください。

1ばん

1　おじいさんが　にゅういんしたから

2　いっしゅうかん　ごに　たいいんするから

3　せんせいが　おこったから

4　せんせいが　りかい　できなかったから

2ばん

1　げつようび

2　もくようび

3　きんようび

4　しゅうまつ

3ばん

1　4日の　3時

2　8日の　3時

3　10日の　4時

4　10日の　5時

4ばん

1 りゅうがく　たんとうしゃ

2 にほんごの　せんせい

3 うけたい　じゅぎょうの　せんせい

4 としょかんの　しょくいん

5ばん

1 げつようび

2 すいようび

3 もくようび

4 きんようび

6ばん

1 20分

2 30分

3 1時間

4 2時間

7ばん

1 アイスコーヒー

2 ぎゅうにゅう

3 おちゃ

4 オレンジジュース

정답 해설집 p.94

🔊 N4_문제2 포인트이해_04실전테스트2.mp3

もんだい 2

　もんだい 2 では、まず　しつもんを　聞いて　ください。そのあと、
もんだいようしを　見て　ください。読む　時間が　あります。それから　話を
聞いて、もんだいようしの　1 から 4 の　中から、いちばん　いい　ものを　一つ
えらんで　ください。

1 ばん

1　1時
2　2時
3　3時　30分
4　5時

2 ばん

1　1かいの　トイレ
2　2かいの　かいぎしつ
3　3かいの　トイレ
4　4かいの　かいぎしつ

3 ばん

1　すし
2　やきにく
3　とんかつ
4　うどん

4ばん

1　アメリカに　いく　ことに　なった
2　うみに　いく　ことに　なった
3　いえで　ゆっくり　する　ことに　なった
4　おんせんに　いく　ことに　なった

5ばん

1　つかれて　はやく　ねたから
2　しゅくだいが　おおかったから
3　ねつが　あったから
4　ほかの　ひに　れんしゅうしたから

6ばん

1　ワンピース
2　シャツ
3　スカート
4　パンツ

7ばん

1　6時　30分
2　7時
3　7時　30分
4　8時

정답 해설집 p.99

무료 MP3 바로듣기

🔊 N4_문제2 포인트이해_05실전테스트3.mp3

もんだい 2

　もんだい 2 では、まず　しつもんを　聞いて　ください。そのあと、もんだいようしを　見て　ください。読む　時間が　あります。それから　話を　聞いて、もんだいようしの　1 から 4 の　中から、いちばん　いい　ものを　一つ　えらんで　ください。

1 ばん

1　こんしゅうの　すいようび

2　こんしゅうの　きんようび

3　らいしゅうの　すいようび

4　らいしゅうの　きんようび

2 ばん

1　2時

2　2時　30分

3　2時　40分

4　3時　10分

3 ばん

1　いもうと

2　おとうと

3　あに

4　りょうしん

4ばん

1　10分

2　20分

3　30分

4　40分

5ばん

1　あたらしい　ものが　買いたかったから

2　けいたいが　やすかったから

3　ケースを　もらいたかったから

4　けいたいを　なくして　しまったから

6ばん

1　おおきい　かばん

2　おべんとう

3　パン

4　ジュース

7ばん

1　もくようび

2　きんようび

3　どようび

4　にちようび

정답 해설집 p.103

문제 3 발화 표현

무료 MP3 바로듣기

[청해 > 문제 3 발화 표현]은 주어진 그림 속 상황에서 화살표가 표시된 인물이 할 말을 고르는 문제로, 총 5문항이 출제된다. 주로 친구, 선배, 선생님에게 요청, 권유, 문의, 정보 전달, 인사의 말을 해야 하는 상황이 출제된다. 한 문항에 3개의 선택지를 듣는 것에 유의한다.

─◯ 핵심 전략

1 질문을 듣기 전에 그림 속 상황과 화살표가 표시된 인물을 미리 확인해두면 질문과 선택지의 내용을 파악하기 쉽다.

예  → 남자에게 화살표가 표시되어 있다. 그림 속 인물들의 표정을 보았을 때, 남자가 여자에게 화가 난 것을 파악할 수 있다. 이때, 남자가 여자에게 어떤 말을 할 수 있을지 생각하며 질문과 선택지를 듣는다

2 질문을 들을 때에는, 질문 초반에 언급되는 상황 설명이나 등장인물의 신분 및 관계를 정확히 파악해야 한다. 선택지를 들을 때, 상황에 맞지 않는 말이나 화살표 표시가 없는 인물이 할 법한 말인 오답 선택지에 주의하여 정답을 고른다.

예 声が小さくて、聞こえません。先生に何と言いますか。

목소리가 작아서, 들리지 않습니다. 선생님께 뭐라고 말합니까?

① すみません、大きい声で話してください。 실례합니다, 큰 소리로 이야기해 주세요. (O)

② すみません、聞いてもいいですか。 실례합니다, 들어도 괜찮습니까? (X) → 상황에 맞지 않는 말

先輩に相談したいです。何と言いますか。

선배에게 상담하고 싶습니다. 뭐라고 말합니까?

① 今、時間大丈夫ですか。 지금, 시간 괜찮으세요? (O)

② 何を相談したいですか。 무엇을 상담하고 싶어요? (X) → 화살표 표시가 없는 인물이 할 법한 말

3 여가 생활, 학교, 회사, 건강·음식, 교통·날씨에 관련된 내용이 출제되므로, <N4 필수 단어·문형 암기장>(암기장 p.46~51)을 활용하여 관련된 어휘를 꼼꼼히 학습해둔다.

🔵 문제 풀이 Step

※ 예시 문제를 들려줄 때, 문제지의 빈 공간에 선택지 번호를 미리 써둔다.

Step 1 그림 속 상황과 화살표가 표시된 인물을 확인하고, 음성에서 질문을 들을 때 상황과 인물들의 관계를 파악한다.

음성을 듣기 전에 그림 속 상황과 화살표가 표시된 인물을 확인한 후, 질문을 들으면서 어떤 상황인지, 누가 누구에게 하는 말을 묻고 있는지 파악하여 간단히 메모해둔다.

1

2

3

질문 友だちのノートを借りたいです。何と言いますか。

친구의 노트를 빌리고 싶습니다. 뭐라고 말합니까?

친구의 노트를 빌리고 싶음

Step 2 음성에서 선택지를 듣고, 질문에 가장 적절한 것을 정답으로 고른다.

선택지를 들으면서 미리 써둔 선택지 번호 1, 2, 3 옆에 확실히 오답인 것은 ✕, 헷갈리는 것은 △, 확실히 정답인 것은 ○ 표시한다. ○ 표시한 선택지를 정답으로 고른다.

선택지　1 ノート、見てくれない？ 노트, 봐 줄래?

　　　　2 ノート、取ってあげたよ。 노트, 집어줬어.

✔ 3 ノート、貸してくれない？ 노트, 빌려 주지 않을래?

1　✕

2　△

3　○

[문제지]

もんだい３では、えを　見ながら　しつもんを　聞いて　ください。➡(やじるし)の　人は　何と　言いますか。１から３の　中から、いちばん　いい　ものを　一つ　えらんで　ください。

새로운 게임 / 빌리고 싶음

Step 2 음성에서 선택지를 듣고, 질문에 가장 적절한 것을 정답으로 고른다.

[음성]

友だちが　新しいゲームを　買いました。借りてやってみたいです。何と言いますか。

M:　✔ 1　ゲーム、貸してもらえる？

　　　2　ゲーム、やってみる？

　　　3　ゲーム、やったことある？

Step 1 그림 속 상황과 화살표가 표시된 인물을 확인하고, 음성에서 질문을 들을 때 상황과 인물들의 관계를 파악한다.

Step1 화살표가 표시된 인물인 남자가 친구에게 게임을 빌리고 싶어하는 상황에서 할 수 있는 말을 고르는 문제이다.

Step2 1 '게임, 빌려줄래?'는 친구에게 게임을 빌리고 싶은 상황에 적절한 말이므로 1 옆에 O 표시를 한다. 2 '게임, 해 볼래?'는 화살표 표시가 없는 인물
이 할 수 있는 말이므로 X 표시를 한다. 3 '게임, 한 적 있어?'는 상황에 맞지 않은 표현이므로 X 표시를 한다. 따라서, O 표시를 한 1을 정답으로
고른다.

[문제지]

문제 3에서는, 그림을 보면서 질문을 들어주세요. ➡(화살표)의 사람은 뭐라고 말합니까? 1부터 3 중에서, 가장 알맞은 것을 하나 골
라주세요.

[음성]

친구가 새 게임을 샀습니다. 빌려서 해 보고 싶습니다. 뭐라고 말합니까?

M : 1 **게임, 빌려줄래?**

　　2 게임, 해 볼래?

　　3 게임, 한 적 있어?

어휘 友だち ともだち 🅝친구　新しい あたらしい 🅘형새롭다　ゲーム 🅝게임　買う かう 🅓사다　借りる かりる 🅓빌리다　やる 🅓하다
　　〜たい 〜(하)고 싶다　貸す かす 🅓빌려주다　〜てもらう 〜(해) 주다　〜たこと(が)ある 〜(한) 적(이) 있다

🔊 N4_문제3 발화표현_02실력다지기.mp3

무료 MP3 바로듣기

그림을 보면서 질문을 들어 주세요. 화살표(➡)가 있는 사람은 뭐라고 말합니까? 둘 중 맞는 것을 고르세요.

01

02

03

04

05

06

07

08

정답 해설집 p.107

🔊 N4_문제3 발화표현_03실전테스트1.mp3

무료 MP3 바로듣기

もんだい3

　もんだい3では、えを　見ながら　しつもんを　聞いて　ください。

➡（やじるし）の　人は　何と　言いますか。1から3の　中から、いちばん

いい　ものを　一つ　えらんで　ください。

1ばん

2ばん

3ばん

4ばん

5ばん

정답 해설집 p.109

🔊 N4_문제3 발화표현_04실전테스트2.mp3

もんだい3

　もんだい3では、えを　見_みながら　しつもんを　聞_きいて　ください。

➡ (やじるし)の　人_{ひと}は　何_{なん}と　言_いいますか。1から3の　中_{なか}から、いちばん

いい　ものを　一_{ひと}つ　えらんで　ください。

1ばん

2 ばん

3 ばん

4ばん

5ばん

정답 해설집 p.111

🔊 N4_문제3 발화표현_05실전테스트3.mp3

무료 MP3 바로듣기

もんだい3

　もんだい3では、えを　見ながら　しつもんを　聞いて　ください。
➡（やじるし）の　人は　何と　言いますか。1から3の　中から、いちばん
いい　ものを　一つ　えらんで　ください。

1ばん

2ばん

3ばん

4 ばん

5 ばん

정답 해설집 p.113

일본어도 역시,
1위 해커스

japan.Hackers.com

[청해 > 문제 4 즉시 응답]은 짧은 질문과 3개의 선택지를 듣고 질문에 적절한 응답을 고르는 문제로, 총 8문항이 출제된다. 주로 사실 확인, 요청, 권유, 의견 문의의 의도를 가진 의문문이나 평서문이 출제된다.

◗ 핵심 전략

1 질문이 의문문인 경우는 주로 사실 확인, 권유, 의견 문의 등과 관련된 내용이 출제된다. 질문에 관련된 사실을 언급하거나, 질문의 의도에 맞게 대답하는 선택지를 정답으로 고른다.

예 F : どこに行<ruby>行<rt>い</rt></ruby>くの？ 어디에 가?

M : ① <ruby>図書館<rt>としょかん</rt></ruby>に<ruby>行<rt>い</rt></ruby>ってくる。 도서관에 갔다 올게. (○)

② いってらっしゃい。 잘 다녀와. (×)

2 질문이 평서문인 경우 주로 요청과 관련된 내용이 출제된다. 질문의 의도에 맞게 승낙 또는 거절하는 선택지를 정답으로 고른다.

예 M : <ruby>会社<rt>かいしゃ</rt></ruby>を<ruby>休<rt>やす</rt></ruby>むときは<ruby>連絡<rt>れんらく</rt></ruby>してください。 회사를 쉴 때는 연락해 주세요.

F : ① はい、<ruby>分<rt>わ</rt></ruby>かりました。 네, 알겠습니다. (○)

② <ruby>連絡<rt>れんらく</rt></ruby>を<ruby>待<rt>ま</rt></ruby>っています。 연락을 기다리고 있습니다. (×)

3 오답은 질문에서 사용된 표현을 그대로 반복하거나, 질문과 내용적으로 관련이 있는 표현, 질문자가 할 말, 시제가 틀린 말, 상황에 맞지 않는 말 등으로 혼란을 주므로, 질문의 의도와 상황을 정확하게 이해하고 정답을 고른다.

예 M : よかったら、コーヒー、もう<ruby>一杯<rt>いっぱい</rt></ruby>いかがですか。 괜찮으시다면, 커피, 한잔 더 어떠신가요?

F : ① もう<ruby>大丈夫<rt>だいじょうぶ</rt></ruby>です。ありがとうございます。 이제 괜찮습니다. 감사합니다. (○)

② <ruby>一杯<rt>いっぱい</rt></ruby><ruby>足<rt>た</rt></ruby>りないです。 한잔 부족합니다. (×) → 질문에서 사용된 **一杯**를 그대로 반복함

4 정답을 고민할 시간이 충분하지 않으므로, 선택지를 들을 때 확실하게 오답이라고 생각되면 × 표시를, 정답인지 애매하면 △ 표시를, 확실하게 정답이라고 생각되면 ○ 표시를 한다.

5 여가 생활, 건강·음식, 학교, 회사, 교통·날씨 등과 관련된 내용이 주로 출제되므로, <N4 필수 단어·문형 암기장>(암기장 p.46~51)을 활용하여 관련된 어휘를 꼼꼼히 학습해둔다.

📍 문제 풀이 Step

※ 예시 문제를 들려줄 때, 문제지의 빈 공간에 1부터 8까지의 문항 번호를 미리 써둔다.

(Step 1) **질문을 들을 때 질문의 내용과 의도를 파악한다.**

질문을 잘 듣고 질문의 내용과 의도를 정확하게 파악한다.

(Step 2) **음성에서 선택지를 듣고, 질문에 가장 적절한 것을 정답으로 고른다.**

질문에 대해 확실히 오답인 것은 ✕, 헷갈리는 것은 △, 확실히 정답인 것은 ○ 표시한다. ○ 표시한 선택지를 정답으로 고른다.

📍 문제 풀이 Step 적용 🔊 N4_문제4 즉시응답_01문제 풀이 Step 적용.mp3

[문제지]

もんだい４では、えなどが　ありません。まず　ぶんを　聞いて　ください。それから、その へんじを　聞いて、１から３の 中から、いちばん　いい　ものを　一つ　えらんで　ください。

-メモ-

> (Step 2) 음성에서 선택지를 듣고, 질문에 가장 적절한 것을 정답으로 고른다.
>
> 1은 질문의 卒業를 그대로 반복한 오답이므로, 1 옆에 ✕표시를 한다. 2 '은행에서 일하고 싶습니다'는 어떤 일을 하고 싶냐고 묻는 여자의 말에 대한 알맞은 응답이다. 따라서 2 옆에 ○표시를 한다. 3은 졸업 후 어떤 일을 하고 싶냐고 묻는 상황에 맞지 않는 응답이므로, 3 옆에 ✕ 표시를 한다. ○표시를 한 2 銀行で働きたいです(은행에서 일하고 싶습니다)를 정답으로 고른다.

[음성]

F：田中さんは、卒業した後、どんな仕事がしたいですか。

M：＿＿＿＿＿＿＿＿＿。

　　1　僕は去年卒業しました。
　✓　2　銀行で働きたいです。
　　3　学校で働いていますか。

> (Step 1) 질문을 들을 때 질문의 내용과 의도를 파악한다.
>
> 여자가 남자에게 졸업 후 어떤 일을 하고 싶은지 묻고 있는 상황이다.

[문제지]

문제 4에서는, 그림 등이 없습니다. 우선 문장을 들어주세요. 그리고, 그 대답을 듣고, 1부터 3 중에서, 가장 알맞은 것을 하나 골라주세요.

[음성]

F : 다나카 씨는, 졸업한 후, 어떤 일이 하고 싶나요?

M : 1　저는 작년에 졸업했습니다.
　　 2　은행에서 일하고 싶습니다
　　 3　학교에서 일하고 있습니까?

어휘　卒業 そつぎょう 📖졸업　後 あと 📖후, 뒤　仕事 しごと 📖일　～たい ~(하)고 싶다　僕 ぼく 📖저, 나(남자의 자칭)
　　　　去年 きょねん 📖작년　銀行 ぎんこう 📖은행　働く はたらく 📖일하다　学校 がっこう 📖학교

실력 다지기

🔊 N4_문제4 즉시응답_02실력다지기.mp3

무료 MP3 바로듣기

문장을 먼저 들어 주세요. 두 개의 대답을 듣고 알맞은 것을 하나 골라주세요.

01 ① ②

02 ① ②

03 ① ②

04 ① ②

05 ① ②

06 ① ②

07 ① ②

08 ① ②

09 ① ②

10 ① ②

정답 해설집 p.115

もんだい4

もんだい４では、えなどが　ありません。まず　ぶんを　聞(き)いて　ください。
それから、そのへんじを　聞(き)いて、１から３の　中(なか)から、いちばん　いい　ものを
一(ひと)つ　えらんで　ください。

– メモ –

실전 테스트 1	실전 테스트 2	실전 테스트 3
◀)) N4_문제4 즉시응답_03실전테스트1.mp3	◀)) N4_문제4 즉시응답_04실전테스트2.mp3	◀)) N4_문제4 즉시응답_05실전테스트3.mp3
정답 해설집 p.117	정답 해설집 p.119	정답 해설집 p.120

일본어도 역시,
1위 해커스

japan.Hackers.com

실전모의고사 1, 2, 3

실전모의고사 1

답안지 작성법

일본어능력시험 정답 용지

N4
げんごちしき (もじ・ごい)
언어지식(문자・어휘)

<〈ちゅうい Notes〉>

1. くろい えんぴつ(HB、No.2)で かいて ください。
   Use a black medium soft (HB or No.2) pencil.
   (ペンや ボールペンでは かかないで ください。)
   (Do not use any kind of pen.)
2. かきなおす ときは、けしゴムで きれいに けして ください。
   Erase any unintended marks completely.
3. きたなく したり、おったり しない で ください。
   Do not soil or bend this sheet.
4. マークれい Marking Examples

よい れい Correct Example	わるい れい Incorrect Examples
●	⊘ ⊖ ◐ ◑ ⊙ ●

あなたの なまえを ローマじで かいて ください。

| なまえ
Name | K I M   J I I S U |

Please print in block letters.

수험자의 이름을 로마자로 써 주세요.

<〈주의사항〉>

1. 검정 연필(HB, No.2)로 써 주세요.
   펜이나 볼펜으로는 쓰지 마세요.
2. 고쳐 쓸 때는 지우개로 깨끗이 지워주세요.
3. 답안지를 더럽히거나 접지 마세요.
4. 마킹 예시

올바른 예	잘못된 예
●	⊘ ○ ◐ ◑ ⊙ ●

수험표 상의 이름과 답안지에 기재된 영문 이름이 일치하는지 확인하세요.

→ もんだい 1 문제 1

1	① ② ③ ④
2	① ② ③ ④
3	① ② ③ ④
4	① ② ③ ④
5	① ② ③ ④
6	① ② ③ ④
7	① ② ③ ④

もんだい 2 문제 2

8	① ② ③ ④
9	① ② ③ ④
10	① ② ③ ④
11	① ② ③ ④
12	① ② ③ ④

もんだい 3 문제 3

13	① ② ③ ④
14	① ② ③ ④
15	① ② ③ ④

もんだい 4 문제 4

21	① ② ③ ④
22	① ② ③ ④
23	① ② ③ ④
24	① ② ③ ④

もんだい 5 문제 5

25	① ② ③ ④
26	① ② ③ ④
27	① ② ③ ④
28	① ② ③ ④

じゅけんばんごうを かいて、その したの マークらんに マークして ください。
Fill in your examinee registration number in this box, and then mark the circle for each digit of the number.

じゅけんばんごう
(Examinee Registration Number)
수험 번호

20A1010123-30123

수험표 상의 수험 번호와 답안지에 기재된 수험 번호가 일치하는지 확인하세요.

せいねんがっぴを かいて ください。
Fill in your date of birth in the box.
생년월일

せいねんがっぴ(Date of Birth)		
ねん Year	つき Month	ひ Day
1 9 9 3	0 4	1 4

※지워지거나 오염되지 않도록 주의하십시오.
답안지에 낙서하거나 불필요한 표기 등은

일본어도 역시,
1위 해커스

japan.Hackers.com

にほんごのうりょくしけん かいとうようし

N4 언어지식(문자·어휘)

げんごちしき (もじ・ごい)

よい れい Correct Example	わるい れい Incorrect Examples
●	⊗ ○ ◑ ◍ ⊘ ⦶

あなたの なまえを ローマじで かいて ください。

Please print in block letters.

なまえ Name

じゅけんばんごう (Examinee Registration Number)

20A1010123 - 30123

せいねんがっぴを かいて ください。
Fill in your date of birth in the box.

せいねんがっぴ(Date of Birth)

ねん Year	つき Month	ひ Day

もんだい 1

1	①	②	③	④
2	①	②	③	④
3	①	②	③	④
4	①	②	③	④
5	①	②	③	④
6	①	②	③	④
7	①	②	③	④

もんだい 2

8	①	②	③	④
9	①	②	③	④
10	①	②	③	④
11	①	②	③	④
12	①	②	③	④

もんだい 3

13	①	②	③	④
14	①	②	③	④
15	①	②	③	④
16	①	②	③	④
17	①	②	③	④
18	①	②	③	④
19	①	②	③	④
20	①	②	③	④

もんだい 4

21	①	②	③	④
22	①	②	③	④
23	①	②	③	④
24	①	②	③	④

もんだい 5

25	①	②	③	④
26	①	②	③	④
27	①	②	③	④
28	①	②	③	④

실전모의고사 1

にほんごのうりょくしけん かいとうようし

N4 언어지식(문법)·독해

げんごちしき(ぶんぽう)・どっかい

あなたの なまえを ローマじで かいて ください。
Please print in block letters.

なまえ
Name

じゅけんばんごうを かいて、その したの マークらんに マークして ください。
Fill in your examinee registration number in this box, and then mark the circle for each digit of the number.

じゅけんばんごう
(Examinee Registration Number)

20A1010123-30123

せいねんがっぴを かいて ください。
Fill in your date of birth in the box.

せいねんがっぴ(Date of Birth)

ねん Year	つき Month	ひ Day

もんだい 1

1	① ② ③ ④
2	① ② ③ ④
3	① ② ③ ④
4	① ② ③ ④
5	① ② ③ ④
6	① ② ③ ④
7	① ② ③ ④
8	① ② ③ ④
9	① ② ③ ④
10	① ② ③ ④
11	① ② ③ ④
12	① ② ③ ④
13	① ② ③ ④

もんだい 2

14	① ② ③ ④
15	① ② ③ ④
16	① ② ③ ④
17	① ② ③ ④

もんだい 3

18	① ② ③ ④
19	① ② ③ ④
20	① ② ③ ④
21	① ② ③ ④

もんだい 4

22	① ② ③ ④
23	① ② ③ ④
24	① ② ③ ④

もんだい 5

25	① ② ③ ④
26	① ② ③ ④
27	① ② ③ ④

もんだい 6

| 28 | ① ② ③ ④ |
| 29 | ① ② ③ ④ |

실전모의고사 1

にほんごのうりょくしけん かいとうようし

N4 청해 ちょうかい

〈ちゅうい Notes〉
1. くろい えんぴつ(HB、No.2)で かいて ください。
   Use a black medium soft (HB or No.2) pencil.
   (ペンや ボールペンでは かかないで ください。)
   (Do not use any kind of pen.)
2. かきなおす ときは、けしゴムで きれいに けして ください。
   Erase any unintended marks completely.
3. きたなく したり、おったり しないで ください。
   Do not soil or bend this sheet.
4. マークれい Marking Examples

よい れい Correct Example	わるい れい Incorrect Examples
●	⊘ ⊖ ○ ◐ ⊜ ●

あなたの なまえを ローマじで かいて ください。 Please print in block letters.

なまえ
Name

じゅけんばんごうを かいて、その したの マークらんに マークして ください。
Fill in your examinee registration number in this box, and then mark the circle for each digit of the number.

じゅけんばんごう
(Examinee Registration Number)

20A101 0123-30 123

せいねんがっぴを かいて ください。
Fill in your date of birth in the box.

せいねんがっぴ(Date of Birth)

ねん Year	つき Month	ひ Day

もんだい 1

れい	①	②	●	④
1	①	②	③	④
2	①	②	③	④
3	①	②	③	④
4	①	②	③	④
5	①	②	③	④
6	①	②	③	④
7	①	②	③	④
8	①	②	③	④

もんだい 2

れい	①	●	③	④
1	①	②	③	④
2	①	②	③	④
3	①	②	③	④
4	①	②	③	④
5	①	②	③	④
6	①	②	③	④
7	①	②	③	④

もんだい 3

れい	①	②	●
1	①	②	③
2	①	②	③
3	①	②	③
4	①	②	③
5	①	②	③

もんだい 4

れい	●	②	③
1	①	②	③
2	①	②	③
3	①	②	③
4	①	②	③
5	①	②	③
6	①	②	③
7	①	②	③
8	①	②	③

N4

げんごちしき（もじ・ごい）

（25ふん）

ちゅうい
Notes

1. しけんが はじまるまで、この もんだいようしを あけないで ください。
   Do not open this question booklet until the test begins.

2. この もんだいようしを もって かえる ことは できません。
   Do not take this question booklet with you after the test.

3. じゅけんばんごうと なまえを したの らんに、じゅけんひょうと おなじように かいて ください。
   Write your examinee registration number and name clearly in each box below as written on your test voucher.

4. この もんだいようしは、ぜんぶで 8ページ あります。
   This question booklet has 8 pages.

5. もんだいには かいとうばんごうの 1 、 2 、 3 … が あります。
   かいとうは、かいとうようしに ある おなじ ばんごうの ところに マークして ください。
   One of the row numbers 1 , 2 , 3 … is given for each question. Mark your answer in the same row of the answer sheet.

じゅけんばんごう Examinee Registration Number	

なまえ Name	

もんだい1 　＿＿＿の　ことばは　ひらがなで　どう　かきますか。
　　　　　1・2・3・4から　いちばん　いい　ものを　ひとつ　えらんで
　　　　　ください。

(れい) 　おとうとの　趣味は　テニスです。

　　　　1　しゅみ　　　　2　しゅうび　　　　3　しゅうみ　　　　4　しゅび

　　　(かいとうようし)　│ **(れい)** │ ● 　② 　③ 　④ │

1 　あしたは　寒く　なる　そうです。
　　1　あつく　　　　2　さむく　　　　3　あたたかく　　　4　すずしく

2 　なにか　顔に　ついて　いますよ。
　　1　かみ　　　　2　はな　　　　3　あたま　　　　4　かお

3 　プールは　9時から　利用できます。
　　1　りよ　　　　2　りよう　　　　3　りいよ　　　　4　りいよう

4 　子どもは　さっきから　眠って　います。
　　1　はしって　　　2　おこって　　　3　ねむって　　　4　わらって

5 　工場で　くつを　生産して　います。
　　1　せいさん　　　2　せいざん　　　3　しょうさん　　　4　しょうざん

6 　ここは　わたしだけの　特別な　場所です。
　　1　どくべつ　　　2　どくへつ　　　3　とくべつ　　　4　とくへつ

7 　しょうらいは　営業の　仕事が　したいです。
　　1　えいぎゅう　　2　えいぎょう　　3　えぎょう　　　4　えぎゅう

もんだい2 _____の ことばは どう かきますか。1・2・3・4から
いちばん いい ものを ひとつ えらんで ください。

（れい） くるまで にもつを <u>はこびます</u>。

    1 運びます   2 送びます   3 追びます   4 通びます

  （かいとうようし） | **（れい）** | ● ② ③ ④ |

---

8 <u>あかい</u> かさを 持って います。

    1 赤い   2 青い   3 白い   4 黒い

9 日本語の <u>はつおん</u>が きれいです。

    1 癸音   2 発音   3 発員   4 癸員

10 この かばんは とても <u>かるい</u>です。

    1 多い   2 短い   3 速い   4 軽い

11 きょうしつの とけいが <u>うごきません</u>。

    1 重きません   2 働きません   3 動きません   4 勤きません

12 よるに 一人で あるくのは <u>きけん</u>です。

    1 危険   2 危検   3 気検   4 気険

もんだい3 （　　　）に　なにを　いれますか。1・2・3・4から　いちばん
　　　　　　いい　ものを　ひとつ　えらんで　ください。

（れい）　ちちは　パソコンを　2（　　　）もって　います。

　　　1　まい　　　　　　2　だい　　　　　　3　ほん　　　　　4　さつ

　　　（かいとうようし）　　| **（れい）** | ①　●　③　④ |

13　りょこうに　（　　　）ものを　かいに　いきましょう。

　　　1　にぎやかな　　2　あんしんな　　3　ひつような　　4　しずかな

14　ボタンが　こわれて　いたので、（　　　）もらいました。

　　　1　とりかえて　　2　さそって　　　3　なおって　　　4　のりかえて

15　わたしは　にわで　トマトを　（　　　）います。

　　　1　買って　　　　2　そだてて　　　3　つくって　　　4　ならべて

16　この　川は　（　　　）から　子どもでも　あそぶ　ことが　できます。

　　　1　はやい　　　　2　かたい　　　　3　ふかい　　　　4　あさい

17　かんこくに　すんで　2年に　なるので　せいかつには　（　　　）。

　　　1　つかれました　2　なれました　　3　くるしみました　4　おぼえました

18　らいしゅう　会社の　ちかくの　（　　　）に　ひっこす　よていです。

　　　1　アパート　　　2　デパート　　　3　がっこう　　　4　こうえん

19　てつだって　くれた　（　　　）に　ともだちに　ごはんを　ごちそうしました。

　　　1　おわび　　　　2　おれい　　　　3　おじぎ　　　　4　おかね

20 とおくからでも　やまが（　　　　）見えました。

1　ゆっくり　　　　2　わざわざ　　　3　はっきり　　　　4　そろそろ

もんだい4 ＿＿＿の ぶんと だいたい おなじ いみの ぶんが あります。

1・2・3・4から いちばん いい ものを ひとつ えらんで ください。

（れい） わたしは どくしょが すきです。

　　　1　わたしは 公園を あるくのが すきです。

　　　2　わたしは たべるのが すきです。

　　　3　わたしは 本を よむのが すきです。

　　　4　わたしは はしるのが すきです。

　　（かいとうようし）

（れい）	①	②	●	④

21　パン屋は ゆうびんきょくの うらです。

　　1　パン屋は ゆうびんきょくの まえです。

　　2　パン屋は ゆうびんきょくの よこです。

　　3　パン屋は ゆうびんきょくの うしろです。

　　4　パン屋は ゆうびんきょくの ちかくです。

22　ここに じゅうしょを 書いて ください。

　　1　ここに すんで いる ばしょを 書いて ください。

　　2　ここに さがして いる ばしょを 書いて ください。

　　3　ここに はたらいて いる ばしょを 書いて ください。

　　4　ここに べんきょうして いる ばしょを 書いて ください。

23　いえの かぎを なくしました。

　　1　いえの かぎを みつけました。

　　2　いえの かぎを おとしました。

　　3　いえの かぎを ひろいました。

　　4　いえの かぎを かけました。

24 たなかさんから　しょくじに　さそわれました。

1　たなかさんは　わたしに　「ありがとう」と　言いました。

2　たなかさんは　わたしに　「ごはんを　つくって」と　言いました。

3　たなかさんは　わたしに　「おいしかったね」と　言いました。

4　たなかさんは　わたしに　「いっしょに　たべよう」と　言いました。

もんだい5　つぎの　ことばの　つかいかたで　いちばん　いい　ものを
　　　　　　1・2・3・4から　ひとつ　えらんで　ください。

（れい）　やめる

　　1　そうじを　して、いらない　ものは　やめました。

　　2　さむいので、まどを　やめました。

　　3　こうえんの　ちかくに　くるまを　やめました。

　　4　りょこうに　いく　ことを　やめました。

　　　（かいとうようし）　　| **（れい）** | ① ② ③ ● |

25　おみあい

　1　だんなとは　おみあいを　して　けっこんしました。

　2　にゅういんして　いる　そふの　おみあいに　行きました。

　3　ともだちを　えきまで　おみあいして　きました。

　4　そろそろ　子どもの　おみあいを　する　時間です。

26　ふとい

　1　もっと　ふとい　ペンで　かいた　ほうが　よく　見えると　おもいます。

　2　かのじょとは　しょうがくせいから　ともだちで　ふとい　かんけいです。

　3　父は　たべすぎて　10キロも　ふとく　なって　しまいました。

　4　へやが　ふとくて　そうじするのが　たいへんです。

27　あんぜん

　1　だれかが　たすけて　くれる　という　あんぜんな　考えは　よくないです。

　2　じこや　けがが　ないように　あんぜんに　あそびましょう。

　3　時間に　おくれると　いけないので　電車で　いく　ほうが　あんぜんです。

　4　かれは　いつも　わらって　いて　あんぜんな　せいかくの　ようです。

28　たおれる

1　つよい　かぜの　せいで　木が　<u>たおれて</u>　しまいました。

2　あめで　じめんが　ぬれて　いて、<u>たおれました</u>。

3　本が　ほんだなの　まえに　<u>たおれて</u>　いました。

4　あたまが　いたいので、少し　ベッドに　<u>たおれたい</u>です。

N4

げん ご ち しき　　ぶん ぽう　　　どっ かい
言語知識 （文法）• 読解

ふん
（55分）

ちゅう　　い
注　意
Notes

し けん　　はじ　　　　　　　　　　もん だい よう し　　あ
１．試験が始まるまで、この問題用紙を開けないでください。

Do not open this question booklet until the test begins.

もん だい よう し　　　も　　　かえ
２．この問題用紙を持って帰ることはできません。

Do not take this question booklet with you after the test.

じゅ けん ばん ごう　　な まえ　　した　　らん　　じゅ けん ひょう　　おな
３．受験番号と名前を下の欄に、受験票と同じように書いて
ください。

Write your examinee registration number and name clearly in each box below as
written on your test voucher.

もん だい よう し　　　ぜん ぶ
４．この問題用紙は、全部で14ページあります。

This question booklet has 14 pages.

もん だい　　　　かい とう ばん ごう
５．問題には解答番号の 1 、 2 、 3 … があります。
かい とう　　　かい とう よう し　　　おな　　ばん ごう
解答は、解答用紙にある同じ番号のところにマークして
ください。

One of the row numbers 1 , 2 , 3 … is given for each question. Mark your answer
in the same row of the answer sheet.

じゅけんばんごう
受験番号　Examinee Registration Number

な　まえ
名　前　Name

もんだい1 （　　　）に　何を　入れますか。1・2・3・4から　いちばん
いい　ものを　一つ　えらんで　ください。

(例) 私は　去年から　ジョギング（　　　）して　います。

1　を　　　　　　　2　の　　　　　　　3　が　　　　　　　4　へ

（解答用紙）　　| **(例)** | ● ② ③ ④ |

---

1 あの　部屋から　なにか　へんな　におい（　　　）します。

1　が　　　　　　　2　は　　　　　　　3　に　　　　　　　4　と

2 地震（　　　）電車が　1時間　とまって　います。

1　が　　　　　　　2　を　　　　　　　3　で　　　　　　　4　の

3 有名な　そば屋は　大学（　　　）歩いて　30分です。

1　を　　　　　　　2　に　　　　　　　3　まで　　　　　　4　から

4 A「消しゴムを　家に　忘れて　きて　しまったので、テストの　とき、かり
　　ても　いいですか。」

　　B「わたしも　ひとつ（　　　）ないんです。」

1　は　　　　　　　2　で　　　　　　　3　しか　　　　　　4　だけ

5 （会社で）

　　A「つかれましたね。　コーヒー（　　　）どうですか。」

　　B「いいですね。会社の　近くに　できた　コーヒーショップ、おいしい
　　　らしいですよ。」

1　でも　　　　　　2　には　　　　　　3　より　　　　　　4　ばかり

6 A「もうすぐ　夏休みですね。ふるさとに　かえるのに　（　　　）　かかりますか。」

B「バスに　乗ったら、5時間、新幹線に　乗れば、2時間　ほどです。」

1　どうやって　　　2　どう　　　　　　3　どういう　　　　4　どのぐらい

7 A「田中さん、体の　具合は　もう　大丈夫ですか。」

B「はい、（　　　　）よく　なりました。チームの　みんなには　心配を　おかけしました。」

1　しっかり　　　2　すっかり　　　3　ちっとも　　　4　けっして

8 （会社で）

A「木村さん、たのんで　いた　会議室の　じゅんびは　して　くれた?」

B「すみません、まだです。この　仕事が　（　　　　）、すぐに　じゅんびします。」

1　おわって　　　2　おわっても　　　3　おわったら　　　4　おわったのに

9 クーラーを　（　　　）まま　寝て　しまい、かぜを　ひきました。

1　つけ　　　　　2　つけて　　　　　3　つけた　　　　　4　つけない

10 （電話で）

A「あなた、今　どこなの? もうすぐ　はるかの　ピアノの　発表が　はじまっちゃうわよ。」

B「さっき　電車を　おりて　会場に　向かって　いる　（　　　　）だよ。あと　5分で　着くから　大丈夫。」

1　こと　　　　　2　はず　　　　　　3　つもり　　　　　4　ところ

11 これは　（　　　）にくいから、小説が　苦手な　人には　おすすめ　できません。

1　読み　　　　　2　読んで　　　　　3　読んだ　　　　　4　読んでは

12 先生が　わたしに　きれいな　ハンカチを（　　　）。

1　もらいました　　2　あげました　　3　くれました　　4　やりました

13 A「ずっと　つきあって　きた　彼女と　けっこん（　　　）。」

B「本当に　おめでとうございます。けっこんしきに　呼んで　ください
　　ね。」

1　する　ことに　なりました　　　　2　させる　つもりです

3　したい　そうですよ　　　　　　　4　する　はずでした

もんだい2 ___★___に 入る ものは どれですか。1・2・3・4から いちばん いい ものを 一つ えらんで ください。

(問題例)

テーブルの ＿＿＿＿ ＿＿＿＿ ＿★＿ ＿＿＿＿ あります。

1　が　　　　　　2　に　　　　　　3　下　　　　　　4　かばん

(答え方)

1. 正しい 文を 作ります。

テーブルの ＿＿＿＿ ＿＿＿＿ ＿★＿ ＿＿＿＿ あります。
　　　　　　3　下　　2　に　　4　かばん　　1　が

2. ＿★＿ に 入る 番号を 黒く 塗ります。

(解答用紙)　|**(例)**| ① ② ③ ● |

---

14 明日は 文化祭なので、8時 ＿＿＿＿ ＿＿＿＿ ＿★＿ ＿＿＿＿ ように して ください。

1　まで　　　　　2　学校に　　　　　3　集まる　　　　　4　には

15 家の 近くの カフェで アルバイトが したくて ＿＿＿＿ ＿＿＿＿ ＿★＿ ＿＿＿＿ そうです。

1　経験が ない　　　　　　　　　　2　電話を しましたが
3　難しい　　　　　　　　　　　　4　人には

16 A「母の 日の プレゼントに ＿＿＿ ＿＿＿ ＿★＿ ＿＿＿ もう

決めましたか。」

B「いえ、まだ 考え中です。」

1　なに　　　　　　2　か　　　　　　3　あげる　　　　4　を

17 A「ここを 左に 曲がれば いいですか。」

B「はい、ここは 道が せまいので、 向こうから ＿＿＿ ＿＿＿

＿★＿ ＿＿＿ いけません。」

1　運転しなくては　　　　　　　　2　注意しながら

3　車に　　　　　　　　　　　　　4　来る

もんだい3 　18　から　21　に　何を　入れますか。文章の　意味を
考えて、1・2・3・4から　いちばん　いい　ものを　一つ
えらんで　ください。

下の　文章は、留学生の　作文です。

日本の　冬

グェン　アン

　日本には　季節が　四つ　あります。その　中で　私が　一番　好きな　季
節は　冬です。なぜなら、　雪が　ふるからです。それに　スキー　18　でき
ます。

　私の　国は　一年中　あたたかくて、　雪が　ふりません。　19　私は　日
本に　来て、　はじめて　雪を　見ました。空から　ふって　くる　雪は　本当
に　きれいでした。雪を　見て　20　、友だちが　スキーに　さそって　くれ
ました。

　スキーは　思ったよりも　難しくて、　たくさん　ころびました。　最初から
上手に　21　。　それでも、　キラキラした　白い　世界の　中で　スキーが
できて、　楽しかったです。

　国に　いる　私の　家族は　雪を　見た　ことが　ありません。　いつか
家族にも　この　きれいな　白い　世界を　見せて　あげたいです。

18

    1 を   2 も   3 は   4 に

19

    1 そして   2 たとえば   3 だから   4 なぜなら

20

    1 よろこんで　みても   2 よろこんで　いると
    3 よろこんで　いては   4 よろこんで　しまって

21

    1 すべって　ほしかったです
    2 すべれるかもしれません
    3 すべりたかったと　思います
    4 すべれる　はずが　ありません

もんだい4 つぎの（1）から（3）の文章を読んで、質問に答えてください。答えは、1・2・3・4から、いちばんいいものを一つえらんでください。

（1）

これは市民プールに届いた住民からのメールです。

青山市民プール様

　私は市民プールを利用している木村です。毎日、プールをきれいにそうじしていただき、ありがとうございます。そのおかげで、私たちは気持ちよく利用できています。

　今日はお願いがあって、メールをしました。最近、小さな子どもが一人でプールで遊んでいるところをよく見ます。本当にあぶないと思います。小さな子どもを一人にしている家族の人たちがいたら、注意してください。よろしくお願いします。

　　　　　　　　　　　　　　　　　　　　　　　　　　　　　　木　村

---

22 木村さんはどうしてお願いをしていますか。

1　プールがきれいじゃないから
2　毎日プールをそうじしないから
3　小さな子どもたちが多くてうるさいから
4　子どもが一人でいるのが危険だから

(2)

（会社で）

山田さんの机の上に、このメモがあります。

山田さん

　山田さんが外に出ていたときに、部長から電話がありました。

　午後３時からの会議の時間を変えてほしいそうです。

　午後４時の後なら、いつでも大丈夫だと言っていました。

　それから、山田さんの他に、佐藤さんにも会議に出席してもらいたいそうです。
私が会議室の予約をすることになっています。

　ですから、佐藤さんに空いている時間を聞いて、会議ができる時間が分かっ
たら、まずは私に連絡ください。

　会議室の予約ができたら、私から部長に伝えます。

　　　　　　　　　　　　　　　　　　　　　　　　　　　　　鈴　木

23 　山田さんがしなければいけないことは何ですか。

1　会議の時間を４時に変えること

2　佐藤さんに空いている時間を聞くこと

3　会議ができる時間を部長に伝えること

4　会議室の予約をすること

(3)

　この小学校ではやさいを育てています。学校のごはんの時間にやさいを食べない多くの子どもたちを見た校長先生が、子どもたちにやさいを好きになってほしいと思って、やさいを育て始めました。やさいが嫌いだった子どもたちも、自分たちが大切に育てたやさいだからか「おいしい、おいしい」と進んで食べるようになりました。今ではほとんどの子どもたちが学校のごはんで出るやさいも全部食べると言います。

24　この小学校の説明で合わないものはどれですか。

1　この学校では、やさいが嫌いな子どもたちが多かったです。

2　子どもたちは校長先生にやさいを育てたいと頼みました。

3　この学校では、やさいを大切に育てています。

4　ほとんどの子どもたちがやさいを食べられるようになりました。

해커스 **JLPT** N4 한 권으로 합격

もんだい5　つぎの文章を読んで、質問に答えてください。答えは、
1・2・3・4から、いちばんいいものを一つえらんでください。

これは留学生が書いた作文です。

将来の夢

　私の将来の夢は国で日本語の先生になることです。そのために日本に来て、勉強しています。私が日本語の勉強を始めたのは高校生のときです。日本のアニメを見て、日本語に興味を持ちはじめました。学校では日本語の授業がなかったので、一人で勉強しました。日本語はひらがなの形がかわいくて、音もきれいなので、勉強することが楽しかったです。

　大学に入って、初めて日本の社会や文化を学びました。日本のアニメしか知らなかったので、日本は人口が多くて、大きな国であることや、アニメ以外にもすてきな文化がたくさんあることを知って、びっくりしました。そして、私はもっと日本を知りたいと思って、留学することにしました。日本に来て、初めて日本人と話したときはうれしかったです。それから、日本料理を習ったり、着物を着たりしました。国でできないことをたくさん経験しました。知りたいことが勉強できること、新しいことが経験できることはすばらしいことです。

　でも、私の国では日本に行きたくても、お金の問題で留学できない人がいっぱいいます。そんな人たちにも私のような経験をしてほしいと思いました。だから、私が国で日本語の先生になって、日本語と日本の文化を教えてあげたいです。

25 どうして日本語の勉強を始めましたか。

1 高校で日本語の授業を受けたから

2 日本のアニメが好きだったから

3 ひらがなの形がかわいかったから

4 日本語の音がきれいだったから

26 国でできないこととありますが、どんなことですか。

1 アニメを日本語で見ること

2 日本語を話すこと

3 日本の料理を食べること

4 日本の服を着ること

27 「私」が日本語の先生になりたいのは、なぜですか。

1 もっと日本の文化について知りたいから

2 日本のアニメを国で勉強している人たちに紹介したいから

3 留学できない人にも日本の文化を教えてあげたいから

4 日本に行ってたくさんの経験をしてほしいから

もんだい6　右のページのお知らせを見て、下の質問に答えてください。答えは
　　　　　　1・2・3・4から、いちばんいいものを一つえらんでください。

28　はなこさんは水泳教室に行きたいと思っています。水泳は好きですが、10m
しか泳げません。夏休みの期間は毎日午後から英会話の授業があります。はな
こさんが選べるのは、どれですか。

　1　①
　2　③
　3　①と②
　4　③と④

29　けんさんは水泳教室に行こうと思っています。けんさんはどうしなければいけ
ませんか。

　1　8月1日に水泳教室のお金をはらいます。
　2　8月1日に水泳道具を買いに行きます。
　3　8月1日の1週間前までに学校の先生に話します。
　4　8月1日の1週間前までに水泳のクラスの先生に電話します。

夏休みの水泳教室

> 夏休みの期間に学校のプールで水泳教室が開かれます。
>
> 上手に泳げるようになりたい人は、このチャンスにぜひ!!
>
> 期間：8月1日(月)〜31日(水)

● 水泳教室のコース

自分のレベルに合わせて、クラスを選んでください。

レベル上①と②、レベル中③と④は時間が違うだけで、習うことは同じです。

クラス	レベル		曜日	時間
①	上	1人で25m泳げる人	月・木曜日	10時〜11時
②				14時〜15時
③	中	25mは泳げないが、水泳を習ったことがある人	火・金曜日	9時〜10時
④				13時〜14時
⑤	下	初めての人 水がこわい人	水曜日	9時〜11時

－水泳を習いたい人へ－

▶ 水泳教室はただです。

  水泳道具は学校の授業で使っている道具でいいので、新しく買わなくてもいいです。

▶ 水泳教室に行きたい人は7月25日(月)までに学校の先生に言ってください。

▶ クラスを休むときは、水泳教室の先生に自分で電話してください。

電話番号：080-9898-1215

N4

ちょう かい
聴解

ふん
（35分）

ちゅう　　い
注　　意
Notes

１．試験が始まるまで、この問題用紙を開けないでください。

Do not open this question booklet until the test begins.

２．この問題用紙を持って帰ることはできません。

Do not take this question booklet with you after the test.

３．受験番号と名前を下の欄に、受験票と同じように書いて
ください。

Write your examinee registration number and name clearly in each box below as
written on your test voucher.

４．この問題用紙は、全部で16ページあります。

This question booklet has 16 pages.

５．この問題用紙にメモをとってもいいです。

You may make notes in this question booklet.

じゅけんばんごう
受験番号　Examinee Registration Number

な　まえ
名　前　Name

もんだい 1

　もんだい1では、まず　しつもんを　聞いて　ください。それから　話を
聞いて、もんだいようしの　1から4の　中から、いちばん　いい　ものを　一つ
えらんで　ください。

れい

1　カレーだけ

2　ピザだけ

3　カレーと　のみもの

4　ピザと　のみもの

1ばん

1

2

3

4

2ばん

3ばん

1　かようび

2　すいようび

3　もくようび

4　きんようび

4ばん

1　ア　イ

2　ア　ウ

3　イ　ウ

4　ウ　エ

5ばん

1 でんしゃ

2 タクシーと　バス

3 でんしゃと　タクシー

4 でんしゃと　バス

6ばん

7ばん

1 さくぶん

2 かんじの　しゅくだい

3 さくぶんと　かんじの　しゅくだい

4 さくぶんと　テスト

8ばん

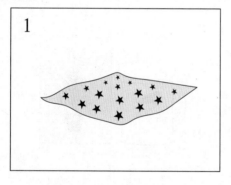

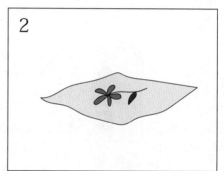

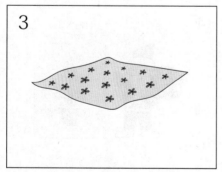

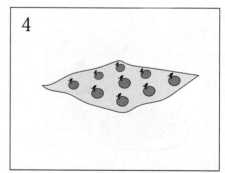

もんだい 2

　もんだい 2 では、まず　しつもんを　聞いて　ください。そのあと、
もんだいようしを　見て　ください。読む　時間が　あります。それから　話を
聞いて、もんだいようしの　1から4の　中から、いちばん　いい　ものを　一つ
えらんで　ください。

れい

1　へやが　せまいから

2　ばしょが　わるいから

3　かいしゃから　とおいから

4　となりの　ひとが　しんせつでは　ないから

1 ばん

1 午前11時から 午後7時まで

2 午前10時から 午後8時まで

3 午前11時から 午後9時まで

4 午前10時から 午後9時まで

2 ばん

1 まいにち する

2 週に 2かい する

3 週に 4かい する

4 ぜんぜん しない

3ばん

1　1時

2　1時　10分

3　1時　40分

4　1時　50分

4ばん

1　しゅくだいが　むずかしかったから

2　よく　ねむれなかったから

3　ともだちと　けんかしたから

4　ゆびわを　なくしたから

5ばん

1 げつようび

2 かようび

3 すいようび

4 もくようび

6ばん

1 おみせの　ひと

2 ちち

3 あに

4 いもうと

7ばん

1 バーベキューを　した

2 スポーツや　ゲームを　した

3 えいがを　みた

4 ほんを　よんだ

もんだい3

もんだい3では、えを　見ながら　しつもんを　聞いて　ください。
➡（やじるし）の　人は　何と　言いますか。1から3の　中から、いちばん
いい　ものを　一つ　えらんで　ください。

れい

1ばん

2ばん

3ばん

4ばん

5ばん

もんだい４

　もんだい４では、えなどが　ありません。まず　ぶんを　聞いて　ください。

それから、そのへんじを　聞いて、１から３の　中から、いちばん　いい　ものを

一つ　えらんで　ください。

－ メ モ －

실전모의고사 2

にほんごのうりょくしけん かいとうようし

N4 언어지식(문자·어휘)
げんごちしき (もじ・ごい)

よい れい Correct Example	わるい れい Incorrect Examples
●	⊗ ◌ ⊙ ◍ ◑ ⦿

あなたの なまえを ローマじで かいて ください。
Please print in block letters.

なまえ
Name

じゅけんばんごう を かいて、その したの マークらんに マークして ください。
Fill in your examinee registration number in this box, and then mark the circle for each digit of the number.

じゅけんばんごう
(Examinee Registration Number)

20A10101123-30123

せいねんがっぴを かいて ください。
Fill in your date of birth in the box.

せいねんがっぴ(Date of Birth)

ねん Year	つき Month	ひ Day

もんだい 1

1	①	②	③	④
2	①	②	③	④
3	①	②	③	④
4	①	②	③	④
5	①	②	③	④
6	①	②	③	④
7	①	②	③	④

もんだい 2

8	①	②	③	④
9	①	②	③	④
10	①	②	③	④
11	①	②	③	④
12	①	②	③	④

もんだい 3

13	①	②	③	④
14	①	②	③	④
15	①	②	③	④
16	①	②	③	④
17	①	②	③	④
18	①	②	③	④
19	①	②	③	④
20	①	②	③	④

もんだい 4

21	①	②	③	④
22	①	②	③	④
23	①	②	③	④
24	①	②	③	④

もんだい 5

25	①	②	③	④
26	①	②	③	④
27	①	②	③	④
28	①	②	③	④

にほんごのうりょくしけん かいとうようし

N4 언어지식(문법)·독해

げんごちしき (ぶんぽう)・どっかい

〈ちゅうい Notes〉
1. くろい えんぴつ(HB、No.2)で かいて ください。
   Use a black medium soft (HB or No.2) pencil.
   (ペンや ボールペンでは かかないで ください。)
   (Do not use any kind of pen.)
2. かきなおす ときは、けしゴムで きれいに けしてください。
   Erase any unintended marks completely.
3. きたなく したり、おったり しないで ください。
   Do not soil or bend this sheet.
4. マークれい Marking Examples

よい れい Correct Example	わるい れい Incorrect Examples
●	⊗ ○ ◔ ⊙ ◑ ◍ ⬤

あなたの なまえを ローマ字で かいて ください。
Please print in block letters.

なまえ
Name

じゅけんばんごうを かいて、その したの マークらんに マークして ください。
Fill in your examinee registration number in this box, and then mark the circle for each digit of the number.

じゅけんばんごう (Examinee Registration Number)

20A10101023-30123

せいねんがっぴを かいて ください。
Fill in your date of birth in the box.

せいねんがっぴ(Date of Birth)

ねん Year	つき Month	ひ Day

もんだい 1

1	①	②	③	④
2	①	②	③	④
3	①	②	③	④
4	①	②	③	④
5	①	②	③	④
6	①	②	③	④
7	①	②	③	④
8	①	②	③	④
9	①	②	③	④
10	①	②	③	④
11	①	②	③	④
12	①	②	③	④
13	①	②	③	④

もんだい 2

14	①	②	③	④
15	①	②	③	④
16	①	②	③	④
17	①	②	③	④

もんだい 3

18	①	②	③	④
19	①	②	③	④
20	①	②	③	④
21	①	②	③	④

もんだい 4

22	①	②	③	④
23	①	②	③	④
24	①	②	③	④

もんだい 5

25	①	②	③	④
26	①	②	③	④
27	①	②	③	④

もんだい 6

28	①	②	③	④
29	①	②	③	④

실전모의고사 2

にほんごのうりょくしけん かいとうようし

N4 ちょうかい 청해

あなたの なまえを ローマじで かいて ください。
Please print in block letters.

なまえ
Name

じゅけんばんごう
(Examinee Registration Number)

20A1010123-30123

せいねんがっぴを かいて ください。
Fill in your date of birth in the box.

せいねんがっぴ(Date of Birth)

ねん Year	つき Month	ひ Day

もんだい 1

れい	①	②	③	●
1	①	②	③	④
2	①	②	③	④
3	①	②	③	④
4	①	②	③	④
5	①	②	③	④
6	①	②	③	④
7	①	②	③	④
8	①	②	③	④

もんだい 2

れい	①	●	③	④
1	①	②	③	④
2	①	②	③	④
3	①	②	③	④
4	①	②	③	④
5	①	②	③	④
6	①	②	③	④
7	①	②	③	④

もんだい 3

れい	①	②	●
1	①	②	③
2	①	②	③
3	①	②	③
4	①	②	③
5	①	②	③

もんだい 4

れい	●	②	③
1	①	②	③
2	①	②	③
3	①	②	③
4	①	②	③
5	①	②	③
6	①	②	③
7	①	②	③
8	①	②	③

N4

げんごちしき（もじ・ごい）

（25ふん）

ちゅうい
Notes

1．しけんが　はじまるまで、この　もんだいようしを　あけないで　ください。
　　Do not open this question booklet until the test begins.

2．この　もんだいようしを　もって　かえる　ことは　できません。
　　Do not take this question booklet with you after the test.

3．じゅけんばんごうと　なまえを　したの　らんに、じゅけんひょうと
　　おなじように　かいて　ください。
　　Write your examinee registration number and name clearly in each box below as written on your test voucher.

4．この　もんだいようしは、ぜんぶで　8ページ　あります。
　　This question booklet has 8 pages.

5．もんだいには　かいとうばんごうの　 1 、 2 、 3 …が　あります。
　　かいとうは、かいとうようしに　ある　おなじ　ばんごうの　ところに
　　マークして　ください。
　　One of the row numbers 1 , 2 , 3 … is given for each question. Mark your answer in the same row of the answer sheet.

じゅけんばんごう　Examinee Registration Number	

なまえ　Name	

もんだい1 _____の ことばは ひらがなで どう かきますか。

1・2・3・4から いちばん いい ものを ひとつ えらんで ください。

(れい) おとうとの 趣味は テニスです。

1 しゅみ　　　2 しゅうび　　　3 しゅうみ　　　4 しゅび

（かいとうようし）　| **（れい）** | ● ② ③ ④ |

---

1 私は 運転が じょうずじゃ ありません。

1 うんてん　　　2 うてん　　　3 うんでん　　　4 うでん

2 たなかさんは 眠そうです。

1 さむそう　　　2 ねむそう　　　3 うれしそう　　　4 たのしそう

3 姉は りょうりを 習って います。

1 まって　　　2 ならって　　　3 つくって　　　4 てつだって

4 この 説明は むずかしいです。

1 ぜつめい　　　2 せつめい　　　3 せつぬい　　　4 ぜつぬい

5 家の ちかくに 湖が あります。

1 いけ　　　2 うみ　　　3 みずうみ　　　4 みなと

6 かれは 熱心に うんどうを して います。

1 ねつし　　　2 ねっし　　　3 ねつしん　　　4 ねっしん

7 いくつ あるか 数えて ください。

1 かぞえて　　　2 おしえて　　　3 こたえて　　　4 かんがえて

もんだい2 ＿＿＿＿の ことばは どう かきますか。1・2・3・4から
いちばん いい ものを ひとつ えらんで ください。

（れい） くるまで にもつを はこびます。

     1 運びます   2 送びます   3 追びます   4 通びます

    （かいとうようし）

（れい）	● ② ③ ④

---

8 ごみを すてて ください。

    1 拾てて   2 持てて   3 捨てて   4 打てて

9 スーパーは ここから とおいです。

    1 追い   2 近い   3 道い   4 遠い

10 そろそろ ひる ごはんの じかんですよ。

    1 朝   2 昼   3 夕   4 夜

11 はじめて りょかんに とまりました。

    1 旅館   2 族館   3 旅間   4 族間

12 きょうは なにを する よていですか。

    1 矛程   2 矛定   3 予定   4 予程

もんだい3 （　　　）に　なにを　いれますか。1・2・3・4から　いちばん
いい　ものを　ひとつ　えらんで　ください。

（れい） ちちは　パソコンを　2（　　　）もって　います。

　　　1　まい　　　　　2　だい　　　　　3　ほん　　　　4　さつ

　　（かいとうようし）　　| **（れい）** | ① ● ③ ④ |

13　こんな（　　　）ところで　本を　よんで　いたら、めが　わるく　なりま
すよ。

　　　1　くろい　　　　2　しろい　　　　3　くらい　　　　4　あかるい

14　へやの　中が　あついので（　　　）を　つけましょう。

　　　1　れいぞうこ　　2　でんき　　　3　ヒーター　　　4　エアコン

15　こうえんの　まえに　じてんしゃが　2だい（　　　）います。

　　　1　はしって　　　2　あるいて　　　3　とまって　　　4　ひいて

16　ははが　がくせいじだいの（　　　）を　はなして　くれました。

　　　1　おもいで　　　2　しゃしん　　　3　そうだん　　　4　きぶん

17　たくさん　食べたので、（　　　）おなかが　いっぱいです。

　　　1　もし　　　　　2　もう　　　　　3　もっと　　　　4　きっと

18　がんばって　れんしゅうしたのに、しあいに（　　　）しまいました。

　　　1　かって　　　　2　かして　　　　3　なげて　　　　4　まけて

19　りゅうがくに　行った　おかげで　いろいろな（　　　）が　できました。

　　　1　あいさつ　　　2　きもち　　　3　ちしき　　　4　けいけん

20 きむらさんに　スピーチを（　　　　）が、できないと　言われました。

1　さそいました　　　　　　　　2　おぼえました

3　たのみました　　　　　　　　4　とどけました

もんだい4 ＿＿＿の ぶんと だいたい おなじ いみの ぶんが あります。
1・2・3・4から いちばん いい ものを ひとつ えらんで ください。

（れい） わたしは どくしょが すきです。

　　　1　わたしは 公園を あるくのが すきです。

　　　2　わたしは たべるのが すきです。

　　　3　わたしは 本を よむのが すきです。

　　　4　わたしは はしるのが すきです。

　（かいとうようし）　| （れい） | ① ② ● ④ |

21　家の パソコンが こしょうしました。

　　　1　家の パソコンが ふえました。

　　　2　家の パソコンが こわれました。

　　　3　家の パソコンが うごきました。

　　　4　家の パソコンが なおりました。

22　車の こうじょうに いって きました。

　　　1　車を うる ところに いって きました。

　　　2　車を あらう ところに いって きました。

　　　3　車を しらべる ところに いって きました。

　　　4　車を つくる ところに いって きました。

23　おとうとが にもつを はこんで くれました。

　　　1　おとうとが にもつを もって くれました。

　　　2　おとうとが にもつを かたづけて くれました。

　　　3　おとうとが にもつを おくって くれました。

　　　4　おとうとが にもつを つつんで くれました。

24 お店を　はじめた　りゆうを　おしえて　ください。

1 どこで　お店を　はじめたか　おしえて　ください。

2 いつ　お店を　はじめたか　おしえて　ください。

3 なぜ　お店を　はじめたか　おしえて　ください。

4 どうやって　お店を　はじめたか　おしえて　ください。

もんだい5 つぎの ことばの つかいかたで いちばん いい ものを
1・2・3・4から ひとつ えらんで ください。

(れい) やめる

　1　そうじを して、いらない ものは やめました。

　2　さむいので、まどを やめました。

　3　こうえんの ちかくに くるまを やめました。

　4　りょこうに いく ことを やめました。

　（かいとうようし）　| **(れい)** | ① ② ③ ● |

25　ぜひ

1　とても いい 曲なので、ぜひ 聞いて みて ください。

2　がんばって べんきょうしたから ぜひ ごうかく できますよ。

3　かれは まじめで、時間を ぜひ まもる 人です。

4　大学の しょくどうは ぜひ、8時までだったと 思います。

26　しんせつ

1　歯を みがく ときは しんせつに ゆっくり みがいて ください。

2　かれに 駅までの 行き方を 聞くと、しんせつに 教えて くれました。

3　しゅみが 同じ ことが 分かって キムさんと しんせつに なりました。

4　最近 しぜんにも 人にも しんせつな せっけんが 人気です。

27　こむ

1　大きな としに じんこうが こんで もんだいに なって います。

2　はなびたいかいに むかう 車で みちが こんで います。

3　つくえの ひきだしは こんで いて なにも はいりません。

4　たくさんの がくせいが たいいくかんに こんで いました。

28 けしき

1 そのことを 聞いて、いもうとは びっくりした <u>けしき</u>でした。

2 おやこが 幸せそうに しょくじ して いる <u>けしき</u>は すてきでした。

3 家の まどから 見える まちの <u>けしき</u>は とても きれいです。

4 キムさんは おとなしそうな <u>けしき</u>でしたが スポーツが とくいです。

N4

げん ご ち しき　　　ぶん ぽう　　　　どっ かい
言語知識 (文法) • 読解

ふん
(55分)

じゅけんばんごう
受験番号　Examinee Registration Number

な　まえ
名 前　Name

もんだい1 （　　　）に 何を 入れますか。1・2・3・4から いちばん いい ものを 一つ えらんで ください。

（例） 私は 去年^{きょねん}から ジョギング（　　　）して います。

1 を　　　　　2 の　　　　　3 が　　　　　4 へ

（解答用紙^{かいとうようし}）

（例）^{れい}	●	②	③	④

---

1 あかい かばん（　　　）ほしくて、デパートに 行きました。

1 は　　　　　2 に　　　　　3 が　　　　　4 から

2 わたしは 年（　　　）二回^{にかい}、韓国^{かんこく}に 帰^{かえ}ります。

1 で　　　　　2 に　　　　　3 の　　　　　4 も

3 えんぴつじゃなくて、ペン（　　　）名前^{なまえ}を 書いて ください。

1 と　　　　　2 を　　　　　3 も　　　　　4 で

4 たなかさんは だれ（　　　）じょうずに 泳^{およ}ぐ ことが できます。

1 により　　　2 のより　　　3 よりも　　　4 よりほか

5 友だち（　　　）メールを 父^{ちち}に 見られました。

1 と　　　　　2 との　　　　3 とは　　　　4 とか

6 A「がんばって きた 部活^{ぶかつ}を やめたって（　　　）ことですか?」
B「大学^{だいがく}の しけん 勉強^{べんきょう}の ために やめました。」

1 どうやって　　2 どのくらい　　3 どの　　　　4 どういう

7 客 「すみません。来週 土曜日、ごご 6時に 4人で よやく できますか。」

店員「はい、できます。来週 土曜日、ごご 6時に お食事を ご用意（　　　　）。」

1　いたします　　2　うかがいます　　3　いただきます　　4　もうします

8 A 「山田先生、いないんだ。どこに 行ったんだろう。」

B 「先生なら、（　　　　） 教室で 見たよ。」

1　やっと　　　　2　さいきん　　　　3　ほとんど　　　　4　さっき

9 A 「いい においですね。お肉、もう 焼けたと 思うんですけど、どうですか。」

B 「はい、そろそろ（　　　　）。お皿を 出して ください。」

1　食べられるそうです　　　　　　　2　食べられそうです

3　食べられて います　　　　　　　4　食べられます

10 急に 雨が ふって（　　　　）、いそいで まどを 閉めました。

1　きたら　　　　2　きては　　　　3　きても　　　　4　きたので

11 すずきさんは 悲しい ことが あったのか、いきなり（　　　　）。

1　泣いて みました　　　　　　　　2　泣いて くれました

3　泣きだしました　　　　　　　　4　泣きすぎました

12 田中「佐藤さん、ひるごはん それだけ？りんご ひとつしか 食べないの?」

佐藤「うん、（　　　　）やすいから、食事には 気を つけて いるんだ。」

1　ふとる　　　　2　ふとり　　　　3　ふとって　　　　4　ふとらない

13 子どもの 寝て いる 顔を （　　　）と、いやな ことも 忘れられ ます。

　　1　見て　　　　　2　見た　　　　　3　見る　　　　　4　見ろ

もんだい2 ___★___ に 入る ものは どれですか。1・2・3・4から いちばん いい ものを 一つ えらんで ください。

(問題例)

テーブルの ___ ___ ___★___ ___ あります。

    1　が　　　　　　　2　に　　　　　　　3　下　　　　　　　4　かばん

(答え方)

1. **正しい 文を 作ります。**

テーブルの ___ ___ ___★___ ___ あります。	
3 下　2 に　4 かばん　1 が	

2. ___★___ に 入る 番号を 黒く 塗ります。

（解答用紙）　| **(例)** | ① ② ③ ● |

14　A「家で まんがばかり 読んで いないで、たまには 外に ___

    ___ ___★___ ___、どう?」

    B「ぼくは 家で ゆっくりするのが 好きなんだ。」

    1　きたら　　　　2　みて　　　　3　出て　　　　4　映画でも

15　中学生の ときに よく ___ ___ ___★___ ___ 食堂は、
なくなって いました。

    1　ある　　　　2　向かいに　　　　3　行った　　　　4　学校の

16 コンサートに 行ったのに、きのう 遅<おそ>くまで ＿＿＿＿ ＿★＿ ＿＿＿＿ ＿＿＿＿ ました。

1 眠<ねむ>って しまい　　　　　　　2 働<はたら>いて

3 知<し>らない 間<あいだ>に　　　　　　4 疲<つか>れて いたのか

17 A「英語<えいご>の 問題<もんだい>を 教<おし>えて ほしいんですけど、今<いま> いいですか。」

B「ぼくも 得意<とくい>では ないので、＿＿＿＿ ＿＿＿＿ ＿★＿ ＿＿＿＿ で すよ。」

1 に教<おし>えて もらう　　　　　　2 鈴木<すずき>くん

3 といい　　　　　　　　　　　　4 英語<えいご>なら

もんだい3 　18　から　21　に　何を　入れますか。文章の　意味を
考えて、1・2・3・4から　いちばん　いい　ものを　一つ
えらんで　ください。

下の　文章は、留学生の　作文です。

本

メアリー　ジョブス

　私の　しゅみは　本を　読む　ことです。週末、近くの　カフェで　本を　読みます。日本では、私の　国の　本が　あまり　売られて　いないので、パソコンで　ダウンロードして　読みます。　18　、私は　紙の　本の　ほうが　好きです。紙の　本だけの　とくべつな　におい　19　するからです。だから、今度　国に　帰ったら、紙の　本を　たくさん　買って　こようと　思います。

　それから、私は　日本の　作家も　好きです。私の　国の　言葉で　書かれた　日本の　本は　読みましたが、日本語の　本は　20　。漢字が　たくさんあって、私には　難しいです。もっと　勉強して、日本語の　本も　読める　ように　21　。

18

1 たとえば 　　 2 それに 　　 3 でも 　　 4 または

19

1 を 　　 2 が 　　 3 は 　　 4 に

20

1 読んだ　ことに　なります 　　 2 読んだ　はずが　ありません

3 読んだかもしれません 　　 4 読んだ　ことが　ありません

21

1 なりました 　　 2 なりたいです

3 なって　みます 　　 4 なって　あげます

もんだい４ つぎの（１）から（３）の文章を読んで、質問に答えてください。答えは、1・2・3・4から、いちばんいいものを一つえらんでください。

(1)

体育館の入り口にお知らせがあります。

体育館の利用について

【利用時間】

午前９時から午後８時まで
※12時半から１時半まではそうじの時間ですので、体育館に入らないこと

【予約のやり方】

利用したい人はかならず電話で予約してください。
電話番号：０２３８－０２－１３５７

― 注意すること ―

① 体育館の中で食べ物を食べてはいけません。（飲み物はいいです）

② 体育館には、ボールやスポーツ道具はありません。

---

22 このお知らせから、体育館についてわかることは何ですか。

1 12時半から１時半まで体育館を使ってもいいです。
2 予約しないと体育館を利用することができません。
3 体育館の中でごはんを食べてもいいです。
4 体育館のボールを使ってはいけません。

(2)

ワンさんの机の上にメモがあります。

ワンさんへ

　きのうはかさを貸してくれて、ありがとうございました。おれいにケーキを作りました。ぜひ、どうぞ。食べ終わったら、ケーキのお皿を私の机の上に置いておいてください。あとで、味の感想も教えてくださいね。

トマスより

23　ワンさんがメモを見て、あとですることはどれですか。

1　トマスさんにかさを貸します。

2　トマスさんにケーキを作ってあげます。

3　ケーキをトマスさんの机に置きます。

4　トマスさんにケーキの味を伝えます。

(3)

　私は犬を飼っています。名前は「シロ」です。シロは雨の日に散歩するのが好きです。雨の日に外に出るのはいやですが、シロが楽しそうに散歩しているのを見ると、私まで楽しい気持ちになります。雨の日の散歩のあとはシロが汚くなるので、洗ってあげます。でも、シロはシャワーが嫌いです。だから、いつも逃げようとします。雨もシャワーも同じ水なのに、どうしてシャワーは嫌いなのか理解できません。

24　「私」はどうしてシロが理解できないと言っていますか。

1　シロが雨もシャワーも好きだから

2　シロが雨もシャワーも嫌いだから

3　シロが雨は好きなのに、シャワーは嫌いだから

4　シロが雨は嫌いなのに、シャワーは好きだから

もんだい5 つぎの文章を読んで、質問に答えてください。答えは、
1・2・3・4から、いちばんいいものを一つえらんでください。

これはカプールさんが書いた作文です。

スーパーのアルバイト

アイシャ・カプール

　私は先月からスーパーでアルバイトをしています。私の仕事は、食料品を運んだり、たなに並べたりすることです。それから、お店のそうじもしなくてはいけません。レジの会計など日本語を使う仕事は、まだ日本語が上手ではないのでできません。

　スーパーの仕事は思ったより大変です。覚えることがたくさんあります。たとえば、食料品の名前です。やさいだけでも20種類以上あります。同じきのこでも、大きさや形によって名前が違います。そのような単語は学校では、習いません。

　でも、分からないことはパートのおばさんたちが一つ一つ教えてくれます。<u>おばさんたちは本当にやさしいです</u>。日本語もゆっくり話してくれます。そして、休み時間になると、おばさんたちが持ってきてくれたおかしを食べながら、おしゃべりします。仕事のことだけではなく、家族やしゅみについても話します。おばさんたちは母のとしと同じですが、私と同じとしの友だちのようです。

　日本でいろいろな経験をしたいと思って始めたアルバイトですが、アルバイトのおかげで（　　　　　　）。留学生活が終わるまでずっとこのスーパーでおばさんたちといっしょに働きたいです。

---

25 なぜ、スーパーの仕事が大変だと言っていますか。

1　日本語で上手に話さなくてはいけないから

2　たくさんの食べ物の名前を覚えなくてはいけないから

3　大きさや形によって食料品を分けなくてはいけないから

4　学校で習ったことをもう一度思い出さなくてはいけないから

26　「私」はなぜ、おばさんたちは本当にやさしいですと言っていますか。

1　分からないことをていねいに教えてくれるから

2　かんたんな日本語で話してくれるから

3　いつもおいしいおかしを持ってきてくれるから

4　家族やしゅみの話をしてくれるから

27　（　　　　　）に入れるのに、いちばんいい文はどれですか。

1　日本語が上手になりました

2　たくさんのおかねをためました

3　すてきな友だちができました

4　はじめて経験をしました

もんだい6　右のページのお知らせを見て、下の質問に答えてください。答えは
1・2・3・4から、いちばんいいものを一つえらんでください。

28　佐藤さんは5才のむすこと音楽会に行きたいと思っています。平日はいそが
しいので、週末に行けるものがいいです。佐藤さんが選べるのは、どれですか。

　　1　①

　　2　②

　　3　①と③

　　4　②と③

29　高橋さんのむすめは小学校5年生です。高橋さんはむすめといっしょに音楽
会に行きたいです。歌よりも楽器の音を楽しみたいと思っています。午後から始
まるものがいいです。高橋さんが選べるのは、どれですか。

　　1　③

　　2　④

　　3　⑤と⑥

　　4　④と⑥

~♪.♭ 親子で音楽 ♫.♩ #~

青空文化センターで行われる音楽会をしょうかいします。
子どもといっしょに参加（さんか）してみてください。

● 音楽会の案内

	プログラム	日・時間	こどものねんれい
①	「絵本と音楽」 絵本を見ながら、ピアノを聞きます。	9/2（水） 17:00〜	3〜6才（さい） 小学生以下
②	「歌（うた）って、踊（おど）ってみよう！」 音楽に合わせて、歌（うた）ったり、踊（おど）ったりできます。	9/6（日） 10:00〜	
③	「いっしょに楽しむ音楽」 人気の有名（ゆうめい）な歌手（かしゅ）が来ます。	9/12（土） 17:00〜	小学校 2年生以下
④	「ピアノとギターのハーモニー」 ピアノとギターのコンサートです。	9/13（日） 15:00〜	小学校 5年生以上
⑤	「アニメの曲（きょく）を歌（うた）おう！」 5人の歌手（かしゅ）がアニメの曲（きょく）を歌（うた）います。	9/17（木） 18:00〜	小学生 全学年
⑥	「ピアノの世界」 きれいなピアノの音が楽しめます。	9/19（土） 11:00〜	

青空文化センター「音楽会」係り　☎：02-3477-1212

N4

ちょうかい
聴解

ふん
（35分）

ちゅう　い
注　意
Notes

1．試験が始まるまで、この問題用紙を開けないでください。
Do not open this question booklet until the test begins.

2．この問題用紙を持って帰ることはできません。
Do not take this question booklet with you after the test.

3．受験番号と名前を下の欄に、受験票と同じように書いてください。
Write your examinee registration number and name clearly in each box below as written on your test voucher.

4．この問題用紙は、全部で16ページあります。
This question booklet has 16 pages.

5．この問題用紙にメモをとってもいいです。
You may make notes in this question booklet.

じゅけんばんごう
受験番号　Examinee Registration Number

な　まえ
名　前　Name

もんだい1

もんだい1では、まず　しつもんを　聞いて　ください。それから　話を
聞いて、もんだいようしの　1から4の　中から、いちばん　いい　ものを　一つ
えらんで　ください。

れい

1　カレーだけ

2　ピザだけ

3　カレーと　のみもの

4　ピザと　のみもの

1ばん

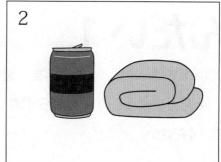

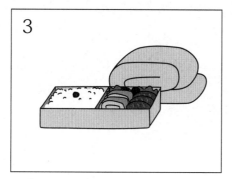

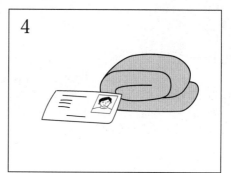

2ばん

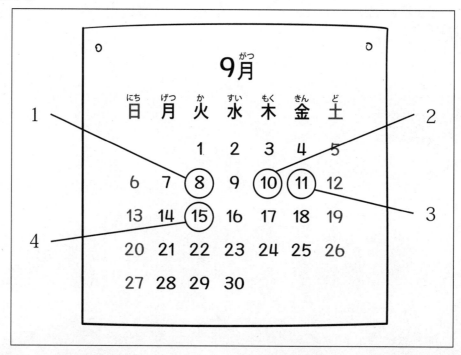

3ばん

1　ア　イ

2　ア　ウ

3　イ　エ

4　ウ　エ

4 ばん

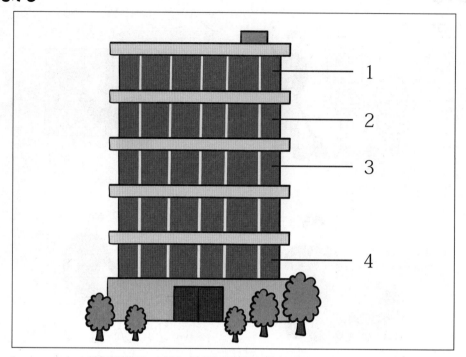

5 ばん

1 しろ

2 きいろ

3 くろ

4 みどり

6ばん

1　ア　イ

2　ア　ウ

3　イ　ウ

4　ア　イ　ウ

7ばん

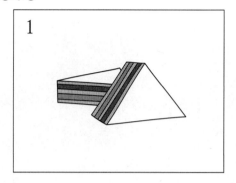

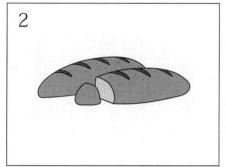

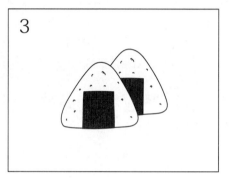

8ばん

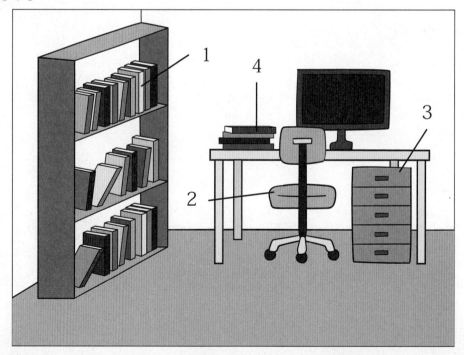

もんだい 2

　もんだい 2 では、まず　しつもんを　聞いて　ください。そのあと、もんだいようしを　見て　ください。読む　時間が　あります。それから　話を　聞いて、もんだいようしの　1から4の　中から、いちばん　いい　ものを　一つ　えらんで　ください。

れい

1　へやが　せまいから

2　ばしょが　わるいから

3　かいしゃから　とおいから

4　となりの　ひとが　しんせつでは　ないから

1ばん

1　ワンピースが　きれいだから

2　ワンピースが　やすく　かえたから

3　てんいんが　ともだちだったから

4　ともだちと　しょくじするから

2ばん

1　くるま

2　ガラス

3　スマートフォン

4　まど

3ばん

1 いちじかん

2 にじかん

3 さんじかん

4 よじかん

4ばん

1 やま

2 うみ

3 おんせん

4 いなか

5ばん

1 りゅうがくに　いきました

2 えいかいわ　きょうしつに　かよいました

3 アメリカじんの　ともだちと　はなしました

4 えいごの　えいがを　みました

6ばん

1 もくようび

2 きんようび

3 どようび

4 にちようび

7ばん

1　ハンバーグ

2　カレー

3　やきにく

4　すし

もんだい３

もんだい３では、えを 見ながら しつもんを 聞いて ください。
➡（やじるし）の 人は 何と 言いますか。１から３の 中から、いちばん
いい ものを 一つ えらんで ください。

れい

1ばん

2ばん

실전모의고사 2

해커스 JLPT N4 한 권으로 합격

3ばん

4ばん

5ばん

もんだい４

　もんだい４では、えなどが　ありません。まず　ぶんを　聞いて　ください。
それから、そのへんじを　聞いて、１から３の　中から、いちばん　いい　ものを
一つ　えらんで　ください。

- メモ -

일본어도 역시,
1위 해커스

japan.Hackers.com

실전모의고사 3

にほんごのうりょくしけん かいとうようし

N4 언어지식(문자·어휘)
げんごちしき（もじ・ごい）

あなたの なまえを ローマじで かいて ください。
Please print in block letters.

なまえ
Name

じゅけんばんごう (Examinee Registration Number)

20A1010123-30123

せいねんがっぴを かいて ください。
Fill in your date of birth in the box.

せいねんがっぴ(Date of Birth)

ねん Year	つき Month	ひ Day

もんだい 1

	1	2	3	4
1	①	②	③	④
2	①	②	③	④
3	①	②	③	④
4	①	②	③	④
5	①	②	③	④
6	①	②	③	④
7	①	②	③	④

もんだい 2

	1	2	3	4
8	①	②	③	④
9	①	②	③	④
10	①	②	③	④
11	①	②	③	④
12	①	②	③	④

もんだい 3

	1	2	3	4
13	①	②	③	④
14	①	②	③	④
15	①	②	③	④
16	①	②	③	④
17	①	②	③	④
18	①	②	③	④
19	①	②	③	④
20	①	②	③	④

もんだい 4

	1	2	3	4
21	①	②	③	④
22	①	②	③	④
23	①	②	③	④
24	①	②	③	④

もんだい 5

	1	2	3	4
25	①	②	③	④
26	①	②	③	④
27	①	②	③	④
28	①	②	③	④

실전모의고사 3

にほんごのうりょくしけん かいとうようし

N4 언어지식(문법)·독해

げんごちしき (ぶんぽう)・どっかい

Please print in block letters.

あなたの なまえを ローマじで かいて ください。

なまえ
Name

じゅけんばんごう
(Examinee Registration Number)

20A10101123-301123

せいねんがっぴを かいて ください。
Fill in your date of birth in the box.

せいねんがっぴ(Date of Birth)

ねん Year	つき Month	ひ Day

もんだい 1

1	① ② ③ ④
2	① ② ③ ④
3	① ② ③ ④
4	① ② ③ ④
5	① ② ③ ④
6	① ② ③ ④
7	① ② ③ ④
8	① ② ③ ④
9	① ② ③ ④
10	① ② ③ ④
11	① ② ③ ④
12	① ② ③ ④
13	① ② ③ ④

もんだい 2

14	① ② ③ ④
15	① ② ③ ④
16	① ② ③ ④
17	① ② ③ ④

もんだい 3

18	① ② ③ ④
19	① ② ③ ④
20	① ② ③ ④
21	① ② ③ ④

もんだい 4

22	① ② ③ ④
23	① ② ③ ④
24	① ② ③ ④

もんだい 5

25	① ② ③ ④
26	① ② ③ ④
27	① ② ③ ④

もんだい 6

| 28 | ① ② ③ ④ |
| 29 | ① ② ③ ④ |

にほんごのうりょくしけん かいとうようし

N4 청해

ちょうかい

Please print in block letters.

あなたの なまえを ローマじで かいて ください。

なまえ
Name

じゅけんばんごう
(Examinee Registration Number)

20A1010123-30123

じゅけんばんごうを かいて、その したの マークらんに マークして ください。
Fill in your examinee registration number in this box, and then mark the circle for each digit of the number.

せいねんがっぴを かいて ください。
Fill in your date of birth in the box.

せいねんがっぴ(Date of Birth)

ねん Year	つき Month	ひ Day

もんだい 1

れい	①	②	●	④
1	①	②	③	④
2	①	②	③	④
3	①	②	③	④
4	①	②	③	④
5	①	②	③	④
6	①	②	③	④
7	①	②	③	④
8	①	②	③	④

もんだい 2

れい	①	②	●	④
1	①	②	③	④
2	①	②	③	④
3	①	②	③	④
4	①	②	③	④
5	①	②	③	④
6	①	②	③	④
7	①	②	③	④

もんだい 3

れい	①	②	●
1	①	②	③
2	①	②	③
3	①	②	③
4	①	②	③
5	①	②	③

もんだい 4

れい	●	②	③
1	①	②	③
2	①	②	③
3	①	②	③
4	①	②	③
5	①	②	③
6	①	②	③
7	①	②	③
8	①	②	③

N4

げんごちしき（もじ・ごい）

（25ふん）

じゅけんばんごう　Examinee Registration Number	

なまえ　Name	

もんだい1 ＿＿＿の　ことばは　ひらがなで　どう　かきますか。

1・2・3・4から　いちばん　いい　ものを　ひとつ　えらんで
ください。

（れい） おとうとの　趣味は　テニスです。

1　しゅみ　　　　2　しゅうび　　　　3　しゅうみ　　　　4　しゅび

（かいとうようし）　｜**（れい）**　｜　● ② ③ ④　｜

---

1 鳥の　しゃしんを　とりました。

1　いぬ　　　　2　くさ　　　　3　しま　　　　4　とり

2 あなたの　意見を　はなして　ください。

1　いいみ　　　　2　いみ　　　　3　いけん　　　　4　いいけん

3 父は　パンを　売って　います。

1　うって　　　　2　かって　　　　3　きって　　　　4　つくって

4 学校の　ちかくに　森が　あります。

1　き　　　　2　もり　　　　3　やま　　　　4　はやし

5 あかい　糸の　はなしを　知って　いますか。

1　はな　　　　2　かみ　　　　3　そら　　　　4　いと

6 子どもの　世話は　たいへんです。

1　せわ　　　　2　せいわ　　　　3　せは　　　　4　せいは

7 ほしの　研究を　して　います。

1　げんきゅ　　　　2　げんきゅう　　　　3　けんきゅ　　　　4　けんきゅう

もんだい2　＿＿＿の　ことばは　どう　かきますか。1・2・3・4から
　　　　　いちばん　いい　ものを　ひとつ　えらんで　ください。

（れい）　くるまで　にもつを　はこびます。

　　　1　運びます　　　　2　送びます　　　　3　追びます　　　　4　通びます

　　（かいとうようし）　| **（れい）** | ● ② ③ ④ |

8　おなじ　しっぱいを　しては　いけません。

　　1　矢敗　　　　　2　矢則　　　　　3　失敗　　　　4　失則

9　かれは　ゆうめいな　かしゅです。

　　1　侑名　　　　　2　有名　　　　　3　侑明　　　　4　有明

10　やっと　しごとが　きまりました。

　　1　快まりました　　　　　　　　2　決まりました
　　3　決まりました　　　　　　　　4　快まりました

11　この　へやは　とても　きたないです。

　　1　寒い　　　　　2　汚い　　　　　3　狭い　　　　4　古い

12　ねぼうして　じゅぎょうに　おくれました。

　　1　寝坊　　　　　2　寝防　　　　　3　寝坊　　　　4　寝防

もんだい3 （　　　）に　なにを　いれますか。1・2・3・4から　いちばん
　　　　　　いい　ものを　ひとつ　えらんで　ください。

（れい）　ちちは　パソコンを　2（　　　）もって　います。

　　　　1　まい　　　　　　2　だい　　　　　　3　ほん　　　　　　4　さつ

　　　（かいとうようし）　　| **（れい）** | ①　●　③　④ |

13　おかねを（　　　）ばしょは　どこですか。

　　1　ひろう　　　　　2　くらべる　　　　　3　はらう　　　　　4　ひらく

14　うんどうかいが　ちゅうしに　なって（　　　）です。

　　1　ざんねん　　　2　あんぜん　　　3　たいせつ　　　4　かんたん

15　ホームステイ先の　かぞくは　わたしを　あたたかく（　　　）くれました。

　　1　こたえて　　　2　しって　　　3　はこんで　　　4　むかえて

16　みちが　すべりやすかったので（　　　）して　あるきました。

　　1　せつめい　　　2　かんしゃ　　　3　ちゅうい　　　4　しつれい

17　かいしゃを　でて、（　　　）家へ　むかいました。

　　1　きっと　　　　2　まっすぐ　　　3　ほとんど　　　4　けっして

18　こどもの　ころの（　　　）の　ゆめは　なんでしたか。

　　1　しょうらい　　2　よやく　　　3　よてい　　　4　やくそく

19　やきゅうの（　　　）を　もらったから、いっしょに　見に　いきましょう。

　　1　ぼうし　　　　2　しあい　　　3　ルール　　　4　チケット

20 まんがを　買いに　きんじょの（　　　）に　いきました。

　　1　ほんや　　　　　2　にくや　　　　　3　やおや　　　　　4　はなや

もんだい４　＿＿＿の　ぶんと　だいたい　おなじ　いみの　ぶんが　あります。
1・2・3・4から　いちばん　いい　ものを　ひとつ　えらんで　ください。

（れい）　わたしは　どくしょが　すきです。

    1　わたしは　公園を　あるくのが　すきです。

    2　わたしは　たべるのが　すきです。

    3　わたしは　本を　よむのが　すきです。

    4　わたしは　はしるのが　すきです。

（かいとうようし）

（れい）	①	②	●	④

21　ぐあいは　よく　なりましたか。

    1　きれいに　なりましたか。

    2　げんきに　なりましたか。

    3　したしく　なりましたか。

    4　いたく　なりましたか。

22　たなかさんの　かんがえに　さんせいです。

    1　たなかさんの　かんがえは　いいと　おもいます。

    2　たなかさんの　かんがえは　よく　ないと　おもいます。

    3　たなかさんの　かんがえは　ふるいと　おもいます。

    4　たなかさんの　かんがえは　めずらしいと　おもいます。

23　かのじょは　しんせつな　ひとです。

    1　かのじょは　こわい　ひとです。

    2　かのじょは　あかるい　ひとです。

    3　かのじょは　つめたい　ひとです。

    4　かのじょは　やさしい　ひとです。

24 おとうとは　ねこを　そだてて　います。

1　おとうとは　ねこを　みて　います。

2　おとうとは　ねこを　かって　います。

3　おとうとは　ねこを　さわって　います。

4　おとうとは　ねこを　あらって　います。

もんだい5　つぎの　ことばの　つかいかたで　いちばん　いい　ものを
　　　　　　1・2・3・4から　ひとつ　えらんで　ください。

（れい）　やめる

　　1　そうじを　して、いらない　ものは　<u>やめました</u>。

　　2　さむいので、まどを　<u>やめました</u>。

　　3　こうえんの　ちかくに　くるまを　<u>やめました</u>。

　　4　りょこうに　いく　ことを　<u>やめました</u>。

　　（かいとうようし）　　| **（れい）** | ① ② ③ ● |

25　つつむ

　　1　あの　びょういんは　木に　<u>つつまれて</u>　います。

　　2　思って　いる　ことを　<u>つつまないで</u>　はなして　ください。

　　3　プレゼントを　きれいな　かみで　<u>つつんで</u>　くれました。

　　4　のみものは　れいぞうこに　<u>つつんで</u>　おきました。

26　じんこう

　　1　私の　クラスの　<u>じんこう</u>は　30人です。

　　2　パンダを　見たい　<u>じんこう</u>が　どうぶつえんに　あつまりました。

　　3　ほとんどの　<u>じんこう</u>が　もう　バスに　のって　います。

　　4　にほんの　<u>じんこう</u>は　10年前から　へりつづけて　います。

27　わかい

　　1　あの　<u>わかい</u>　子どもは　ずっと　ないて　います。

　　2　この　かいしゃの　社長は　わたしの　父より　<u>わかい</u>　ひとです。

　　3　たんじょうびに　<u>わかい</u>　パソコンを　買う　つもりです。

　　4　この　まちには　えいがかんが　<u>わかい</u>です。

28 へんじ

1 かのじょは 会うと かならず へんじを して くれます。

2 もんだいの へんじを いっしょに かんがえましょう。

3 きのう おばあさんに てがみの へんじを 書きました。

4 こんどの テストに ついて 先生に へんじしたい ことが あります。

N4

げんごちしき　ぶんぽう　　どっかい
言語知識（文法）・読解

ふん
（55分）

ちゅう　い
注　意
Notes

1. 試験が始まるまで、この問題用紙を開けないでください。
   Do not open this question booklet until the test begins.

2. この問題用紙を持って帰ることはできません。
   Do not take this question booklet with you after the test.

3. 受験番号と名前を下の欄に、受験票と同じように書いて
   ください。
   Write your examinee registration number and name clearly in each box below as
   written on your test voucher.

4. この問題用紙は、全部で14ページあります。
   This question booklet has 14 pages.

5. 問題には解答番号の 1 、 2 、 3 … があります。
   解答は、解答用紙にある同じ番号のところにマークして
   ください。
   One of the row numbers 1 , 2 , 3 … is given for each question. Mark your answer
   in the same row of the answer sheet.

じゅけんばんごう 受験番号　Examinee Registration Number	

な　まえ 名　前　Name	

もんだい1 （　　　）に 何を 入れますか。1・2・3・4から いちばん いい ものを 一つ えらんで ください。

（例） 私は 去年から ジョギング（　　　）して います。

    1　を　　　　　　　2　の　　　　　　　3　が　　　　　　　4　へ

（解答用紙）　 | **（例）** | ● ② ③ ④ |

1　子どもの とき、母（　　　）ピアノを 習いました。

    1　で　　　　　　　2　の　　　　　　　3　に　　　　　　　4　へ

2　さいふ（　　　）見つかって、よかったですね。

    1　に　　　　　　　2　が　　　　　　　3　を　　　　　　　4　と

3　スマホは 便利です。買い物も できる（　　　）、映画も 見られます。

    1　と　　　　　　　2　が　　　　　　　3　し　　　　　　　4　から

4　梅雨の 季節に 入ってから、毎日、雨（　　　）で いやに なります。

    1　ばかり　　　　　2　から　　　　　　3　しか　　　　　　4　まで

5　A「あの 林さんが 連絡も しないで 休むのは（　　　）考えても 変で すよ。」

    B「はい、かのじょは とても まじめな 人ですから。」

    1　どのぐらい　　　2　どうして　　　　3　どの　　　　　　4　どう

6 A「子どもが　けがを　するんじゃないかと　心配で、おこって　しまう
　　　　ことが　多いんです。うるさいと　思われて　しまいますよね。」

　　　B「お子さんも　お母さんの　きもちを（　　　）わかって　いると　思い
　　　　ますよ。」

　　　1　じゅうぶん　　　2　いつか　　　　　3　なかなか　　　　4　だんだん

7 A「もうすぐ　着きそうです。しあいは　もう　始まりましたか。」

　　　B「ちょうど　今から（　　　）ところです。いそいで　ください。」

　　　1　はじまり　　　　　　　　　　　　2　はじまる

　　　3　はじまった　　　　　　　　　　　4　はじまって　いる

8 番号は　合って　いる（　　　）なのに、かれは　電話に　出ませんでした。

　　　1　だけ　　　　　　2　ほう　　　　　3　はず　　　　　4　つもり

9 すみませんが、（　　　）コピー機の　スイッチを　切る　ように　して
　　ください。

　　　1　使いだしたら　　　　　　　　　　2　使いはじめたら

　　　3　使いすぎたら　　　　　　　　　　4　使いおわったら

10 村上「佐々木くん、ちょっと　いい？田中さんでは　たなに　手が　届かな
　　　　　いから、佐々木くんが　田中さんを（　　　）。」

　　　佐々木「はい、わかりました。はこを　たなの　上に　置けば　いいんで
　　　　　すね。」

　　　1　手伝って　くれて　　　　　　　　2　手伝って　もらって

　　　3　手伝って　あげて　　　　　　　　4　手伝って　いただいて

11 A「ちょっと、あなた。そうやって　一日中（　　　）そうじでも　したら、
　　どうなの?」

　　B「休みの　日なんだから　もう　少し　寝かせて　くれても　いいだろう。
　　　　そうじは　あとで　やるよ。」

　　1　寝て　いて　　　　　　　　　　　　2　寝て　いなくて
　　3　寝て　いたら　　　　　　　　　　　4　寝て　いないで

12 桜田先生は　私に「自分が　好きな　ことを　した　ほうが　いい」と
（　　　　）。

　　1　召し上がりました　　　　　　　　2　いらっしゃいました
　　3　まいりました　　　　　　　　　　4　おっしゃいました

13 A「森さんは、本当に　いろんな　ことを　よく　知って　いますよね。」

　　B「そんな　ことは　ありませんが、学生の　ときからの　しゅうかんで　知
　　　　らない　ことや　気に　なる　ことは　すぐに（　　　　）。」

　　1　調べる　ほうが　よかったです　　2　調べる　ことに　して　います
　　3　調べようと　思いました　　　　　4　調べるように　なりたいです

もんだい2　___★___　に　入る　ものは　どれですか。1・2・3・4から　いちばん
いい　ものを　一つ　えらんで　ください。

14　A「おいしそうな　ケーキが　たくさん　ありますね。」

　　B「この　お店の　ケーキは　全部　おいしそうで、_____　_____

　　　　___★___　_____　えらべなくて　こまって　しまいます。」

　　1　を　　　　　　2　か　　　　　　3　買う　　　　　　4　どれ

15　A「すみません、待ちましたか。」

　　B「いえいえ、私も　電車が　_____　_____　___★___　_____　なので

　　　　気に　しないで　ください。」

　　1　ところ　　　　2　今　　　　　　3　遅れて　　　　4　着いた

16 入学式の 会場には 安全の ために ＿＿＿ ＿＿＿ ＿★＿ ＿＿＿ ことが できません。

　　1　だけしか　　　2　その　家族　　3　学生と　　　　4　入(はい)る

17 きのうは つかれて いたので、ずっと 家(いえ)に いる ＿＿＿ ＿＿＿ ＿★＿ ＿＿＿ に 行(い)って きました。

　　1　友(とも)だちから　　　　　　　　2　買(か)い物(もの)
　　3　つもりでしたが　　　　　　　　4　さそわれて

もんだい3　　18　から　21　に　何を　入れますか。文章の　意味を
考えて、1・2・3・4から　いちばん　いい　ものを　一つ
えらんで　ください。

下の　文章は　留学生の　作文です。

夏まつり

サイモン・パッド

　　私は　夏まつりが　好きです。それで　毎年　まつりに　行って　います。
いつもは　しずかな　日本の　人も、　まつりの　とき　18　音楽に　合わせ
て、　歌ったり、　おどったり　します。本当に　にぎやかです。

　　19　、小さな　お店が　たくさん　あります。ゲームや　おいしい　食べ物
が　楽しめます。私は　焼きそばが　好きなので、まつりに　行ったら、かなら
ず　買います。そして、焼きそばを　20　花火を　見ます。暗い　空に　あが
る　花火は　大きくて、きれいです。

　　夏まつりは　とても　楽しいです。来年、家族が　日本に　遊びに　21　。
その　ときは　家族と　いっしょに　まつりに　行きたいです。

18

1 は 　　　　2 や 　　　　3 が 　　　　4 も

19

1 しかし 　　　2 それから 　　3 だから 　　　4 もし

20

1 食べて　いて	2 食べても
3 食べれば	4 食べながら

21

1 来た　ことが　あります	2 来る　ことに　なって　います
3 来ても　いいです	4 来ても　かまいません

もんだい4 つぎの（1）から（3）の文章を読んで、質問に答えてください。答えは、1・2・3・4から、いちばんいいものを一つえらんでください。

（1）

このお知らせが留学生センターにあります。

●アルバイトをしてみませんか●

―森葉大学の留学生のみなさんへ―
新しく来た留学生が日本の生活に慣れるまで手伝ってください！
期　間：春学期
仕　事：留学生の生活のサポート
人数：20人くらい

■こんな人にお願いしたいです■

① 英語と日本語がどちらも話せる人
② 学校の近くに住んでいる人（森葉市に住んでいる人）

※興味のある人は、春学期が始まる2週間前まで留学生センターの事務室に来てください。

22　このお知らせからアルバイトについてわかることは何ですか。

1　生活に慣れた学生を手伝わなくてはいけません。
2　英語だけ話せる学生はアルバイトをすることができます。
3　アルバイトは春学期の2週間前から始まります。
4　アルバイトをしたい学生は留学生センターに行きます。

(2)

モーリーさんの机にメモがあります。

モーリーさん

　きのう、モーリーさんから借りた教科書をジュースで汚してしまいました。本当にすみません。今日、新しいものを買いに行きます。

　モーリーさんの日本語Ⅰの授業は1時間目ですよね。私の教科書を使ってください。私は3時間目に日本語Ⅰの授業がありますから、そのときまでに返してください。

　明日、新しい教科書を渡しますね。

キム

23　このメモを読んで、モーリーさんは何をしますか。

1　今日、新しい教科書を買いに行きます。

2　1時間目までにキムさんに教科書を返します。

3　3時間目までにキムさんに教科書を返します。

4　明日、新しい教科書を買いに行きます。

(3)

　子どものころよく手紙を書いていました。でも、Ｅメールをよく使うようになってから、今は手紙をあまり書かなくなりました。手紙は書くのも大変だし、届くのにも時間がかかります。でも、時間がかかるから、手紙にはあたたかさがあります。パソコンで打たれた字はぜんぶ形が同じですが、手で書かれた字は一つ一つ違います。そこから人の気持ちが伝わってきます。

24　文章を書いた人は手紙についてどのように言っていますか。

　　1　手紙を今もよく書いています。
　　2　手紙を書くことは大変ではありません。
　　3　手紙の字はぜんぶ同じです。
　　4　手紙は気持ちが伝わりやすいです。

もんだい5　つぎの文章を読んで、質問に答えてください。答えは、

1・2・3・4から、いちばんいいものを一つえらんでください。

自転車

モニカ・リッチ

　日本に来て、① びっくりしたことがあります。それはたくさんの人が自転車を利用することです。私の国では、バスや電車をよく使うので、自転車はあまり必要がありません。だから、私は自転車に乗ったことがありませんでした。最初はびっくりしましたが、自転車に乗る人たちがかっこよく見えて、私も乗ってみたくなりました。もちろん、自転車を買わなければならないので、お金がかかるし、バスに乗って学校に行くのがもっと楽です。でも、なにか新しいことをしてみたいという気持ちがありました。

　なにか新しいことをするのはひさしぶりなので、② こわくなりました。「けがをしたら、どうしよう。」、「周りの人に笑われるかもしれない。」と変な心配で頭がいっぱいでした。それでも、自転車を買って、一人で自転車に乗る練習を始めました。練習を1週間続けて、やっと自転車に乗れるようになりました。本当にうれしくて、大きな声で「やったー」と言いました。

　私はこのような何かにチャレンジする喜びを忘れていました。大人になって、なにかを新しく学んだことは初めてです。これは私の成長に重要です。だから、こわいと思わないで、これからも新しいことをやってみたいと思います。

25　①びっくりしたこととありますが、どんなことですか。

1　日本では、たくさんの人が自転車に乗ること

2　日本では、自転車よりもバスをよく使うこと

3　日本では、自転車に乗る必要がないこと

4　日本では、自転車に乗らない人がいないこと

26　なぜ、②こわくなりましたか。

1　ひさしぶりに新しいことを始めるから

2　けがをして、笑われると思ったから

3　変な心配をしてしまうから

4　一人で練習しないといけないから

27　なぜ、これからも新しいことをやってみたいと言っていますか。

1　チャレンジする喜びを忘れてしまうから

2　大人になってからできることがあるから

3　「私」が成長するために重要なことだから

4　新しいことはこわくないと分かったから

もんだい6 右のページのお知らせを見て、下の質問に答えてください。答えは
1・2・3・4から、いちばんいいものを一つえらんでください。

28 大木さんは「本を話そう！」に行きたいと思っています。大木さんは日本文
学が読みたいです。仕事が午後6時に終わるので、その後に行けるものがいい
です。会社から本屋までは15分かかります。大木さんが選べるのはどれですか。

   1   ①

   2   ②

   3   ③

   4   ①、②

29 東さんは「本を話そう！」へ英文学を読みに行こうと思っています。夏休
みが終わる8月末までに終わるものがいいです。東さんはいくらお金を払いま
すか。

   1   500円

   2   1,400円

   3   1,600円

   4   1,700円

本を話そう！

北野本屋では、本を読む会を開いています。

いっしょに本を読んで、その後、どう思ったかみんなで考えを話しましょう！

7月～9月の予定

		本	期間と日時
①	日本文学	青い空 （900円）	7月1日～8月26日 （水曜日　18:00～20:00）
②	日本文学	さくらが咲いた冬 （1,000円）	7月3日～9月25日 （金曜日　19:00～21:00）
③	日本文学	ひまわり （800円）	7月4日～9月5日 （土曜日　15:00～17:00）
④	英文学	夜の月 （1,200円）	7月7日～8月18日 （火曜日　19:00～21:00）
⑤	英文学	ねこの学校 （1,100円）	8月2日～9月20日 （日曜日　15:00～17:00）

－料金－

● 初めの日に料金を払ってください。

日本文学：300円、英文学：500円

● 本は自分で準備してください。

N4

ちょうかい
聴解

ふん
(35分)

ちゅう　い
注　意
Notes

1. 試験が始まるまで、この問題用紙を開けないでください。

   Do not open this question booklet until the test begins.

2. この問題用紙を持って帰ることはできません。

   Do not take this question booklet with you after the test.

3. 受験番号と名前を下の欄に、受験票と同じように書いてください。

   Write your examinee registration number and name clearly in each box below as written on your test voucher.

4. この問題用紙は、全部で16ページあります。

   This question booklet has 16 pages.

5. この問題用紙にメモをとってもいいです。

   You may make notes in this question booklet.

じゅけんばんごう 受験番号　Examinee Registration Number	

な まえ 名　前　Name	

もんだい 1

　もんだい 1 では、まず　しつもんを　聞いて　ください。それから　話を
聞いて、もんだいようしの　1 から 4 の　中から、いちばん　いい　ものを　一つ
えらんで　ください。

れい

1　カレーだけ

2　ピザだけ

3　カレーと　のみもの

4　ピザと　のみもの

1ばん

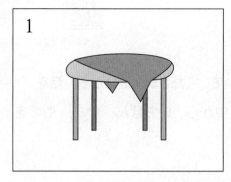

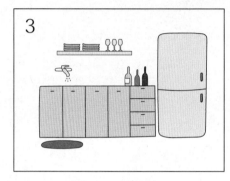

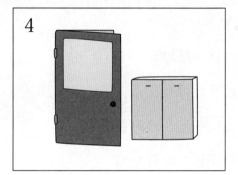

2ばん

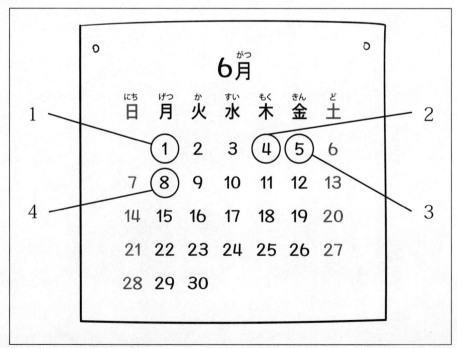

3ばん

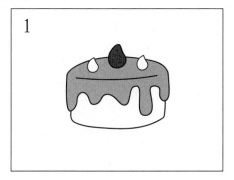

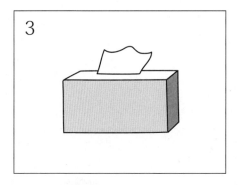

4ばん

1 ねる 前_{まえ}に コーヒーを のむ

2 ねる 前に あつい おふろに はいる

3 ねる 前に けいたいでんわを つかう

4 ねる 前に ホットミルクを のむ

5 ばん

1　はなやと　しょうがっこう

2　しょうがっこうと　ちゅうがっこう

3　ちゅうがっこうと　ほんや

4　しょうがっこうと　ほんや

6 ばん

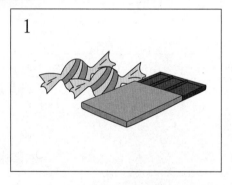

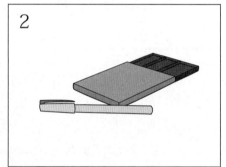

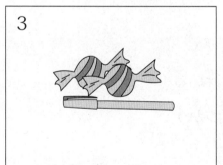

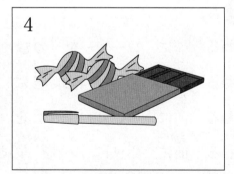

7ばん

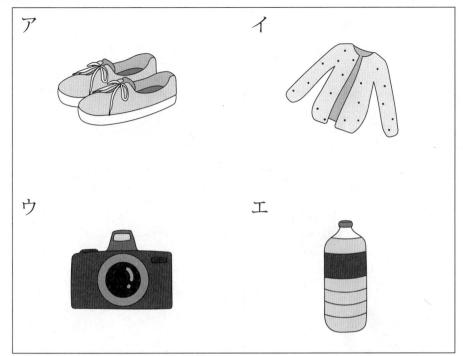

1 ア イ

2 ア ウ

3 ア イ エ

4 イ ウ エ

8ばん

もんだい 2

　もんだい 2では、まず　しつもんを　聞いて　ください。そのあと、
もんだいようしを　見て　ください。読む　時間が　あります。それから　話を
聞いて、もんだいようしの　1から4の　中から、いちばん　いい　ものを　一つ
えらんで　ください。

れい

1　へやが　せまいから

2　ばしょが　わるいから

3　かいしゃから　とおいから

4　となりの　ひとが　しんせつでは　ないから

1ばん

1　もくようび

2　きんようび

3　どようび

4　にちようび

2ばん

1　おにくが　たかくなったから

2　たくさん　にんきが　でたから

3　たくさん　おみせが　できたから

4　おいしい　ぎゅうどんに　したいから

3ばん

1 ゆっくり　すごした

2 やまに　のぼった

3 かいものに　いった

4 うんどうを　した

4ばん

1 しょうがくせいの　とき

2 こうこうせいの　とき

3 ちゅうがくせいの　とき

4 さんさいの　とき

5ばん

1   ちゅうごくの　ほん

2   かがみ

3   スカート

4   アクセサリー

6ばん

1   しょくどう

2   かいぎしつ

3   つくえの　うえ

4   つくえの　ひきだし

7ばん

1 レストランを　よやくする

2 ゆびわを　かう

3 はなを　かう

4 てがみを　かく

もんだい３

もんだい３では、えを　見ながら　しつもんを　聞いて　ください。
➡（やじるし）の　人は　何と　言いますか。１から３の　中から、いちばん
いい　ものを　一つ　えらんで　ください。

れい

1ばん

2ばん

3ばん

4ばん

5ばん

もんだい４

　もんだい４では、えなどが　ありません。まず　ぶんを　聞いて　ください。
それから、そのへんじを　聞いて、１から３の　中から、いちばん　いい　ものを
一つ　えらんで　ください。

－ メモ －

-メモ-

-メモ-

해커스일본어를 선택한 선배들의
일본어 실력 수직상승 비결!

해커스일본어와 함께라면
일본어 실력상승의 주인공은 바로 여러분입니다.

**수업만 따라가도
어려운 문법 고민 해결!**

송*미 수강생

저는 **최연지 선생님의 문법 강의가 매우 도움이 되었습니다.**
저는 몇 그룹의 동사인지 등 외우는 것을 별로 좋아하지
않았습니다. 하지만 **선생님이 문법 요점을 알기 쉽게 알려주셔서**
아마 포기하지 않고 끝까지 들었다고 생각합니다. 그 결과 수업에
나오는 내용과 예시 암기만 하였을 뿐인데 **대부분의 문법 문제
푸는 것이 가능**해졌습니다.

**정답과 오답까지 꼼꼼하게
챙기는 JLPT 필승 전략!**

오*혜 수강생

사실 저는 해커스를 인강으로 듣기 전에 타 학원 강의를 먼저
들었어요. 하나도 못 알아듣겠고 공부법과 왜 이게 정답인지를
알려주는 게 아니라 굉장히 스킬적인 기술만 알려주시더라구요.
해커스일본어 선생님은 찍어 맞추기가 아닌 **왜 이것이 정답이고
왜 다른 건 오답이 되는지** 정확하게 천천히 알려주셔서 저 같은
일본어 왕초보도 N3 자격증을 취득할 수 있었습니다.

**암기가 아닌,
이해하는 일본어 학습법!**

이현* 수강생

최연지 선생님 강의의 장점은 **단어를 공부하고,
사진이랑 그 단어를 사용하는 예문까지** 알려주시는
점입니다! 단어만 외우는 것보다 문장까지 같이 보니까,
어떻게 쓰이는지 더 이해가 잘되는 것 같아요!

해커스
JLPT

일본어능력시험

N4

한 권으로 합격

정답 · 해설 · 해석 · 어휘정리 · 오답분석까지 다 담은

완벽 분석 해설집

해커스 어학연구소

해커스
JLPT 일본어능력시험
N4
한 권으로 합격

정답 · 해설 · 해석 · 어휘정리 · 오답분석까지 다 담은

완벽 분석 해설집

🎓 해커스어학연구소

일본어도 역시,
1위 해커스

japan.Hackers.com

해커스 **JLPT** N4 한 권으로 합격

Contents

문자 · 어휘

문제 1 한자 읽기

실력 다지기   p.54

01 ② (사회)	**02** ③ (상담)	**03** ② (나아가다)
04 ④ (필요하다)	**05** ① (굵다)	**06** ① (결심)
07 ③ (빛나다)	**08** ③ (복잡하다)	**09** ① (근처)
10 ② (친절하다)	**11** ④ (선선하다)	**12** ③ (통하다)
13 ① (교육)	**14** ② (북쪽)	**15** ④ (약하다)
16 ③ (사용하다)	**17** ① (하숙)	**18** ② (적당하다)
19 ② (가깝다)	**20** ④ (목)	

실전 테스트 1   p.56

1 1	**2** 1	**3** 2	**4** 1	**5** 3
6 2	**7** 3			

> **문제 1** ＿＿＿의 말은 히라가나로 어떻게 씁니까? 1·2·3·4에서 가장 알맞은 것을 하나 골라 주세요.

1

출발出発 시간은 밤 9시입니다.

해설 出発는 1 しゅっぱつ로 발음한다. しゅっ이 요음 ゅ인 것에 주의한다.
어휘 出発 しゅっぱつ 圆 출발 じかん 圆 시간 よる 圆 밤
　　～時 ～じ ~시

2

여기에 앉아座って 주세요.

해설 座って는 1 すわって로 발음한다.
어휘 座る すわる 園 앉다 立つ たつ 園 서다
　　入る はいる 園 들어가다, 들어오다 行く いく 園 가다
　　～てください ~(해) 주세요

3

지도地図의 보는 방법을 모릅니다.

해설 地図는 2 ちず로 발음한다. 地는 じ와 ち로, 図는 ず와 と로 각각 발음할 수 있는데, 地図의 경우에는 ちず로 발음하는 것에 주의한다.
어휘 地図 ちず 圆 지도 みかた 圆 보는 방법 わかる 園 알다, 이해하다

4

그는 수영 연습練習을 하고 있습니다.

해설 練習는 1 れんしゅう로 발음한다. しゅう가 장음인 것에 주의한다.
어휘 練習 れんしゅう 圆 연습 かれ 圆 그 水泳 すいえい 圆 수영

5

제가 태어난 계절은 봄春입니다.

해설 春는 3 はる로 발음한다.
어휘 春 はる 圆 봄 夏 なつ 圆 여름 秋 あき 圆 가을 冬 ふゆ 圆 겨울
　　生まれる うまれる 園 태어나다 きせつ 圆 계절

6

멀遠いだ만 바다에 가고 싶습니다.

해설 遠い는 2 とおい로 발음한다.
어휘 遠い とおい い형 멀다 寒い さむい い형 춥다
　　高い たかい い형 비싸다, 높다 暗い くらい い형 어둡다
　　～けど 图 ~지만 海 うみ 圆 바다 いく 園 가다
　　～たい ~(하)고 싶다

7

자유自由로운 생활을 하고 있습니다.

해설 自由는 3 じゆう로 발음한다. ゆう가 장음인 것에 주의한다.
어휘 自由だ じゆうだ な형 자유롭다 せいかつ 圆 생활

1 2	**2** 1	**3** 4	**4** 2	**5** 1
6 4	**7** 4			

문제 1 _____의 말은 히라가나로 어떻게 씁니까? 1·2·3·4에서
가장 알맞은 것을 하나 골라 주세요.

1

이 호텔은 불편**不便**한 곳에 있습니다.

해설 不便은 2 ふべん으로 발음한다. ふ가 탁음이 아닌 것과 べん이 탁
음인 것에 주의한다.

어휘 不便だ ふべんだ 【な형】불편하다   ホテル 【명】호텔   ところ【명】곳

2

조금만 자르**切って**기를 바랍니다.

해설 切っては 1 きって로 발음한다.

어휘 切る きる 【동】자르다   貼る はる 【동】붙이다   待つ まつ 【동】기다리다
取る とる 【동】집다   少し すこし 【부】조금   ～だけ 【조】~만
～てほしい ～(하)기를 바라다

3

일기**日記**를 쓰는 것을 좋아하지 않습니다.

해설 日記는 4 にっき로 발음한다. 日는 음독으로 にち 또는 にっ, 훈독
으로 ひ로 발음할 수 있는데, 日記의 경우에는 にっ으로 발음하는 것
에 주의한다.

어휘 日記 にっき 【명】일기   書く かく 【동】쓰다   すきだ 【な형】좋아하다

4

최근 선선해**涼しく** 졌습니다.

해설 涼しくは 2 すずしく로 발음한다.

어휘 涼しい すずしい 【い형】선선하다   忙しい いそがしい 【い형】바쁘다
美しい うつくしい 【い형】아름답다   親しい したしい 【い형】친하다
さいきん 【명】최근

5

이것을 지우지 않기를**消さないで** 바랍니다.

해설 消さないでは 1 けさないで로 발음한다.

어휘 消す けす 【동】지우다, 끄다   落す おとす 【동】떨어뜨리다
返す かえす 【동】돌려주다   出す だす 【동】내다
～ないでほしい ～(하)지 않기를 바라다

6

눈**雪** 그림이 예쁘네요.

해설 雪는 4 ゆき로 발음한다.

어휘 雪 ゆき 【명】눈   星 ほし 【명】별   雲 くも 【명】구름   雨 あめ 【명】비
え 【명】그림   きれいだ 【な형】예쁘다

7

계획**計画**을 바꿨습니다.

해설 計画는 4 けいかく로 발음한다. けい가 장음인 것과 かく가 탁음이
아닌 것에 주의한다.

어휘 計画 けいかく 【명】계획   かえる 【동】바꾸다

1 4	**2** 1	**3** 3	**4** 1	**5** 2
6 1	**7** 2			

문제 1 _____의 말은 히라가나로 어떻게 씁니까? 1·2·3·4에서
가장 알맞은 것을 하나 골라 주세요.

1

생각해**考えて** 보아도 괜찮습니까?

해설 考えては 4 かんがえて로 발음한다.

어휘 考える かんがえる 【동】생각하다   答える こたえる 【동】대답하다
教える おしえる 【동】가르치다   数える かぞえる 【동】세다

2

어제, 가족**家族** 사진을 찍었습니다.

해설 家族는 1 かぞく로 발음한다. か가 탁음이 아닌 것과 ぞく가 탁음인
것에 주의한다.

어휘 家族 かぞく 【명】가족   きのう 【명】어제   しゃしん 【명】사진
とる 【동】(사진을) 찍다

3

이 빌딩은 매우 높**高い**습니다.

해설 高いは 3 たかい로 발음한다.

어휘 高い たかい 【い형】높다   暗い くらい 【い형】어둡다
安い やすい 【い형】싸다   広い ひろい 【い형】넓다   ビル 【명】빌딩
とても 【부】매우

4

> 무리無理한 부탁을 해서 죄송합니다.

해설 無理는 1 むり로 발음한다. 無는 む와 ぶ 두 가지로 발음할 수 있는데 無理의 경우 む로 발음하며, り가 장음이 아닌 것에 주의한다.

어휘 無理だ むりだ [な형] 무리다

5

> 경제経済 수업은 좋아하지 않습니다.

해설 経済는 2 けいざい로 발음한다. けい가 장음인 것과 ざい가 탁음인 것에 주의한다.

어휘 経済 けいざい [명] 경제   じゅぎょう [명] 수업   すきだ [な형] 좋아하다

6

> 다리足에 부상을 입고 말았습니다.

해설 足는 1 あし로 발음한다.

어휘 足 あし [명] 다리, 발   体 からだ [명] 몸   頭 あたま [명] 머리   指 ゆび [명] 손가락   けがをする 부상을 입다   〜てしまう 〜(하)고 말다, (해) 버리다

7

> 지하철地下鉄에서 버스로 갈아타 주세요.

해설 地下鉄는 2 ちかてつ로 발음한다. 地는 ち와 じ 두 가지로 발음할 수 있는데, 地下鉄의 경우에는 ち로 발음하는 것과 てつ가 촉음이 아닌 것에 주의한다.

어휘 地下鉄 ちかてつ [명] 지하철   〜から [조] 〜에서   バス [명] 버스   のりかえる [동] 갈아타다   〜てください 〜(해) 주세요

실전 테스트 4
p.59

1 4	**2** 1	**3** 2	**4** 3	**5** 1
6 3	**7** 1			

문제1 _____의 말은 히라가나로 어떻게 씁니까? 1·2·3·4에서 가장 알맞은 것을 하나 골라 주세요.

1

> 저는 무역貿易의 일을 하고 있습니다.

해설 貿易는 4 ぼうえき로 발음한다. ぼう가 장음인 것과 えき가 탁음이 아닌 것에 주의한다.

어휘 貿易 ぼうえき [명] 무역   しごと [명] 일

2

> 저쪽에 보이는 구름雲은 매우 예쁘네요.

해설 雲는 1 くも로 발음한다.

어휘 雲 くも [명] 구름   庭 にわ [명] 정원   海 うみ [명] 바다   花 はな [명] 꽃   みえる [동] 보이다   とても [부] 매우   きれいだ [な형] 예쁘다

3

> 유감残念입니다만, 내일은 못 갑니다.

해설 残念은 2 ざんねん으로 발음한다. ざん이 탁음인 것에 주의한다.

어휘 残念だ ざんねんだ [な형] 유감이다   あした [명] 내일   行く いく [동] 가다

4

> 여러분, 회장会場에 모여 주세요.

해설 会場는 3 かいじょう로 발음한다. じょう가 요음 ょ인 것에 주의한다.

어휘 会場 かいじょう [명] 회장   みなさん [명] 여러분   あつまる [동] 모이다   〜てください 〜(해) 주세요

5

> 이 길道은 넓어서 좋습니다.

해설 道는 1 みち로 발음한다.

어휘 道 みち [명] 길   店 みせ [명] 가게   街 まち [명] 거리   村 むら [명] 마을   ひろい [い형] 넓다

6

> 기다리고待って 있어줘서 고맙습니다.

해설 待って는 3 まって로 발음한다.

어휘 待つ まつ [동] 기다리다   取る とる [동] 잡다   送る おくる [동] 보내다   持つ もつ [동] 들다, 가지다   〜てくれる 〜(해) 주다

7

> 기쁜嬉しい 일이 잔뜩 있었습니다.

해설 嬉しい는 1 うれしい로 발음한다.

어휘 嬉しい うれしい [い형] 기쁘다   悲しい かなしい [い형] 슬프다   恥ずかしい はずかしい [い형] 부끄럽다   楽しい たのしい [い형] 즐겁다   いっぱい [부] 잔뜩, 가득

실력 다지기

p.74

01 ① (은행)	**02** ② (세계)	**03** ③ (달리고)
04 ④ (밝았다)	**05** ② (친절)	**06** ① (다소)
07 ④ (중요)	**08** ② (종이)	**09** ③ (짧다)
10 ② (특별)	**11** ① (당기다)	**12** ④ (수업)
13 ① (즐겁다)	**14** ④ (가르치다)	**15** ② (충분)
16 ③ (시험)	**17** ① (이야기하다)	**18** ② (아프다)
19 ① (옥상)	**20** ② (언니, 누나)	

실전 테스트 1

p.76

8 1	**9** 3	**10** 4	**11** 1	**12** 2

> **문제 2** _____의 말은 어떻게 씁니까? 1·2·3·4에서 가장 알맞은 것을 하나 골라 주세요.

8

> 오늘 아침けさ은 밥을 먹지 않았습니다.

해설 けさ는 1 今朝로 표기한다.

어휘 今朝 けさ 몡오늘 아침 今日 きょう 몡오늘 明日 あした 몡내일
夕方 ゆうがた 몡저녁 ごはん 몡밥, 식사 食べる たべる 동먹다

9

> 이것은 저쪽의 가게에서 샀습니다かいました.

해설 かいました는 3 買いました로 표기한다. 1, 2, 4는 없는 단어이다.

어휘 買う かう 동사다 貸す かす 동빌려주다 店 みせ 몡가게

10

> 매일 산책さんぽ을 하고 있습니다.

해설 さんぽ는 4 散歩로 표기한다. 2, 3은 없는 단어이다. 선택지 2와 3의 한자는 정답의 한자인 散과 비슷한 모양으로 만든 없는 한자이다.

어휘 散歩 さんぽ 몡산책 まいにち 몡매일

11

> 가장 소중たいせつ한 것은 가족입니다.

해설 たいせつ는 1 大切로 표기한다. 2, 3, 4는 없는 단어이다. 大(たい, 크다)를 선택지 3과 4의 太(たい, 굵다)와 구별해서 알아두고, 切(せつ,

---

오로지)를 선택지 2와 4의 説(せつ, 말씀)와 구별해서 알아둔다.

어휘 大切だ たいせつだ 나형소중하다 いちばん 閉가장
かぞく 몡가족

12

> 아름다운うつくしい 경치를 보러 갑니다.

해설 うつくしい는 2 美しい로 표기한다. 1, 3, 4는 없는 단어이다.

어휘 美しい うつくしい 나형아름답다 現実 げんじつ 몡현실
夫 おっと 몡남편 完了 かんりょう 몡완료 けしき 몡경치
見る みる 동보다 いく 동가다

실전 테스트 2

p.77

8 3	**9** 1	**10** 3	**11** 1	**12** 4

> **문제 2** _____의 말은 어떻게 씁니까? 1·2·3·4에서 가장 알맞은 것을 하나 골라 주세요.

8

> 하얀しろい 가방을 사 받았습니다.

해설 しろい는 3 白い로 표기한다.

어휘 白い しろい 나형하얗다 黒い くろい 나형검다
青い あおい 나형파랗다 赤い あかい 나형빨갛다 かばん 몡가방
かう 동사다 ～てもらう ~(해) 받다

9

> 선생님의 말을 잘 들어きいて 주세요.

해설 きいて는 1 聞いて로 표기한다. 3, 4는 없는 단어이다.

어휘 聞く きく 동듣다 開く ひらく 동열리다 閉める しめる 동닫다
問う とう 동묻다 先生 せんせい 몡선생(님)
話 はなし 몡말, 이야기 よく 閉잘 ～てください ~(해) 주세요

10

> 지금부터 시험에 대해서 설명せつめい합니다.

해설 せつめい는 3 説明로 표기한다. 1, 2, 4는 없는 단어이다.

어휘 説明 せつめい 몡설명 今 いま 몡지금 ～から 조~부터
しけん 몡시험 ～について ~에 대해서

11

> 다음 주까지 도서관의 이용りよう이 불가능합니다.

해설 りよう는 1 利用로 표기한다. 2, 3, 4는 없는 단어이다. 利(り, 이롭다)를 선택지 2와 4의 科(か, 과목)와 구별해서 알아두고, 用(よう,

사용하다)를 선택지 3과 4의 要(よう, 요긴하다)와 구별해서 알아
둔다.

어휘 利用 りよう 圕이용 来週 らいしゅう 圕다음 주 ～まで 图~까지
としょかん 圕도서관 できる 图가능하다

12

> 최근, 독서どくしょ가 좋아졌습니다.

해설 どくしょ는 4 読書로 표기한다. 1, 2, 3은 없는 단어이다. 読(どく,
읽다)를 선택지 1과 3의 計(けい, 세다)와 구별해서 알아두고, 書(しょ,
글)를 선택지 1과 2의 康(こう, 편안)와 구별해서 알아둔다.

어휘 読書 どくしょ 圕독서 さいきん 圕최근
好きだ すきだ な형좋아하다

실전 테스트 3   p.78

8 2	**9** 4	**10** 1	**11** 3	**12** 2

문제2 _____의 말은 어떻게 씁니까? 1·2·3·4에서 가장 알맞은
것을 하나 골라 주세요.

8

> 학교がっこう의 앞에 역이 있습니다.

해설 がっこう는 2 学校로 표기한다. 1, 3, 4는 없는 단어이다. 学(がく,
배우다)를 선택지 3과 4의 教(きょう, 가르치다)와 구별해서 알아두
고, 校(こう, 학교)를 선택지 1과 3의 交(こう, 교차하다)와 구별해서
알아둔다.

어휘 学校 がっこう 圕학교 まえ 圕앞 えき 圕역

9

> 오빠의 방은 저의 방보다 큼おおきい니다.

해설 おおきい는 4 大きい로 표기한다. 1, 2, 3은 없는 단어이다.

어휘 大きい おおきい い형크다 長い ながい い형길다
多い おおい い형많다 太い ふとい い형굵다 あに 圕오빠, 형
へや 圕방 ～より 图~보다

10

> 죄송합니다만, 문을 열어あけて 주세요.

해설 あけて는 1 開けて로 표기한다. 2, 3, 4는 없는 단어이다. 선택지 3
과 4의 한자는 선택지 1과 2의 한자와 비슷한 모양으로 만든 없는 한
자이다.

어휘 開ける あける 图열다 閉める しめる 图닫다 ドア 圕문
～てください ~(해) 주세요

11

> 이 차는 불편ふべん하니까 사지 않습니다.

해설 ふべん은 3 不便으로 표기한다. 1, 2, 4는 없는 단어이다. 不(ふ, 아
니다)를 선택지 1과 2의 木(き, 나무)와 구별해서 알아두고, 便(べん,
편하다)을 선택지 2와 4의 更(こう, 고치다)와 구별해서 알아둔다.

어휘 不便だ ふべんだ な형불편하다 くるま 圕차 ～から 图~니까
かう 图사다

12

> 어제는 밤よる 늦게 잤습니다.

해설 よる는 2 夜로 표기한다.

어휘 夜 よる 圕밤 昼 ひる 圕낮 朝 あさ 圕아침 晩 ばん 圕밤
きのう 圕어제 おそい い형늦다 ねる 图자다

실전 테스트 4   p.79

8 3	**9** 1	**10** 2	**11** 4	**12** 2

문제2 _____의 말은 어떻게 씁니까? 1·2·3·4에서 가장 알맞은
것을 하나 골라 주세요.

8

> 수도すいどう에서 물이 나오지 않습니다.

해설 すいどう는 3 水道로 표기한다. 1, 2, 4는 없는 단어이다. 水(すい,
물)를 선택지 2와 4의 氷(こおり, 얼음)와 구별해서 알아두고, 道(ど
う, 길)를 선택지 1과 2의 堂(どう, 집)와 구별해서 알아둔다.

어휘 水道 すいどう 圕수도 ～から 图~에서 みず 圕물
出る でる 图나오다

9

> 저 슈퍼의 앞まえ에 야마다 씨가 있었습니다.

해설 まえ는 1 前로 표기한다.

어휘 前 まえ 圕앞 上 うえ 圕위 後 あと 圕뒤, 후 下 した 圕아래
スーパー 圕슈퍼

10

> 짐이 매우 무겁おもい습니다.

해설 おもい는 2 重い로 표기한다. 3, 4는 없는 단어이다.

어휘 重い おもい い형무겁다 軽い かるい い형가볍다
経験 けいけん 圕경험 運ぶ はこぶ 图운반하다 にもつ 圕짐
とても 閉매우

11

저의 취미는 자전거<u>じてんしゃ</u>를 타는 것입니다.

해설 じてんしゃ는 4 自転車로 표기한다. 1, 2는 없는 단어이다. 自(じ, 자기)를 선택지 1과 2의 白(しろ, 하양)와 구별해서 알아두고, 転(てん, 구르다)을 선택지 1과 3의 動(どう, 움직이다)와 구별해서 알아둔다.

어휘 自転車 じてんしゃ 명 자전거　自動車 じどうしゃ 명 자동차
しゅみ 명 취미　のる 동 타다

12

내일부터 대회가 <u>시작됩니다はじまります</u>.

해설 はじまります는 2 始まります로 표기한다. 1은 없는 단어이다.

어휘 始まる はじまる 동 시작되다　終わる おわる 동 끝나다
止まる とまる 동 멈추다　決まる きまる 동 정해지다
あした 명 내일　～から 조 ~부터　大会 たいかい 명 대회

문제 3 문맥 규정

실력 다지기

p.96

01 ①	02 ②	03 ②	04 ②	05 ①
06 ①	07 ②	08 ①	09 ②	10 ②
11 ①	12 ①	13 ②	14 ①	15 ①
16 ②	17 ②	18 ②	19 ①	20 ①

1

공장에서 (　　　) 을 배웁니다.

① 기술　　　　　　　② 결과

어휘 こうじょう 명 공장　まなぶ 동 배우다　ぎじゅつ 명 기술
けっか 명 결과

2

길이 붐비고 있어서 시간이 (　　　).

① 부서졌습니다　　　② 걸렸습니다

어휘 みち 명 길　こむ 동 붐비다　じかん 명 시간　こわれる 동 부서지다
かかる 동 걸리다

3

병이 (　　　) 다행입니다.

① 잘 어울려서　　　② 나아서

어휘 びょうき 명 병　似合う にあう 동 잘 어울리다　治る なおる 동 낫다

4

미국의 드라마에 (　　　) 를 가지고 있습니다.

① 목소리　　　　　　② 흥미

어휘 アメリカ 명 미국　ドラマ 명 드라마　持つ もつ 동 가지다
こえ 명 목소리　きょうみ 명 흥미

5

(　　　) 말투를 해서는 안 됩니다.

① 무례한　　　　　　② 정중한

어휘 いいかた 명 말투　～てはいけない ~(해)서는 안 된다
しつれいだ な형 무례하다, 실례이다　ていねいだ な형 정중하다

6

누나는 (　　　) 합격했습니다.

① 드디어　　　　　　② 점점

어휘 あね 명 누나, 언니　ごうかく 명 합격　とうとう 부 드디어
どんどん 부 점점

7

시합의 (　　　)을 지켜 주세요.

① 스위치　　　　　　② 룰

어휘 しあい 명 시합　まもる 동 지키다　～てください ~(해) 주세요
スイッチ 명 스위치　ルール 명 룰

8

발을 (　　　) 버려서 죄송합니다.

① 밟아　　　　　　　② 전해

어휘 あし 명 발　～てしまう ~(해) 버리다　ふむ 동 밟다
つたえる 동 전하다

9

마라톤은 (　　　) 저에게는 무리입니다.

① 똑바로　　　　　　② 역시

어휘 マラソン 명 마라톤　むりだ な형 무리다　まっすぐ 부 똑바로
やっぱり 부 역시

10

대학에 대해서 (　　　) 하고 싶습니다.

① 늦잠　　　　　　　② 상담

어휘 だいがく 명 대학　～について ~에 대해서　～たい ~(하)고 싶다
ねぼう 명 늦잠　そうだん 명 상담

11

일본의 소설을 (   ) 해 주세요.

① 번역　　　　　　　　② 약속

어휘 にほん 몡일본　しょうせつ 몡소설　〜てください ~(해) 주세요
　　ほんやく 몡번역　やくそく 몡약속

12

밤 늦게까지 과제를 해서 (   ) 니다.

① 졸립　　　　　　　　② 빠릅

어휘 よる 몡밤　おそい い형늦다　〜まで 조~까지　かだい 몡과제
　　ねむい い형졸리다　はやい い형빠르다

13

비로 신발이 (   ) 버렸습니다.

① 열려　　　　　　　　② 젖어

어휘 あめ 몡비　くつ 몡신발　〜てしまう ~(해) 버리다　あく 통열리다
　　ぬれる 통젖다

14

내년 (   ) 할 예정입니다.

① 귀국　　　　　　　　② 늦잠

어휘 らいねん 몡내년　よてい 몡예정　きこく 몡귀국　ねぼう 몡늦잠

15

고기를 100 (   ) 샀습니다.

① 그램　　　　　　　　② 미터

어휘 にく 몡고기　かう 통사다　グラム 몡그램　メートル 몡미터

16

몸은 이제 (   ) 니다.

① 열심히 합　　　　　　② 괜찮습

어휘 からだ 몡몸　もう 분이제　いっしょうけんめいだ 나형열심히 하다
　　だいじょうぶだ 나형괜찮다

17

선물을 (   ) 매우 기뻤습니다.

① 그만두어서　　　　　② 받아서

어휘 プレゼント 몡선물　とても 분매우　うれしい い형기쁘다
　　やめる 통그만두다　もらう 통받다

18

(   ) 영화를 본 뒤에는 잘 못 잡니다.

① 선선한　　　　　　　② 무서운

어휘 えいが 몡영화　みる 통보다　あと 몡뒤, 후　ねむる 통자다
　　すずしい い형선선하다　こわい い형무섭다

19

매일 아침, 뉴스를 보는 (   ) 이 있습니다.

① 습관　　　　　　　　② 꿈

어휘 まいあさ 몡매일 아침　ニュース 몡뉴스　みる 통보다
　　しゅうかん 몡습관　ゆめ 몡꿈

20

정원에 꽃을 (   ) 고 생각합니다.

① 심고 싶다　　　　　　② 기억하고 싶다

어휘 にわ 몡정원　はな 몡꽃　〜とおもう ~라고 생각하다
　　うえる 통심다　〜たい ~(하)고 싶다　おぼえる 통기억하다

실전 테스트 1　　　　　　　　　　　　　p.98

13 1	14 2	15 3	16 3	17 4
18 1	19 2	20 4		

문제3 (   )에 무엇을 넣습니까? 1·2·3·4에서 가장 알맞은
　　것을 하나 골라 주세요.

13

그는 항상 (   ) 을 말하기 때문에, 믿을 수 없습니다.

1 거짓말　　　　　　　2 꿈
3 상담　　　　　　　　　4 답

해설 선택지가 모두 명사이다. 빈칸 앞뒤의 내용과 함께 쓸 때 いつもうそ
　　を言うので、しんじることができません(항상 거짓말을 말하기 때
　　문에, 믿을 수 없습니다)이라는 문맥이 가장 자연스러우므로 1 うそ
　　(거짓말)가 정답이다. 2는 ゆめをみる(꿈을 꾸다), 3은 そうだんを
　　うける(상담을 받다), 4는 こたえを当てる(답을 맞히다)와 같이 자
　　주 쓰인다.

어휘 かれ 몡그　いつも 분항상　言う いう 통말하다
　　〜ので 조~때문에, 해서　しんじる 통믿다　できる 통할 수 있다
　　うそ 몡거짓말　ゆめ 몡꿈　そうだん 몡상담　こたえ 몡답, 답변

14

누구에게나 (   ) 사람이 되자고 생각했습니다.

1 편리한   2 친절한
3 불편한   4 능숙한

해설 선택지가 모두 な형용사이다. 빈칸 앞뒤의 내용과 함께 쓸 때 だれに
でもしんせつな人になろう(누구에게나 친절한 사람이 되자)라는 문
맥이 가장 자연스러우므로 2 しんせつ(친절)가 정답이다. 1은 べん
りなもの(편리한 물건), 3은 ふべんなところ(불편한 곳), 4는 料理
がじょうずな人(요리가 능숙한 사람)와 같이 자주 쓰인다.

어휘 だれ 圈누구   人 ひと 圈사람   〜とおもう ~라고 생각하다
べんりだ な형편리하다   しんせつだ な형친절하다
ふべんだ な형불편하다   じょうずだ な형능숙하다, 잘 하다

15

어제의 비로 차가 더러워졌기 때문에, 오늘은 차를 (   ).

1 정리합니다   2 일합니다
3 씻습니다   4 옮깁니다

해설 선택지가 모두 동사이다. 문장 전체를 보았을 때 きのうの雨で車が
汚くなったので、きょうは車をあらいます(어제의 비로 차가 더러
워졌기 때문에, 오늘은 차를 씻습니다)라는 문맥이 가장 자연스러우
므로 3 あらいます(씻습니다)가 정답이다. 빈칸 바로 앞의 車を(차
를)만 보고 1 かたづけます(정리합니다), 4 はこびます(옮깁니다)
를 정답으로 선택하지 않도록 주의한다. 1은 へやをかたづける(방
을 정리하다), 2는 コンビニではたらく(편의점에서 일하다), 4는 に
もつをはこぶ(짐을 옮기다)와 같이 자주 쓰인다.

어휘 きのう 圈어제   雨 あめ 圈비   車 くるま 圈차
汚い きたない い형더럽다   〜ので 조~때문에   きょう 圈오늘
かたづける 图정리하다   はたらく 图일하다   あらう 图씻다
はこぶ 图옮기다

16

(   ) 결혼식의 준비로 매우 바빴습니다.

1 더욱   2 조금
3 얼마동안   4 아직

해설 선택지가 모두 부사이다. 문장 전체를 보았을 때 しばらくけっこん
しきのじゅんびでとても忙しかったです(얼마동안 결혼식의 준비
로 매우 바빴습니다)가 문맥이 가장 자연스러우므로 3 しばらく(얼
마동안)가 정답이다. 1은 もっと大きいサイズ(더욱 큰 사이즈), 2
는 すこし休む(조금 쉬다), 4는 まだ食べていない(아직 먹지 않았
다)와 같이 자주 쓰인다.

어휘 けっこんしき 圈결혼식   じゅんび 圈준비   とても 囝매우
忙しい いそがしい い형바쁘다   もっと 囝더욱   すこし 囝조금
しばらく 囝얼마동안, 당분간   まだ 囝아직

17

지금 (   ) 있는 집은 매우 낡아서, 이사하고 싶다고 생각하고
있습니다.

1 들고   2 찍고
3 놀고   4 살고

해설 선택지가 모두 동사이다. 문장 전체를 보았을 때 今住んでいるいえ
はとてもふるいので、ひっこしたいとおもっています(지금 살고
있는 집은 매우 낡아서, 이사하고 싶다고 생각하고 있습니다)라는 문
맥이 가장 자연스러우므로 4 住んで(살고)가 정답이다. 1은 持って
いるにもつ(들고 있는 짐), 2는 写真をとっている人(사진을 찍고
있는 사람), 3은 あそんでいるこどもたち(놀고 있는 아이들)와 같
이 자주 쓰인다.

어휘 今 いま 圈지금   いえ 圈집   とても 囝매우   ふるい い형낡다
〜ので 조~해서   ひっこす 图이사하다   〜たい ~(하)고 싶다
〜とおもう ~라고 생각하다   持つ もつ 图들다
とる 图(사진을) 찍다   あそぶ 图놀다   住む すむ 图살다

18

교실 안에서 그녀만이 제 의견에 (   ) 해 주었습니다.

1 찬성   2 반대
3 인사   4 설명

해설 선택지가 모두 명사이다. 빈칸 앞뒤의 내용과 함께 쓸 때 わたしのい
けんにさんせいしてくれました(제 의견에 찬성해 주었습니다)라는
문맥이 가장 자연스러우므로 1 さんせい(찬성)가 정답이다. 빈칸 뒤
의 〜てくれる(~해 주다)는 상대방이 나에게 호의가 있는 행동을 해
주었을 때 사용하는 표현이다. 따라서 2 はんたい(반대)는 문맥과
어울리지 않으므로 오답이다. 2는 おやにはんたいされる(부모에게
반대 당하다), 3은 先生にあいさつする(선생님께 인사하다), 4는
計画をせつめいする(계획을 설명하다)와 같이 자주 쓰인다.

어휘 きょうしつ 圈교실   中 なか 圈안   かのじょ 圈그녀
〜だけ 조~만   いけん 圈의견   〜てくれる ~(해) 주다
さんせい 圈찬성   はんたい 圈반대   あいさつ 圈인사
せつめい 圈설명

19

바다에서 헤엄칠 때는, 바다의 (   ) 곳에 주의해 주세요.

1 쓴   2 깊은
3 가까운   4 강한

해설 선택지가 모두 い형용사이다. 문장 전체를 보았을 때 海でおよぐと
きは、海のふかいところにちゅういしてください(바다에서 헤엄
칠 때는, 바다의 깊은 곳에 주의해 주세요)라는 문맥이 가장 자연스러
우므로 2 ふかい(깊은)가 정답이다. 빈칸 바로 앞의 海の(바다의)와
뒤의 ところ(곳)만 보고 3 ちかい(가까운)를 성납으로 선택하지 않
도록 주의한다. 1은 にがいくすり(쓴 약), 3은 ちかい公園(가까운
공원), 4는 つよい力(강한 힘)와 같이 자주 쓰인다.

어휘 海 うみ 똉바다　およぐ 똉헤엄치다　とき 똉때　ところ 똉곳
ちゅうい 똉주의　～てください ~(해) 주세요　にがい 똉쓰다
ふかい 똉깊다　ちかい 똉가깝다　つよい 똉강하다

20

어머니가 쇼핑이 하고 싶다고 말했어요. 그러니까, 내일은 (　　　)
에 갑시다.

1 학교　　　　　　　　2 찻집
3 노래방　　　　　　　**4 백화점**

해설 선택지가 모두 명사이다. 빈칸 앞뒤의 내용과 함께 쓸 때 1 がっこう
(학교), 2 きっさてん(찻집), 3 カラオケ(노래방), 4 デパート(백
화점) 모두 정답이 될 수 있다. 따라서 문장 전체를 보면 おかあさん
が買い物がしたいといっていましたよ。だから、明日はデパート
に行きましょう(어머니가 쇼핑이 하고 싶다고 말했어요. 그러니까,
내일은 백화점에 갑시다)라는 문맥이 가장 자연스러우므로 4 デパー
ト(백화점)가 정답이다. 1은 勉強しにがっこうに行く(공부하러 학
교에 가다), 2는 コーヒーを飲みにきっさてんに行く(커피를 마시
러 찻집에 가다), 3은 遊びにカラオケに行く(놀러 노래방에 가다)
와 같이 자주 쓰인다.

어휘 おかあさん 똉어머니　買い物 かいもの 똉쇼핑
～たい ~(하)고 싶다　だから 똅그러니까　明日 あした 똉내일
行く いく 똉가다　がっこう 똉학교　きっさてん 똉찻집
カラオケ 똉노래방　デパート 똉백화점

실전 테스트 2　　　　　　　　　　　　　　　　p.99

13 1	14 2	15 4	16 3	17 1
18 3	19 3	20 1		

문제3 (　　　)에 무엇을 넣습니까? 1·2·3·4에서 가장 알맞은
것을 하나 골라 주세요.

13

겨우 (　　　) 한 장소에 도착했습니다.

1 약속　　　　　　　　2 준비
3 번역　　　　　　　　　4 정리

해설 선택지가 모두 명사이다. 문장 전체를 보았을 때 やっとやくそくし
たばしょにつきました(겨우 약속한 장소에 도착했습니다)라는 문맥
이 가장 자연스러우므로 1 やくそく(약속)가 정답이다. 2는 じゅん
びした資料(준비한 자료), 3은 ほんやくした本(번역한 책), 4는 せ
いりした書類(정리한 서류)와 같이 자주 쓰인다.

어휘 やっと 똅겨우　ばしょ 똉장소　つく 똉도착하다　やくそく 똉약속
じゅんび 똉준비　ほんやく 똉번역　せいり 똉정리

14

어릴 때의 (　　　) 추억은 잊고 싶지 않습니다.

1 졸렸던　　　　　　　　**2 즐거웠던**
3 엄했던　　　　　　　　4 슬펐던

해설 선택지가 모두 い형용사이다. 문장 전체를 보았을 때 こどものとき
のたのしかった思い出は忘れたくないです(어릴 때의 즐거웠던
추억은 잊고 싶지 않습니다)라는 문맥이 가장 자연스러우므로 2 た
のしかった(즐거웠던)가 정답이다. 빈칸 바로 앞의 こどものときの
(어릴 때의)와 뒤의 思い出(추억)만 보고 4 かなしかった(슬펐던)
를 정답으로 선택하지 않도록 주의한다. 1은 ねむかった授業(졸렸
던 수업), 3은 きびしかった両親(엄했던 부모님), 4는 かなしかっ
たストーリー(슬펐던 스토리)와 같이 자주 쓰인다.

어휘 こどものとき 어릴 때　思い出 おもいで 똉추억
忘れる わすれる 똉잊다　～たい ~(하)고 싶다　ねむい 똉졸리다
たのしい 똉즐겁다　きびしい 똉엄하다　かなしい 똉슬프다

15

친구로부터 받은 선물을 (　　　) 가지고 있습니다.

1 능숙하게　　　　　　　2 곧바로
3 매우　　　　　　　　　**4 소중하게**

해설 선택지가 모두 부사이다. 문장 전체를 보았을 때 ともだちからも
らったプレゼントをだいじに持っています(친구로부터 받은 선
물을 소중하게 가지고 있습니다)라는 문맥이 가장 자연스러우므로 4
だいじに(소중하게)가 정답이다. 1은 日本語がじょうずに話せる
(일본어를 능숙하게 말할 수 있다), 2는 まっすぐに行く(곧바로 가
다), 3은 ひじょうに便利だ(매우 편리하다)와 같이 자주 쓰인다.

어휘 ともだち 똉친구　～から 똅~(로)부터　もらう 똉받다
プレゼント 똉선물　持つ もつ 똉가지다　じょうずに 능숙하게
まっすぐに 똅곧바로　ひじょうに 똅매우　だいじに 소중하게

16

쇼핑하러 가기 전에 어느 슈퍼가 저렴한지 (　　　) 보았습니다.

1 안내해　　　　　　　　2 더해
3 비교해　　　　　　　4 눈에 띄어

해설 선택지가 모두 동사이다. 문장 전체를 보았을 때 買い物に行くまえ
にどのスーパーがやすいかくらべてみました(쇼핑하러 가기 전에
어느 슈퍼가 저렴한지 비교해 보았습니다)라는 문맥이 가장 자연스
러우므로 3 くらべて(비교해)가 정답이다. 1은 お客さんをあんな
いする(손님을 안내하다), 2는 しおをくわえる(소금을 더하다), 4
는 まちでみかける(거리에서 눈에 띄다)와 같이 자주 쓰인다.

어휘 買い物 かいもの 똉쇼핑, 물건을 삼　行く いく 똉가다　まえ 똉전
スーパー 똉슈퍼　やすい 똉저렴하다, 싸다　あんない 똉안내
くわえる 똉더하다　くらべる 똉비교하다　みかける 똉눈에 띄다

17

지하철에서 음악을 들을 때는 (　　　) 를 크게 하지 말아 주세요.

1 소리　　　　　　　　　2 이야기

3 노래　　　　　　　　　4 목소리

해설 선택지가 모두 명사이다. 문장 전체를 보았을 때 ちかてつで音楽を
きく時はおとを大きくしないでください(지하철에서 음악을 들을
때는 소리를 크게 하지 말아 주세요)라는 문맥이 가장 자연스러우므
로 1 おと(소리)가 정답이다. 2는 はなしをする(이야기를 하다), 3
은 うたをうたう(노래를 하다), 4는 こえを出す(목소리를 내다)와
같이 자주 쓰인다.

어휘 ちかてつ 圏지하철　音楽 おんがく 圏음악　きく 圏듣다
時 とき 圏때　大きい おおきい い형크다
~ないでください ~(하)지 말아 주세요　おと 圏소리
はなし 圏이야기　うた 圏노래　こえ 圏목소리

18

발표에 대해서 뭔가 좋은 (　　　) 는 없습니까?

1 꿈　　　　　　　　　　2 마음

3 아이디어　　　　　　　4 서비스

해설 선택지가 모두 명사이다. 빈칸 앞의 내용과 함께 쓸 때 はっぴょうに
ついて何かいいアイディア(발표에 대해서 뭔가 좋은 아이디어)라는
문맥이 가장 자연스러우므로 3 アイディア(아이디어)가 정답이다. 빈
칸 바로 앞의 いい(좋은)만 보고 4 サービス(서비스)를 정답으로 선
택하지 않도록 주의한다. 1은 しょうらいのゆめ(장래의 꿈), 2는 本
当のこころ(진심), 4는 親切なサービス(친절한 서비스)와 같이 자
주 쓰인다.

어휘 はっぴょう 圏발표　~について ~에 대해서　ゆめ 圏꿈
こころ 圏마음　アイディア 圏아이디어　サービス 圏서비스

19

2주 전에 친구에게 편지를 보냈습니다만, 아직 (　　　) 이 없습
니다.

1 주장　　　　　　　　　2 일정

3 답장　　　　　　　　　4 인사

해설 선택지가 모두 명사이다. 빈칸 앞뒤의 내용과 함께 쓸 때 てがみを
送りましたが、まだへんじがありません(편지를 보냈습니다만, 아
직 답장이 없습니다)이라는 문맥이 가장 자연스러우므로 3 へんじ
(답장)가 정답이다. 1은 しゅちょうがつよい(주장이 강하다), 2는
にっていをかえる(일정을 바꾸다), 4는 あいさつをする(인사를 하
다)와 같이 자주 쓰인다.

어휘 前 まえ 圏전　ともだち 圏친구　てがみ 圏편지
送る おくる 圏보내다　まだ 圓아직　しゅちょう 圏주장
にってい 圏일정　へんじ 圏답장　あいさつ 圏인사

20

오늘은 휴일이기 때문에 기무라 씨에게 영화를 보러 가자고 (　　　).

1 권했습니다　　　　　　2 알았습니다

3 찾았습니다　　　　　　4 골랐습니다

해설 선택지가 모두 동사이다. 문장 전체를 보았을 때 今日はやすみなの
できむらさんをえいがにさそいました(오늘은 휴일이기 때문에
기무라 씨에게 영화를 보러 가자고 권했습니다)라는 문맥이 가장 자
연스러우므로 1 さそいました(권했습니다)가 정답이다. 2는 正解
が分かった(정답을 알았다), 3은 仕事をさがす(일을 찾다), 4는 服
をえらんだ(옷을 골랐다)와 같이 자주 쓰인다.

어휘 今日 きょう 圏오늘　やすみ 圏휴일　~ので 조~때문에
えいがにさそう 영화를 보러 가고 권하다　分かる わかる 圏알다
さがす 圏찾다　えらぶ 圏고르다

실전 테스트 3

p.100

13 1	14 4	15 3	16 1	17 2
18 3	19 4	20 2		

문제3 (　　　)에 무엇을 넣습니까? 1·2·3·4에서 가장 알맞은
것을 하나 골라 주세요.

13

어제는 몸의 (　　　) 가 안 좋았기 때문에, 빨리 집에 돌아갔습니
다.

1 상태　　　　　　　　　2 기술

3 소리　　　　　　　　　4 목소리

해설 선택지가 모두 명사이다. 빈칸 앞뒤의 내용과 함께 쓸 때 からだの
ぐあいが悪かったので(몸의 상태가 안 좋았기 때문에)라는 문맥이
가장 자연스러우므로 1 ぐあい(상태)가 정답이다. 2는 ぎじゅつが
発達する(기술이 발달하다), 3은 おとがする(소리가 나다), 4는 こ
えがきこえる(목소리가 들리다)와 같이 자주 쓰인다.

어휘 きのう 圏어제　からだ 圏몸　悪い わるい い형안 좋다, 나쁘다
~ので 조~때문에　はやめに 圓빨리　家 いえ 圏집
かえる 圏돌아가다　ぐあい 圏상태　ぎじゅつ 圏기술
おと 圏소리　こえ 圏목소리

14

최근 (　　　) 운동을 시작하려고 생각하고 있습니다.

1 고쳐서　　　　　　　　2 교환해서

3 늘어서　　　　　　　　**4 살이 쪄서**

해설 선택지가 모두 동사이다. 문장 전체를 보았을 때 さいきんふとって
うんどうを始めようとかんがえています(최근 살이 쪄서 운동을

시작하려고 생각하고 있습니다)라는 문맥이 가장 자연스러우므로 4 ふとって(살이 쪄서)가 정답이다. 1은 パソコンをなおす(컴퓨터를 고치다), 2는 電池をとりかえる(전지를 교환하다), 3은 人口がふえる(인구가 늘다)와 같이 자주 쓰인다.

어휘 さいきん 图최근　うんどう 图운동　始める はじめる 图시작하다
かんがえる 图생각하다　なおす 图고치다　とりかえる 图교환하다
ふえる 图늘다　ふとる 图살이 찌다

15

오늘 아침은 도로가 붐비고 있어서 학교에 (　　　) 했습니다.

1　소개	2　귀국
3　지각	4　늦잠

해설 선택지가 모두 명사이다. 빈칸 앞뒤의 내용과 함께 쓸 때 学校にちこくしました(학교에 지각했습니다)라는 문맥이 가장 자연스러우므로 3 ちこく(지각)가 정답이다. 1은 友だちをしょうかいする(친구를 소개하다), 2는 国にきこくする(고국으로 귀국하다), 4는 今朝はねぼうした(오늘 아침은 늦잠 잤다)와 같이 자주 쓰인다.

어휘 けさ 图오늘 아침　どうろ 图도로　こむ 图붐비다
学校 がっこう 图학교　しょうかい 图소개　きこく 图귀국
ちこく 图지각　ねぼう 图늦잠

16

프랑스에서 먹었던 요리는 정말로 (　　　).

1　맛있었습니다	2　무서웠습니다
3　슬펐습니다	4　졸렸습니다

해설 선택지가 모두 い형용사이다. 문장 전체를 보았을 때 フランスで食べたりょうりは本当にうまかったです(프랑스에서 먹었던 요리는 정말로 맛있었습니다)라는 문맥이 가장 자연스러우므로 1 うまかったです(맛있었습니다)가 정답이다. 2는 この映画はこわい(이 영화는 무섭다), 3은 友だちとわかれてかなしい(친구와 헤어져서 슬프다), 4는 遅くまで勉強して眠い(늦게까지 공부해서 졸리다)와 같이 자주 쓰인다.

어휘 フランス 图프랑스　食べる たべる 图먹다　りょうり 图요리
本当に ほんとうに 图정말로　うまい い형맛있다
こわい い형무섭다　かなしい い형슬프다　眠い ねむい い형졸리다

17

야마다 씨는 (　　　) 회사에 와 있지 않습니다.

1　소중히	**2　아직**
3　상당히	4　꽤

해설 선택지가 모두 부사이다. 빈칸 뒤의 내용과 함께 쓸 때 まだかいしゃに来ていません(아직 회사에 와 있지 않습니다)이라는 표현이 문맥상 가장 자연스러우므로 2 まだ(아직)가 정답이다. 1은 だいじにもっている(소중히 가지고 있다), 3은 人がひじょうに多い(사람이 상당히 많다), 4는 ぐあいがだいぶよくなる(상태가 꽤 좋아지다)와 같이 자주 쓰인다.

어휘 かいしゃ 图회사　来る くる 图오다　だいじに 소중히
まだ 图아직　ひじょうに 图상당히　だいぶ 图꽤

18

새롭게 산 (　　　) 은 어렵지만, 재미있습니다.

1　가위	2　거울
3　게임	4　컴퓨터

해설 선택지가 모두 명사이다. 빈칸 앞뒤의 내용과 함께 쓸 때 あたらしく買ったゲームはむずかしいけど(새롭게 산 게임은 어렵지만)라는 문맥이 가장 자연스러우므로 3 ゲーム(게임)가 정답이다. 1은 はさみで切る(가위로 자르다), 2는 かがみで見る(거울로 보다), 4는 パソコンで調べる(컴퓨터로 조사하다)와 같이 자주 쓰인다.

어휘 あたらしい い형새롭다　買う かう 图사다　むずかしい い형어렵다
~けど 图~지만　面白い おもしろい い형재미있다　はさみ 图가위
かがみ 图거울　ゲーム 图게임　パソコン 图컴퓨터

19

이 가방은 세계에 1개밖에 없기 때문에 정말로 (　　　) 합니다.

1　친절	2　정중
3　성실	**4　소중**

해설 선택지가 모두 な형용사이다. 빈칸 앞뒤의 내용과 함께 쓸 때 世界に一つしかないので本当にたいせつです(세계에 1개밖에 없기 때문에 정말로 소중합니다)라는 문맥이 가장 자연스러우므로 4 たいせつ(소중)가 정답이다. 1은 店員がしんせつだ(점원이 친절하다), 2는 彼女はいつもていねいだ(그녀는 항상 정중하다), 3은 おとうとはまじめだ(남동생은 성실하다)와 같이 자주 쓰인다.

어휘 かばん 图가방　世界 せかい 图세계　~しか 图~밖에
~ので 图~때문에　本当に ほんとうに 图정말로
しんせつだ な형친절하다　ていねいだ な형정중하다
まじめだ な형성실하다　たいせつだ な형소중하다

20

이 교과서의 내용을 전부 (　　　).

1　씻었습니다	**2　외웠습니다**
3　떨어뜨렸습니다	4　부수었습니다

해설 선택지가 모두 동사이다. 문장 전체를 보았을 때 このきょうかしょのないようをぜんぶおぼえました(이 교과서의 내용을 전부 외웠습니다)라는 문맥이 가장 자연스러우므로 2 おぼえました(외웠습니다)가 정답이다. 1은 車をあらう(차를 씻다), 3은 お皿をおとす(접시를 떨어뜨리다), 4는 機械をこわす(기계를 부수다)와 같이 자주 쓰인다.

어휘 きょうかしょ 图교과서　ないよう 图내용　ぜんぶ 图전부
あらう 图씻다　おぼえる 图외우다　おとす 图떨어뜨리다
こわす 图부수다, 파괴하다

13 2	14 1	15 3	16 3	17 4
18 3	19 2	20 1		

문제 3 (　　　)에 무엇을 넣습니까? 1·2·3·4에서 가장 알맞은 것을 하나 골라 주세요.

13

친구와 (　　　) 하고 나서 인사도 하지 않고 있습니다.

1 찬성	**2 다툼**
3 무역	4 번역

해설 선택지가 모두 명사이다. 빈칸 앞뒤의 내용과 함께 쓸 때 友だちとけんかしてから(친구와 다툼하고 나서)라는 문맥이 가장 자연스러우므로 2 けんか(다툼)가 정답이다. 1은 意見にさんせいする(의견에 찬성하다), 3은 外国とぼうえきする(외국과 무역하다), 4는 本をほんやくする(책을 번역하다)와 같이 자주 쓰인다.

어휘 友だち ともだち 阁친구　〜てから ~(하)고 나서　あいさつ 阁인사
さんせい 阁찬성　けんか 阁다툼　ぼうえき 阁무역
ほんやく 阁번역

14

그녀는 어릴 때부터 (　　　) 이 빨랐습니다.

1 발	2 목
3 귀	4 배

해설 선택지가 모두 명사이다. 빈칸 뒤의 내용과 함께 쓸 때 あしがはやかったです(발이 빨랐습니다)라는 문맥이 가장 자연스러우므로 1 あし(발)가 정답이다. 2는 のどが痛い(목이 아프다), 3은 みみがわるい(귀가 안 좋다), 4는 おなかがすく(배가 고프다)와 같이 자주 쓰인다.

어휘 彼女 かのじょ 阁그녀　ちいさいころ 어릴 때　〜から 조~부터
はやい い형빠르다　あし 阁발　のど 阁목, 인후　みみ 阁귀
おなか 阁배

15

긴장해서, 몸이 (　　　) 졌습니다.

1 밝아	2 어두워
3 딱딱해	4 시원해

해설 선택지가 모두 い형용사이다. 문장 전체를 보았을 때 きんちょうして、からだがかたくなりました(긴장해서, 몸이 딱딱해졌습니다)라는 문맥이 가장 자연스러우므로 3 かたく(딱딱해)가 정답이다. 1은 へやがあかるい(방이 밝다), 2는 教室がくらい(교실이 어둡다), 4는 風がすずしい(바람이 시원하다)와 같이 자주 쓰인다.

어휘 きんちょう 阁긴장　からだ 阁몸　あかるい い형밝다
くらい い형어둡다　かたい い형딱딱하다　すずしい い형시원하다

16

회사를 (　　　) 뒤, 카페를 열었습니다.

1 벗은	2 지불한
3 그만둔	4 비교한

해설 선택지가 모두 동사이다. 문장 전체를 보았을 때 かいしゃをやめたあと、カフェをひらきました(회사를 그만둔 뒤, 카페를 열었습니다)라는 문맥이 가장 자연스러우므로 3 やめた(그만둔)가 정답이다. 빈칸 바로 앞의 かいしゃを(회사를)와 뒤의 あと(뒤)만 보고 4 くらべた(비교한)를 정답으로 선택하지 않도록 주의한다. 1은 コートをぬぐ(코트를 벗다), 2는 料金を払う(요금을 지불하다), 4는 ねだんをくらべる(가격을 비교하다)와 같이 자주 쓰인다.

어휘 かいしゃ 阁회사　〜たあと ~(한) 뒤　カフェ 阁카페
ひらく 동열다　ぬぐ 동벗다　払う はらう 동지불하다
やめる 동그만두다　くらべる 동비교하다

17

저는 일본에 가면, 언제나 그 (　　　) 에 묵습니다.

1 노래방	2 회의
3 회장	**4 호텔**

해설 선택지가 모두 명사이다. 빈칸 뒤의 내용과 함께 쓸 때 ホテルにとまります(호텔에 묵습니다)라는 문맥이 가장 자연스러우므로, 4 ホテル(호텔)가 정답이다. 1은 カラオケに行く(노래방에 가다), 2는 かいぎに参加する(회의에 참가하다), 3은 かいじょうに入る(회장에 들어가다)와 같이 자주 쓰인다.

어휘 日本 にほん 阁일본　行く いく 동가다　いつも 분언제나
とまる 동묵다　カラオケ 阁노래방, 가라오케　かいぎ 阁회의
かいじょう 阁회장　ホテル 阁호텔

18

내일의 파티를 위해서 방을 (　　　).

1 전했습니다	2 받았습니다
3 장식했습니다	4 씻었습니다

해설 선택지가 모두 동사이다. 문장 전체를 보았을 때 明日のパーティーのためにへやをかざりました(내일의 파티를 위해서 방을 장식했습니다)라는 문맥이 가장 자연스러우므로 3 かざりました(장식했습니다)가 정답이다. 1은 思いをつたえる(생각을 전하다), 2는 授業をうける(수업을 받다), 4는 野菜をあらう(채소를 씻다)와 같이 자주 쓰인다.

어휘 明日 あした 阁내일　パーティー 阁파티　〜ために ~위해서
へや 阁방　つたえる 동전하다　うける 동받다
かざる 동장식하다　あらう 동씻다

19

여동생에게 줄 선물을 귀여운 종이로 (　　　).

1 찾았습니다	2 **포장했습니다**
3 배웠습니다	4 조사했습니다

해설 선택지가 모두 동사이다. 문장 전체를 보았을 때 妹にあげるプレ
　　 ゼントをかわいいかみでつつみました(여동생에게 줄 선물을 귀
　　 여운 종이로 포장했습니다)라는 문맥이 가장 자연스러우므로 2 つつ
　　 みました(포장했습니다)가 정답이다. 1은 さいふをさがす(지갑을
　　 찾다), 3은 英語をならう(영어를 배우다), 4는 パソコンでしらべ
　　 る(컴퓨터로 조사하다)와 같이 자주 쓰인다.

어휘 妹 いもうと 圏여동생 あげる 圄주다 プレゼント 圏선물
　　 かわいい い형귀엽다 かみ 圏종이 さがす 圄찾다
　　 つつむ 圄포장하다 ならう 圄배우다 しらべる 圄조사하다

20

꽃에 물을 매일 주었더니, (　　　) 커졌습니다.

1 점점	2 꼭
3 결코	4 되도록

해설 선택지가 모두 부사이다. 빈칸 뒤의 내용과 함께 쓸 때, どんどん大
　　 きくなりました(점점 커졌습니다)라는 표현이 문맥상 가장 자연스
　　 러우므로 1 どんどん(점점)이 정답이다. 2는 ぜひ来てください
　　 (꼭 와 주세요), 3은 けっして許さない(결코 허락하지 않는다), 4는
　　 なるべく参加してください(되도록 참가해 주세요)와 같이 자주 쓰
　　 인다.

어휘 花 はな 圏꽃 水 みず 圏물 まいにち 圏매일 あげる 圄주다
　　 大きい おおきい い형크다 どんどん 凰점점 ぜひ 凰꼭
　　 けっして 凰결코 なるべく 凰되도록

문제 4 유의 표현

실력 다지기
p.112

01 ② (아내 – 아내)

02 ① (늘다 – 많아지다)

03 ③ (바쁘다 – 일이 많다)

04 ② (되도록 – 가능한 한)

05 ① (생활 – 생활)

06 ④ (이상하다 – 이상하다)

07 ① (소란 피우다 – 시끄럽게 하다)

08 ④ (성실히 – 열심히)

09 ② (감사의 말을 하다 – "감사했습니다"라고 말하다)

10 ② (집에 없는 것 같다 – 부재중인 것 같다)

11 ④ (체크하다 – 확인하다)

12 ① (안전하다 – 위험하지 않다)

13 ② (상태가 좋아지다 – 건강해지다)

14 ③ (대개 – 대부분)

15 ① (이유 – 이유)

16 ② (끝나다 – 끝나다)

17 ① (꼭 – 반드시)

18 ① (버스가 붐비고 있다 – 버스에 사람이 많이 타고 있다)

실전 테스트 1
p.114

21 1	**22** 2	**23** 4	**24** 2

문제4 _____ 의 문장과 대체로 같은 의미의 문장이 있습니다.
　　　 1·2·3·4에서 가장 알맞은 것을 하나 골라 주세요.

21

친구와 해안을 산책했습니다.

1 **친구와 해안을 걸었습니다.**
2 친구와 해안을 차로 달렸습니다.
3 친구와 해안을 깨끗하게 했습니다.
4 친구와 해안을 카메라로 찍었습니다.

해설 제시문에 사용된 さんぽしました가 '산책했습니다'라는 의미이므
　　 로, 의미가 유사한 あるきました(걸었습니다)를 사용한 1 友だちと
　　 かいがんをあるきました(친구와 해안을 걸었습니다)가 정답이다.

어휘 友だち ともだち 圏친구 かいがん 圏해안
　　 さんぽする 산책하다 あるく 圄걷다 車 くるま 圏자동차
　　 はしる 圄달리다 きれいだ な형깨끗하다 カメラ 圏카메라
　　 とる 圄(사진을) 찍다

22

선물을 마련했습니다.

1 선물을 받았습니다.
2 **선물을 준비했습니다.**
3 선물을 보냈습니다.
4 선물을 주었습니다.

해설 제시문에 사용된 ようい가 '마련'이라는 의미이므로, 의미가 유사한
　　 じゅんび(준비)를 사용한 2 プレゼントをじゅんびしました(선물
　　 을 준비했습니다)가 정답이다.

어휘 プレゼント 圏선물 よういする 마련하다, 준비하다 もらう 圄받다
　　 じゅんびする 준비하다 送る おくる 圄보내다 あげる 圄주다

23

전철로 갈아타는 곳까지 안내했습니다.

1 전철로 갈아타는 곳까지 되돌아갔습니다.
2 전철로 갈아타는 곳까지 짐을 옮겼습니다.
3 전철로 갈아타는 곳까지 와 있었습니다.
4 전철로 갈아타는 곳까지 같이 갔습니다.

해설 제시문에 사용된 あんないしました가 '안내했습니다'라는 의미이므로, 의미가 유사한 一緒に行きました(같이 갔습니다)를 사용한 4 **電車にのりかえるところまで一緒に行きました**(전철로 갈아타는 곳까지 같이 갔습니다)가 정답이다.

어휘 電車 でんしゃ 圏전철　のりかえる 图갈아타다　ところ 圏곳
〜まで 国~까지　あんない 圏안내　もどる 图되돌아가다
にもつ 圏짐　はこぶ 图옮기다　来る くる 图오다
一緒に いっしょに 囝같이, 함께　行く いく 图가다

24

남동생에게 외롭다고 들었습니다.

1 남동생은 저에게 "혼자 어딘가에 가고 싶다"고 말했습니다.
2 남동생은 저에게 "혼자 있는 것은 싫다"고 말했습니다.
3 남동생은 저에게 "혼자 있어도 괜찮아"라고 말했습니다.
4 남동생은 저에게 "혼자 쇼핑할 수 있어"라고 말했습니다.

해설 제시문 おとうとにさびしいと言われました(남동생에게 외롭다고 들었습니다)와 가장 의미가 비슷한 2 おとうとはわたしに「一人でいるのはいやだ」と言いました(남동생은 저에게 "혼자 있는 것은 싫다"고 말했습니다)가 정답이다.

어휘 おとうと 圏남동생　さびしい いゐ외롭다　言う いう 图말하다
一人で ひとりで 혼자　いく 图가다　〜たい ~(하)고 싶다
いやだ 호혐싫다　大丈夫だ だいじょうぶだ 호혐괜찮다
かいもの 圏쇼핑　できる 图할 수 있다

실전 테스트 2　　　　　　　　　　　　　p.115

21 3	**22** 4	**23** 1	**24** 3

문제4 _____의 문장과 대체로 같은 의미의 문장이 있습니다.
　　　　1·2·3·4에서 가장 알맞은 것을 하나 골라 주세요.

21

아버지는 요리가 능숙합니다.

1 아버지는 요리가 서툽니다.
2 아버지는 요리를 잘 못합니다.
3 아버지는 요리를 잘 합니다.
4 아버지는 요리를 좋아하지 않습니다.

해설 제시문에 사용된 じょうずです가 '능숙합니다'라는 의미이므로, 의미가 유사한 とくいです(잘 합니다)를 사용한 3 父はりょうりがとくいです(아버지는 요리를 잘 합니다)가 정답이다.

어휘 父 ちち 圏아버지, 아빠　りょうり 圏요리　じょうずだ 호혐능숙하다
へただ 호혐서툴다　にがてだ 호혐잘 못하다　とくいだ 호혐잘 하다
すきだ 호혐좋아하다

22

저는 일본에서 아르바이트를 하고 있습니다.

1 저는 일본에서 공부를 하고 있습니다.
2 저는 일본에서 일을 찾고 있습니다.
3 저는 일본에서 생활하고 있습니다.
4 저는 일본에서 일하고 있습니다.

해설 제시문에 사용된 アルバイトをして가 '아르바이트를 하고'라는 의미이므로, 의미가 유사한 はたらいて(일하고)를 사용한 4 **わたしは日本ではたらいています**(저는 일본에서 일하고 있습니다)가 정답이다.

어휘 日本 にほん 圏일본　アルバイト 圏아르바이트　べんきょう 圏공부
しごと 圏일　さがす 图찾다　せいかつする 생활하다
はたらく 图일하다

23

이 음료는 공짜입니다.

1 이 음료는 무료입니다.
2 이 음료는 뜨겁습니다.
3 이 음료는 저의 것입니다.
4 이 음료는 맛있지 않습니다.

해설 제시문에 사용된 ただ가 '공짜'라는 의미이므로, 의미가 같은 むりょう(무료)를 사용한 1 このののみものはむりょうです(이 음료는 무료입니다)가 정답이다.

어휘 のみもの 圏음료　ただ 圏공짜, 무료　むりょう 圏무료
あつい いゐ뜨겁다　おいしい いゐ맛있다

24

자기 전에 반드시 책을 읽습니다.

1 자기 전에 되도록 책을 읽습니다.
2 자기 전에 가끔 책을 읽습니다.
3 자기 전에 항상 책을 읽습니다.
4 자기 전에 때때로 책을 읽습니다.

해설 제시문에 사용된 かならず가 '반드시'라는 의미이므로, 의미가 유사한 いつも(항상)를 사용한 3 ねるまえにいつも本をよみます(자기 전에 항상 책을 읽습니다)가 정답이다.

어휘 ねる 图지다　まえ 圏전　かならず 囝반드시　本 ほん 圏책
よむ 图읽다　なるべく 囝되도록　たまに 가끔　いつも 囝항상
ときどき 囝때때로

실전 테스트 3
p.116

21 1 　　**22** 4 　　**23** 4 　　**24** 3

> **문제4** _____의 문장과 대체로 같은 의미의 문장이 있습니다.
> 1·2·3·4에서 가장 알맞은 것을 하나 골라 주세요.

21

> 친구와 저는 반대 방향으로 나아갔습니다.
> 1 **친구와 저는 역 방향으로 나아갔습니다.**
> 2 친구와 저는 같은 방향으로 나아갔습니다.
> 3 친구와 저는 왼쪽 방향으로 나아갔습니다.
> 4 친구와 저는 오른쪽 방향으로 나아갔습니다.

해설 제시문에 사용된 はんたい가 '반대'라는 의미이므로, 의미가 유사한 ぎゃく(역)를 사용한 1 ともだちと私はぎゃくのほうこうにすすみました(친구와 저는 역 방향으로 나아갔습니다)가 정답이다.

어휘 ともだち 圆친구　はんたい 圆반대　ほうこう 圆방향
すすむ 圄나아가다　ぎゃく 圆역, 반대　おなじ 같은
ひだり 圆왼쪽　みぎ 圆오른쪽

22

> 스즈키 선생님의 수업에 늦었습니다.
> 1 스즈키 선생님의 수업에 출석했습니다.
> 2 스즈키 선생님의 수업에 가지 않았습니다.
> 3 스즈키 선생님의 수업에 익숙해졌습니다.
> 4 **스즈키 선생님의 수업 시간에 못 맞췄습니다.**

해설 제시문에 사용된 おくれました가 '늦었습니다'라는 의미이므로, 의미가 유사한 間に合いませんでした(시간에 못 맞췄습니다)를 사용한 4 すずきせんせいのじゅぎょうに間に合いませんでした(스즈키 선생님의 수업 시간에 못 맞췄습니다)가 정답이다.

어휘 せんせい 圆선생(님)　じゅぎょう 圆수업　おくれる 圄늦다
じゅぎょうにでる 수업에 출석하다　行く いく 圄가다
なれる 圄익숙해지다　間に合う まにあう 圄시간에 맞추다

23

> 점원에게 "여기는 금연입니다"라고 들었습니다.
> 1 점원은 저에게 "큰 목소리로 이야기해서는 안 됩니다"라고 말했습니다.
> 2 점원은 저에게 "조금 기다려 주세요"라고 말했습니다.
> 3 점원은 저에게 "이쪽으로 오세요"라고 말했습니다.
> 4 **점원은 저에게 "여기에서 담배를 피워서는 안 됩니다"라고 말했습니다.**

해설 제시문 店員に「ここはきんえんです」といわれました(점원에게 "여기는 금연입니다"라고 들었습니다)와 가장 의미가 비슷한 4 店員は私に「ここでたばこをすってはいけません」といいました(점원은 저에게 "여기에서 담배를 피워서는 안 됩니다"라고 말했습니다)가 정답이다.

어휘 店員 てんいん 圆점원　きんえん 圆금연　いう 圄말하다
大きな おおきな 큰　こえ 圆목소리　はなす 圄이야기하다
～てはいけない ~(해)서는 안 된다　すこし 凰조금
待つ まつ 圄기다리다　～てください ~(해) 주세요　たばこ 圆담배
すう 圄피우다

24

> 이 회사는 컴퓨터를 수출하고 있습니다.
> 1 이 회사는 컴퓨터를 다른 나라에 소개하고 있습니다.
> 2 이 회사는 컴퓨터를 다른 나라에서 만들고 있습니다.
> 3 **이 회사는 컴퓨터를 다른 나라에 팔고 있습니다.**
> 4 이 회사는 컴퓨터를 다른 나라에서 고치고 있습니다.

해설 제시문에 사용된 ゆしゅつしています가 '수출하고 있습니다'라는 의미이므로, 의미가 유사한 ほかの国に売っています(다른 나라에 팔고 있습니다)를 사용한 3 この会社はパソコンをほかの国に売っています(이 회사는 컴퓨터를 다른 나라에 팔고 있습니다)가 정답이다.

어휘 会社 かいしゃ 圆회사　パソコン 圆컴퓨터　ゆしゅつする 수출하다
ほか 圆다른 것　国 くに 圆나라　しょうかいする 소개하다
作る つくる 圄만들다　売る うる 圄팔다　なおす 圄고치다

실전 테스트 4
p.117

21 3 　　**22** 3 　　**23** 2 　　**24** 1

> **문제4** _____의 문장과 대체로 같은 의미의 문장이 있습니다.
> 1·2·3·4에서 가장 알맞은 것을 하나 골라 주세요.

21

> 소중히 여겨 주세요.
> 1 조용히 해 주세요.
> 2 깨끗하게 해 주세요.
> 3 **귀중히 여겨 주세요.**
> 4 간단하게 해 주세요.

해설 제시문에 사용된 たいせつにして가 '소중히 여겨'라는 의미이므로, 의미가 유사한 だいじにして(귀중히 여겨)를 사용한 3 だいじにしてください(귀중히 여겨 주세요)가 정답이다.

어휘 たいせつにする 소중히 여기다　～てください ~(해) 주세요
しずかだ 伝쪮조용하다　きれいだ 伝쪮깨끗하다
だいじにする 귀중히 여기다　かんたんだ 伝쪮간단하다

22

이 펜을 사용해도 괜찮습니까?

1 이 펜을 사도 괜찮습니까?
2 이 펜을 버려도 괜찮습니까?
3 이 펜을 이용해도 괜찮습니까?
4 이 펜을 판매해도 괜찮습니까?

해설 제시문에 사용된 つかっても가 '사용해도'라는 의미이므로, 의미가
유사한 りようしても(이용해도)를 사용한 3 このペンをりようして
もいいですか(이 펜을 이용해도 괜찮습니까?)가 정답이다.

어휘 ペン 圆 펜   つかう 图 사용하다   かう 图 사다   すてる 图 버리다
りようする 이용하다   はんばいする 판매하다

23

거짓말을 하지 말아주세요.

1 험담을 하지 말아주세요.
2 진짜가 아닌 것을 말하지 말아주세요.
3 슬픈 일을 말하지 말아주세요.
4 농담을 말하지 말아주세요.

해설 제시문 うそをつかないでください(거짓말을 하지 말아주세요)와
가장 의미가 비슷한 2 本当じゃないことをいわないでください(진
짜가 아닌 것을 말하지 말아주세요)가 정답이다.

어휘 うそをつく 거짓말을 하다   ～ないでください ~(하)지 말아주세요
わるぐちをいう 험담을 하다   本当 ほんとう 圆 진짜   いう 图 말하다
悲しい かなしい い형 슬프다   じょうだん 圆 농담

24

이렇게 무서운 이야기는 처음입니다.

1 이렇게 두려운 이야기는 처음입니다.
2 이렇게 재미있는 이야기는 처음입니다.
3 이렇게 슬픈 이야기는 처음입니다.
4 이렇게 아름다운 이야기는 처음입니다.

해설 제시문에 사용된 こわい가 '무섭다'라는 의미이므로, 의미가 같은 お
そろしい(두렵다)를 사용한 1 こんなにおそろしいはなしははじ
めてです(이렇게 두려운 이야기는 처음입니다)가 정답이다.

어휘 こわい い형 무섭다   はなし 圆 이야기   はじめて 凰 처음
おそろしい い형 두렵다, 무섭다   おもしろい い형 재미있다
かなしい い형 슬프다   うつくしい い형 아름답다

 ## 문제 **5** 용법

실력 다지기   p.132

01 ②	02 ①	03 ②	04 ①	05 ①
06 ①	07 ②	08 ②	09 ①	10 ②

1

준비

① 병의 <u>준비</u>는 무엇입니까?
② **점심 식사의 <u>준비</u>를 하고 있습니다.**

어휘 したく 圆 준비   びょうき 圆 병   ひる 圆 점심, 낮   ごはん 圆 식사, 밥

2

얕다

① **이 호수는 <u>얕기</u> 때문에 안전합니다.**
② 머리카락을 <u>얕게</u> 잘라 주세요.

어휘 あさい い형 얕다   みずうみ 圆 호수   ～ので 图 ~때문에
あんぜんだ な형 안전하다   かみのけ 圆 머리카락   きる 图 자르다
～てください ~(해) 주세요

3

사과하다

① 수업에 늦어서 선생님에게 <u>사과받았</u>습니다.
② **민폐를 끼친 사람에게 <u>사과해</u> 주세요.**

어휘 あやまる 图 사과하다   じゅぎょう 圆 수업   おくれる 图 늦다
せんせい 圆 선생(님)   めいわくをかける 민폐를 끼치다
～てください ~(해) 주세요

4

부재중

① **<u>부재중</u>인 동안에 전화가 걸려 왔습니다.**
② 새로운 맨션으로 <u>부재중</u>할 예정입니다.

어휘 るす 圆 부재중   あいだ 圆 동안   でんわ 圆 전화   かかる 图 걸리다
あたらしい い형 새롭다   マンション 圆 맨션   よてい 圆 예정

5

거의

① **밤에는 사람이 <u>거의</u> 없습니다.**
② 어두워졌기 때문에 <u>거의</u> 돌아갑시다.

어휘 ほとんど 凰 거의   よる 圆 밤   くらい い형 어둡다
～ので 图 ~때문에   かえる 图 돌아가다

6

대단히

① 옛날에는 **대단히** 인기였습니다.

② **대단히** 발표회에 와 주세요.

어휘 ずいぶん 甲 대단히　むかし 圏 옛날　にんき 圏 인기

はっぴょうかい 圏 발표회　くる 匽 오다　〜てください 〜(해) 주세요

7

번화함

① 그는 일에 **번화한** 사람입니다.

② 저는 **번화한** 거리에 살고 있습니다.

어휘 にぎやかだ 나형 번화하다, 떠들썩하다　かれ 圏 그　しごと 圏 일

まち 圏 거리　すむ 匽 살다

8

실수

① 회의의 **실수**는 되어 있습니까?

② 사람은 누구나 **실수**를 합니다.

어휘 しっぱい 圏 실수, 실패　かいぎ 圏 회의　できる 匽 되다, 할 수 있다

だれ 圏 누구

9

다툼

① 어제 형과 **다툼**을 해 버렸습니다.

② 어머니에게 친구를 **다툼**했습니다.

어휘 けんか 圏 다툼, 싸움　きのう 圏 어제　あに 圏 형, 오빠

〜てしまう 〜(해) 버리다　はは 圏 어머니, 엄마　ともだち 圏 친구

10

돌아오다

① 길에서 지갑을 **돌아왔습니다**.

② 언제 일본에서 **돌아왔습니까**?

어휘 もどる 匽 돌아오다　みち 圏 길　さいふ 圏 지갑　いつ 圏 언제

にほん 圏 일본　〜から 函 〜에서

실전 테스트 1

p.134

25 4	26 1	27 1	28 2

문제5 다음의 말의 사용 방법으로 가장 알맞은 것을 1·2·3·4에서 하나 골라 주세요.

25

떨어뜨리다

1　숙제를 할 때는 텔레비전을 **떨어뜨려** 주세요.

2　비가 **떨어뜨리고** 있는 것을 보고, 조금 슬퍼졌습니다.

3　**떨어뜨릴** 역을 틀려 버려서, 곤란했습니다.

4　접시를 떨어뜨리지 않도록 조심해 주세요.

해설 제시어 おとす는 '떨어뜨리다'라는 뜻의 동사이다. 제시어 앞부분의 내용에 유의하여 각 선택지를 읽어보면, 4의 おさらをおとさないように(접시를 떨어뜨리지 않도록)에서 문맥상 가장 올바르게 사용되었으므로 4가 정답이다. 참고로, 1은 けして(꺼), 2는 降って(ふって, 내리고), 3은 降りる(おりる, 내리다)를 사용하는 것이 올바른 문장이다.

어휘 おとす 匽 떨어뜨리다　しゅくだい 圏 숙제　とき 圏 때

テレビ 圏 텔레비전　〜てください 〜(해) 주세요　雨 あめ 圏 비

見る みる 匽 보다　少し すこし 甲 조금　かなしい 나형 슬프다

駅 えき 圏 역　間違える まちがえる 匽 틀리다

〜てしまう 〜(해) 버리다　こまる 匽 곤란하다　さら 圏 접시

〜ように 〜(하)도록　気をつける きをつける 조심하다, 주의하다

26

가볍다

1　오늘은 수업이 적기 때문에, 가방이 가볍습니다.

2　밤은 방을 조금 더 **가볍게** 해 주세요.

3　이거 매우 **가볍기** 때문에, 누군가 도와주지 않겠습니까?

4　오늘 슈퍼에 갔더니, 이 주스가 **가벼워서** 샀습니다.

해설 제시어 かるい는 '가볍다'라는 뜻의 い형용사이다. 제시어 앞뒤의 내용에 유의하여 각 선택지를 읽어보면, 1의 じゅぎょうが少ないので、かばんがかるいです(수업이 적기 때문에, 가방이 가볍습니다)에서 문맥상 가장 올바르게 사용되었으므로 1이 정답이다. 참고로, 2는 明るく(あかるく, 밝게), 3은 重い(おもい, 무겁다), 4는 やすかった(저렴했다)를 사용하는 것이 올바른 문장이다.

어휘 かるい 나형 가볍다　今日 きょう 圏 오늘　じゅぎょう 圏 수업

少ない すくない 나형 적다　〜ので 函 〜때문에　かばん 圏 가방

夜 よる 圏 밤　へや 圏 방　もう 甲 더　ちょっと 甲 조금

〜てください 〜(해) 주세요　とても 甲 매우　だれ 圏 누구

手伝う てつだう 匽 돕다　〜てくれる 〜(해) 주다　スーパー 圏 슈퍼

行く いく 匽 가다　ジュース 圏 주스　買う かう 匽 사다

27

건강

1　그는 항상 건강하게 생활하고 있습니다.

2　이 정도의 것은 **건강**하게 옮길 수 있습니다.

3　그에게 영어 발표를 부탁해도 **건강**하다고 생각합니다.

4　컴퓨터의 **건강**이 나빠서, 서비스 센터에 갑니다.

해설 제시어 げんき는 '건강'이라는 뜻의 명사이고, げんきだ로 사용하면 '건강하다'라는 뜻의 な형용사이다. 제시어 앞뒤의 내용에 유의하여

각 선택지를 읽어보면, 1의 いつもげんきにせいかつして(항상 건 강하게 생활하고)에서 문맥상 가장 올바르게 사용되었으므로 1이 정답이다. 참고로, 2는 簡単(かんたん, 간단), 3은 大丈夫(だいじょうぶ, 괜찮음), 4는 ちょうし(상태)를 사용하는 것이 올바른 문장이 다.

어휘 げんきだ [な형]건강하다　かれ [명]그　いつも [부]항상
せいかつ [명]생활　~ぐらい [조]~정도　はこぶ [동]옮기다
できる [동]할 수 있다　えいご [명]영어　はっぴょう [명]발표
おねがい [명]부탁　~とおもう ~라고 생각하다　パソコン [명]컴퓨터
わるい [い형]나쁘다　~ので [조]~해서　サービス [명]서비스
センター [명]센터　行く いく [동]가다

28

장소

1　저는 그녀의 그런 <u>장소</u>가 좋습니다.
2　사람이 많이 모이는 <u>장소</u>는 가고 싶지 않습니다.
3　옆 <u>장소</u>의 할아버지는 매우 다정합니다.
4　지금 타고 있는 전철의 <u>장소</u>는 도쿄역입니다.

해설 제시어 ばしょ는 '장소'라는 뜻의 명사이다. 제시어 앞뒤의 내용에 유 의하여 각 선택지를 읽어보면, 2의 人がたくさんあつまるばしょ (사람이 많이 모이는 장소)에서 문맥상 가장 올바르게 사용되었으므 로 2가 정답이다. 참고로, 1은 ところ(부분), 3은 家(いえ, 집), 4는 目的地(もくてきち, 목적지)를 사용하는 것이 올바른 문장이다.

어휘 ばしょ [명]장소　かのじょ [명]그녀　好きだ すきだ [な형]좋아하다
たくさん [부]많이　あつまる [동]모이다　行く いく [동]가다
~たい ~(하)고 싶다　となり [명]옆　おじいさん [명]할아버지
とても [부]매우　やさしい [い형]다정하다, 상냥하다　今 いま [명]지금
乗る のる [동]타다　電車 でんしゃ [명]전철　とうきょう [명]도쿄(지명)
駅 えき [명]역

실전 테스트 2　　　　　　　　　　　　　　　p.135

25 2	26 4	27 3	28 1

문제 5 다음의 말의 사용 방법으로 가장 알맞은 것을 1·2·3·4에서 하나 골라 주세요.

25

위험

1　내일까지 낼 과제가 남아서 <u>위험</u>합니다.
2　밤 늦게 혼자서 밖에 나가는 것은 <u>위험</u>합니다.
3　마쓰다 선생님은 매우 <u>위험</u>하므로 지각해서는 안 됩니다.
4　어제 잘 자지 못해서, 상태가 <u>위험</u>합니다.

해설 제시어 きけん은 '위험'이라는 뜻의 명사이고, きけんだ로 사용하 면 '위험하다'라는 뜻의 な형용사이다. 제시어 앞뒤의 내용에 유의하

여 각 선택지를 읽어보면, 2의 夜おそくひとりで外に出るのはきけ ん(밤 늦게 혼자서 밖에 나가는 것은 위험)에서 문맥상 가장 올바르게 사용되었으므로 2가 정답이다. 참고로, 1은 不安(ふあん, 불안), 3은 きびしい(엄하다), 4는 わるい(나쁘다)를 사용하는 것이 올바른 문 장이다.

어휘 きけんだ [な형]위험하다　明日 あした [명]내일　~までに ~까지
出す だす [동]내다　課題 かだい [명]과제　のこる [동]남다
夜 よる [명]밤　おそい [い형]늦다　ひとりで 혼자서　外 そと [명]밖
出る でる [동]나가다　先生 せんせい [명]선생(님)　とても [부]매우
~ので [조]~므로　ちこく [명]지각　~てはいけない ~(해)서는 안 된다
昨日 きのう [명]어제　よく [부]잘　ねむる [동]자다
ぐあい [명](몸의) 상태

26

중지

1　텔레비전이 <u>중지</u>해서 드라마를 볼 수 없습니다.
2　여행에 가고 싶지만, 시험 공부 때문에 <u>중지</u>하고 있습니다.
3　지금은 점심시간이므로 느긋하게 <u>중지</u>하고 있습니다.
4　갑자기 비가 내리기 시작해서 시합이 <u>중지</u>되었습니다.

해설 제시어 ちゅうし는 '중지'라는 뜻의 명사이다. 제시어 앞뒤의 내용에 유의하여 각 선택지를 읽어보면, 4의 雨がふりだしてしあいが ちゅうし(비가 내리기 시작해서 시합이 중지)에서 문맥상 가장 올바 르게 사용되었으므로 4가 정답이다. 참고로, 1은 こしょう(고장), 2 는 がまん(자제), 3은 ちゅうしして(중지하고) 대신 やすんで(쉬 고)를 사용하는 것이 올바른 문장이다.

어휘 ちゅうし [명]중지　テレビ [명]텔레비전　ドラマ [명]드라마
見る みる [동]보다　旅行 りょこう [명]여행　行く いく [동]가다
~たい ~(하)고 싶다　~けど ~지만　試験 しけん [명]시험
べんきょう [명]공부　~ために ~때문에　今 いま [명]지금
昼休み ひるやすみ [명]점심시간　~ので [조]~므로
ゆっくり [부]느긋하게　急に きゅうに [부]갑자기　雨 あめ [명]비
ふりだす 내리기 시작하다　しあい [명]시합

27

화내다

1　마라톤 대회에서 1위를 차지하여 <u>화냈습니다</u>.
2　겨울 방학에 어디에 갈지 <u>화내고</u> 있습니다.
3　방 청소를 하지 않았기 때문에 어머니가 <u>화냈습니다</u>.
4　아버지가 병이 나서 가족 모두 <u>화냈습니다</u>.

해설 제시어 おこる는 '화내다'라는 뜻의 동사이다. 제시어 앞부분의 내용 에 유의하여 각 선택지를 읽어보면, 3의 そうじをしなかったので 母におこられました(청소를 하지 않았기 때문에 어머니가 화냈습 니다)에서 문맥상 가장 올바르게 사용되었으므로 3이 정답이다. 참고 로, 1은 よろこびました(기뻐했습니다), 2는 なやんで(고민하고), 4는 かなしみました(슬퍼했습니다)를 사용하는 것이 올바른 문장이 다.

어휘 おこる [동]화내다　マラソン [명]마라톤　大会 たいかい [명]대회
~位 ~い ~위　とる [동]차지하다, 잡다

冬休み ふゆやすみ 图겨울 방학　行く いく 图가다　へや 图방
そうじ 图청소　母 はは 图어머니, 엄마　父 ちち 图아버지, 아빠
びょうきになる 병이 나다　かぞく 图가족　みんな 图모두

てがみ 图편지　書く かく 图쓰다　母 はは 图어머니, 엄마
あたらしい い图새롭다　学ぶ まなぶ 图배우다　とても 图매우
うんどう 图운동　もちろん 图물론　べんきょう 图공부

28

줄곧

1　**어릴 때부터 줄곧 미국에 가고 싶었습니다.**
2　택시라면 약속 시간에 줄곧 맞출 수 있습니다.
3　지금 일이 끝났기 때문에, 줄곧 돌아갑니다.
4　야마다 군의 덕분에 줄곧 숙제를 끝냈습니다.

해설 제시어 ずっと는 '줄곧'이라는 뜻의 부사이다. 제시어 뒷부분의 내용에 유의하여 각 선택지를 읽어보면, 1의 ずっとアメリカに行きたかったです(줄곧 미국에 가고 싶었습니다)에서 문맥상 가장 올바르게 사용되었으므로 1이 정답이다. 참고로, 2는 まだ(아직), 3은 すぐ(금방), 4는 やっと(겨우)를 사용하는 것이 올바른 문장이다.

어휘 ずっと 图줄곧, 쭉　こどもの時 こどものとき 어릴 때
～から 图~부터　アメリカ 图미국　行く いく 图가다
～たい ~(하)고 싶다　タクシー 图택시　約束 やくそく 图약속
じかん 图시간　間に合う まにあう 图시간에 맞추다
今 いま 图지금　しごと 图일　終わる おわる 图끝나다
～ので 图~때문에　かえる 돌아가다, 귀가하다　おかげで 덕분에
しゅくだい 图숙제　おえる 图끝내다

실전 테스트 3　　　　p.136

25 2　　**26** 4　　**27** 2　　**28** 3

문제5 다음의 말의 사용 방법으로 가장 알맞은 것을 1·2·3·4에서 하나 골라 주세요.

25

정중

1　상대의 이야기를 듣는 것은 정중합니다.
2　**그는 그녀에게 보낼 편지를 정중하게 썼습니다.**
3　어머니는 새로운 것을 배우는 것에 매우 정중입니다.
4　그는 운동은 물론, 공부도 정중하게 하는 사람입니다.

해설 제시어 ていねい는 '정중'이라는 뜻의 명사이고, ていねいだ로 사용하면 '정중하다'라는 뜻의 な형용사이다. 제시어 앞뒤의 내용에 유의하여 각 선택지를 읽어보면, 2의 かれはかのじょにおくるてがみをていねいに書きました(그는 그녀에게 보낼 편지를 정중하게 썼습니다)에서 문맥상 가장 올바르게 사용되었으므로 2가 정답이다. 참고로, 1은 だいじ(중요), 3은 熱心(ねっしん, 열심), 4는 真面目(まじめ, 성실)를 사용하는 것이 올바른 문장이다.

어휘 ていねいだ な图정중하다　あいて 图상대　はなし 图이야기
聞く きく 图듣다　かれ 图그　かのじょ 图그녀　おくる 图보내다

26

연하다

1　지금 살고 있는 곳은 연하기 때문에 저렴합니다.
2　이번 여행은 매우 연했습니다.
3　이 연한 길을 지나면 곧 도착합니다.
4　**이 색보다 연한 색의 편이 좋습니다.**

해설 제시어 うすい는 '연하다'라는 뜻의 い형용사이다. 제시어 앞뒤의 내용에 유의하여 각 선택지를 읽어보면, 4의 このいろよりうすいいろのほうがいいです(이 색보다 연한 색의 편이 좋습니다)에서 문맥상 가장 올바르게 사용되었으므로 4가 정답이다. 참고로, 1은 せまい(좁다), 2는 短かった(みじかかった, 짧았다), 3은 細い(ほそい, 폭이 좁다)를 사용하는 것이 올바른 문장이다.

어휘 うすい い图연하다, 얕다　いま 图지금　すむ 图살다　ところ 图곳
～ので 图~때문에　安い やすい い图저렴하다
今回 こんかい 图이번　りょこう 图여행　とても 图매우
みち 图길　通る とおる 图지나다　すぐに 图곧　つく 图도착하다
いろ 图색　～より 图~보다　ほう 图편, 쪽

27

버리다

1　길에서 모르는 사람의 지갑을 버렸습니다.
2　**사용한 티슈를 쓰레기통에 버렸습니다.**
3　부모님이 오기 전에 집을 버립시다.
4　식사가 끝나면 테이블의 위를 버려 주세요.

해설 제시어 すてる는 '버리다'라는 뜻의 동사이다. 제시어 앞부분의 내용에 유의하여 각 선택지를 읽어보면, 2의 ティッシュをごみばこにすてました(티슈를 쓰레기통에 버렸습니다)에서 문맥상 가장 올바르게 사용되었으므로 2가 정답이다. 참고로, 1은 拾いました(ひろいました, 주웠습니다), 3은 掃除しましょう(そうじしましょう, 청소합시다), 4는 片付けて(かたづけて, 정리해)를 사용하는 것이 올바른 문장이다.

어휘 すてる 图버리다　みち 图길　しる 图알다　さいふ 图지갑
つかう 图사용하다　ティッシュ 图티슈　ごみばこ 图쓰레기통
りょうしん 图부모님　来る くる 图오다　まえ 图전, 앞　いえ 图집
しょくじ 图식사　終わる おわる 图끝나다　テーブル 图테이블
うえ 图위　～てください ~(해) 주세요

28

수출

1　인터넷으로 친구의 선물을 수출했습니다.
2　영어 공부를 위해서 영국으로 수출했습니다.
3　**다음 달부터 텔레비전을 수출하게 되었습니다.**
4　올해 겨울 방학에는 유럽을 수출하고 싶습니다.

해설 제시어 ゆしゅつ는 '수출'이라는 뜻의 명사이다. 제시어 앞뒤의 내용에 유의하여 각 선택지를 읽어보면, 3의 テレビをゆしゅつすることになりました(텔레비전을 수출하게 되었습니다)에서 문맥상 가장 올바르게 사용되었으므로 3이 정답이다. 참고로, 1은 ゆしゅつしました(수출했습니다) 대신 買いました(かいました, 샀습니다), 2는 りゅうがく(유학), 4는 りょこう(여행)를 사용하는 것이 올바른 문장이다.

어휘 ゆしゅつ 圏수출　ネット 圏인터넷　友だち ともだち 圏친구
プレゼント 圏선물　えいご 圏영어　べんきょう 圏공부
～ために ~위해서　イギリス 圏영국　来月 らいげつ 圏다음 달
～から 国~부터　テレビ 圏텔레비전　～ことになる ~(하)게 되다
今年 ことし 圏올해　ふゆやすみ 圏겨울 방학　ヨーロッパ 圏유럽
～たい ~(하)고 싶다

실전 테스트 4
p.137

25 1	26 3	27 4	28 1

문제 5 다음의 말의 사용 방법으로 가장 알맞은 것을 1·2·3·4에서 하나 골라 주세요.

25

찬스

1 **이번이 합격할 수 있는 찬스라고 생각합니다.**
2 올해는 매우 덥다고 하기 때문에 찬스를 샀습니다.
3 이 찬스는 그에게는 아직 어렵습니다.
4 지난주 시험의 찬스가 안 좋았기 때문에 놀랐습니다.

해설 제시어 チャンス는 '찬스'라는 뜻의 명사이다. 제시어 앞뒤의 내용에 유의하여 각 선택지를 읽어보면, 1의 ごうかくできるチャンスだとおもいます(합격할 수 있는 찬스라고 생각합니다)에서 문맥상 가장 올바르게 사용되었으므로 1이 정답이다. 2는 エアコン(에어컨), 3은 テスト(시험), 4는 けっか(결과)를 사용하는 것이 올바른 문장이다.

어휘 チャンス 圏찬스　今回 こんかい 圏이번　ごうかく 圏합격
できる 圏할 수 있다　～とおもう ~라고 생각하다　ことし 圏올해
とても 凰매우　あつい 圏덥다　～そうだ ~라고 한다(전언)
～ので 国~때문에　買う かう 圏사다　かれ 圏그　まだ 凰아직
むずかしい 圏어렵다　先週 せんしゅう 圏지난주　しけん 圏시험
おどろく 圏놀라다

26

익숙해지다

1 마쓰다 씨의 얼굴은 어머니를 익숙해져 있습니다.
2 그녀는 피아노를 익숙해지고 싶다고 생각하고 있습니다.
3 **이 나라의 추위에도 이제 익숙해졌습니다.**
4 어제는 밤 늦게 익숙해졌기 때문에 매우 지쳐 있습니다.

해설 제시어 なれる는 '익숙해지다'라는 뜻의 동사이다. 제시어 앞부분의

내용에 유의하여 각 선택지를 읽어보면, 3의 さむさにももうなれました(추위에도 이제 익숙해졌습니다)에서 문맥상 가장 올바르게 사용되었으므로 3이 정답이다. 참고로, 1은 にて(닮아), 2는 ならいたい(배우고 싶다), 4는 ねた(잤다)를 사용하는 것이 올바른 문장이다.

어휘 なれる 圏익숙해지다　かお 圏얼굴
お母さん おかあさん 圏어머니, 엄마　かのじょ 圏그녀
ピアノ 圏피아노　～たい ~(하)고 싶다　～とおもう ~라고 생각하다
国 くに 圏나라　さむさ 圏추위　もう 凰이제　きのう 圏어제
夜 よる 圏밤　おそい 圏늦다　～ので 国~때문에
とても 凰매우　つかれる 圏지치다

27

소중

1 여러분, 소중한 곳에는 가지 말아주세요.
2 다나카 씨는 미국에 살았기 때문에, 영어를 매우 소중합니다.
3 맛있는 음식을 많이 먹어서 정말로 소중합니다.
4 **아버지로부터 받은 선물을 소중히 하고 있습니다.**

해설 제시어 だいじ는 だいじだ로 사용하면 '소중하다'라는 뜻의 な형용사이다. 제시어 앞뒤의 내용에 유의하여 각 선택지를 읽어보면, 4의 プレゼントをだいじにしています(선물을 소중히 하고 있습니다)에서 문맥상 가장 올바르게 사용되었으므로 4가 정답이다. 참고로, 1은 きけん(위험), 2는 上手(じょうず, 잘함), 3은 うれしい(기쁘다)를 사용하는 것이 올바른 문장이다.

어휘 だいじだ 圏소중하다　みなさん 圏여러분　ところ 圏곳
いく 圏가다　～ないでください ~(하)지 말아주세요
アメリカ 圏미국　すむ 圏살다　～ので 国~때문에
英語 えいご 圏영어　とても 凰매우　おいしい 圏맛있다
たべもの 圏음식　たくさん 凰많이　食べる たべる 圏먹다
ほんとうに 凰정말로　お父さん おとうさん 圏아버지, 아빠
～から 国~로부터　もらう 圏받다　プレゼント 圏선물

28

반드시

1 **다음 주의 대회에는 반드시 참가해주세요.**
2 이 길을 반드시 가면 편의점이 있습니다.
3 사람이 반드시 오지 않았기 때문에, 회장은 비어 있었습니다.
4 타워로부터 경치가 반드시 보이는 것이 좋았습니다.

해설 제시어 かならず는 '반드시'라는 뜻의 부사이다. 제시어 뒷부분의 내용에 유의하여 각 선택지를 읽어보면, 1의 かならずさんかしてください(반드시 참가해주세요)에서 문맥상 가장 올바르게 사용되었으므로 1이 정답이다. 참고로, 2는 まっすぐ(똑바로), 3은 全然(ぜんぜん, 전혀), 4는 はっきり(분명히)를 사용하는 것이 올바른 문장이다.

어휘 かならず 凰반드시　来週 らいしゅう 圏다음 주　たいかい 圏대회
さんか 圏참가　～てください ~(해) 주세요　みち 圏길
行く いく 圏가다　コンビニ 圏편의점　来る くる 圏오다
～ので 国~때문에　かいじょう 圏회장　すく 圏비다
タワー 圏타워　～から 国~로부터　けしき 圏경치
みえる 圏보이다

문제 1 문법형식 판단

실력 다지기
p.188

01 ①	**02** ①	**03** ②	**04** ②	**05** ①
06 ①	**07** ①	**08** ②	**09** ①	**10** ②
11 ①	**12** ②	**13** ①	**14** ②	**15** ②

1

그런 이상한 것 (　　　) 말하지 말아 주세요.

① 은 　　　　　② 에

어휘 おかしい い형 이상하다　言う いう 동 말하다
　　　～ないでください ~(하)지 말아 주세요　～は 조 ~은, 는
　　　～へ 조 ~에

2

대표적인 일본 요리에는, 스시 (　　　) 돈가스가 있습니다.

① 나 　　　　　② 를

어휘 代表的だ だいひょうてきだ な형 대표적이다　日本 にほん 명 일본
　　　料理 りょうり 명 요리　すし 명 스시　とんかつ 명 돈가스
　　　～や 조 ~나　～を 조 ~를, 을

3

그의 그러한 태도에 그녀 (　　　) 화냈습니다.

① 에 　　　　　② 가

어휘 彼 かれ 명 그　たいど 명 태도　彼女 かのじょ 명 그녀
　　　おこる 동 화내다　～に 조 ~에　～が 조 ~가

4

저는 노란색을 좋아합니다. 밝은 느낌이 나기 (　　　) 입니다.

① 까지 　　　　　② 때문

어휘 黄色 きいろ 명 노란색　好きだ すきだ な형 좋아하다
　　　明るい あかるい い형 밝다　感じがする かんじがする 느낌이 나다
　　　～まで 조 ~까지　～から 조 ~때문

5

다음 주 (　　　) 시험 공부를 시작하고 싶다고 생각합니다.

① 부터는 　　　　　② 부터도

어휘 来週 らいしゅう 명 다음 주　試験 しけん 명 시험
　　　勉強 べんきょう 명 공부　はじめる 동 시작하다
　　　～たい ~(하)고 싶다　～と思う ～とおもう ~라고 생각하다
　　　～からは ~부터는　～からも ~부터도

6

그는 휴일에, 좋아하는 가수의 (　　　) 갔습니다.

① 콘서트에 　　　　　② 콘서트에서

어휘 彼 かれ 명 그　休み やすみ 명 휴식　日 ひ 명 날
　　　好きだ すきだ な형 좋아하다　歌手 かしゅ 명 가수
　　　行く いく 동 가다　コンサート 명 콘서트　～に 조 ~에
　　　～で 조 ~에서

7

밥을 먹기 전에 (　　　) 손을 씻어 주세요.

① 먼저 　　　　　② 이제 곧

어휘 ごはん 명 밥, 식사　食べる たべる 동 먹다　前 まえ 명 전
　　　手 て 명 손　あらう 동 씻다　～てください ~(해) 주세요
　　　まず 부 먼저　もうすぐ 부 이제 곧

8

마에다 "다나카 씨는 이번에 (　　　) 여행을 갑니까?"
다나카 "먼 곳에 가기 때문에, 3주일 정도입니다."

① 어떻게 　　　　　② 어느 정도

어휘 今度 こんど 명 이번　旅行 りょこう 명 여행　行く いく 동 가다
　　　遠い とおい い형 멀다　ところ 명 곳　～ので 조 ~때문에
　　　～週間 ～しゅうかん ~주일, 주간　～ぐらい 조 ~정도
　　　どうやって 어떻게　どのぐらい 어느 정도

9

A "오늘은 아침 일찍 일어났기 때문에 졸리네."
B "그러네. 집에 돌아가면 (　　　) 쉬자."

① 느긋하게 　　　　　② 점점

어휘 今日 きょう 명 오늘　朝 あさ 명 아침　はやく 부 일찍
　　　起きる おきる 동 일어나다　～から 조 ~때문에

眠い ねむい [い형]졸리다　家 いえ [명]집　帰る かえる [동]돌아가다
休む やすむ [동]쉬다　ゆっくり [부]느긋하게　どんどん [부]점점

10

저는 친구와 (　　　) 동안, 자원 봉사 활동을 했습니다.

① 주말에　　　　　　　② **주말**

어휘 友だち ともだち [명]친구　間 あいだ [명]동안
ボランティア [명]자원 봉사　活動 かつどう [명]활동
週末 しゅうまつ [명]주말　～に [조]~에

11

A "타케루 군이 (　　　) 것을 들었나요?"
B "타케루 군이 곧 졸업입니까? 졸업식은 언제입니까?"

① **졸업한다고 하는**　　　② 졸업했다고 하는

어휘 聞く きく [동]듣다　もう [부]곧　卒業 そつぎょう [명]졸업
卒業式 そつぎょうしき [명]졸업식　いつ [명]언제
～という ~라고 한다

12

혼다 씨는 지금 여행 중이기 때문에, 집에 (　　　).

① 있다고 생각합니다　　② **없을 것임이 분명합니다**

어휘 今 いま [명]지금　旅行中 りょこうちゅう [명]여행 중
～から [조]~때문에　いえ [명]집
～と思う ～とおもう ~라고 생각하다　～はずだ ~임이 분명하다

13

A "이 모자는 어디에서 샀어요?"
B "아, 이것은 산 것이 아니고, 스즈키 씨로부터 (　　　)."

① **받았습니다**　　　　② 주었습니다

어휘 ぼうし [명]모자　買う かう [동]사다　～から [조]~로부터
もらう [동]받다　あげる [동]주다

14

학생　"대회 참가의 신청서는 언제까지 냅니까?"
선생님 "이번 주 금요일까지 (　　　)."

① 낼지도 모릅니다　　　② **내지 않으면 안 됩니다**

어휘 学生 がくせい [명]학생　大会 たいかい [명]대회　さんか [명]참가
申込書 もうしこみしょ [명]신청서　～までに ~까지
出す だす [동]내다　先生 せんせい [명]선생(님)
今週 こんしゅう [명]이번 주　金曜日 きんようび [명]금요일
～かもしれない ~(일)지도 모른다
～ないといけない ~(하)지 않으면 안 된다

15

이것 정도의 크기라면 충분히 (　　　).

① 들어가지 않는 편이 좋습니다

② **들어갈 수 있을 것 같습니다**

어휘 ～ぐらい [조]~정도　大きさ おおきさ [명]크기　～たら ~라면
十分に じゅうぶんに 충분히　入る はいる [동]들어가다
～ほうがいい ~(하)는 편이 좋다　～そうだ ~(일) 것 같다

실전 테스트 1　　　　　　　　　　　　　　p.190

1 3	**2** 1	**3** 2	**4** 1	**5** 3
6 1	**7** 3	**8** 1	**9** 4	**10** 2
11 3	**12** 3	**13** 1		

문제 1 (　　　)에 무엇을 넣습니까? 1·2·3·4에서 가장 알맞은
　　　것을 하나 골라주세요.

1

저는 남편 (　　　) 일본에 간 적이 있습니다.

1 을　　　　　　　　　2 에
3 **과**　　　　　　　　4 이나

해설 빈칸에 들어갈 적절한 조사를 고르는 문제이다. 빈칸 앞의 명사 夫
　　(남편)와 빈칸 뒤의 日本に行った(일본에 간)를 보면, '남편과 일본
　　에 간'이라는 말이 문맥상 자연스럽다. 따라서 3 と(과)가 정답이다.

어휘 夫 おっと [명]남편　日本 にほん [명]일본　行く いく [동]가다
　　～を [조]~을, 를　～へ [조]~에　～と [조]~과, 와　～や [조]~(이)나

2

다이어트 중이기 때문에, 저녁 식사는 샐러드 (　　　) 과일을 먹
고 있습니다.

1 **나**　　　　　　　　2 를
3 의　　　　　　　　　4 가

해설 빈칸에 들어갈 적절한 조사를 고르는 문제이다. 빈칸 앞의 명사 サラ
　　ダ(샐러드)와 빈칸 뒤의 くだものを食べて(과일을 먹고)를 보면,
　　'샐러드나 과일을 먹고'라는 말이 문맥상 자연스럽다. 따라서 1 や
　　(나)가 정답이다.

어휘 ダイエット [명]다이어트　中 ちゅう [명]중, 한가운데
　　～ので [조]~때문에　夕食 ゆうしょく [명]저녁 식사　サラダ [명]샐러드
　　くだもの [명]과일　食べる たべる [동]먹다　～や [조]~(이)나
　　～を [조]~를, 을　～の [조]~의　～が [조]~가, 이

3

전철이 30분이나 (   ) 약속 시간에 맞출 수 없었다.

1 늦었는데   **2 늦어서**

3 늦고 있는   4 늦고 싶어서

해설 빈칸에 들어갈 적절한 문형을 고르는 문제이다. 모든 선택지가 빈칸 앞의 조사 も(이나)에 접속할 수 있다. 빈칸 앞의 30分も(30분이나)와 빈칸 뒤의 約束の(약속의)를 보면, 선택지 1 遅れたけど(늦었는데) 혹은 2 遅れて(늦어서)가 정답의 후보이다. 문장 전체를 보면 電車が30分も遅れて約束の時間に間に合わなかった(전철이 30분이나 늦어서 약속 시간에 맞출 수 없었다)라는 말이 문맥상 자연스럽다. 따라서 2 遅れて(늦어서)가 정답이다. 1의 けど는 '~는데', 3의 ている는 '~(하)고 있다', 4의 たい는 '~(하)고 싶다'라는 의미임을 알아둔다.

어휘 電車 でんしゃ 圏전철 ～も 조～(이)나, 도 約束 やくそく 圏약속
時間 じかん 圏시간 間に合う まにあう 圏시간에 맞추다
遅れる おくれる 图늦다 ～けど 조~는데 ～たい ~(하)고 싶다

4

늦잠을 자 버렸다. 지금 학교에 (   ) 시험은 치를 수 없다고 생각한다.

1 가더라도   2 가거나

3 가고   4 갔지만

해설 빈칸에 들어갈 적절한 문형을 고르는 문제이다. 모든 선택지가 빈칸 앞의 조사 に(에)에 접속할 수 있다. 빈칸 앞의 学校に(학교에)와 빈칸 뒤의 試験は(시험은)를 보면, 모든 선택지가 정답의 후보이다. 문장 전체를 보면 今学校に行っても試験は受けられないと思う(지금 학교에 가더라도 시험은 치를 수 없다고 생각한다)라는 말이 문맥상 자연스럽다. 따라서 1 行っても(가더라도)가 정답이다. 2의 たり는 '~(하)거나', 3의 し는 '~(하)고', 4의 けど는 '~(하)지만'이라는 의미임을 알아둔다.

어휘 ねぼう 圏늦잠을 잠 ～てしまう ~(해) 버리다 今 いま 圏지금
学校 がっこう 圏학교 試験 しけん 圏시험
受ける うける 图치르다, 받다 ～と思う ~とおもう ~라고 생각하다
行く いく 图가다 ～たり ~(하)거나 ～し 조~(하)고
～けど 조~(하)지만

5

학생 "선생님, 리포트의 마감 날짜는 언제입니까?"

선생님 "리포트는 다음 주 금요일 (   ) 내 주세요."

1 까지에도   2 까지도

3 까지   4 까지 내내

해설 빈칸에 들어갈 적절한 조사를 고르는 문제이다. 빈칸 앞의 명사 金曜日(금요일)와 빈칸 뒤의 出してください(내 주세요)를 보면, '금요일까지 내 주세요'라는 말이 문맥상 자연스럽다. 따라서 3 までに(까지)가 정답이다. 또한, 기한을 나타낼 때는 までに를 사용함을 알아둔다.

어휘 学生 がくせい 圏학생 先生 せんせい 圏선생(님)
レポート 圏리포트 締め切り しめきり 圏마감 날짜, 마감
いつ 圏언제 来週 らいしゅう 圏다음 주
金曜日 きんようび 圏금요일 出す だす 图내다, 제출하다
～てください ~(해) 주세요 ～まで 조~까지 내내(지속)
～も 조~도 ～までに ~까지(기한)

6

스즈키 "김 씨는 (   ) 일본어를 공부했습니까?"

김   "일본의 드라마나 영화를 보고 공부했습니다."

1 어떻게   2 어떤

3 어느   4 어느 정도

해설 빈칸에 들어갈 적절한 의문사를 고르는 문제이다. 빈칸 앞의 キムさんは(김 씨는)와 빈칸 뒤의 日本語を勉強しましたか(일본어를 공부했습니까)를 보면 선택지 1 どうやって(어떻게) 혹은 4 どのぐらい(어느 정도)가 정답의 후보이다. 대화문에서 キムが ドラマや映画を見て勉強しました(드라마나 영화를 보고 공부했습니다)라고 했으므로 '김 씨는 어떻게 일본어를 공부했습니까'라는 말이 문맥상 자연스럽다. 따라서 1 どうやって(어떻게)가 정답이다.

어휘 日本語 にほんご 圏일본어 勉強 べんきょう 圏공부
日本 にほん 圏일본 ドラマ 圏드라마 ～や 조~(이)나
映画 えいが 圏영화 見る みる 图보다 どうやって 어떻게
どういう 어떤 どの 어느 ～·ぐらい 조~정도

7

어려운 피아노 곡을 (   ) 칠 수 있게 되었습니다.

1 꼭   2 매우

3 겨우   4 제발

해설 빈칸에 들어갈 적절한 부사를 고르는 문제이다. 빈칸 앞의 ピアノ曲が(피아노 곡을)와 빈칸 뒤의 ひけるように(칠 수 있게)를 보면, 선택지 1きっと(꼭), 3やっと(겨우), 4ぜひ(제발)가 정답의 후보이다. 문장 전체를 보면 難しいピアノ曲がやっとひけるようになりました(어려운 피아노 곡을 겨우 칠 수 있게 되었습니다)라는 말이 문맥상 자연스럽다. 따라서 3 やっと(겨우)가 정답이다.

어휘 難しい むずかしい い형어렵다 ピアノ 圏피아노 曲 きょく 圏곡
ひく 图치다 ～ようになる ~(하)게 되다 きっと 悍꼭, 반드시
とても 悍매우 やっと 悍겨우 ぜひ 悍제발, 꼭

8

손님 "점심은 몇 시부터입니까?"

점원 "12시부터입니다. 이제 곧 시작되기 (   ) 조금 기다려 주세요."

1 때문에   2 만

3 라도   4 보다

해설 빈칸에 들어갈 적절한 조사를 고르는 문제이다. 빈칸 앞의 始まります(시작되기)와 빈칸 뒤의 少し待って(조금 기다려)를 보면, '시작되기 때문에 조금 기다려'라는 말이 문맥상 자연스럽다. 따라서 1 ので

(때문에)가 정답이다.

어휘 **客 きゃく** 몡손님　**ランチ** 몡점심　**〜時 〜じ** ~시
〜から ~부터　**店員 てんいん** 몡점원　**もうすぐ** 閉이제 곧
始まる はじまる 됭시작되다　**少し すこし** 閉조금
待つ まつ 됭기다리다　**〜てください** ~(해) 주세요
〜ので ~때문에, 므로　**〜だけ** 죄~만　**〜でも** 죄~라도
〜より 죄~보다

9

사토　"다나카 씨, 괜찮으면 주말에 테니스 보러 가지 않을래?"
다나카 "가고 싶 (　　　), 다음 주 시험이 있으니까 공부하지 않
　　　　으면 안 돼."

1 니까　　　　　　　　　2 든가
3 밖에　　　　　　　　　**4 지만**

해설 빈칸에 들어갈 적절한 조사를 고르는 문제이다. 빈칸 앞의 **行きたい**
(가고 싶)와 빈칸 뒤의 **来週**(다음 주)를 보면, 선택지 1 **から**(니까)
혹은 4 **けど**(지만)가 정답의 후보이다. 문장 전체를 보면 **行きたい
けど、来週しけんがあるから勉強しなきゃ**(가고 싶지만, 다음 주
시험이 있으니까 공부하지 않으면 안 돼)라는 말이 문맥상 자연스럽
다. 따라서 4 **けど**(지만)가 정답이다.

어휘 **よい** 이형괜찮다, 좋다　**週末 しゅうまつ** 몡주말　**テニス** 몡테니스
見る みる 됭보다　**行く いく** 됭가다　**〜たい** ~(하)고 싶다
来週 らいしゅう 몡다음 주　**しけん** 몡시험　**〜から** 죄~니까
勉強 べんきょう 몡공부　**〜なきゃ** ~(하)지 않으면 (안 된다)
〜とか 죄~(라)든가　**〜しか** 죄~밖에　**〜けど** 죄~지만

10

작년 여름은 너무 (　　　) 서, 정말로 힘들었습니다.

1 더운　　　　　　　　　**2 더워**
3 덥고　　　　　　　　　4 덥고

해설 빈칸 뒤의 문형에 접속하는 알맞은 형용사 형태를 고르는 문제이다.
빈칸 뒤의 **すぎる**(너무 ~(하)다)는 이형용사 어간과 접속할 수 있으
므로, **あつすぎる**(너무 더워)로 연결된다. 따라서 2 **あつ**(더워)가 정답이
다. 이형용사 어간+**すぎる**가 '너무 ~(하)다'라는 의미의 문형임
을 알아둔다.

어휘 **去年 きょねん** 몡작년　**夏 なつ** 몡여름　**〜すぎる** 너무 ~(하)다
本当に ほんとうに 閉정말로　**たいへんだ** 나형힘들다, 큰일이다
あつい 이형덥다

11

(가게에서)
점원 "손님, (　　　) 고는 생각합니다만, 30분 뒤 폐점합니다."
손님 "벌써 그런 시간입니까? 알겠습니다."

1 알새 안나　　　　　　　2 알고 있나
3 알고 계신다　　　　　4 알았다

해설 빈칸에 들어갈 적절한 경어 표현을 고르는 문제이다. 점원이 손님에
게 폐점 시간을 알고 있는지에 대해 이야기하는 상황이므로 손님을

높이는·존경 표현을 사용해야 한다. 따라서 **知っている**(알고 있다)
의 존경 표현인 3 **ご存知だ**(알고 계신다)가 정답이다. 2의 **存じてい
る**(알고 있다)는 겸양 표현임을 알아둔다.

어휘 **お店 おみせ** 몡가게　**店員 てんいん** 몡점원
お客さま おきゃくさま 몡손님　**おもう** 됭생각하다
〜分 〜ふん ~분　**後 ご** 몡뒤, 후
閉店 へいてん 몡폐점, 가게의 하루 영업이 끝남
いたす 됭하다(する의 겸양어)　**客 きゃく** 몡손님　**もう** 閉벌써
時間 じかん 몡시간　**わかる** 됭알다　**知る しる** 됭알다
存じている ぞんじている 알고 있다(知っている의 겸양어)
ご存知だ ごぞんじだ 알고 계시다(知っている의 존경어)

12

모리　　　"새로운 자전거네요. 어디에서 샀습니까?"
나카무라 "이 자전거요? 이것은 김 씨로부터 (　　　)."

1 빌려주어서는 안 됩니다　　　2 빌려주어도 좋습니다
3 빌려 받았습니다　　　　　4 빌려주었을지도 모릅니다

해설 빈칸에 들어갈 적절한 문형을 고르는 문제이다. 모든 선택지가 빈칸
앞의 조사 **から**(부터)에 접속할 수 있다. 빈칸 앞의 **キムさんから**(김
씨로부터)를 보면 '김 씨로부터 빌려 받았습니다'라는 말이 문맥상 자
연스럽다. 따라서 3 **貸してもらいました**(빌려 받았습니다)가 정답
이다. 1의 **てはいけない**는 '~(해)서는 안 된다', 2의 **てもいい**는
'~(해)도 좋다', 4의 **かもしれない**는 '~(일)지도 모른다'라는 의미
임을 알아둔다.

어휘 **新しい あたらしい** 이형새롭다　**自転車 じてんしゃ** 몡자전거
買う かう 됭사다　**〜から** 죄~부터　**貸す かす** 됭빌려주다
〜てはいけない ~(해)서는 안 된다　**〜てもいい** ~(해)도 좋다
〜てもらう ~(해) 받다　**〜かもしれない** ~(일)지도 모른다

13

(식당에서)
다카하시 "박 씨는 무엇을 주문합니까?"
박　　　 "저는 시오 라멘으로 하겠습니다."
다카하시 "네. 시오 라멘 (　　　). 저도 그것으로 하겠습니다."

1 맛있을 것 같습니다　　　2 맛있는 곳입니다
3 맛있지 않았습니다　　　　　4 맛있을 예정입니다

해설 빈칸에 들어갈 적절한 문형을 고르는 문제이다. 모든 선택지가 빈칸
앞의 명사 **ラーメン**(라멘)에 접속할 수 있다. 빈칸 뒷 문장인 **私もそ
れにします**(저도 그것으로 하겠습니다)를 보면 '라멘 맛있을 것 같
습니다. 저도 그것으로 하겠습니다'라는 말이 문맥상 자연스럽다. 따
라서 1 **おいしそうです**(맛있을 것 같습니다)가 정답이다. 4의 **つも
りだ**는 '~(할) 예정이다'라는 의미임을 알아둔다.

어휘 **食堂 しょくどう** 몡식당　**ちゅうもん** 몡주문
ぼく 몡저, 나(남자의 자칭)　**しおラーメン** 몡시오 라멘
おいしい 이형맛있다　**〜そうだ** ~(일) 것 같다(추측)　**ところ** 몡곳
つもり 몡예정

1 2	**2** 3	**3** 4	**4** 3	**5** 3
6 1	**7** 4	**8** 4	**9** 4	**10** 2
11 3	**12** 1	**13** 2		

문제1 ( )에 무엇을 넣습니까? 1·2·3·4에서 가장 알맞은 것을 하나 골라주세요.

1

오늘 아침, 지각해서 선생님 ( ) 꾸짖음을 당했습니다.

1 이나   **2 에게**
3 으로   4 과

해설 빈칸에 들어갈 적절한 조사를 고르는 문제이다. 빈칸 앞의 명사 先生(선생님)와 빈칸 뒤의 동사 おこられました(꾸짖음을 당했습니다)를 보면, '선생님에게 꾸짖음을 당했습니다'라는 말이 문맥상 자연스럽다. 따라서 2 に(에게)가 정답이다.

어휘 今朝 けさ 圏오늘 아침 　ちこく 圏지각 　先生 せんせい 圏선생(님)
おこる 圏꾸짖다, 화내다 　～や 氢～(이)나 　～に 氢～에게
～で 氢～으로 　～と 氢～과, 와

2

저는 커피 ( ) 좋아서, 매일 카페에 갑니다.

1 로   2 를
3 가   4 에

해설 빈칸에 들어갈 적절한 조사를 고르는 문제이다. 빈칸 앞의 명사 コーヒー(커피)와 빈칸 뒤의 好きで(좋아서)를 보면, '커피가 좋아서'라는 말이 문맥상 자연스럽다. 따라서 3 が(가)가 정답이다.

어휘 コーヒー 圏커피 　好きだ すきだ 呣좋다 　毎日 まいにち 圏매일
カフェ 圏카페 　行く いく 圏가다 　～で 氢～로 　～を 氢～를, 을
～が 氢～가, 이 　～へ 氢～에

3

이 집은, 집을 나오면 ( ) 역이 있기 때문에 편리합니다.

1 조금   2 훨씬
3 결코   **4 바로**

해설 빈칸에 들어갈 적절한 부사를 고르는 문제이다. 빈칸 앞의 家を出ると(집을 나오면)와 빈칸 뒤의 駅が(역이)를 보면, 家を出るとすぐに駅が(집을 나오면 바로 역이)라는 말이 문맥상 자연스럽다. 따라서 4 すぐに(바로)가 정답이다.

어휘 家 いえ 圏집 　出る でる 圏나오다, 나가다 　駅 えき 圏역
～ので 氢～때문에 　便利だ べんりだ 呣편리하다
ちょっと 튄조금 　ずっと 튄훨씬 　けっして 튄결코
すぐに 튄바로

4

어머니는 최근 바쁩니다. 식사를 하는 ( ) 일을 합니다.

1 때를   2 때가
3 때에도   4 때로

해설 빈칸에 들어갈 적절한 조사를 고르는 문제이다. 빈칸 앞의 食事をする(식사를 하는)와 빈칸 뒤의 仕事をします(일을 합니다)를 보면, '식사를 하는 때에도 일을 합니다'라는 말이 문맥상 자연스럽다. 따라서 3 ときにも(때에도)가 정답이다.

어휘 おかあさん 圏어머니, 엄마 　最近 さいきん 圏최근
忙しい いそがしい ⓘ형바쁘다 　食事 しょくじ 圏식사
仕事 しごと 圏일 　とき 圏때 　～を 氢～를, 을 　～が 氢～가, 이
～にも 氢～에도 　～で 氢～로

5

하야시 "내일 파티는 몇 시부터입니까?"
스즈키 "파티는 오후 6시부터입니다. ( ) 와 주세요."

1 항상   2 겨우
3 꼭   4 아직

해설 빈칸에 들어갈 적절한 부사를 고르는 문제이다. 빈칸 뒤의 来てくださいね(와 주세요)를 보면, 선택지 1 いつも(항상) 혹은 3 ぜひ(꼭)가 정답의 후보이다. 앞 문장에서 パーティーは午後6時からです(파티는 오후 6시부터입니다)라고 했으므로 '꼭 와 주세요'라는 말이 문맥상 자연스럽다. 따라서 3 ぜひ(꼭)가 정답이다.

어휘 あした 圏내일 　パーティー 圏파티 　～時 ～じ ～시
～から 氢～부터 　午後 ごご 圏오후 　来る くる 圏오다
～てください ~(해) 주세요 　いつも 튄항상 　やっと 튄겨우
ぜひ 튄꼭 　まだ 튄아직

6

A "회사 ( ) 안내문 봤어요?"
B "운동회 말이죠. 매우 기대되네요."

1 로부터의   2 로부터는
3 로부터라도   4 로부터라든가

해설 빈칸에 들어갈 적절한 조사를 고르는 문제이다. 빈칸 앞의 명사 会社(회사)와 빈칸 뒤의 お知らせ(안내문)를 보면, 선택지 1 からの(로부터의) 혹은 2 からは(로부터는)가 정답의 후보이다. 문장 전체를 보면 会社からのお知らせ見ましたか(회사로부터의 안내문 봤어요?)라는 말이 문맥상 자연스럽다. 따라서 1 からの(로부터의)가 정답이다.

어휘 会社 かいしゃ 圏회사 　お知らせ おしらせ 圏안내문
見る みる 圏보다 　うんどうかい 圏운동회 　とても 튄매우
楽しみ たのしみ 圏기대 　～から 氢～로부터 　～の 氢～의
～は 氢~는 　～でも 氢~라도 　～とか 氢~라든가

아까 마쓰다 씨를 만났습니다만, 얼굴이 빨갛고 열이 (   ).

1 있을 리가 없습니다　　　2 있기 때문이었습니다
3 있어서는 안 됩니다　　　**4 있는 것 같았습니다**

해설 빈칸에 들어갈 적절한 문형을 고르는 문제이다. 모든 선택지가 빈칸
앞의 조사 が(이)에 접속할 수 있다. 빈칸 앞의 ねつが(열이)를 보면,
모든 선택지가 정답의 후보이다. 문장 전체를 보면 さっき松田さん
に会いましたが、かおがあかくてねつがあるようでした(아까 마
쓰다 씨를 만났습니다만, 얼굴이 빨갛고 열이 있는 것 같았습니다)라
는 말이 문맥상 자연스럽다. 따라서 4 あるようでした(있는 것 같았
습니다)가 정답이다. 1의 はずがない는 '~(일) 리가 없다', 2의 ため
だ는 '~때문이다', 3의 てはいけない는 '~(해)서는 안 된다'라는 의
미임을 알아둔다.

어휘 さっき 国아까　会う あう 图만나다　かお 図얼굴
あかい い 빨갛다　ねつ 図열　~はずがない ~(일) 리가 없다
~ためだ ~때문이다　~てはいけない ~(해)서는 안 된다
~ようだ ~것 같다

8

다나카 씨는 (   ) 저렇게 영어가 능숙할까?

1 어느 정도　　　　　　2 어떤
3 어떤　　　　　　　　**4 어떻게**

해설 빈칸에 들어갈 적절한 의문사를 고르는 문제이다. 빈칸 뒤의 あんな
に英語が上手なんだろう(저렇게 영어가 능숙할까)를 보면, '어떻
게 저렇게 영어가 능숙할까'라는 말이 문맥상 자연스럽다. 따라서 4
どうして(어떻게)가 정답이다.

어휘 英語 えいご 図영어　上手だ じょうずだ な형능숙하다
どのぐらい 어느 정도　どういう 어떤　どんな 어떤
どうして 어떻게, 어째서

사토　"시험 결과가 나빠서, 선생님에게 주의 (   )."
고바야시 "그래? 그럼, 다음 시험까지 나와 함께 공부하자."

1 시켰어　　　　　　　2 했어
3 하고 있었어　　　　　**4 당했어**

해설 빈칸에 들어갈 적절한 동사 형태를 고르는 문제이다. 선택지에서 수
동 표현과 사역 표현이 사용되었으므로 제시문 안에서의 행동의 주
체에 유의해야 한다. 빈칸 앞의 先生に注意(선생님에게 주의)를 보
면 빈칸에 された(당했어)가 오는 것이 문맥상 자연스럽다. 따라서
4 された(당했어)가 정답이다. 1의 させる(시키다)는 사역 표현으로
상대방에게 행동이나 역할을 시킬 때 사용할 수 있는 표현이며, 3의
ている는 '~(하)고 있다'라는 의미임을 알아둔다.

어휘 テスト 図시험　結果 けっか 図결과　わるい い 나쁘다
~から 图~해서　先生 せんせい 図선생(님)
注意 ちゅうい 図주의　じゃあ 쩝그럼　次 つぎ 図다음
~まで 图~까지　いっしょに 🖩함께　勉強 べんきょう 図공부

10

교과서를 잊고 왔기 때문에, 다른 반의 친구로부터 빌려 (   ).

1 주었습니다　　　　　　**2 받았습니다**
3 주었습니다　　　　　　4 주었습니다

해설 빈칸에 들어갈 적절한 동사를 고르는 문제이다. 모든 선택지에서 수
수 표현이 사용되었으므로 제시문을 읽을 때 주고 받는 관계에 유의
해야 한다. 빈칸 앞의 友だちから貸して(친구로부터 빌려)를 보면
빈칸에는 もらいました(받았습니다)가 와야 한다. 따라서 2 もらい
ました(받았습니다)가 정답이다. 1의 やりました(주었습니다)는 받
는 대상이 주로 동·식물일 때 사용할 수 있는 표현이며, 3의 あげま
した(주었습니다)는 내가 남에게 준다는 의미, 4의 くれました(주었
습니다)는 남이 나에게 준다는 의미임을 알아둔다.

어휘 テキスト 図교과서, 텍스트　忘れる わすれる 图잊다
くる 图오다　~ので 图~때문에　ほか 図다름
クラス 図반, 클래스　友だち ともだち 図친구　~から 图~으로부터
貸す かす 图빌려주다　~てやる ~(해) 주다　~てもらう ~(해) 받다
~てあげる ~(해) 주다　~てくれる (나에게) ~(해) 주다

저는 최근 인기가 있는 저 작가의 소설을 (   ) 적이 있습니다.

1 읽어　　　　　　　　2 읽음
3 읽은　　　　　　　4 읽고 있는

해설 빈칸 뒤의 문형에 접속하는 알맞은 동사 형태를 고르는 문제이다. 빈
칸 뒤의 ことがあります(적이 있습니다)는 동사 た형과 접속할 수
있으므로, よんだことがあります(읽은 적이 있습니다)로 연결된
다. 따라서 3 よんだ(읽은)가 정답이다. 동사 た형+ことがある가
'~(한) 적이 있다'라는 의미의 문형임을 알아둔다.

어휘 最近 さいきん 図최근　人気 にんき 図인기　作家 さっか 図작가
小説 しょうせつ 図소설　~たことがある ~(한) 적이 있다
よむ 图읽다

모리　"이번 여름 휴가에는 어디에 갑니까?"
마에다 "예쁜 바다에 가고 싶네요. 그런데, 헤엄치지 못하는 것이
　　　조금 걱정입니다."
모리　"그건 위험해요. 헤엄칠 수 있게 되고 나서 바다에 (   )."

1 가는 편이 좋습니다　　　2 가서는 안 됩니다
3 갈 수 있을 지도 모릅니다　　4 가버렸습니다

해설 빈칸에 들어갈 적절한 문형을 고르는 문제이다. 모든 선택지가 빈칸
앞의 조사 に(에)에 접속할 수 있다. 빈칸 앞의 およげるようになっ
てから海に(헤엄칠 수 있게 되고 나서 바다에)를 보면 선택지 1 行っ
たほうがいいです(가는 편이 좋습니다) 혹은 4 行ってしまいまし
た(가버렸습니다)가 정답의 후보이다. 대화문에서 前田가 およげ
ないのが少し心配です(헤엄치지 못하는 것이 조금 걱정입니다)라
고 했으므로 '헤엄칠 수 있게 되고 나서 바다에 가는 편이 좋습니다'
라는 말이 문맥상 자연스럽다. 따라서 1 行ったほうがいいです(가

는 편이 좋습니다)가 정답이다. 2의 てはいけない는 '~(해)서는 안
된다', 3의 かもしれない는 '~(일) 지도 모른다', 4의 てしまう는
'~(해) 버리다'라는 의미임을 알아둔다.

어휘 **今度 こんど** 圀 이번 **夏休み なつやすみ** 圀 여름 휴가, 여름 방학
行く いく 圐 가다 **きれいだ** 기혛 예쁘다 **海 うみ** 圀 바다
~たい ~(하)고 싶다 **でも** 固 그런데 **およぐ** 圐 헤엄치다, 수영하다
少し すこし 圉 조금 **心配だ しんぱいだ** 기혛 걱정이다
あぶない 이혛 위험하다 **~ようになる** ~(하)게 되다
~てから ~(하)고 나서 **~たほうがいい** ~(하)는 편이 좋다
~てはいけない ~(해)서는 안 된다 **~かもしれない** ~일 지도 모른다
~てしまう ~(해) 버리다

13

다나카 "비행기 시간에 늦을 것 같아. 어떻게 하지."
마쓰모토 "아직 3시간 이상 있고, 택시에 (   ) 괜찮아. 걱정하
지 마."

1 타고   **2 타면**
3 타고 싶어서   4 탈 것

해설 빈칸에 들어갈 적절한 문형을 고르는 문제이다. 모든 선택지가 빈칸
앞의 조사 に(에)에 접속할 수 있다. 빈칸 앞의 タクシーに(택시에)
와 빈칸 뒤의 だいじょうぶだよ(괜찮아)를 보면 '택시에 타면 괜찮
아'라는 말이 문맥상 자연스럽다. 따라서 2 乗ったら(타면)가 정답이
다. 3의 たい는 '~(하)고 싶다', 4의 동사 사전형+ことは '~(할) 것'
이라는 의미임을 알아둔다.

어휘 **飛行機 ひこうき** 圀 비행기 **時間 じかん** 圀 시간
遅れる おくれる 圐 늦다 **~そうだ** ~(할) 것 같다 **まだ** 圉 아직
以上 いじょう 圀 이상 **タクシー** 圀 택시
だいじょうぶだ 기혛 괜찮다 **心配 しんぱい** 圀 걱정
~ないで ~(하)지 마 **乗る のる** 圐 타다 **~たい** ~(하)고 싶다

실전 테스트 3   p.194

1 1	2 2	3 3	4 2	5 3
6 4	7 1	8 4	9 1	10 3
11 1	12 4	13 1		

문제1 (   )에 무엇을 넣습니까? 1·2·3·4에서 가장 알맞은
것을 하나 골라주세요.

1

내일은 어릴 때 매우 친했던 친구 (   ) 만납니다.

1 에게   2 는
3 를   4 의

해설 빈칸에 들어갈 적절한 조사를 고르는 문제이다. 빈칸 뒤의 동사 会う
(만나다)는 조사 を(를)가 아닌 조사 に(에게)에 접속하여 '~를 만나

다'와 같은 의미로 사용된다. 따라서 1 に(에게)가 정답이다.

어휘 **あした** 圀 내일 **子どものころ こどものころ** 어릴 때 **とても** 圉 매우
親しい したしい 이혛 친하다 **友だち ともだち** 圀 친구
会う あう 圐 만나다 **~に** ~에게, 에 **~は** 固 ~는, 은
~を 固 ~를, 을 **~の** 固 ~의

2

선생님 (   ) 칭찬받아서, 매우 기뻤습니다.

1 까지   **2 으로부터**
3 의   4 에서

해설 빈칸에 들어갈 적절한 조사를 고르는 문제이다. 빈칸 앞의 명사 先生
(선생님)와 빈칸 뒤의 ほめられて(칭찬받아서)를 보면, '선생님으로
부터 칭찬받아서'라는 말이 문맥상 자연스럽다. 따라서 2 から(으로
부터)가 정답이다.

어휘 **先生 せんせい** 圀 선생(님) **ほめる** 圐 칭찬하다 **とても** 圉 매우
うれしい 이혛 기쁘다 **~まで** 固 ~까지 **~から** 固 ~(으로)부터
~の 固 ~의 **~で** 固 ~에서

3

우리 반에서 중국어를 말할 수 있는 사람은 다나카 씨 (   ) 없
습니다.

1 는데   2 만
3 밖에   4 보다

해설 빈칸에 들어갈 적절한 조사를 고르는 문제이다. 빈칸 앞의 田中さん
(다나카 씨)과 빈칸 뒤의 동사 いません(없습니다)을 보면, 선택지
2 だけ(만), 3 しか(밖에), 4 より(보다)가 정답의 후보이다. 문장 전
체를 보면 うちのクラスで中国語が話せる人は田中さんしかい
ません(우리 반에서 중국어를 말할 수 있는 사람은 다나카 씨밖에 없
습니다)이라는 말이 문맥상 자연스럽다. 따라서 3 しか(밖에)가 정답
이다.

어휘 **うち** 圀 우리 **クラス** 圀 반, 클래스 **中国語 ちゅうごくご** 圀 중국어
話す はなす 圐 말하다, 이야기하다 **~のに** 固 ~(는)데
~だけ 固 ~만 **~しか** 固 ~밖에 **~より** 固 ~보다

4

마에다 "모리 씨, 매일 아침 몇 시에 집을 나갑니까?"
모리 "저의 집에서 학교 (   ) 전철로 1시간 이상 걸리기 때
문에, 8시에 집을 나갑니다."

1 까지로   **2 까지는**
3 까지도   4 까지를

해설 빈칸에 들어갈 적절한 조사를 고르는 문제이다. 빈칸 앞의 명사 学校
(학교)와 빈칸 뒤의 電車で(전철로)를 보면, 선택지 2 までは(까지
는), 3 までも(까지도), 4 までを(까지를)가 정답의 후보이다. 문장
전체를 보면 わたしの家から学校までは電車で1時間以上かか
るので、8時に家を出ます(저의 집에서 학교까지는 전철로 1시간
이상 걸리기 때문에, 8시에 집을 나갑니다)라는 말이 문맥상 자연스

럽다. 따라서 2 までは(까지는)가 정답이다.

어휘 毎朝 まいあさ 圐매일 아침 ～時 ～じ ～시 家 いえ 圐집
出る でる 圄나가다, 나오다 ～から 죄～에서
学校 がっこう 圐학교 電車 でんしゃ 圐전철 時間 じかん 圐시간
以上 いじょう 圐이상 かかる 圄걸리다 ～ので 죄～때문
～まで 죄～까지 ～で 죄～로 ～は 죄～는, 은 ～も 죄～도
～を 죄～를, 을

5

이것은 친구가 (   ) 사 준 시계입니다.

1 저	2 저로
3 저에게	4 저부터

해설 빈칸에 들어갈 적절한 조사를 고르는 문제이다. 빈칸 앞의 友だちが
(친구가)와 빈칸 뒤의 買ってくれた(사 준)를 보면, '친구가 저에게
사 준'이라는 말이 문맥상 자연스럽다. 따라서 3 わたしに(저에게)가
정답이다.

어휘 友だち ともだち 圐친구 買う かう 圄사다
～てくれる (나에게) ～(해) 주다 時計 とけい 圐시계 ～へ 죄～로
～に 죄～에게 ～から 죄～부터

6

리	"일전의 테니스 대회에서 누가 우승했습니까?"
하야시	"다나카 씨가 ( ) 을 것입니다. 매일 3시간이나 연습
	하고 있었으니까요."

1 우승하고	2 우승할
3 우승해서	**4 우승했**

해설 빈칸 뒤의 문형에 접속하는 알맞은 동사 형태를 고르는 문제이다. 빈
칸 뒤의 はずだ(～(일) 것이다)는 동사 보통형과 접속할 수 있으므로,
선택지 2 ゆうしょうする(우승할) 혹은 4 ゆうしょうした(우승했)
로 연결될 수 있다. 대화문에서 리가 誰がゆうしょうしましたか
(누가 우승했습니까)라고 했으므로 '우승했을 것입니다'라는 대답이
문맥상 자연스럽다. 따라서 4 ゆうしょうした(우승했)가 정답이다. 동
사 보통형+はずだ가 '～(일) 것이다'라는 의미의 문형임을 알아둔다.

어휘 このあいだ 圐일전 テニス 圐테니스 大会 たいかい 圐대회
ゆうしょう 圐우승 ～はずだ ～(일) 것이다 毎日 まいにち 圐매일
時間 じかん 圐시간 れんしゅう 圐연습 ～から 죄～니까
～し 죄～고

7

지금 바로 출발하면 대회 시간에 (   ) 맞습니다.

1 알맞게	2 계속
3 상당히	4 슬슬

해설 빈칸에 들어갈 적절한 부사를 고르는 문제이다. 빈칸 앞의 時間に(시
간에)와 빈칸 뒤의 間に合います(맞습니다)를 보면, '시간에 알맞게
맞습니다'라는 말이 문맥상 자연스럽다. 따라서 1 ちょうど(알맞게)
가 정답이다.

어휘 今 いま 圐지금 すぐ 囝바로 出発 しゅっぱつ 圐출발
～ば 죄～(하)면 大会 たいかい 圐대회 時間 じかん 圐시간
間に合う まにあう 圄(시간에) 맞다 ちょうど 囝알맞게, 꼭
ずっと 囝계속 なかなか 囝상당히 そろそろ 囝슬슬

8

선생님	"마쓰다 군, 교실에서 그렇게 ( ). 주위에 공부하고 있
	는 친구도 있잖아요."
학생	"죄송합니다. 조심하겠습니다."

1 떠들어도 상관없습니다	2 떠들어 버렸습니다
3 떠들어 주세요	**4 떠들어서는 안 됩니다**

해설 빈칸에 들어갈 적절한 문형을 고르는 문제이다. 빈칸 앞의 부사 そん
なに(그렇게)를 보면, 모든 선택지가 정답의 후보이다. 빈칸 뒷 문장
에서 まわりに勉強している友だちもいるんじゃないですか(주위
에 공부하고 있는 친구도 있잖아요)라고 했으므로 '그렇게 떠들어서
는 안 됩니다'라는 말이 문맥상 자연스럽다. 따라서 4 さわいではい
けません(떠들어서는 안 됩니다)이 정답이다. 1의 てもかまわない
는 '～(해)도 상관없다', 2의 てしまう는 '～(해) 버리다', 3의 てくだ
さい는 '～(해) 주세요'라는 의미임을 알아둔다.

어휘 先生 せんせい 圐선생(님) 教室 きょうしつ 圐교실
まわり 圐주위 勉強 べんきょう 圐공부 友だち ともだち 圐친구
学生 がくせい 圐학생 気をつける きをつける 조심하다
さわぐ 圄떠들다, 소란 피우다 ～てもかまわない ～(해)도 상관없다
～てしまう ～(해) 버리다 ～てください ～(해) 주세요
～てはいけない ～(해)서는 안 된다

9

차가 고장났기 때문에, (   ) 집에 돌아갈지 생각하고 있습니다.

1 어떻게	2 어떤
3 어느 정도	4 어느

해설 빈칸에 들어갈 적절한 의문사를 고르는 문제이다. 빈칸 앞의 車がこ
われましたので(차가 고장났기 때문에)와 빈칸 뒤의 家に帰るか
(집에 돌아갈지)를 보면, '차가 고장났기 때문에, 어떻게 집에 돌아갈
지'라는 말이 문맥상 자연스럽다. 따라서 1 どうやって(어떻게)가 정
답이다.

어휘 車 くるま 圐차 こわれる 圄고장나다 ～ので 죄～때문
家 いえ 圐집 帰る かえる 圄돌아가다
考える かんがえる 圄생각하다 どうやって 어떻게 どういう 어떤
どのぐらい 어느 정도 どの 어느

10

A	"지금 들고 있는 것은 무엇입니까?"
B	"아이스크림이에요. 남동생이 겨울이라도 아이스크림을 ( )
	때문에 샀습니다."

1 먹고 싶기	2 먹고 싶을지도 모르기
3 먹고 싶어하기	4 먹는 편이 좋기

해설 빈칸에 들어갈 적절한 문형을 고르는 문제이다. 모든 선택지가 빈칸 앞의 조사 を(을)에 접속할 수 있다. 빈칸 앞의 弟が冬でもアイスクリームを(남동생이 겨울이라도 아이스크림을)를 보면 '아이스크림을 먹고 싶어하기'라는 말이 문맥상 자연스럽다. 또한, 제 3자가 하고 싶어하는 것에 대해 말할 때는 동사 ます형+たがる(~(하)고 싶어하다)를 사용한다. 따라서 3 食べたがる(먹고 싶어하기)가 정답이다. 1의 たい는 '~(하)고 싶다', 2의 かもしれない는 '~(일)지도 모른다', 4의 たほうがいい는 '~(하)는 편이 좋다'라는 의미임을 알아둔다.

어휘 今 いま 몡지금   持つ もつ 됭들다, 가지다
アイスクリーム 몡아이스크림   弟 おとうと 몡남동생
冬 ふゆ 몡겨울   ～でも 조~라도   ～ので 조~때문
買う かう 됭사다   食べる たべる 됭먹다   ～たい ~(하)고 싶다
～かもしれない ~(일)지도 모른다   ～たがる ~(하)고 싶어하다
～たほうがいい ~(하)는 편이 좋다

11

어머니 "아까부터 계속 게임을 하고 있는데, 학교 숙제는 끝났어?"
아들 "숙제는 아직 하지 않았어. 지금부터 (　　　) 예정이야."

1　**시작할**	2　시작하
3　시작하고	4　시작한

해설 빈칸 뒤의 문형에 접속하는 알맞은 동사 형태를 고르는 문제이다. 빈칸 뒤의 つもりだ(예정이다)는 동사 사전형과 접속할 수 있으므로, 始めるつもりだよ(시작할 예정이야)로 연결된다. 따라서 1 始める(시작할)가 정답이다. 동사 사전형+つもりだ가 '~(할) 예정이다'라는 의미의 문형임을 알아둔다.

어휘 母親 ははおや 몡어머니, 엄마   さっき 뷔아까   ～から 조~부터
ずっと 뷔계속   ゲーム 몡게임   ～けど 조~는데
学校 がっこう 몡학교   宿題 しゅくだい 몡숙제
終わる おわる 됭끝나다   息子 むすこ 몡아들   まだ 뷔아직
やる 됭하다   今 いま 몡지금   つもりだ ~(할) 예정이다
始める はじめる 됭시작하다

12

스즈키 "사토 씨, 언제 차를 샀습니까?"
사토 "지난 달입니다. 이것을 사기 위해서 1년간 돈을 거의 (　　　) 않고 생활했습니다."

1　쓰다	2　쓴
3　쓰고	4　**쓰지**

해설 빈칸 뒤의 문형에 접속하는 알맞은 동사 형태를 고르는 문제이다. 빈칸 뒤의 ずに(않고)는 동사 ない형과 접속할 수 있으므로, 使わずに(쓰지 않고)로 연결된다. 따라서 4 使わ(쓰지)가 정답이다. 동사 ない형+ずに가 '~(하)지 않고'라는 의미의 문형임을 알아둔다.

어휘 いつ 몡언제   車 くるま 몡차   買う かう 됭사다
先月 せんげつ 몡지난 달   ～ために ~위해서
年間 ねんかん 몡연간   お金 おかね 몡돈   ほとんど 뷔거의
～ずに ~않고   生活 せいかつ 몡생활   使う つかう 됭쓰다, 사용하다

13

(회사에서)
부장 "이번 회의의 자료를 준비하는 것은 사카모토 씨 아니었던가?"
부하 "사카모토 씨는 급하게 용무가 생겨서, 제가 대신 (　　　)."

1　**준비하겠습니다**	2　준비해 주세요
3　준비하십시오	4　준비하게 해 주십니다

해설 빈칸에 들어갈 적절한 경어 표현을 고르는 문제이다. 행동의 주체인 부하가 윗사람인 부장님에게 자신이 준비하겠다고 대답하는 상황이므로 자신을 낮추는 겸양 표현을 사용해야 한다. 따라서 겸양 표현인 1 準備いたします(준비하겠습니다)가 정답이다. 3의 ご+ます형+になる(~하시다), 4의 ～させてくださる(~하게 해 주시다)는 존경 표현임을 알아둔다.

어휘 会社 かいしゃ 몡회사   部長 ぶちょう 몡부장(님)
今回 こんかい 몡이번   会議 かいぎ 몡회의   しりょう 몡자료
準備 じゅんび 몡준비   ～っけ 조~던가   部下 ぶか 몡부하
急に きゅうに 뷔급하게   用事 ようじ 몡용무, 볼일
できる 됭생기다   かわりに 뷔대신   いたす 됭하다(する의 겸양어)
～てください ~(해) 주세요   ～てくださる ~(해) 주시다

실전 테스트 4　　　　　　　　　　　　　　　p.196

문제1 (　　　)에 무엇을 넣습니까? 1·2·3·4에서 가장 알맞은 것을 하나 골라주세요.

1

오사카까지는 신칸센 (　　　) 타고 갑니다.

1　에서	**2　에**
3　을	4　의

해설 빈칸에 들어갈 적절한 조사를 고르는 문제이다. 빈칸 뒤의 동사 乗る(타다)는 조사 を(를)가 아닌 조사 に(에)에 접속하여 '~를 타다'와 같은 의미로 사용된다. 따라서 2 に(에)가 정답이다.

어휘 大阪 おおさか 몡오사카(지명)   ～まで ~까지
しんかんせん 몡신칸센   乗る のる 됭타다   行く いく 됭가다
～で 조~에서   ～に 조~에   ～を 조~을, 를   ～の 조~의

2

어제 밤에 비가 내렸기 (　　　), 지면이 젖어 있습니다.

1　의	2　로
3　때문에	4　는데

해설 빈칸에 들어갈 적절한 조사를 고르는 문제이다. 빈칸 앞의 雨がふった(비가 내렸기)와 빈칸 뒤의 地面が(지면이)를 보면, 선택지 3 ので(때문에) 혹은 4 のに(는데)가 정답의 후보이다. 문장 전체를 보면 きのうの夜に雨がふったので, 地面がぬれています(어제 밤에 비가 내렸기 때문에, 지면이 젖어 있습니다)라는 말이 문맥상 자연스럽다. 따라서 3 ので(때문에)가 정답이다.

어휘 きのう 어제　夜 よる 圏 밤　雨 あめ 圏 비　ふる 圏 내리다
地面 じめん 圏 지면　ぬれる 圏 젖다　～の 조 ~의　～で 조 ~로
～ので 조 ~때문에　～のに 조 ~는데

3

여름 (　　　) 가끔은 따뜻한 음료가 마시고 싶을 때가 있습니다.

1 보다　　　　　　　　　2 정도
3 까지　　　　　　　　　**4 이라도**

해설 빈칸에 들어갈 적절한 조사를 고르는 문제이다. 빈칸 앞의 명사 夏(여름)와 빈칸 뒤의 たまには(가끔은)를 보면, 선택지 1 より(보다), 3 まで(까지), 4 でも(이라도)가 정답의 후보이다. 문장 전체를 보면 夏でもたまにはあたたかい飲み物が飲みたいときがあります(여름이라도 가끔은 따뜻한 음료가 마시고 싶을 때가 있습니다)라는 말이 문맥상 자연스럽다. 따라서 4 でも(이라도)가 정답이다.

어휘 夏 なつ 圏 여름　たまに 가끔　あたたかい い형 따뜻하다
飲み物 のみもの 圏 음료, 마실 것　飲む のむ 圏 마시다
～たい ~(하)고 싶다　とき 圏 때　～より 조 ~보다
～ほど 조 ~정도　～まで 조 ~까지　～でも 조 ~(이)라도

4

매일 (　　　) 먹는 것은 몸에 좋지 않으므로, 그만둬 주세요.

1 고기는　　　　　　　　2 고기밖에
3 고기라든지　　　　　　**4 고기만**

해설 빈칸에 들어갈 적절한 조사를 고르는 문제이다. 빈칸 앞의 명사 毎日(매일)와 빈칸 뒤의 食べるのは(먹는 것은)를 보면, '매일 고기만 먹는 것은'이라는 말이 문맥상 자연스럽다. 따라서 4 肉ばかり(고기만)가 정답이다.

어휘 毎日 まいにち 圏 매일　食べる たべる 圏 먹다　からだ 圏 몸
よい い형 좋다　～ので 조 ~므로, 때문에　やめる 圏 그만두다
～てください ~(해) 주세요　肉 にく 圏 고기　～は 조 ~는, 은
～しか 조 ~밖에　～とか 조 ~라든지　～ばかり 조 ~만

5

이번 영어 시험 (　　　) 자신이 있습니다.

1 만은　　　　　　　　2 만으로
3 만에는　　　　　　　　4 만이라도

해설 빈칸에 들어갈 적절한 조사를 고르는 문제이다. 빈칸 앞의 명사 テスト(시험)와 빈칸 뒤의 自信があります(자신이 있습니다)를 보면, '시험만은 자신이 있습니다'라는 말이 문맥상 자연스럽다. 따라서 1 だけは(만은)가 정답이다.

어휘 今度 こんど 圏 이번　英語 えいご 圏 영어　テスト 圏 시험
自信 じしん 圏 자신　～だけ 조 ~만　～は 조 ~은, 는
～で 조 ~으로　～も 조 ~도　～でも 조 ~(이)라도

6

이토 "주말, 꽃 구경에 함께 가지 않을래요?"
첸　"꽃 구경이요? 좋네요. 예쁜 벚꽃과 함께 사진도 찍을 수 있어서, (　　　) 것 같아요."

1 즐겁다　　　　　　　　2 즐거웠다
3 즐거울　　　　　　　4 즐겁게

해설 빈칸 뒤의 문형에 접속하는 알맞은 형용사 형태를 고르는 문제이다. 빈칸 뒤의 そうだ는 い형용사와 접속할 때, い형용사 보통형 또는 い형용사 어간과 접속할 수 있으므로, 선택지 1 楽しい(즐겁다) 또는 3 楽し(즐거울)와 함께, 楽しいそうです(즐겁다고 합니다) 또는 楽しそうです(즐거울 것 같아요)로 연결된다. 대화문에서 伊藤가 週末, 花見にいっしょに行きませんか(주말, 꽃 구경에 같이 가지 않을래요?)라고 제안했으므로 '즐거울 것 같아요'라고 답하는 것이 문맥상 자연스럽다. 따라서 3 楽し(즐거울)가 정답이다. い형용사 보통형+そうだ가 '~라고 한다', い형용사 어간+そうだ가 '~(일) 것 같다'라는 의미의 문형임을 알아둔다.

어휘 週末 しゅうまつ 圏 주말　花見 はなみ 圏 꽃 구경
いっしょに 분 함께, 같이　行く いく 圏 가다　きれいだ な형 예쁘다
さくら 圏 벚꽃　しゃしん 圏 사진　とる 圏 찍다
～そうだ ~(일) 것 같다(추측)　楽しい たのしい い형 즐겁다

7

학생 "선생님, 실례합니다, 이 한자는 (　　　) 읽습니까?"
선생님 "이것은 '레이'라고 읽습니다. 이 다음 시험에 나올지도 몰라요."

1 어디　　　　　　　　　**2 어떻게**
3 어떤　　　　　　　　　4 어느 정도

해설 빈칸에 들어갈 적절한 의문사를 고르는 문제이다. 빈칸 앞의 この漢字は(이 한자는)와 빈칸 뒤의 読みますか(읽습니까)를 보면, '이 한자는 어떻게 읽습니까'라는 말이 문맥상 자연스럽다. 따라서 2 どう(어떻게)가 정답이다.

어휘 学生 がくせい 圏 학생　先生 せんせい 圏 선생(님)
漢字 かんじ 圏 한자　読む よむ 圏 읽다
今度 こんど 圏 이 다음, 이번　テスト 圏 시험　出る でる 圏 나오다
～かもしれない ~(일)지도 모른다　どこ 어디　どう 분 어떻게
どういう 어떤　どのぐらい 어느 정도

8

겨울에 친구와 함께 산에 (　　　).

1 오른 적이 있습니다　　2 오른 참입니다
3 올라가 둡니다　　　　　4 오르는 것으로 되어 있습니다

해설 빈칸에 들어갈 적절한 문형을 고르는 문제이다. 모든 선택지가 빈칸

앞의 조사 に(에)에 접속할 수 있다. 빈칸 앞의 山に(산에)를 보면 모든 선택지가 정답의 후보이다. 문장 전체를 보면 冬に友だちといっしょに山にのぼったことがあります(겨울에 친구와 함께 산에 오른 적이 있습니다)라는 말이 문맥상 자연스럽다. 따라서 1 のぼったことがあります(오른 적이 있습니다)가 정답이다. 2의 たところだ는 '~(한) 참이다', 3의 ておく는 '~(해) 두다', 4의 ことになっている는 '것으로 되어 있다'라는 의미임을 알아둔다.

어휘 冬 ふゆ 図겨울　友だち ともだち 図친구　いっしょに 匣함께
　　　山 やま 図산　のぼる 图오르다　～たことがある ~(한) 적이 있다
　　　～たところだ ~(한) 참이다　～ておく ~(해) 두다
　　　～ことになっている ~것으로 되어 있다

9

다카하시 "이 레스토랑 생각보다 (　　　) 맛있지 않네요."
기무라　"그렇네요. 새로 생긴 곳이기 때문에 기대하고 있었는데…"

1　반드시　　　　　　　　　2　슬슬
3　겨우　　　　　　　　　　**4　그다지**

해설 빈칸에 들어갈 적절한 부사를 고르는 문제이다. 빈칸 앞의 思ったより(생각보다)와 빈칸 뒤의 おいしくないですね(맛있지 않네요)를 보면, '생각보다 그다지 맛있지 않네요'라는 말이 문맥상 자연스럽다. 따라서 4 あまり(그다지)가 정답이다.

어휘 レストラン 図레스토랑, 식당　思う おもう 图생각하다
　　　～より 图~보다　おいしい い형맛있다
　　　新しい あたらしい い형새롭다　できる 图생기다　ところ 図곳, 장소
　　　～ので 图~때문, 므로　期待 きたい 図기대　～のに 图~는데
　　　かならず 匣반드시　そろそろ 匣슬슬　やっと 匣겨우
　　　あまり 匣그다지

10

오늘, 저는 펜을 집에 잊고 와 버렸기 때문에, 친구가 (　　　).

1　빌려 주었습니다　　　2　빌려준 상태였습니다
3　빌려줘 봤습니다　　　　4　빌려줘 왔습니다

해설 빈칸에 들어갈 적절한 문형을 고르는 문제이다. 모든 선택지가 빈칸 앞의 조사 が(가)에 접속할 수 있다. 빈칸 앞의 友だちが(친구가)를 보면 모든 선택지가 정답의 후보이다. 문장 전체를 보면 今日、わたしはペンを家に忘れてきてしまったので、友だちが貸してくれました(오늘, 저는 펜을 집에 잊고 와 버렸기 때문에, 친구가 빌려주었습니다)라는 말이 문맥상 자연스럽다. 따라서 1 貸してくれました(빌려 주었습니다)가 정답이다. 2의 ている는 '~(한) 상태이다', 3의 てみる는 '~(해) 보다', 4의 てくる는 '~(해) 오다'라는 의미임을 알아둔다.

어휘 今日 きょう 図오늘　ペン 図펜　家 いえ 図집
　　　忘れる わすれる 图잊다　～てしまう ~(해) 버리다
　　　～ので 图~때문에　友だち ともだち 図친구　貸す かす 图빌려주다
　　　～てくれる (나에게) ~(해) 주다　～ている ~(한) 상태이다
　　　～てみる ~(해) 보다　～てくる ~(해) 오다

11

창문을 (　　　) 채 자 버려서, 감기에 걸렸습니다.

1　열어　　　　　　　　　2　열다
3　연　　　　　　　　　4　열고

해설 빈칸 뒤의 문형에 접속하는 알맞은 동사 형태를 고르는 문제이다. 빈칸 뒤의 まま(채)는 동사 た형과 접속할 수 있으므로, 開けたまま(연 채)로 연결된다. 따라서 3 開けた(연)가 정답이다. 동사 た형+まま가 '~(한) 채'라는 의미의 문형임을 알아둔다.

어휘 まど 図창문　～まま ~(한) 채　ねる 图자다
　　　～てしまう ~(해) 버리다　かぜをひく 감기에 걸리다
　　　開ける あける 图열다

12

하라다　"다나카 씨의 생일 선물, 무엇으로 할지 고민하고 있습니다."
후루카와 "케이크를 (　　　) 어떻습니까? 일전, 하라다 씨가 만든 케이크, 맛있었어요."
하라다　"감사합니다. 그렇게 할게요."

1　만들거나　　　　　　　　**2　만들면**
3　만드는 동안　　　　　　　4　만드는데

해설 빈칸에 들어갈 적절한 문형을 고르는 문제이다. 모든 선택지가 빈칸 앞의 조사 を(를)에 접속할 수 있다. 빈칸 앞의 ケーキを(케이크를)와 빈칸 뒤의 どうですか(어떻습니까)를 보면, 선택지 2 作ったら(만들면), 3 作るあいだ(만드는 동안), 4 作るのに(만드는데)가 정답의 후보이다. 뒷 문장에서 この前、原田さんが作ったケーキ、おいしかったですよ(일전, 하라다 씨가 만든 케이크, 맛있었어요)라고 했으므로 '케이크를 만들면 어떻습니까'라는 말이 문맥상 자연스럽다. 따라서 2 作ったら(만들면)가 정답이다. 1의 たり는 '~(하)거나', 3의 あいだ는 '~동안'이라는 의미임을 알아둔다.

어휘 誕生日 たんじょうび 図생일　プレゼント 図선물
　　　なやむ 图고민하다　ケーキ 図케이크
　　　この前 このまえ 図일전, 요전　作る つくる 图만들다
　　　おいしい い형맛있다　あいだ 図동안, 사이　～のに 图~는데

13

우에다 "야마모토 씨, 지금 자료가 1장 부족한데, 아래 사무실에서 1장 (　　　)."
야마모토 "네, 알겠습니다."

1　가지고 오지 않을 것입니다
2　가지고 오지 않아도 상관없습니다
3　가지고 오지 말아 주세요
4　가지고 와 주지 않을래요

해설 빈칸에 들어갈 적절한 문형을 고르는 문제이다. 모든 선택지가 빈칸 앞의 1まい(1장)에 접속할 수 있다. 빈칸 앞의 下のじむしつから1まい(아래 사무실에서 1장)를 보면 선택지 2 持ってこなくてもかまいません(가지고 오지 않아도 상관없습니다) 혹은 4 持ってきてくれませんか(가지고 와 주지 않을래요)가 정답의 후보이다. 빈칸이

포함된 문장 전체를 보면 山本さん、今資料が1まい足りないんで すけど、下のじむしつから1まい持ってきてくれませんか(야마모 토 씨, 지금 자료가 1장 부족한데, 아래 사무실에서 1장 가지고 와 주 지 않을래요)라는 말이 문맥상 자연스럽다. 따라서 4 持ってきてく れませんか(가지고 와 주지 않을래요)가 정답이다. 1의 はずだ는 '~(일) 것이다', 2의 てもかまわない는 '~(해)도 상관없다', 3의 て ください는 '~(해) 주세요'라는 의미임을 알아둔다.

어휘 今 いま 圆지금　資料 しりょう 圆자료　~まい ~장, 매
足りない たりない 부족하다　~けど 国~는데　下 した 圆아래
じむしつ 圆사무실　~から 国~에서　わかる 国알다
持ってくる もってくる 가지고 오다　~はずだ ~(일) 것이다
~てもかまわない ~(해)도 상관없다　~てください ~(해) 주세요
~てくれる (나에게) ~(해) 주다

실전 테스트 5

p.198

1 2	2 1	3 4	4 3	5 3
6 3	7 1	8 4	9 2	10 1
11 3	12 4	13 2		

문제1 (　　　)에 무엇을 넣습니까? 1·2·3·4에서 가장 알맞은 것을 하나 골라주세요.

1

회의 날과 시간 (　　　) 결정되면, 알려 주세요.

1　이나　　　　　　　　　2　이
3　을　　　　　　　　　　4　에

해설 빈칸에 들어갈 적절한 조사를 고르는 문제이다. 빈칸 앞의 명사 時間 (시간)과 빈칸 뒤의 決まったら(결정되면)를 보면, '시간이 결정되 면'이라는 말이 문맥상 자연스럽다. 따라서 2 が(이)가 정답이다.

어휘 会議 かいぎ 圆회의　日 ひ 圆날　時間 じかん 圆시간
決まる きまる 国결정되다, 정해지다　~たら ~(하)면
教える おしえる 国알려주다, 가르치다　~てください ~(해) 주세요
~や 国~(이)나　~が 国~이, 가　~を 国~을, 를　~に 国~에

2

올해의 테니스 대회는 4월(　　　) 행해질 예정입니다.

1　에　　　　　　　　　　2　에서
3　에게　　　　　　　　　4　은

해설 빈칸에 들어갈 적절한 조사를 고르는 문제이다. 빈칸 앞의 명사 4月 (4월)와 빈칸 뒤의 行われる予定です(행해질 예정입니다)를 보면, 선택지 1 に(에), 4 は(은)가 정답의 후보이다. 문장 전체를 보면 今 年のテニス大会は4月に行われる予定です(올해의 테니스 대회 는 4월에 행해질 예정입니다)라는 말이 문맥상 자연스럽다. 따라서 1 に(에)가 정답이다.

어휘 今年 ことし 圆올해　テニス 圆테니스　大会 たいかい 圆대회
行う おこなう 国행하다　予定 よてい 圆예정　~に 国~에
~で 国~에서　~へ 国~에게　~は 国~은, 는

3

오늘은 비가 세찹니다. 집 (　　　) 안전하게 돌아갈 수 있을지 걱 정입니다.

1　만　　　　　　　　　　2　때문에
3　에서　　　　　　　　　4　까지

해설 빈칸에 들어갈 적절한 조사를 고르는 문제이다. 빈칸 앞의 명사 家 (집)와 빈칸 뒤의 安全に帰れるか(안전하게 돌아갈 수 있을지)를 보면, 선택지 3 から(에서), 4 まで(까지)가 정답의 후보이다. 문장 전체를 보면 今日は雨が強いです。家まで安全に帰れるか心配 です(오늘은 비가 세찹니다. 집까지 안전하게 돌아갈 수 있을지 걱정 입니다)라는 말이 문맥상 자연스럽다. 따라서 4 まで(까지)가 정답 이다.

어휘 今日 きょう 圆오늘　雨 あめ 圆비　強い つよい い형세차다, 강하다
家 いえ 圆집　安全だ あんぜんだ な형안전하다
帰る かえる 国돌아가다　心配だ しんぱいだ な형걱정이다
~だけ 国~만　~ので 国~때문에　~から 国~에서
~まで 国~까지

4

마에다 "오시마 씨는, 차와 커피 중 어느 쪽으로 합니까?"
오시마 "저는 차 (　　　) 커피를 좋아하기 때문에, 커피로 할게 요."

1　밖에　　　　　　　　　2　인데
3　보다　　　　　　　　　4　라든가

해설 빈칸에 들어갈 적절한 조사를 고르는 문제이다. 빈칸 앞의 명사 お茶 (차)와 빈칸 뒤의 コーヒーが好きなので(커피를 좋아하기 때문에) 를 보면, 선택지 3 より(보다), 4 とか(라든가)가 정답의 후보이다. 문장 전체를 보면 私はお茶よりコーヒーが好きなので、コーヒー にします(저는 차보다 커피를 좋아하기 때문에, 커피로 할게요)라는 말이 문맥상 자연스럽다. 따라서 3 より(보다)가 정답이다.

어휘 お茶 おちゃ 圆차　コーヒー 圆커피　好きだ すきだ な형좋아하다
~ので 国~때문에　~しか ~밖에　~のに 国~(인)데
~より 国~보다　~とか 国~(라)든가

5

열이 있기 때문에, 주말 (　　　) 충분히 쉬어 주세요.

1　까지의　　　　　　　　2　까지로
3　까지는　　　　　　　　4　까지가

해설 빈칸에 들어갈 적절한 조사를 고르는 문제이다. 빈칸 앞의 명사 週末 (주말)와 빈칸 뒤의 ゆっくり休んでください(충분히 쉬어 주세요) 를 보면, '주말까지는 충분히 쉬어 주세요'라는 말이 문맥상 자연스럽 다. 따라서 3 までは(까지는)가 정답이다.

어휘 ねつ 圆열　~ため ~때문에　週末 しゅうまつ 圆주말

ゆっくり 匿충분히, 느긋하게　休む やすむ 匿쉬다
〜てください 〜(해) 주세요　〜まで 匿〜까지　〜の 匿〜의
〜で 匿〜로　〜は 匿〜는, 은　〜が 匿〜가, 이

6

> 나카무라 "하라 씨는 책을 자주 읽습니까?"
> 하라　"아니요, 최근 (　　　) 읽고 있지 않습니다. 어릴 때는 많이 읽었는데."
>
> 1　역시　　　　　　　　　2　슬슬
> **3　전혀**　　　　　　　　4　단단히

해설 빈칸에 들어갈 적절한 부사를 고르는 문제이다. 빈칸 앞의 명사 最近(최근)과 빈칸 뒤의 読んでいません(읽고 있지 않습니다)을 보면, '최근 전혀 읽고 있지 않습니다'라는 말이 문맥상 자연스럽다. 따라서 3 ぜんぜん(전혀)이 정답이다.

어휘 本 ほん 匿책　よく 匿자주　読む よむ 匿읽다
最近 さいきん 匿최근　子どものころ こどものころ 어릴 때
たくさん 匿많이　〜のに 匿〜(는)데　やっぱり 匿역시
そろそろ 匿슬슬　ぜんぜん 匿전혀　しっかり 匿단단히

7

> 야마모토 "하라다 씨, 이번은 (　　　) 미국에 갑니까?"
> 하라다　"아, 이번은 미국에 있는 친구를 만나기 위해서 갑니다."
>
> **1　왜**　　　　　　　　　2　어떻게 해서
> 3　어떻게　　　　　　　　4　어느

해설 빈칸에 들어갈 의문사를 고르는 문제이다. 빈칸 앞의 今回は(이번은)와 빈칸 뒤의 アメリカへ行きますか(미국에 갑니까?)를 보면, 선택지 1 どうして(왜), 2 どうやって(어떻게 해서), 3 どう(어떻게)가 정답의 후보이다. 原田が 今回はアメリカにいる友だちに会うために行きます(이번은 미국에 있는 친구를 만나기 위해서 갑니다)라고 했으므로 '이번은 왜 미국에 갑니까'라는 말이 문맥상 자연스럽다. 따라서 1 どうして(왜)가 정답이다.

어휘 今回 こんかい 匿이번　アメリカ 匿미국, 아메리카
行く いく 匿가다　友だち ともだち 匿친구　会う あう 匿만나다
〜ために 〜위해서　どうして 匿왜, 어째서　どうやって 어떻게 해서
どう 匿어떻게　どの 어느

8

> 최근, 집에 있는 시간이 늘어서, 빵을 (　　　).
>
> 1　다 만들었습니다　　　　2　만들기 어렵습니다
> 3　만들기 쉽습니다　　　　**4　만들기 시작했습니다**

해설 빈칸에 들어갈 적절한 문형을 고르는 문제이다. 모든 선택지가 빈칸 앞의 조사 を(을)에 접속할 수 있다. 빈칸 앞의 パンを(빵을)를 보면 모든 선택지가 정답의 후보이다. 문장 전체를 보면, 最近、家にいる時間がふえて、パンを作りはじめました(최근, 집에 있는 시간이 늘어서, 빵을 만들기 시작했습니다)라는 말이 문맥상 자연스럽다. 따라서 4 作りはじめました(만들기 시작했습니다)가 정답이다. 1의

おえるは '다 〜(하)다', 2의 にくいは '〜(하)기 어렵다', 3의 やすいは '〜(하)기 쉽다'라는 의미임을 알아둔다.

어휘 最近 さいきん 匿최근　家 いえ 匿집　時間 じかん 匿시간
ふえる 匿늘다　パン 匿빵　作りおえる つくりおえる 다 만들다
作りにくい つくりにくい 만들기 어렵다
作りやすい つくりやすい 만들기 쉽다
作りはじめる つくりはじめる 만들기 시작하다

9

> (회사에서)
> 부하 "사장님께 (　　　) 선물, 맛있었습니다. 감사합니다."
> 사장 "그거 다행이네."
>
> 1　하신　　　　　　　　　**2　받은**
> 3　드린　　　　　　　　　4　주신

해설 빈칸에 들어갈 적절한 경어 표현을 고르는 문제이다. 행동의 주체인 부하가 윗사람인 사장님에게 선물을 받은 상황이므로, '받다'라는 뜻을 가진 겸양 표현을 사용해야 한다. 따라서 2 いただいた(받은)가 정답이다. 1의 なさる(하시다)와 4의 くださる(주시다)는 존경 표현이며, 3의 さしあげる(드리다)는 겸양 표현임을 알아둔다.

어휘 会社 かいしゃ 匿회사　部下 ぶか 匿부하
社長 しゃちょう 匿사장(님)
おみやげ 匿(여행지 등에서 사오는) 선물　おいしい い형맛있다
なさる 匿하시다(する의 존경어)　いただく 匿받다(もらう의 겸양어)
さしあげる 匿드리다(あげる의 겸양어)
くださる 匿(나에게) 주시다(くれる의 존경어)

10

> 아버지는 조금 전 회사에서 (　　　) 참입니다.
>
> **1　돌아온**　　　　　　　2　돌아가고
> 3　돌아오고　　　　　　　4　돌아가면

해설 빈칸 뒤의 문형에 접속하는 알맞은 동사 형태를 고르는 문제이다. 빈칸 뒤의 ところ(〜(한) 참)는 동사 た형과 접속할 수 있으므로, 帰ってきたところ(돌아온 참)로 연결된다. 따라서 1 帰ってきた(돌아온)가 정답이다. 동사 た형+ところが '〜(한) 참'이라는 의미의 문형임을 알아둔다.

어휘 おとうさん 匿아버지, 아빠　さっき 匿조금 전, 아까
会社 かいしゃ 匿회사　〜から 匿〜에서　〜たところ 〜(한) 참
帰る かえる 匿돌아오다, 돌아가다　〜たら 〜(하)면

11

> 저녁밥을 막 (　　　) 참인데도, 배가 고픕니다.
>
> 1　먹　　　　　　　　　　2　먹는
> **3　먹은**　　　　　　　　4　먹고 있는

해설 빈칸 뒤의 문형에 접속하는 알맞은 동사 형태를 고르는 문제이다. 빈칸 뒤의 ばかり(막 〜(한) 참이다)는 동사 た형과 접속할 수 있으므로, 食べたばかり(막 먹은 참)로 연결된다. 따라서 3 食べた(먹은)

가 정답이다. 동사 た형+ばかり가 '막 ~(한) 참이다'라는 의미의 문형임을 알아둔다.

어휘 夕ご飯 ゆうごはん 圏저녁밥　～ばかり 막 ~(한) 참이다
　　～のに 图~(인)데도　おなかが空く おなかがすく 배가 고프다
　　食べる たべる 图먹다

12

스즈키 "다카하시 씨, 이것 다카하시 씨의 교과서입니까?"
다카하시 "네, 그렇습니다. 계속 찾고 있었습니다. (　　) 감사합니다."
스즈키 "아니에요, 천만에요."

1 찾아 주어서　　　　　　2 찾아 받아서
3 찾아 주어서　　　　　**4 찾아 주어서**

해설 빈칸에 들어갈 적절한 동사를 고르는 문제이다. 모든 선택지에서 수수 표현이 사용되었으므로 제시문을 읽을 때 주고 받는 관계에 유의해야 한다. 빈칸 뒤의 ありがとうございます(감사합니다)를 보면 빈칸에는 '상대방이 나에게 주다'라는 의미의 수수 표현인 ～てくれる(~해 주다)가 와야 한다. 따라서 4 見つけてくれて(찾아 주어서)가 정답이다. 1의 やる(주다)는 받는 대상이 주로 동·식물일 때 사용할 수 있으며, 2의 もらう는 '받다'라는 의미, 3의 あげる(주다)는 내가 남에게 준다는 의미임을 알아둔다.

어휘 テキスト 圏교과서　ずっと 囲계속　探す さがす 图찾다
　　見つける みつける 图찾다, 발견하다　～てやる ~(해) 주다
　　～てもらう ~(해) 받다　～てあげる ~(해) 주다
　　～てくれる (나에게) ~(해) 주다

13

가와시마 "영어 시험 언제인지 알고 있어요?"
메이 "다음 주 수요일이에요. 선생님에게 직접 물은 것이기 때문에, (　　)."

1 틀릴 것입니다　　　　**2 틀림없을 것입니다**
3 틀린 것 같습니다　　　4 틀릴지도 모릅니다

해설 빈칸에 들어갈 적절한 문형을 고르는 문제이다. 모든 선택지가 빈칸 앞의 조사 ので(때문에)에 접속할 수 있다. 빈칸 앞의 先生にちょくせつきいたことなので(선생님에게 직접 물은 것이기 때문에)를 보면 '때문에, 틀림없을 것입니다'라는 말이 문맥상 자연스럽다. 따라서 2 間違いないはずです(틀림없을 것입니다)가 정답이다. 1의 はずだ는 '~(일) 것이다', 3의 ようだ는 '~(인) 것 같다', 4의 かもしれない는 '~(일)지도 모른다'라는 의미임을 알아둔다.

어휘 英語 えいご 圏영어　テスト 圏시험, 테스트　いつ 圏언제
　　知る しる 图알다　来週 らいしゅう 圏다음 주
　　水曜日 すいようび 圏수요일　先生 せんせい 圏선생(님)
　　ちょくせつ 圏직접　きく 묻다, 듣다　～ので 图~때문에
　　間違える まちがえる 图틀리다, 잘못하다
　　間違い まちがい 圏틀림, 잘못　～はずだ ~(일) 것이다
　　～ようだ ~(인) 것 같다　～かもしれない ~(일)지도 모른다

실력 다지기
p.202

01 ②	02 ①	03 ①	04 ②	05 ③
06 ②	07 ③	08 ②	09 ③	10 ③
11 ③	12 ③	13 ③	14 ②	15 ③
16 ②	17 ①	18 ①		

1

도시락을 학교에 가지고 왔다고 생각했 ★는데 두고 와 버렸다.

① 두고　　　　　② 는데　　　　　③ 생각했

어휘 お弁当 おべんとう 圏도시락　学校 がっこう 圏학교
　　持つ もつ 图가지다　来る くる 图오다　～てしまう ~(해) 버리다
　　置く おく 图두다　～のに 图~는데　思う おもう 图생각하다

2

저는 설탕을 넣은 단 맛의 커피를 ★좋아 합니다.

① 좋아　　　　　② 커피를　　　　　③ 맛의

어휘 さとう 圏설탕　入れる いれる 图넣다　甘い あまい い형달다
　　好きだ すきだ な형좋아하다　コーヒー 圏커피　味 あじ 圏맛

3

감기에 걸리지 않 ★도록 따뜻한 코트를 입고 외출합니다.

① 도록　　　　　② 걸리지 않　　　　　③ 따뜻한

어휘 かぜをひく 감기에 걸리다　コート 圏코트　着る きる 图입다
　　でかける 图외출하다　～ように ~(하)도록
　　あたたかい い형따뜻하다

4

어제 늦게 까지 ★공부했기 때문에, 오늘은 빨리 자고 싶다.

① 까지　　　　　**② 공부했기**　　　　　③ 늦게

어휘 昨日 きのう 圏어제　～ので 图~때문에　今日 きょう 圏오늘
　　早めに はやめに 囲빨리　寝る ねる 图자다　～たい ~(하)고 싶다
　　～まで 图~까지　勉強 べんきょう 圏공부　遅い おそい い형늦다

5

그가 학교를 나가는 장면 ★을 보았 지만 누구에게도 말하지 않았다.

① 장면　　　　　② 보았　　　　　**③ 을**

어휘 彼 かれ 圏그　学校 がっこう 圏학교　出る でる 图나가다
　　誰 だれ 圏누구　言う いう 图말하다　ところ 圏장면, 곳
　　みる 图보다

6

저는 동물 ★의 중 에서 개를 가장 좋아합니다.

① 중   ② 의   ③ 동물

어휘 いぬ 명개 いちばん 분가장 好きだ すきだ な형좋아하다
　　 なか 명중, 가운데 動物 どうぶつ 명동물

7

술을 마시는 것이 지나쳐서 ★머리가 아파져서, 병원에 갔습니다.

① 마시는 것이   ② 지나쳐서   ③ 머리가

어휘 お酒 おさけ 명술 痛い いたい い형아프다
　　 病院 びょういん 명병원 行く いく 동가다
　　 飲みすぎる のみすぎる 마시는 것이 지나치다, 너무 많이 마시다
　　 頭 あたま 명머리

8

모리 "이시하라 씨는, 무슨 색을 좋아합니까?"
이시하라 "저의 좋아하는 ★색은 핑크 색입니다."

① 핑크   ② 색은   ③ 좋아하는

어휘 いろ 명색 好きだ すきだ な형좋아하다 ピンク 명핑크

9

어머니 "공부할 때는, 텔레비전 ★을 보지 말고 공부에 집중해."
아이 "네. 그래도, 음악은 들어도 괜찮지요?"

① 보지 말고   ② 텔레비전   ③ 을

어휘 母 はは 명어머니, 엄마 勉強 べんきょう 명공부 とき 명때
　　 集中 しゅうちゅう 명집중 子 こ 명아이 でも 접그래도
　　 音楽 おんがく 명음악 きく 동듣다
　　 大丈夫だ だいじょうぶだ な형괜찮다 見る みる 동보다
　　 テレビ 명텔레비전

10

A "이 가방, 새로 샀어요?"
B "네. 지난주, 산지 ★얼마 안 된 가방입니다."

① 된   ② 산지   ③ 얼마 안

어휘 かばん 명가방 新しい あたらしい い형새롭다 買う かう 동사다
　　 先週 せんしゅう 명지난주 ～たばかり ~(한) 얼마 안 된

11

A "점심 식사, 뭐 먹을까."
B "어제 이탈리아 요리 를 ★먹었으 니까, 오늘은 스시를 먹으러 가자."

① 를   ② 요리   ③ 먹었으

어휘 昼 ひる 명점심, 낮 ごはん 명식사, 밥 食べる たべる 동먹다

昨日 きのう 명어제 イタリア 명이탈리아 ～から 조~니까
今日 きょう 명오늘 すし 명스시 行く いく 동가다
料理 りょうり 명요리

12

어제는 지쳐서, 텔레비전을 켠 ★채 자고 말았습니다.

① 채   ② 켠   ③ 자고

어휘 きのう 명어제 疲れる つかれる 동지치다 テレビ 명텔레비전
　　 ～てしまう ~(하)고 말다, (해) 버리다 ～たまま ~(한) 채
　　 つける 동켜다 寝る ねる 동자다

13

A "아직 8월인데 선선해서 ★가을 같 네요."
B "그러네요. 올해는 여름이 짧은 것 같네요."

① 선선해서   ② 같   ③ 가을

어휘 まだ 분아직 ～のに 조~인데 今年 ことし 명올해
　　 夏 なつ 명여름 短い みじかい い형짧다 ～ようだ ~(인) 것 같다
　　 すずしい い형선선하다 ～みたい ~같다 あき 명가을

14

그녀는 야구 에 관해서 ★는 누구보다도 상세하게 알고 있다.

① 야구   ② 는   ③ 에 관해서

어휘 彼女 かのじょ 명그녀 だれ 명누구 ～より 조~보다
　　 詳しい くわしい い형상세하다 知る しる 동알다
　　 野球 やきゅう 명야구 ～に関して ～にかんして ~에 관해서

15

다카하시 "김 씨는 일본어의 시험 ★을 치른 적이 있습니까?"
김 "아니요. 아직 없습니다. 좀 더 공부를 한 뒤에 치를 예정입니다."

① 치른   ② 시험   ③ 을

어휘 日本語 にほんご 명일본어 ～たことがある ~(한) 적이 있다
　　 まだ 분아직 もっと 분좀 더 勉強 べんきょう 명공부
　　 ～た後 ～たあと ~(한) 뒤 うける 동(시험을) 치르다
　　 つもり 명예정 しけん 명시험

16

그는 성실한 ★사람 이기 때문에 지각하는 일은 없다고 생각한다.

① 이기 때문에 ② 사람   ③ 성실한

어휘 彼 かれ 명그 遅刻 ちこく 명지각
　　 ～と思う ～とおもう ~라고 생각하다 ～から 조~때문에
　　 まじめだ な형성실하다

17

그런 위험한 것 ★을 하는 것은 그만둬 주세요.

① 을　　　② 것　　　③ 하는

어휘 危ない あぶない [い형] 위험하다　やめる [동] 그만두다
　　　～てください ~(해) 주세요　こと [명] 것　やる [동] 하다

18

저는 아직, 프랑스 요리를 먹은 ★적 이 없습니다.

① 적　　　② 먹은　　　③ 요리를

어휘 まだ [부] 아직　フランス [명] 프랑스　～たことがない ~(한) 적이 없다
　　　食べる たべる [동] 먹다　料理 りょうり [명] 요리

실전 테스트 1　　　　　　　p.204

14 3	**15** 2	**16** 3	**17** 2

문제 2 　★　 에 들어갈 것은 어느 것입니까? 1·2·3·4에서 가장 알맞은 것을 하나 골라 주세요.

14

친구와 여행에 가려고 했습니다만 부모님에게 ★반대 당해서 갈 수 없게 되었습니다.

1 당해서　　　2 부모님에게
3 반대　　　4 했습니다만

해설 선택지들끼리 연결 가능한 문형이 없으므로 빈칸 앞뒤를 본다. 빈칸 앞뒤와도 연결 가능한 문형이 없으므로 전체 선택지를 의미적으로 연결하면 4 しましたが 2 親に 3 反対 1 されて(했습니다만 부모님에게 반대 당해서)가 된다. 전체 문맥과도 자연스럽게 연결되므로 3 反対(반대)가 정답이다.

어휘 友だち ともだち [명] 친구　旅行 りょこう [명] 여행　行く いく [동] 가다
　　　親 おや [명] 부모(님)　反対 はんたい [명] 반대

15

저의 언니는 역 앞 에 있는 빵집에서 ★아르바이트를 한 적이 있습니다.

1 빵집에서　　　2 아르바이트를 한
3 에 있는　　　4 적이

해설 선택지 2의 동사 た형은 선택지 4의 ことが, 빈칸 뒤의 ある와 접속하여 たことがある(~(한) 적이 있다)라는 문형이 된다. 그러므로 선택지 2 バイトをした와 4 ことが를 우선 연결한 후 마지막 빈칸에 배열하여 'バイトをしたことがあります(아르바이트를 한 적이 있습니다)'를 만든다. 이후 나머지 선택지들을 의미적으로 배열하면 3 にある 1 パン屋で 2 バイトをした 4 ことが(에 있는 빵집에서 아

르바이트를 한 적이)가 된다. 전체 문맥과도 자연스럽게 연결되므로 2 バイトをした(아르바이트를 한)가 정답이다.

어휘 姉 あね [명] 언니　駅前 えきまえ [명] 역 앞　パン屋 パンや [명] 빵집
　　　バイト [명] 아르바이트　～たことがある ~(한) 적이 있다

16

요시무라 "김 씨, 내일, 일본어 시험이지요."
김　　 "네, 요시무라 씨가 가르쳐 준 ★덕분에 좋은 점수를 받을 수 있을 것 같습니다."

1 좋은　　　2 가르쳐
3 덕분에　　　4 준

해설 선택지 2의 동사 て형은 선택지 4의 くれる와 접속하여 てくれる(~(해) 주다)라는 문형이 된다. 그러므로 선택지 2 教えて와 4 くれた를 우선 연결할 수 있다. 이후 나머지 선택지들을 의미적으로 연결하면 2 教えて 4 くれた 3 おかげで 1 いい(가르쳐 준 덕분에 좋은)가 된다. 전체 문맥과도 자연스럽게 연결되므로 3 おかげで(덕분에)가 정답이다.

어휘 明日 あした [명] 내일　日本語 にほんご [명] 일본어
　　　試験 しけん [명] 시험　点数 てんすう [명] 점수　とる [동] 받다, 잡다
　　　～そうだ ~(일) 것 같다(추측)　教える おしえる [동] 가르치다
　　　おかげ [명] 덕분　くれる [동] 주다

17

고바야시 "책상이 충분하지 않네요. 옆 교실에서 책상을 가지고 오겠습니다."
마쓰모토 "옆 교실의 책상은 고장 나 있기 때문에 일층의 ★음악실에서 가지고 와 주세요."

1 일층의　　　2 음악실에서
3 고장 나 있기 때문에　　　4 가지고 와

해설 선택지들끼리 연결 가능한 문형이 없으므로 빈칸 앞뒤를 본다. 빈칸 뒤의 ください(주세요)는 동사 て형과 접속할 수 있으므로 4 持ってきて(가지고 와)를 가장 마지막 빈칸에 배열하여 '持ってきてください(가지고 와 주세요)'를 만든다. 이후 나머지 선택지들을 의미적으로 연결하면 3 壊れているので 1 一階の 2 音楽室から 4 持ってきて(고장 나 있기 때문에 일층의 음악실에서 가지고 와)가 된다. 전체 문맥과도 자연스럽게 연결되므로 2 音楽室から(음악실에서)가 정답이다.

어휘 つくえ [명] 책상　足りない たりない 충분하지 않다　となり [명] 옆
　　　教室 きょうしつ [명] 교실　～から [조] ~에서
　　　持ってくる もってくる 가지고 오다　～てください ~(해) 주세요
　　　一階 いっかい [명] 일층　音楽室 おんがくしつ [명] 음악실
　　　壊れる こわれる [동] 고장 나다　～ので [조] ~때문에

문제 2 문장 만들기 39

14 4	**15** 1	**16** 1	**17** 2

문제 2 ___★___ 에 들어갈 것은 어느 것입니까? 1·2·3·4에서 가장 알맞은 것을 하나 골라 주세요.

14

최근, 밤에 일찍 자게 ___★___되고 나서 몸 상태가 좋습니다.

1 나서	2 자게
3 일찍	**4 되고**

해설 선택지 2의 ように는 선택지 4의 なる와 접속하여 ようになる (~(하)게 되다)라는 문형이 된다. 그러므로 선택지 2 ねるように와 4 なって를 우선 연결할 수 있다. 또한, 선택지 4 なって와 1 から를 연결하면 てから(~(하)고 나서)라는 문형이 된다. 그러므로 4 なって와 1 から를 연결할 수 있다. 이후 나머지 선택지들을 의미적으로 연결하면 3 はやく 2 ねるように 4 なって 1 から(일찍 자게 되고 나서)가 된다. 전체 문맥과도 자연스럽게 연결되므로 4 なって(되고)가 정답이다.

어휘 最近 さいきん 圏최근　夜 よる 圏밤　体 からだ 圏몸　調子 ちょうし 圏상태　~てから ~(하)고 나서　ねる 圏자다　~ようになる ~(하)게 되다　はやく 뛰일찍

15

어제 지갑을 회사의 책상 위에 둔 채 ___★___집에 돌아가 버렸습니다.

1 집에	2 채
3 둔	4 돌아가

해설 선택지 3의 동사 た형은 선택지 2의 まま와 접속하여 たまま(~(한) 채)라는 문형이 된다. 그러므로 선택지 3 おいた와 2 まま를 우선 연결할 수 있다. 이후 나머지 선택지들을 의미적으로 배열하면 3 おいた 2 まま 1 家に 4 かえって(둔 채 집에 돌아가)가 된다. 전체 문맥과도 자연스럽게 연결되므로 1 家に(집에)가 정답이다.

어휘 きのう 圏어제　財布 さいふ 圏지갑　会社 かいしゃ 圏회사　机 つくえ 圏책상　上 うえ 圏위　~てしまう ~(해) 버리다　家 いえ 圏집　~たまま ~(한) 채　おく 圏두다　かえる 圏돌아가다

16

나카무라 "주말에는 무엇을 하나요?"

사토 "이번 주말에는 아들과 같이 피자 재료를 사러 ___★___가려 고 생각하고 있습니다."

1 가려	2 사러
3 피자 재료를	4 고 생각하고

해설 선택지 1의 동사 의지형은 선택지 4의 と思う와 접속하여 (よ)うと 思う(~(하)려고 생각하다)라는 문형이 된다. 그러므로 선택지 1 行こ

우와 4 と思って를 우선 연결할 수 있다. 또한 선택지 4의 동사 て형은 빈칸 뒤의 いる와 접속하여 ~ている(~(하)고 있다)라는 문형이 된다. 그러므로 선택지 1 行こう와 4 と思って를 연결한 것을 마지막 빈칸에 배열하여 '行こうと思っています(가려고 생각하고 있습니다)'를 만든다. 이후 나머지 선택지를 의미적으로 배열하면 3 ピザの材料を 2 買いに 1 行こう 4 と思って(피자 재료를 사러 가려고 생각하고)가 된다. 전체 문맥과도 자연스럽게 연결되므로 1 行こう(가려)가 정답이다.

어휘 週末 しゅうまつ 圏주말　息子 むすこ 圏아들　いっしょに 뛰같이　~に行く ~にいく ~(하)러 가다　買う かう 圏사다　ピザ 圏피자　材料 ざいりょう 圏재료　~と思う ~とおもう ~(라)고 생각하다

17

리 "모리 씨, 이것은 어떤 의미입니까?"

모리 "이것은 이 방 안에 들어가서는 안 된다 ___★___라는 의미이므로 주의해 주세요."

1 의미이므로	**2 라는**
3 주의해	4 들어가서는 안 된다

해설 선택지들끼리 연결 가능한 문형이 없으므로 빈칸 앞뒤를 본다. 빈칸 뒤의 ください(주세요)는 동사 て형과 접속할 수 있으므로 3 気を つけて(주의해)를 가장 마지막 빈칸에 배열하여 '気をつけてください(주의해 주세요)'를 만든다. 이후 나머지 선택지를 의미적으로 배열하면 4 入ってはいけない 2 という 1 意味なので 3 気をつけて(들어가서는 안 된다라는 의미이므로 주의해)가 된다. 전체 문맥과도 자연스럽게 연결되므로 2 という(라는)가 정답이다.

어휘 意味 いみ 圏의미　部屋 へや 圏방　中 なか 圏안　~てください ~(해) 주세요　~ので 图~므로　~という ~라는　気をつける きをつける 주의하다　入る はいる 圏들어가다　~てはいけない ~(해)서는 안 된다

실전 테스트 3   p.206

14 4	**15** 3	**16** 1	**17** 1

문제 2 ___★___ 에 들어갈 것은 어느 것입니까? 1·2·3·4에서 가장 알맞은 것을 하나 골라 주세요.

14

최근 인기인 에세이는 미국인 에 ___★___의해 쓰여졌다 고 합니다.

1 쓰여졌다	2 에
3 미국인	**4 의해**

해설 선택지 2의 조사 に는 선택지 4의 よって와 접속하여 によって (~(에) 의해)라는 문형이 된다. 그러므로 선택지 2 に와 4 よって를 우선 연결할 수 있다. 이후 나머지 선택지들을 의미적으로 배열하면 3 アメリカ人 2 に 4 よって 1 書かれた(미국인에 의해 쓰여졌다)

가 된다. 전체 문맥과도 자연스럽게 연결되므로 4 よって(의해)가 정답이다.

어휘 最近 さいきん 圏최근　人気 にんき 圏인기　エッセイ 圏에세이
　　~そうだ ~(라)고 한다(전언)　書く かく 圄쓰다
　　~による ~에 의하다　アメリカ人 アメリカじん 圏미국인

15

다카하시 씨의 방의 전등이 <u>켜져 있으</u> <u>니까</u> ★<u>부재중일 리</u> <u>가</u> 없다고 생각한다.

1 가　　　　　　　　　2 니까
3 부재중일 리　　　　4 켜져 있으

해설 선택지 3의 はず는 선택지 1의 조사 が, 빈칸 뒤의 ない와 접속하여 はずがない(~(일) 리가 없다)라는 문형이 된다. 그러므로 선택지 3 留守のはず와 1 が를 우선 연결한 후 마지막 빈칸에 배열하여 '留守のはずがない(부재중일 리가 없다)'를 만든다. 이후 나머지 선택지들을 의미적으로 배열하면 4 ついている 2 から 3 留守のはず 1 が(켜져 있으니까 부재중일 리가)가 된다. 전체 문맥과도 자연스럽게 연결되므로 3 留守のはず(부재중일 리)가 정답이다.

어휘 部屋 へや 圏방　電気 でんき 圏전등, 전기
　　~と思う ~とおもう ~(라)고 생각하다　~が 图~가
　　~から ~니까　留守 るす 圏부재중
　　~はずがない ~(일) 리가 없다　つく 圄켜지다

16

선생님 "여러분, 발표 <u>시간은</u> <u>3분씩</u> ★<u>밖에</u> <u>없기 때문에</u> 발표할 내용은 짧지 않으면 안 됩니다."
학생 "네, 알겠습니다."

1 밖에　　　　　　　2 3분씩
3 시간은　　　　　　　4 없기 때문에

해설 선택지 1의 조사 しか는 선택지 4의 ない와 접속하여 しかない(~밖에 없다)라는 문형이 된다. 그러므로 선택지 1 しか와 4 ないので를 우선 연결할 수 있다. 이후 나머지 선택지들을 의미적으로 배열하면 3 時間は 2 3分ずつ 1 しか 4 ないので(시간은 3분씩 밖에 없기 때문에)가 된다. 전체 문맥과도 자연스럽게 연결되므로 1 しか(밖에)가 정답이다.

어휘 先生 せんせい 圏선생(님)　みなさん 圏여러분
　　発表 はっぴょう 圏발표　内容 ないよう 圏내용
　　短い みじかい い형짧다　~ないといけない ~(하)지 않으면 안 된다
　　学生 がくせい 圏학생　わかる 圄알다　~しかない ~밖에 없다
　　分 ふん 圏분　~ずつ ~씩　時間 じかん 圏시간　~ので 图~때문

17

마쓰다 "이 카페는 애완동물을 <u>데리고 와도</u> <u>상관없기</u> ★<u>때문에</u> <u>자주</u> 오고 있습니다."
스즈키 "그렇습니까? 저도 우리 멍멍이와 오고 싶네요."

1 때문에　　　　　　2 데리고 와도
3 자주　　　　　　　　4 상관없기

해설 선택지 2의 ても는 선택지 4의 かまわない와 접속하여 てもかまわない(~(해)도 상관없다)라는 문형이 된다. 그러므로 선택지 2 連れて来ても와 4 かまわない를 우선 연결할 수 있다. 이후 나머지 선택지들을 의미적으로 배열하면 2 連れて来ても 4 かまわない 1 ので 3 よく(데리고 와도 상관없기 때문에 자주)가 된다. 전체 문맥과도 자연스럽게 연결되므로 1 ので(때문에)가 정답이다.

어휘 カフェ 圏카페　ペット 圏애완동물　来る くる 圄오다
　　うち 圏우리　わんちゃん 圏멍멍이　~たい ~(하)고 싶다
　　~ので 图~때문　連れて来る つれてくる 데리고 오다　よく 凰자주
　　~てもかまわない ~(해)도 상관없다

실전 테스트 4

p.207

14 2	**15** 3	**16** 4	**17** 1

문제2 ★ 에 들어갈 것은 어느 것입니까? 1·2·3·4에서 가장 알맞은 것을 하나 골라 주세요.

14

아이가 싫어하는 것은 <u>먹게 하지 않</u> <u>도록</u> ★<u>하는 것이</u> <u>좋다</u> 고 생각합니다.

1 좋다　　　　　　　　2 하는 것이
3 먹게 하지 않　　　　　4 도록

해설 선택지 4의 ように는 선택지 2의 する와 접속하여 ようにする (~(하)도록 하다)라는 문형이 된다. 그러므로 선택지 4 ように와 2 するのを를 우선 연결할 수 있다. 이후 나머지 선택지들을 의미적으로 연결하면 3 食べさせない 4 ように 2 するのが 1 いい(먹게 하지 않도록 하는 것이 좋다)가 된다. 전체 문맥과도 자연스럽게 연결되므로 2 するのが(하는 것이)가 정답이다.

어휘 子ども こども 圏아이　嫌がる いやがる 싫어하다
　　~と思う ~とおもう ~라고 생각하다　いい い형좋다
　　食べさせる たべさせる 먹게 하다　~ようにする ~(하)도록 하다

15

다나카 "기무라 군은 달리는 것을 잘 하네요."
기무라 "아니요. 예전엔 100미터를 <u>13초로</u> <u>달릴 수 있었습니다만</u> ★<u>지금은</u> <u>그다지 잘 하지</u> 않습니다."

1 달릴 수 있었습니다만　　2 13초로
3 지금은　　　　　　　4 그다지 잘 하지

해설 선택지들끼리 연결 가능한 문형이 없으므로 빈칸 앞뒤를 본다. 빈칸 뒤의 ありません(않습니다)은 では와 접속하여, です의 부정형 で はありません이 되므로 4 あまりとくいでは(그다지 잘 하지)를 가장 마지막 빈칸에 배열하여 'あまりとくいではありません(그다지 잘 하지 않습니다)'을 만든다. 이후 나머지 선택지들을 의미적으로 연결하면 2 13秒で 1 走れましたが 3 今は 4 あまりとくいでは(13

초로 달릴 수 있었습니다만 지금은 그다지 잘 하지)가 된다. 전체 문맥과도 자연스럽게 연결되므로 **3 今は**(지금은)가 정답이다.

어휘 走る はしる 圏달리다　とくいだ な형잘 하다
昔 むかし 圏예전, 옛날　メートル 圏미터　秒 びょう 圏초
今 いま 圏지금　あまり 囝그다지

16

A "무엇을 하고 있어?"
B "내일 <u>수업을</u> ★<u>위해서</u> 태국 <u>의</u> 식문화에 대해 조사하고 있어."

1 수업을	2 태국
3 의	**4 위해서**

해설 선택지들끼리 연결 가능한 문형이 없으므로 빈칸 앞뒤를 본다. 빈칸 앞뒤와도 연결 가능한 문형이 없으므로 전체 선택지를 의미적으로 연결하면 1 授業の 4 ために 2 タイ 3 の(수업을 위해서 태국의)가 된다. 전체 문맥과도 자연스럽게 연결되므로 4 ために(위해서)가 정답이다.

어휘 明日 あした 圏내일　食文化 しょくぶんか 圏식문화
~について ~에 대해　調べる しらべる 圏조사하다
授業 じゅぎょう 圏수업　タイ 圏태국　~の 조 ~의
~ために ~위해서

17

아무리 <u>상냥한</u> 야마구치 씨라도 ★<u>그러한 일을</u> 하면 화낼 지도 모르므로, 그만둬 주세요.

1 그러한 일을	2 야마구치 씨라도
3 상냥한	4 하면

해설 선택지들끼리 연결 가능한 문형이 없으므로 빈칸 앞뒤를 본다. 빈칸 앞뒤와도 연결 가능한 문형이 없으므로 전체 선택지를 의미적으로 연결하면 3 やさしい 2 口さんでも 1 そんなことを 4 したら(상냥한 야마구치 씨라도 그러한 일을 하면)가 된다. 전체 문맥과도 자연스럽게 연결되므로 1 そんなことを(그러한 일을)가 정답이다.

어휘 どんなに 아무리　怒る おこる 圏화내다
~かもしれない ~(일)지도 모른다　~ので 조 ~므로, 때문
やめる 圏그만두다　~てください ~(해) 주세요　そんな 그러한
こと 圏일, 것　~でも 조 ~라도　やさしい い형상냥하다
~たら ~(하)면

실전 테스트 5　　p.208

14 4	15 4	16 2	17 1

문제2 ★ 에 들어갈 것은 어느 것입니까? 1·2·3·4에서 가장 알맞은 것을 하나 골라 주세요.

14

겨울 방학에 <u>해외 여행을</u> <u>가려고</u> ★<u>생각해서</u> 빵집에서 아르바이트를 시작했습니다.

1 가려고	2 해외 여행을
3 빵집에서	**4 생각해서**

해설 선택지 1의 とは 선택지 4의 思う와 접속하여 と思う(~(라)고 생각하다)라는 문형이 된다. 그러므로 선택지 1 行こうと와 4 思って를 우선 연결할 수 있다. 이후 나머지 선택지들을 의미적으로 연결하면 2 海外旅行に 1 行こうと 4 思って 3 パン屋で(해외 여행을 가려고 생각해서 빵집에서)가 된다. 전체 문맥과도 자연스럽게 연결되므로 4 思って(생각해서)가 정답이다.

어휘 冬休み ふゆやすみ 圏겨울 방학　バイト 圏아르바이트
はじめる 圏시작하다　行く いく 圏가다　海外 かいがい 圏해외
旅行 りょこう 圏여행　パン屋 パンや 圏빵집
~と思う ~とおもう ~(라)고 생각하다

15

나가노 "그 재킷 멋있네요."
마쓰무라 "이것은 산 <u>것이 아니고</u> ★<u>아빠가</u> <u>준</u> 소중한 재킷입니다."

1 준	2 아니고
3 것이	**4 아빠가**

해설 선택지 3의 では는 부정 표현과 접속할 수 있다. 그러므로 선택지 3 ものでは와 2 なくて를 우선 연결할 수 있다. 이후 나머지 선택지들을 의미적으로 연결하면 3 ものでは 2 なくて 4 父が 1 くれた(것이 아니고 아빠가 준)가 된다. 전체 문맥과도 자연스럽게 연결되므로 4 父が(아빠가)가 정답이다.

어휘 ジャケット 圏재킷　かっこいい 멋있다　買う かう 圏사다
大切だ たいせつだ 圏소중하다, 중요하다　くれる 圏주다
もの 圏것　父 ちち 圏아빠, 아버지

16

니노미야 "앙케트의 결과는 어땠습니까?"
기노시타 "실제 앙케트 <u>조사를</u> <u>해 보았</u> ★<u>더니</u> <u>의외의</u> 결과가 나와서 깜짝 놀랐습니다."

1 조사를	**2 더니**
3 의외의	4 해 보았

해설 선택지 4의 동사 た형은 선택지 2의 ところ와 접속하여 たところ(~(했)더니)라는 문형이 된다. 그러므로 선택지 4 してみた와 2 ところ를 우선 연결할 수 있다. 이후 나머지 선택지들을 의미적으로 배열하면 1 調査を 4 してみた 2 ところ 3 意外な(조사를 해 보았더니 의외의)가 된다. 전체 문맥과도 자연스럽게 연결되므로 2 ところ(더니)가 정답이다.

어휘 アンケート 圏앙케트, 조사　結果 けっか 圏결과　じっさい 圏실제
出る でる 圏나오다　びっくりする 깜짝 놀라다
調査 ちょうさ 圏조사　~たところ ~(했)더니
意外だ いがいだ 圏의외다

17

형 　"어머니의 생일 선물로 무엇이 좋을까."
남동생 "그렇네. 그러고 보니, 어머니는 새로운 신발을 갖고 싶어
　　 하고 있으 ★니까 그것 으로 하면 어때?"

1 니까　　　　　　　　　2 그것
3 갖고 싶어 하고 있으　　4 새로운 신발을

해설 선택지들끼리 연결 가능한 문형이 없으므로 빈칸 앞뒤를 본다. 빈칸
　　 앞뒤와도 연결 가능한 문형이 없으므로 전체 선택지를 의미적으로 연
　　 결하면 4 新しいくつを 3 ほしがっている 1 から 2 それ(새로운
　　 신발을 갖고 싶어 하고 있으니까 그것)가 된다. 전체 문맥과도 자연스
　　 럽게 연결되므로 1 から(니까)가 정답이다.

어휘 兄 あに 圏형　お母さん おかあさん 圏어머니, 엄마
　　 誕生日 たんじょうび 圏생일　プレゼント 圏선물
　　 弟 おとうと 圏남동생　～たら ~(하)면　～から 国~니까
　　 それ 圏그것　ほしがる 갖고 싶어 하다
　　 新しい あたらしい い圏새롭다　くつ 圏신발

문제 **3** 글의 문법

실력 다지기　　　　　　　　　　p.214

01 ①　　02 ①　　03 ②　　04 ②　　05 ②
06 ①

1

저는 고양이를 키우고 있습니다. 이름은 하치입니다. 8월에 만났
기 때문에 하치로 하였습니다. 하치는 길에 ⬚. 처음 만났을
때는, 하치는 정말로 작았습니다. 그러나, 제가 먹이를 많이 먹게 하
고, 소중하게 보살폈더니, 커졌습니다. 앞으로도 저는, 하치를 소중
하게 키울 예정입니다.

① 버려져 있었습니다　　　② 버리게 하고 있었습니다

어휘 ねこ 圏고양이　飼う かう 圏키우다　名前 なまえ 圏이름
　　 会う あう 圏만나다　～から 国~때문에　～にする ~로 하다
　　 道 みち 圏길　初めて はじめて 團처음　とき 圏때
　　 本当に ほんとうに 團정말로　小さい ちいさい い圏작다
　　 しかし 쩝그러나　えさ 圏먹이　たくさん 團많이
　　 食べる たべる 圏먹다　大事だ だいじだ 垇圏소중하다
　　 世話をする せわをする 보살피다　大きい おおきい い圏크다
　　 これから 앞으로　大切だ たいせつだ 垇圏소중하다　つもり 圏예정
　　 捨てる すてる 圏버리다

2

저는 어제, 처음으로, 좋아하는 가수의 콘서트에 갔다 왔습니다.
콘서트에서 음악을 듣는 것은, 텔레비전 ⬚ 라디오라든지로
듣는 것과는, 또 다른 즐거움이 있었습니다. 콘서트의 티켓은 조금
비쌌습니다만, 돈을 모아서, 또 콘서트에 가고 싶다고 생각했습니다.

① 이나　　　　　　　② 도

어휘 昨日 きのう 圏어제　初めて はじめて 團처음으로
　　 好きだ すきだ 垇圏좋아하다　歌手 かしゅ 圏가수
　　 コンサート 圏콘서트　行く いく 圏가다　くる 오다
　　 音楽 おんがく 圏음악　きく 圏듣다　テレビ 圏텔레비전
　　 ラジオ 圏라디오　～とか 国~라든지　また 團또
　　 違う ちがう 圏다르다　楽しみ たのしみ 圏즐거움
　　 チケット 圏티켓　少し すこし 團조금　高い たかい い圏비싸다
　　 お金 おかね 圏돈　ためる 圏모으다　～たい ~(하)고 싶다
　　 ～と思う ～とおもう ~라고 생각하다　～や 国~(이)나　～も 国~도

3

최근, 차를 운전할 때에 매너나 룰을 지키지 않는 사람이 많은 것
같습니다. 어제도 어떤 운전자가 빨간 신호인데, 멈추지 않아서 사
고가 날 뻔했습니다. 제가 조금 더 빨리 길을 건너고 있었다면, 정말
로 위험한 상황이 되었을지도 모릅니다. 차를 운전할 때는, 매너나
룰을 정확히 ⬚.

① 지킬 것임이 분명합니다　　② 지켜주기를 바랍니다

어휘 最近 さいきん 圏최근　車 くるま 圏차　運転 うんてん 圏운전
　　 とき 圏때　マナー 圏매너　～や 国~(이)나　ルール 圏룰, 규칙
　　 守る まもる 圏지키다　多い おおい い圏많다
　　 ～ようだ ~(인) 것 같다　昨日 きのう 圏어제　ある 어떤
　　 運転者 うんてんしゃ 圏운전자　赤い あかい い圏빨갛다
　　 信号 しんごう 圏신호　～のに 国~인데　止まる とまる 圏멈추다
　　 事故になる じこになる 사고가 나다　～ところだ ~(할) 뻔하다
　　 もう 團더　少し すこし 團조금　早い はやい い圏빠르다
　　 道 みち 圏길　渡る わたる 圏건너다　本当に ほんとうに 團정말로
　　 危ない あぶない い圏위험하다　状況 じょうきょう 圏상황
　　 ～かもしれない ~(일)지도 모른다　きちんと 團정확히
　　 ～はずだ ~임이 분명하다　～てほしい ~(해) 주기를 바란다

4

지난주 금요일에, 저는 여동생과 함께 호러 영화를 보았습니다.
그리고 그 날부터, 여동생은 밤에 혼자서 자는 것을 ⬚ 게 되었
습니다. 그래서 밤에, 잘 때가 되면, 제가 있는 곳으로 와서, 옛날처
럼 저와 함께 자고 있습니다. 저도 어릴 때로 돌아간 것 같은 기분이
들어서, 여동생과 함께 자는 것을 즐기고 있습니다.

① 무섭지 않　　　　　② 무서워 하

어휘 先週 せんしゅう 圏지난주　金曜日 きんようび 圏금요일
　　 妹 いもうと 圏여동생　一緒に いっしょに 團함께　ホラー 圏호러
　　 映画 えいが 圏영화　みる 圏보다　そして 쩝그리고　日 ひ 圏날

~から 조 ~부터　夜 よる 명밤　一人で ひとりで 혼자서
寝る ねる 동자다　~ようになる ~(하)게 되다　それで 접그래서
とき 명때　ところ 명곳　来る くる 동오다　昔 むかし 명옛날
~ように ~처럼　小さいころ ちいさいころ 어릴 때
戻る もどる 동돌아가다　~ような ~(인) 것 같은
気分 きぶん 명기분　楽しむ たのしむ 동즐기다
怖い こわい い형무섭다　~がる ~(해) 하다

5

제가 아침에, 전철을 타면, 이미 많은 사람이 전철을 타고 있습니다. [　　], 오늘 아침은 전철이 비어 있었습니다. 저는 회사에 도착할 때까지, 그 이유를 몰랐습니다. 회사에 도착해서, 오늘이 휴일이었다는 것을 알았습니다. 저는 외국인이기 때문에, 일본의 휴일을 몰랐던 것입니다. 오늘 같은 실수를 하지 않기 위해서, 외국인이어도, 일본의 휴일을 잘 알아두지 않으면 안 된다고 생각했습니다.

① 그래서　　　　　　② 그러나

어휘 朝 あさ 명아침　電車 でんしゃ 명전철　乗る のる 동타다
もう 부이미　多く おおく 명많음　今朝 けさ 명오늘 아침
空く すく 동비다　会社 かいしゃ 명회사　着く つく 동도착하다
~まで 조~까지　理由 りゆう 명이유　分かる わかる 동알다
今日 きょう 명오늘　休みの日 やすみのひ 휴일
知る しる 동알다　外国人 がいこくじん 명외국인
~ため ~때문에, 위해서　日本 にほん 명일본　~ような ~같은
ミス 명실수, 미스　~ておく ~(해) 두다
~なければならない ~(하)지 않으면 안 된다
~と思う ~とおもう ~라고 생각하다　それで 접그래서
しかし 접그러나

6

최근, 저는 중국어를 배우고 있습니다. 새로운 언어를 배우는 것은 언제나 즐겁습니다. [　　], 중국어는 일본어처럼, 한자를 사용하기 때문에, 다른 언어보다 배우기 쉽습니다. 다음 주는 중국어의 시험이 있습니다. 지금까지 열심히 공부해왔기 때문에, 시험에서 저의 실력이 어느 정도인지 확인하는 것이 기대됩니다.

① 또한　　　　　　　② 그래서

어휘 最近 さいきん 명최근　中国語 ちゅうごくご 명중국어
学ぶ まなぶ 동배우다　新しい あたらしい い형새롭다
言語 げんご 명언어　いつも 부언제나
楽しい たのしい い형즐겁다　日本語 にほんご 명일본어
同じく おなじく 처럼, 같이　漢字 かんじ 명한자
使う つかう 동사용하다　~ため ~때문에　他 ほか 명다름
~より 조~보다　学びやすい まなびやすい 배우기 쉽다
来週 らいしゅう 명다음 주　テスト 명시험　今 いま 명지금
~まで 조~까지　がんばる 동열심히 하다
勉強 べんきょう 명공부　~ので 조~때문에
実力 じつりょく 명실력　~くらい 조~정도　確認 かくにん 명확인
楽しみ たのしみ 명기대, 즐거움　また 부또한　だから 접그래서

실전 테스트 1
p.216

18 3	19 4	20 2	21 1

문제 3 [18]부터 [21]에 무엇을 넣습니까? 문장의 의미를 생각해서, 1·2·3·4에서 가장 알맞은 것을 하나 골라 주세요.

18-21

아래 글은, 유학생의 작문입니다.

> 일본인의 상냥함
>
> 응우옌 나무
>
> 저는 올해 봄, 처음으로 일본에 왔습니다. 일본에 도착한 첫날에, [18]공항 [18] 길을 잃었습니다. 저는 어떻게 하면 좋을지 알지 못해서, 곤란해하고 있었습니다. 그 때, 어떤 일본 분이 저에게 와서 말을 걸어 주었습니다. [19]그리고 제가 [19] 장소까지 데려가 주었습니다.
>
> 또한 그 뒤도, 학교에서 [20]일본인 친구는 제가 곤란해하고 있을 때에, [20] 상냥하게 도와주었습니다. 이러한 일로, 일본인은 정말로 친절하다고 느꼈습니다.
>
> 외국인인 저에 대한 일본인의 따뜻함에 감동했습니다. [21]저도, 베트남에 돌아가서 일본인을 만나면 일본에서 상냥하게 해 준 것 같이, [21].

어휘 下 した 명아래　文章 ぶんしょう 명글, 문장
留学生 りゅうがくせい 명유학생　作文 さくぶん 명작문
日本人 にほんじん 명일본인
優しい やさしい い형상냥하다, 다정하다　今年 ことし 명올해
はる 명봄　はじめて 부처음으로　日本 にほん 명일본
くる 동오다　つく 동도착하다　初日 しょにち 명첫날
空港 くうこう 명공항　みちに迷う みちにまよう 길을 잃다
~たら ~(하)면　わかる 동알다　困る こまる 동곤란하다
とき 명때　ある 어떤, 어느　方 かた 명분
声をかける こえをかける 말을 걸다　~てくれる (나에게) ~(해) 주다
そして 접그리고　場所 ばしょ 명장소　~まで 조~까지
つれていく 데려가다　また 부또한　あと 명뒤, 후
学校 がっこう 명학교　ともだち 명친구　てつだう 동돕다
ほんとうに 부정말로　親切だ しんせつだ な형친절하다
感じる かんじる 동느끼다　外国人 がいこくじん 명외국인
~にたいする ~에 대한　あたたかさ 명따뜻함
感動 かんどう 명감동　ベトナム 명베트남　戻る もどる 동돌아가다
会う あう 동만나다　~てもらう ~(해) 받다　~ように ~같이

18

1 도	2 과
3 에서	4 은

해설 빈칸에 들어갈 적절한 조사를 고르는 문제이다. 빈칸 앞의 명사 空港(공항)와 빈칸 뒤의 **みちに迷っていました**(길을 잃었습니다)를 보면 '공항에서 길을 잃었습니다'라는 말이 문맥상 자연스럽다. 따라서 3 で(에서)가 정답이다.

어휘 ～も 조 ~도 ～と 조 ~과, 와 ～で 조 ~에서 ～は 조 ~은, 는

19

1 찾으면 안 되는	2 찾아 버린
3 찾아도 괜찮은	**4 찾고 있던**

해설 빈칸에 들어갈 적절한 문형을 고르는 문제이다. 모든 선택지가 빈칸 앞의 조사 が(가)에 접속할 수 있다. 빈칸이 포함된 문장을 보면 **そして私が探していた場所までつれていってくれました**(그리고 제가 찾고 있던 장소까지 데려가 주었습니다)라는 말이 문맥상 자연스럽다. 따라서 4 探していた(찾고 있던)가 정답이다. 1의 てはいけない는 '~(하)면 안 된다', 2의 てしまう는 '~(해) 버리다', 3의 てもいい는 '~(해)도 괜찮다'라는 의미임을 알아둔다.

어휘 探す さがす 동 찾다 ～てはいけない ~(하)면 안 된다
～てしまう ~(해) 버리다 ～てもいい ~(해)도 괜찮다

20

1 조금	**2 항상**
3 하지만	4 겨우

해설 빈칸에 들어갈 적절한 접속사 또는 부사를 고르는 문제이다. 빈칸이 포함된 문장을 보면 **日本人のともだちは私が困っているときに、いつも優しくてつだってくれました**(일본인 친구는 제가 곤란해하고 있을 때에, 항상 상냥하게 도와주었습니다)라는 말이 문맥상 자연스럽다. 따라서 2 いつも(항상)가 정답이다.

어휘 すこし 부 조금 いつも 부 항상 しかし 접 하지만 やっと 부 겨우

21

1 상냥하게 하고 싶다고 생각합니다
2 상냥한 것 같습니다
3 상냥해지기 위해서입니다
4 상냥해 진 것 같습니다

해설 빈칸에 들어갈 적절한 문형을 고르는 문제이다. 모든 선택지가 빈칸 앞의 문형 ように(같이)에 접속할 수 있다. 빈칸 앞 부분인 **私も、ベトナムに戻って日本人に会ったら日本で優しくしてもらったように**(저도, 베트남에 돌아가서 일본인을 만나면 일본에서 상냥하게 해 준 것 같이)를 보면 '해 준 것 같이, 상냥하게 하고 싶다고 생각합니다'라는 말이 문맥상 자연스럽다. 따라서 1 優しくしたいと思います(상냥하게 하고 싶다고 생각합니다)가 정답이다. 2의 そうだ는 '~(인) 것 같다', 3의 ため는 '~(하)기 위해서', 4의 ようだ는 '~(인) 것 같다'라는 의미임을 알아둔다.

어휘 ～たい ~(하)고 싶다 ～と思う ～とおもう ~라고 생각하다
～そうだ ~(인) 것 같다(추측) ～ため ~(하)기 위해서
～ようだ ~(인) 것 같다

실전 테스트 2

18 1	**19** 2	**20** 4	**21** 3

문제3 **18** 부터 **21** 에 무엇을 넣습니까? 문장의 의미를 생각해서, 1·2·3·4에서 가장 알맞은 것을 하나 골라 주세요.

18-21

아래의 글은, 유학생의 작문입니다.

> **꽃구경**
>
> 소피아 스미스
>
> 일본에 오고 나서 벌써 2년이 됩니다. 우리나라는 1년 내내 춥습니다만, 일본에서는 [18]시기 **18** 따라서 계절이 바뀌기 때문에 놀랐습니다.
> [19]작년 봄에, 일본어 학교의 친구에게 꽃구경을 가자고 **19** . 그 친구 덕분에 벚꽃을 보면서 도시락을 먹거나, 사진을 찍거나 해서 굉장히 즐거웠습니다. 꽃구경은 그저 벚꽃을 보는 것이라고 생각하고 있었습니다만, 그렇지 않았습니다. [20]나중에 조사하니, 일본에서는 가족이나 친구들과. 꽃구경을 가는 것이 **20** .
> [21]지금은 겨울이기 때문에 꽃구경을 갈 수 없습니다. **21** , 곧 벚꽃이 피는 봄이 됩니다. 빨리 꽃구경을 할 수 있는 봄이 되어서, 또 친구들과 꽃구경에 가고 싶습니다.

어휘 下 した 명 아래 文章 ぶんしょう 명 글, 문장
留学生 りゅうがくせい 명 유학생 作文 さくぶん 명 작문
花見 はなみ 명 꽃구경 日本 にほん 명 일본 来る くる 동 오다
～てから ~(하)고 나서 もう 부 벌써 ～年 ～ねん ~년
国 くに 명 나라 一年中 いちねんじゅう 명 1년 내내
さむい い형 춥다 時期 じき 명 시기 ～によって ~에 따라서
季節 きせつ 명 계절 かわる 동 바뀌다 ～ので 조 ~때문에
おどろく 동 놀라다 去年 きょねん 명 작년 春 はる 명 봄
日本語 にほんご 명 일본어 学校 がっこう 명 학교
ともだち 명 친구(들) 行く いく 동 가다 おかげで 덕분에
桜 さくら 명 벚꽃 見る みる 동 보다 ～ながら 조 ~(하)면서
おべんとう 명 도시락 食べる たべる 동 먹다 ～たり ~(하)거나
写真 しゃしん 명 사진 とる 동 (사진을) 찍다 すごく 부 굉장히
楽しい たのしい い형 즐겁다 ただ 부 그저
～と思う ～とおもう ~라고 생각하다 あと 나중
しらべる 동 조사하다 かぞく 명 가족 ～や 조 ~(이)나
今 いま 명 지금 冬 ふゆ 명 겨울 できる 동 할 수 있다
もうすぐ 부 곧 咲く さく 동 (꽃이) 피다 はやく 부 빨리
また 부 또, 다시 ～たい ~(하)고 싶다

문제 3 글의 문법 **45**

해커스 JLPT N4 한 권으로 합격

1 에	2 를
3 인데	4 부터

해설 빈칸에 들어갈 적절한 조사를 고르는 문제이다. 빈칸 앞의 명사 時期 (시기)와 빈칸 뒤의 よって(따라서)를 보면 '시기에 따라서'라는 말이 문맥상 자연스럽다. 따라서 1 に(에)가 정답이다.

어휘 ～に 图~에   ～を 图~를, 을   ～のに 图~인데   ～から 图~부터

1 권해 보았습니다	**2 권해 받았습니다**
3 권해 주었습니다	4 권하고 있었습니다

해설 빈칸에 들어갈 적절한 문형을 고르는 문제이다. 모든 선택지가 빈칸 앞의 行こうと(가자고)에 접속할 수 있다. 빈칸 앞 부분인 去年の春 に、日本語学校のともだちに花見に行こうと(작년 봄에, 일본어 학교의 친구에게 꽃구경을 가자고)를 보면, 선택지 1 さそってみま した(권해 보았습니다) 혹은 2 さそってもらいました(권해 받았습 니다)가 정답의 후보이다. 빈칸 뒷 문장에서 そのともだちのおかげ で桜を見ながらおべんとうを食べたり(그 친구 덕분에 벚꽃을 보 면서 도시락을 먹거나)라고 했으므로 '가자고 권해 받았습니다'라는 말이 문맥상 자연스럽다. 따라서 2 さそってもらいました(권해 받 았습니다)가 정답이다. 1의 てみる는 '~(해) 보다', 3의 てくれる는 '(나에게) ~(해) 주다', 4의 ている는 '~(하)고 있다'라는 의미임을 알아둔다.

어휘 さそう 图권하다   ～てみる ~(해) 보다   ～てもらう ~(해) 받다
　　　～てくれる (나에게) ~(해) 주다   ～ている ~(하)고 있다

1 보통일 것 같습니다	2 보통일 뿐입니다
3 보통일 리가 없습니다	**4 보통이라고 합니다**

해설 빈칸에 들어갈 적절한 문형을 고르는 문제이다. 모든 선택지가 빈칸 앞의 조사 が(이)에 접속할 수 있다. 빈칸 앞 부분인 あとでしらべた ら、日本ではかぞくやともだちと花見に行くのが(나중에 조사하 니, 일본에서는 가족이나 친구들과 꽃구경을 가는 것이)를 보면 '가는 것이 보통이라고 합니다'라는 말이 문맥상 자연스럽다. 따라서 4 普 通だそうです(보통이라고 합니다)가 정답이다. 1의 そうだ는 추측 의 そうだ로 '~(일) 것 같다', 2의 だけだ는 '~뿐이다', 3의 はずが ない는 '~(일) 리가 없다'라는 의미임을 알아둔다.

어휘 普通だ ふつうだ 因형보통이다   ～そうだ ~(일) 것 같다(추측)
　　　～だけだ ~뿐이다   ～はずがない ~(일) 리가 없다
　　　～そうだ ~(라)고 한다(전언)

1 우선	2 그래서
3 그러나	4 게다가

해설 빈칸에 들어갈 접속사 또는 부사를 고르는 문제이다. 빈칸 뒤의 もう すぐ桜が咲く春になります(곧 벚꽃이 피는 봄이 됩니다)는 빈칸 앞

문장의 今は冬なので花見に行くことができません(지금은 겨울 이기 때문에 꽃구경을 갈 수 없습니다)과 상반되는 내용이므로, 빈칸 에는 역접을 나타내는 접속사가 필요하다. 따라서 3 しかし(그러나) 가 정답이다.

어휘 まず 圉우선   それで 웹그래서   しかし 웹그러나   それに 웹게다가

실전 테스트 3
p.220

18 2	**19** 3	**20** 4	**21** 4

문제3 [18] 부터 [21]에 무엇을 넣습니까? 문장의 의미를 생각해서, 1·2·3·4에서 가장 알맞은 것을 하나 골라 주세요.

아래 글은, 유학생의 작문입니다.

> ### 자동판매기
> 　　　　　　　　　　　리 신옌
> 　　제가 일본에 와서 놀란 것은, 여러 가지 있습니다만, 그 중 에서도 가장 놀랐던 것은, 자동판매기입니다. [18]물론, 우리나 라에도, 자동판매기가 있습니다. [18], [18], [19]일본만큼, 여러 가지의 것은 팔고 있지 않습니다.
> 　　[19]일본의 자동판매기는, 마실 것뿐 아니라, 주먹밥, 햄버 거 등의 먹을 것까지 [19].
> 　　제가 살고 있는 집 앞에도 [20]주먹밥 [20] 파는 자동판 매기가 있습니다. 매일 아침, 학교에 가기 전에 그 자동판매기 에서 산 주먹밥을 먹습니다.
> 　　[21]혼자서 살고 있는 저 [21], 이러한 자동판매기는 매 우 편리합니다. 일본에 있는 동안, 더 여러 가지의 자동판매 기를 이용해 보고 싶습니다.

어휘 下 した 圀아래   文章 ぶんしょう 圀글, 문장
　　　留学生 りゅうがくせい 圀유학생   作文 さくぶん 圀작문
　　　自動販売機 じどうはんばいき 圀자동판매기   日本 にほん 圀일본
　　　来る くる 图오다   おどろく 图놀라다
　　　いろいろだ 因형여러 가지이다   中 なか 圀중
　　　一番 いちばん 圉가장, 제일   もちろん 圉물론   国 くに 圀나라
　　　～ほど 图~만큼, 정도   売る うる 图팔다
　　　飲みもの のみもの 圀마실 것, 음료   ～だけ 图~뿐
　　　おにぎり 圀주먹밥   ハンバーガー 圀햄버거   ～など 图~등
　　　食べもの たべもの 圀먹을 것   ～まで 图~까지
　　　住む すむ 图살다   家 いえ 圀집   前 まえ 圀앞, 전
　　　毎朝 まいあさ 圀매일 아침   学校 がっこう 圀학교
　　　行く いく 图가다   買う かう 图사다   食べる たべる 图먹다
　　　一人 ひとり 圀혼자, 한 사람   とても 圉매우
　　　便利だ べんりだ 因형편리하다   間 あいだ 圀동안, 사이
　　　もっと 圉더   利用 りよう 圀이용   ～てみたい ~(해) 보고 싶다

어휘 ～によって ~에 의해　～によると ~에 의하면　～について ~에 대해
～にとって ~에게 있어

18

1 만약	2 하지만
3 그래서	4 그러니까

해설 빈칸에 들어갈 접속사 또는 부사를 고르는 문제이다. 빈칸 앞 문장의 **もちろん、私の国にも、自動販売機があります**(물론, 우리나라에도, 자동판매기가 있습니다)는 빈칸 뒤의 **日本ほど、いろいろなものは売っていないです**(일본만큼, 여러 가지의 것은 팔고 있지 않습니다)와 상반되는 내용이므로, 빈칸에는 역접을 나타내는 접속사가 필요하다. 따라서 2 しかし(하지만)가 정답이다.

어휘 もし 閉만약　しかし 젭하지만　それで 젭그래서
だから 젭그러니까

19

1 팔겠지요	2 팔아 주기를 바랍니다
3 팔고 있습니다	4 팔고 있습니까

해설 빈칸에 들어갈 적절한 문형을 고르는 문제이다. 모든 선택지가 빈칸 앞의 조사 まで(까지)에 접속할 수 있다. 빈칸 앞 부분인 **日本の自動販売機は、飲みものだけじゃなく、おにぎり、ハンバーガーなどの食べものまで**(일본의 자동판매기는, 마실 것뿐 아니라, 주먹밥, 햄버거 등의 먹을 것까지)를 보면 선택지 1 売るでしょう(팔겠지요), 3 売っています(팔고 있습니다), 4 売っていますか(팔고 있습니까)가 정답의 후보이다. 앞 문장에서 **日本ほど、いろいろなものは売っていないです**(일본만큼, 여러 가지의 것은 팔고 있지 않습니다)라고 했으므로 '먹을 것까지 팔고 있습니다'라는 말이 문맥상 자연스럽다. 따라서 3 売っています(팔고 있습니다)가 정답이다. 1의 でしょう는 '~겠지요', 2의 てほしい는 '~(해) 주기를 바란다'라는 의미임을 알아둔다.

어휘 ～でしょう ~겠지요　～てほしい ~(해) 주기를 바란다

20

1 에게	2 에
3 가	4 을

해설 빈칸에 들어갈 적절한 조사를 고르는 문제이다. 빈칸 앞의 명사 おにぎり(주먹밥)와 빈칸 뒤의 売る(파는)를 보면 '주먹밥을 파는'이라는 말이 문맥상 자연스럽다. 따라서 4 を(을)가 정답이다.

어휘 ～に 조~에게　～へ 조~에　～が 조~가　～を 조~을, 를

21

1 에 의해	2 에 의하면
3 에 대해	4 에게 있어

해설 빈칸에 들어갈 적절한 문형을 고르는 문제이다. 모든 선택지가 빈칸 앞의 명사 私(저)에 접속할 수 있다. 빈칸이 포함된 문장을 보면 **一人で住んでいる私にとって、このような自動販売機はとても便利です**(혼자서 살고 있는 저에게 있어, 이러한 자동판매기는 매우 편리합니다)라는 말이 문맥상 자연스럽다. 따라서 4 にとって(에게 있어)가 정답이다. 1의 によっては '~에 의해', 2의 によるとは '~에 의하

실전 테스트 4　　　　　p.222

18 1	**19** 4	**20** 2	**21** 1

> 문제3 **18** 부터 **21** 에 무엇을 넣습니까? 문장의 의미를 생각해서, 1·2·3·4에서 가장 알맞은 것을 하나 골라 주세요.

18-21

아래 글은 '자연'에 대한 작문입니다.

> ### 자연을 지키는 것
> 앤디 카사텔리
>
> [18]오늘 학교에서 자연을 지키는 것에 대해 공부했습니다. **18** , 플라스틱의 사용이, 자연에 얼마나 좋지 않은지 배웠습니다. 플라스틱은 재활용하는 것이 어렵기 때문에, 자연에 나쁘다고 합니다.
>
> 생각해보니, [19]저는 지금 **19** 플라스틱을 정말로 많이 사용해 왔습니다. 집에 있을 때도, 편리하다는 이유로, [20]자주 플라스틱을 **20** . 그런 자신이 매우 부끄러워졌습니다.
>
> [20]하지만, 이제부터는 플라스틱의 사용을 줄이려고 생각합니다. [21]불편한 것도 있습니다만, 자신의 컵을 **21** . 그렇게 어려운 것은 아닙니다. 그러니까, 저뿐만 아니라, 많은 사람이 이런 간단한 것부터 시작해서, 자연을 지키는 것에 관심을 가지게 된다면 좋겠다고 생각했습니다.

어휘 下 した 圆아래　文章 ぶんしょう 圆글, 문장　自然 しぜん 圆자연
～について ~에 대해　作文 さくぶん 圆작문
守る まもる 圄지키다　今日 きょう 圆오늘　学校 がっこう 圆학교
勉強 べんきょう 圆공부　プラスチック 플라스틱
使用 しよう 圆사용　どんなに 얼마나
悪い わるい 이형좋지 않다, 나쁘다　～そうだ ~(라)고 한다(전언)
学ぶ まなぶ 圄배우다　リサイクル 재활용, 리사이클
難しい むずかしい 이형어렵다　～ため ~때문에
考える かんがえる 圄생각하다　今 いま 圆지금
本当に ほんとうに 閉정말로　たくさん 閉많이
使う つかう 圄사용하다　くる 圄오다　家 いえ 圆집　時 とき 圆때
便利だ べんりだ 나형편리하다　理由 りゆう 圆이유　よく 閉자주
自分 じぶん 圆자신, 자기　とても 閉매우
恥ずかしい はずかしい 이형부끄럽다　しかし 젭하지만
これから 이제부터　減らす へらす 圄줄이다　いく 圄가다
～と思う ～とおもう ~(라)고 생각하다
不便だ ふべんだ 나형불편하다　ところ 圆것, 곳　コップ 圆컵
だから 젭그러니까　～だけ 조~뿐　多く おおく 圆많음

簡単だ かんたんだ [な형] 간단하다　～から ~부터
始める はじめる [동] 시작하다　関心 かんしん [명] 관심
持つ もつ [동] 가지다　～ようになる ~(하)게 되다
～と思う ～とおもう ~라고 생각하다

18

1 特히	2 하지만
3 그러자	4 또는

해설 빈칸에 들어갈 적절한 접속사 또는 부사를 고르는 문제이다. 빈칸 뒤의 プラスチックの使用が、自然にどんなに悪いのか学びました(플라스틱의 사용이, 자연에 얼마나 좋지 않은지 배웠습니다)에서 빈칸 앞 문장의 今日学校で自然を守ることについて勉強しました(오늘 학교에서 자연을 지키는 것에 대해 공부했습니다)와 관련된, 구체적인 학습 내용을 언급하고 있으므로, 빈칸에는 구체적인 설명을 할 때 사용하는 접속사 또는 부사가 필요하다. 따라서 1 とくに(특히)가 정답이다.

어휘 とくに [부] 특히　すると [접] 그러자　または [접] 또는

19

1 이	2 으로
3 부터	4 <u>까지</u>

해설 빈칸에 들어갈 적절한 조사를 고르는 문제이다. 빈칸 앞의 명사 今(지금)와 빈칸 뒤의 プラスチックを(플라스틱을)를 보면 선택지 1 が(이), 3 から(부터), 4 まで(까지)가 정답의 후보이다. 빈칸이 포함된 문장을 보면 私は今までプラスチックを本当にたくさん使ってきました(저는 지금까지 플라스틱을 정말로 많이 사용해 왔습니다)라는 말이 문맥상 자연스럽다. 따라서 4 まで(까지)가 정답이다.

어휘 ～が [조] ~이, 가　～で [조] ~으로　～まで [조] ~까지

20

1 사용하고 있습니까	
2 사용하고 있었습니다	
3 사용하지 않아도 상관없습니다	
4 사용한 채입니다	

해설 빈칸에 들어갈 적절한 문형을 고르는 문제이다. 모든 선택지가 빈칸 앞의 조사 を(을)에 접속할 수 있다. 빈칸 앞 부분인 よくプラスチックを(자주 플라스틱을)를 보면 선택지 1 使っていますか(사용하고 있습니까) 혹은 2 使っていました(사용하고 있었습니다)가 정답의 후보이다. 빈칸 뒷 문장에서 しかし、これからはプラスチックの使用を減らしていこうと思います(하지만, 이제부터는 플라스틱의 사용을 줄여가려고 생각합니다)라고 했으므로 '플라스틱을 사용하고 있었습니다'라는 말이 문맥상 자연스럽다. 따라서 2 使っていました(사용하고 있었습니다)가 정답이다. 1의 ている는 '~(하)고 있다', 3의 なくてもかまわない는 '~(하)지 않아도 상관없다', 4의 たまま는 '~(한) 채'라는 의미임을 알아둔다.

어휘 ～ている ~(하)고 있다
　～なくてもかまわない ~(하)지 않아도 상관없다　～たまま ~(한) 채

21

1 들고 다니려고 생각합니다	2 들고 다녔던 것 같습니다
3 들고 다녀주기를 바랐습니다	4 들고 다녀 주었습니다

해설 빈칸에 들어갈 적절한 문형을 고르는 문제이다. 모든 선택지가 빈칸 앞의 조사 を(을)에 접속할 수 있다. 빈칸 앞 부분인 不便なところもありますが、自分のコップを(불편한 것도 있습니다만, 자신의 컵을)를 보면 '컵을 들고 다니려고 생각합니다'라는 말이 문맥상 자연스럽다. 따라서 1 持ちあるこうと思います(들고 다니려고 생각합니다)가 정답이다. 2의 ようだ는 '~(인) 것 같다', 3의 てほしい는 '~(해) 주기를 바라다', 4의 てあげる(~(해) 주다)는 내가 남에게 해 준다는 의미임을 알아둔다.

어휘 持ちあるく [동] 들고 다니다　～ようだ ~(인) 것 같다
　～てほしい ~(해) 주기를 바라다　～てあげる ~(해) 주다

실전 테스트 5　　　　　　　　　　p.224

18 3	**19** 1	**20** 2	**21** 4

문제3 [18] 부터 [21]에 무엇을 넣습니까? 문장의 의미를 생각해서, 1·2·3·4에서 가장 알맞은 것을 하나 골라 주세요.

18-21

아래 글은, 유학생의 작문입니다.

> ### 동아리
> 왕 페이
>
> 일본의 대학에 유학 와서, [18]제 [18] 가장 즐기고 있는 것은 동아리 활동입니다. 저는 여행을 좋아하기 때문에, '여행과 철'이라고 하는 여행 동아리에 들어갔습니다.
>
> [19]그 동아리에서는 매주 토요일에, 지하철을 타고 여행을 갑니다. [19] 지난주는, 제가 전부터 가고 싶었던, '오다이바'에도 갔다 왔습니다. 사진으로밖에 본 적이 없었던 것을 실제로 볼 수 있어서, 정말로 기뻤습니다.
>
> 또, 저는 동아리 친구도 좋아합니다. [20]외국인인 저에게 항상 상냥하게 해 주기 때문입니다. 동아리 친구는 저에게 여행하는 곳의 역사 등도 [20]. [21]앞으로도, 동아리 친구와 일본의 여기저기에 [21].

어휘 下 した [명] 아래　文章 ぶんしょう [명] 글, 문장
　留学生 りゅうがくせい [명] 유학생　作文 さくぶん [명] 작문
　サークル [명] 동아리, 동호회　日本 にほん [명] 일본
　大学 だいがく [명] 대학　留学 りゅうがく [명] 유학　来る くる [동] 오다
　一番 いちばん [명] 가장, 제일　楽しむ たのしむ [동] 즐기다
　活動 かつどう [명] 활동　旅行 りょこう [명] 여행
　好きだ すきだ [な형] 좋아하다　～ため ~때문에　たび [명] 여행
　鉄 てつ [명] 철, 쇠　～という ~(라)고 한다　入る はいる [동] 들어가다

毎週 まいしゅう 몡 매주　土曜日 どようび 몡 토요일
地下鉄 ちかてつ 몡 지하철　乗る のる 동 타다　行く いく 동 가다
先週 せんしゅう 몡 지난주　前 まえ 몡 전, 앞
~から 조 ~부터, 때문　~たい ~(하)고 싶다
おだいば 몡 오다이바(지명)　写真 しゃしん 몡 사진
~しか 조 ~밖에　見る みる 동 보다　実際 じっさい 몡 실제
できる 동 할 수 있다　本当に ほんとうに 凹 정말로
嬉しい うれしい い형 기쁘다　また 凹 또　友だち ともだち 몡 친구
外国人 がいこくじん 몡 외국인　いつも 凹 항상
優しい やさしい い형 상냥하다　~てくれる (나에게) ~(해) 주다
ところ 몡 곳, 장소　歴史 れきし 몡 역사　~など 조 ~등
これから 앞으로　あちこち 몡 여기저기

18

1 에	2 를
3 가	4 에서

해설 빈칸에 들어갈 적절한 조사를 고르는 문제이다. 빈칸 앞의 명사 私
(제)와 빈칸 뒤의 一番楽しんでいる(가장 즐기고 있는)를 보면, '제
가 가장 즐기고 있는'이라는 말이 문맥상 자연스럽다. 따라서 3 が
(가)가 정답이다.

어휘 ~に 조 ~에, 에게　~を 조 ~를, 을　~が 조 ~가
~で 조 ~에서, (으)로

19

1 그리고	2 왜냐하면
3 그러나	4 꼭

해설 빈칸에 들어갈 접속사 또는 부사를 고르는 문제이다. 빈칸 뒷 문장인
先週は、私が前から行きたかった、「おだいば」にも行って来
ました(지난주는, 제가 전부터 가고 싶었던, '오다이바'에도 갔다 왔
습니다)는 빈칸 앞의 そのサークルでは毎週の土曜日に、地下鉄
に乗って旅行に行きます(그 동아리에서는 매주 토요일에, 지하철
을 타고 여행을 갑니다)에 나란히 이어지는 내용이므로, 빈칸에는 순
접관계를 나타내는 접속사가 필요하다. 따라서 1 そして(그리고)가
정답이다.

어휘 そして 접 그리고　なぜなら 접 왜냐하면　けれども 접 그러나
ぜひ 凹 꼭, 제발

20

1 가르치겠지요	**2 가르쳐 줍니다**
3 가르쳐 받습니다	4 가르친 참입니다

해설 빈칸에 들어갈 적절한 문형을 고르는 문제이다. 모든 선택지가 빈칸
앞의 조사 も(도)에 접속할 수 있다. 빈칸 앞 부분인 サークルの友
だちは私に旅行するところの歴史なども(동아리 친구는 저에게
여행하는 곳의 역사 등도)를 보면, 모든 선택지가 정답의 후보이다.
빈칸이 포함된 문장의 앞 문장에서 外国人である私にいつも優しく
してくれるからです(외국인인 저에게 항상 상냥하게 해 주기 때문
입니다)라고 했으므로 '역사 등도 가르쳐 줍니다'라는 말이 문맥상 자

연스럽다. 따라서 2 教えてくれます(가르쳐 줍니다)가 정답이다. 1
의 でしょう는 '~겠지요', 3의 てもらう는 '~(해) 받다', 4의 たとこ
ろだ는 '~(한) 참이다'라는 의미임을 알아둔다.

어휘 教える おしえる 동 가르치다　~でしょう ~겠지요
~てくれる ~(해) 주다　~てもらう ~(해) 받다
~たところだ ~(한) 참이다

21

1 막 갔습니다	2 가 두었습니다
3 가기 어렵습니다	**4 가고 싶습니다**

해설 빈칸에 들어갈 적절한 문형을 고르는 문제이다. 모든 선택지가 빈칸
앞의 조사 に(에)에 접속할 수 있다. 빈칸 앞 부분인 これからも、
サークルの友だちと日本のあちこちに(앞으로도, 동아리 친구와
일본의 여기저기에)를 보면 '여기저기에 가고 싶습니다'라는 말이 문
맥상 자연스럽다. 따라서 4 行きたいです(가고 싶습니다)가 정답이
다. 1의 たばかりだ는 '막 ~(하)다', 2의 おくる는 '~(해) 두다', 3의
にくい는 '~(하)기 어렵다'라는 의미임을 알아둔다.

어휘 ~たばかりだ 막 ~(하)다　~ておく ~(해) 두다
行きにくい いきにくい 가기 어렵다　~たい ~(하)고 싶다

독해

실력 다지기
p.232

| 01 ② | 02 ② | 03 ① | 04 ② | 05 ① |
| 06 ② | | | | |

1

　저의 취미는 영화를 보는 것입니다. 그래서, 매주 금요일은 방에서 밤 늦게까지 영화를 보는 것으로 하고 있습니다. 영화관의 큰 스크린으로 보는 것도 물론 좋습니다만, 그것보다, 방에서 영화를 보는 것이 더 좋습니다. 과자를 먹으면서 좋아하는 장면을 몇 번이나 볼 수 있기 때문입니다.

어째서 방에서 영화를 보는 것을 좋아합니까?

① 밤 늦게까지 영화를 볼 수 있기 때문
② **좋아하는 부분을 몇 번이나 볼 수 있기 때문**

어휘 趣味 しゅみ 圕 취미　映画 えいが 圕 영화　見る みる 图 보다
　　それで 젭 그래서　毎週 まいしゅう 圕 매주
　　金曜日 きんようび 圕 금요일　部屋 へや 圕 방　夜 よる 圕 밤
　　遅い おそい い형 늦다　~まで 조 ~까지
　　映画館 えいがかん 圕 영화관　大きい おおきい い형 크다
　　スクリーン 圕 스크린　もちろん 囝 물론　~より 조 ~보다
　　もっと 囝 더　好きだ すきだ な형 좋다, 좋아하다
　　お菓子 おかし 圕 과자　食べる たべる 图 먹다
　　~ながら 조 ~하면서　場面 ばめん 圕 장면
　　何回 なんかい 圕 몇 번, 몇 회　できる 图 할 수 있다
　　~から 조 ~때문　ところ 圕 부분, 곳

2

　어제 영어 책을 사러 서점에 갔다 왔습니다. 서점에는 이탈리아어나 아랍어 등, 먼 나라 언어의 책도 많이 있었습니다. 여러 가지 외국어를 배우고자 하는 사람이 많다는 것에 놀랐습니다. 영어를 배우는 것도 조금 힘듭니다만, 언젠가는 다른 나라의 언어도 배우고 싶다고 생각했습니다.

'나'가 외국어 공부에 대해 가장 말하고 싶은 것은 어느 것입니까?

① 영어를 공부하는 것이 힘들어서 싫습니다.
② **영어 이외의 언어도 공부해 보고 싶습니다.**

어휘 昨日 きのう 圕 어제　英語 えいご 圕 영어　本 ほん 圕 책
　　買う かう 图 사다　本屋 ほんや 圕 서점　行く いく 图 가다
　　イタリア語 イタリアご 圕 이탈리아어
　　アラビア語 アラビアご 圕 아랍어　~など 조 ~등
　　遠い とおい い형 멀다　国 くに 圕 나라　言語 げんご 圕 언어
　　たくさん 囝 많이　色々だ いろいろだ な형 여러 가지이다
　　外国語 がいこくご 圕 외국어　学ぶ まなぶ 图 배우다
　　多い おおい い형 많다　おどろく 图 놀라다　少し すこし 囝 조금
　　大変だ たいへんだ な형 힘들다, 큰일이다　いつか 囝 언젠가
　　ほか 圕 다른 것　~たい ~(하)고 싶다
　　~と思う ~とおもう ~라고 생각하다　勉強 べんきょう 圕 공부
　　嫌だ いやだ な형 싫다　以外 いがい 圕 이외

3

　저는 수영장에서 일하고 있습니다. 수영을 가르치는 것 외에, 안전을 위해서 아이들을 지켜보기도 합니다. 저는 원래 수영을 좋아합니다만, 특히 겨울에 수영장에서 헤엄치는 것을 좋아합니다. 춥기 때문에 여름보다 사람이 적은 것도 있습니다만, 제일의 이유는 추운 계절에, 따뜻한 수영장에 들어가면 안정되기 때문입니다.

'나'는 어째서 겨울에 수영장에 가는 것을 좋아합니까?

① **수영장이 따뜻해서 안정되기 때문**
② 수영장이 따뜻해서 사람이 적기 때문

어휘 プール 圕 수영장　働く はたらく 图 일하다　水泳 すいえい 圕 수영
　　教える おしえる 图 가르치다　ほか 圕 외, 밖
　　安全 あんぜん 圕 안전　~ために ~위해서　子ども こども 圕 아이
　　見守る みまもる 图 지켜보다　もともと 囝 원래
　　好きだ すきだ な형 좋아하다　特に とくに 囝 특히　冬 ふゆ 圕 겨울
　　泳ぐ およぐ 图 헤엄치다　寒い さむい い형 춥다　~ので 조 ~때문에
　　夏 なつ 圕 여름　~より 조 ~보다　少ない すくない い형 적다
　　一番 いちばん 圕 제일, 첫 번째　理由 りゆう 圕 이유
　　季節 きせつ 圕 계절　あたたかい い형 따뜻하다
　　入る はいる 图 들어가다　落ち着く おちつく 图 안정되다
　　~から 조 ~때문　行く いく 图 가다

4

마쓰모토 씨의 책상 위에, 이 메모와 과자가 놓여 있습니다.

> 마쓰모토 씨
> 　지난주, 저 대신에 신제품 발표를 해 주셔서, 정말 감사했습니다. 덕분에, 가족과 교토에 가서, 즐거운 휴가를 보낼 수 있었습니다. 여행 선물을 사 왔습니다. 괜찮다면 드셔 주세요.
> 　　　　　　　　　　　　　　　　　　요시다

요시다 씨는, 지난주, 무엇을 했다고 말하고 있습니까?

① 신제품 발표를 했습니다.
② **교토에 갔다 왔습니다.**

어휘 机 つくえ 圏책상　上 うえ 圏위　メモ 圏메모
　　お菓子 おかし 圏과자　置く おく 圄놓다, 두다
　　先週 せんしゅう 圏지난주　代わり かわり 圏대신
　　新製品 しんせいひん 圏신제품　発表 はっぴょう 圏발표
　　～てくださる ~(해) 주시다　本当 ほんとう 圏정말
　　おかげさまで 덕분에　家族 かぞく 圏가족
　　京都 きょうと 圏교토(지명)　行く いく 圄가다
　　楽しい たのしい い형즐겁다　休み やすみ 圏휴가, 휴식
　　過ごす すごす 圄보내다　旅行 りょこう 圏여행
　　おみやげ 圏(여행지에서 사오는) 선물　買う かう 圄사다
　　召し上がる めしあがる 圄드시다(食べる의 존경어)
　　～てください ~(해) 주세요

5

음악실의 문에, 이 안내문이 있습니다.

> 음악실의 이용에 대해
>
> ★ 밴드 연습을 위해서 음악실을 이용할 때는 예약이 필요합니다.
> 　(음악 선생님에게 이야기해서 예약해 주세요.)
> ★ 1일 3시간까지 이용할 수 있습니다.
> 　(단, 주말은 이용할 수 없습니다.)
> ★ 음악실의 이용이 끝나면, 깨끗하게 정리해 주세요.

이 안내문으로부터, 음악실의 이용에 대해 알 수 있는 것은 무엇입니까?

① **예약하고 싶은 사람은 음악 선생님에게 이야기합니다.**
② 토요일에 음악실에서 밴드 연습을 할 수 있습니다.

어휘 音楽室 おんがくしつ 圏음악실　ドア 圏문
　　お知らせ おしらせ 圏안내문　利用 りよう 圏이용
　　～について ~에 대해　バンド 圏밴드　練習 れんしゅう 圏연습
　　～ために ~위해서　とき 圏때　予約 よやく 圏예약
　　必要だ ひつようだ 圏필요하다　音楽 おんがく 圏음악
　　先生 せんせい 圏선생(님)　話す はなす 圄이야기하다, 말하다
　　～てください ~(해) 주세요　～日 ～にち ~일　時間 じかん 圏시간
　　～まで 国~까지　できる 圄할 수 있다　ただし 圙단
　　週末 しゅうまつ 圏주말　終わる おわる 圄끝나다
　　きれいだ 圏깨끗하다, 예쁘다　片づける かたづける 圄정리하다
　　～から ~(으)로부터　～たい ~(하)고 싶다
　　土曜日 どようび 圏토요일

6

이것은, 사토 선생님으로부터 이시다 군에게 도착한 이메일입니다.

> 이시다 군
>
> 　내일(4일) 상담 약속 말입니다만, 오늘부터 6일까지, 갑자기 출장을 가게 되었습니다. 미안하지만, 상담 날을 10일로 바꿔도 괜찮습니까? 혹시, 어렵다면, 이시다 군의 일정에 맞추겠습니다. 이 이메일을 읽으면, 바로 전화해 주세요.
>
> 　　　　　　　　　　　　　　　　　　사토

이시다 군은 이 이메일을 읽은 후, 먼저 무엇을 합니까?

① 사토 선생님과의 상담 약속을 바꿉니다.
② **사토 선생님에게 전화를 합니다.**

어휘 先生 せんせい 圏선생(님)　～から 国~부터
　　届く とどく 圄도착하다, 도달하다　メール 圏이메일
　　明日 あした 圏내일　相談 そうだん 圏상담　約束 やくそく 圏약속
　　今日 きょう 圏오늘　～まで 国~까지　急に きゅうに 圙갑자기
　　出張 しゅっちょう 圏출장　行く いく 圄가다
　　～ことになる ~(하)게 되다　悪い わるい い형미안하다, 나쁘다
　　日 ひ 圏날　変える かえる 圄바꾸다　～てもいい ~(해)도 괜찮다
　　もし 圙혹시, 만일　難しい むずかしい い형어렵다
　　日程 にってい 圏일정　合わせる あわせる 圄맞추다
　　読む よむ 圄읽다　すぐに 圙바로　電話 でんわ 圏전화
　　～てください ~(해) 주세요　～たあと ~(한) 후, (한) 뒤

실전 테스트 1　　　　　　　　　　　　　　　　　p.234

p.234

22 3	**23** 2	**24** 4

> 문제 4 다음의 (1)부터 (3)의 글을 읽고, 질문에 답하세요. 답은, 1·2·3·4에서 가장 알맞은 것을 하나 골라주세요.

22

스즈키 씨의 책상 위에, 이 메모가 놓여 있습니다.

> 스즈키 씨
>
> 　지난주, 출장 준비로 여러모로 신세 졌습니다. 감사했습니다. 덕분에 무사히 다녀왔습니다. 출장 선물을 사왔습니다. 괜찮다면 드셔주세요. 그리고, 지난번에 스즈키 씨로부터 빌린 책 말인데요, 2권의 책 중에, 아직 1권밖에 읽지 않았습니다. 이번 주말에 읽고, 다음 주 2권을 가져가겠습니다.
>
> 　　　　　　　　　　　　　　　　　　이시다

이시다 씨는, 다음 주, 무엇을 한다고 말하고 있습니까?

1 출장에 갈 준비를 합니다.
2 출장에 갑니다.
3 빌린 책 2권을 돌려줍니다.
4 빌린 책 1권을 돌려줍니다.

해설 메모 형식의 실용문으로, 이시다 씨가 다음 주에 해야 할 일을 묻고 있다. 지문의 후반부에서 鈴木さんから借りた本なんですけど、2冊の本のうち、まだ1冊しか読んでいません。今週末に読んで、来週2冊を持っていきます(스즈키 씨로부터 빌린 책 말인데요, 2권의 책 중에, 아직 1권밖에 읽지 않았습니다. 이번 주말에 읽고, 다음 주 2권을 가져가겠습니다)라고 언급하고 있으므로, 3 借りた本2冊を返します(빌린 책 2권을 돌려줍니다)가 정답이다. 1과 2는 이시다 씨가 이미 한 일이고, 4는 1권이 아니라 2권을 돌려줘야 하므로 오답이다.

어휘 机 つくえ 図 책상   上 うえ 図 위   メモ 図 메모   置く おく 图 놓다
先週 せんしゅう 図 지난주   出張 しゅっちょう 図 출장
準備 じゅんび 図 준비   いろいろ 图 여러모로, 여러가지로
お世話になる おせわになる 신세 지다   おかげさまで 덕분에
無事だ ぶじだ 대형 무사하다   行く いく 图 가다
おみやげ 図 (여행지에서 사오는) 선물   買う かう 图 사다
召し上がる めしあがる 图 드시다(食べる의 존경어)
~てください ~(해) 주세요   そして 접 그리고
この間 このあいだ 図 지난번, 일전   ~から 图 ~(로)부터
借りる かりる 图 빌리다   本 ほん 図 책   ~けど 图 ~인데
~冊 ~さつ ~권   うち 図 중, 속   まだ 图 아직
~しか 图 ~밖에   読む よむ 图 읽다
今週末 こんしゅうまつ 図 이번 주말   来週 らいしゅう 図 다음 주
持つ もつ 图 가지다   返す かえす 图 돌려주다, 되돌리다

23

마리아 씨는, 작년부터 일본에서 유학하고 있습니다. 일본어를 더 배우고 싶다고 생각해서 지난달부터 편의점에서 일하기 시작했습니다. 편의점의 청소를 하거나, 계산을 하거나 하고 있습니다. 일을 하는 것이 힘들 때도 있습니다만, 일본어가 점점 능숙해지는 것이 기뻐서, 더 힘내고 있습니다.

힘내고 있습니다라고 했습니다만, 어째서입니까?

1 일본으로 유학하고 싶으니까
2 일본어가 전보다 능숙해졌으니까
3 청소를 하는 것을 싫어하니까
4 일을 찾고 싶으니까

해설 에세이 단문으로, 밑줄 친 がんばっています(힘내고 있습니다)의 이유를 묻고 있다. 지문에서 밑줄 친 부분의 앞에서 日本語がどんどん上手になることがうれしくて(일본어가 점점 능숙해지는 것이 기뻐서)라고 언급하고 있으므로, 2 日本語が前よりうまくなったから(일본어가 전보다 능숙해졌으니까)가 정답이다. 1은 지문에서 マリアさんは、去年から日本で留学しています(마리아 씨는, 작년부터 일본에서 유학하고 있습니다)라고 했으므로 오답이다.

어휘 去年 きょねん 図 작년   ~から 图 ~부터   日本 にほん 図 일본

留学 りゅうがく 図 유학   日本語 にほんご 図 일본어
もっと 图 더, 더욱   学ぶ まなぶ 图 배우다
~と思う ~とおもう ~라고 생각하다   先月 せんげつ 図 지난달
コンビニ 図 편의점
働きはじめる はたらきはじめる 일하기 시작하다   そうじ 図 청소
お会計 おかいけい 図 계산   仕事 しごと 図 일
大変だ たいへんだ 대형 힘들다   とき 図 때   どんどん 图 점점
上手だ じょうずだ 대형 능숙하다, 잘하다   うれしい い형 기쁘다
がんばる 图 힘내다, 열심히 하다   前 まえ 図 전   ~より 图 ~보다
うまい い형 능숙하다, 잘하다   嫌いだ きらいだ 대형 싫어하다
さがす 图 찾다

24

이것은, 모토무라 씨로부터 마쓰야마 씨에게 도착한 이메일입니다.

> 마쓰야마 씨
>
> 　이번 주 금요일(20일)의 약속입니다만, 갑자기 회의가 생겨 버렸습니다. 정말로 죄송합니다만, 약속을 다음 주의 토요일로 변경해도 괜찮습니까? 그날, 마쓰야마 씨의 사정이 좋지 않으면, 다른 날이어도 괜찮습니다. 이 이메일을 읽으면, 답장을 주세요.
>
> 　　　　　　　　　　　　모토무라

마쓰야마 씨는, 이메일을 읽은 후, 무엇을 하지 않으면 안 됩니끼?

1 갑자기 생긴 회의에 참석합니다.
2 약속을 금요일로 바꿉니다.
3 모토무라 씨의 사정을 확인합니다.
4 약속의 변경에 대해서 답장을 합니다.

해설 이메일 형식의 실용문으로, 마쓰야마 씨가 이메일을 읽은 후 해야 할 일을 묻고 있다. 지문의 초반부에서 約束を来週の土曜日に変更してもいいですか(약속을 다음 주의 토요일로 변경해도 괜찮습니까?)라고 언급하고 있고, 지문의 후반부에서 このメールを読んだら、返事をください(이 이메일을 읽으면, 답장을 주세요)라고 언급하고 있으므로, 4 約束の変更について返事をします(약속의 변경에 대해서 답장을 합니다)가 정답이다. 1은 이번 주 금요일에 모토무라 씨가 할 일이고, 2는 금요일이 아닌 다음 주 토요일로 변경한다고 했으며, 3은 추후, 마쓰야마 씨의 사정을 확인해야 하므로 오답이다.

어휘 ~から 图 ~(로)부터   届く とどく 图 도착하다   メール 図 이메일
今週 こんしゅう 図 이번 주   金曜日 きんようび 図 금요일
約束 やくそく 図 약속   急に きゅうに 图 갑자기
会議 かいぎ 図 회의   入る はいる 图 생기다, 들어가다
~てしまう ~(해) 버리다   本当に ほんとうに 图 정말로
来週 らいしゅう 図 다음 주   土曜日 どようび 図 토요일
変更 へんこう 図 변경   日 ひ 図 날   都合 つごう 図 사정
悪い わるい い형 좋지 않다, 나쁘다   ほか 図 다름
大丈夫だ だいじょうぶだ 대형 괜찮다   読む よむ 图 읽다
~たら ~(하)면   返事 へんじ 図 답장
出る でる 图 (회의에) 참석하다, 나가다   変える かえる 图 바꾸다
確認 かくにん 図 확인   ~について ~에 대해서

22 4	23 3	24 4

문제 4 다음의 (1)부터 (3)의 글을 읽고, 질문에 답하세요. 답은,
1·2·3·4에서 가장 알맞은 것을 하나 골라주세요.

22

이 안내문이 문화 센터의 교실에 있습니다.

분실물 안내

7월 5일에 이하의 물건이 발견되었습니다.
잊은 사람은, 사무실에 가지러 와 주세요.

√ 지갑(음악 교실에 있었습니다)

√ 휴대전화(1층 여자 화장실에 있었습니다)

※ 문화 센터는 공사에 의해, 7월 20일부터 8월 20일까지 쉽니다. 가지러 올 분은 그 이외의 기간에, 오도록 해 주세요.

7월 8일 (수) 오야마 문화 센터

분실물을 가지러 가고 싶은 사람은, 어떻게 하지 않으면 안 됩니까?

1 7월 20일까지, 문화 센터의 공사가 끝나는 것을 기다립니다.

2 7월 20일까지, 분실물이 있던 장소에 가지러 갑니다.

3 7월 20일부터 8월 20일까지의 기간에, 사무에 가지러 갑니다.

4 7월 20일부터 8월 20일 이외의 기간에, 사무실에 가지러 갑니다.

해설 안내문 형식의 실용문으로, 분실물을 찾으러 가는 사람이 해야 할 일을 묻고 있다. 지문의 초반부에서 忘れた人は、事務室へ取りに来てください(잊은 사람은, 사무실에 가지러 와 주세요)라고 언급하고 있고, 지문의 후반부에서 7月20日から8月20日までお休みします。取りに来る方はそれ以外の期間に、来るようにしてください(7월 20일부터 8월 20일까지 쉽니다. 가지러 올 분은 그 이외의 기간에, 오도록 해 주세요)라고 언급하고 있으므로, 4 7月20日から8月20日の以外の期間に、事務室へ取りに行きます(7월 20일부터 8월 20일 이외의 기간에, 사무실에 가지러 갑니다)가 정답이다. 1은 공사가 끝나는 것은 8월 20일이고, 2는 사무실로 물건을 가지러 와 달라고 했으며, 7월 20일부터 공사로 인해 쉰다고 했고, 3은 7월 20일부터 8월 20일까지 공사로 인해 쉰다고 했으므로 오답이다.

어휘 お知らせ おしらせ 圏안내문, 안내　文化 ぶんか 圏문화
センター 圏센터　教室 きょうしつ 圏교실
忘れ物 わすれもの 圏분실물　以下 いか 圏이하
見つかる みつかる 图발견되다　忘れる わすれる 图잊다
事務室 じむしつ 圏사무실　取りに来る とりにくる 가지러 오다
~てください ~(해) 주세요　財布 さいふ 圏지갑
音楽 おんがく 圏음악　携帯電話 けいたいでんわ 圏휴대전화
~階 ~かい ~층　女子 じょし 圏여자　トイレ 圏화장실
工事 こうじ 圏공사　~による ~에 의하다　~から 图~부터
~まで 图~까지(계속)　休む やすむ 图쉬다　方 かた 圏분

以外 いがい 圏이외　期間 きかん 圏기간　来る くる 图오다
~ようにする ~(하)도록 하다　取りに行く とりにいく 가지러 가다
終わる おわる 图끝나다　待つ まつ 图기다리다
~までに ~까지(기한)　場所 ばしょ 圏장소

23

저는 스트레스를 받았을 때, 매운 것이 먹고 싶어집니다. 매운 것을 먹으면, 스트레스가 없어지기 때문입니다. 하지만, 일전에, 병원에서 의사로부터, "매운 것을 너무 많이 먹는 것은 몸에 나쁘므로, 조금 줄여 주세요"라고 들었습니다. 지금 바로 줄이는 것은 어렵다고 생각합니다만, 건강을 위해서 서서히 줄여가려고 생각합니다.

매운 것을 먹는 것에 대해, '나'는 어떻게 생각하고 있습니까?

1 스트레스를 받기 때문에 건강에 좋지 않다고 생각하고 있습니다.

2 스트레스가 적어지기 때문에 건강에 좋다고 생각하고 있습니다.

3 건강을 위해서 먹는 양을 적게 하려고 생각하고 있습니다.

4 건강에 나쁘기 때문에 이제부터는 먹지 않으려고 생각하고 있습니다.

해설 에세이 단문으로, 辛いものを食べる(매운 것을 먹다)에 대한 필자의 생각을 묻고 있다. 지문의 후반부에서 健康のためにゆっくり減らしていこうと思います(건강을 위해서 서서히 줄여가려고 생각합니다)라고 언급하고 있으므로, 3 健康のために食べる量を少なくしようと思っています(건강을 위해서 먹는 양을 적게 하려고 생각하고 있습니다)가 정답이다. 1은 지문에서 辛いものを食べると、ストレスがなくなるからです(매운 것을 먹으면, 스트레스가 없어지기 때문입니다)라고 했고, 2는 病院でお医者さんから、「辛いものを食べすぎることは体に悪いので、少し減らしてください」と言われました(병원에서 의사로부터, "매운 것을 너무 많이 먹는 것은 몸에 나쁘므로, 조금 줄여 주세요"라고 들었습니다)라고 했으므로 오답이다.

어휘 ストレス 圏스트레스　受ける うける 图받다　とき 圏때
辛い からい い형맵다　食べる たべる 图먹다　~たい ~(하)고 싶다
なくなる 图없어지다　~から 图~때문　しかし 쩝하지만
この前 このまえ 일전　病院 びょういん 圏병원
医者 いしゃ 圏의사　~から 图~부터
食べすぎる たべすぎる 너무 많이 먹다　体 からだ 圏몸
悪い わるい い형나쁘다　~ので 图~므로　少し すこし 图조금
減らす へらす 图줄이다　~てください ~(해) 주세요　いま 圏지금
すぐ 图바로　難しい むずかしい い형어렵다
~と思う ~とおもう ~라고 생각하다　健康 けんこう 圏건강
~ために ~위해서　ゆっくり 图서서히, 천천히
少ない すくない い형적다　量 りょう 圏양

사토시 군의 집 테이블 위에, 이 메모가 있습니다.

사토시에게

　오늘은 친구와 식사 약속이 있어서, 집에 돌아가는 것이 늦어질 것 같아요.
　밥은 만들어 놓았으니까, 냉장고에서 꺼내서 먹어 주세요.
　이웃인 사토 씨로부터 전화가 있을 거라고 생각해요.
　오늘은 늦어질 거라고 생각하니까, 돌려줄 예정이었던 책은 내일 돌려준다고, 전해두어 주세요.

엄마로부터

이 메모를 읽고, 사토시 군은 이웃 사람에게 무엇을 알리지 않으면 안 됩니까?

1　집에 늦게 돌아가는 것
2　밥이 냉장고에 있는 것
3　오늘, 책을 돌려주는 것
4　내일, 책을 돌려주는 것

해설 메모 형식의 실용문으로, 사토시 군이 이웃 사람에게 알려야 할 내용을 묻고 있다. 지문의 후반부에서 となりの佐藤さんから電話があると思います(이웃인 사토 씨로부터 전화가 있을 거라고 생각해요)라고 언급하고 있고, 그 뒷부분에서 返す予定だった本は明日返すと、伝えておいてください(돌려줄 예정이었던 책은 내일 돌려준다고, 전해두어 주세요)라고 언급하고 있으므로, 4 明日、本を返すこと(내일, 책을 돌려주는 것)가 정답이다. 1과 2는 엄마가 사토시 군에게 메모를 통해 알리는 내용이며, 3은 오늘이 아니라 내일이므로 오답이다.

어휘 家 いえ 圏집　テーブル 圏테이블　上 うえ 圏위　メモ 圏메모
　　今日 きょう 圏오늘　友だち ともだち 圏친구
　　食事 しょくじ 圏식사　約束 やくそく 圏약속
　　帰る かえる 图돌아가다, 돌아오다　遅い おそい い형늦다
　　～そうだ ~일 것 같다(추측)　ご飯 ごはん 圏밥
　　作る つくる 图만들다　～から 图~니까　れいぞうこ 圏냉장고
　　～から 图~에서, 부터　出す だす 图꺼내다, 내다
　　食べる たべる 图먹다　～てください ~(해) 주세요
　　となり 圏이웃, 옆　電話 でんわ 圏전화
　　～と思う ～とおもう ~라고 생각하다　返す かえす 图돌려주다
　　予定 よてい 圏예정　本 ほん 圏책　明日 あした 圏내일
　　伝える つたえる 图전하다　母 はは 圏엄마　～より 图~(로)부터

실전 테스트 3
p.240

22 3	**23** 4	**24** 3

문제 4 다음의 (1)부터 (3)의 글을 읽고, 질문에 답하세요. 답은,
1·2·3·4에서 가장 알맞은 것을 하나 골라주세요.

(회사에서)
기무라 씨의 책상 위에, 이 메모가 있습니다.

기무라 씨

　저는 내일부터 10일까지, 세미나를 위해서 해외 출장입니다. 죄송합니다만, 내일, 저 대신에 발표회의 준비를 부탁합니다. 발표 자료는 시마다 씨가 준비해 주는 것으로 되어 있으므로, 기무라 씨는 음료수의 준비를 부탁합니다. 발표회에 참가하는 분은 15명입니다만, 음료수는 20인분을 준비해 주세요. 과자는 제가 사 두었으므로 준비하지 않아도 괜찮습니다. 그럼, 부탁합니다.

이시하라

이 메모를 읽고, 기무라 씨는 내일, 무엇을 준비하지 않으면 안 됩니까?

1　세미나의 자료를 준비합니다.
2　발표의 자료를 준비합니다.
3　음료수를 20인분 준비합니다.
4　과자를 15인분 준비합니다.

해설 메모 형식의 실용문으로, 기무라 씨가 내일 해야 할 일을 묻고 있다. 지문의 후반부에서 飲み物は20人分を準備してください(음료수는 20인분을 준비해 주세요)라고 언급하고 있으므로, 3 飲み物を20人分準備します(음료수를 20인분 준비합니다)가 정답이다. 1은 이시하라 씨가 할 일이고, 2는 시마다 씨가 할 일이며, 4는 이시하라 씨가 이미 한 일이므로 오답이다.

어휘 会社 かいしゃ 圏회사　机 つくえ 圏책상　上 うえ 圏위
　　メモ 圏메모　明日 あした 圏내일　～から 图~부터
　　～まで 图~까지　セミナー 圏세미나　～ために ~위해서
　　海外 かいがい 圏해외　出張 しゅっちょう 圏출장
　　～代わりに ～かわりに ~대신에　発表会 はっぴょうかい 圏발표회
　　準備 じゅんび 圏준비　資料 しりょう 圏자료　用意 ようい 圏준비
　　～てくれる ~(해) 주다　～ことになっている ~(하)는 것으로 되어 있다
　　～ので 图~므로　飲み物 のみもの 圏음료수　参加 さんか 圏참가
　　方 かた 圏분　～人 ～にん ~명　～分 ～ぶん ~(인)분
　　～てください ~(해) 주세요　お菓子 おかし 圏과자
　　買う かう 图사다　大丈夫だ だいじょうぶだ な형괜찮다
　　では 圏그럼, 그러면

　저는 대학 2학년 때부터 마라톤을 해 왔습니다. 텔레비전에서 열심히 하고 있는 마라톤 선수들을 보고, 골을 향해 계속 달리는 것이, 멋지다고 생각했습니다. 그래서 저도 마라톤을 시작했습니다. 혼자서 마라톤을 하면, 뛰는 것에만 집중할 수 있고, 머리가 상쾌해서 매우 기분이 좋습니다. 지난달은 처음으로 마라톤 대회에 나갔습니다. 혼자서 뛰는 것 보다, 많은 사람들과 뛰는 편이 더 즐거웠습니다. 앞으로도 1년에 2번 정도는 마라톤 대회에 나가려고 생각하고 있습니다.

마라톤을 시작했습니다라고 되어 있습니다만, 왜입니까?

1 대학에서 마라톤을 하자고 권유 받았기 때문에
2 유명한 마라톤 대회에 나가고 싶었기 때문에
3 좋아하는 마라톤 선수를 만나고 싶었기 때문에
4 **마라톤을 뛰는 것이 멋지다고 생각했기 때문에**

해설 에세이 단문으로, 밑줄 친 マラソンを始めました(마라톤을 시작했습니다)의 이유를 묻고 있다. 지문에서 밑줄 친 부분의 앞에서 ゴールに向かって走りつづけることが、すてきだなと思いました(골을 향해 계속 달리는 것이, 멋지다고 생각했습니다)라고 언급하고 있으므로, 4 マラソンを走ることがすてきだと思ったから(마라톤을 뛰는 것이 멋지다고 생각했기 때문에)가 정답이다.

어휘 大学 だいがく 圏대학　～年生 ～ねんせい ~학년　ころ 圏때
～から ~부터　マラソン 圏마라톤　テレビ 圏텔레비전
がんばる 图열심히 하다, 노력하다　選手 せんしゅ 圏선수
見る みる 图보다　ゴール 圏골　向かう むかう 图향하다
走りつづける はしりつづける 계속 달리다　すてきだ な형멋지다
～と思う ～とおもう ~라고 생각하다　それで 圙그래서
始める はじめる 图시작하다　走る はしる 图달리다
～だけ 国~만　集中 しゅうちゅう 圏집중　できる 图할 수 있다
頭 あたま 圏머리　すっきり 團상쾌하게　とても 團매우
気持ち きもち 圏기분　先月 せんげつ 圏지난 달
初めて はじめて 團처음으로　大会 たいかい 圏대회
出る でる 图나가다　～より ~보다　多く おおく 圏많음
人々 ひとびと 圏사람들　ほう 圏편, 쪽　もっと 團더, 더욱
楽しい たのしい い형즐겁다　これから 앞으로　～回 ～かい ~번, 회
～くらい 国~정도　～ようと思う ～ようとおもう ~(하)려고 생각하다
さそう 图권유하다　有名だ ゆうめいだ な형유명하다
好きだ すきだ な형좋아하다　会う あう 图만나다

24

교실의 게시판에, 이 안내문이 있습니다.

> **청소할 때의 주의**
>
> ● 청소는 매일, 수업이 전부 끝난 후에 합니다.
>   (점심 시간에는 청소를 하지 않습니다.)
>
> ● 이번 주의 청소 담당은 다음과 같습니다.
>   – 청소기를 돌리는 사람 : 히무라, 마에다, 요시모토
>   – 책상과 의자를 깨끗하게 늘어놓는 사람 : 사토, 하라다, 기무라
>   – 화이트 보드를 깨끗하게 하는 사람 : 고마쓰
>
> ● 청소 담당인 사람은 청소가 끝나면, 선생님에게 이야기하러 와 주세요.
>   선생님이 확인해서, 깨끗하게 청소가 된 사람만 집에 돌아갑니다.

이 안내문에서, 청소하는 것에 대해 알 수 있는 것은 무엇입니까?

1 매일, 점심 식사를 먹기 전에 청소를 합니다.
2 청소기를 돌리는 사람은 4명입니다.

---

3 **선생님으로부터 청소 확인을 해 받지 않으면 안 됩니다.**
4 청소가 끝나면 선생님에게 이야기하기 전에 돌아가도 좋습니다.

해설 안내문 형식의 실용문으로, 청소하는 것에 대한 설명으로 알 수 있는 것을 묻고 있다. 지문의 후반부에서 先生が確認して、きれいに掃除ができた人だけ家に帰ります(선생님이 확인해서, 깨끗하게 청소가 된 사람만 집에 돌아갑니다)라고 언급하고 있으므로, 3 先生から掃除の確認をしてもらわなければなりません(선생님으로부터 청소 확인을 해 받지 않으면 안 됩니다)이 정답이다. 1은 지문에서 昼休みには掃除をしません(점심 시간에는 청소를 하지 않습니다)이라고 했고, 2는 청소기를 돌리는 사람은 총 3명(히무라, 마에다, 요시모토)이며, 4는 掃除の担当の人は掃除が終わったら、先生に話しにきてください。先生が確認して、きれいに掃除ができた人だけ家に帰ります(청소 담당인 사람은 청소가 끝나면, 선생님에게 이야기하러 와 주세요. 선생님이 확인해서, 깨끗하게 청소가 된 사람만 집에 돌아갑니다)라고 했으므로 오답이다.

어휘 教室 きょうしつ 圏교실　掲示板 けいじばん 圏게시판
お知らせ おしらせ 圏안내문, 알림　掃除 そうじ 圏청소
とき 圏때　注意 ちゅうい 圏주의　毎日 まいにち 圏매일
授業 じゅぎょう 圏수업　全部 ぜんぶ 圏전부
終わる おわる 图끝나다　あと 圏후, 뒤
昼休み ひるやすみ 圏점심 시간　今週 こんしゅう 圏이번 주
担当 たんとう 圏담당　次 つぎ 圏다음
～通り ～とおり 圐~와 같음
掃除機をかける そうじきをかける 청소기를 돌리다　つくえ 圏책상
いす 圏의자　きれいだ な형깨끗하다
並べる ならべる 图늘어놓다　ホワイトボード 圏화이트 보드
～たら ~(하)면　先生 せんせい 圏선생(님)
話す はなす 图이야기하다　～てください ~(해) 주세요
確認 かくにん 圏확인　できる 图되다　～だけ 国~만, 뿐
家 いえ 圏집　帰る かえる 图돌아가다, 귀가하다　昼 ひる 圏점심
ご飯 ごはん 圏식사, 밥　食べる たべる 图먹다　前 まえ 圏전, 앞
～てもらう ~(해) 받다　～なければならない ~(하)지 않으면 안 되다

실전 테스트 4　　　　　　　　　　p.243

22 4	**23** 2	**24** 2

> **문제4** 다음의 (1)부터 (3)의 글을 읽고, 질문에 답하세요. 답은, 1·2·3·4에서 가장 알맞은 것을 하나 골라주세요.

22

(일본어 학교에서)
이리무라 선생님의 책상 위에, 이 메모가 있습니다.

> 아리무라 선생님
>   다음 달 15일, 견학하는 날의 도시락 예약에 대해, 히마와리 베이커리와, 하나마루 도시락 가게에서 전화가 있었습니다.

히마와리 베이커리는 견학 당일, 이미 예약이 있어서, 샌드위치 예약이 되지 않는다고 합니다. 하나마루 도시락 가게는 그날, 도시락 예약이 된다고 합니다. 단, 단체 할인은 20인부터 받을 수 있다고 합니다. 견학하는 사람의 인원 수와 도시락과 함께 음료수도 주문할지 어떨지도 알려주었으면 좋겠다고 합니다.

다케우치

이 메모를 읽고, 아리무라 선생님은 어디에 무엇을 알리지 않으면 안 됩니까?

1 히마와리 베이커리에, 견학하는 사람의 인원 수
2 히마와리 베이커리에, 견학하는 사람의 인원 수와 음료수도 주문할지 어떨지
3 하나마루 도시락 가게에, 견학하는 사람의 인원 수
4 하나마루 도시락 가게에, 견학하는 사람의 인원 수와 음료수도 주문할지 어떨지

해설 메모 형식의 실용문으로, 아리무라 선생님이 어디에, 무슨 내용을 알려야 하는지를 묻고 있다. 지문의 중반부에서 はなまるお弁当屋はその日、お弁当の予約ができるそうです(하나마루 도시락 가게는 그날, 도시락 예약이 된다고 합니다)라고 언급하고 있고, 지문의 후반부에서 見学する人の人数と、お弁当といっしょに飲み物も注文するかどうかも知らせてもらいたいそうです(견학하는 사람의 인원 수와 도시락과 함께 음료수도 주문할지 어떨지도 알려주었으면 좋겠다고 합니다)라고 언급하고 있으므로, 4 はなまるお弁当屋に、見学する人の人数と飲み物も注文するかどうか(하나마루 도시락 가게에, 견학하는 사람의 인원 수와 음료수도 주문할지 어떨지)가 정답이다. 1과 2는 히마와리 베이커리는 예약이 불가능하다고 했고, 3은 음료수 주문 여부도 알려달라고 했으므로 오답이다.

어휘 日本語 にほんご 圕일본어　学校 がっこう 圕학교
先生 せんせい 圕선생(님)　机 つくえ 圕책상　上 うえ 圕위
メモ 圕메모　来月 らいげつ 圕다음 달　見学 けんがく 圕견학
日 ひ 圕날　弁当 べんとう 圕도시락　予約 よやく 圕예약
~について ~에 대해　ベーカリー 圕베이커리
弁当屋 べんとうや 도시락 가게　~から 㽀~에서, 부터
電話 でんわ 圕전화　当日 とうじつ 圕당일　もう 围이미
サンドイッチ 圕샌드위치　できる 통할 수 있다
~そうだ ~라고 한다　ただし 쟵단, 다만　団体 だんたい 圕단체
割引 わりびき 圕할인　受ける うける 통받다
人数 にんずう 圕인원 수　いっしょに 함께
飲み物 のみもの 圕음료수　注文 ちゅうもん 圕주문
~かどうか ~(할)지 어떨지　知らせる しらせる 통알리다
~てもらう ~(해) 받다　~たい ~(하)고 싶다

제 남동생은 카페에서 케이크를 만들고 있습니다. 계절에 맞춰, 가장 맛있는 과일이 사용되는 것이 그의 디저트의 좋은 점입니다. 최근엔 남동생이 만든 케이크가 조금 유명해져서, 전화로 케이크의 예약을 받는 일도 있다고 합니다. 매일 아침 일찍부터, 재료의 준비

등 여러 가지 힘든 일도 물론 있는 것 같습니다만, 자신이 만든 디저트를 맛있게 먹고 있는 손님을 보면 힘이 난다고 저에게 자주 이야기해 줍니다.

'나'의 남동생은 왜 힘이 난다고 말합니까?

1 계절에 맞는 디저트를 매일 만들기 때문에
2 자신이 만든 케이크를 손님이 맛있게 먹기 때문에
3 카페가 유명해져서 케이크의 예약을 받기 때문에
4 매일 아침, 재료 준비를 하기 때문에

해설 에세이 단문으로, 지문에서 밑줄 친 元気が出る(힘이 난다)의 이유가 무엇인지 묻고 있다. 지문에서 밑줄이 포함된 문장을 보면 自分が作ったデザートをおいしそうに食べているお客さんを見たら元気が出ると私によく話してくれます(자신이 만든 디저트를 맛있게 먹고 있는 손님을 보면 힘이 난다고 저에게 자주 이야기해 줍니다)라고 언급하고 있으므로, 2 自分が作ったケーキをお客さんがおいしそうに食べるから(자신이 만든 케이크를 손님이 맛있게 먹기 때문에)가 정답이다. 지문에서 最近は弟が作ったケーキが少し有名になって、電話でケーキの予約を受けることもあるそうです(최근엔 남동생이 만든 케이크가 조금 유명해져서, 전화로 케이크의 예약을 받는 일도 있다고 합니다)라고 한 것은 남동생의 케이크에 대해서 설명한 것이므로 선택지 3은 오답이다.

어휘 弟 おとうと 圕남동생　カフェ 圕카페　ケーキ 圕케이크
作る つくる 통만들다　季節 きせつ 圕계절
合わせる あわせる 통맞추다　もっとも 围가장
おいしい い맛있다　フルーツ 圕과일　使う つかう 통사용하다
デザート 圕디저트　ところ 圕점, 부분　最近 さいきん 圕최근
少し すこし 围조금　有名だ ゆうめいだ な유명하다
電話 でんわ 圕전화　予約 よやく 圕예약　受ける うける 통받다
~そうだ ~라고 한다　毎日 まいにち 圕매일　朝 あさ 圕아침
早く はやく 围일찍　~から 㽀~부터　材料 ざいりょう 圕재료
準備 じゅんび 圕준비　~など 㽀등　色々 いろいろ 围여러 가지
大変だ たいへんだ な힘들다　もちろん 围물론
自分 じぶん 圕자신　食べる たべる 통먹다　客 きゃく 圕손님
見る みる 통보다　~たら ~(하)면
元気が出る げんきがでる 힘이 나다　話す はなす 통이야기하다
~てくれる ~(해) 주다　合う あう 통맞다　~から 㽀~때문에

사토 씨는 일본에서 제가 가장 친해진 친구입니다. 일본에 막 왔을 때는, 걱정이나 불안으로 가득했습니다. 이번이 첫 유학이었기 때문입니다. 사토 씨는 제가 유학하고 있는 대학의 유학 센터에서 아르바이트를 하고 있었습니다. 그래서, 사토 씨가 여러 가지 도와주어서 안심할 수 있었습니다. 사토 씨와의 추억은 여러 가지 있습니다. 특히, 함께 산을 올랐던 것은 잊을 수 없는 추억입니다. 사토 씨가 있어서, 저의 매일이 정말 즐겁고, 행복합니다. 사토 씨와 만날 수 있어서 좋았다고 생각합니다.

왜 걱정이나 불안으로 가득했습니까?

1 사토 씨와 만났기 때문에

2 유학하는 것이 처음이었기 때문에

3 유학 센터에서 아르바이트를 시작했기 때문에

4 사토 씨를 돕지 않으면 안 되었기 때문에

해설 에세이 단문으로, 지문에서 밑줄 친 心配や不安でいっぱい(걱정이나 불안으로 가득)의 이유를 묻고 있다. 지문에서 밑줄 친 부분의 뒷 문장을 보면 今回が初めての留学だったからです(이번이 첫 유학이었기 때문입니다)라고 언급하고 있으므로, 2 留学することが初めてだったから(유학하는 것이 처음이었기 때문에)가 정답이다.

어휘 日本 にほん 圏일본　いちばん 圏가장
仲良くなる なかよくなる 친해지다　友だち ともだち 圏친구
来る くる 圏오다　〜たばかり 막 〜(하)다　ころ 圏때
心配 しんぱい 圏걱정　〜や 조〜이나　不安 ふあん 圏불안
いっぱいだ な형가득하다　今回 こんかい 圏이번
初めて はじめて 囝처음　留学 りゅうがく 圏유학
〜から 조〜때문에　大学 だいがく 圏대학　センター 圏센터
バイト 圏아르바이트　それで 젭그래서　色々 いろいろ 囝여러 가지
手伝う てつだう 圏돕다　〜てくれる 〜(해) 주다
安心 あんしん 圏안심　できる 圏할 수 있다
思い出 おもいで 圏추억　特に とくに 囝특히
いっしょに 함께, 같이　山 やま 圏산　のぼる 圏오르다
忘れる わすれる 圏잊다　毎日 まいにち 圏매일
とても 囝정말, 매우　楽しい たのしい い형즐겁다
幸せだ しあわせだ な형행복하다　会う あう 圏만나다
〜と思う 〜とおもう 〜라고 생각하다　始める はじめる 圏시작하다

문제 5 내용 이해(중문)

실력 다지기
p.250

01 ① 　02 ② 　03 ① 　04 ② 　05 ②

1

이것은 리사 씨가 쓴 작문입니다.

일본인과 엽서

리사·화이트

일전, 일본인 친구로부터, 엽서를 받았습니다. "새해 복 많이 받으세요. 올해도 잘 부탁합니다."라는 내용이었습니다. 최근은 컴퓨터나 스마트폰으로 신년 인사를 하는 경우가 많습니다만, 많은 일본인은 지금도 신년이 되면 이처럼, 엽서를 쓰고 있습니다. 컴퓨터나 스마트폰으로, 신년 인사를 하는 것도 물론 좋지만, 하나하나 손으로 쓴 엽서 쪽이 (　　　)을 느낄 수 있어서, 매우 기뻤습니다.

(　　　)에 넣을 것으로, 가장 알맞은 글은 어느 것입니까?

① 보다 마음이 들어가 있는 것

② 보다 편리한 것

어휘 書く かく 圏쓰다　作文 さくぶん 圏작문
日本人 にほんじん 圏일본인　はがき 圏엽서
この間 このあいだ 圏일전, 요전　友だち ともだち 圏친구
〜から 조〜(로)부터　もらう 圏받다　今年 ことし 圏올해
内容 ないよう 圏내용　最近 さいきん 圏최근　パソコン 圏컴퓨터
〜や 조〜(이)나　スマホ 圏스마트폰　新年 しんねん 圏신년
あいさつ 圏인사　多い おおい い형많다　多く おおく 圏많음
今 いま 圏지금　もちろん 囝물론　〜けど 〜지만
手 て 圏손　ほう 圏쪽, 편　感じる かんじる 圏느끼다
とても 囝매우　うれしい い형기쁘다　より 囝보다
気持ち きもち 圏마음, 기분　入る はいる 圏들어가다
便利だ べんりだ な형편리하다

2

미나미 씨는 최근, 러시아어 공부를 하고 있습니다. 작년, 가족여행으로 러시아에 갔다 왔습니다. 그것이 계기가 되어 러시아어 공부를 시작했습니다. 러시아어를 배울 수 있는 곳이 주위에 없기 때문에, 책을 사서 혼자서 공부하고 있습니다. 러시아어는 일본어와는 글자나 문법이 전혀 다르기 때문에, 배우는 것이 어렵지만, 배우면 배울수록 러시아어 발음의 아름다움을 느끼고 있습니다. 언젠가 러시아에 가서, 유학하고 싶다고 생각하고 있습니다.

미나미 씨는, 러시아어에 대해 어떻게 생각하고 있습니까?

① 문법을 배우는 것이 어렵기 때문에 그만두고 싶다고 생각하고 있습니다.

② 글자는 어렵지만, 발음이 아름답다고 생각하고 있습니다.

어휘 最近 さいきん 圏최근　ロシア語 ロシアご 圏러시아어
勉強 べんきょう 圏공부　去年 きょねん 圏작년
家族 かぞく 圏가족　旅行 りょこう 圏여행　ロシア 圏러시아
行く いく 圏가다　きっかけ 圏계기　始める はじめる 圏시작하다
学ぶ まなぶ 圏배우다　ところ 圏곳　まわり 圏주위, 주변
〜ので 조〜때문　本 ほん 圏책　買う かう 圏사다
一人 ひとり 圏혼자, 한 사람　日本語 にほんご 圏일본어
文字 もじ 圏글자　文法 ぶんぽう 圏문법　まったく 囝전혀, 완전히
違う ちがう 圏다르다, 틀리다　難しい むずかしい い형어렵다
〜けれども 조〜지만　〜ば〜ほど 〜(하)면 〜(할)수록
発音 はつおん 圏발음　美しい うつくしい い형아름답다
感じる かんじる 圏느끼다　いつか 囝언젠가
留学 りゅうがく 圏유학　〜たい 〜(하)고 싶다
〜と思う 〜とおもう 〜(라)고 생각하다　やめる 圏그만두다

3

　오노 씨는 3개월 전에 독신 생활을 시작했습니다. 요리는 전혀 하지 않았던 오노 씨입니다만, 혼자 살기 때문에 할 수 없이 요리를 하게 되었습니다. 처음은 간단한 요리밖에 할 수 없었습니다. 하지만, 점점 요리를 하는 것에 빠져서, 요리가 즐겁게 되었습니다. 지금은 어려운 요리에도 도전하고 있어서, 집에서 빵을 굽거나, 피자를 만들거나 하고 있습니다.

오노 씨는 왜 요리를 하게 되었습니까?

① **독신 생활을 시작했기 때문**
② 간단한 요리를 좋아하기 때문

어휘 ~か月 ~かげつ ~개월　前 まえ 图전, 앞
　　一人暮らし ひとりぐらし 图독신 생활, 혼자 삶
　　始める はじめる 图시작하다　料理 りょうり 图요리
　　全然 ぜんぜん 图전혀　~ので 图~때문
　　しかたない い형할 수 없다　最初 さいしょ 图처음, 최초
　　簡単だ かんたんだ な형간단하다　~しか 图~밖에
　　できる 图할 수 있다　しかし 접하지만　どんどん 图점점, 부쩍부쩍
　　はまる 图빠지다　楽しい たのしい い형즐겁다　今 いま 图지금
　　難しい むずかしい い형어렵다　チャレンジ 图도전, 챌린지
　　家 いえ 图집　パン 图빵　焼く やく 图굽다, 태우다
　　~たり ~(하)거나　ピザ 图피자　作る つくる 图만들다
　　~から 图~때문　好きだ すきだ な형좋아하다

4

　저는 텔레비전 방송 프로그램을 보는 것을 좋아합니다. 그 중에서도 세계의 여러 장소를 소개하는 여행 프로그램을 제일 좋아합니다. 저는 여행하는 것을 좋아합니다만, 일을 하고 있기 때문에, 휴가를 얻어서 여행하는 것이 어렵습니다. 그래서, 여행 프로그램을 보는 것을 좋아하게 되었습니다. <u>그러한 프로그램을 보고 있으면, 마치 자신이 여행하고 있는 것 같은 매우 즐거운 기분이 됩니다.</u> 프로그램을 통해서 방에서 세계의 어디라도 갈 수 있는 것입니다.

<u>그러한 프로그램</u>이라고 했습니다만, 어떤 프로그램입니까?

① 싫어했는데, 좋아하게 된 프로그램
② **여행을 하고 있는 것 같은 기분이 되는 프로그램**

어휘 テレビ 图텔레비전　番組 ばんぐみ 图(방송) 프로그램
　　見る みる 图보다　好きだ すきだ な형좋아하다　中 なか 图중, 안
　　世界 せかい 图세계　色々だ いろいろだ な형여러 가지이다
　　ところ 图장소　紹介 しょうかい 图소개　旅行 りょこう 图여행
　　一番 いちばん 图제일, 가장　仕事 しごと 图일　~ので 图~때문
　　休みを取る やすみをとる 휴가를 얻다
　　難しい むずかしい い형어렵다　それで 접그래서　まるで 图마치
　　自分 じぶん 图자신　~ようだ ~(인) 것 같다　とても 图매우
　　楽しい たのしい い형즐겁다　気分 きぶん 图기분
　　通じる つうじる 图통하다　部屋 へや 图방　~から 图~에서
　　世界 せかい 图세계　どこ 图어디　~でも 图~라도
　　行く いく 图가다　きらいだ な형싫어하다　~のに 图~는데

5

이것은 마이클 씨가 쓴 작문입니다.

신칸센과 도시락

마이클·스미스

　지난주, 친구가 살고 있는 오사카에 갔다 왔습니다. 오후 12시 신칸센을 예약했기 때문에, 점심으로 고민하고 있었습니다. 그러자, 친구가 "에키벤을 사서 신칸센에 타는 것은 어때?"라고 말했습니다. "에키벤이라는 건 뭐야?"라고 친구에게 물었더니, 역에서 팔고 있는 도시락이라고 가르쳐 주었습니다. 오사카 역에서는 많은 도시락이 팔리고 있었습니다. 그곳에는 오사카에서밖에 먹을 수 없는 도시락도 있어서, 재미있었습니다. 신칸센에 타서, 에키벤을 먹는 것도 <u>즐거운 경험</u>이었습니다.

<u>즐거운 경험</u>이라고 했습니다만, 어떤 경험입니까?

① 오사카 역에서 도시락을 판 경험
② **신칸센에서 도시락을 먹은 경험**

어휘 書く かく 图쓰다　作文 さくぶん 图작문
　　新幹線 しんかんせん 图신칸센　お弁当 おべんとう 图도시락
　　先週 せんしゅう 图지난주　友だち ともだち 图친구
　　住む すむ 图살다　大阪 おおさか 图오사카(지명)　行く いく 图가다
　　午後 ごご 图오후　~時 ~じ ~시　予約 よやく 图예약
　　~ので 图~때문　昼ごはん ひるごはん 图점심, 점심 식사
　　悩む なやむ 图고민하다　すると 접그러자
　　駅弁 えきべん 图에키벤(음식)　買う かう 图사다　乗る のる 图타다
　　言う いう 图말하다　聞く きく 图묻다　駅 えき 图역
　　売る うる 图팔다　教える おしえる 图가르치다
　　~てくれる ~(해) 주다　たくさん 图많이　~しか 图~밖에
　　食べる たべる 图먹다　おもしろい い형재미있다
　　楽しい たのしい い형즐겁다　経験 けいけん 图경험

실전 테스트 1

25 3	**26** 2	**27** 2

문제5 다음의 글을 읽고, 질문에 답해 주세요. 답은, 1·2·3·4에서, 가장 알맞은 것을 하나 골라주세요.

25-27

　작년 여름, 저는 가족과 함께 홋카이도에 다녀왔습니다. 홋카이도는 처음이었기 때문에, 기대하고 있었습니다. 특히, 홋카이도의 라벤더는 매우 유명하기 때문에, 옛날부터 줄곧 봐 보고 싶었던 것이었습니다. ^[25]라벤더가 피어있는 곳은 호텔로부터 먼 곳에 있고, 차도 없었기 때문에, 대중교통을 이용해서 갈 수밖에 없었습니다. 버스로 가는 것이 조금 더 빠릅니다만, 갈아타는 것이 어려워서

열차를 타기로 했습니다. 시간은 걸렸습니다만, 열차를 타고 무사히 도착할 수 있었습니다.

가는 길이 힘들었습니다만, 라벤더는 매우 아름다웠습니다. 예쁜 꽃이 많이 피어있어서, 보고 있는 것만으로 행복한 기분이 되었습니다. [26]가족과 함께 사진도 많이 찍고, 라벤더 아이스크림도 먹고 즐거운 시간을 보냈습니다. 귀여운 기념품도 여러 가지 있었습니다만, 사지 않았습니다.

호텔로 돌아갈 때도 역시 열차를 탔습니다. 열차 한 대로 호텔에 도착할 수 있었습니다만, [27]열차에 타고 있던 시간이 길었고, 열차 안에서 느긋하게 쉴 수 없어서 정말로 피곤했습니다. 그러나, 지금 생각하면, 그것도 좋은 추억입니다. 창문으로 멋진 경치도 볼 수 있었고, 평상시 바빠서, 그다지 이야기할 수 없는 가족과 많이 이야기할 수 있었기 때문입니다. [27]언젠가 또 가족과 함께 홋카이도에 가고 싶습니다.

어휘 去年 きょねん 圏작년　夏 なつ 圏여름　家族 かぞく 圏가족
一緒に いっしょに 🖎함께, 같이
北海道 ほっかいどう 圏홋카이도(지명)
行ってくる いってくる 다녀오다　初めて はじめて 🖎처음
～ので 🖎～때문에　楽しみにする たのしみにする 기대하다
特に とくに 🖎특히　ラベンダー 🖎라벤더　とても 🖎매우
有名だ ゆうめいだ 🟩유명하다　昔 むかし 圏옛날, 예전
～から 🖎～(로)부터　ずっと 🖎줄곧, 계속　見る みる 🖎보다
～たい ～(하)고 싶다　咲く さく 🖎(꽃이) 피다　ところ 圏곳, 장소
ホテル 圏호텔　遠い とおい 🟨멀다　車 くるま 圏차
公共交通 こうきょうこうつう 圏대중교통　利用 りよう 圏이용
～しか 🖎～밖에　バス 圏버스　もう 🖎더　ちょっと 🖎조금
速い はやい 🟨빠르다
乗り換える のりかえる 🖎갈아타다, 환승하다
難しい むずかしい 🟨어렵다　列車 れっしゃ 圏열차
乗る のる 🖎타다　時間 じかん 圏시간　かかる 🖎걸리다
無事に ぶじに 🖎무사히　着く つく 🖎도착하다　できる 🖎할 수 있다
行き方 いきかた 圏가는 길　大変だ たいへんだ 🟩힘들다
美しい うつくしい 🟨아름답다　きれいだ 🟩예쁘다
花 はな 圏꽃　たくさん 🖎많이　～だけ 🖎～만, 뿐
幸せだ しあわせだ 🟩행복하다　気持ち きもち 圏기분
写真 しゃしん 圏사진　撮る とる 🖎(사진을) 찍다
アイスクリーム 圏아이스크림　食べる たべる 🖎먹다
楽しい たのしい 🟨즐겁다　過ごす すごす 🖎보내다
かわいい 🟨귀엽다　おみやげ 圏기념품, 선물
いろいろ 여러 가지　買う かう 🖎사다　戻る もどる 🖎돌아가다
とき 圏때　また 🖎역시, 또　長い ながい 🟨길다
中 なか 圏안, 속　ゆっくり 🖎느긋하게, 푹　休む やすむ 🖎쉬다
本当に ほんとうに 🖎정말로　疲れる つかれる 🖎피곤하다, 지치다
しかし 🔗그러나　今 いま 圏지금　考える かんがえる 🖎생각하다
思い出 おもいで 圏추억　窓 まど 圏창문　すてきだ 🟩멋지다
景色 けしき 圏경치, 풍경　普段 ふだん 圏평상시, 보통
忙しい いそがしい 🟨바쁘다　あまり 🖎그다지
話す はなす 🖎이야기하다　～から 🖎～때문　いつか 🖎언젠가

가는 길이 힘들었습니다만 이라고 했습니다만, 그것은 왜였습니까?

1 버스에 타서 시간이 걸렸으니까
2 대중교통을 탈 수 없었으니까
3 대중교통으로 갔으니까
4 열차의 시간을 몰랐으니까

해설 지문에서 밑줄 친 行き方が大変でしたが(가는 길이 힘들었습니다만)의 이유를 앞부분에서 찾는다. 밑줄의 앞부분에서 ラベンダーが咲いているところはホテルから遠いところにあり、車もなかったので、公共交通を利用して行くしかありませんでした(라벤더가 피어있는 곳은 호텔로부터 먼 곳에 있고, 차도 없었기 때문에, 대중교통을 이용해서 갈 수밖에 없었습니다)라고 언급하고 있으므로, 3 公共交通で行ったから(대중교통으로 갔으니까)가 정답이다. 지문에서 時間はかかりましたが(시간은 걸렸습니다만)라고 한 것은 열차를 타서 시간이 걸렸다는 것이므로 선택지 1은 오답이다.

어휘 わかる 🖎알다

라벤더가 피어있는 곳에 도착하고 나서, 무엇을 했습니까?

1 가족과 밥을 먹고, 사진을 찍었습니다.
2 가족과 사진을 찍고, 아이스크림을 먹었습니다.
3 아이스크림을 먹고, 기념품을 샀습니다.
4 밥을 먹고, 기념품을 샀습니다.

해설 질문의 ラベンダー(라벤더)를 지문에서 찾아 그 주변을 주의 깊게 읽는다. 두 번째 단락에서 家族と一緒に写真もたくさん撮って、ラベンダーのアイスクリームも食べて楽しい時間を過ごしました(가족과 함께 사진도 많이 찍고, 라벤더 아이스크림도 먹고 즐거운 시간을 보냈습니다)라고 언급하고 있으므로, 2 家族と写真を撮って、アイスクリームを食べました(가족과 사진을 찍고, 아이스크림을 먹었습니다)가 정답이다. 1은 가족들과 사진은 찍었지만 밥은 먹지 않았고, 3은 아이스크림은 먹었지만 기념품은 사지 않았으며, 4는 모두 하지 않은 것이므로 오답이다.

어휘 ～てから ～(하)고 나서　ごはん 圏밥

이 글을 쓴 사람이 가장 말하고 싶은 것은 무엇입니까?

1 힘들기 때문에, 또 가족끼리 홋카이도에 가고 싶지 않습니다.
2 힘들었지만, 또 가족끼리 홋카이도에 가고 싶습니다.
3 즐거웠지만, 다음은 홋카이도에 가고 싶지 않습니다.
4 즐거웠기 때문에, 다음은 혼자서 홋카이도에 가고 싶습니다.

해설 필자의 생각을 묻고 있으므로 지문의 후반부를 읽는다. 세 번째 단락에서 列車に乗っていた時間が長かったし、列車の中でゆっくり休めなくて本当に疲れました(열차에 타고 있던 시간이 길었고, 열차 안에서 느긋하게 쉴 수 없어서 정말로 피곤했습니다)라고 언급하고 있고, いつかまた家族で一緒に北海道に行きたいです(언젠가 또 가족과 함께 홋카이도에 가고 싶습니다)라고 언급하고 있으므

독해

해커스 JLPT [N4] 한 권으로 합격

로, 2 大変だったが、また家族で北海道に行きたいです(힘들었지만, 또 가족끼리 홋카이도에 가고 싶습니다)가 정답이다.

어휘 文 ぶん 圏글　次 つぎ 圏다음　一人で ひとりで 혼자서

실전 테스트 2

p.254

25 4	**26** 1	**27** 2

문제5 다음의 글을 읽고, 질문에 답해 주세요. 답은, 1·2·3·4에서, 가장 알맞은 것을 하나 골라주세요.

25-27

이것은 켈리 씨가 쓴 작문입니다.

> 시골 학교에서의 3주간
>
> 켈리·진
>
> 　올해 여름방학에, [25] 저는 시골의 초등학교에서 자원 봉사 활동을 했습니다. 그곳은 제가 살고 있는 도시에서 꽤 떨어져 있는 곳에 있었습니다. 전철을 3회 갈아타서, 겨우 <u>학교</u>에 도착했습니다. [25] 학교는 오래되었습니다. 그래도, 학교의 뒤에 있는 정원은 매우 예뻤습니다.
>
> 　학교까지의 길은, 길고 힘들었습니다만, 학교에 도착해서 아이들을 보니, 기운이 났습니다. 처음, [26] 아이들은 저에게 그다지 말을 걸어 주지 않았습니다. 하지만, 그들의 이름을 외우고, 매일 저부터 말을 걸었더니, 그들도 저에게 말을 걸어 주게 되었습니다. 저는 그들의 숙제를 도와 주거나, 도시에서의 생활에 대해서 이야기해 주거나 하며, 즐거운 시간을 보냈습니다. 도시에서는 바빠서, 자신의 시간을 가질 수 없었습니다만, [27] 여기에 와서, 느긋한 시간을 보낼 수 있어서 좋았습니다.
>
> 　시골 학교에서의 3주간은, 순식간에 지나갔습니다. 마지막 날에, 아이들은 저를 위해서, 서프라이즈 파티를 열어 주었습니다. 저는 매우 감동했습니다. 아이들을 위한 자원 봉사 활동이었습니다만, 도시에서 떨어져서, [27] (　　　) 보낸 3주간은 저에게 있어서도, 소중한 경험이 되었습니다.

어휘 書く かく 圏쓰다　作文 さくぶん 圏작문　田舎 いなか 圏시골
学校 がっこう 圏학교　週間 しゅうかん 圏주간
今年 ことし 圏올해　夏休み なつやすみ 圏여름방학
小学校 しょうがっこう 圏초등학교　ボランティア 圏자원 봉사
活動 かつどう 圏활동　住む すむ 圏살다　都市 とし 圏도시
~から 国~에서, 부터　かなり 囲꽤, 제법
離れる はなれる 圏떨어지다　ところ 圏곳, 장소
電車 でんしゃ 圏전철　回 かい 圏회, 횟수　のりかえる 圏갈아타다
やっと 囲겨우　着く つく 圏도착하다
古い ふるい い형오래되다, 낡다　でも 쥅그래도　後ろ うしろ 圏뒤
庭 にわ 圏정원　とても 囲매우　きれいだ 낙형예쁘다, 깨끗하다

~まで 国~까지　道 みち 圏길　長い ながい い형길다
たいへんだ 낙형힘들다, 큰일이다　子ども こども 圏아이
見る みる 圏보다　元気 げんき 圏기운　でる 圏나다, 나오다
最初 さいしょ 圏처음, 최초　あまり 囲그다지
声をかける こえをかける 말을 걸다　~てくれる (나에게) ~(해) 주다
しかし 쥅하지만　彼ら かれら 圏그들　名前 なまえ 圏이름
覚える おぼえる 圏외우다, 기억하다　毎日 まいにち 圏매일
~たら ~더니　~ようになる ~(하)게 되다　宿題 しゅくだい 圏숙제
手伝う てつだう 圏돕다　~てあげる ~(해) 주다　~たり ~(하)거나
生活 せいかつ 圏생활　~について ~에 대해서
話す はなす 圏이야기하다　楽しい たのしい い형즐겁다
時間 じかん 圏시간　過ごす すごす 圏보내다, 지내다
忙しい いそがしい い형바쁘다　自分 じぶん 圏자신, 자기
持つ もつ 圏가지다　来る くる 圏오다　ゆっくり 囲느긋하게
あっという間 あっというま 순식간　過ぎる すぎる 圏지나가다
最後 さいご 圏마지막, 최후　日 ひ 圏날　~ために ~위해서
サプライズ 圏서프라이즈　パーティー 圏파티
開く ひらく 圏열다, 열리다　感動 かんどう 圏감동
~にとって ~에게 있어서　大切だ たいせつだ 낙형소중하다, 중요하다
経験 けいけん 圏경험

25

'나'는 어떤 <u>학교</u>에서 자원 봉사 활동을 했습니까?

1 도시에 있는 오래된 학교
2 도시에 있는 예쁜 학교
3 시골에 있는 예쁜 학교
4 시골에 있는 오래된 학교

해설 지문에서 밑줄 친 <u>学校</u>(학교)가 어떤 학교인지를 주변에서 찾는다. 밑줄의 앞부분에서 私は田舎の小学校でボランティア活動をしました(저는 시골의 초등학교에서 자원 봉사 활동을 했습니다)라고 언급하고 있고, 밑줄의 뒷부분에서 学校は古かったです(학교는 오래되었습니다)라고 언급하고 있으므로, 4 田舎にある古い学校(시골에 있는 오래된 학교)가 정답이다.

26

어떻게 '나'는 아이들과 친해졌습니까?

1 '나'가 아이들의 이름을 외워서, 말을 걸었습니다.
2 '나'가 아이들의 숙제를 도와 주었습니다.
3 '나'가 아이들에게 도시에서의 생활에 대해서 이야기했습니다.
4 '나'가 아이들에게 파티를 열어 주었습니다.

해설 질문의 子どもたち(아이들)를 지문에서 찾아 그 주변을 주의 깊게 읽는다. 두 번째 단락에서 子どもたちは私にあまり声をかけてくれませんでした。しかし、彼らの名前を覚えて、毎日私から声をかけていたら、彼らも私に声をかけてくれるようになりました(아이들은 저에게 그다지 말을 걸어 주지 않았습니다. 하지만, 그들의 이름을 외우고, 매일 저부터 말을 걸었더니, 그들도 저에게 말을 걸어 주게 되었습니다)라고 언급하고 있으므로, 1「私」が子どもたちの名前を覚えて、声をかけました('나'가 아이들의 이름을 외워서, 말

을 걸었습니다)가 정답이다. 지문에서 私は彼らの宿題を手伝って
あげたり、都市での生活について話してあげたりして、楽しい
時間を過ごしました(저는 그들의 숙제를 도와 주거나, 도시에서의
생활에 대해서 이야기해 주거나 하며, 즐거운 시간을 보냈습니다)라
고 한 것은 필자가 아이들과 함께 보낸 시간을 설명한 것이므로 선택
지 2와 3은 오답이다.

어휘 親しい したしい [い형]친하다

27

( )에 넣을 것으로, 가장 알맞은 글은 어느 것입니까?

1 매일 전철에 타고
2 느긋하게 시간을
3 숙제를 하면서
4 파티를 하면서

해설 빈칸에 들어갈 알맞은 글이 무엇인지 빈칸 앞부분에서 찾는다. 두 번
째 단락의 마지막 부분에서 ここに来て、ゆっくりした時間をすご
せてよかったです(여기에 와서, 느긋한 시간을 보낼 수 있어서 좋았
습니다)를 보면, ゆっくり時間を過ごした3週間は私にとっても、
大切な経験となりました(느긋하게 시간을 보낸 3주간은 저에게 있
어서도, 소중한 경험이 되었습니다)가 문맥상 가장 자연스럽다. 따라
서 2 ゆっくり時間を(느긋하게 시간을)가 정답이다.

어휘 乗る のる [동]타다 ～ながら [조]~(하)면서

실전 테스트 3   p.256

25 3	26 4	27 2

문제 5 다음의 글을 읽고, 질문에 답해 주세요. 답은, 1·2·3·4에서,
가장 알맞은 것을 하나 골라주세요.

25-27

저는 일본에서 유학했을 때, 학교의 기숙사가 아닌, 어느 집에서
홈스테이를 했습니다. 거기는 학교에서는 조금 떨어져 있었습니다
만, 교통이 편리한 곳에 있었습니다. 또한, [25]호스트 패밀리인 아
주머니는 제 고향인, 한국에 산 적이 있는 분이었습니다. 그래서
아주머니와 저는, 아주머니가 한국에서 경험했던 것이나, 제가 일본
에서 경험했던 것을 이야기하며, 금방 친해지게 되었습니다.

또 홈스테이 하는 곳의 아주머니는 진짜 어머니와 같이, 저의 일
본에서의 생활을 도와 주었습니다. 아주머니에게 감사하고 있는 것
은, 많이 있습니다만, 그 중에서도, [26]가장 감사하고 있는 것은, 제
가 일본어 스피치 대회에 나갔을 때의 일입니다.

제가 일본어 스피치 대회에 나가는 것을 아주머니에게 이야기했
더니, [26]아주머니는, 스피치 연습을 열심히 도와 주었습니다. 또
한, [27]대회 당일은, 대회 장소까지 차로 바래다 주었습니다. 그 덕
분에 저는, 대회에서 우승할 수 있었습니다.

저는 가족 이외의 사람과 생활했던 적이 없었기 때문에, 홈스테이
를 하는 것을 매우 걱정했습니다. 하지만 지금 생각하면, 홈스테이
를 해서 좋았다고 생각합니다. 아주머니가 한국에 오면, 이번은 제
가 아주머니에게 좋은 추억을 만들어 주고 싶습니다.

어휘 日本 にほん [명]일본 留学 りゅうがく [명]유학 とき [명]때
学校 がっこう [명]학교 ドーミトリー [명]기숙사 ある 어느
家 いえ [명]집 ホームステイ [명]홈스테이 ～から [조]~에서
少し すこし [부]조금 離れる はなれる [동]떨어지다
交通 こうつう [명]교통 べんりだ [な형]편리하다 ところ [명]곳
また [접]또한, 또 ホストファミリー [명]호스트 패밀리
おばさん [명]아주머니 国 くに [명]고향, 나라 韓国 かんこく [명]한국
住む すむ [동]살다 ～たことがある ~(한) 적이 있다 方 かた [명]분
それで [접]그래서 経験 けいけん [명]경험 ～や [조]~(이)나
話す はなす [동]이야기하다 ～ながら [조]~(하)면서
すぐに [부]금방, 곧, 바로 なかよくなる 친해지다 ～先 ～さき ~곳
本当 ほんとう [명]진짜, 정말 お母さん おかあさん [명]어머니
～ように ~같이 生活 せいかつ [명]생활 手伝う てつだう [동]돕다
～てくれる (나에게) ~(해) 주다 感謝 かんしゃ [명]감사
たくさん [부]많이 中 なか [명]중 一番 いちばん [부]가장
日本語 にほんご [명]일본어 スピーチ [명]스피치
大会 たいかい [명]대회 出る でる [동]나가다
～たら ~(했)더니, (하)면 練習 れんしゅう [명]연습
熱心に ねっしんに [부]열심히 当日 とうじつ [명]당일
場所 ばしょ [명]장소 ～まで [조]~까지 車 くるま [명]차
送ってくれる おくってくれる 바래다 주다 ～おかげで ~덕분에
ゆうしょう [명]우승 できる [동]할 수 있다 家族 かぞく [명]가족
以外 いがい [명]이외 ～ため ~때문에 とても [부]매우
心配 しんぱい [명]걱정 しかし [접]하지만 今 いま [명]지금
考える かんがえる [동]생각하다 ～と思う ～とおもう ~라고 생각하다
来る くる [동]오다 今度 こんど [명]이번 思い出 おもいで [명]추억
作る つくる [동]만들다 ～てあげる ~(해) 주다 ～たい ~(하)고 싶다

25

어떤 집입니까?

1 학교에서 가까운 집
2 교통이 불편한 곳에 있는 집
3 한국에 살았던 적이 있는 사람의 집
4 한국인이 살고 있는 집

해설 지문에서 밑줄 친 家(집)가 어떤 집인지를 뒷부분에서 찾는다. 밑줄
의 뒷부분에서 ホストファミリーのおばさんは私の国である、韓
国に住んだことがある方でした(호스트 패밀리인 아주머니는 제
고향인, 한국에 산 적이 있는 분이었습니다)라고 언급하고 있으므로,
3 韓国に住んだことがある人の家(한국에 살았던 적이 있는 사람
의 집)가 정답이다. 1은 학교에서 조금 떨어져 있다고 했고, 2는 교통
이 편리한 곳에 있다고 했으며, 4는 한국인이 아닌 한국에 살았던 적
이 있는 사람의 집이므로 오답이다.

어휘 ちかい [い형]가깝다 ふべんだ [な형]불편하다
韓国人 かんこくじん [명]한국인

'나'는 아주머니에게 무엇을 가장 감사하고 있습니까?

1 어머니가 되어 주었던 것
2 생활을 도와 주었던 것
3 대회에 나갈 수 있도록 해 주었던 것
4 대회에 나갔을 때, 도와 주었던 것

해설 질문의 一番感謝(가장 감사)를 지문에서 찾아 그 주변을 주의 깊게 읽는다. 두 번째 단락에서 一番感謝하고 있는 것은, 私が日本語のスピーチ大会に出たときのことです(가장 감사하고 있는 것은, 제가 일본어 스피치 대회에 나갔을 때의 일입니다)라고 언급하고 있고, 세 번째 단락에서 おばさんは、スピーチの練習を熱心に手伝ってくれました(아주머니는, 스피치 연습을 열심히 도와 주었습니다)라고 언급하고 있다. 따라서 4 大会に出たときに、手伝ってくれたこと(대회에 나갔을 때, 도와 주었던 것)가 정답이다. 지문에서 ホームステイ先のおばさんは本当のお母さんのように、私の日本での生活を手伝ってくれました(홈스테이 하는 곳의 아주머니는 진짜 어머니와 같이, 저의 일본에서의 생활을 도와 주었습니다)라고 했지만, '나'가 아주머니에게 가장 감사하고 있는 내용은 아니므로 선택지 1과 2는 오답이다.

아주머니는 대회 당일, '나'를 위해서 무엇을 해 주었습니까?

1 대회에 나가는 것을 가족에게 말해 주었습니다.
2 대회 장소까지 함께 가 주었습니다.
3 스피치 연습을 도와 주었습니다.
4 대회 장소까지 타고 갈 자동차를 빌려 주었습니다.

해설 질문의 大会の当日(대회의 당일)를 지문에서 찾아 그 주변을 주의 깊게 읽는다. 세 번째 단락에서 大会の当日は、大会の場所まで車で送ってくれました(대회 당일은, 대회 장소까지 차로 바래다 주었습니다)라고 언급하고 있으므로, 2 大会の場所まで一緒に行ってくれました(대회 장소까지 함께 가 주었습니다)가 정답이다. 지문에서 おばさんは、スピーチの練習を熱心に手伝ってくれました(아주머니는, 스피치 연습을 열심히 도와 주었습니다)라고 했지만, 대회 당일의 일은 아니므로 선택지 3은 오답이다.

어휘 ～ために ~위해서   言う いう 图말하다   一緒に いっしょに 图함께
のる 图타다   かす 图빌려주다

실전 테스트 4   p.258

25 2	26 1	27 4

문제 5 다음의 글을 읽고, 질문에 답해 주세요. 답은, 1·2·3·4에서, 가장 알맞은 것을 하나 골라주세요.

이것은 라우라 씨가 쓴 작문입니다.

인터넷 쇼핑의 장점과 단점

라우라·플릭

일전, 인터넷에서 산 지갑이 도착했습니다. 지갑은 생각보다 빨리 도착했습니다. 기대하고 있었기 때문에, 두근두근 하면서 열어 보았습니다. [25]하지만, 실제로 열어 보니, 생각보다 색이 연했기 때문에, 조금 실망했습니다. 인터넷으로 쇼핑을 하는 것은 매우 편리합니다만, 가끔 이와 같은 일도 있기 때문에, 살 때는 주의하지 않으면 안 됩니다.

물론, 인터넷 쇼핑에는, 좋은 부분도 있습니다. 우선, 인터넷 쇼핑은 보통, 가게보다 가격이 싸기 때문에, 싸게 사는 것이 가능합니다. 그리고, 같은 것이라도, 여러 가지 사이트에서 가격을 비교해서 사면, 더욱 싸게 살 수 있습니다. [26]물건을 보다 싸게 살 수 있는 것, 그것이, 제가 인터넷 쇼핑을 좋아하는 가장 큰 이유입니다.

또한, 장소나 시간에 관계 없이, 언제든지 어디서든지 쇼핑하는 것이 가능합니다. 저는 쇼핑할 수 있는 가게에서 먼, 시골에 살고 있고, 일도 늦게 끝나므로, 저와 같은 사람에게 있어서, 인터넷 쇼핑은 정말로 편리합니다.

[27]이번, 인터넷에서 산 지갑은 생각했던 색과 달라서 실망했습니다만, 저는 앞으로도, (　　　　) 예정입니다.

어휘 書く かく 图쓰다   作文 さくぶん 図작문
ネットショッピング 図인터넷 쇼핑   長所 ちょうしょ 図장점
短所 たんしょ 図단점   この前 このまえ 図일전   ネット 図인터넷
買う かう 图사다   財布 さいふ 図지갑   とどく 图도착하다, 닿다
思う おもう 图생각하다   ～より 图~보다   早くは やく 图빨리
楽しみにする たのしみにする 기대하다   ～ので 图~때문에, 므로
ドキドキ 图두근두근   ～ながら 图~(하)면서
開ける あける 图열다   しかし 图하지만   じっさいに 실제로
～たら ~(하)니   色 いろ 図색   うすい い형연하다, 옅다
少し すこし 图조금   がっかりする 실망하다   とても 图매우
べんりだ な형편리하다   たまに 가끔   とき 図때
注意 ちゅうい 図주의   ～ないといけない ~(하)지 않으면 안 된다
もちろん 图물론   ところ 図부분, 곳   まず 图우선
普通 ふつう 図보통   店 みせ 図가게   ねだん 図가격
安い やすい い형싸다   ため 때문에   できる 图가능하다
そして 图그리고   おなじ 같음   ～でも 图~라도
色々だ いろいろだ な형여러 가지이다   サイト 図사이트
くらべる 图비교하다   もっと 더욱   好きだ すきだ な형좋아하다
もっとも 图가장   大きい おおきい い형크다   理由 りゆう 図이유
また 图또한, 또   場所 ばしょ 図장소   ～や 图~(이)나
時間 じかん 図시간   かんけい 図관계   いつ 언제
～から 图~에서   遠い とおい い형멀다   田舎 いなか 図시골
住む すむ 图살다   仕事 しごと 図일   おそい い형늦다, 느리다
終わる おわる 图끝나다   ～にとって ~에게 있어서
本当に ほんとうに 정말로   今回 こんかい 図이번
違う ちがう 图다르다   これから 앞으로   つもり 図예정

25

왜 <u>실망했</u>습니까?

1 생각보다 늦게 도착했기 때문에
2 생각한 색과 실제의 색이 달랐기 때문에
3 색이 연하지 않았기 때문에
4 편리하지 않았기 때문에

해설 지문에서 밑줄 친 がっかりしました(실망했습니다)의 이유가 무엇인지를 앞부분에서 찾는다. 밑줄의 앞부분에서 しかし、じっさいに開けてみたら、思ったより色がうすかったので(하지만, 실제로 열어 보니, 생각보다 색이 연했기 때문에)라고 언급하고 있으므로, 2 思った色とじっさいの色が違ったから(생각한 색과 실제의 색이 달랐기 때문에)가 정답이다. 1은 지문에서 財布は思ったより早くとどきました(지갑은 생각보다 빨리 도착했습니다)라고 했고, 4는 ネットでショッピングをすることはとてもべんりですが(인터넷으로 쇼핑을 하는 것은 매우 편리합니다만)라고 했으므로 오답이다.

26

'나'가 인터넷 쇼핑을 좋아하는 가장 큰 이유는 무엇입니까?

1 가게보다 물건을 싸게 살 수 있기 때문에
2 가게보다 정확하게 가격을 비교하는 것이 가능하기 때문에
3 장소에 관계없이 쇼핑할 수 있기 때문에
4 시간에 관계없이 쇼핑할 수 있기 때문에

해설 질문의 ネットショッピング(인터넷 쇼핑)와 理由(이유)를 찾아 그 주변을 주의 깊게 읽는다. 두 번째 단락에서 ものをより安く買えること、それが、私がネットショッピングが好きなもっとも大きい理由です(물건을 보다 싸게 살 수 있는 것, 그것이, 제가 인터넷 쇼핑을 좋아하는 가장 큰 이유입니다)라고 언급하고 있으므로, 1 お店よりものを安く買えるから(가게보다 물건을 싸게 살 수 있기 때문에)가 정답이다. 지문에서 場所や時間にかんけいなく、いつでもどこでもショッピングすることができます(장소나 시간에 관계 없이, 언제든지 어디서든지 쇼핑하는 것이 가능합니다)라고 한 것은 '나'가 인터넷 쇼핑을 좋아하는 가장 큰 이유는 아니므로 선택지 3과 4는 오답이다.

어휘 正確だ せいかくだ [な형] 정확하다

27

(   )에 넣을 것으로, 가장 알맞은 글은 무엇입니까?

1 연한 색의 지갑을 살
2 가격을 비교해 볼
3 가게에서 물건을 살
4 인터넷 쇼핑을 자주 이용할

해설 빈칸에 들어갈 알맞은 글을 찾기 위해 빈칸 앞뒤의 문장의 문맥을 확인한다. 빈칸 앞부분에서 今回、ネットで買った財布は思った色と違ってがっかりしましたが、私はこれからも(이번, 인디넷에서 산 지갑은 생각했던 색과 달라서 실망했습니다만, 저는 앞으로도)를 보면, ネットショッピングをよく利用するつもりです(인터넷 쇼핑을 자주 이용할 예정입니다)가 문맥상 가장 자연스럽다. 따라서 4 ネットショッピングをよく利用する(인터넷 쇼핑을 자주 이용할)가 정답이다.

---

6 정보 검색

실력 다지기
p.264

01 ①   02 ①

1

사쿠라 고등학교의 나가노 씨는 건강을 위해서 운동을 하려고 생각하고 있습니다. 주 2회 이상 운동을 하고 싶습니다만, 화요일은 18시에 영어 회화 수업이 있습니다. 나가노 씨가 고를 수 있는 것은, 어느 것입니까?

① A
② A, C

사쿠라 고등학교 운동 프로그램

사쿠라 고등학교 여러분의 체력을 북돋우기 위해서
운동 프로그램을 시작합니다. 꼭 참가해 주세요.

	프로그램	요일	시간
A	요가	월·수	15:00~17:00
B	농구	금	18:00~20:00
C	테니스	화·목	17:00~19:00
D	축구	월·화·목	18:00~20:00

* 움직이기 쉬운 옷과 신발을 준비해 주세요.
* 옷이나 신발 이외, 운동에 필요한 것은 전부 학교에서 준비합니다.

어휘 高校 こうこう [명] 고등학교   健康 けんこう [명] 건강
~ために ~위해서   運動 うんどう [명] 운동
~と思う ~とおもう ~라고 생각하다   週 しゅう [명] 주, 7일간
~回 ~かい ~회   以上 いじょう [명] 이상   やる [동] 하다
~たい ~(하)고 싶다   火曜日 かようび [명] 화요일   ~時 ~じ ~시
英会話 えいかいわ [명] 영어 회화   授業 じゅぎょう [명] 수업
選ぶ えらぶ [동] 고르다   プログラム [명] 프로그램
みなさん [명] 여러분
体力をつける たいりょくをつける 체력을 북돋우다
始める はじめる [동] 시작하다   ぜひ [부] 꼭   参加 さんか [명] 참가
~てください ~(해) 주세요   曜日 ようび [명] 요일
時間 じかん [명] 시간   ヨガ [명] 요가   バスケットボール [명] 농구
テニス [명] 테니스   サッカー [명] 축구
動きやすい うごきやすい 움직이기 쉽다   服 ふく [명] 옷
くつ [명] 신발   準備 じゅんび [명] 준비   以外 いがい [명] 이외
必要だ ひつようだ [な형] 필요하다   すべて [부] 전부, 모두
学校 がっこう [명] 학교

2

스미스 씨는 이번 주 토요일에 우에다 동물원에 가려고 생각하고 있습니다. 그날, 동물 교실에 참가하고 싶습니다만, 오전은 다른 볼 일이 있습니다. 동물 교실에 참가하기 위해서, 스미스 씨는, 어떻게 하지 않으면 안 됩니까?

① 금요일까지 이메일로 '판다 교실'을 신청합니다.
② 토요일까지 이메일로 '기린 교실'을 신청합니다.

우에다 동물원을 더 즐기자

다양한 동물과 친구가 될 수 있는,
동물 교실을 소개합니다.

판다 교실	기린 교실
판다의 생활에 대해 배우고, 판다에 관한 퀴즈에 대답합니다. 매주 토요일 14:00 - 16:00 (도중부터라도 참가할 수 있습니다.)	기린의 식생활에 대해 배우고, 직접 먹이를 주는 것을 할 수 있습니다. 매주 토요일 10:00 - 11:30 (도중 참가는 할 수 없습니다.)

신청　　필요
　　　　매주, 각 동물 교실이 행해지는 날의 전날까지 이메일로 신청해 주세요.
참가 요금　불필요
집합 장소　입구 앞 광장

어휘 今週 こんしゅう 圏이번 주　土曜日 どようび 圏토요일
動物園 どうぶつえん 圏동물원　行く いく 图가다
～と思う ～とおもう ～라고 생각하다　日 ひ 圏날
動物 どうぶつ 圏동물　教室 きょうしつ 圏교실
参加 さんか 圏참가　～たい ～(하)고 싶다　午前 ごぜん 圏오전
ほか 圏다른 것　用事 ようじ 圏볼 일　～ために ~위해서
～なければならない ~(하)지 않으면 안 된다
金曜日 きんようび 圏금요일　～までに ~까지(기한)
メール 圏이메일, 메일　パンダ 圏판다
申し込む もうしこむ 图신청하다　キリン 圏기린　もっと 凰더
楽しむ たのしむ 图즐기다　いろいろだ な圏다양하다, 여러 가지이다
友だち ともだち 圏친구　紹介 しょうかい 圏소개
生活 せいかつ 圏생활　～について ~에 대해
学ぶ まなぶ 图배우다　～に関する ～にかんする ~에 관한
クイズ 圏퀴즈　答える こたえる 图대답하다
毎週 まいしゅう 圏매주　途中 とちゅう 圏도중　～から 图~부터
～でも 图~라도　できる 图할 수 있다
食生活 しょくせいかつ 圏식생활　直接 ちょくせつ 圏직접
えさ 圏먹이　あげる 图주다　申し込み もうしこみ 圏신청
必要 ひつよう 圏필요　行う おこなう 图행하다
前日 ぜんじつ 圏전날, 전일　～てください ~(해) 주세요
料金 りょうきん 圏요금　不要 ふよう 圏불필요
集合 しゅうごう 圏집합　場所 ばしょ 圏장소
入り口 いりぐち 圏입구　前 まえ 圏앞　広場 ひろば 圏광장

---

28 1　　**29** 3

문제6 오른쪽 페이지의 '함께 즐기는 음악!'의 안내문을 보고, 아래의 질문에 답해주세요. 답은, 1·2·3·4에서, 가장 알맞은 것을 하나 골라주세요.

28

사토 씨는, '함께 즐기는 음악!'에 가고 싶다고 생각하고 있습니다. 평일의 오전에 참가할 수 있는 것으로, 돈이 들지 않는 것이 좋습니다. 사토 씨가 고를 수 있는 것은, 어느 것입니까?

1 ②
2 ③
3 ④
4 ⑤

해설 사토 씨가 고를 수 있는 것을 묻는 문제이다. 질문에서 제시된 조건
(1) 平日の午前(평일의 오전), (2) お金がかからないもの(돈이 들지 않는 것)에 따라 지문을 보면
(1) 평일의 오전 : 月·日(월·일)와 時間(시간)을 보면 평일이면서 오전인 것은 ②와 ⑤이다.
(2) 돈이 들지 않는 것 : お金(돈)를 보면 ②와 ⑤ 중에서 무료인 것은 ②이다.
따라서, 1 ②가 정답이다.

어휘 一緒に いっしょに 함께　楽しむ たのしむ 图즐기다
音楽 おんがく 圏음악　お知らせ おしらせ 圏안내문, 알림
行く いく 图가다　～たい ~(하)고 싶다
～と思う ～とおもう ~라고 생각하다　平日 へいじつ 圏평일
午前 ごぜん 圏오전　参加 さんか 圏참가　できる 图할 수 있다
お金 おかね 圏돈　かかる 图(돈이) 들다

29

로라 씨는 '함께 즐기는 음악!'에 가려고 생각하고 있습니다. 평일의 오후에 갈 수 있는 것으로, 악기에 대해서 배울 수 있는 것이 좋습니다. 로라 씨가 고를 수 있는 것을 신청할 때, 어떻게 하지 않으면 안 됩니까?

1 6월 30일까지 전화로 신청하고, 돈은 7월 15일에 지불합니다.
2 6월 30일까지 전화로 신청하고, 돈은 7월 16일에 지불합니다.
3 6월 30일까지 이메일로 신청하고, 돈은 7월 20일에 지불합니다.
4 6월 30일까지 이메일로 신청하고, 돈은 7월 21일에 지불합니다.

해설 로라 씨가 고를 수 있는 것을 신청할 때 해야 할 일을 묻는 문제이다. 질문에서 제시된 조건 (1) 平日の午後(평일의 오후), (2) 楽器について学べるもの(악기에 대해서 배울 수 있는 것)에 따라 지문을 보면
(1) 평일의 오후 : 月·日(월·일)와 時間(시간)을 보면 평일이면서 오후인 것은 ①과 ④이다.
(2) 악기에 대해서 배울 수 있는 것 : プログラム(프로그램) 부분을

보면 ④가 바이올린에 대해서 배울 수 있으므로, ①과 ④ 중에서 악기에 대해서 배울 수 있는 것은 ④이다.

표의 아랫부분을 보면 6月30日までにEメールでお申し込みください(6월 30일까지 이메일로 신청해 주세요)라고 언급하고 있고, お金は当日現金でお支払いください(돈은 당일 현금으로 지불해 주세요)라고 언급하고 있다. ④를 신청하기 위해서는 6월 30일까지 이메일로 신청하고, ④가 열리는 당일인 7월 20일에 돈을 지불해야 한다.

따라서 3 6月30日までにEメールで申し込んで、お金は7月20日に支払います(6월 30일까지 이메일로 신청하고, 돈은 7월 20일에 지불합니다)가 정답이다.

어휘 午後 ごご 圏오후　楽器 がっき 圏악기　～について ~에 대해서
　　 学ぶ まなぶ 圄배우다　申し込む もうしこむ 圄신청하다
　　 とき 圏때　～なければならない ~(하)지 않으면 안 된다
　　 ～までに ~까지(기한)　電話 でんわ 圏전화
　　 支払う しはらう 圄지불하다　メール 圏이메일, 메일

28-29

함께 즐기는 음악!

7월 15일~7월 21일

장소 : 히마와리 센터

'히마와리 센터'에서는, 여름 방학 동안, 다양한 음악을 즐길 수 있는 음악회를 엽니다.

	프로그램	월·일	시간	돈
①	'영화와 음악' - 유명한 영화의 음악을 즐길 수 있습니다.	[29]7월 15일 (수)	[29]오후 2시	무료
②	'클래식의 세계' - 일상생활에서 자주 듣는 클래식을 즐길 수 있습니다.	[28]7월 16일 (목)	[28]오전 11시	[28]무료
③	'애니메이션과 음악' - 애니메이션의 음악을 들으면서, 좋아하는 애니메이션의 그림을 그릴 수 있습니다.	7월 18일 (토)	오전 10시	100엔
④	[29]'바이올린을 배우자' - 바이올린의 곡을 듣고, 바이올린의 켜는 법을 배울 수 있습니다.	[29]7월 20일 (월)	[29]오후 3시	1,000엔
⑤	'차와 음악' - 차를 마시면서, 마음이 안정되는 음악을 즐깁니다.	[28]7월 21일 (화)	[28]오전 10시 반	500엔

※ 주의

[29]6월 30일까지 이메일로 신청해 주세요.

이메일에는, 이름, 전화번호, 참가하는 프로그램의 이름을 써 주세요.
[29]돈은 당일 현금으로 지불해 주세요.

전화 : (0410)22-1212　이메일 : himawari@nihon.co.jp

어휘 場所 ばしょ 圏장소　センター 圏센터
　　 夏休み なつやすみ 圏여름 방학　間 あいだ 圏동안
　　 いろいろだ 公형다양하다, 여러 가지다
　　 音楽会 おんがくかい 圏음악회　開く ひらく 圄열다, 개최하다
　　 プログラム 圏프로그램　時間 じかん 圏시간　映画 えいが 圏영화
　　 有名だ ゆうめいだ 公형유명하다　～時 ～じ ~시　ただ 圏무료
　　 クラシック 圏클래식　世界 せかい 圏세계
　　 日常 にちじょう 圏일상　生活 せいかつ 圏생활　よく 凰자주, 잘
　　 聞く きく 圄듣다　アニメ 圏애니메이션　～ながら ~(하)면서
　　 好きだ すきだ 公형좋아하다　絵 え 圏그림
　　 描く えがく 圄(그림을) 그리다　バイオリン 圏바이올린
　　 曲 きょく 圏곡　ひき方 ひきかた 圏켜는 법, 연주하는 법
　　 お茶 おちゃ 圏차　飲む のむ 圄마시다　心 こころ 圏마음
　　 落ちつく おちつく 圄안정되다　半 はん 圏반
　　 注意 ちゅうい 圏주의　～てください ~(해) 주세요
　　 名前 なまえ 圏이름　番号 ばんごう 圏번호
　　 書く かく 圄쓰다, 적다　当日 とうじつ 圏당일
　　 現金 げんきん 圏현금

실전 테스트 2　p.268

28	2	29	3

문제6　오른쪽 페이지의 '요리 교실'의 안내문을 보고, 아래의 질문에 답해주세요. 답은, 1·2·3·4에서, 가장 알맞은 것을 하나 골라주세요.

28

다나카 씨는, '즐겁고 맛있는 요리 교실'에 가고 싶다고 생각하고 있습니다. 오전 중에 시작되는 것으로, 무료로 참가할 수 있는 것이 좋습니다. 다나카 씨가 고를 수 있는 것은, 어느 것입니까?

1　①
2　②
3　④
4　⑤

해설 다나카 씨가 고를 수 있는 것을 묻는 문제이다. 질문에서 제시된 조건 (1) 午前中に始まるもの(오전 중에 시작되는 것), (2) ただで参加できるもの(무료로 참가할 수 있는 것)에 따라 지문을 보면

(1) 오전 중에 시작되는 것 : 時間(시간)을 보면 오전 중에 시작되는 것은 ①과 ②이다.

(2) 무료로 참가할 수 있는 것 : お金(돈)를 보면 ①과 ② 중에서 무료인 것은 ②이다.

따라서, 2 ②가 정답이다.

어휘 料理 りょうり 圏요리　教室 きょうしつ 圏교실
お知らせ おしらせ 圏안내문, 알림　楽しい たのしい い형즐겁다
おいしい い형맛있다　行く いく 圏가다　～たい ~(하)고 싶다
～と思う ～とおもう ~라고 생각하다
午前中 ごぜんちゅう 圏오전 중　始まる はじまる 圏시작되다
ただ 圏무료　参加 さんか 圏참가　できる 圏할 수 있다, 가능하다

29

리나 씨는, '즐겁고 맛있는 요리 교실'에 가려고 생각하고 있습니다. 1시간 이내로 만들 수 있고, 가족과 함께 먹기 위해서 가지고 돌아가는 것이 가능한 요리를 만들고 싶습니다. 요금은 1,000엔 이하가 좋습니다. 리나 씨가 고를 수 있는 것은, 어느 것입니까?

1　②와 ③
2　②와 ③과 ④
3　③과 ④
4　③과 ④와 ⑤

해설 리나 씨가 고를 수 있는 것을 묻는 문제이다. 질문에서 제시된 조건
(1) 1時間以内で作れる(1시간 이내로 만들 수 있다), (2) 持ち帰ることができる料理(가지고 돌아가는 것이 가능한 요리), (3) 料金は1,000円以下(요금은 1,000엔 이하)에 따라 지문을 보면
(1) 1시간 이내로 만들 수 있다 : 時間(시간)을 보면 1시간 이내로 만들 수 있는 요리는 ②, ③, ④이다.
(2) 가지고 돌아가는 것이 가능한 요리 : 표 아래의 ※ 부분의 내용을 보면 クッキー、メロンパン、マカロン：作ったものを持ち帰ることができます(쿠키, 메론빵, 마카롱: 만든 것을 가지고 돌아가는 것이 가능합니다)라고 언급하고 있으므로, ②, ③, ④ 중에서 가지고 돌아갈 수 있는 것은 ③(쿠키)과 ④(메론빵)이다.
(3) 요금은 1,000엔 이하 : お金(돈)을 보면 ③(쿠키)은 무료, 메론빵은 1,000엔이므로 ③과 ④ 모두 고를 수 있다.
따라서, 3 ③과 ④(③과 ④)이 정답이다.

어휘 時間 じかん 圏시간　以内 いない 圏이내　作る つくる 圏만들다
家族 かぞく 圏가족　一緒に いっしょに 함께, 같이
食べる たべる 圏먹다　～ために ~위해서
持ち帰る もちかえる 圏가지고 돌아가다　料金 りょうきん 圏요금
以下 いか 圏이하

28-29

즐겁고 맛있는 요리 교실
7월 12일 (일) 11：00~17：00
장소 : 다이토 문화 센터

'즐겁고 맛있는 요리 교실'에서는, 누구든지 간단하게 만들 수 있는 요리를 가르칩니다.
맛있는 요리를 만들고 즐깁시다.

메뉴	시간	장소	돈
① 스파게티 (처음인 사람이라도 간단하게 만들 수 있습니다.)	[28]11：00 ～12：30	2층 요리실	1,500엔
② 야끼소바 (야채가 듬뿍 들어간 야끼소바를 만듭니다.)	[28][29]11：30 ～12：30	3층 요리실	[28]무료
[29]③ 쿠키 (동물 모양의 쿠키를 만듭니다.)	[29]14：00 ～15：00	2층 요리실	[29]무료
[29]④ 메론빵 (크림이 들어간 메론빵을 만듭니다.)	[29]14：00 ～15：00	3층 요리실	[29]1,000엔
⑤ 마카롱 (딸기맛 마카롱을 만듭니다.)	15：30 ～17：00	3층 요리실	1,000엔

※스파게티, 야끼소바: 요리를 만든 후, 함께 요리를 먹습니다.
[29]쿠키, 메론빵, 마카롱: 만든 것을 가지고 돌아가는 것이 가능합니다.
　돈은, 요리 교실 당일, 직원에게 지불해 주세요.
　참가를 희망하는 분은, 3일 전까지 전화로, 신청해 주세요.
　취소의 경우, 2일 전까지, 연락해 주세요.

다이토 문화 센터
전화: 0178-25-3412

어휘 場所 ばしょ 圏장소　文化 ぶんか 圏문화　センター 圏센터
誰 だれ 圏누구　～でも 圏~든지, 라도
簡単だ かんたんだ な형간단하다　教える おしえる 圏가르치다
楽しむ たのしむ 圏즐기다　メニュー 圏메뉴　お金 おかね 圏돈
スパゲッティ 圏스파게티　初めて はじめて 團처음, 처음으로
～階 ～かい ~층　料理室 りょうりしつ 圏요리실
焼きそば やきそば 圏야끼소바　野菜 やさい 圏야채
たっぷり 團듬뿍　入る はいる 圏들어가다　クッキー 圏쿠키
動物 どうぶつ 圏동물　形 かたち 圏모양, 형태
メロンパン 圏메론빵　クリーム 圏크림　マカロン 圏마카롱
いちご 圏딸기　味 あじ 圏맛　あと 圏후, 뒤
当日 とうじつ 圏당일　スタッフ 圏직원
支払う しはらう 圏지불하다　～ください ~(해) 주세요
希望 きぼう 圏희망　方 かた 圏분　前 まえ 圏전
～までに ~까지(기한)　電話 でんわ 圏전화
申込み もうしこみ 圏신청　キャンセル 圏취소
場合 ばあい 圏경우　連絡 れんらく 圏연락

실전 테스트 3

p.270

28 2	**29** 4

문제6 오른쪽 페이지의 '외국어 교실'의 안내문을 보고, 아래의 질문에 답해주세요. 답은, 1·2·3·4에서, 가장 알맞은 것을 하나 골라주세요.

요시다 씨는, 새로운 언어를 배우고 싶다고 생각하고 있습니다. 원어민인 선생님으로부터 배우고 싶습니다. 회사가 끝나는 18시 이후에 실시되는 것이 좋습니다. 요시다 씨가 고를 수 있는 것은, 어느 것입니까?

1 ①
2 ②
3 ③
4 ④

해설 요시다 씨가 고를 수 있는 것을 묻는 문제이다. 질문에서 제시된 조건
(1) ネイティブの先生(원어민인 선생님), (2) 18時の後に行われるもの(18시 이후에 실시되는 것)에 따라 지문을 보면
(1) 원어민인 선생님 : 표 아래의 ※注意(주의)를 보면 4. フランス語の授業はネイティブの先生が教えます(프랑스어의 수업은 원어민인 선생님이 가르칩니다), 5. 韓国語の授業は日本人の先生が教えます(한국어 수업은 일본인 선생님이 가르칩니다)라고 언급되므로, 프랑스어 수업 중에서 고를 수 있다.
(2) 18시 이후에 실시되는 것 : 時間(시간)을 보면 18시 이후에 실시되는 것은 ②와 ④이다. ②는 프랑스어 수업이므로 원어민 선생님이며, ④는 한국어 수업이므로 원어민 선생님이 아니다.
따라서, 2 ②가 정답이다.

어휘 外国語 がいこくご 圏외국어 教室 きょうしつ 圏교실
お知らせ おしらせ 圏안내문, 알림 新しい あたらしい い형새롭다
言語 げんご 圏언어 学ぶ まなぶ 图배우다 ～たい ～(하)고 싶다
～と思う ～とおもう ～라고 생각하다 ネイティブ 원어민
先生 せんせい 圏선생(님) ～から 图~(로)부터
会社 かいしゃ 圏회사 終わる おわる 图끝나다 ～時 ～じ ~시
後 あと 圏이후, 뒤 行う おこなう 图실시하다, 행하다

한국어 수업을 택하고 싶은 사람 중에서, 회화도 배우고 싶은 사람은, 얼마 지불하지 않으면 안 됩니까?

1 10,000엔
2 11,000엔
3 12,000엔
4 13,000엔

해설 한국어 수업을 택하고 싶은 사람 중에서 회화도 배우고 싶은 사람이 지불할 금액을 묻는 문제이다. 질문에서 제시된 조건 (1) 韓国語の授業を取りたい人(한국어 수업을 택하고 싶은 사람), (2) 会話も学びたい人(회화도 배우고 싶은 사람)에 따라 지문을 보면
(1) 한국어 수업, (2) 회화 학습 : 표 아래의 ※注意(주의)를 보면 1. フランス語1と韓国語1の授業では、読み、書き、文法、会話を学びます(프랑스어1과 한국어1의 수업에서는, 읽기, 쓰기, 문법, 회화를 배웁니다)라고 언급되므로, 韓国語1(한국어 1) 수업을 골라야 한다.
お金(돈)를 보면 한국어 1 수업의 비용은 13,000円(13,000엔)이므로 4 13,000円(13,000엔)이 정답이다.

어휘 韓国語 かんこくご 圏한국어 授業 じゅぎょう 圏수업
取る とる 图택하다, 예약하다 会話 かいわ 圏회화 いくら 圏얼마
払う はらう 图지불하다 ～なければならない ~(하)지 않으면 안 된다

이시바시 문화 센터에서는, 회원님을 위해서, 10월부터 외국어 수업이 열립니다. 흥미가 있는 분은 이하의 내용을 봐 주세요.

이시바시 외국어 교실

	언어	요일	시간	장소	돈 (1개월분)
①	프랑스어1	월요일, 수요일	10:00 ~ 11:30	제 1교실	12,000 엔
②	[28]프랑스어2	화요일, 목요일	[28]19:00 ~ 20:00	제 2교실	10,000 엔
③	[29]한국어1	화요일, 목요일	10:00 ~ 11:30	제 1교실	[29]13,000 엔
④	한국어2	수요일, 금요일	[28]19:00 ~ 20:00	제 2교실	11,000 엔

※주의
1. [29]프랑스어1과 한국어1의 수업에서는, 읽기, 쓰기, 문법, 회화를 배웁니다.
2. 프랑스어2와 한국어2의 수업에서는, 읽기, 쓰기, 문법을 배웁니다.
3. 모든 수업의 레벨은, 초급입니다.
4. [28]프랑스어의 수업은 원어민 선생님이 가르칩니다.
5. [28]한국어 수업은 일본인 선생님이 가르칩니다.
6. 수업은 첫 번째 월요일부터, 시작됩니다.

이시바시 문화 센터
전화: 013-246-4788

어휘 文化 ぶんか 圏문화 センター 圏센터 会員 かいいん 圏회원
さま 圏님 ～ために ~위해서 ひらく 图열다
興味 きょうみ 圏흥미 方 かた 圏분 以下 いか 圏이하
内容 ないよう 圏내용 見る みる 图보다
～てください ~(해) 주세요 曜日 ようび 圏요일
時間 じかん 圏시간 場所 ばしょ 圏장소 お金 おかね 圏돈
～か月 ～かげつ ~개월 フランス語 フランスご 圏프랑스어
月曜日 げつようび 圏월요일 水曜日 すいようび 圏수요일
火曜日 かようび 圏화요일 木曜日 もくようび 圏목요일
金曜日 きんようび 圏금요일 注意 ちゅうい 圏주의
読み よみ 圏읽기 書き かき 圏쓰기 文法 ぶんぽう 圏문법
すべて 圏모두, 전부 レベル 圏레벨 しょきゅう 圏초급
教える おしえる 图가르치다 日本人 にほんじん 圏일본인
最初 さいしょ 圏처음, 최초 はじまる 图시작되다
電話 でんわ 圏전화

28 1	**29** 3

> **문제6** 오른쪽 페이지의 안내문을 보고, 아래의 질문에 답해주세요.
> 답은, 1·2·3·4에서, 가장 알맞은 것을 하나 골라주세요.

28

마리 씨는 6세의 아이와 함께 '사과 축제'에 가고 싶다고 생각하고 있습니다. 끝나는 시간이 17시보다 이른 것으로, 요금은 1인 500엔 이하인 것이 좋습니다. 마리 씨가 고를 수 있는 것은, 어느 것입니까?

1   ①
2   ②
3   ③
4   ④

해설 마리 씨가 고를 수 있는 것을 묻는 문제이다. 질문에서 제시된 조건
(1) 6さいの子どもと一緒に「りんごまつり」に行きたい(6세의 아이와 함께 '사과 축제'에 가고 싶다), (2) 終わる時間が17時より早いもの(끝나는 시간이 17시보다 이른 것), (3) 料金は一人500円以下のもの(요금은 1인 500엔 이하인 것)에 따라 지문을 보면,
(1) 6세의 아이와 함께 : 参加できる人(참가할 수 있는 사람)를 보면 6세 아이와 함께 참가할 수 있는 것은 誰でも参加できます(누구라도 참가 가능합니다)라고 언급된 ①, ②, ④, ⑥이다.
(2) 17시보다 이른 것 : 時間(시간)을 보면 17시 전에 끝나는 것은 ①, ②, ④, ⑥ 중에서 ①과 ②이다.
(3) 1인 500엔 이하인 것 : 料金(요금)을 보면 1인 500엔 이하인 것은 ①과 ② 중에서 ① 뿐이다.
따라서, 1 ①이 정답이다.

어휘 お知らせ おしらせ 圓안내문, 알림 　～さい ~세
　子ども こども 圓아이 　一緒に いっしょに 함께 　りんご 圓사과
　まつり 圓축제 　行く いく 图가다 　～たい ~(하)고 싶다
　～と思う ～とおもう ~라고 생각하다 　終わる おわる 图끝나다
　時間 じかん 圓시간 　～時 ～じ ~시 　～より 图~보다
　早い はやい い형이르다 　料金 りょうきん 圓요금
　一人 ひとり 圓1인, 한 사람 　以下 いか 圓이하

29

스미스 씨는, '사과 축제'에 가려고 생각하고 있습니다. 당일은 일이 있기 때문에, 시작되는 시간이 15시보다 이른 것에는 갈 수 없습니다. 요금은 1,000엔 이하인 것이 좋습니다. 스미스 씨가 고를 수 있는 것은, 어느 것입니까?

1   ③
2   ④
3   ⑤
4   ⑥

해설 스미스 씨가 고를 수 있는 것을 묻는 문제이다. 질문에서 제시된 조건
(1) 始まる時間が15時より早いものには行けません(시작되는 시간이 15시보다 이른 것에는 갈 수 없습니다), (2) 料金は1,000円以下のもの(요금은 1,000엔 이하인 것)에 따라 지문을 보면,
(1) 시작되는 시간이 15시 이후인 것 : 時間(시간)을 보면 시작되는 시간이 15시 이후인 것은 ④, ⑤, ⑥이다.
(2) 1,000엔 이하인 것 : 料金(요금)을 보면 1,000엔 이하인 것은 ④, ⑤, ⑥ 중에서 ⑤ 뿐이다.
따라서, 3 ⑤가 정답이다.

어휘 当日 とうじつ 圓당일 　仕事 しごと 圓일 　～ので 图~때문에
　始まる はじまる 图시작되다

28-29

아오키 시 '사과 축제'			
아오키 시에서는, 9월 26일 토요일, '사과 축제'를 엽니다.			
프로그램	시간·장소	요금	참가할 수 있는 사람
[28]① 주스 만들기 맛있는 사과 주스를 만들어서 마십니다.	[28]10:00~12:00 아오키 시민회관	[28]무료	[28]누구라도 참가 가능합니다
② 사과 따기 사과 나무에서 스스로 사과를 땁니다.	[28]12:00~15:00 아오키 시민공원	1,000엔	[28]누구라도 참가 가능합니다
③ 사과 파이 만들기 사과 파이를 만들어서 함께 먹습니다.	14:00~16:00 아오키 시민회관	500엔	중학생 이상
④ 사과 디너 사과로 만든 고급 디너를 먹을 수 있습니다.	[29]17:00~18:30 아오키 시민공원	2,000엔	[28]누구라도 참가 가능합니다
[29]⑤ 사과 잼 만들기 사과 잼을 만듭니다. 집에 가지고 갈 수 있습니다.	[29]16:00~18:00 아오키 초등학교	[29]500엔	초등학생 이상
⑥ 사과와 함께 불꽃 사과 사탕부터, 사과 맛 맥주까지, 사과 요리와 함께 불꽃놀이를 즐길 수 있습니다.	[29]19:00~21:00 아오키 시민 운동장	1,500엔	[28]누구라도 참가 가능합니다※

※ 맥주는 성인밖에 마실 수 없습니다.
아오키 시 '사과 축제' 담당 전화: 013-245-6789

어휘 土曜日 どようび 圓토요일 　開く ひらく 图열다
　プログラム 圓프로그램 　場所 ばしょ 圓장소 　参加 さんか 圓참가
　できる 图할 수 있다, 가능하다 　ジュース 圓주스
　～作り ～づくり ~만들기, 만듦 　おいしい い형맛있다
　作る つくる 图만들다 　飲む のむ 图마시다 　市民 しみん 圓시민
　会館 かいかん 圓회관 　ただ 圓무료 　誰 だれ 圓누구

~とり ~따기　木 き 圏나무　~から 图~에서, 부터

自分で じぶんで 스스로　とる 图따다　公園 こうえん 圏공원

パイ 圏파이　食べる たべる 图먹다

中学生 ちゅうがくせい 圏중학생　以上 いじょう 圏이상

ディナー 圏디너　高級 こうきゅう 圏고급　ジャム 圏잼

家 いえ 圏집　持ち帰る もちかえる 图가지고 가다

小学校 しょうがっこう 圏초등학교

小学生 しょうがくせい 圏초등학생　花火 はなび 圏불꽃

あめ 圏사탕　味 あじ 圏맛　ビール 圏맥주　~まで 图~까지

料理 りょうり 圏요리　花火大会 はなびたいかい 불꽃놀이

楽しむ たのしむ 图즐기다　運動場 うんどうじょう 圏운동장

大人 おとな 圏성인, 어른　~しか 图~밖에　係 かかり 圏담당

電話 でんわ 圏전화

문제 1 과제 이해

무료 MP3 바로듣기

실력 다지기

p.280

| 01 ① | 02 ② | 03 ② | 04 ② | 05 ② |
| 06 ① | 07 ① | 08 ① | 09 ② | 10 ② |

1

[음성]

女の学生と男の学生が話しています。男の学生はまず何をしますか。

F：うわ、この教室本当に汚いね。

M：1年以上使ってないからね。うーん、どこから掃除すればいいかな。

F：あそこの本棚を捨てて掃除機をかけよう。それから外にあるいすと机を教室のなかに並べるの。

M：わかった。僕はまず本棚を捨ててくるね。

F：じゃ、私は掃除機をかけるね。

男の学生はまず何をしますか。

[문제지]

해석 여학생과 남학생이 이야기하고 있습니다. 남학생은 우선 무엇을 합니까?

F : 우와, 이 교실 정말 더럽네.

M : 1년 이상 사용하지 않았으니까. 으음, 어디서부터 청소하면 좋을까.

F : 저쪽의 책장을 버리고 청소기를 돌리자. 그리고 밖에 있는 의자와 책상을 교실 안에 늘어놓는 거야.

M : 알겠어. 나는 우선 책장을 버리고 올게.

F : 그럼, 나는 청소기를 돌릴게.

남학생은 우선 무엇을 합니까?

어휘 学生 がくせい 圏학생　教室 きょうしつ 圏교실

本当に ほんとうに 凰정말　汚い きたない い형더럽다

~年 ~ねん ~년　以上 いじょう 圏이상　使う つかう 圏사용하다

~から 조~니까, 해서　~から 조~부터　掃除 そうじ 圏청소

~ば 조~(하)면　本棚 ほんだな 圏책장　捨てる すてる 圏버리다

掃除機をかける そうじきをかける 청소기를 돌리다

それから 집그리고　外 そと 圏밖, 바깥　いす 圏의자

机 つくえ 圏책상　なか 圏안, 속　並べる ならべる 圏늘어놓다

わかる 圏알다　僕 ぼく 圏나, 저(남자의 자칭)　まず 凰우선

2

[음성]

妻と夫が話しています。夫は何をしますか。

F：今日の夕ご飯、スパゲッティが食べたいんだけど。

M：じゃあ、僕が作ってあげるよ。家にトマトある？

F：いや、ないんだ。後でスーパー行くから私が買ってくるよ。

M：あ、ありがとう。じゃ、その間に、僕は他の材料を切っておくね。

F：うん、わかった。

夫は何をしますか。

[문제지]

해석 아내와 남편이 이야기하고 있습니다. 남편은 무엇을 합니까?

F : 오늘 저녁, 스파게티가 먹고 싶은데.

M : 그럼, 내가 만들어 줄게. 집에 토마토 있어?

F : 아니, 없어. 나중에 슈퍼 갈 거니까 내가 사 올게.

M : 아, 고마워. 그러면, 그 사이에, 나는 다른 재료를 잘라 둘게.

F : 응, 알았어.

남편은 무엇을 합니까?

어휘 妻 つま 圏아내　夫 おっと 圏남편　今日 きょう 圏오늘

夕ご飯 ゆうごはん 圏저녁(식사)　スパゲッティ 圏스파게티

食べる たべる 圏먹다　~たい ~(하)고 싶다　~けど 조~는데, 지만

じゃあ 집그럼　僕 ぼく 圏나, 저(남자의 자칭)

作る つくる 圏만들다　~てあげる ~(해) 주다　家 いえ 圏집

トマト 圏토마토　後 あと 圏나중, 후　スーパー 圏슈퍼

行く いく 圏가다　~から 조~니까, 해서　買う かう 圏사다

間 あいだ 圏사이　他 ほか 圏다름　材料 ざいりょう 圏재료

切る きる 圏자르다　~ておく ~(해) 두다

3

[음성]

先生が学生に話しています。学生は10時まで何が食べられますか。

F：みなさん、明日はみんなで駅前の病院に行きます。健康であるかどうか検査を受けます。だから、今日の午後10時以後は何も食べないでください。10時の前でも肉は食べないでください。簡単に野菜や果物だけ食べてください。そして、この薬をかならず飲んでください。

学生は10時まで何が食べられますか。

[문제지]

① ア ウ

② イ ウ

해석 선생님이 학생에게 이야기하고 있습니다. 학생은 10시까지 무엇을 먹을 수 있습니까?

　F：여러분, 내일은 다 같이 역 앞의 병원에 갑니다. 건강한지 어떤지 검사를 받습니다. 그러니까, 오늘 오후 10시 이후는 아무것도 먹지 말아 주세요. 10시 전이라도 고기는 먹지 말아 주세요. 간단하게 야채나 과일만 먹어 주세요. 그리고, 이 약을 반드시 먹어 주세요.

　학생은 10시까지 무엇을 먹을 수 있습니까?

어휘 先生 せんせい 圏선생(님)　学生 がくせい 圏학생

　～時 ～じ ~시　～まで 图~까지　食べる たべる 圏먹다

　みなさん 圏여러분　明日 あした 圏내일　みんな 다, 모두

　駅前 えきまえ 圏역 앞　病院 びょういん 圏병원　行く いく 圏가다

　健康 けんこう 圏건강　検査 けんさ 圏검사　受ける うける 圏받다

　だから 웹그러니까, 그래서　今日 きょう 圏오늘　午後 ごご 圏오후

　以後 いご 圏이후　～てください (해) 주세요　前 まえ 圏전, 앞

　～でも 图~라도　肉 にく 圏고기

　簡単だ かんたんだ 区형간단하다　野菜 やさい 圏야채

　～や 图~나　果物 くだもの 圏과일　～だけ 图~만

　そして 웹그리고　薬 くすり 圏약　かならず 图반드시, 꼭

　飲む のむ 圏(약을) 먹다, 마시다

[음성]

会社で女の人と男の人が話しています。男の人は何を持って来ますか。

F：今日とても暑いですね。外に出られないぐらいですよ。

M：何か冷たい飲み物でも飲みますか。アイスティーとコーラがあります。あ、クッキーとバナナもありますが、どうですか。

F：アイスティーもいいけど、今日はなんかコーラが飲みたいですね。

M：他のものは大丈夫ですか。

F：クッキーもちょっとお願いします。

M：わかりました。持って来ますね。

男の人は何を持って来ますか。

[문제지]

① ア ウ

② イ エ

해석 회사에서 여자와 남자가 이야기하고 있습니다. 남자는 무엇을 들고 옵니까?

　F：오늘 매우 덥네요. 밖에 나갈 수 없을 정도예요.

　M：무언가 차가운 음료라도 마실래요? 아이스티와 콜라가 있습니다. 아, 쿠키와 바나나도 있습니다만, 어때요?

　F：아이스티도 좋지만, 오늘은 왠지 콜라가 마시고 싶네요.

　M：다른 것은 괜찮아요?

　F：쿠키도 조금 부탁해요.

　M：알겠습니다. 들고 올게요.

　남자는 무엇을 들고 옵니까?

어휘 会社 かいしゃ 圏회사　持って来る もってくる 들고 오다

　今日 きょう 圏오늘　とても 图매우　暑い あつい い형덥다

　外 そと 圏밖, 바깥　出る でる 圏나가다　～ぐらい 图~정도

　冷たい つめたい い형차갑다　飲み物 のみもの 圏음료

　～でも 图~라도　飲む のむ 圏마시다　アイスティー 圏아이스티

　コーラ 圏콜라　クッキー 圏쿠키　バナナ 圏바나나

　～けど 图~지만　～たい ~(하)고 싶다　他 ほか 圏다름

　大丈夫だ だいじょうぶだ 区형괜찮다　ちょっと 图조금

　わかる 圏알다, 이해하다

5

[음성]
女の学生と男の学生が話しています。女の学生は夏休みにどこへ行きますか。

F：今度の夏休みはどこに行くつもり？

M：僕は山に行く予定だよ。ひがし山を登るのが目標。

F：すばらしいね。私は家族と海に行くことにしたんだ。

M：夏だから、海もいいね。ところで、歴史の宿題でお城についてレポート書かなくちゃいけないでしょ。どこで調べるか決めた？僕は国立博物館に行こうと思ってる。

F：まだ決めてないよ。うーん、私も一緒に行っていいの？

M：うん、いいよ。一緒に行こう。

女の学生は夏休みにどこへ行きますか。

[문제지]

① ア イ
② イ ウ

調べる しらべる 圐조사하다　決める きめる 圐정하다
国立博物館 こくりつはくぶつかん 圐국립박물관
〜ようと思う 〜ようとおもう ~(하)려고 생각하다　まだ 圄아직
一緒に いっしょに 함께

6

[음성]
病院で女の人と男の人が話しています。男の人はいつ病院に行きますか。

F：次の予約はいつがいいですか。

M：21日、水曜日の午後3時に予約できますか。

F：すみませんが、その日は午後にセミナーがありますので、午前しか予約できません。22日か23日の午後3時はどうですか。

M：あ、金曜日は用事がありますので、木曜日でお願いします。

F：はい、わかりました。

男の人はいつ病院に行きますか。

[문제지]

해석 여학생과 남학생이 이야기하고 있습니다. 여학생은 여름 방학에 어디에 갑니까?

　F : 이번 여름 방학은 어디에 갈 예정이야?

　M : 나는 산에 갈 예정이야. 히가시 산을 오르는 것이 목표.

　F : 멋지다. 나는 가족과 바다에 가기로 했어.

　M : 여름이니까, 바다도 좋네. 그런데, 역사 숙제로 성에 대해 리포트 쓰지 않으면 안 되잖아. 어디서 조사할지 정했어? 나는 국립박물관에 가려고 생각하고 있어.

　F : 아직 정하지 않았어. 음, 나도 같이 가도 괜찮아?

　M : 응, 좋아. 같이 가자.

　여학생은 여름 방학에 어디에 갑니까?

어휘 学生 がくせい 圐학생　夏休み なつやすみ 圐여름 방학
　　行く いく 圐가다　今度 こんど 圐이번　つもり 圐예정
　　僕 ぼく 圐나, 저(남자의 자칭)　山 やま 圐산　予定 よてい 圐예정
　　登る のぼる 圐오르다　目標 もくひょう 圐목표
　　すばらしい い圐멋지다　家族 かぞく 圐가족　海 うみ 圐바다
　　〜にする ~로 하다　夏 なつ 圐여름　〜から 图~니까
　　ところで 圙그런데　歴史 れきし 圐역사　宿題 しゅくだい 圐숙제
　　城 しろ 圐성　〜について ~에 대해　レポート 圐리포트
　　書く かく 圐쓰다　〜なくちゃいけない ~(하)지 않으면 안 된다

해석 병원에서 여자와 남자가 이야기하고 있습니다. 남자는 언제 병원에 갑니까?

　F : 다음 예약은 언제가 좋으세요?

　M : 21일, 수요일 오후 3시에 예약 가능한가요?

　F : 죄송합니다만, 그 날은 오후에 세미나가 있어서, 오전밖에 예약할 수 없습니다. 22일이나 23일 오후 3시는 어떠세요?

　M : 아, 금요일은 일이 있어서, 목요일로 부탁합니다.

　F : 네, 알겠습니다.

　남자는 언제 병원에 갑니까?

어휘 病院 びょういん 圐병원　行く いく 圐가다　次 つぎ 圐다음
　　予約 よやく 圐예약　水曜日 すいようび 圐수요일
　　午後 ごご 圐오후　〜時 〜じ ~시　できる 圐가능하다, 할 수 있다
　　日 ひ 圐날　セミナー 圐세미나　〜ので 图~해서, 므로
　　午前 ごぜん 圐오전　〜しか 图~밖에
　　金曜日 きんようび 圐금요일　用事 ようじ 圐일, 용건
　　木曜日 もくようび 圐목요일　わかる 圐알다, 이해하다

7

[음성]

女の人と男の人が話しています。二人は写真を何枚とることができますか。

F：これ見て、昨日コンビニでカメラを買ったの。

M：おお、いいね。今日動物園に行って写真たくさんとろう。

F：うん、いいよ。

M：え、ところでここ28枚となっているんだけど。

F：あ、私が昨日2枚とってみたの。もともとは30枚とれるカメラなんだ。

M：そうなんだ。

二人は写真を何枚とることができますか。

[문제지]

① 28まい

② 30まい

해석 여자와 남자가 이야기하고 있습니다. 두 사람은 사진을 몇 장 찍을 수 있습니까?

F：이거 봐, 어제 편의점에서 카메라를 샀어.

M：오오, 좋네. 오늘 동물원에 가서 사진 많이 찍자.

F：응, 좋아.

M：어, 그런데 여기 28장이라고 되어 있는데.

F：아, 내가 어제 2장 찍어 봤어. 원래는 30장 찍을 수 있는 카메라거든.

M：그렇구나.

두 사람은 사진을 몇 장 찍을 수 있습니까?

① 28장

② 30장

어휘 二人 ふたり 圏두 사람, 두 명　写真 しゃしん 圏사진
　　　~枚 ~まい ~장　とる 圏(사진) 찍다　できる 圏할 수 있다
　　　見る みる 圏보다　昨日 きのう 圏어제　コンビニ 圏편의점
　　　カメラ 圏카메라　買う かう 圏사다　今日 きょう 圏오늘
　　　動物園 どうぶつえん 圏동물원　行く いく 圏가다
　　　たくさん 團많이　ところで 웹그런데　~けど 图~는데, ~지만
　　　もともと 團원래

8

[음성]

大会の係りの人が話しています。参加者は何をもらいますか。

M：みなさん、今日はマラソン大会に参加してくださってありがとうございます。参加者のみなさんにはお弁当とＴシャツ、くつしたを準備しました。そして、大会で優勝した方にはくつをおくる予定なので、頑張って走ってください。

参加者は何をもらいますか。

[문제지]

① Ｔシャツと　くつした

② Ｔシャツと　くつ

해석 대회의 담당자가 이야기하고 있습니다. 참가자는 무엇을 받습니까?

M：여러분, 오늘은 마라톤 대회에 참가해 주셔서 감사합니다. 참가자 모든 분들에게는 도시락과 티셔츠, 양말을 준비했습니다. 그리고, 대회에서 우승하신 분에게는 신발을 보낼 예정이기 때문에, 열심히 달려주세요.

참가자는 무엇을 받습니까?

① 티셔츠와 양말

② 티셔츠와 신발

어휘 大会 たいかい 圏대회　係り かかり 圏담당
　　　参加者 さんかしゃ 圏참가자　もらう 圏받다　みなさん 圏여러분
　　　今日 きょう 圏오늘　マラソン 圏마라톤　参加 さんか 圏참가
　　　~てくださる ~(해) 주시다　お弁当 おべんとう 圏도시락
　　　Ｔシャツ 圏티셔츠　くつした 圏양말　準備 じゅんび 圏준비
　　　そして 젭그리고　優勝 ゆうしょう 圏우승　方 かた 圏분
　　　くつ 圏신발　おくる 圏보내다　予定 よてい 圏예정
　　　~ので 图~때문에　頑張る がんばる 圏열심히 하다
　　　走る はしる 圏달리다　~てください ~(해) 주세요

9

[음성]

先生が学生に話しています。学生は明日何時に集まらなければなりませんか。

F：明日はみなみ美術館に行きます。運動場にみんな集まってから一緒に行く予定なので遅れないようにしてください。9時30分まで集まります。バスは10時30分に出発する予定なので気をつけてください。

学生は明日何時に集まらなければなりませんか。

[문제지]

① 10じ　30ぷん

② 9じ　30ぷん

해석 선생님이 학생에게 이야기하고 있습니다. 학생은 내일 몇 시에 모이지 않으면 안 됩니까?

F：내일은 미나미 미술관에 갑니다. 운동장에 모두 모이고 나서 함께 갈 예정이기 때문에 늦지 않도록 해주세요. 9시 30분까지 모입니다. 버스는 10시 30분에 출발할 예정이기 때문에 주의해주세요.

학생은 내일 몇 시에 모이지 않으면 안 됩니까?

① 10시 30분

② 9시 30분

어휘 先生 せんせい 圏선생(님)　学生 がくせい 圏학생

明日 あした 圏内일　～時 ～じ ～시　集まる あつまる 圏모이다
～なければならない ~(하)지 않으면 안 된다
美術館 びじゅつかん 圏미술관　行く いく 圏가다
運動場 うんどうじょう 圏운동장　～てから ~(하)고 나서
一緒に いっしょに 쀠함께　予定 よてい 圏예정
～ので 조~때문에　遅れる おくれる 圏늦다　～ように ~(하)도록
～てください ~(해) 주세요　～まで ~까지　バス 圏버스
出発 しゅっぱつ 圏출발　気をつける きをつける 주의하다

10

[음성]
デパートの職員が話しています。客は何をしなければなりませんか。

F：お客様、今日は来てくださってありがとうございます。今8時なので、閉まる時間になりました。すみませんが、今日はこれ以上買い物することができません。1階の南ゲートは閉まっているので、東ゲートから出てください。ありがとうございます。

客は何をしなければなりませんか。

[문제지]
① みなみゲートから　でる
② ひがしゲートから　でる

해석 백화점 직원이 이야기하고 있습니다. 손님은 무엇을 하지 않으면 안 됩니까?
　F : 손님, 오늘은 와주셔서 감사합니다. 지금 8시이기 때문에, 닫힐 시간이 되었습니다. 죄송하지만, 오늘은 이 이상 쇼핑을 하는 것이 불가능합니다. 1층의 남쪽 게이트는 닫혀 있기 때문에, 동쪽 게이트로부터 나가주세요. 감사합니다.

　손님은 무엇을 하지 않으면 안 됩니까?

① 남쪽 게이트로부터 나간다
② 동쪽 게이트로부터 나간다

어휘 デパート 圏백화점　職員 しょくいん 圏직원　客 きゃく 圏손님
～なければならない ~(하)지 않으면 안 된다
お客様 おきゃくさま 圏손님　今日 きょう 圏오늘
来る くる 圏오다　～てくださる ~(해) 주시다　今 いま 圏지금
～時 ～じ ~시　～ので 조~때문에　閉まる しまる 圏닫히다
時間 じかん 圏시간　以上 いじょう 圏이상
買い物 かいもの 圏쇼핑　できる 圏할 수 있다　～階 ～かい ~층
南 みなみ 圏남쪽　ゲート 圏게이트　東 ひがし 圏동쪽
～から 조~로부터　出る でる 圏나가다　～てください ~(해) 주세요

1 1	2 4	3 4	4 2	5 2
6 2	7 3	8 3		

문제 1에서는, 먼저 질문을 들어 주세요. 그리고 이야기를 듣고, 문제 용지의 1부터 4 중에서, 가장 알맞은 것을 하나 골라주세요.

1

[음성]
先生が話しています。学生はこのあとまず何をしますか。

F：みなさん、今日はみんなで学校の掃除をする日です。夏休みの間、汚くなった教室をきれいにしましょう。まず、いすと机を外に出してください。その後、教室の中を掃除します。教室の掃除が終わったらトイレをきれいにしましょう。あ、トイレを掃除した後は、掃除の道具を片付けてください。

学生はこのあとまず何をしますか。

[문제지]

해석 선생님이 이야기하고 있습니다. 학생은 이후 우선 무엇을 합니까?
　F : 여러분, 오늘은 다 같이 학교 청소를 하는 날입니다. 여름 방학 동안, 더러워진 교실을 깨끗하게 합시다. 우선, 의자와 책상을 밖으로 내어 주세요. 그 후, 교실 안을 청소합니다. 교실의 청소가 끝나면 화장실을 깨끗하게 합시다. 아, 화장실을 청소한 후에는, 청소 도구를 정리해 주세요.

　학생은 이후 우선 무엇을 합니까?

해설 선택지가 의자를 교실 밖으로 옮기기, 교실 청소하기, 화장실 청소하기, 청소 도구 정리하기 그림이고, 질문이 학생이 이후 우선 무엇을 해야 하는지를 물었으므로, 선생님의 말을 들을 때 학생이 가장 먼저 해야 하는 일을 파악한다. 선생님이 まず、いすと机を外に出してください(우선, 의자와 책상을 밖으로 내어 주세요)라고 했으므로, 1 '의자를 교실 밖으로 옮기기'가 정답이다. 2, 3, 4는 의자와 책상을 밖으로 옮긴 다음에 하는 일이므로 오답이다.

어휘 先生 せんせい 圏선생(님)　学生 がくせい 圏학생
みなさん 圏여러분　今日 きょう 圏오늘　みんなで 다 같이
学校 がっこう 圏학교　掃除 そうじ 圏청소　日 ひ 圏날
夏休み なつやすみ 圏여름 방학　間 あいだ 圏동안

汚い きたない [い형]더럽다　教室 きょうしつ [명]교실
きれいだ [な형]깨끗하다, 예쁘다　まず [부]우선　いす [명]의자
机 つくえ [명]책상　外 そと [명]밖, 바깥　出す だす [동]내다, 내놓다
~てください ~(해) 주세요　後 あと [명]후, 다음　中 なか [명]안, 속
終わる おわる [동]끝나다　トイレ [명]화장실　道具 どうぐ [명]도구
片付ける かたづける [동]정리하다

2

[음성]

電話で女の人と男の人が話しています。男の人はこのあと
何をしますか。

F : はい、青空旅行です。

M : 来週出発する温泉ツアーを予約した田中です。旅行に
何を準備しなければなりませんか。

F : はい、お客様。まず、飛行機のチケットはプリントしま
したか。

M : はい、しておきました。旅行のときに着る服や使うか
ばんも用意しました。

F : それなら、特別に準備するものはないんですが、あ、
もし苦手な食べ物があったら必ず旅行の担当者にメー
ルしてください。

M : うーん、苦手な食べ物は特にないので、大丈夫だと
思います。

F : お客様、旅館の予約確認メールもプリントしましたか。
そちらも準備しておかなければなりません。

M : あ、それはまだしてません。それも用意します。ありが
とうございます。

男の人はこのあと何をしますか。

[문제지]

1 ひこうきの　チケットを　プリントする

2 ふくと　かばんを　よういする

3 りょこうの　たんとうしゃに　メールする

4 よやく　かくにんの　メールを　プリントする

해석 전화로 여자와 남자가 이야기하고 있습니다. 남자는 이후 무엇을 합
니까?

F : 네, 아오조라 여행입니다.

M : 다음 주 출발하는 온천 투어를 예약한 다나카입니다. 여행에 무엇
을 준비하지 않으면 안 되나요?

F : 네, 손님. 우선, 비행기 티켓은 프린트 했나요?

M : 네, 해 두었습니다. 여행 때 입을 옷이랑 사용할 가방도 준비했습
니다.

F : 그렇다면, 특별히 준비할 것은 없습니다만, 아, 혹시 못 드시는 음
식이 있으면 반드시 여행 담당자에게 이메일 해 주세요.

M : 음, 못 먹는 음식은 특별히 없어서, 괜찮을 것 같습니다.

F : 손님, 료칸의 예약 확인 이메일도 프린트 했나요? 그쪽도 준비

해 두지 않으면 안 됩니다.

M : 아, 그건 아직 하지 않았습니다. 그것도 준비하겠습니다. 감사합
니다.

남자는 이후 무엇을 합니까?

1 비행기 티켓을 인쇄한다

2 옷과 가방을 준비한다

3 여행 담당자에게 이메일한다

4 예약 확인 이메일을 인쇄한다

해설 선택지가 1 '비행기 티켓을 인쇄한다', 2 '옷과 가방을 준비한다', 3
'여행 담당자에게 이메일한다', 4 '예약 확인 이메일을 인쇄한다'이고,
질문이 남자가 이후 무엇을 하는지를 물었으므로, 대화를 들을 때 남
자가 해야 하는 일을 파악한다. 여자가 旅館の予約確認メールもプ
リントしましたか(료칸의 예약 확인 이메일도 프린트 했나요?)라고
하자, 남자가 それはまだしてません。それも用意します(그건 아
직 하지 않았습니다. 그것도 준비하겠습니다)라고 했으므로, 4 よや
く　かくにんの　メールを　プリントする(예약 확인 이메일을 인
쇄한다)가 정답이다. 1, 2는 이미 한 일이고, 3은 남자가 못 먹는 음
식이 없어 할 필요가 없으므로 오답이다.

어휘 電話 でんわ [명]전화　旅行 りょこう [명]여행
来週 らいしゅう [명]다음 주　出発 しゅっぱつ [명]출발
温泉 おんせん [명]온천　ツアー [명]투어　予約 よやく [명]예약
準備 じゅんび [명]준비　~なければならない ~(하)지 않으면 안 된다
お客様 おきゃくさま [명]손님　まず [부]우선
飛行機 ひこうき [명]비행기　チケット [명]티켓
プリント [명]프린트, 인쇄　~ておく ~(해) 두다　とき [명]때
着る きる [동]입다　服 ふく [명]옷　~や [조]~랑, 과
使う つかう [동]사용하다　かばん [명]가방　用意 ようい [명]준비
それなら 그렇다면　特別に とくべつに 특별히
もし [부]혹시　苦手だ にがてだ [な형]못하다, 서투르다
食べ物 たべもの [명]음식　必ず かならず [부]반드시
担当者 たんとうしゃ [명]담당자　メール [명]이메일
~てください ~(해) 주세요　特に とくに [부]특별히　~ので [조]~해서
大丈夫だ だいじょうぶだ [な형]괜찮다
~と思う ~とおもう ~라고 생각하다　旅館 りょかん [명]료칸
確認 かくにん [명]확인　まだ [부]아직

3

[음성]

男の学生と女の学生が話しています。女の学生は何を買
いますか。

M : 明日の料理の授業に何を持っていけばいいかな。

F : 明日はサンドイッチを作る日だから、学校がパンと野
菜を用意してくれるって。

M : それだけで大丈夫?

F : うん、チーズと果物もあった方がいいかな。

M : チーズは僕が持っていくよ。果物は買わなきゃね。

F：じゃ、果物は私が買う。ハムもあったらいいと思うから一緒に買うよ。

M：ありがとう。

女の学生は何を買いますか。

[問題紙]

1　ア　イ
2　イ　ウ
3　イ　エ
4　ウ　エ

해석 남학생과 여학생이 이야기하고 있습니다. 여학생은 무엇을 삽니까?

M：내일 요리 수업에 뭘 가져가면 좋을까?

F：내일은 샌드위치를 만드는 날이니까, 학교가 빵이랑 야채를 준비해 준대.

M：그것만으로 괜찮아?

F：음, 치즈랑 과일도 있는 편이 좋으려나?

M：치즈는 내가 가지고 갈게. 과일은 사지 않으면 안 돼.

F：그럼, 과일은 내가 살게. 햄도 있으면 좋을 거라고 생각하니까 같이 살게.

M：고마워.

여학생은 무엇을 삽니까?

해설 선택지가 야채, 치즈, 과일, 햄 그림이고, 질문이 여학생이 무엇을 사는지를 물었으므로, 대화를 들을 때 여학생이 사는 물건을 파악한다. 여학생이 果物は私が買う。ハムもあったらいいと思うから一緒に買うよ(과일은 내가 살게. 햄도 있으면 좋을 거라고 생각하니까 같이 살게)라고 했으므로 과일 그림인 ウ와 햄 그림인 エ로 구성된 4가 정답이다. 그림 ア인 야채는 학교에서 준비해 준다고 했고, 그림 イ인 치즈는 남학생이 준비한다고 했으므로 오답이다.

어휘 学生 がくせい 圏학생　買う かう 圏사다　明日 あした 圏내일
料理 りょうり 圏요리　授業 じゅぎょう 圏수업
持つ もつ 圏가지다, 들다　〜ば 区〜(하)면
サンドイッチ 圏샌드위치　作る つくる 圏만들다　日 ひ 圏날
〜から 区〜니까　学校 がっこう 圏학교　パン 圏빵
野菜 やさい 圏야채　用意 ようい 圏준비　〜てくれる 〜(해) 주다
〜だけ 区〜만　大丈夫だ だいじょうぶだ 区割괜찮다
チーズ 圏치즈　果物 くだもの 圏과일
〜た方がいい 〜たほうがいい 〜(한) 편이 좋다
僕 ぼく 圏나, 저(남자의 자칭)　〜なきゃ 〜(하)지 않으면 안 된다
ハム 圏햄　〜と思う 〜とおもう 〜(라)고 생각하다
一緒に いっしょに 같이, 함께

4

[음성]

女の学生と男の学生が話しています。二人は何をプレゼントしますか。

F：来週が佐藤君の誕生日なんだけど、プレゼント何がいいかな。

M：そうだね。野球の試合のチケットはどう？

F：いいね、佐藤君、野球好きだから。

M：でも、チケットだけプレゼントするのはちょっとな…。

F：それもそうね。本とかコーヒーも一緒にあげるのはどう？佐藤君、最近カフェによく行くらしいよ。

M：それもいいけど、どんな本やコーヒーが好きなのかわからないから。あ、確か佐藤君、寒いのが苦手だったよ。マフラーはどうかな。

F：いいよ。それにしよう。

二人は何をプレゼントしますか。

[問題紙]

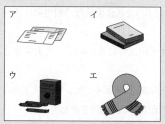

1　ア
2　ア　エ
3　イ　エ
4　ウ　エ

해석 여학생과 남학생이 이야기하고 있습니다. 두 사람은 무엇을 선물합니까?

F：다음 주가 사토 군 생일인데, 선물 뭐가 좋을까?

M：그러게. 야구 경기 티켓은 어때?

F：좋네, 사토 군 야구 좋아하니까.

M：그래도, 티켓만 선물하는 건 조금….

F：그것도 그래. 책이라든가 커피도 같이 주는 건 어때? 사토 군, 최근 카페에 자주 가는 것 같은데.

M：그것도 좋기는 한데, 어떤 책이나 커피를 좋아하는지 모르니까. 아, 분명 사토 군, 추운 걸 힘들어 했어. 목도리는 어떨까?

F：좋아. 그걸로 하자.

두 사람은 무엇을 선물합니까?

해설 선택지가 티켓, 책, 커피, 목도리 그림이고, 질문이 두 사람이 무엇을 선물하는지를 물었으므로, 대화를 들을 때 두 사람이 선물로 무엇을 고르는지를 파악한다. 남학생이 チケットだけプレゼントするのはちょっとな…(티켓만 선물하는 건 조금…)라고 하자 여학생이 マフラーはどうかな(목도리는 어떨까?)라고 하였고, 남학생이 それに

しよう(그걸로 하자)라고 했으므로, 티켓 그림인 ア와 목도리 그림
인 エ로 이루어진 2가 정답이다. 그림 イ, ウ는 사토 군이 어떤 책이
나 커피를 좋아하는지 모른다고 남학생이 반대했으므로 오답이다.

어휘 学生 がくせい 圏학생　プレゼント 圏선물
　　来週 らいしゅう 圏다음 주　誕生日 たんじょうび 圏생일
　　〜けど 圏〜인데　野球 やきゅう 圏야구　試合 しあい 圏시합
　　チケット 圏티켓　好きだ すきだ 囨형좋아하다　〜から 困〜니까
　　でも 쥅그래도　〜だけ 困〜만　ちょっと 囮조금　本 ほん 圏책
　　〜とか 困〜라든가　コーヒー 圏커피　一緒に いっしょに 같이
　　あげる 통주다　最近 さいきん 圏최근　カフェ 圏카페
　　よく 囮자주　行く いく 통가다　〜らしい 〜인 것 같다
　　〜や 困〜나, 과　わかる 통알다, 이해하다　確か たしか 囮분명
　　寒い さむい い형춥다　苦手だ にがてだ 囨형힘들다, 서툴다
　　マフラー 圏목도리

5

[음성]
女の学生と男の学生が話しています。男の学生は何を持っ
ていきますか。男の学生です。
　F：来週の工場見学のことなんだけど、先生がランチを持っ
　　　て来なさいと言ってたじゃない。田中くんは何を持って
　　　いくの？
　M：僕はおにぎりを持っていこうかなと思ってる。鈴木さん
　　　は？
　F：私はパンを持っていくつもり。
　M：飲み物は何を持っていくの？
　F：あ、そうね。それはまだ考えてない。牛乳を持って
　　　いこうかな。
　M：それじゃ、僕はオレンジジュースを用意する。
　F：ジュースもいいね。でも、私はやっぱり牛乳が好き。
　　　今日帰り道に一緒に買いにいこうよ。
　M：いいよ。

男の学生は何を持っていきますか。

[문제지]

1　ア　ウ
2　ア　エ
3　イ　ウ
4　イ　エ

해석 여학생과 남학생이 이야기하고 있습니다. 남학생은 무엇을 가지고
　　　갑니까? 남학생입니다.
　　F：다음 주 공장 견학 말이야, 선생님이 점심을 가져오라고 말했잖
　　　아. 다나카 군은 무엇을 가지고 갈 거야?
　　M：나는 주먹밥을 가져갈까 생각 중이야. 스즈키 씨는?
　　F：나는 빵을 들고 갈 예정이야.
　　M：마실 거는 뭘 가져갈 거야?
　　F：음, 그러게. 그건 아직 생각하지 않았어. 우유를 가져갈까.
　　M：그러면, 나는 오렌지 주스를 준비할래.
　　F：주스도 좋네. 그래도, 나는 역시 우유가 좋아. 오늘 돌아가는 길에
　　　같이 사러 가자.
　　M：좋아.

　　남학생은 무엇을 가지고 갑니까?

해설 선택지가 주먹밥, 빵, 우유, 오렌지 주스 그림이고, 질문이 남학생이
　　　무엇을 가지고 가는지를 물었으므로, 대화를 들을 때 남학생이 가지
　　　고 가는 물건을 파악한다. 남학생이 僕はおにぎりを持っていこう
　　　かなと思ってる(나는 주먹밥을 가져갈까 생각 중이야)라고 한 후,
　　　僕はオレンジジュースを用意する(나는 오렌지 주스를 준비할래)라
　　　고 했으므로, 주먹밥 그림인 ア와 오렌지 주스 그림인 エ로 구성된 2
　　　가 정답이다. 그림 イ, ウ는 여학생이 가지고 가는 것이므로 오답이다.

어휘 学生 がくせい 圏학생　持つ もつ 통들다, 가지다
　　来週 らいしゅう 圏다음 주　工場 こうじょう 圏공장
　　見学 けんがく 圏견학　〜けど 困〜인데　先生 せんせい 圏선생(님)
　　ランチ 圏점심　僕 ぼく 圏나, 저(남자의 자칭)　おにぎり 圏주먹밥
　　〜と思う 〜とおもう 〜라고 생각하다　パン 圏빵　つもり 圏예정
　　飲み物 のみもの 圏마실 것, 음료수　まだ 囮아직
　　考える かんがえる 통생각하다　牛乳 ぎゅうにゅう 圏우유
　　オレンジジュース 圏오렌지 주스　用意 ようい 圏준비
　　でも 쥅그래도　やっぱり 囮역시　好きだ すきだ 囨형좋다
　　今日 きょう 圏오늘　帰り道 かえりみち 圏돌아가는 길, 귀갓길
　　一緒に いっしょに 같이, 함께　買う かう 통사다

6

[음성]
母と息子が話しています。母はお菓子をいくつ買います
か。
　F：今からスーパーに買い物に行ってくるね。明日の旅行
　　　は車で行くから、車の中で食べるお菓子を買おうと思
　　　うんだけど、二つでいいかな。
　M：明日はお母さんと僕、そしてお父さんとお兄さんもい
　　　るから、四つ買うのはどう？
　F：お兄さんは明日用事があって、午後バスに乗って別に
　　　来るよ。それに、私はお菓子はあまり好きじゃないか
　　　ら、二つで十分。
　M：じゃ、三つ買おう。食べたくなるかもしれないよ。
　F：はい、はい、わかった。じゃ、お菓子は三つで、一緒
　　　に飲む飲み物も一つ買ってくるわ。

母はお菓子をいくつ買いますか。

[문제지]

1 2つ

2 3つ

3 4つ

4 5つ

해석 엄마와 아들이 이야기하고 있습니다. 엄마는 과자를 몇 개 삽니까?

F : 지금부터 슈퍼에 장을 보러 갔다 올게. 내일 여행은 차로 가니까, 차 안에서 먹을 과자를 사려고 생각하는데, 2개면 될까?

M : 내일은 엄마랑 나, 그리고 아빠랑 형도 있으니까, 4개 사는 건 어때?

F : 형은 내일 볼일이 있어서, 오후에 버스를 타고 따로 올 거야. 게다가, 나는 과자는 그다지 좋아하지 않아서, 2개면 충분해.

M : 그러면 3개 사자. 먹고 싶어질 수도 있잖아.

F : 네, 네, 알았어. 그러면, 과자는 3개에, 함께 마실 음료수도 하나 사 올게.

엄마는 과자를 몇 개 삽니까?

1 2개

2 3개

3 4개

4 5개

해설 선택지가 1 '2개', 2 '3개', 3 '4개', 4 '5개' 이고, 질문이 엄마가 과자를 몇 개 사는지를 물었으므로, 대화를 들을 때 엄마가 사는 과자의 개수를 파악한다. 엄마가 お菓子は三つで、一緒に飲む飲み物も一つ買ってくるわ(과자는 3개에, 함께 마실 음료수도 하나 사 올게)라고 했으므로 2 3つ(3개)가 정답이다. 1은 처음에 엄마가 2개를 제안했으나 여행을 함께 가는 인원수에 맞게 3개를 사기로 했고, 3은 가족이 4명이므로 아들이 4개를 제안했으나 형은 함께 가지 않으므로 3개를 사기로 했으며, 4는 언급되지 않은 내용이므로 오답이다.

어휘 母 はは 圏 엄마　息子 むすこ 圏 아들　お菓子 おかし 圏 과자
いくつ 圏 몇 개　買う かう 圏 사다　今 いま 圏 지금
~から 图 ~부터　スーパー 圏 슈퍼
買い物 かいもの 圏 장보기, 쇼핑　行く いく 圏 가다
明日 あした 圏 내일　旅行 りょこう 圏 여행　車 くるま 圏 차, 자동차
中 なか 圏 안, 속　食べる たべる 圏 먹다
~と思う ~とおもう ~라고 생각하다　~けど 图 ~는데
お母さん おかあさん 圏 엄마, 어머니　僕 ぼく 圏 나, 저(남자의 자칭)
そして 圈 그리고　お父さん おとうさん 圏 아빠, 아버지
お兄さん おにいさん 圏 형, 오빠　~から 图 ~니까
用事 ようじ 圏 볼일　午後 ごご 圏 오후　バス 圏 버스
乗る のる 圏 타다　別に べつに 囲 따로　来る くる 圏 오다
それに 圈 게다가　あまり 囲 그다지　好きだ すきだ な圏 좋아하다
十分だ じゅうぶんだ な圏 충분하다
~かもしれない ~(할) 지도 모르다　わかる 圏 알다, 이해하다
じゃ 圈 그럼　一緒に いっしょに 함께, 같이　飲む のむ 圏 마시다
飲み物 のみもの 圏 음료수

[음성]

男の人と女の人が話しています。二人は何曜日に映画を見に行きますか。

M : 来週、見ようって言ってた映画、予約しようと思うんだけど、何曜日がいい?

F : うん、私は水曜日の午後がいい。高橋くんは?

M : ごめん、水曜日の午後はだめ。両親と外食をする予定なんだ。木曜日か金曜日の午後はどう? 金曜日は次の日が土曜日だからちょっと遅い時間に映画を見ても大丈夫だし、いいと思うけど。

F : いいよ。じゃ、金曜日の午後6時以降のチケットでお願い。

M : 分かった。

二人は何曜日に映画を見に行きますか。

[문제지]

1 すいようび

2 もくようび

3 きんようび

4 どようび

해석 남자와 여자가 이야기하고 있습니다. 두 사람은 무슨 요일에 영화를 보러 갑니까?

M : 다음 주, 보자고 말했던 영화, 예약하려고 하는데, 무슨 요일이 좋아?

F : 음, 나는 수요일 오후가 좋아. 다카하시 군은?

M : 미안, 수요일 오후는 안 돼. 부모님과 외식을 할 예정이거든. 목요일이나 금요일 오후는 어때? 금요일은 다음 날이 토요일이니까 조금 늦은 시간에 영화를 봐도 괜찮고, 좋을 거라고 생각하는데.

F : 좋아. 그럼, 금요일 오후 6시 이후의 티켓으로 부탁해.

M : 알겠어.

두 사람은 무슨 요일에 영화를 보러 갑니까?

1 수요일

2 목요일

3 금요일

4 토요일

해설 선택지가 1 '수요일', 2 '목요일', 3 '금요일', 4 '토요일' 이고, 질문이 두 사람이 무슨 요일에 영화를 보는지를 물었으므로, 대화를 들을 때 두 사람이 영화를 보러 가는 요일을 파악한다. 여자가 金曜日の午後6時以降のチケットでお願い(금요일 오후 6시 이후의 티켓으로 부탁해)라고 했으므로 3 きんようび(금요일)가 정답이다. 1은 수요일은 남자가 부모님과 외식을 한다고 했고, 2는 목요일은 남자가 언급은 하였으나 여자가 금요일이 좋겠다고 하였으며, 4는 금요일 다음 날은 토요일이니까 금요일 늦게 영화를 봐도 좋겠다고 언급된 것이므로 오답이다.

정답

어휘 曜日 ようび 圐요일　映画 えいが 圐영화　見る みる 圄보다

　　　行く いく 圄가다　来週 らいしゅう 圐다음 주　予約 よやく 圐예약

　　　〜と思う 〜とおもう ~라고 생각하다　〜けど 国~는데

　　　水曜日 すいようび 圐수요일　午後 ごご 圐오후

　　　だめ 圐안 됨, 불가능　両親 りょうしん 圐부모님

　　　外食 がいしょく 圐외식　予定 よてい 圐예정

　　　木曜日 もくようび 圐목요일　金曜日 きんようび 圐금요일

　　　次 つぎ 圐다음　日 ひ 圐날　土曜日 どようび 圐토요일

　　　〜から 国~니까　ちょっと 閅조금　遅い おそい い쪵늦다

　　　時間 じかん 圐시간　大丈夫だ だいじょうぶだ な쪵괜찮다

　　　以降 いこう 圐이후　チケット 圐티켓

　　　分かる わかる 圄알다, 이해하다

8

[음성]

男の人と女の人が話しています。女の人は会社に何を置いてきましたか。

M：あ、疲れた。今日は本当に仕事が多くて、大変だったね。

F：でも、今日中に仕事が全部終わってよかった。

M：そうだね。僕も忙しすぎて、さっきコンビニに財布を持っていくのも忘れるぐらいだったよ。

F：本当？え、待って、今雨降ってるの？私かさを机の上に置いてきちゃった。どうしよう。

M：じゃ、今日は僕が車で送ってあげるよ。

F：いや、携帯も置いてきちゃった。かばんの中にもないよ。私はもう一度会社に戻るから。今日は先に帰ってね。

女の人は会社に何を置いてきましたか。

[문제지]

1 ア　イ
2 ア　ウ
3 イ　ウ
4 ウ　エ

해석 남자와 여자가 이야기하고 있습니다. 여자는 회사에 무엇을 두고 왔습니까?

　　　M：아, 피곤하다. 오늘은 정말 일이 많아서, 힘들었어.

　　　F：그래도, 오늘 중에 일이 전부 끝나서 다행이야.

　　　M：그러게. 나도 너무 바빠서, 아까 편의점에 지갑을 가져가는 것도 잊어버릴 정도였어.

F：진짜? 어, 기다려봐, 지금 비 와? 나 우산을 책상 위에 두고 와 버렸어. 어떡해.

M：그러면, 오늘은 내가 차로 데려다 줄게.

F：아니야, 휴대전화도 두고 와 버렸어. 가방 안에도 없어. 나는 다시 한 번 회사에 돌아갈 테니까. 오늘은 먼저 돌아가.

여자는 회사에 무엇을 두고 왔습니까?

해설 선택지가 지갑, 우산, 휴대전화, 가방 그림이고, 질문이 여자가 회사에 무엇을 두고 왔는지를 물었으므로, 대화를 들을 때 여자가 회사에 두고 온 물건을 파악한다. 여자가 かさを机の上に置いてきちゃった(우산을 책상 위에 두고 와 버렸어)라고 한 후, 携帯も置いてきちゃった(휴대전화도 두고 와 버렸어)라고 했으므로, 우산 그림 イ와 휴대전화 그림 ウ로 구성된 3이 정답이다. 그림 ア는 남자가 바빠서 지갑을 두고 편의점에 갔다고 한 것이고, 그림 エ는 여자가 가방 안에 휴대전화가 없다고 한 것이므로 오답이다.

어휘 会社 かいしゃ 圐회사　置く おく 圄두다

　　　疲れる つかれる 圄피곤하다　今日 きょう 圐오늘

　　　本当に ほんとうに 閅정말　仕事 しごと 圐일

　　　多い おおい い쪵많다　大変だ たいへんだ な쪵힘들다

　　　でも 国그래도　今日中 きょうじゅう 오늘 중　全部 ぜんぶ 圐전부

　　　終わる おわる 圄끝나다　僕 ぼく 圐나, 저(남자의 자칭)

　　　忙しすぎる いそがしすぎる 너무 바쁘다　さっき 閅아까

　　　コンビニ 圐편의점　財布 さいふ 圐지갑

　　　持つ もつ 圄가지다, 들다　忘れる わすれる 圄잊다

　　　〜ぐらい 国~정도　待つ まつ 圄기다리다　今 いま 圐지금

　　　雨 あめ 圐비　降る ふる 圄(비, 눈이) 내리다　かさ 圐우산

　　　机 つくえ 圐책상　上 うえ 圐위　〜ちゃう ~(해) 버리다

　　　車 くるま 圐차　送る おくる 圄데려다 주다　〜てあげる ~(해) 주다

　　　携帯 けいたい 圐휴대전화　かばん 圐가방　中 なか 圐안, 속

　　　もう一度 もういちど 다시 한 번　戻る もどる 圄돌아가다

　　　〜から 国~니까　先に さきに 閅먼저

　　　帰る かえる 圄돌아가다, 귀가하다

실전 테스트 2　　　　p.287

| 1 3 | 2 4 | 3 4 | 4 4 | 5 3 |
| 6 4 | 7 2 | 8 4 | | |

문제 1에서는, 먼저 질문을 들어 주세요. 그리고 이야기를 듣고, 문제 용지의 1부터 4 중에서, 가장 알맞은 것을 하나 골라주세요.

1

[음성]

家で、妻と夫が話しています。二人は、何でプールへ行きますか。

F：ねえ、明日プールまでどうやって行く？

M：電車だと、乗り換えが二回あるけど、30分で行けるよ。

F：乗り換えが二回もあるんだ。バスでは行けないの？

M：バスでも行けるけど、1時間ぐらいかかるよ。

F：明日は荷物が多いから、時間がかかってもバスで行こうよ。

M：分かった。バス停まではタクシーに乗って行こう。

F：うん。そうしよう。

二人は、何でプールへ行きますか。

[문제지]

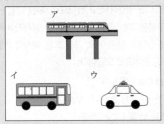

1 ア イ
2 ア ウ
3 イ ウ
4 イ

해석 집에서, 아내와 남편이 이야기하고 있습니다. 두 사람은, 무엇으로 수영장에 갑니까?

　F：저기, 내일 수영장까지 어떻게 가?

　M：전철이라면, 환승이 2번 있지만, 30분이면 갈 수 있어.

　F：환승이 2번이나 있구나. 버스로는 갈 수 없어?

　M：버스로도 갈 수 있지만, 1시간 정도 걸려.

　F：내일은 짐이 많으니까, 시간이 걸려도 버스로 가자.

　M：알겠어. 버스 정류장까지는 택시를 타고 가자.

　F：응. 그러자.

　두 사람은, 무엇으로 수영장에 갑니까?

해설 선택지가 전철, 버스, 택시 그림이고, 질문이 두 사람이 무엇으로 수영장에 가는지를 물었으므로, 대화를 들을 때 무엇을 타고 두 사람이 수영장에 가는지를 파악한다. 아내가 時間がかかってもバスで行こうよ(시간이 걸려도 버스로 가자)라고 하자, 남편이 分かった。バス停まではタクシーに乗って行こう(알겠어. 버스 정류장까지는 택시를 타고 가자)라고 했으므로, 버스 그림인 イ와 택시 그림인 ウ로 구성된 3이 정답이다. 그림 ア인 전철은 환승이 2번 있으니까 버스를 타자고 했으므로 오답이다.

어휘 家 いえ 圏집　妻 つま 圏아내　夫 おっと 圏남편
　プール 圏수영장　行く いく 圏가다　明日 あした 圏내일
　~まで 图~까지　電車 でんしゃ 圏전철
　乗り換え のりかえ 圏환승　~回 ~かい ~번, 회　~けど 图~지만
　~分 ~ふん 분　バス 圏버스　時間 じかん 圏시간
　~ぐらい 图~정도　かかる 圏(시간이) 걸리다　荷物 にもつ 圏짐
　多い おおい い圏많다　~から 图~니까　~ても 图~해도
　分かる わかる 圏알다, 이해하다　バス停 バスてい 圏버스 정류장
　タクシー 圏택시　乗る のる 圏타다

[음성]

動物園で、先生が話しています。学生は昼ご飯を食べた後、何をしますか。

　F：これから、今日の日程について話します。まず、色んな動物を見ます。動物を見る時は、大きい声を出すなどの行動はしないように、注意してください。その後は、動物園の中にある小さい水族館に行きます。水族館を見た後、そこの前で、クラスの写真を撮ります。写真を撮ってからは、一緒に昼ご飯を食べます。その後、午後には、馬にえさをあげる時間があります。それでは、今日一日楽しんでください。

学生は昼ご飯を食べた後、何をしますか。

[문제지]

1	2
3	4

해석 동물원에서, 선생님이 이야기하고 있습니다. 학생은 점심을 먹은 후, 무엇을 합니까?

　F：이제부터, 오늘의 일정에 대해 이야기합니다. 우선, 여러 가지 동물을 봅니다. 동물을 볼 때는, 큰 목소리를 내는 등의 행동은 하지 않도록, 주의해 주세요. 그 다음은, 동물원 안에 있는 작은 수족관에 갑니다. 수족관을 본 후, 그곳 앞에서, 학급의 사진을 찍습니다. 사진을 찍고 나서는, 함께 점심을 먹습니다. 그 뒤, 오후에는, 말에게 먹이를 주는 시간이 있습니다. 그러면, 오늘 하루 즐겨 주세요.

　학생은 점심을 먹은 후, 무엇을 합니까?

해설 선택지가 '동물 보기', '물고기 보기', '사진 찍기', '말에게 먹이 주기' 그림이고, 질문이 학생이 점심을 먹은 후 무엇을 하는지를 물었으므로, 선생님의 말을 들을 때 학생이 점심을 먹고 나서 해야 할 일을 파악한다. 선생님이 昼ご飯を食べます。その後、午後には、馬にえさをあげる時間があります(점심을 먹습니다. 그 뒤, 오후에는, 말에게 먹이를 주는 시간이 있습니다)라고 했으므로, 말에게 먹이를 주는 그림인 4가 정답이다. 1, 2, 3은 점심을 먹기 전에 하는 것이므로 오답이다.

어휘 動物園 どうぶつえん 圏동물원　先生 せんせい 圏선생(님)
　学生 がくせい 圏학생　昼ご飯 ひるごはん 圏점심
　食べる たべる 圏먹다　後 あと 圏다음, 뒤　これから 이제부터
　今日 きょう 圏오늘　日程 にってい 圏일정　~について ~에 대해
　話す はなす 圏이야기하다　まず 囝우선
　色んな いろんな 여러 가지　動物 どうぶつ 圏동물
　見る みる 圏보다　時 とき 圏때　大きい おおきい い圏크다

声 こえ 圏목소리　出す だす 圏내다　〜など 丞~등, 따위

行動 こうどう 圏행동　注意 ちゅうい 圏주의

〜てください 〜(해) 주세요　中 なか 圏안, 속

小さい ちいさい い형작다　水族館 すいぞくかん 圏수족관

前 まえ 圏앞　クラス 圏학급　写真 しゃしん 圏사진

撮る とる 圏찍다　一緒に いっしょに 함께, 같이　午後 ごご 圏오후

馬 うま 圏말　えさ 圏먹이　あげる 圏주다　時間 じかん 圏시간

それでは 圏그러면, 그렇다면　楽しむ たのしむ 圏즐기다

3

[음성]

学校で、男の学生と女の学生が話しています。女の学生はいつ男の学生にノートを貸しますか。

M：ねえ、10日の授業にでた？

F：10日は、金曜日だったよね？ うん、でたけど、なんで？

M：実はね、その日の朝、寝坊をしちゃって、授業に出られなかったの…。それで、授業のノートとかを貸してもらえるかなーと思ってね。

F：もう。分かったよ。でも、今はそのノートを持ってないから、明日でもいい？

M：あ、ごめんね。明日は学校に来ないんだ。

F：じゃ、その次の日の15日はどう？

M：うーん。私たち17日に同じ授業を受けるから、その日に貸してもらってもいいかな。

F：うん。分かった。そうしよう。

女の学生はいつ男の学生にノートを貸しますか。

[문제지]

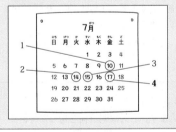

```
        7月
日 月 火 水 木 金 土
         1  2  3  4
 5  6  7  8  9 10 11
12 13 14 15 16 17 18
19 20 21 22 23 24 25
26 27 28 29 30 31
```

1
2
3
4

해석 학교에서, 남학생과 여학생이 이야기하고 있습니다. 여학생은 언제 남학생에게 노트를 빌려줍니까?

M：저기, 10일 수업에 나왔어?

F：10일은, 금요일이었지? 응, 나갔는데, 왜?

M：사실은, 그 날 아침, 늦잠을 자 버려서, 수업에 나갈 수 없었어…. 그래서, 수업 노트 등을 빌려 받을 수 있으려나 하고 생각해서.

F：뭐야. 알겠어. 그렇지만, 지금은 그 노트를 가지고 있지 않으니까, 내일이라도 괜찮아?

M：아, 미안. 내일은 학교에 오지 않아.

F：그럼, 그 다음 날인 15일은 어때?

M：으음. 우리들 17일에 같은 수업을 들으니까, 그 날에 빌려 받아

도 좋으려나.

F：응. 알겠어. 그렇게 하자.

여학생은 언제 남학생에게 노트를 빌려줍니까?

해설 선택지가 10일, 14일, 15일, 17일이고, 질문이 여학생이 언제 남학생에게 노트를 빌려주는지를 물었으므로, 대화를 들을 때 여학생이 남학생에게 노트를 빌려주는 날짜를 파악한다. 남학생이 私たち17日に同じ授業を受けるから、その日に貸してもらってもいいかな(우리들 17일에 같은 수업을 들으니까, 그 날에 빌려 받아도 좋으려나)라고 하자, 여학생이 うん。分かった(응. 알겠어)라고 했으므로, 17일인 4가 정답이다. 1은 남학생이 수업에 가지 못한 날이고, 2는 남학생이 학교에 오지 않는 날이며, 3은 여학생이 언급하였으나 남학생이 거절하였으므로 오답이다.

어휘 学校 がっこう 圏학교　学生 がくせい 圏학생　ノート 圏노트
貸す かす 圏빌려주다　授業 じゅぎょう 圏수업　でる 圏나가다
金曜日 きんようび 圏금요일　〜けど 丞~는데　実は じつは 사실은
日 ひ 圏날　朝 あさ 圏아침　寝坊 ねぼう 圏늦잠
〜ちゃう 〜(해) 버리다　それで 圏그래서　〜とか 丞~등
〜てもらう 〜(해) 받다　〜と思う 〜とおもう ~라고 생각하다
分かる わかる 圏알다, 이해하다　でも 圏그렇지만, 그래도
今 いま 圏지금　持つ もつ 圏가지다, 들다　〜から 丞~니까
明日 あした 圏내일　来る くる 圏오다　次 つぎ 圏다음
同じ おなじ 같은　授業を受ける じゅぎょうをうける 수업을 듣다

4

[음성]

旅行先で、女の人と男の人が話しています。女の人は、何を買いますか。

F：ねえ、弟にあげるおみやげを選んでるんだけど、何がいいかな。

M：このマグネットはどう？

F：いいけど、この前もマグネットをあげたから、他のものにしたいな。このカップかわいいと思うんだけど、どうかな？

M：うーん…。それはどこでも買えそうなデザインだからちょっと…。弟はまだ学生でしょ？ だから、このペンはどう？

F：いいね。ついでに、このノートも一緒に買ってあげよう。

女の人は、何を買いますか。

[문제지]

```
1 ア イ
2 ア エ
3 イ ウ
4 ウ エ
```

해석 여행지에서, 여자와 남자가 이야기하고 있습니다. 여자는, 무엇을 삽니까?

F : 저기, 남동생에게 줄 기념품을 고르고 있는데, 뭐가 좋을까.

M : 이 자석은 어때?

F : 좋지만, 요전에도 자석을 줬으니까, 다른 것으로 하고 싶어. 이 컵 귀엽다고 생각하는데, 어떠려나?

M : 으음…. 그건 어디서든 살 수 있을 것 같은 디자인이라서 조금…. 남동생은 아직 학생이지? 그러니까, 이 펜은 어때?

F : 좋네. 하는 김에, 이 노트도 같이 사서 줘야지.

여자는, 무엇을 삽니까?

해설 선택지가 자석, 컵, 펜, 노트 그림이고, 질문이 여자가 무엇을 사는지를 물었으므로, 대화를 들을 때 여자가 사는 물건을 파악한다. 남자가 このペンはどう?(이 펜은 어때?)라고 하자, 여자가 いいね。ついでに、このノートも一緒に買ってあげよう(좋네. 하는 김에, 이 노트도 같이 사서 줘야지)라고 했으므로, 펜 그림인 ウ와 노트 그림인 エ로 구성된 4가 정답이다. 그림 ア인 자석은 이미 지난번에 줬다고 한 것이고, 그림 イ는 어디서나 볼 수 있는 디자인이라고 남자가 반대했으므로 오답이다.

어휘 旅行先 りょこうさき 圏여행지　買う かう 통사다
弟 おとうと 圏남동생　あげる 통주다　おみやげ 圏기념품
選ぶ えらぶ 통고르다, 선택하다　~けど 조~는데
マグネット 圏자석　この前 このまえ 圏요전, 전번
~から 조~니까　他 ほか 圏다름　~にする ~로 하다
~たい ~(하)고 싶다　カップ 圏컵　かわいい い형귀엽다
~と思う ~とおもう ~라고 생각하다　~そうだ ~인 것 같다(추측)
デザイン 圏디자인　ちょっと 囝조금　まだ 囝아직
学生 がくせい 圏학생　だから 젭그러니까, 그래서　ペン 圏펜
ついでに 囝하는 김에　ノート 圏노트
一緒に いっしょに 같이, 함께　~てあげる ~(해) 주다

5

[음성]
学校で女の学生と男の学生が話しています。音楽室はどこにありますか。

F : すみません。音楽室はどこですか。

M : えっと、音楽室なら4階にあります。

F : さっき4階に行ってきたんですけど、なくて…。

M : あ、ごめんなさい。この前、一つ下の階に移動しました。

F : そうなんですか。ありがとうございます。

M : 今2階なので、そこの階段で一つ上の階に上がればいいですよ。

F : はい。ありがとうございます。

音楽室はどこにありますか。

[문제지]

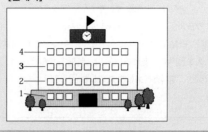

해석 학교에서 여학생과 남학생이 이야기하고 있습니다. 음악실은 어디에 있습니까?

F : 실례합니다. 음악실은 어디입니까?

M : 어, 음악실이라면 4층에 있어요.

F : 아까 4층에 갔다 왔는데, 없어서….

M : 아, 죄송합니다. 요전에, 한 층 밑으로 이동했어요.

F : 그렇습니까? 감사합니다.

M : 지금 2층이니까, 거기의 계단으로 하나 윗층으로 올라가면 됩니다.

F : 네. 감사합니다.

음악실은 어디에 있습니까?

해설 선택지가 1층, 2층, 3층, 4층이고, 질문이 음악실이 어디에 있는지를 물었으므로, 대화를 들을 때 음악실이 몇 층에 있는지를 파악한다. 남학생이 今2階なので、そこの階段で一つ上の階に上がればいいですよ(지금 2층이니까, 거기의 계단으로 하나 윗층으로 올라가면 됩니다)라고 했으므로, 3층인 3이 정답이다. 1은 현재 있는 층에서 한 층 올라가라고 언급한 것이고, 2는 현재 있는 층이며, 4는 예전에 음악실이 있던 층이므로 오답이다.

어휘 学校 がっこう 圏학교　学生 がくせい 圏학생
音楽室 おんがくしつ 圏음악실　~なら 조~라면
~階 ~かい ~층　さっき 囝아까　行く いく 통가다
~けど 조~는데　この前 このまえ 圏요전, 일전　下 した 圏밑, 아래
移動 いどう 圏이동　今 いま 圏지금　~ので 조~니까
階段 かいだん 圏계단　上 うえ 圏위　上がる あがる 통올라가다

6

[음성]
家で夫と妻が話しています。二人は明日何を持って行きますか。

M : ね、明日のピクニックに持って行く、お弁当の準備は大丈夫?

F : あ、お弁当とお水は高橋さんが持ってくることになってるんだ。

M : そうなんだ。じゃ、僕たちは何を持って行けばいいの?

F : えっと、スプーンとかも高橋さんが持ってくることになってるし…。

M : お菓子とか用意して行くのはどう?

F：それいいね。

M：じゃ、僕がスーパーで買ってくるね。

二人は明日何を持って行きますか。

[問題紙]

 1

 2

 3

 4

해석 집에서 남편과 아내가 이야기하고 있습니다. 두 사람은 내일 무엇을 들고 갑니까?

M : 저기, 내일 피크닉에 들고 갈, 도시락 준비는 괜찮아?

F : 아, 도시락과 물은 다카하시 씨가 들고 오는 것으로 되어 있어.

M : 그렇구나. 그럼, 우리는 무엇을 들고 가면 돼?

F : 음, 숟가락이라든가도 다카하시 씨가 가져오기로 되어 있고….

M : 과자라든가 준비해서 가는 것은 어때?

F : 그거 좋네.

M : 그럼, 내가 슈퍼에서 사 올게.

두 사람은 내일 무엇을 들고 갑니까?

해설 선택지가 도시락, 물, 숟가락, 과자 그림이고, 질문이 두 사람이 내일 무엇을 들고 가는지를 물었으므로, 대화를 들을 때 두 사람이 가져갈 물건을 파악한다. 남편이 お菓子とか用意して行くのはどう？ (과자라든가 준비해서 가는 것은 어때?)라고 하자, 아내가 それいいね (그거 좋네)라고 했으므로, 과자 그림인 4가 정답이다. 1, 2, 3은 다 카하시 씨가 가져올 물건이므로 오답이다.

어휘 家 いえ 몡집 夫 おっと 몡남편 妻 つま 몡아내
明日 あした 몡내일 持つ もつ 图들다, 가지다
ピクニック 몡피크닉, 소풍 お弁当 おべんとう 몡도시락
準備 じゅんび 몡준비 大丈夫だ だいじょうぶだ な형괜찮다
水 みず 몡물 ～ことになる ~(하)기로 되다
僕 ぼく 몡나, 저(남자의 자칭) スプーン 몡숟가락, 스푼
～とか 函~라든가 お菓子 おかし 몡과자 用意 ようい 몡준비
スーパー 몡슈퍼 買う かう 图사다

7

[음성]

コンビニの店長が店員に話しています。店員は牛乳をどこに置きますか。

F：今朝、牛乳がとどいたから、たなに並べてください。上から一番目は置くところがないと思うから、その一つ下のところにお願いします。ついでに、一番下のたなも整理してください。あ、下から二番目のたなにあるおにぎりはお腹が空いたら食べてもいいです。

店員は牛乳をどこに置きますか。

[問題紙]

1 いちばん　うえの　たな

2 うえから　にばんめの　たな

3 いちばん　したの　たな

4 したから　にばんめの　たな

해석 편의점 점장이 점원에게 이야기하고 있습니다. 점원은 우유를 어디에 둡니까?

F : 오늘 아침, 우유가 도착했으니까, 선반에 진열해 주세요. 위에서부터 첫 번째는 둘 곳이 없을 거라고 생각하니까, 그 하나 아래의 곳에 부탁합니다. 하는 김에, 가장 아래의 선반도 정리해 주세요. 아, 아래에서부터 두 번째 선반에 있는 주먹밥은 배가 고프면 먹어도 좋아요.

점원은 우유를 어디에 둡니까?

1 가장 위의 선반

2 위에서 두 번째의 선반

3 가장 아래의 선반

4 아래에서 두 번째의 선반

해설 선택지가 1 '가장 위의 선반', 2 '위에서 두 번째의 선반', 3 '가장 아래의 선반', 4 '아래에서 두 번째의 선반'이고, 질문이 점원이 우유를 어디에 두는지를 물었으므로, 점장의 말을 들을 때 점원이 우유를 선반의 몇 번째 칸에 두는지를 파악한다. 점장이 上から一番目は置くところがないと思うから、その一つ下のところにお願いします(위에서부터 첫 번째는 둘 곳이 없을 거라고 생각하니까, 그 하나 아래의 곳에 부탁합니다)라고 했으므로, 2 うえから　にばんめの　たな(위에서 두 번째의 선반)가 정답이다. 1은 둘 자리가 없다고 했고, 3은 가장 아래의 선반을 정리해 달라고 한 것이며, 4는 주먹밥이 있는 곳이라고 했으므로 오답이다.

어휘 コンビニ 몡편의점 店長 てんちょう 몡점장
店員 てんいん 몡점원 牛乳 ぎゅうにゅう 몡우유
置く おく 图두다 今朝 けさ 몡오늘 아침 とどく 图도착하다
～から 函~니까 たな 몡선반 並べる ならべる 图진열하다
～てください ~(해) 주세요 上 うえ 몡위 ～から 函~에서
一番目 いちばんめ 몡첫 번째 ところ 몡곳
～と思う ～とおもう ~라고 생각하다 ～から 函~니까
下 した 몡아래 ついでに 囝하는 김에 一番 いちばん 囝가장
整理 せいり 몡정리 二番目 にばんめ 몡두 번째
おにぎり 몡주먹밥 お腹が空く おなかがすく 배가 고프다
～たら ~(하)면 食べる たべる 图먹다

8

[음성]

お店で、男の人と女の人が話しています。二人は何を買いますか。

M：今日は果物の種類が多いね。何を買おうか？

F：えっと、ももは昨日食べたから、今日はぶどうを買うのはどう？

M：いいね！りんごもいっしょに買うのはどう？

F：うーん。今日はバナナが安いから、バナナを買うのがいいんじゃないかな。

M：あ、その方がいいね。君、バナナが好きだし。

F：うん。じゃ、今日はその二つにしよう。

二人は何を買いますか。

[問題지]

1 エ　ウ
2 ア　エ
3 イ　ウ
4 イ　エ

해석 가게에서, 남자와 여자가 이야기하고 있습니다. 두 사람은 무엇을 삽니까?

M: 오늘은 과일의 종류가 많네. 무엇을 살까?

F: 음, 복숭아는 어제 먹었으니까, 오늘은 포도를 사는 것은 어때?

M: 좋네! 사과도 함께 사는 것은 어때?

F: 으음. 오늘은 바나나가 싸니까, 바나나를 사는 것이 좋지 않으려나.

M: 아, 그 편이 좋겠다. 당신, 바나나를 좋아하기도 하고.

F: 응. 그럼, 오늘은 그 두 개로 하자.

두 사람은 무엇을 삽니까?

해설 선택지가 복숭아, 포도, 사과, 바나나 그림이고, 질문이 두 사람이 무엇을 사는지를 물었으므로, 대화를 들을 때 두 사람이 사는 과일이 무엇인지를 파악한다. 여자가 今日はぶどうを買うのはどう？(오늘은 포도를 사는 것은 어때?)라고 말하자, 남자가 いいね！りんごもいっしょに買うのはどう？(좋네! 사과도 함께 사는 것은 어때?)라고 했고, 그 후 여자가 バナナを買うのがいいんじゃないかな(바나나를 사는 것이 좋지 않으려나)라고 했으므로, 포도 그림인 イ와 바나나 그림인 エ로 구성된 4가 정답이다. 그림 ア인 복숭아는 어제 먹었다고 했으며, 그림 ウ인 사과는 남자가 언급했지만 여자가 거절했으므로 오답이다.

어휘 店 みせ 圆 가게　買う かう 图 사다　今日 きょう 圆 오늘

　　 果物 くだもの 圆 과일　種類 しゅるい 圆 종류

　　 多い おおい い형 많다　もも 圆 복숭아　昨日 きのう 圆 어제

　　 食べる たべる 图 먹다　〜から 图 〜니까　ぶどう 圆 포도

　　 りんご 圆 사과　いっしょに 함께, 같이　バナナ 圆 바나나

　　 安い やすい い형 싸다　〜方がいい 〜ほうがいい 〜(하)는 편이 좋다

　　 君 きみ 圆 당신　好きだ すきだ な형 좋아하다　じゃ 졥 그럼

| 1 3 | 2 2 | 3 3 | 4 3 | 5 2 |
| 6 4 | 7 3 | 8 2 | | |

문제 1에서는, 먼저 질문을 들어 주세요. 그리고 이야기를 듣고, 문제 용지의 1부터 4 중에서, 가장 알맞은 것을 하나 골라주세요.

1

[음성]

女の人と男の人が話しています。男の人はこれから何をしますか。

F：顔色悪いね。

M：風邪をひいたみたい。

F：大丈夫？ 薬は飲んだ？

M：うん、さっき薬局に行って、薬を買って飲んだよ。でも、まだ熱があって、体の調子が悪いんだ。

F：じゃ、早く病院に行った方がいいと思うけど。

M：今日日曜日だから、明日も具合が悪かったら病院に行くよ。

F：それじゃ、お湯を飲んで、ちょっと寝たらどう？

M：うん、お湯は飲んでみるね。でも、明日まで出さなければならない宿題があるから、終わってからじゃないと寝られないんだ。

男の人はこれから何をしますか。

[문제지]

해석 여자와 남자가 이야기하고 있습니다. 남자는 이제부터 무엇을 합니까?

F: 얼굴 색이 안 좋네.

M: 감기에 걸린 것 같아.

F: 괜찮아? 약은 먹었어?

M: 응, 아까 약국에 가서, 약을 사서 먹었어. 그래도, 아직 열이 있고, 몸 상태가 좋지 않아.

F: 그럼, 빨리 병원에 가는 편이 좋다고 생각하는데.

M: 오늘 일요일이니까, 내일도 상태가 좋지 않으면 병원에 갈 거야.

F: 그러면, 따뜻한 물을 마시고, 조금 자면 어때?

M: 응, 따뜻한 물은 마셔 볼게. 하지만, 내일까지 내지 않으면 안 되는 숙제가 있으니까, 끝나고 나서가 아니면 잘 수 없어.

남자는 이제부터 무엇을 합니까?

해설 선택지가 약 먹기, 병원 가기, 물 마시기, 잠자기 그림이고, 질문이 남자가 이제부터 해야 할 일을 물었으므로, 대화를 들을 때 남자가 해야 할 일을 파악한다. 남자가 うん、お湯は飲んでみるね(응, 따뜻한 물은 마셔 볼게)라고 했으므로, 물 마시는 그림인 3이 정답이다. 1은 이미 한 것이고, 2는 내일도 몸이 좋지 않으면 간다고 하였으며, 4는 숙제를 마치기 전까지는 잘 수 없다고 했으므로 오답이다.

어휘 顔 かお 國얼굴 色 いろ 國색 悪い わるい い國좋지 않다, 나쁘다
風邪をひく かぜをひく 감기에 걸리다
大丈夫だ だいじょうぶだ な國괜찮다 薬 くすり 國약
飲む のむ 國(약을) 먹다, 마시다 さっき 圖아까
薬局 やっきょく 國약국 行く いく 國가다 買う かう 國사다
でも 圖그래도 まだ 圖아직 熱 ねつ 國열 体 からだ 國몸
調子 ちょうし 國상태 早く はやく 圖빨리
病院 びょういん 國병원
~た方がいい ~たほうがいい ~(하)는 편이 좋다
~と思う ~とおもう ~라고 생각하다 ~けど 國~는데
今日 きょう 國오늘 日曜日 にちようび 國일요일 ~から 國~니까
明日 あした 國내일 具合 ぐあい 國상태 ~たら ~(하)면
それじゃ 圖그러면 お湯 おゆ 國따뜻한 물 ちょっと 圖조금
寝る ねる 國자다 ~まで 國~까지 出す だす 國내다
~なければならない ~(하)지 않으면 안 된다
宿題 しゅくだい 國숙제 終わる おわる 國끝나다

2

[음성]
会社で、男の人と女の人が話しています。女の人は資料を何枚印刷しますか。
M：山田さん、明日の会議の資料もう用意できましたか。
F：いいえ、まだです。
M：あ、よかった。明日の会議、もともとは20人が参加する予定でしたが、二人が出張で出られなくなりました。
F：じゃ、20枚じゃなくて18枚を印刷すればいいんですか。
M：はい、お願いします。あ、僕は資料を読んでおきたくて昨日自分で印刷しました。僕の分は印刷しなくてもいいです。
F：でも、さっき前田さんが資料を少し直しました。
M：あ、そうですか。じゃ、僕の分もお願いします。

女の人は資料を何枚印刷しますか。

[문제지]
1 20まい
2 18まい
3 17まい
4 16まい

해석 회사에서, 남자와 여자가 이야기하고 있습니다. 여자는 자료를 몇 장 인쇄합니까?
M：야마다 씨, 내일 회의 자료 이미 준비했습니까?
F：아니요, 아직입니다.
M：아, 다행이다. 내일 회의, 원래는 20명 참가할 예정이었습니다만, 두 명이 출장으로 참가할 수 없게 되었습니다.
F：그럼, 20매가 아니라 18매를 인쇄하면 되나요?
M：네, 부탁합니다. 아, 저는 자료를 읽어 두고 싶어서 어제 스스로 인쇄했습니다. 제 몫은 인쇄하지 않아도 됩니다.
F：하지만, 아까 마에다 씨가 자료를 조금 고쳤습니다.
M：아, 그렇습니까? 그럼, 제 몫도 부탁드려요.

여자는 자료를 몇 장 인쇄합니까?

1 20매
2 18매
3 17매
4 16매

해설 선택지가 1 '20매', 2 '18매', 3 '17매', 4 '16매'이고, 질문이 여자가 자료를 몇 장 인쇄해야 하는지 물었으므로, 대화를 들을 때 여자가 인쇄해야 하는 자료가 몇 장인지 파악한다. 여자가 18枚を印刷すればいいんですか(18매를 인쇄하면 되나요)라고 하자, 남자가 僕の分は印刷しなくてもいいです(제 몫은 인쇄하지 않아도 됩니다)라고 했다. 그런데 여자가 前田さんが資料を少し直しました(마에다 씨가 자료를 조금 고쳤습니다)라고 하자, 남자가 じゃ、僕の分もお願いします(그럼, 제 몫도 부탁드려요)라고 번복하였으므로 2 18まい(18매)가 정답이다. 1은 원래 20명이었지만 2명이 회의에 참석할 수 없게 되었다고 했고, 3은 남자가 자신의 몫은 인쇄하지 않아도 된다고 했다가 번복하였으며, 4는 언급되지 않았으므로 오답이다.

어휘 会社 かいしゃ 國회사 資料 しりょう 國자료 ~枚 ~まい ~매, 장
印刷 いんさつ 國인쇄 明日 あした 國내일 会議 かいぎ 國회의
もう 圖이미 用意 ようい 國준비 まだ 圖아직 もともと 圖원래
~人 ~にん ~명 参加 さんか 國참가 予定 よてい 國예정
出張 しゅっちょう 國출장 出る でる 國참가하다, 나오다
~ば 國~(하)면 僕 ぼく 國저, 나(남자의 자칭) 読む よむ 國읽다
~ておく ~(해) 두다 ~たい ~(하)고 싶다 昨日 きのう 國어제
自分で じぶんで 스스로 分 ぶん 國몫 でも 圖하지만
さっき 圖아까 少し すこし 圖조금 直す なおす 國고치다
じゃ 圖그럼

3

[음성]
うちで、夫と妻が話しています。二人は昼ご飯に何を食べますか。
M：昼ご飯、何か食べたいものある？
F：食べたいもの…、ないな。あなたは？
M：じゃ、パスタでも作ってあげようか。
F：いや、最近仕事で疲れてるんでしょ。外で食べよう。
　　あ、駅前にできたピザ屋は行ってみた？

M：あ、そこ、まだ行ったことない。じゃあ、そこ行こうか。昨日帰り道で見たんだけど、来週までコーラが一杯無料だって。

F：え、本当？いいね。そこサラダもおいしいそうよ。ピザと一緒に食べよう。

M：二人でサラダまで食べられるかな。

F：それもそうね。うーん、それは頼まないことにしよう。

M：いいよ。じゃ、今すぐ行こう。

二人は昼ご飯に何を食べますか。

[문제지]

1　ア
2　ア　ウ
3　イ　ウ
4　イ　ウ　エ

해석 집에서, 남편과 아내가 이야기하고 있습니다. 두 사람은 점심 식사로 무엇을 먹습니까?

M：점심, 뭔가 먹고 싶은 거 있어?

F：먹고 싶은 거…, 없네. 당신은?

M：그럼, 파스타라도 만들어 줄까?

F：아니야, 최근 일로 피곤하잖아. 밖에서 먹자. 아, 역 앞에 생긴 피자 가게는 가 봤어?

M：아, 거기, 아직 가 본 적 없어. 그럼, 거기 갈까? 어제 돌아오는 길에 봤는데, 다음 주까지 콜라가 한 잔 무료래.

F：어, 정말? 좋네. 거기 샐러드도 맛있다고 해. 피자랑 같이 먹자.

M：둘이서 샐러드까지 먹을 수 있을까?

F：그것도 그러네. 으음, 그건 주문하지 않는 것으로 하자.

M：좋아. 그럼, 지금 바로 가자.

두 사람은 점심 식사로 무엇을 먹습니까?

해설 선택지가 파스타, 피자, 콜라, 샐러드 그림이고, 질문이 두 사람이 점심으로 무엇을 먹는지 물었으므로, 대화를 들을 때 두 사람이 무엇을 점심으로 먹는지 파악한다. 아내가 駅前にできたピザ屋は行ってみた?(역 앞에 생긴 피자 가게는 가 봤어?)라고 하자, 남편이 じゃあ、そこ行こうか。昨日帰り道で見たんだけど、来週までコーラが一杯無料だって(그럼, 거기 갈까? 어제 돌아오는 길에 봤는데, 다음 주까지 콜라가 한 잔 무료래)라고 했으므로, 피자 그림인 イ와 콜라 그림인 ウ로 구성된 3이 정답이다. 그림 ア는 남편이 일로 피곤하니 만들지 말라고 했고, 그림 エ는 둘이서 다 먹을 수 없으니까 주문하지 않는 것으로 했으므로 오답이다.

어휘 うち 阌집　夫 おっと 阌남편　妻 つま 阌아내

昼ご飯 ひるごはん 阌점심 (식사)　食べる たべる 阌먹다
〜たい 〜(하)고 싶다　あなた 阌당신　パスタ 阌파스타
〜でも 國〜라도　作る つくる 阌만들다　〜てあげる (해) 주다
最近 さいきん 阌최근　仕事 しごと 阌일
疲れる つかれる 阌피곤하다　外 そと 阌밖, 바깥
駅前 えきまえ 阌역 앞　できる 阌생기다
ピザ屋 ピザや 阌피자 가게　行ってみる いってみる 가 보다
まだ 閉아직　〜たことない 〜(한) 적이 없다　じゃあ 國그럼
昨日 きのう 阌어제　帰り道 かえりみち 阌돌아가는 길, 귀갓길
見る みる 阌보다　〜けど 〜는데　来週 らいしゅう 阌다음 주
〜まで 國〜까지　コーラ 阌콜라　〜杯 〜はい 〜잔
無料 むりょう 阌무료　本当 ほんとう 정말　サラダ 阌샐러드
おいしい い翮맛있다　〜そうだ 〜라고 한다　一緒に いっしょに 함께
頼む たのむ 阌시키다, 부탁하다　今 いま 阌지금　すぐ 閉바로

4

[음성]
うちで、妻と夫が話しています。夫はこれから何を買ってきますか。

F：じゃ、旅行の準備はこれで終わりかな。

M：確認してみよう。まず、明日は雪が降って寒いらしいんだけど、コートはある？

F：うん、いちばん最初に準備したの。スーツケースに入れておいたよ。

M：いいね。じゃ、飲み物は？

F：飲み物はないな。買わなきゃね。

M：そう？じゃ、お弁当とかさは？

F：うーん、お弁当は冷蔵庫の中にある。明日の朝にかばんに入れるつもり。かさはね、かばんに入らない長いものしかないの。どうすればいいかな。

M：そうなんだ、それは今から僕がかばんに入るサイズのものを買ってくるよ。飲み物も一緒にね。

夫はこれから何を買ってきますか。

[문제지]

1　ア　イ
2　イ　ウ
3　イ　エ
4　ウ　エ

해석 집에서, 아내와 남편이 이야기하고 있습니다. 남편은 이제부터 무엇을 사 옵니까?

F : 그럼, 여행 준비는 이걸로 끝인가?

M : 확인해 보자. 우선, 내일은 눈이 와서 춥다고 하는데, 코트는 있어?

F : 응, 가장 처음에 준비했지. 여행 가방에 넣어 놨어.

M : 좋아. 그럼, 음료수는?

F : 음료수는 없어. 사지 않으면 안 돼.

M : 그래? 그러면, 도시락이랑 우산은?

F : 으음, 도시락은 냉장고 안에 있어. 내일 아침에 가방에 넣을 예정이야. 우산은, 가방에 들어가지 않는 긴 것 밖에 없어. 어떻게 하는 게 좋을까.

M : 그렇구나, 그거는 지금부터 내가 가방에 들어가는 크기인 것을 사 올게. 음료수도 같이.

남편은 이제부터 무엇을 사 옵니까?

해설 선택지가 코트, 음료수, 도시락, 우산 그림이고, 질문이 남편이 무엇을 사 오는지 물었으므로, 대화를 들을 때 남편이 사오는 것이 무엇인지 파악한다. 아내가 かさはね、かばんに入らない長いものしかないの(우산은, 가방에 들어가지 않는 긴 것 밖에 없어)라고 하자, 남편이 それは今から僕がかばんに入るサイズのものを買ってくるよ。飲み物も一緒にね(그거는 지금부터 내가 가방에 들어가는 크기인 것을 사 올게. 음료수도 같이)라고 했으므로 음료수 그림인 イ와 작은 우산 그림인 エ로 구성된 3이 정답이다. 그림 ア는 이미 챙겼다고 했고, 그림 ウ는 냉장고에 있다고 했으므로 오답이다.

어휘 うち 圏집　妻 つま 圏아내　夫 おっと 圏남편　買う かう 圏사다
旅行 りょこう 圏여행　準備 じゅんび 圏준비　終わり おわり 圏끝
確認 かくにん 圏확인　まず 圉우선　明日 あした 圏내일
雪 ゆき 圏눈　降る ふる 圏내리다　寒い さむい い圏춥다
～らしい ～(라)고 하다　～けど 国～는데　コート 圏코트
いちばん 圉가장　最初 さいしょ 圏처음, 최초
スーツケース 圏여행 가방　入れる いれる 圏넣다
～ておく ～(해) 두다　飲み物 のみもの 圏음료수
～なきゃ ～(하)지 않으면 안 된다　お弁当 おべんとう 圏도시락
かさ 圏우산　冷蔵庫 れいぞうこ 圏냉장고　中 なか 圏안, 속
朝 あさ 圏아침　かばん 圏가방　つもり 圏예정
入る はいる 圏들어가다　長い ながい い圏길다　～しか ～밖에
今 いま 圏지금　～から 国~부터　僕 ぼく 圏나, 저(남자의 자칭)
サイズ 圏크기, 사이즈　一緒に いっしょに 함께

5

[음성]
男の学生と女の学生が話しています。男の学生はどんな運動を始めますか。

M : 最近勉強しようと思っていすに座っているとすぐ疲れてしまうんだ。勉強に集中するのも難しいし。

F : うーん、体力がないんじゃない。毎日少しでも運動したらどう？私は少し前から毎日水泳を30分しているけど、すごくいいよ。

M : 僕もね、もともとは毎朝ジョギングをしてたけど、勉強する時間が足りなくてやめたんだ。

F : そうなんだ。でも運動はした方がいいと思うよ。学校にサッカーやテニスのサークルがあるじゃん。そこに入るのはどう？サッカーのサークルがよさそう。

M : サッカーもいいけど、やっぱり勉強する時間が足りないから、一人で簡単にできる運動がいいと思う。前のように運動場を走ることにするよ。

男の学生はどんな運動を始めますか。

[문제지]

 1
 2
 3
 4

해석 남학생과 여학생이 이야기하고 있습니다. 남학생은 어떤 운동을 시작합니까?

M : 최근 공부하려고 생각해서 의자에 앉아 있으면 바로 피곤해져 버려. 공부에 집중하는 것도 어렵고.

F : 으음, 체력이 없는 것 아냐? 매일 조금이라도 운동을 하면 어때? 나는 얼마 전부터 매일 수영을 30분 하는데, 정말 좋아.

M : 나도, 원래는 매일 아침 조깅을 했었는데, 공부하는 시간이 부족해서 그만 뒀어.

F : 그렇구나. 그래도 운동은 하는 편이 좋을 거라고 생각해. 학교에 축구나 테니스 서클이 있잖아. 거기에 들어가는 건 어때? 축구 서클이 좋을 것 같아.

M : 축구도 좋지만, 역시 공부할 시간이 부족하니까, 혼자서 간단히 할 수 있는 운동이 좋다고 생각해. 전처럼 운동장을 뛰는 것으로 할게.

남학생은 어떤 운동을 시작합니까?

해설 선택지가 수영, 조깅, 축구, 테니스 그림이고, 질문이 남학생이 시작할 운동이 무엇인지를 물었으므로, 대화를 들을 때 남학생이 무슨 운동을 시작하는지를 파악한다. 남학생이 前のように運動場を走ることにするよ(전처럼 운동장을 뛰는 것으로 할게)라고 했으므로, 조깅하는 그림인 2가 정답이다. 1은 여학생이 하는 운동이고, 3, 4는 여학생이 언급하였으나 남학생이 시간이 없다고 했으므로 오답이다.

어휘 学生 がくせい 圏학생　運動 うんどう 圏운동
始める はじめる 圏시작하다　最近 さいきん 圏최근
勉強 べんきょう 圏공부
～ようと思う ～ようとおもう ~(하)려고 생각하다　いす 圏의자
座る すわる 圏앉다　すぐ 圉바로　疲れる つかれる 圏피곤하다
～てしまう ~(해) 버리다　集中 しゅうちゅう 圏집중
難しい むずかしい い圏어렵다　体力 たいりょく 圏체력
毎日 まいにち 圏매일　少し すこし 圉조금　～でも 国~라도

～たら ～(하)면	少し前 すこしまえ 얼마 전	～から 国 ~부터

~たら ~(하)면　少し前 すこしまえ 얼마 전　～から 国 ~부터

水泳 すいえい 图 수영　～分 ～ふん ~분　～けど 国 ~는데

すごく 囝 정말, 매우　僕 ぼく 图 나, 저(남자의 자칭)

もともと 囝 원래　毎朝 まいあさ 图 매일 아침　ジョギング 图 조깅

時間 じかん 图 시간　足りない たりない 부족하다

やめる 图 그만두다　でも 圈 그래도

～た方がいい ～たほうがいい ~(하)는 편이 좋다

～と思う ～とおもう ~라고 생각하다　学校 がっこう 图 학교

サッカー 图 축구　～や 国 ~(이)나　テニス 图 테니스

サークル 图 서클, 동아리　入る はいる 图 들어가다

やっぱり 囝 역시　簡単だ かんたんだ な형 간단하다

できる 图 할 수 있다　前 まえ 图 전, 앞　～ように ~처럼

運動場 うんどうじょう 图 운동장　走る はしる 图 뛰다, 달리다

～ことにする ~(하)는 것으로 하다

6

[음성]

妻と夫が話しています。夫はまず何をしますか。

F : 今日本当に忙しいね。

M : なんで？　何かあるの？　僕が手伝うよ。

F : まず、明日はゆうとの誕生日パーティーだから、準備
のためスーパーに行かなきゃならないのに、郵便局で
この手紙も送らなきゃいけないの。

M : そっか。じゃあ、僕が郵便局に行くから、スーパーに
行ってきて。

F : ありがとう。じゃ、私はスーパーで買い物してから、
パン屋でケーキを買ってくるね。スーパーのケーキは
おいしくないから。

M : うん、他になにかやることはないの？

F : あ、そうだ。郵便局に行く前に、幼稚園にゆうとを迎え
に行ってくれる？　郵便局によってから行くと遅くなるか
ら、忘れないでね。

M : わかった。

夫はまず何をしますか。

[문제지]

해석 아내와 남편이 이야기하고 있습니다. 남편은 우선 무엇을 합니까?

　F : 오늘 정말 바쁘네.

　M : 왜? 뭔가 있어? 내가 도와줄게.

　F : 우선, 내일은 유토의 생일 파티니까, 준비를 위해 슈퍼를 가지 않

으면 안 되는데, 우체국에서 이 편지도 보내지 않으면 안 돼.

M : 그렇구나. 그럼, 내가 우체국에 갈 테니까, 슈퍼에 갔다 와.

F : 고마워. 그럼, 나는 슈퍼에서 장을 보고 나서, 빵집에서 케이크를
사 올게. 슈퍼의 케이크는 맛이 없으니까.

M : 응, 다른 뭔가 할 일은 없어?

F : 아, 맞아. 우체국에 가기 전에, 유치원에 유토를 데리러 가 줄래?
우체국에 들렀다가 가면 늦어지니까, 잊지 마.

M : 알겠어.

남편은 우선 무엇을 합니까?

해설 선택지가 장 보기, 편지 보내기, 케이크 사기, 아이 데려오기 그림이
고, 질문이 남편이 우선 해야 할 일을 물었으므로, 대화를 들을 때 남
편이 가장 먼저 해야 할 일이 무엇인지를 파악한다. 아내가 郵便局
に行く前に、幼稚園にゆうとを迎えに行ってくれる？ (우체국에
가기 전에, 유치원에 유토를 데리러 가 줄래?)라고 했으므로, 아이를
데려오는 그림인 4가 정답이다. 1, 3은 아내가 할 일이고 2는 남편이
아이를 데려온 후에 할 일이므로 오답이다.

어휘 妻 つま 图 아내　夫 おっと 图 남편　今日 きょう 图 오늘

本当に ほんとうに 囝 정말　忙しい いそがしい 〔い형〕 바쁘다

僕 ぼく 图 나, 저(남자의 자칭)　手伝う てつだう 图 돕다

まず 囝 우선　明日 あした 图 내일　誕生日 たんじょうび 图 생일

パーティー 图 파티　～から 国 ~니까　準備 じゅんび 图 준비

ため 图 위함　スーパー 图 슈퍼　行く いく 图 가다

～なきゃならない ~(하)지 않으면 안 된다　～のに 国 ~는데

郵便局 ゆうびんきょく 图 우체국　手紙 てがみ 图 편지

送る おくる 图 보내다　～なきゃいけない ~(하)지 않으면 안 된다

じゃあ 圈 그럼　買い物 かいもの 图 장 보기, 쇼핑

～てから ~(하)고 나서　パン屋 パンや 图 빵집　ケーキ 图 케이크

買う かう 图 사다　おいしい 〔い형〕 맛있다　他 ほか 图 다름

やる 图 하다　前 まえ 图 전, 앞　幼稚園 ようちえん 图 유치원

迎えに行く むかえにいく 데리러 가다　～てくれる ~(해) 주다

よる 图 들르다　遅い おそい 〔い형〕 늦다　忘れる わすれる 图 잊다

わかる 图 알다, 이해하다

7

[음성]

先生が話しています。学生は何時にどこに集まらなければ
なりませんか。

F : みなさん、博物館に着きました。今は9時30分です。
ここは自由に見てください。1階から5階まである大
きな博物館なので、たぶんすべて見るのはできないと
思います。パンフレットを見て面白そうなところや、興
味がある時代のものがあるところに行ったらいいと思
います。それから12時まで駐車場に来てください。バ
スで昼ご飯を食べる食堂まで移動する予定です。食堂
までは30分ぐらいかかります。

学生は何時にどこに集まらなければなりませんか。

[문제지]

1　9時半に　はくぶつかんの　1かい

2　10時に　はくぶつかんの　5かい

3　12時に　ちゅうしゃじょう

4　12時半に　しょくどう

해석　선생님이 이야기하고 있습니다. 학생은 몇 시에 어디로 모이지 않으면 안 됩니까?

　　F : 여러분, 박물관에 도착했습니다. 지금은 9시 30분입니다. 여기는 자유롭게 봐 주세요. 1층부터 5층까지 있는 큰 박물관이니까, 아마 전부 볼 수는 없을 거라고 생각해요. 팸플릿을 보고 재미있어 보이는 곳이나, 흥미가 있는 시대의 물건이 있는 곳에 가면 좋겠다고 생각합니다. 그리고 12시까지 주차장에 와 주세요. 버스로 점심을 먹을 식당까지 이동할 예정입니다. 식당까지는 30분 정도 걸립니다.

학생은 몇 시에 어디로 모이지 않으면 안 됩니까?

1　9시 반에 박물관 1층

2　10시에 박물관 5층

3　12시에 주차장

4　12시 반에 식당

해설　선택지가 1 '9시 반에 박물관 1층', 2 '10시에 박물관 5층', 3 '12시에 주차장', 4 '12시 반에 식당' 이고, 학생이 몇 시까지 어디로 모여야 하는지를 물었으므로, 선생님의 말을 들을 때 학생이 모이는 시간과 장소를 파악한다. 선생님이 12시까지 駐車場에 来てください(12시까지 주차장에 와 주세요)라고 했으므로, 3 12時に　ちゅうしゃじょう(12시에 주차장)가 정답이다. 1은 현재 시간과 장소이고, 2는 10시는 언급되지 않았고 박물관이 5층까지 있다고 한 것이며, 4는 모인 후에 버스로 이동할 곳과 예상 도착 시간이므로 오답이다.

어휘　先生 せんせい 圏선생(님)　学生 がくせい 圏학생

　　集まる あつまる 圏모이다

　　~なければならない ~(하)지 않으면 안 된다　みなさん 圏여러분

　　博物館 はくぶつかん 圏박물관　着く つく 圏도착하다

　　今 いま 圏지금　~時 ~じ ~시　~分 ~ふん ~분

　　自由だ じゆうだ な형자유롭다　見る みる 圏보다

　　~てください ~(해) 주세요　~階 ~かい ~층　~から ~부터

　　~まで ~까지　大きな おおきな 큰　~ので 盃~니까

　　たぶん 凰아마　すべて 圏전부　できる 圏할 수 있다

　　~と思う ~とおもう ~라고 생각하다　パンフレット 圏팸플릿

　　面白い おもしろい い형재미있다　ところ 圏곳　~や 盃~이나

　　興味 きょうみ 圏흥미　時代 じだい 圏시대　~たら ~(하)면

　　それから 凰그리고　駐車場 ちゅうしゃじょう 圏주차장

　　来る くる 圏오다　バス 圏버스　昼ご飯 ひるごはん 圏점심

　　食べる たべる 圏먹다　食堂 しょくどう 圏식당

　　移動 いどう 圏이동　予定 よてい 圏예정　~ぐらい 盃~정도

　　かかる 圏걸리나

[음성]

女の人と男の人が話しています。男の人はこれから何の料金を払わなければなりませんか。

　F : 松本くん、夏休みなのに何で学校の前にいるの？

　M : あ、実は今月から一人暮らしを始めたんだ。

　F : そうなんだ。今からどこに行くの？

　M : コンビニ。ガス代を払いに行くよ。

　F : あ、ガス代ね。一人暮らしをするとガス代とか気をつかわなければならないことが多いよね。両親と一緒に住んでいた時は分からなかったけど。そういえば、私は水道代を払わなきゃ。

　M : 僕は水道代はもう払ったよ。あ、電気代はまだか。それも今コンビニで払おう。でもね、僕は携帯電話の料金は両親が払ってくれてるんだ。

　F : 本当？ うらやましいな。私はバイトして全部自分で払っているのに。

男の人はこれから何の料金を払わなければなりませんか。

[문제지]

1　ガス代と　すいどう代

2　ガス代と　でんき代

3　すいどう代と　けいたいでんわの　料金

4　でんき代と　けいたいでんわの　料金

해석　여자와 남자가 이야기하고 있습니다. 남자는 이제부터 무슨 요금을 내지 않으면 안 됩니까?

　　F : 마쓰모토 군, 여름 방학인데 왜 학교 앞에 있는 거야?

　　M : 아, 실은 이번 달부터 혼자 사는 것을 시작했어.

　　F : 그렇구나. 지금부터 어디에 가?

　　M : 편의점. 가스비를 내러 가.

　　F : 아, 가스비. 혼자 살면 가스비라든지 신경을 쓰지 않으면 안 되는 게 많지. 부모님과 함께 살 때는 몰랐는데. 그러고 보니, 나는 수도세를 내지 않으면 안 되네.

　　M : 난 수도세는 이미 냈어. 아, 전기세는 아직인가. 그것도 지금 편의점에서 내야겠다. 그래도, 나는 휴대전화 요금은 부모님이 내주고 있어.

　　F : 진짜? 부럽네. 나는 아르바이트 해서 전부 스스로 내고 있는데.

남자는 이제부터 무슨 요금을 내지 않으면 안 됩니까?

1　가스비와 수도세

2　가스비와 전기세

3　수도세와 휴대전화 요금

4　진기세와 휴대전화 요금

해설　선택지가 1 '가스비와 수도세', 2 '가스비와 전기세', 3 '수도세와 휴대전화 요금', 4 '전기세와 휴대전화 요금' 이고, 질문이 남자가 이제부터 무슨 요금을 내야 하는지를 물었으므로, 대화를 들을 때 이제부

터 남자가 내야 하는 요금이 무엇인지 파악한다. 남자가 ガス代を払いに行くよ(가스비를 내러 가)라고 한 후, あ、電気代はまだか。それも今コンビニで払おう(아, 전기세는 아직인가. 그것도 지금 편의점에서 내야겠다)라고 했으므로, 2 ガス代と でんき代(가스비와 전기세)가 정답이다. 1은 수도세는 여자가 내야 한다고 했고, 3, 4는 휴대전화 요금은 부모님이 내 주신다고 했으므로 오답이다.

어휘 料金 りょうきん 명요금　払う はらう 동내다, 지불하다
　～なければならない ～(하)지 않으면 안 된다
　夏休み なつやすみ 명여름 방학　～のに ～는데
　学校 がっこう 명학교　前 まえ 명앞　実は じつは 실은
　今月 こんげつ 명이번 달　～から ～부터
　一人暮らし ひとりぐらし 명혼자 사는 것
　始める はじめる 동시작하다　今 いま 지금　行く いく 동가다
　コンビニ 명편의점　ガス代 ガスだい 가스비　～とか ～든지
　気をつかう きをつかう 신경을 쓰다　多い おおい い형많다
　両親 りょうしん 명부모님　一緒に いっしょに 함께
　住む すむ 동살다　時 とき 명때　分かる わかる 동알다, 이해하다
　～けど 조～는데　水道代 すいどうだい 명수도세
　～なきゃ ～(하)지 않으면 안 된다　もう 부이미
　電気代 でんきだい 명전기세　まだ 부아직　でも 접그래도
　携帯電話 けいたいでんわ 명휴대전화　～てくれる ～(해) 주다
　本当 ほんとう 정말　うらやましい い형부럽다　バイト 명아르바이트
　全部 ぜんぶ 명전부　自分で じぶんで 스스로

실력 다지기　　　　　　　　　　　p.302

01 ②	02 ②	03 ②	04 ①	05 ②
06 ②	07 ②	08 ②	09 ②	10 ②

1

[음성]
男の学生と女の学生が話しています。試験の結果が出るのは、いつですか。

M：今日の試験、本当に難しかったな…。どうだった？
F：うーん。私は勉強したところで問題がでて、そこまで難しくはなかったよ。
M：それはうらやましいなー。ところで、今日の試験の結果、いつ出るの？
F：えっと、来週の金曜日に出ると聞いたよ。
M：そっか。ちょっと遅いね。来週の水曜日ぐらいには出ると思ったのに。
F：時間は速いから1週間なんてすぐだよ。

試験の結果が出るのは、いつですか。

[문제지]
① らいしゅうの　すいようび
② らいしゅうの　きんようび

해석 남학생과 여학생이 이야기하고 있습니다. 시험의 결과가 나오는 것은, 언제입니까?

M：오늘 시험, 정말로 어려웠어…. 어땠어？
F：음. 나는 공부한 곳에서 문제가 나와서, 그렇게까지 어렵지는 않았어.
M：그건 부럽다~. 그런데, 오늘 시험 결과, 언제 나와？
F：음, 다음 주 금요일에 나온다고 들었어.
M：그렇구나. 조금 늦네. 다음 주 수요일 정도에는 나올 거라고 생각했는데.
F：시간은 빠르니까 1주일 정도는 금방이야.

시험의 결과가 나오는 것은, 언제입니까？

① 다음 주 수요일
② 다음 주 금요일

어휘 学生 がくせい 명학생　試験 しけん 명시험　結果 けっか 명결과
　出る でる 동나오다　いつ 명언제　今日 きょう 명오늘
　本当に ほんとうに 부정말로　難しい むずかしい い형어렵다
　勉強 べんきょう 명공부　ところ 명곳　問題 もんだい 명문제
　出る でる 동나오다　～まで 조～까지　うらやましい い형부럽다
　ところで 접그런데　来週 らいしゅう 명다음 주
　金曜日 きんようび 명금요일　聞く きく 동듣다　ちょっと 부조금
　遅い おそい い형늦다, 느리다　水曜日 すいようび 명수요일
　～ぐらい 조～정도　～と思う ～とおもう ～라고 생각하다
　～のに 조～는데　時間 じかん 명시간　速い はやい い형빠르다
　～なんて 조～정도, 따위　すぐ 부금방

2

[음성]
図書館で男の人と女の人が話しています。男の人は次に図書館へ行くときに、何を持って行かなければなりませんか。

M：すみません、この図書館の会員になりたいんですが…。
F：はい。それなら、この申込書に名前と、連絡先、住所などを書いてください。
M：はい。ここに書けばいいですね。
F：そうですよ。あと、写真が必要なんですけど、持ってきましたか。
M：いいえ。それは持ってきてないです。
F：じゃ、今度来るときに、持って来てください。
M：はい。わかりました。

男の人は次に図書館へ行くときに、何を持って行かなければなりませんか。

[問題지]

① もうしこみしょ

② しゃしん

해석 도서관에서 남자와 여자가 이야기하고 있습니다. 남자는 다음에 도서관에 갈 때, 무엇을 가지고 가지 않으면 안 됩니까?

M : 실례합니다, 이 도서관의 회원이 되고 싶습니다만….

F : 네. 그러면, 이 신청서에 이름과, 연락처, 주소 등을 써 주세요.

M : 네. 여기에 쓰면 되는 거죠?

F : 그렇습니다. 그 외에, 사진이 필요합니다만, 가지고 왔나요?

M : 아니요. 그것은 가지고 오지 않았습니다.

F : 그러면, 이 다음에 올 때에, 가지고 와 주세요.

M : 네. 알겠습니다.

남자는 다음에 도서관에 갈 때, 무엇을 가지고 가지 않으면 안 됩니까?

① 신청서

② 사진

어휘 図書館 としょかん 圏도서관　次 つぎ 圏다음　行く いく 圏가다

とき 圏때　持つ もつ 圏가지다　会員 かいいん 圏회원

～たい ~(하)고 싶다　それなら 圏그러면, 그렇다면

申込書 もうしこみしょ 圏신청서　名前 なまえ 圏이름

連絡先 れんらくさき 圏연락처　住所 じゅうしょ 圏주소

～など 조~등　書く かく 圏쓰다　～てください ~(해) 주세요

～ば ~(하)면　あと 圏그 외, 나머지　写真 しゃしん 圏사진

必要だ ひつようだ 圏필요하다

～けど 조~만, 지만　じゃ 圏그러면　今度 こんど 圏이 다음, 이번

来る くる 圏오다　わかる 圏알다

3

[음성]

家で妹と兄が話しています。妹はトイレの掃除をだれに頼みますか。

F : お兄ちゃん、私が明日から一週間、試験だからその間、トイレの掃除をしてくれない？

M : うーん。僕も明日から試験だから、困るな…。

F : あ、そっか。じゃ、仕方ないね。

M : お姉ちゃんに頼んでみたら？アルバイトもいそがしくないって言ってたよ。

F : うん、お願いしてみる。

妹はトイレの掃除をだれに頼みますか。

[問題지]

① おにいさん

② おねえさん

해석 집에서 여동생과 오빠가 이야기하고 있습니다. 여동생은 화장실 청소를 누구에게 부탁합니까?

F : 오빠, 내가 내일부터 일주일간, 시험이니까 그 동안, 화장실 청소를 해 주지 않을래?

M : 음. 나도 내일부터 시험이니까, 곤란하네….

F : 아, 그렇구나. 그러면, 어쩔 수 없지.

M : 누나에게 부탁해보면? 아르바이트도 바쁘지 않다고 말했었어.

F : 응, 부탁해볼게.

여동생은 화장실 청소를 누구에게 부탁합니까?

① 오빠

② 언니

어휘 家 いえ 圏집　妹 いもうと 圏여동생　兄 あに 圏오빠, 형

トイレ 圏화장실　掃除 そうじ 圏청소　頼む たのむ 圏부탁하다

お兄ちゃん おにいちゃん 圏오빠, 형　明日 あした 圏내일

～から 조~부터, 니까　試験 しけん 圏시험　～間 ～あいだ ~동안

～てくれる (나에게) ~(해)주다　僕 ぼく 圏나, 저(남자의 자칭)

困る こまる 圏곤란하다　仕方ない しかたない い형어쩔 수 없다

お姉ちゃん おねえちゃん 圏누나, 언니　～てみる ~(해) 보다

アルバイト 圏아르바이트　いそがしい い형바쁘다

言う いう 圏말하다　お願い おねがい 圏부탁

4

[음성]

ラジオで、男の人が話しています。男の人は、英語を毎日どのぐらい勉強しましたか。

M : 今日は私の英語の勉強法について話してみたいと思います。私は、寝る1時間前に、毎日30分ぐらい英語の勉強をしました。勉強の時間よりも、毎日勉強をすることが重要だと思います。

男の人は、英語を毎日どのぐらい勉強しましたか。

[問題지]

① 30分

② 1時間

해석 라디오에서, 남자가 이야기하고 있습니다. 남자는, 영어를 매일 어느 정도 공부했습니까?

M : 오늘은 저의 영어 공부법에 대해서 이야기해 보고 싶다고 생각합니다. 저는, 자기 1시간 전에, 매일 30분 정도 영어 공부를 했습니다. 공부 시간보다도, 매일 공부를 하는 것이 중요하다고 생각합니다.

남자는, 영어를 매일 어느 정도 공부했습니까?

① 30분

② 1시간

어휘 ラジオ 圏라디오　英語 えいご 圏영어　毎日 まいにち 圏매일

～ぐらい 조~정도　勉強 べんきょう 圏공부　今日 きょう 圏오늘

勉強法 べんきょうほう 圏공부법　～について ~에 대해서

話す はなす 图 이야기하다　〜てみる 〜(해) 보다

〜たい 〜(하)고 싶다　〜と思う 〜とおもう 〜라고 생각하다

寝る ねる 图 자다　前 まえ 图 전, 앞　時間 じかん 图 시간

〜より 图 〜보다　重要だ じゅうようだ な형 중요하다

5

[음성]

学校 <ruby>学校<rt>がっこう</rt></ruby>で<ruby>女<rt>おんな</rt></ruby>の<ruby>学生<rt>がくせい</rt></ruby>と<ruby>男<rt>おとこ</rt></ruby>の<ruby>学生<rt>がくせい</rt></ruby>が<ruby>話<rt>はな</rt></ruby>しています。<ruby>男<rt>おとこ</rt></ruby>の<ruby>学生<rt>がくせい</rt></ruby>は、どうして<ruby>中国語<rt>ちゅうごくご</rt></ruby>の<ruby>勉強<rt>べんきょう</rt></ruby>をしていますか。

F：<ruby>田中<rt>たなか</rt></ruby>くん、<ruby>休<rt>やす</rt></ruby>みの<ruby>時間<rt>じかん</rt></ruby>なのに、<ruby>何<rt>なん</rt></ruby>の<ruby>勉強<rt>べんきょう</rt></ruby>をしているの？

M：<ruby>中国語<rt>ちゅうごくご</rt></ruby>の<ruby>勉強<rt>べんきょう</rt></ruby>だよ。

F：ええ。<ruby>漢字<rt>かんじ</rt></ruby>が<ruby>多<rt>おお</rt></ruby>くて<ruby>日本語<rt>にほんご</rt></ruby>かと<ruby>思<rt>おも</rt></ruby>った。<ruby>中国<rt>ちゅうごく</rt></ruby>に<ruby>旅行<rt>りょこう</rt></ruby>でも<ruby>行<rt>い</rt></ruby>くの？

M：ううん。そうじゃなくて、<ruby>留学<rt>りゅうがく</rt></ruby>に<ruby>行<rt>い</rt></ruby>く<ruby>予定<rt>よてい</rt></ruby>なの。

F：そうなんだ。じゃ、<ruby>勉強<rt>べんきょう</rt></ruby><ruby>頑張<rt>がんば</rt></ruby>ってね。

M：うん。ありがとう。

<ruby>男<rt>おとこ</rt></ruby>の<ruby>学生<rt>がくせい</rt></ruby>は、どうして<ruby>中国語<rt>ちゅうごくご</rt></ruby>の<ruby>勉強<rt>べんきょう</rt></ruby>をしていますか。

[문제지]

① りょこうに　いくから

② りゅうがくする　つもりだから

해석 학교에서 여학생과 남학생이 이야기하고 있습니다. 남학생은, 어째서 중국어 공부를 하고 있습니까?

　F：다나카 군, 휴식 시간인데, 무슨 공부를 하고 있어?

　M：중국어 공부야.

　F：아. 한자가 많아서 일본어인가 하고 생각했어. 중국에 여행이라도 가?

　M：아니. 그런 것은 아니고, 유학을 갈 예정이야.

　F：그렇구나. 그러면, 공부 열심히 해.

　M：응. 고마워.

　남학생은, 어째서 중국어 공부를 하고 있습니까?

　① 여행을 가기 때문에

　② 유학을 할 예정이기 때문에

어휘 学校 がっこう 图 학교　学生 がくせい 图 학생

　中国語 ちゅうごくご 图 중국어　勉強 べんきょう 图 공부

　休み やすみ 图 휴식　時間 じかん 图 시간　〜のに 图 〜인데

　漢字 かんじ 图 한자　多い おおい い형 많다

　日本語 にほんご 图 일본어　〜と思う 〜とおもう 〜라고 생각하다

　中国 ちゅうごく 图 중국　旅行 りょこう 图 여행　〜でも 图 〜라도

　行く いく 图 가다　留学 りゅうがく 图 유학　予定 よてい 图 예정

　じゃ 집 그러면　頑張る がんばる 图 열심히 하다　〜から 图 〜때문에

　つもり 图 예정

6

[음성]

<ruby>家<rt>いえ</rt></ruby>で<ruby>妻<rt>つま</rt></ruby>と<ruby>夫<rt>おっと</rt></ruby>が<ruby>話<rt>はな</rt></ruby>しています。<ruby>妻<rt>つま</rt></ruby>はこのあと、どうしなければなりませんか。

F：ね、コピーした<ruby>資料<rt>しりょう</rt></ruby>の<ruby>文字<rt>もじ</rt></ruby>がよく<ruby>見<rt>み</rt></ruby>えないけど、コピー<ruby>機<rt>き</rt></ruby>に<ruby>何<rt>なに</rt></ruby>か<ruby>問題<rt>もんだい</rt></ruby>でもあるのかな…。

M：そうだね。コピー<ruby>機<rt>き</rt></ruby>のインクが<ruby>足<rt>た</rt></ruby>りないみたい。

F：ちょっと<ruby>確認<rt>かくにん</rt></ruby>してくれない？

M：やっぱりインクが<ruby>足<rt>た</rt></ruby>りないね。でも、<ruby>家<rt>いえ</rt></ruby>に<ruby>新<rt>あたら</rt></ruby>しいインクがないから、<ruby>買<rt>か</rt></ruby>ってこなきゃ…。

F：そっか。じゃあ、<ruby>買<rt>か</rt></ruby>ってくるね。

<ruby>妻<rt>つま</rt></ruby>はこのあと、どうしなければなりませんか。

[문제지]

① コピー<ruby>機<rt>き</rt></ruby>を　かくにんする

② あたらしい　インクを　<ruby>買<rt>か</rt></ruby>う

해석 집에서 아내와 남편이 이야기하고 있습니다. 아내는 이후, 어떻게 하지 않으면 안 됩니까?

　F：있잖아, 복사한 자료의 글자가 잘 보이지 않는데, 복사기에 뭔가 문제라도 있는 걸까…?

　M：그러네. 복사기의 잉크가 부족한 것 같아.

　F：잠시 확인해 주지 않을래?

　M：역시 잉크가 부족하네. 하지만, 집에 새로운 잉크가 없으니까, 사 오지 않으면 안 돼….

　F：그렇군. 그러면, 사 올게.

　아내는 이후, 어떻게 하지 않으면 안 됩니까?

　① 복사기를 확인한다

　② 새로운 잉크를 산다

어휘 家 いえ 图 집　妻 つま 图 아내　夫 おっと 图 남편　コピー 图 복사

　資料 しりょう 图 자료　文字 もじ 图 글자, 문자　よく 图 잘

　見える みえる 图 보이다　〜けど 图 〜는데

　コピー機 コピーき 图 복사기　問題 もんだい 图 문제

　〜でも 图 〜라도　インク 图 잉크　足りない たりない 부족하다

　〜みたい 〜인 것 같다　ちょっと 图 잠시, 조금

　確認 かくにん 图 확인　〜てくれる (나에게) 〜(해) 주다

　やっぱり 图 역시　でも 집 하지만, 그래도

　新しい あたらしい い형 새롭다　〜から 图 〜니까　買う かう 图 사다

　〜なきゃ 〜(하)지 않으면 안 된다　じゃあ 집 그러면

7

[음성]

<ruby>男<rt>おとこ</rt></ruby>の<ruby>人<rt>ひと</rt></ruby>と<ruby>女<rt>おんな</rt></ruby>の<ruby>人<rt>ひと</rt></ruby>が<ruby>話<rt>はな</rt></ruby>しています。<ruby>二人<rt>ふたり</rt></ruby>は<ruby>休<rt>やす</rt></ruby>みのとき、どこに<ruby>行<rt>い</rt></ruby>きますか。

M：<ruby>次<rt>つぎ</rt></ruby>の<ruby>休<rt>やす</rt></ruby>みは<ruby>6日<rt>むいか</rt></ruby>もあるね。<ruby>旅行<rt>りょこう</rt></ruby>でも<ruby>行<rt>い</rt></ruby>かない？

F：ええ。いいよ。どこに<ruby>行<rt>い</rt></ruby>ったらいいかな。

M : うーん。温泉旅行はどう?

F : 温泉はこの前にも行ったから、他のところにしようよ。

M : じゃ、夏だから、海はどう?

F : いいよ。前から行きたかったし。

二人は休みのとき、どこに行きますか。

[문제지]

① おんせん

② うみ

해석 남자와 여자가 이야기하고 있습니다. 두 사람은 휴일에, 어디에 갑니까?

M : 다음 휴일은 6일이나 있네. 여행이라도 안 갈래?

F : 오. 좋아. 어디로 가면 좋을까.

M : 음. 온천 여행은 어때?

F : 온천은 전에도 갔으니까, 다른 곳으로 하자.

M : 그러면, 여름이니까, 바다는 어때?

F : 좋아. 전부터 가고 싶기도 했고.

두 사람은 휴일에, 어디에 갑니까?

① 온천

② 바다

어휘 休み やすみ 圏휴일 とき 圏때 行く いく 圏가다

〜たら 〜(하)면 次 つぎ 圏다음 旅行 りょこう 圏여행

温泉 おんせん 圏온천 前 まえ 圏전, 앞 〜から 丞~니까

他 ほか 圏다름 ところ 圏곳 夏 なつ 圏여름 海 うみ 圏바다

〜たい ~(하)고 싶다

8

[음성]

バスで旅行ガイドが話しています。このバスは動物園に、何時に着きますか。

F : 失礼します。次の目的地である、動物園までの到着の時間について案内します。元々は、午前10時に動物園に到着する予定だったんですが、道が混んでるため、到着の時間が1時間ぐらい遅くなりそうです。申し訳ございません。それでは、到着の10分前に、また案内します。

このバスは動物園に、何時に着きますか。

[문제지]

① ごぜん　10時

② ごぜん　11時

해석 버스에서 여행 가이드가 이야기하고 있습니다. 이 버스는 동물원에, 몇 시에 도착합니까?

F : 실례합니다. 다음 목적지인, 동물원까지의 도착 시간에 대해서 안내합니다. 원래는, 오전 10시에 동물원에 도착할 예정이었습니

다만, 길이 붐비고 있기 때문에, 도착 시간이 1시간 정도 늦어질 것 같습니다. 죄송합니다. 그러면, 도착 10분 전에, 다시 안내하겠습니다.

이 버스는 동물원에, 몇 시에 도착합니까?

① 오전 10시

② 오전 11시

어휘 バス 圏버스 旅行 りょこう 圏여행 ガイド 圏가이드

動物園 どうぶつえん 圏동물원 着く つく 圏도착하다

失礼 しつれい 圏실례 次 つぎ 圏다음

目的地 もくてきち 圏목적지 〜まで 丞~까지

到着 とうちゃく 圏도착 時間 じかん 圏시간

〜について ~에 대해서 案内 あんない 圏안내

元々 もともと 圉원래 午前 ごぜん 圏오전 予定 よてい 圏예정

道 みち 圏길 混む こむ 圏붐비다 〜ため ~때문에

〜ぐらい 丞~정도 遅い おそい い휑늦다

〜そうだ ~(일) 것 같다(추측)

申し訳ない もうしわけない い휑죄송하다 それでは 圙그러면

前 まえ 圏전, 앞 また 圉다시

9

[음성]

学校で先生が話しています。学生は金曜日に、学校に何を持って行きますか。

F : 今週の金曜日は運動会です。金曜日は授業がないため、教科書などは持ってこなくても大丈夫です。しかし、その日は学校で昼ごはんがでません。なので、みなさんが自分のお弁当を持って来なければなりません。自分が好きな食べ物を持ってきてください。

学生は金曜日に、学校に何を持って行きますか。

[문제지]

① きょうかしょ

② おべんとう

해석 학교에서 선생님이 이야기하고 있습니다. 학생은 금요일에, 학교에 무엇을 가지고 갑니까?

F : 이번 주 금요일은 운동회입니다. 금요일은 수업이 없기 때문에, 교과서 등은 가지고 오지 않아도 괜찮습니다. 그러나, 그 날은 학교에서 점심 식사가 나오지 않습니다. 그러므로, 여러분이 자신의 도시락을 가지고 오지 않으면 안 됩니다. 자신이 좋아하는 음식을 가지고 와 주세요.

학생은 금요일에, 학교에 무엇을 가지고 갑니까?

① 교과서

② 도시락

어휘 学校 がっこう 圏학교 先生 せんせい 圏선생(님)

学生 がくせい 圏학생 金曜日 きんようび 圏금요일

持つ もつ 圏가지다 今週 こんしゅう 圏이번 주

運動会 うんどうかい 图운동회　授業 じゅぎょう 图수업
〜ため 〜때문에　教科書 きょうかしょ 图교과서　〜など 图〜등
大丈夫だ だいじょうぶだ な形괜찮다　しかし 쩝그러나
日 ひ 图날　昼 ひる 图점심, 낮　ごはん 图식사, 밥
でる 图나오다　なので 그러므로　みなさん 图여러분
自分 じぶん 图자신, 자기　お弁当 おべんとう 图도시락
〜なければならない 〜(하)지 않으면 안 된다
好きだ すきだ な形좋아하다　食べ物 たべもの 图음식
〜てください 〜(해) 주세요

金曜日 きんようび 图금요일　分かる わかる 图알다
でも 图그렇지만　先に さきに 图먼저, 앞서　〜ておく 〜(해) 두다

실전 테스트 1

p.304

1 1	2 3	3 3	4 3	5 4
6 1	7 2			

문제 2에서는, 먼저 질문을 들어 주세요. 그 후, 문제 용지를 봐주세요. 읽는 시간이 있습니다. 그리고 이야기를 듣고, 문제 용지의 1부터 4 중에서, 가장 알맞은 것을 하나 골라주세요.

10

[음성]
会社で女の人と男の人が話しています。女の人がセミナーに行くのは、いつですか。

F：吉田さん、木曜日のセミナーの資料を準備してくれない？

M：あ、部長、先ほど田中さんから連絡が来たんですけど、日程が変更になったそうです。

F：あ、そうなんだ。どう変わったの？

M：木曜日から金曜日に変更になったそうです。

F：そっか。分かった。でも、資料は先に準備しておいてね。

M：はい。分かりました。

女の人がセミナーに行くのは、いつですか。

[문제지]

① もくようび

② きんようび

해석 회사에서 여자와 남자가 이야기하고 있습니다. 여자가 세미나에 가는 것은, 언제입니까?

　F：요시다 씨, 목요일의 세미나 자료를 준비해 주지 않을래?

　M：아, 부장님, 아까 다나카 씨로부터 연락이 왔는데, 일정이 변경되었다고 합니다.

　F：아, 그렇군. 어떻게 바뀌었어?

　M：목요일에서 금요일로 변경되었다고 합니다.

　F：그렇군. 알았어. 그렇지만, 자료는 먼저 준비해둬.

　M：네. 알겠습니다.

　여자가 세미나에 가는 것은, 언제입니까?

　① 목요일

　② 금요일

어휘 会社 かいしゃ 图회사　セミナー 图세미나　行く いく 图가다
　木曜日 もくようび 图목요일　資料 しりょう 图자료
　準備 じゅんび 图준비　〜てくれる (나에게) 〜(해) 주다
　部長 ぶちょう 图부장(님)　先ほど さきほど 아까
　〜から 图〜로부터, 에서　連絡 れんらく 图연락　来る くる 图오다
　〜けど 图〜는데　日程 にってい 图일정　変更 へんこう 图변경
　〜そうだ 〜(라)고 한다(전언)　変わる かわる 图바뀌다

1

[음성]
女の学生と男の学生が話しています。男の学生はどうして宿題をしませんでしたか。

F：木村くん、宿題しなかったの？

M：うん…。実は昨日の夜、おじいさんが急に入院しちゃって…。

F：ええ。そうなんだ。おじいさんは大丈夫？

M：うん。一週間後には退院できるって。

F：それはよかったね。

M：でも、どうしよう。先生にきっと怒られるよ…。

F：あまり心配しないで。正直に言えば、先生も理解してくれると思うよ。

男の学生はどうして宿題をしませんでしたか。

[문제지]

1 おじいさんが　にゅういんしたから

2 いっしゅうかん　ごに　たいいんするから

3 せんせいが　おこったから

4 せんせいが　りかい　できなかったから

해석 여학생과 남학생이 이야기하고 있습니다. 남학생은 어째서 숙제를 하지 않았습니까?

　F：기무라 군, 숙제 안 했어?

　M：응…. 사실은 어젯밤, 할아버지가 갑자기 입원해 버려서….

　F：아. 그렇구나. 할아버지는 괜찮아?

　M：응. 일주일 뒤에는 퇴원할 수 있대.

　F：그건 다행이네.

　M：그렇지만, 어떡하지. 선생님에게 분명히 혼날거야….

　F：너무 걱정하지마. 정직하게 말하면, 선생님도 이해해 줄 거라고 생각해.

　남학생은 어째서 숙제를 하지 않았습니까?

1 할아버지가 입원했기 때문에

2 일주일 뒤에 퇴원하기 때문에

3 선생님이 화냈기 때문에

4 선생님을 이해할 수 없었기 때문에

해설 1 '할아버지가 입원했기 때문에', 2 '일주일 뒤에 퇴원하기 때문에', 3 '선생님이 화냈기 때문에', 4 '선생님을 이해할 수 없었기 때문에' 중 남학생이 숙제를 하지 않은 이유를 묻는 문제이다. 대화 중, 남학생이 おじいさんが急に入院しちゃって…(할아버지가 갑자기 입원해 버려서…)라고 했으므로 1 おじいさんが にゅういんしたから(할아버지가 입원했기 때문에)가 정답이다. 2는 할아버지가 일주일 뒤에 퇴원하는 것이고, 3은 숙제를 하지 않아서 선생님이 화낼 수도 있다고 걱정한 것이며, 4는 솔직히 말하면 선생님이 이해해 줄 것이라고 한 것이므로 오답이다.

어휘 学生 がくせい 몡 학생　宿題 しゅくだい 몡 숙제
実は じつは 사실은　昨日 きのう 몡 어제　夜 よる 몡 밤
おじいさん 몡 할아버지　急に きゅうに 囝 갑자기
入院 にゅういん 몡 입원　～ちゃう ～(해) 버리다
大丈夫だ だいじょうぶだ 녀형 괜찮다
一週間 いっしゅうかん 몡 일주일, 일주간　後 ご 몡 뒤, 후
退院 たいいん 몡 퇴원　できる 동 할 수 있다　でも 젭 그렇지만
先生 せんせい 몡 선생(님)　きっと 囝 분명히, 반드시
怒る おこる 동 화내다　あまり 囝 너무　心配 しんぱい 몡 걱정
正直だ しょうじきだ 녀형 정직하다　言う いう 동 말하다
～ば 丞 ～(하)면　理解 りかい 몡 이해　～てくれる ～(해) 주다
～と思う ～とおもう ～라고 생각하다　～から 丞 ～때문에

맑고, 좋은 날씨가 될 것이므로, 가족과 외출하는 것도 좋을지도 모르겠습니다.

비가 내리는 날은 언제입니까?

1 월요일

2 목요일

3 금요일

4 주말

해설 1 '월요일', 2 '목요일', 3 '금요일', 4 '주말' 중 언제 비가 내리는지 묻는 문제이다. 여자가 金曜日は午前中はくもって、午後から雨になるでしょう(금요일은 오전 중은 흐리고, 오후부터 비가 올 것입니다)라고 언급했으므로, 3 きんようび(금요일)가 정답이다. 1, 2, 4는 월요일부터 목요일, 주말은 맑을 것이라고 했으므로 오답이다.

어휘 ラジオ 몡 라디오　天気予報 てんきよほう 몡 일기예보
聞く きく 동 듣다　雨 あめ 몡 비　降る ふる 동 내리다　日 ひ 몡 날
今週 こんしゅう 몡 이번 주　月曜日 げつようび 몡 월요일
～から 丞 ～부터　木曜日 もくようび 몡 목요일
晴れる はれる 동 맑다　今年 ことし 몡 올해
一番 いちばん 囝 가장　あつい 이형 덥다　～ので 丞 ～므로
健康 けんこう 몡 건강　気をつける きをつける 주의하다
～てください ～(해) 주세요　金曜日 きんようび 몡 금요일
午前中 ごぜんちゅう 몡 오전 중　くもる 동 흐리다
午後 ごご 몡 오후　週末 しゅうまつ 몡 주말　天気 てんき 몡 날씨
家族 かぞく 몡 가족　お出かけ おでかけ 몡 외출
～かもしれない ～(일)지도 모른다

2

[음성]
ラジオで天気予報を聞いています。雨が降る日はいつですか。
F：今週の天気予報です。月曜日から木曜日は晴れるでしょう。木曜日は、今年一番のあつい日となりますので、健康に気をつけてください。金曜日は午前中はくもって、午後から雨になるでしょう。週末は晴れて、いい天気になるので、家族とお出かけするのもいいかもしれません。

雨が降る日はいつですか。

[문제지]
1 げつようび
2 もくようび
3 きんようび
4 しゅうまつ

해석 라디오에서 일기예보를 듣고 있습니다. 비가 내리는 날은 언제입니까?
　　F : 이번 주 일기예보입니다. 월요일부터 목요일은 맑을 것입니다. 목요일은, 올해 가장 더운 날이 될 것이므로, 건강에 주의해 주세요. 금요일은 오전 중은 흐리고, 오후부터 비가 올 것입니다. 주말은

3

[음성]
大学で、男の学生と先生が話しています。男の学生は、いつ、先生に相談しますか。
M：すみません、先生に相談したいことがあるんですけど、ちょっといいですか。
F：あ、田中くん。ごめんね。今はちょっと忙しくて…。8日のこの時間はどうかな？
M：8日の3時ですか。すみません、水曜日は2時から5時までバイトがあって…。
F：そっか。なら、10日の授業が終わった後はどう？
M：10日の4時なら、空いていますので、大丈夫です。
F：じゃ、その日にしよう。
M：はい、ありがとうございます。

男の学生は、いつ、先生に相談しますか。

[문제지]
1 4日の 3時
2 8日の 3時
3 10日の 4時
4 10日の 5時

해석 대학에서, 남학생과 선생님이 이야기하고 있습니다. 남학생은, 언제, 선생님에게 상담합니까?

M : 실례합니다, 선생님에게 상담하고 싶은 것이 있는데, 잠깐 괜찮습니까?

F : 아, 다나카군. 미안해. 지금은 조금 바빠서….8일 이 시간은 어떨까?

M : 8일 3시요? 죄송합니다, 수요일은 2시부터 5시까지 아르바이트가 있어서….

F : 그래. 그러면, 10일 수업이 끝난 뒤는 어때?

M : 10일 4시라면, 비어있으므로, 괜찮습니다.

F : 그럼, 그날 하자.

M : 네, 감사합니다.

남학생은, 언제, 선생님에게 상담합니까?

1 4일 3시

2 8일 3시

3 10일 4시

4 10일 5시

해설 1 '4일 3시', 2 '8일 3시', 3 '10일 4시', 4 '10일 5시' 중 남학생이 언제 선생님에게 상담하는지 묻는 문제이다. 대화 중, 남학생이 10日の 4時なら、空いていますので、大丈夫です(10일 4시라면, 비어있으므로, 괜찮습니다)라고 언급했으므로, 3 10日の 4時(10일 4시)가 정답이다. 1, 4는 언급되지 않았고, 2는 남학생이 아르바이트가 있다고 했으므로 오답이다.

어휘 大学 だいがく 圏대학 学生 がくせい 圏학생

先生 せんせい 圏선생(님) 相談 そうだん 圏상담

~たい ~(하)고 싶다 ~けど ~는데 ちょっと 圏잠깐, 조금

今 いま 圏지금 忙しい いそがしい い형바쁘다 ~時 ~じ ~시

時間 じかん 圏시간 水曜日 すいようび 圏수요일

~から 区~부터 ~まで 区~까지 バイト 圏아르바이트

なら 区그러면 授業 じゅぎょう 圏수업 終わる おわる 圏끝나다

後 あと 圏뒤, 후 空く あく 圏비다 ~ので 区~므로, 때문에

大丈夫だ だいじょうぶだ な형괜찮다 じゃ 区그럼 日 ひ 圏날

4

[음성]

留学担当者が留学生に話しています。留学生は授業の申し込み書を誰に提出しますか。

F : みなさん、こんにちは。留学担当者の佐藤と申します。今週は学校に提出する書類が多いため、忙しいと思います。まず、日本語の成績証明書ですが、これは日本語の授業の時に、先生に提出してください。そして、授業の申し込み書は、コピーをして、受けたい授業の先生に出してください。あ、図書館にあるコピー機を使うときは、図書館の職員にコピー機の使い方を聞いたあと、使ってください。

留学生は授業の申し込み書を誰に提出しますか。

[문제지]

1 りゅうがく たんとうしゃ

2 にほんごの せんせい

3 うけたい じゅぎょうの せんせい

4 としょかんの しょくいん

해석 유학 담당자가 유학생에게 이야기하고 있습니다. 유학생은 수업 신청서를 누구에게 제출합니까?

F : 여러분, 안녕하세요. 유학 담당자 사토라고 합니다. 이번 주는 학교에 제출할 서류가 많기 때문에, 바쁠 것이라고 생각합니다. 우선, 일본어 성적증명서입니다만, 이것은 일본어 수업 때에, 선생님에게 제출해 주세요. 그리고, 수업 신청서는, 복사를 해서, 듣고 싶은 수업의 선생님에게 제출해 주세요. 아, 도서관에 있는 복사기를 사용할 때는, 도서관의 직원에게 복사기의 사용 방법을 물은 후, 사용해 주세요.

유학생은 수업 신청서를 누구에게 제출합니까?

1 유학 담당자

2 일본어 선생님

3 듣고 싶은 수업의 선생님

4 도서관 직원

해설 1 '유학 담당자', 2 '일본어 선생님', 3 '듣고 싶은 수업의 선생님', 4 '도서관 직원' 중 유학생이 수업 신청서를 누구에게 제출해야 하는지 묻는 문제이다. 선생님이 授業の申し込み書は、コピーをして、受けたい授業の先生に出してください(수업 신청서는, 복사를 해서, 듣고 싶은 수업의 선생님에게 제출해 주세요)라고 언급했으므로, 3 うけたい じゅぎょうの せんせい(듣고 싶은 수업의 선생님)가 정답이다. 1은 음성에서 말하고 있는 사람이고, 2는 일본어 성적증명서를 제출해야 하는 사람이며, 4는 복사기의 사용 방법을 도서관 직원에게 물어 보라고 한 것이므로 오답이다.

어휘 留学 りゅうがく 圏유학 担当者 たんとうしゃ 圏담당자

留学生 りゅうがくせい 圏유학생 授業 じゅぎょう 圏수업

申し込み書 もうしこみしょ 圏신청서 提出 ていしゅつ 圏제출

みなさん 圏여러분 申す もうす 圏(말)하다(言うの 겸양어)

今週 こんしゅう 圏이번 주 学校 がっこう 圏학교

書類 しょるい 圏서류 多い おおい い형많다 ため 圏때문

忙しい いそがしい い형바쁘다 ~と思う ~とおもう ~라고 생각하다

まず 圉우선 日本語 にほんご 圏일본어 成績 せいせき 圏성적

証明書 しょうめいしょ 圏증명서 時 とき 圏때

先生 せんせい 圏선생(님) ~てください ~(해) 주세요

そして 区그리고 コピー 圏복사 受ける うける 圏듣다, 받다

~たい ~(하)고 싶다 出す だす 圏제출하다, 내다

図書館 としょかん 圏도서관 コピー機 コピーき 圏복사기

使う つかう 圏사용하다 職員 しょくいん 圏직원

使い方 つかいかた 圏사용 방법 聞く きく 圏묻다, 듣다

あと 圏후, 뒤

5

[음성]

<ruby>会社<rt>かいしゃ</rt></ruby>で、<ruby>男<rt>おとこ</rt></ruby>の<ruby>人<rt>ひと</rt></ruby>と<ruby>女<rt>おんな</rt></ruby>の<ruby>人<rt>ひと</rt></ruby>が<ruby>話<rt>はな</rt></ruby>しています。<ruby>会議<rt>かいぎ</rt></ruby>は<ruby>何曜日<rt>なんようび</rt></ruby>にありますか。

M：<ruby>中村<rt>なかむら</rt></ruby>さん、<ruby>会議<rt>かいぎ</rt></ruby>が<ruby>来週<rt>らいしゅう</rt></ruby>の<ruby>何曜日<rt>なんようび</rt></ruby>だったか<ruby>覚<rt>おぼ</rt></ruby>えてますか。

F：うーん、<ruby>水曜日<rt>すいようび</rt></ruby>じゃないんですか。

M：<ruby>水曜日<rt>すいようび</rt></ruby>ですか。<ruby>課長<rt>かちょう</rt></ruby>が<ruby>水曜<rt>すいよう</rt></ruby>は<ruby>休<rt>やす</rt></ruby>むと<ruby>言<rt>い</rt></ruby>ってたと<ruby>思<rt>おも</rt></ruby>うんですが…。

F：あ、そうでしたね、<ruby>会議室<rt>かいぎしつ</rt></ruby>が<ruby>月曜日<rt>げつようび</rt></ruby>まで<ruby>使<rt>つか</rt></ruby>えないから、<ruby>月曜日<rt>げつようび</rt></ruby>ではないし。

M：じゃ、<ruby>木曜日<rt>もくようび</rt></ruby>じゃないですか。

F：ちょっと<ruby>待<rt>ま</rt></ruby>ってください。<ruby>私<rt>わたし</rt></ruby>がどこか<ruby>書<rt>か</rt></ruby>いておいたはずです。あ、<ruby>金曜日<rt>きんようび</rt></ruby>ですね！<ruby>木曜日<rt>もくようび</rt></ruby>でしたが、<ruby>課長<rt>かちょう</rt></ruby>が<ruby>木曜日<rt>もくようび</rt></ruby>まで<ruby>休<rt>やす</rt></ruby>むから<ruby>変<rt>か</rt></ruby>わりました。

M：ありがとうございます。

<ruby>会議<rt>かいぎ</rt></ruby>は<ruby>何曜日<rt>なんようび</rt></ruby>にありますか。

[문제지]

1 げつようび

2 すいようび

3 もくようび

4 きんようび

해석 회사에서, 남자와 여자가 이야기하고 있습니다. 회의는 무슨 요일에 있습니까?

M : 나카무라 씨, 회의가 다음 주 무슨 요일이었는지 기억하고 있어요?

F : 음, 수요일 아닌가요?

M : 수요일이요? 과장님이 수요일은 쉰다고 말했었다고 생각합니다만….

F : 아, 그랬네요, 회의실을 월요일까지 사용할 수 없으니까, 월요일은 아니고.

M : 그럼, 목요일 아닌가요?

F : 잠깐만 기다려 주세요. 제가 어딘가 적어 두었을 거예요. 아, 금요일이네요! 목요일이었는데, 과장님이 목요일까지 쉬기 때문에 바뀌었어요.

M : 감사합니다.

회의는 무슨 요일에 있습니까?

1 월요일

2 수요일

3 목요일

4 금요일

해설 1 '월요일', 2 '수요일', 3 '목요일', 4 '금요일' 중 회의가 무슨 요일에 있는지 묻는 문제이다. 대화 중, 여자가 아, 金曜日ですね(아, 금요일이네요)라고 언급했으므로, 4 きんようび(금요일)가 정답이다. 1은 회의실을 월요일까지 사용할 수 없다고 했고, 2는 과장님이 쉰다

고 했으며, 3은 회의가 원래 목요일이었지만 금요일로 바뀌었다고 했으므로 오답이다.

어휘 <ruby>会社<rt>かいしゃ</rt></ruby> 圆회사　<ruby>会議<rt>かいぎ</rt></ruby> 圆회의　<ruby>曜日<rt>ようび</rt></ruby> 圆요일

<ruby>来週<rt>らいしゅう</rt></ruby> 圆다음 주　<ruby>覚<rt>おぼ</rt></ruby>える 圄기억하다

<ruby>水曜日<rt>すいようび</rt></ruby> 圆수요일　<ruby>課長<rt>かちょう</rt></ruby> 圆과장(님)

<ruby>水曜<rt>すいよう</rt></ruby> 圆수요일　<ruby>休<rt>やす</rt></ruby>む 圄쉬다　<ruby>言<rt>い</rt></ruby>う 圄말하다

～と<ruby>思<rt>おも</rt></ruby>う ~라고 생각하다　<ruby>会議室<rt>かいぎしつ</rt></ruby> 圆회의실

<ruby>月曜日<rt>げつようび</rt></ruby> 圆월요일　～まで 国~까지

<ruby>使<rt>つか</rt></ruby>う 圄사용하다　～から 国~니까, 해서

<ruby>木曜日<rt>もくようび</rt></ruby> 圆목요일　ちょっと 囝잠깐, 조금

<ruby>待<rt>ま</rt></ruby>つ 圄기다리다　～てください ~(해) 주세요

<ruby>書<rt>か</rt></ruby>く 圄적다, 쓰다　～ておく ~해 두다　～はずだ ~일 것이다

<ruby>金曜日<rt>きんようび</rt></ruby> 圆금요일　<ruby>変<rt>か</rt></ruby>わる 圄바뀌다

6

[음성]

<ruby>会社<rt>かいしゃ</rt></ruby>で<ruby>男<rt>おとこ</rt></ruby>の<ruby>人<rt>ひと</rt></ruby>と<ruby>女<rt>おんな</rt></ruby>の<ruby>人<rt>ひと</rt></ruby>が<ruby>話<rt>はな</rt></ruby>しています。<ruby>女<rt>おんな</rt></ruby>の<ruby>人<rt>ひと</rt></ruby>の<ruby>家<rt>いえ</rt></ruby>から<ruby>会社<rt>かいしゃ</rt></ruby>まで、どのぐらいかかりますか。

M：<ruby>佐藤<rt>さとう</rt></ruby>さん、この<ruby>前<rt>まえ</rt></ruby>、<ruby>引<rt>ひ</rt></ruby>っ<ruby>越<rt>こ</rt></ruby>しした<ruby>新<rt>あたら</rt></ruby>しい<ruby>家<rt>いえ</rt></ruby>は、どうですか。

F：<ruby>会社<rt>かいしゃ</rt></ruby>からも<ruby>近<rt>ちか</rt></ruby>いし、いいですよ。

M：<ruby>会社<rt>かいしゃ</rt></ruby>から<ruby>近<rt>ちか</rt></ruby>いところに<ruby>引<rt>ひ</rt></ruby>っ<ruby>越<rt>こ</rt></ruby>したんですね。<ruby>会社<rt>かいしゃ</rt></ruby>まで、どのぐらいかかりますか。

F：えっと。<ruby>前<rt>まえ</rt></ruby>は、<ruby>会社<rt>かいしゃ</rt></ruby>まで1<ruby>時間<rt>じかん</rt></ruby>ぐらいかかったんですけど、<ruby>今<rt>いま</rt></ruby>は20<ruby>分<rt>ぶん</rt></ruby>ぐらいです。

M：ええ。それは<ruby>本当<rt>ほんとう</rt></ruby>に<ruby>良<rt>よ</rt></ruby>かったですね。<ruby>僕<rt>ぼく</rt></ruby>も<ruby>会社<rt>かいしゃ</rt></ruby>から、30<ruby>分以内<rt>ぷんいない</rt></ruby>のところに<ruby>引<rt>ひ</rt></ruby>っ<ruby>越<rt>こ</rt></ruby>ししたいですね。

F：え、どのぐらいかかるんですか。

M：<ruby>僕<rt>ぼく</rt></ruby>の<ruby>家<rt>いえ</rt></ruby>は<ruby>会社<rt>かいしゃ</rt></ruby>から2<ruby>時間<rt>じかん</rt></ruby>ぐらいかかるから、ちょっと<ruby>大変<rt>たいへん</rt></ruby>です。

F：それは<ruby>大変<rt>たいへん</rt></ruby>ですね。もし<ruby>引<rt>ひ</rt></ruby>っ<ruby>越<rt>こ</rt></ruby>しするところを<ruby>探<rt>さが</rt></ruby>しているんだったら、<ruby>私<rt>わたし</rt></ruby>が<ruby>手伝<rt>てつだ</rt></ruby>います。

M：ええ。ありがとうございます。

<ruby>女<rt>おんな</rt></ruby>の<ruby>人<rt>ひと</rt></ruby>の<ruby>家<rt>いえ</rt></ruby>から<ruby>会社<rt>かいしゃ</rt></ruby>まで、どのぐらいかかりますか。

[문제지]

1 20<ruby>分<rt>ぶん</rt></ruby>

2 30<ruby>分<rt>ぶん</rt></ruby>

3 1<ruby>時間<rt>じかん</rt></ruby>

4 2<ruby>時間<rt>じかん</rt></ruby>

해석 회사에서 남자와 여자가 이야기하고 있습니다. 여자의 집에서 회사까지, 어느 정도 걸립니까?

M : 사토 씨, 일선에, 이사한 새로운 집은, 어떻습니까?

F : 회사에서도 가깝고, 좋습니다.

M : 회사에서 가까운 곳으로 이사했군요. 회사까지, 어느 정도 걸립니까?

F : 음. 전에는, 회사까지 1시간 정도 걸렸는데, 지금은 20분 정도입니다.

M : 네. 그건 정말 잘 되었네요. 저도 회사에서, 30분 이내인 곳으로 이사하고 싶네요.

F : 어, 어느 정도 걸리나요?

M : 저희 집은 회사에서 2시간 정도 걸리니까, 조금 힘듭니다.

F : 그건 힘들겠네요. 만약 이사할 곳을 찾고 있다면, 제가 도와드릴게요.

M : 네. 감사합니다.

여자의 집에서 회사까지, 어느 정도 걸립니까?

1 20분
2 30분
3 1시간
4 2시간

해설 1 '20분', 2 '30분', 3 '1시간', 4 '2시간' 중 여자의 집에서 회사까지 어느 정도 걸리는지 묻는 문제이다. 대화 중, 여자가 前は、会社まで 1時間ぐらいかかったんですけど、今は20分ぐらいです(전에는, 회사까지 1시간 정도 걸렸는데, 지금은 20분 정도입니다)라고 언급했으므로, 1 20分(20분)이 정답이다. 2는 남자가 회사에서 30분 이내인 곳으로 이사하고 싶다고 한 것이고, 3은 여자가 이사하기 전의 집에서 회사까지 걸렸던 시간이며, 4는 남자의 집에서 회사까지 걸리는 시간이므로 오답이다.

어휘 会社 かいしゃ 圏회사　家 いえ 圏집　~から 国~에서
~まで 国~까지　~ぐらい 国~정도　かかる 图걸리다
この前 このまえ 일전　引っ越す ひっこす 图이사하다
新しい あたらしい い형새롭다　近い ちかい い형가깝다
前 まえ 圏전, 앞　時間 じかん 圏시간　~けど 国~는데
今 いま 圏지금　~分 ~ふん ~분　本当に ほんとうに 囝정말
僕 ぼく 圏저, 나(남자의 자칭)　以内 いない 圏이내　ところ 圏곳
~たい ~(하)고 싶다　ちょっと 囝조금
大変だ たいへんだ な형힘들다　もし 囝만약　探す さがす 图찾다
~たら ~(하)면　手伝う てつだう 图돕다

7

[음성]
女の人と男の人が話しています。男の人は何を飲みますか。

F : 今日暑いね。私冷たいものが飲みたいな。

M : 本当に暑いね。でも、僕は冷たいのを飲むとおなか痛くなっちゃうから、暑いけど暖かいものにする。

F : そっか。じゃ、私はアイスコーヒー。

M : 僕は暖かい牛乳かお茶が飲みたいな。

F : うーん。牛乳の方がおいしそう。

M : そう？じゃ、鈴木さんはアイスコーヒー、僕は牛乳だね。頼んでくる。

F : いや、待って。急にジュースが飲みたくなった。オレンジジュースでお願い。

M : 分かった。

F : ありがとう。

男の人は何を飲みますか。

[문제지]

1 アイスコーヒー
2 ぎゅうにゅう
3 おちゃ
4 オレンジジュース

해석 여자와 남자가 이야기하고 있습니다. 남자는 무엇을 마십니까?

F : 오늘 덥네. 나 차가운 거 마시고 싶어.

M : 정말 덥네. 그래도, 나는 차가운 걸 마시면 배가 아파져 버리니까, 덥지만 따뜻한 것으로 할래.

F : 그렇구나. 그럼, 나는 아이스 커피.

M : 나는 따뜻한 우유나 차를 마시고 싶어.

F : 음. 우유 쪽이 맛있을 것 같아.

M : 그래? 그럼 스즈키 씨는 아이스 커피, 나는 우유네. 주문하고 올게.

F : 아냐, 잠깐만. 갑자기 주스가 마시고 싶어졌어. 오렌지 주스로 부탁해.

M : 알겠어.

F : 고마워.

남자는 무엇을 마십니까?

1 아이스 커피
2 우유
3 차
4 오렌지 주스

해설 1 '아이스 커피', 2 '우유', 3 '차', 4 '오렌지 주스' 중 남자가 무엇을 마시는지 묻는 문제이다. 대화 중 남자가 僕は牛乳だね(나는 우유네)라고 언급했으므로, 2 ぎゅうにゅう(우유)가 정답이다. 1은 여자가 마시려고 했던 것이고, 3은 남자가 마시려고 고민했던 것이며, 4는 여자가 마시는 것이므로 오답이다.

어휘 飲む のむ 图마시다　今日 きょう 圏오늘　暑い あつい い형덥다
冷たい つめたい い형차갑다　~たい ~(하)고 싶다
本当に ほんとうに 囝정말로　でも 国그래도
僕 ぼく 圏나, 저(남자의 자칭)　おなか 圏배
痛い いたい い형아프다　~ちゃう ~(해) 버리다　~から 国~니까
~けど 国~지만　暖かい あたたかい い형따뜻하다
~にする ~으로 하다　アイスコーヒー 圏아이스커피
牛乳 ぎゅうにゅう 圏우유　お茶 おちゃ 圏차　方 ほう 圏쪽
おいしい い형맛있다　~そうだ ~인 것 같다(추측)
頼む たのむ 图주문하다, 부탁하다　待つ まつ 图기다리다
急に きゅうに 囝갑자기　ジュース 圏주스
オレンジジュース 圏오렌지 주스　分かる わかる 图알다, 이해하다

1 3	2 2	3 3	4 4	5 3
6 1	7 3			

문제 2에서는, 먼저 질문을 들어 주세요. 그 후, 문제 용지를 봐주세요. 읽는 시간이 있습니다. 그리고 이야기를 듣고, 문제 용지의 1부터 4 중에서, 가장 알맞은 것을 하나 골라주세요.

1

[음성]

会社で女の人と男の人が話しています。二人は何時に、会社を出発しますか。

F：今日、午後5時に南ホールで新製品の発表会があるよね？南ホールまでは、うちの会社から車でどれぐらいかかる？

M：車で1時間ぐらいかかります。でも、今日はそこに行く道で、マラソン大会があって、道路が混みそうです。

F：そっか。じゃあ、2時間ぐらい早めに出発しようか？

M：そうしてもいいですが、電車だと1時間10分ぐらいで着けます。

F：そうなんだ。じゃ、電車で行こう。3時30分に会社を出ればいいかな。

M：はい。それまでに発表の資料を準備しておきます。

二人は何時に、会社を出発しますか。

[문제지]

1　1時
2　2時
3　3時　30分
4　5時

해석 회사에서 여자와 남자가 이야기하고 있습니다. 두 사람은 몇 시에, 회사를 출발합니까?

　F：오늘, 오후 5시에 미나미 홀에서 신제품의 발표회가 있지? 미나미 홀까지는, 우리 회사에서 자동차로 어느 정도 걸려?

　M：자동차로 한 시간 정도 걸립니다. 하지만, 오늘은 그곳에 가는 길에서, 마라톤 대회가 있어서, 도로가 혼잡할 것 같습니다.

　F：그래. 그러면, 두 시간 정도 빨리 출발할까?

　M：그렇게 해도 좋습니다만, 전철이라면 1시간 10분 정도로 도착할 수 있습니다.

　F：그렇구나. 그럼, 전철로 가자. 3시 30분에 회사를 나가면 좋을까?

　M：네. 그때까지 발표의 자료를 준비해 두겠습니다.

　두 사람은 몇 시에, 회사를 출발합니까?

1　1시
2　2시
3　3시 30분
4　5시

해설 1 '1시', 2 '2시', 3 '3시 30분', 4 '5시' 중 두 사람이 몇 시에 회사를 출발하는지 묻는 문제이다. 대화 중, 3時30分に会社を出ればいいかな(3시 30분에 회사를 나가면 좋을까)라는 여자의 말에 남자는 はい(네)라고 대답하였으므로, 3 3時　30分(3시 30분)이 정답이다. 1은 목적지까지 1시간 걸린다고 한 것이고, 2는 자동차로 간다면 2시간 빨리 출발하자고 한 것이며, 4는 발표회의 시작 시간이 5시라고 한 것이므로 오답이다.

어휘 会社 かいしゃ 圏회사　～時 ～じ ～시　出発 しゅっぱつ 圏출발
　　 今日 きょう 圏오늘　午後 ごご 圏오후　ホール 圏홀, 회관
　　 新製品 しんせいひん 圏신제품　発表会 はっぴょうかい 圏발표회
　　 ～まで 조~까지　うち 우리　～から 조~에서
　　 車 くるま 圏자동차　～ぐらい 조~정도　かかる 圏걸리다
　　 時間 じかん 圏시간　でも 젭하지만　行く いく 圏가다
　　 道 みち 圏길　マラソン 마라톤　大会 たいかい 圏대회
　　 道路 どうろ 圏도로　混む こむ 圏혼잡하다
　　 ～そうだ ~(일) 것 같다(추측)　じゃあ 젭그러면
　　 早めに はやめに 圏빨리　出発 しゅっぱつ 圏출발
　　 ～てもいい ~(해)도 좋다　電車 でんしゃ 圏전철　～分 ～ふん ~분
　　 着く つく 圏도착하다　じゃ 젭그럼　出る でる 圏나가다
　　 発表 はっぴょう 圏발표　資料 しりょう 圏자료
　　 準備 じゅんび 圏준비

2

[음성]

イベント会場で、担当者の女の人が話しています。イベントが始まるまでどこで待ちますか。

F：みなさん、今日は来てくれてありがとうございます。イベントが始まるまで2階の会議室で待っていてください。3、4階の会議室とトイレはイベントの関係者たちが使う場所なので、入らないでください。トイレは2階を利用してください。1階のトイレは利用できません。イベントは10時から5階で始まります。

イベントが始まるまでどこで待ちますか。

[문제지]

1　1かいの　トイレ
2　2かいの　かいぎしつ
3　3かいの　トイレ
4　4かいの　かいぎしつ

해석 이벤트 회장에서, 담당자인 여자가 이야기하고 있습니다. 이벤트가 시작될 때까지 어디에서 기다립니까?

　F：여러분, 오늘은 와 주셔서 감사합니다. 이벤트가 시작될 때까지 2층의 회의실에서 기다리고 있어 주세요. 3, 4층의 회의실과 화

장실은 이벤트 관계자들이 사용하는 장소이므로, 들어가지 말아 주세요. 화장실은 2층을 이용해 주세요. 1층 화장실은 이용할 수 없습니다. 이벤트는 10시부터 5층에서 시작됩니다.

이벤트가 시작될 때까지 어디에서 기다립니까?

1 1층 화장실
2 2층 회의실
3 3층 화장실
4 4층 회의실

해설 1 '1층 화장실', 2 '2층 회의실', 3 '3층 화장실', 4 '4층 회의실' 중 이벤트가 시작될 때까지 어디에서 기다려야 하는지 묻는 문제이다. 여자가 イベントが始まるまで2階の会議室で待っていてください (이벤트가 시작될 때까지 2층의 회의실에서 기다리고 있어 주세요) 라고 언급했으므로, 2 2かいの　かいぎしつ(2층 회의실)가 정답이다. 1은 사용할 수 없다고 했고, 3, 4는 관계자들이 사용하는 장소라고 했으므로 오답이다.

어휘 イベント 圏 이벤트　会場 かいじょう 圏 회장
担当者 たんとうしゃ 圏 담당자　始まる はじまる 图 시작되다
~まで 图 ~까지　待つ まつ 图 기다리다　みなさん 圏 여러분
今日 きょう 圏 오늘　来る くる 图 오다　~てくれる ~(해) 주다
~階 ~かい ~층　会議室 かいぎしつ 圏 회의실
~てください ~(해) 주세요　トイレ 圏 화장실
関係者 かんけいしゃ 圏 관계자　使う つかう 图 사용하다
場所 ばしょ 圏 장소　~ので 图 ~이므로　入る はいる 图 들어가다
利用 りよう 圏 이용　できる 图 할 수 있다　~時 ~じ ~시
~から 图 ~부터

3

[음성]
妻と夫が話しています。二人は夕食で何を食べますか。

F : ねえ、駅前に新しいすしやができたんだけど、今日の夕食はそこで食べようよ。
M : すしやか…。実は、今日お昼にすしを食べちゃったから、夕食は他のものにしたいな。
F : あ、そうなんだ。じゃ、焼き肉はどう?
M : うーん。僕はとんかつが食べたいんだけど…。
F : また? あなたはいつもとんかつだね。昨日もお昼にとんかつ食べたって言ってたじゃない。
M : いや、昨日はとんかつじゃなくてうどんを食べたんだよ。
F : もう、分かったよ。そうしようよ。

二人は夕食で何を食べますか。

[문제지]

1 すし
2 やきにく
3 とんかつ
4 うどん

해석 아내와 남편이 이야기하고 있습니다. 두 사람은 저녁으로 무엇을 먹습니까?

F : 있잖아, 역 앞에 새로운 초밥집이 생겼는데, 오늘 저녁은 그곳에서 먹자.
M : 초밥집이라…. 실은, 오늘 점심에 초밥을 먹어버렸기 때문에, 저녁은 다른 것으로 하고 싶네.
F : 아, 그렇구나. 그럼, 불고기는 어때?
M : 음. 나는 돈가스가 먹고 싶은데….
F : 또? 당신은 언제나 돈가스네. 어제도 점심에 돈가스 먹었다고 말했잖아.
M : 아냐, 어제는 돈가스가 아니라 우동을 먹었어.
F : 정말, 알았어. 그렇게 하자.

두 사람은 저녁으로 무엇을 먹습니까?

1 초밥
2 불고기
3 돈가스
4 우동

해설 1 '초밥', 2 '불고기', 3 '돈가스', 4 '우동' 중 두 사람이 저녁으로 무엇을 먹는지 묻는 문제이다. 대화 중 僕はとんかつが食べたいんだけど(나는 돈가스가 먹고 싶은데)라는 남편의 말에 아내는 分かったよ。そうしようよ(알았어. 그렇게 하자)라고 언급했으므로, 3 とんかつ(돈가스)가 정답이다. 1은 남편이 점심 때 먹어서 거절했으며, 2는 아내가 언급하였으나 남편이 거절했으며, 4는 남편이 어제 점심에 먹은 것이므로 오답이다.

어휘 妻 つま 圏 아내　夫 おっと 圏 남편　二人 ふたり 圏 두 사람
夕食 ゆうしょく 圏 저녁, 저녁 식사　食べる たべる 图 먹다
駅前 えきまえ 圏 역 앞　新しい あたらしい い혱 새롭다
すしや 圏 초밥집　できる 图 생기다　~けど 图 ~는데, 지만
今日 きょう 圏 오늘　実は じつは 실은　お昼 おひる 圏 점심, 낮
すし 圏 초밥　~ちゃう ~(해) 버리다　~から 图 ~때문에, 니까
他 ほか 圏 다른 것　じゃ 젭 그럼　焼き肉 やきにく 圏 불고기
僕 ぼく 圏 나, 저(남자의 자칭)　とんかつ 圏 돈가스
~たい ~(하)고 싶다　また 图 또　あなた 圏 당신
いつも 图 언제나　昨日 きのう 圏 어제　言う いう 图 말하다
うどん 圏 우동　有名だ ゆうめいだ な혱 유명하다
~と思う ~とおもう ~라고 생각하다　分かる わかる 图 알다

4

[음성]
男の人と女の人が話しています。男の人の休みの計画はどうなりましたか。

M : もうすぐ休みですね。休みにどこか行くんですか。
F : アメリカにいる弟に会いに行きます。
M : アメリカ、いいですね。僕は海に行く予定だったんですけど…。
F : えっ、何かあったんですか。

M：それが、泊まる予定だったホテルが休業することに
なってしまって。

F：じゃあ、旅行をキャンセルして、休みのときは家でゆっ
くりするつもりですか。

M：いえ、代わりに行きたかった温泉に行くことにしました
よ。

男の人の休みの計画はどうなりましたか。

[문제지]

1　アメリカに　いく　ことに　なった

2　うみに　いく　ことに　なった

3　いえで　ゆっくり　する　ことに　なった

4　おんせんに　いく　ことに　なった

해석　남자와 여자가 이야기하고 있습니다. 남자의 휴가 계획은 어떻게 되
었습니까?

M：이제 곧 휴가네요. 휴가에 어딘가 가나요?

F：미국에 있는 남동생을 만나러 갑니다.

M：미국, 좋네요. 저는 바다에 갈 예정이었습니다만….

F：앗, 뭔가 있었나요?

M：그게, 묵을 예정이었던 호텔이 휴업하게 되어 버려서.

F：그럼, 여행을 취소하고, 휴가 때는 집에서 느긋하게 있을 예정인
가요?

M：아뇨, 대신에 가고 싶었던 온천을 가기로 했어요.

남자의 휴가 계획은 어떻게 되었습니까?

1 미국에 가게 되었다

2 바다에 가게 되었다

3 집에서 느긋하게 있게 되었다

4 온천에 가게 되었다

해설　1 '미국에 가게 되었다', 2 '바다에 가게 되었다', 3 '집에서 느긋하게
있게 되었다', 4 '온천에 가게 되었다' 중 남자의 휴가 계획이 어떻게
되었는지 묻는 문제이다. 대화 중 남자가 温泉に行くことにしまし
たよ(온천을 가기로 했어요)라고 언급했으므로, 4 おんせんに　い
く　ことに　なった(온천에 가게 되었다)가 정답이다. 1은 여자의
휴가 계획이고, 2는 남자의 원래 계획이었으나 취소하였고, 3은 여자
가 언급하였으나 남자의 계획은 아니므로 오답이다.

어휘　休み やすみ 圀휴가　計画 けいかく 圀계획　もうすぐ 囝이제 곧
行く いく 튕가다　アメリカ 圀미국　弟 おとうと 圀남동생
会う あう 튕만나다　僕 ぼく 圀저, 나(남자의 자칭)　海 うみ 圀바다
予定 よてい 圀예정　～けど 囨~지만
泊まる とまる 튕묵다, 숙박하다　ホテル 圀호텔
休業 きゅうぎょう 圀휴업　～てしまう ~(해) 버리다
旅行 りょこう 圀여행　キャンセル 圀취소　とき 圀때
家 いえ 圀집　ゆっくり 囝느긋하게　つもり 圀예정
代わりに かわりに 囝대신에　温泉 おんせん 圀온천
～ことにする ~(하)기로 하다　～ことになる ~(하)게 되다

5

[음성]

男の学生と女の学生が話しています。女の学生は昨日どう
して練習しませんでしたか。

M：今日、テニスの試合だね。昨日練習はしたの?

F：それが…、まったく練習できなかったんだ。

M：え、なんで?疲れて昨日早く寝ちゃったの?

F：いや、そうではないの。

M：わかった。宿題が多かったんだ。

F：いや、昨日熱があって家で休んでたんだ。だからでき
なかったの。

M：そうなんだ、ごめん。でも、他の日にはちゃんと練習し
てたから試合で勝てると思うよ。

女の学生は昨日どうして練習しませんでしたか。

[문제지]

1　つかれて　はやく　ねたから

2　しゅくだいが　おおかったから

3　ねつが　あったから

4　ほかの　ひに　れんしゅうしたから

해석　남학생과 여학생이 이야기하고 있습니다. 여학생은 어제 어째서 연
습하지 않았습니까?

M：오늘, 테니스 시합이네. 어제 연습은 했어?

F：그게…, 전혀 연습할 수 없었어.

M：어, 왜? 피곤해서 어제 일찍 자 버렸어?

F：아니, 그건 아니야.

M：알겠다. 숙제가 많았구나.

F：아니, 어제 열이 있어서 집에서 쉬고 있었어. 그래서 못 한거야.

M：그렇구나, 미안해. 그래도, 다른 날에는 확실히 연습했었으니까
시합에서 이길 수 있을 거라고 생각해.

여학생은 어제 어째서 연습하지 않았습니까?

1 피곤해서 일찍 잤기 때문에

2 숙제가 많았기 때문에

3 열이 있었기 때문에

4 다른 날에 연습했기 때문에

해설　1 '피곤해서 일찍 잤기 때문에', 2 '숙제가 많았기 때문에', 3 '열이 있
었기 때문에', 4 '다른 날에 연습했기 때문에' 중 여학생이 어제 연습
하지 않은 이유를 묻는 문제이다. 대화 중 여학생이 昨日熱があって
家で休んでたんだ。だからできなかったの(어제 열이 있어서 집
에서 쉬고 있었어. 그래서 못 한거야)라고 언급했으므로, 3 ねつが
あったから(열이 있었기 때문에)가 정답이다. 1, 2, 4는 남학생이 언
급하였으나 여학생이 연습을 쉰 이유는 아니라고 했으므로 오답이다.

어휘　学生 がくせい 圀학생　昨日 きのう 圀어제
練習 れんしゅう 圀연습　今日 きょう 圀오늘　テニス 圀테니스
試合 しあい 圀시합　まったく 囝전혀　できる 튕할 수 있다
疲れる つかれる 튕피곤하다　早く はやく 囝일찍, 빨리

寝る ねる 图자다 　～ちゃう ~(해) 버리다 　わかる 图알다, 이해하다
宿題 しゅくだい 图숙제 　多い おおい い형많다 　熱 ねつ 图열
家 いえ 图집 　休む やすむ 图쉬다 　だから 图그래서
でも 图그래도 　他 ほか 图다름 　日 ひ 图날 　ちゃんと 图확실히
～から 图~니까 　勝つ かつ 图이기다, 승리하다
～と思う ～とおもう ~라고 생각하다

6

[음성]

男の人と女の人が話しています。女の人はどんな服を買いますか。

M: どこに行くの?

F: デパート。ワンピースを買いに行くんだ。

M: ワンピース? この前、ピンク色のワンピース買ったじゃない。

F: うん、そうだけど、夏に着るものをもう一つ買おうかなと思って。

M: 多すぎるんじゃない? はるみがよく着るシャツと一緒に履くスカートやパンツを買った方がいいんじゃないかな。

F: あ、白いシャツ? そうね、スカートを買うのもよさそうね。

M: そうでしょう?

F: いや、でもやっぱりワンピースにするよ。スカートやパンツはどんな服と一緒に履くか考えなくちゃいけないから。

女の人はどんな服を買いますか。

[문제지]

1 ワンピース

2 シャツ

3 スカート

4 パンツ

해석 남자와 여자가 이야기하고 있습니다. 여자는 어떤 옷을 삽니까?

M: 어디에 가?

F: 백화점. 원피스를 사러 가.

M: 원피스? 요전에, 분홍색 원피스 샀잖아.

F: 응, 그렇지만, 여름에 입을 것을 하나 더 살까 생각해서.

M: 너무 많은 것 아니야? 하루미가 자주 입는 셔츠와 함께 입을 치마나 바지를 사는 편이 좋지 않으려나.

F: 아, 하얀 셔츠? 그러네, 치마를 사는 것도 좋을 것 같네.

M: 그렇지?

F: 아냐, 그래도 역시 원피스로 할래. 치마나 바지는 어떤 옷과 함께 입을지 생각하지 않으면 안 되니까.

여자는 어떤 옷을 삽니까?

1 원피스

2 셔츠

---

3 치마

4 바지

해설 1 '원피스', 2 '셔츠', 3 '치마', 4 '바지' 중 여자가 어떤 옷을 사는지 묻는 문제이다. 대화 중, 여자가 いや、でもやっぱりワンピースにするよ(아냐, 그래도 역시 원피스로 할래)라고 언급했으므로, 1 ワンピース(원피스)가 정답이다. 2는 여자가 자주 입는 옷을 언급한 것이고, 3, 4는 남자가 언급하였으나 여자가 원피스를 산다고 했으므로 오답이다.

어휘 服 ふく 图옷 　買う かう 图사다 　行く いく 图가다
デパート 图백화점 　ワンピース 图원피스
この前 このまえ 图요전, 일전 　ピンク 图분홍 　色 いろ 图색
～けど 图~지만 　夏 なつ 图여름 　着る きる 图입다
もう一つ もうひとつ 하나 더 　～と思う ～とおもう ~라고 생각하다
多すぎる おおすぎる 너무 많다 　よく 图자주 　着る きる 图입다
シャツ 图셔츠 　一緒に いっしょに 图함께, 같이
履く はく 图(하의를) 입다 　スカート 图치마 　～や 图~(이)나
パンツ 图바지 　～た方がいい ～たほうがいい ~(하)는 편이 좋다
白い しろい い형하얗다 　～そうだ ~일 것 같다(추측)
でも 图그래도 　やっぱり 图역시 　～にする ~로 하다
考える かんがえる 图생각하다
～なくちゃいけない ~(하)지 않으면 안 된다 　～から 图~니까

7

[음성]

駅の案内を聞いています。列車は何時に出発しますか。

M: お客様に列車の出発時間のお知らせです。6時30分出発の列車は雨のため出発が遅れています。30分遅れて出発する予定でしたが、安全のため、1時間遅れて出発することになりました。出発の時間が大きく変わったので気をつけてください。

列車は何時に出発しますか。

[문제지]

1 6時 30分

2 7時

3 7時 30分

4 8時

해석 역의 안내를 듣고 있습니다. 열차는 몇 시에 출발합니까?

M: 손님께 열차 출발시간의 안내입니다. 6시 30분 출발의 열차는 비 때문에 출발이 늦어지고 있습니다. 30분 늦게 출발할 예정이었지만, 안전을 위해, 1시간 늦게 출발하게 되었습니다. 출발 시간이 크게 바뀌었기 때문에 주의해 주세요.

열차는 몇 시에 출발합니까?

1 6시 30분

2 7시

3 7시 30분

4 8시

해설 1 '6시 30분', 2 '7시', 3 '7시 30분', 4 '8시' 중 열차가 몇 시에 출발
하는지 묻는 문제이다. 남자가 6時30分出発の列車は雨のため出
発が遅れています(6시 30분 출발의 열차는 비 때문에 출발이 늦어
지고 있습니다)라고 한 후, 1時間遅れて出発することになりまし
た(1시간 늦게 출발하게 되었습니다)라고 언급했으므로, 3 7時 30
分(7시 30분)이 정답이다. 1은 열차의 원래 출발 시간이고, 2는 30
분 늦게 출발하려고 했으나 안전상 1시간 늦어진다고 했으며, 4는 언
급되지 않은 내용이므로 오답이다.

어휘 駅 えき 圏역 案内 あんない 圏안내 列車 れっしゃ 圏열차
　　出発 しゅっぱつ 圏출발 客 きゃく 圏손님 時間 じかん 圏시간
　　お知らせ おしらせ 圏안내, 알림 〜時 〜じ 〜시 〜分 〜ふん 〜분
　　雨 あめ 圏비 ため 圏때문, 위함 遅れる おくれる 圏늦다
　　予定 よてい 圏예정 安全 あんぜん 圏안전
　　〜ことになる 〜(하)게 되다 大きい おおきい い형크다
　　変わる かわる 图바뀌다, 변하다 〜ので 图〜때문에
　　気をつける きをつける 주의하다, 조심하다
　　〜てください 〜(해) 주세요

실전 테스트 3　　　　　　　　　p.308

| 1 3 | 2 4 | 3 4 | 4 3 | 5 4 |
| 6 1 | 7 3 | | | |

문제 2에서는, 먼저 질문을 들어 주세요. 그 후, 문제 용지를 봐주세
요. 읽는 시간이 있습니다. 그리고 이야기를 듣고, 문제 용지의 1부
터 4 중에서, 가장 알맞은 것을 하나 골라주세요.

1

[음성]

家で妻と夫が話しています。二人は、いつ、映画を見に行
きますか。

F：ね、今週の金曜日に、一緒に映画を見に行かない？
M：今週の金曜日？僕、水曜日から金曜日まで出張だと
　　言ったじゃん。
F：あ、そうだった。ごめんね。じゃ、いつがいいかな。
M：来週の金曜日はどう？その日なら、会社も早く終わる
　　し。
F：その日は、妹がアメリカから帰ってくるから、ちょっ
　　と…。
M：なら、来週の水曜日はどう？
F：いいと思う。休みの日だし。
M：じゃ、その日にしよう。

二人は、いつ、映画を見に行きますか。

[문제지]

1 こんしゅうの　すいようび
2 こんしゅうの　きんようび
3 らいしゅうの　すいようび
4 らいしゅうの　きんようび

해석 집에서 아내와 남편이 이야기하고 있습니다. 두 사람은, 언제, 영화를
　　보러 갑니까?

　　F : 저기, 이번 주 금요일에, 같이 영화를 보러 가지 않을래?
　　M : 이번 주 금요일? 나, 수요일부터 금요일까지 출장이라고 말했잖
　　　　아.
　　F : 아, 그랬지. 미안. 그럼, 언제가 좋을까.
　　M : 다음 주 금요일은 어때? 그날이라면, 회사도 일찍 끝나고.
　　F : 그날은, 여동생이 미국에서 돌아오니까, 조금….
　　M : 그럼, 다음 주 수요일은 어때?
　　F : 좋다고 생각해. 쉬는 날이고.
　　M : 그럼, 그날로 하자.

　　두 사람은, 언제, 영화를 보러 갑니까?

　　1 이번 주 수요일
　　2 이번 주 금요일
　　3 다음 주 수요일
　　4 다음 주 금요일

해설 1 '이번 주 수요일', 2 '이번 주 금요일', 3 '다음 주 수요일', 4 '다음
　　주 금요일' 중 두 사람이 언제 영화를 보러 가는지 묻는 문제이다. 대
　　화 중, 来週の水曜日はどう？(다음 주 수요일은 어때?)라는 남편의
　　말에 아내는 いいと思う(좋다고 생각해)라고 언급했으므로, 3 らい
　　しゅうの　すいようび(다음 주 수요일)가 정답이다. 1, 2는 남편이
　　출장이라고 했고, 4는 아내의 여동생이 미국에서 오는 날이라서 안
　　된다고 했으므로 오답이다.

어휘 家 いえ 圏집 妻 つま 圏아내 夫 おっと 圏남편
　　映画 えいが 圏영화 見る みる 图보다 行く いく 图가다
　　今週 こんしゅう 圏이번 주 金曜日 きんようび 圏금요일
　　一緒に いっしょに 图같이, 함께 僕 ぼく 圏나, 저(남자의 자칭)
　　水曜日 すいようび 圏수요일 〜から 图〜부터 〜まで 图〜까지
　　出張 しゅっちょう 圏출장 言う いう 图말하다
　　来週 らいしゅう 圏다음 주 日 ひ 圏날 〜なら 〜라면
　　会社 かいしゃ 圏회사 早く はやく 图일찍
　　終わる おわる 图끝나다 妹 いもうと 圏여동생 アメリカ 圏미국
　　帰ってくる かえってくる 돌아오다 〜から 图〜니까
　　ちょっと 图조금 〜と思う 〜とおもう 〜라고 생각하다
　　休みの日 やすみのひ 쉬는 날 〜にする 〜로 하다

2

[음성]

サッカー教室の先生が話しています。サッカーの試合は、
何時に終わりますか。

F : 今日は、昨日話した通り、サッカーの試合をします。
　　準備運動をしたあと、2時から始める予定です。試合
　　は2回に分けてします。まず、30分間試合をして、10

分くらい休みます。その後、また30分して終わります。Aチームはここにある赤い服、Bチームは青い服を着てください。あ、勝ったチームには、ハンバーガーがあります。それでは、みんな頑張ってください。

サッカーの試合は、何時に終わりますか。

[問題지]

1　2時
2　2時　30分
3　2時　40分
4　3時　10分

해석 축구 교실의 선생님이 이야기하고 있습니다. 축구 시합은, 몇 시에 끝납니까?

F : 오늘은, 어제 이야기한 대로, 축구 시합을 합니다. 준비 운동을 한 뒤, 2시부터 시작할 예정입니다. 시합은 2회로 나누어 합니다. 우선, 30분간 시합을 하고, 10분 정도 쉽니다. 그 뒤, 다시 30분 하고 끝납니다. A 팀은 여기에 있는 빨간 옷, B 팀은 파란 옷을 입어 주세요. 아, 이긴 팀에게는, 햄버거가 있습니다. 그러면, 여러분 열심히 해 주세요.

축구 시합은, 몇 시에 끝납니까?

1　2시
2　2시 30분
3　2시 40분
4　3시 10분

해설 1 '2시', 2 '2시 30분', 3 '2시 40분', 4 '3시 10분' 중 축구 시합이 몇 시에 끝나는지 묻는 문제이다. 선생님이 2時から始める予定です(2시부터 시작할 예정입니다)라고 한 후, 30分間試合をして、10分くらい休みます。その後、また30分して終わります(30분간 시합을 하고, 10분 정도 쉽니다. 그 뒤, 다시 30분 하고 끝납니다)라고 언급했으므로, 4 3時　10分(3시 10분)이 정답이다. 1은 시작하는 시간이고, 2는 첫 번째 시합이 끝나는 시간이며, 3은 쉬는 시간이 끝나는 시간이므로 오답이다.

어휘 サッカー 圏 축구　教室 きょうしつ 圏 교실
先生 せんせい 圏 선생(님)　試合 しあい 圏 시합
終わる おわる 圏 끝나다　今日 きょう 圏 오늘　昨日 きのう 圏 어제
話す はなす 圏 이야기하다　～通り ～とおり ～대로
準備運動 じゅんびうんどう 圏 준비 운동　あと 圏 뒤, 후
～時 ～じ ～시　～から 图 ～부터　始める はじめる 圏 시작하다
予定 よてい 圏 예정　～回 ～かい ～회　分ける わける 圏 나누다
まず 분 우선　～分 ～ふん ～분　～間 ～かん ～간
～くらい 图 ～정도　休む やすむ 圏 쉬다　また 분 다시, 또
チーム 圏 팀　赤い あかい い형 빨갛다　服 ふく 圏 옷
青い あおい い형 파랗다　着る きる 圏 입다
～てください ～(해) 주세요　勝つ かつ 圏 이기다
ハンバーガー 圏 햄버거　それでは 집 그러면　みんな 圏 여러분
頑張る がんばる 圏 열심히 하다

3

[음성]
学校で女の学生と男の学生が話しています。男の学生は、誰と旅行に行きますか。

F : 上田くんは、冬休みに何する？
M : イタリアに旅行に行くんだ。
F : イタリア旅行いいね。誰と行くの？
M : それがね、最初は家族みんなで行くことになってたんだけど…。
F : 何か問題でもあったの？
M : 妹と弟は学校のことで行けなくなったし、兄は仕事の都合で行けなくなったんだ。
F : ええ。結局、両親と上田くんだけで行くの？
M : うん。そうなった。でも今度は、家族みんなで行きたいな。

男の学生は、誰と旅行に行きますか。

[問題지]

1　いもうと
2　おとうと
3　あに
4　りょうしん

해석 학교에서 여학생과 남학생이 이야기하고 있습니다. 남학생은, 누구와 여행을 갑니까?

F : 우에다 군은, 겨울 방학에 뭐 해?
M : 이탈리아로 여행을 가.
F : 이탈리아 여행 좋네. 누구와 가?
M : 그게, 처음에는 가족 다같이 가는 것으로 되어 있었는데….
F : 뭔가 문제라도 있었어?
M : 여동생과 남동생은 학교의 일로 갈 수 없게 되었고, 형은 일의 사정으로 갈 수 없게 되었어.
F : 아. 결국, 부모님과 우에다 군만 가는 거야?
M : 응. 그렇게 되었어. 그래도 다음에는, 가족 모두와 가고 싶어.

남학생은, 누구와 여행을 갑니까?

1　여동생
2　남동생
3　형
4　부모님

해설 1 '여동생', 2 '남동생', 3 '형', 4 '부모님' 중 남학생이 누구와 여행을 가는지 묻는 문제이다. 대화 중, 両親と上田くんだけで行くの？(부모님과 우에다 군만 가는 거야?)라는 여학생의 말에 남학생은 うん。そうなった(응. 그렇게 되었어)라고 언급했으므로, 4 りょうしん(부모님)이 정답이다. 1, 2는 학교 일 때문에 갈 수 없다고 했고, 3은 일의 사정으로 갈 수 없다고 했으므로 오답이다.

어휘 学校 がっこう 圏 학교　学生 がくせい 圏 학생

旅行 りょこう 圆여행　行く いく 圄가다

冬休み ふゆやすみ 圆겨울 방학　イタリア 이탈리아

最初 さいしょ 圆처음, 최초　家族 かぞく 圆가족　みんな 圆모두

～ことになっている ～(하)는 것으로 되어 있다　～けど 囨～는데

問題 もんだい 圆문제　～でも ～라도　妹 いもうと 圆여동생

弟 おとうと 圆남동생　兄 あに 圆형, 오빠　仕事 しごと 圆일

都合 つごう 圆사정　結局 けっきょく 囝결국

両親 りょうしん 圆부모님　～だけ 囨～만　でも 囸그래도

今度 こんど 圆다음　～たい ～(하)고 싶다

4

[음성]

レストランで店員と女の人が話しています。女の人が選んだメニューは、出てくるまでにどのぐらい時間がかかりますか。

M：ご注文はお決まりですか。

F：はい。えっと、焼きそばとからあげでお願いします。

M：申し訳ございませんが、今、からあげをご注文のお客様が多いので、30分ぐらい時間がかかってしまいますが…。

F：そうなんですか。この店はからあげが有名だから、食べてみたかったんですけど…。

M：てんぷらはどうですか。10分から20分ぐらいで用意できます。

F：うーん、時間もあるし、やっぱりからあげでお願いします。

M：はい。分かりました。少々お待ちください。

女の人が選んだメニューは、出てくるまでにどのぐらい時間がかかりますか。

[문제지]

1 10分

2 20分

3 30分

4 40分

해석 레스토랑에서 점원과 여자가 이야기하고 있습니다. 여자가 고른 메뉴는, 나오기까지 어느 정도 시간이 걸립니까?

M：주문은 정해졌습니까?

F：네. 음, 야끼소바와 가라아게로 부탁합니다.

M：죄송합니다만, 지금, 가라아게를 주문하신 손님이 많기 때문에, 30분 정도 시간이 걸려버립니다만….

F：그렇습니까? 이 가게는 가라아게가 유명하기 때문에, 먹어보고 싶었는데….

M：튀김은 어떻습니까? 10분에서 20분 정도로 준비 가능합니다.

F：음, 시간도 있고, 역시 가라아게로 부탁합니다.

M：네. 알겠습니다. 잠시 기다려 주세요.

여자가 고른 메뉴는, 나오기까지 어느 정도 시간이 걸립니까?

1 10분

2 20분

3 30분

4 40분

해설 1 '10분', 2 '20분', 3 '30분', 4 '40분' 중 여자가 고른 메뉴가 나오는 데 걸리는 시간을 묻는 문제이다. 대화 중, からあげをご注文のお客様が多いので、30分ぐらい時間がかかってしまいますが(가라아게를 주문하신 손님이 많기 때문에, 30분 정도 시간이 걸려버립니다만)라는 점원의 말에 여자는 時間もあるし、やっぱりからあげでお願いします(시간도 있고, 역시 가라아게로 부탁합니다)라고 언급했으므로, 3 30분(30분)이 정답이다. 1, 2는 튀김이 나오는데 걸리는 시간이고, 4는 언급되지 않았으므로 오답이다.

어휘 レストラン 圆레스토랑　店員 てんいん 圆점원

選ぶ えらぶ 圄고르다　メニュー 圆메뉴　出てくる でてくる 나오다

～までに ～까지　～ぐらい 囨~정도　時間 じかん 圆시간

かかる 圄걸리다　注文 ちゅうもん 圆주문

決まる きまる 圄정해지다　焼きそば やきそば 圆야끼소바

からあげ 圆가라아게　今 いま 圆지금　客 きゃく 圆손님

多い おおい 囻많다　～ので 囨~때문에　～分 ～ふん ～분

～てしまう ～(해) 버리다　店 みせ 圆가게

有名だ ゆうめいだ 냏유명하다　～から 囨~때문에, 해서

食べてみる たべてみる 먹어 보다　～たい ～(하)고 싶다

～けど 囨～는데　てんぷら 圆튀김　用意 ようい 圆준비

できる 圄가능하다, 할 수 있다　やっぱり 囝역시

分かる わかる 圄알다　少々 しょうしょう 囝잠시

待つ まつ 圄기다리다

5

[음성]

女の人と男の人が話しています。男の人は、どうして新しい携帯電話を買いましたか。

F：携帯電話、変えたの？ この前、新しいものを買ったばかりじゃん。

M：うん。でも本当に安く買えたんだよ。ケースとか、バッテリーとかももらったし…。

F：それにしても、もったいないね。

M：実は、前に使っていたものをなくしちゃって。

F：ええ。やっぱりそうだったんだ。どこでなくしたの？

M：それが僕もよく分からないんだ。

F：もう。これからはもっと気をつけてよ。

M：うん。これからはもっと注意しなきゃね。

男の人は、どうして新しい携帯電話を買いましたか。

[문제지]

1 あたらしい　ものが　買いたかったから

---

2 けいたいが　やすかったから

3 ケースを　もらいたかったから

4 けいたいを　なくして　しまったから

해석 여자와 남자가 이야기하고 있습니다. 남자는, 어째서 새로운 휴대 전화를 샀습니까?

F : 휴대 전화, 바꿨어? 일전에, 새로운 것을 산지 얼마 되지 않았잖아.

M : 응. 그래도 정말 싸게 살 수 있었어. 케이스라든가, 배터리라든가도 받았고….

F : 그렇다고 해도, 아깝네.

M : 실은, 전에 쓰고 있던 것을 잃어버려서.

F : 아. 역시 그랬구나. 어디서 잃어버렸어?

M : 그게 나도 잘 모르겠어.

F : 정말. 이제부터는 좀 더 주의해.

M : 응. 앞으로는 더 주의하지 않으면 안 되겠어.

남자는, 어째서 새로운 휴대 전화를 샀습니까?

1 새로운 것이 사고 싶었기 때문에

2 휴대 전화가 쌌기 때문에

3 케이스를 받고 싶었기 때문에

4 휴대 전화를 잃어버렸기 때문에

해설 1 '새로운 것이 사고 싶었기 때문에', 2 '휴대 전화가 쌌기 때문에', 3 '케이스를 받고 싶었기 때문에', 4 '휴대 전화를 잃어버렸기 때문에' 중 남자가 휴대 전화를 산 이유를 묻는 문제이다. 대화 중, 남자가 実は、前に使っていたものをなくしちゃって(실은, 전에 쓰고 있던 것을 잃어버려서)라고 언급했으므로, 4 けいたいを　なくして　しまったから(휴대 전화를 잃어버렸기 때문에)가 정답이다. 1은 휴대 전화를 새로 산 지 얼마 되지 않았다고 언급된 것이고, 2, 3은 남자가 언급하였으나 휴대 전화를 산 이유는 아니므로 오답이다.

어휘 新しい あたらしい [い형]새롭다
携帯電話 けいたいでんわ [명]휴대 전화　買う かう [동]사다
変える かえる [동]바꾸다　この前 このまえ 일전
～たばかり ～(한)지 얼마 되지 않다, 막 ～하다　でも [접]그래도
本当に ほんとうに [부]정말　安い やすい [い형]싸다　ケース [명]케이스
～とか [조]～라든가　バッテリー [명]배터리　もらう [동]받다
～ても [조]～해도　もったいない [い형]아깝다　実は じつは 실은
前 まえ [명]전, 앞　使う つかう [동]쓰다, 사용하다
なくす 잃어버리다　～ちゃう ～(해) 버리다　やっぱり [부]역시
僕 ぼく [명]나, 저(남자의 자칭)　よく [부]잘
分かる わかる [동]알다, 이해하다　もう 정말　これから 이제부터
もっと [부]더, 더욱　気をつける きをつける 주의하다
注意 ちゅうい [명]주의　～なきゃ ～(하)지 않으면 안 된다

6

[음성]
学校で男の先生が話しています。学生は、何を用意しなければなりません。

M : 明日は今学期の最後の日ですね。そのため、明日は、みなさんの荷物を持って帰らなければなりません。自分の荷物を持って帰れる、大きいかばんを用意してください。そして、明日はお弁当は持って来なくてもいいです。学校でパンとジュースをくばります。それでは、みなさん、一年間お疲れ様でした。

学生は、何を用意しなければなりませんか。

[문제지]

1 おおきい　かばん

2 おべんとう

3 パン

4 ジュース

해석 학교에서 남자 선생님이 이야기하고 있습니다. 학생은, 무엇을 준비하지 않으면 안 됩니까?

M : 내일은 이번 학기의 마지막 날입니다. 그 때문에, 내일은, 여러분의 짐을 가지고 돌아가지 않으면 안 됩니다. 자신의 짐을 가지고 돌아갈 수 있는, 큰 가방을 준비해 주세요. 그리고, 내일은 도시락을 가지고 오지 않아도 됩니다. 학교에서 빵과 주스를 나누어 줍니다. 그러면, 여러분, 1년간 수고 많았습니다.

학생은, 무엇을 준비하지 않으면 안 됩니까?

1 큰 가방

2 도시락

3 빵

4 주스

해설 1 '큰 가방', 2 '도시락', 3 '빵', 4 '주스' 중 학생이 무엇을 가져와야 하는지 묻는 문제이다. 선생님이 大きいかばんを用意してください(큰 가방을 준비해 주세요)라고 언급했으므로, 1 おおきい　かばん(큰 가방)이 정답이다. 2는 가지고 오지 않아도 된다고 했고, 3, 4는 학교에서 나누어 준다고 했으므로 오답이다.

어휘 学校 がっこう [명]학교　先生 せんせい [명]선생(님)
学生 がくせい [명]학생　用意 ようい [명]준비
～なければならない ～(하)지 않으면 안 된다　明日 あした [명]내일
今学期 こんがっき [명]이번 학기　最後 さいご [명]마지막, 최후
日 ひ [명]날　そのため 그 때문에　みなさん [명]여러분
荷物 にもつ [명]짐　持つ もつ [동]가지다, 들다
帰る かえる [동]돌아가다　自分 じぶん [명]자신
大きい おおきい [い형]크다　かばん [명]가방　用意 ようい [명]준비
～てください ～(해) 주세요　そして [접]그리고
弁当 べんとう [명]도시락　来る くる [동]오다　パン [명]빵
ジュース [명]주스　くばる [동]나누어 주다　それでは [접]그러면
～年間 ～ねんかん ～년간

[음성]

家で夫と妻が話しています。二人は何曜日に、エアコンを買いに行きますか。

M：そろそろ暑くなるね。エアコンを買わないと…。

F：そうだね。あ、私がエアコンを安く売ってるお店を探しておいたよ。そこで買おうよ。

M：ええ。いいね。木曜日に買いに行く？

F：残念だけど、そこは、木曜日は休みみたい。金曜日の仕事が終わった後はどう？

M：あ、僕、金曜日に友だちと夕食を食べることにしたんだ。

F：そっか。じゃあ土曜日か日曜日に行こう。

M：僕は土曜日の方がいいな。

F：わかった。その日に行こう。

二人は何曜日に、エアコンを買いに行きますか。

[문제지]

1 もくようび

2 きんようび

3 どようび

4 にちようび

해석 집에서 남편과 아내가 이야기하고 있습니다. 두 사람은 무슨 요일에, 에어컨을 사러 갑니까?

M: 슬슬 더워지네. 에어컨을 사지 않으면….

F: 그러게. 아, 내가 에어컨을 싸게 팔고 있는 가게를 찾아 두었어. 거기서 사자.

M: 응. 좋네. 목요일에 사러 갈까?

F: 유감이지만, 거기는, 목요일은 휴일인 것 같아. 금요일 일이 끝난 후는 어때?

M: 아, 나, 금요일에 친구와 저녁을 먹기로 했어.

F: 그렇구나. 그럼 토요일이나 일요일에 가자.

M: 나는 토요일 쪽이 좋아.

F: 알았어. 그 날에 가자.

두 사람은 무슨 요일에, 에어컨을 사러 갑니까?

1 목요일

2 금요일

3 토요일

4 일요일

해설 1 '목요일', 2 '금요일', 3 '토요일', 4 '일요일' 중 두 사람이 언제 에어컨을 사러 가는지 묻는 문제이다. 대화 중, 僕は土曜日の方がいいな(나는 토요일 쪽이 좋아)라는 남편의 말에 아내는 わかった(알았어)라고 언급했으므로, 3 どようび(토요일)가 정답이다. 1은 가게가 휴일이라고 했고, 2는 남편이 약속이 있다고 했으며, 4는 아내가 언급하였지만 남편이 토요일이 좋다고 했으므로 오답이다.

어휘 家 いえ 圏집 夫 おっと 圏남편 妻 つま 圏아내
エアコン 圏에어컨 買う かう 튱사다 行く いく 튱가다
そろそろ 분슬슬 暑い あつい い헝덥다 安い やすい い헝싸다
売る うる 튱팔다 店 みせ 圏가게 探す さがす 튱찾다
～ておく ~(해) 두다 木曜日 もくようび 圏목요일
残念だ ざんねんだ な헝유감이다 ～けど 조~지만
休み やすみ 圏휴일 ～みたい ~인 것 같다
金曜日 きんようび 圏금요일 仕事 しごと 圏일
終わる おわる 튱끝나다 後 あと 圏후, 뒤
僕 ぼく 圏나, 저(남자의 자칭) 友だち ともだち 圏친구
夕食 ゆうしょく 圏저녁(식사) 食べる たべる 튱먹다
～ことにする ~(하)기로 하다 土曜日 どようび 圏토요일
日曜日 にちようび 圏일요일 方 ほう 圏쪽
わかる 튱알다, 이해하다 日 ひ 圏날

問題 **3** 발화 표현

무료 MP3 바로듣기

실력 다지기

p.314

| 01 ① | 02 ② | 03 ① | 04 ① | 05 ① |
| 06 ② | 07 ② | 08 ① | | |

1

[문제지]

[음성]

映画館で後ろの人たちがうるさいです。何と言いますか。

F：① すみません、静かにしてください。

② すみません、うるさかったんですか。

해석 영화관에서 뒤의 사람들이 시끄럽습니다. 뭐라고 말합니까?

F：① 실례합니다, 조용히 해주세요.

② 실례합니다, 시끄러웠습니까?

어휘 映画館 えいがかん 圏영화관 後ろ うしろ 圏뒤
うるさい い헝시끄럽다 静かだ しずかだ な헝조용하다
～てください ~(해) 주세요

2

[문제지]

[음성]

今、雨が降っていますが、かさを持っていません。かさを
2つ持っている友だちがいます。友だちに何と言いますか。

M: ① このかさ使ってもいいよ。
　　② あの、かさ貸してもらえる?

해석 지금, 비가 내리고 있습니다만, 우산을 가지고 있지 않습니다. 우산을 2개 가지고 있는 친구가 있습니다. 친구에게 뭐라고 말합니까?

　　M: ① 이 우산 사용해도 좋아.
　　　　② 저기, 우산 빌려 줄 수 있을까?

어휘 今 いま 圐 지금　雨 あめ 圐 비　降る ふる 图 (비가) 내리다
　　かさ 圐 우산　持つ もつ 图 가지다　友だち ともだち 圐 친구
　　使う つかう 图 사용하다　貸す かす 图 빌려주다
　　~てもらう ~(해) 받다

3

[문제지]

[음성]

発表の準備が終わったか知りたいです。友だちに何と言い
ますか。

F: ① 発表の準備はどう?
　　② 発表の準備はもう終わったよ。

해석 발표 준비가 끝났는지 알고 싶습니다. 친구에게 뭐라고 말합니까?

　　F: ① 발표 준비는 어때?
　　　　② 발표 준비는 이미 끝났어.

어휘 発表 はっぴょう 圐 발표　準備 じゅんび 圐 준비
　　終わる おわる 图 끝나다　知る しる 图 알다　~たい ~(하)고 싶다
　　友だち ともだち 圐 친구　もう 囲 이미

4

[문제지]

[음성]

暑いのでカフェで何か飲みたいです。友だちに何と言いま
すか。

M: ① カフェでちょっと休もうよ。
　　② カフェで何を飲んだの?

해석 더우니까 카페에서 무언가 마시고 싶습니다. 친구에게 뭐라고 말합니까?

　　M: ① 카페에서 조금 쉬자.
　　　　② 카페에서 무엇을 마셨어?

어휘 暑い あつい い형 덥다　~ので 图 ~니까　カフェ 圐 카페
　　飲む のむ 图 마시다　~たい ~(하)고 싶다
　　友だち ともだち 圐 친구　ちょっと 囲 조금　休む やすむ 图 쉬다

5

[문제지]

[음성]

友だちにプレゼントをもらいました。何と言いますか。

F: ① 本当にありがとう。
　　② プレゼント、どうぞ。

해석 친구에게 선물을 받았습니다. 뭐라고 말합니까?

　　F: ① 정말로 고마워.
　　　　② 선물, 여기.

어휘 友だち ともだち 圐 친구　プレゼント 圐 선물　もらう 图 받다
　　本当に ほんとうに 囲 정말로

6

[문제지]

[음성]
<ruby>学生<rt>がくせい</rt></ruby>に<ruby>宿題<rt>しゅくだい</rt></ruby>をいつまで<ruby>出<rt>だ</rt></ruby>すか<ruby>教<rt>おし</rt></ruby>えます。<ruby>何<rt>なん</rt></ruby>と<ruby>言<rt>い</rt></ruby>いますか。

M: ① <ruby>宿題<rt>しゅくだい</rt></ruby>は<ruby>昨日<rt>きのう</rt></ruby><ruby>出<rt>だ</rt></ruby>したよ。

　　② <ruby>宿題<rt>しゅくだい</rt></ruby>は<ruby>金曜日<rt>きんようび</rt></ruby>まで<ruby>出<rt>だ</rt></ruby>して。

해석 학생에게 숙제를 언제까지 내는지 알립니다. 뭐라고 말합니까?

　　M: ① 숙제는 어제 냈어.

　　　　② 숙제는 금요일까지 내.

어휘 学生 がくせい 圐학생　宿題 しゅくだい 圐숙제　いつ 圐언제

　　～まで 㔆~까지　出す だす 图내다

　　教える おしえる 图알리다, 가르치다　昨日 きのう 圐어제

　　金曜日 きんようび 圐금요일

7

[문제지]

[음성]
<ruby>資料<rt>しりょう</rt></ruby>をコピーしてもらいたいです。<ruby>何<rt>なん</rt></ruby>と<ruby>言<rt>い</rt></ruby>いますか。

F: ① すみません、<ruby>私<rt>わたし</rt></ruby>がコピーしています。

　　② すみません、コピーしてもらいたいんですが。

해석 자료를 복사해 받고 싶습니다. 뭐라고 말합니까?

　　F: ① 실례합니다, 제가 복사하고 있습니다.

　　　　② 실례합니다, 복사해 받고 싶습니다만.

어휘 資料 しりょう 圐자료　コピー 圐복사　～てもらう ~(해) 받다

　　～たい ~(하)고 싶다

8

[문제지]

[음성]
レストランで<ruby>人気<rt>にんき</rt></ruby>のメニューが<ruby>何<rt>なに</rt></ruby>か<ruby>知<rt>し</rt></ruby>りたいです。<ruby>店員<rt>てんいん</rt></ruby>に<ruby>何<rt>なん</rt></ruby>と<ruby>言<rt>い</rt></ruby>いますか。

M: ① いちばん<ruby>人気<rt>にんき</rt></ruby>なのは<ruby>何<rt>なん</rt></ruby>ですか。

　　② このレストラン<ruby>最近<rt>さいきん</rt></ruby><ruby>人気<rt>にんき</rt></ruby>ですか。

해석 레스토랑에서 인기 메뉴가 무엇인지 알고 싶습니다. 점원에게 뭐라고 말합니까?

　　M: ① 가장 인기인 것은 무엇입니까?

　　　　② 이 레스토랑 최근 인기입니까?

어휘 レストラン 圐레스토랑　人気 にんき 圐인기　メニュー 圐메뉴

　　知る しる 图알다　～たい ~(하)고 싶다　店員 てんいん 圐점원

　　いちばん 㔆가장　最近 さいきん 圐최근

실전 테스트 1　　　　　　　　　　　　p.316

1 2	2 2	3 1	4 3	5 3

문제 3에서는, 그림을 보면서 질문을 들어주세요. ➡(화살표)의 사람은 뭐라고 말합니까? 1부터 3 중에서, 가장 알맞은 것을 하나 골라주세요.

1

[문제지]

[음성]
<ruby>映画館<rt>えいがかん</rt></ruby>で<ruby>隣<rt>となり</rt></ruby>の<ruby>人<rt>ひと</rt></ruby>が<ruby>携帯電話<rt>けいたいでんわ</rt></ruby>を<ruby>使<rt>つか</rt></ruby>っています。<ruby>何<rt>なん</rt></ruby>と<ruby>言<rt>い</rt></ruby>いますか。

M: 1 すみません、<ruby>携帯<rt>けいたい</rt></ruby>を<ruby>使<rt>つか</rt></ruby>ってもいいですか。

    2 すみません、携帯は使わないでください。
    3 すみません、携帯は便利ですね。

해석 영화관에서 옆 사람이 휴대전화를 사용하고 있습니다. 뭐라고 말합
니까?
    M：1 실례합니다, 휴대전화를 사용해도 괜찮나요?
       2 실례합니다, 휴대전화는 사용하지 말아 주세요.
       3 실례합니다, 휴대전화는 편리하네요.

해설 영화관에서 옆 사람에게 휴대전화를 사용하지 말아 달라고 요청하는
말을 고르는 문제이다.
    1 (X) すみません、携帯を使ってもいいですか(실례합니다, 휴대
       전화를 사용해도 괜찮나요?)는 옆 사람이 할 수 있는 말이므로 오
       답이다.
    2 (O) すみません、携帯を使わないでください(실례합니다, 휴
       대전화는 사용하지 말아 주세요)는 휴대전화를 사용하지 말아 달
       라고 요청하는 말이므로 정답이다.
    3 (X) すみません、携帯は便利ですね(실례합니다, 휴대전화는
       편리하네요)는 휴대전화가 편리하다는 말이므로 오답이다.

어휘 映画館 えいがかん 圏영화관　隣 となり 圏옆
    携帯電話 けいたいでんわ 圏휴대전화
    使う つかう 图사용하다, 쓰다　携帯 けいたい 圏휴대전화
    ～てもいい ~(해)도 괜찮다　～てください ~(해) 주세요
    便利だ べんりだ 나형편리하다

2

[문제지]

[음성]
夏休みに友だちと一緒に旅行に行きたいです。友だちに
何と言いますか。

    F：1 夏休みに英語の勉強をしよう。
       2 夏休みに一緒にどこか行こう。
       3 夏休みにアメリカに旅行に行ってきたよ。

해석 여름방학에 친구와 함께 여행을 가고 싶습니다. 친구에게 뭐라고 말
합니까?
    F：1 여름방학에 영어 공부를 하자.
       2 여름방학에 같이 어딘가 가자.
       3 여름방학에 미국 여행을 다녀왔어.

해설 친구에게 여름방학 때 함께 여행을 가자고 하는 말을 고르는 문제이다.
    1 (X) 夏休みに英語の勉強をしよう(여름방학에 영어 공부를 하

자)는 여름방학에 영어 공부를 하자고 권유하는 말이므로 오답
이다.
    2 (O) 夏休みに一緒にどこか行こう(여름방학에 같이 어딘가 가
       자)는 함께 여행을 가자고 하는 말이므로 정답이다.
    3 (X) 夏休みにアメリカに旅行に行ってきたよ(여름방학에 미국
       여행을 다녀왔어)는 여름방학이 지난 후에 할 수 있는 말이므로 오
       답이다.

어휘 夏休み なつやすみ 圏여름방학　友だち ともだち 圏친구
    一緒に いっしょに 함께, 같이　旅行 りょこう 圏여행
    行く いく 图가다　～たい ~(하)고 싶다　英語 えいご 圏영어
    勉強 べんきょう 圏공부　アメリカ 圏미국
    行ってくる いってくる 다녀오다

3

[문제지]

[음성]
先生の本を借りて読みたいです。先生に何と言いますか。

    M：1 先生、その小説貸してもらえませんか。
       2 先生、この小説とても面白かったです。
       3 先生、それは私が借りた本ですよ。

해석 선생님의 책을 빌려서 읽고 싶습니다. 선생님께 뭐라고 말합니까?
    M：1 선생님, 그 소설 빌려줄 수 없을까요?
       2 선생님, 이 소설 매우 재미있었어요.
       3 선생님, 그것은 제가 빌린 책입니다.

해설 선생님에게 책을 빌려달라고 요청하는 말을 고르는 문제이다.
    1 (O) 先生、その小説貸してもらえませんか(선생님, 그 소설 빌
       려줄 수 없을까요?)는 선생님에게 책을 빌려달라고 요청하는 말이
       므로 정답이다.
    2 (X) 先生、この小説とても面白かったです(선생님, 이 소설 매
       우 재미있었어요)는 소설이 재미있었다는 말이므로 오답이다.
    3 (X) 先生、それは私が借りた本ですよ(선생님, 그것은 제가 빌
       린 책입니다)는 학생이 책을 다른 누군가에게 빌렸다는 말이므로
       오답이다.

어휘 先生 せんせい 圏선생(님)　本 ほん 圏책　借りる かりる 图빌리다
    読む よむ 图읽다　～たい ~(하)고 싶다　小説 しょうせつ 圏소설
    貸す かす 图빌려주다　～てもらう ~(해) 받다　とても 囝매우
    面白い おもしろい 나형재미있다

4

[문제지]

[음성]

机が重くて一人で運べません。何と言いますか。

F：1 この机、誰が運んだの？

　　2 この机、本当に重そうだね。

　　3 あの、ちょっと手伝ってくれない？

해석 책상이 무거워서 혼자서 옮길 수 없습니다. 뭐라고 말합니까?

　　F：1 이 책상, 누가 옮겼어?

　　　2 이 책상, 정말로 무거워 보이네.

　　　3 저기, 조금 도와주지 않을래?

해설 책상을 함께 옮겨달라고 요청하는 말을 고르는 문제이다.

　　1 (X) この机、誰が運んだの？(이 책상, 누가 옮겼어?)는 누가 책상을 옮겼는지 묻는 말이므로 오답이다.

　　2 (X) この机、本当に重そうだね(이 책상, 정말로 무거워 보이네)는 책상이 무거워 보인다는 말이므로 오답이다.

　　3 (O) あの、ちょっと手伝ってくれない？(저기, 조금 도와주지 않을래?)는 함께 옮겨달라고 요청하는 말이므로 정답이다.

어휘 机 つくえ 圏책상　重い おもい い형무겁다　一人で ひとりで 혼자서

　　運ぶ はこぶ 동옮기다　誰 だれ 圏누구

　　本当に ほんとうに 児정말로　～そうだ ~(해) 보이다, 인 것 같다

　　ちょっと 児조금　手伝う てつだう 동돕다

　　～てくれる (나에게) ~(해) 주다

5

[문제지]

[음성]

友だちのコップをわってしまいました。友だちに何と言いますか。

M：1 コップ、ありがとう。

　　2 僕は大丈夫だよ。

　　3 本当にごめん。

해석 친구의 컵을 깨 버렸습니다. 친구에게 뭐라고 말합니까?

　　M：1 컵, 고마워.

　　　2 나는 괜찮아.

　　　3 정말로 미안.

해설 친구에게 컵을 깨서 미안하다는 말을 고르는 문제이다.

　　1 (X) コップ、ありがとう(컵, 고마워)는 컵을 선물받은 상황에서 할 수 있는 말이므로 오답이다.

　　2 (X) 僕は大丈夫だよ(나는 괜찮아)는 친구가 할 수 있는 말이므로 정답이다.

　　3 (O) 本当にごめん(정말로 미안)은 친구의 컵을 깨서 친구에게 미안함을 전하는 의도이므로 정답이다.

어휘 友だち ともだち 圏친구　コップ 圏컵　わる 동깨다

　　～てしまう ~(해) 버리다　僕 ぼく 圏나, 저(남자의 자칭)

　　大丈夫だ だいじょうぶだ な형괜찮다　本当に ほんとうに 児정말로

실전 테스트 2
p.319

1 3	2 2	3 1	4 3	5 2

문제 3에서는, 그림을 보면서 질문을 들어주세요. ➡(화살표)의 사람은 뭐라고 말합니까? 1부터 3 중에서, 가장 알맞은 것을 하나 골라주세요.

1

[문제지]

[음성]

授業に遅れました。先生に何と言いますか。

F：1 朝早く起きるのは大変ですか。

　　2 今朝、何で遅れてきたんですか。

　　3 今朝、寝坊してしまいました。すみません。

해석 수업에 늦었습니다. 선생님께 뭐라고 말합니까?

　　F：1 아침 일찍 일어나는 것은 힘듭니까?

　　　2 오늘 아침, 왜 늦게 왔습니까?

　　　3 오늘 아침, 늦잠을 자 버렸습니다. 죄송합니다.

해설 선생님에게 수업에 늦어서 죄송하다는 말을 고르는 문제이다.

1 (X) 朝早く起きるのは大変ですか(아침 일찍 일어나는 것은 힘
  듭니까?)는 선생님이 할 수 있는 말이므로 오답이다.
2 (X) 今朝、何で遅れてきたんですか(오늘 아침, 왜 늦게 왔습니
  까?)는 선생님이 할 수 있는 말이므로 오답이다.
3 (O) 今朝、寝坊してしまいました。すみません(오늘 아침, 늦
  잠을 자 버렸습니다. 죄송합니다)은 지각해서 죄송하다는 말이므
  로 정답이다.

어휘 授業 じゅぎょう 圏수업   遅れる おくれる 图늦다
   先生 せんせい 圏선생(님)   朝 あさ 圏아침
   早く はやく 囝일찍, 빨리   起きる おきる 图일어나다
   大変だ たいへんだ 攴囿힘들다   今朝 けさ 圏오늘 아침
   寝坊 ねぼう 圏늦잠   ~てしまう ~(해) 버리다

2

[문제지]

[음성]
レストランに行きました。カレーが食べたいです。店員に
何と言いますか。

F：1 あのう、カレーはどうですか。
  2 あのう、カレーをお願いします。
  3 あのう、カレーはどう作りますか。

해석 레스토랑에 갔습니다. 카레가 먹고 싶습니다. 점원에게 뭐라고 말합
   니까?
   F：1 저기, 카레는 어떻습니까?
     2 저기, 카레를 부탁합니다.
     3 저기, 카레는 어떻게 만듭니까?

해설 레스토랑에서 점원에게 카레를 주문하는 말을 고르는 문제이다.
   1 (X) あのう、カレーはどうですか(저기, 카레는 어떻습니까?)는
     카레가 어떤지 묻는 말이므로 오답이다.
   2 (O) あのう、カレーをお願いします(저기, 카레를 부탁합니다)
     는 카레를 주문하는 말이므로 정답이다.
   3 (X) あのう、カレーはどう作りますか(저기, 카레는 어떻게 만듭
     니까?)는 카레를 어떻게 만드는지 묻는 말이므로 오답이다.

어휘 レストラン 圏레스토랑   行く いく 가다   カレー 圏카레
   食べる たべる 图먹다   ~たい ~(하)고 싶다
   店員 てんいん 圏점원   作る つくる 图만들다

3

[문제지]

[음성]
図書館が何時に閉まるのか知りたいです。何と言いますか。

M：1 図書館は、何時まで開いていますか。
  2 図書館は、何時に開きますか。
  3 図書館は、今日開いていますか。

해석 도서관이 몇 시에 닫히는지 알고 싶습니다. 뭐라고 말합니까?
   M：1 도서관은, 몇 시까지 열려 있습니까?
     2 도서관은, 몇 시에 엽니까?
     3 도서관은, 오늘 열려 있습니까?

해설 도서관의 닫는 시간을 묻는 말을 고르는 문제이다.
   1 (O) 図書館は、何時まで開いていますか(도서관은, 몇 시까지
     열려 있습니까?)는 도서관의 닫는 시간을 묻는 의도이므로 정답
     이다.
   2 (X) 図書館は、何時に開きますか(도서관은, 몇 시에 엽니까?)
     는 도서관의 여는 시간을 묻는 말이므로 오답이다.
   3 (X) 図書館は、今日開いていますか(도서관은, 오늘 열려 있습
     니까?)는 오늘 도서관을 운영하는지 묻는 말이므로 오답이다.

어휘 図書館 としょかん 圏도서관   何時 なんじ 圏몇 시
   閉まる しまる 图닫히다   知る しる 图알다   ~たい ~(하)고 싶다
   ~まで 国~까지   開く あく 图열다   今日 きょう 圏오늘

4

[문제지]

[음성]
週末に友だちと試験の勉強をしたいです。何と言いますか。

M：1 試験の勉強頑張ってね。
  2 これから頑張って勉強する。
  3 週末に、一緒に勉強しようよ。

해석 주말에 친구와 시험 공부를 하고 싶습니다. 뭐라고 말합니까?

M: 1 시험 공부 열심히 해.

　　2 이제부터 열심히 공부한다.

　　3 주말에, 같이 공부하자.

해설 친구에게 시험 공부를 함께 하자는 말을 고르는 문제이다.

1 (X) 試験の勉強頑張ってね(시험 공부 열심히 해)는 친구를 격려하는 말이므로 오답이다.

2 (X) これから頑張って勉強する(이제부터 열심히 공부한다)는 앞으로 공부를 열심히 하겠다는 말이므로 오답이다.

3 (O) 週末に、一緒に勉強しようよ(주말에, 같이 공부하자)는 공부를 함께하자고 하는 말이므로 정답이다.

어휘 週末 しゅうまつ 圆주말　友だち ともだち 圆친구

試験 しけん 圆시험　勉強 べんきょう 圆공부　〜たい 〜(하)고 싶다

頑張る がんばる 圄열심히 하다, 노력하다　これから 이제부터

一緒に いっしょに 같이, 함께

5

[문제지]

[음성]

駅で１番出口を探しています。駅員に何と言いますか。

M: 1 １番出口から行けますか。

　　2 １番出口まで、どう行きますか。

　　3 何番出口に行きますか。

해석 역에서 1번 출구를 찾고 있습니다. 역무원에게 뭐라고 말합니까?

M: 1 1번 출구에서 갈 수 있습니까?

　　2 1번 출구까지, 어떻게 갑니까?

　　3 몇 번 출구에 갑니까?

해설 역무원에게 1번 출구가 어디인지 묻는 말을 고르는 문제이다.

1 (X) １番出口から行けますか(1번 출구에서 갈 수 있습니까?)는 1번 출구에서 다른 목적지를 가는 방법을 묻는 말이므로 오답이다.

2 (O) １番出口まで、どう行きますか(1번 출구까지, 어떻게 갑니까?)는 1번 출구를 가는 방법을 묻는 말이므로 정답이다.

3 (X) 何番出口に行きますか(몇 번 출구에 갑니까?)는 역무원이 할 수 있는 말이므로 오답이다.

어휘 駅 えき 圆역　〜番 〜ばん 〜번　出口 でぐち 圆출구

探す さがす 圄찾다　駅員 えきいん 圆역무원　〜から 조〜에서

行く いく 圄가다　〜まで 조〜까지

1 3	2 2	3 1	4 3	5 1

문제 3에서는, 그림을 보면서 질문을 들어주세요. ➡(화살표)의 사람은 뭐라고 말합니까? 1부터 3 중에서, 가장 알맞은 것을 하나 골라주세요.

1

[문제지]

[음성]

財布を家に忘れてきました。友だちにお金を借りたいです。何と言いますか。

M: 1 お金はもう借りたよ。

　　2 お金をどこで忘れたの?

　　3 お金を貸してくれない?

해석 지갑을 집에 잊고 왔습니다. 친구에게 돈을 빌리고 싶습니다. 뭐라고 말합니까?

M: 1 돈은 이미 빌렸어.

　　2 돈을 어디에서 잃어버렸어?

　　3 돈을 빌려 줄 수 없을까?

해설 친구에게 돈을 빌려달라는 말을 고르는 문제이다.

1 (X) お金はもう借りたよ(돈은 이미 빌렸어)는 돈을 이미 빌렸다는 말이므로 오답이다.

2 (X) お金をどこで忘れたの?(돈을 어디에서 잃어버렸어?)는 친구가 할 수 있는 말이므로 오답이다.

3 (O) お金を貸してくれない?(돈을 빌려 줄 수 없을까?)는 돈을 빌려줄 수 있을지 묻는 말이므로 정답이다.

어휘 財布 さいふ 圆지갑　家 いえ 圆집

忘れる わすれる 圄잊고 오다, 잃어버리다　友だち ともだち 圆친구

金 かね 圆돈　借りる かりる 圄빌리다　〜たい 〜(하)고 싶다

もう 厠이미　貸す かす 圄빌려 주다

〜てくれる (나에게) 〜(해) 주다

해커스 JLPT [N4] 한 권으로 합격

[문제지]

[음성]

てんき よほう
天気予報によると、今日は雨が降るそうです。父が傘を持
たないで出かけようとしています。何と言いますか。

かさ も
F：1 傘を持ってきたんですか。
かさ も ほう
2 傘を持っていった方がいいですよ。
あした かさ か
3 明日、傘を貸してくれませんか。

해석 일기예보에 의하면, 오늘은 비가 내린다고 합니다. 아버지가 우산을
들지 않고 외출하려고 하고 있습니다. 뭐라고 말합니까?

F：1 우산을 들고 왔나요?

2 우산을 들고 가는 편이 좋아요.

3 내일, 우산을 빌려 줄 수 없을까요?

해설 아버지에게 우산을 들고 외출하라는 말을 고르는 문제이다.

1 (X) 傘を持ってきたんですか(우산을 들고 왔나요?)는 우산을 들
고 왔는지 묻는 말이므로 오답이다.

2 (O) 傘を持っていった方がいいですよ(우산을 들고 가는 편이
좋아요)는 우산을 들고 외출하라고 권유하는 말이므로 정답이다.

3 (X) 明日、傘を貸してくれませんか(내일, 우산을 빌려 줄 수 없
을까요?)는 우산을 빌려달라는 말이므로 오답이다.

어휘 天気予報 てんきよほう 몡 일기예보　～によると ~에 의하면
今日 きょう 몡 오늘　雨 あめ 몡 비　降る ふる 图 내리다
～そうだ ~라고 한다(전언)　父 ちち 몡 아버지, 아빠
傘 かさ 몡 우산　持つ もつ 图 들다
出かける でかける 图 외출하다　～ようとする ~(하)려고 하다
～た方がいい ～たほうがいい ~(하)는 편이 좋다
明日 あした 몡 내일　貸す かす 图 빌려 주다
～てくれる (나에게) ~(해) 주다

[문제지]

[음성]

らいしゅう きんよう び と
来週の金曜日に泊まる、ホテルの予約をしたいです。何と
い
言いますか。

らいしゅう きんようび よやく
M：1 来週の金曜日、予約できますか。
らいしゅう きんようび と
2 来週の金曜日に、ホテルに泊まりますか。
らいしゅう きんようび よやく
3 来週の金曜日の予約をてつだいましょうか。

해석 다음 주 금요일에 숙박하는, 호텔의 예약을 하고 싶습니다. 뭐라고
말합니까?

M：1 다음 주 금요일, 예약 가능합니까?

2 다음 주 금요일에, 호텔에서 숙박합니까?

3 다음 주 금요일의 예약을 도와 드릴까요?

해설 호텔의 예약을 하는 말을 고르는 문제이다.

1 (O) 来週の金曜日、予約できますか(다음 주 금요일, 예약 가능
합니까?)는 호텔을 예약할 수 있는지 묻는 말이므로 정답이다.

2 (X) 来週の金曜日に、ホテルに泊まりますか(다음 주 금요일
에, 호텔에서 숙박합니까?)는 호텔에서 숙박하는지 묻는 말이므로
오답이다.

3 (X) 来週の金曜日の予約をてつだいましょうか(다음 주 금요일
의 예약을 도와 드릴까요?)는 호텔의 직원이 할 수 있는 말이므로
오답이다.

어휘 来週 らいしゅう 몡 다음 주　金曜日 きんようび 몡 금요일
泊まる とまる 图 숙박하다　ホテル 몡 호텔　予約 よやく 몡 예약
～たい ~(하)고 싶다　できる 图 가능하다　てつだう 图 돕다

[문제지]

[음성]

あに あし
兄にテニスを教えてもらいたいです。何と言いますか。

F：1 テニスはおもしろいね。
まな
2 テニスを学んだことがあるの？
まな
3 テニスを学びたいんだけど。

해석 오빠에게 테니스를 배우고 싶습니다. 뭐라고 말합니까?

F：1 테니스는 재미있네.

2 테니스를 배운 적이 있어?

3 테니스를 배우고 싶은데.

해설 오빠에게 테니스를 가르쳐 달라고 요청하는 말을 고르는 문제이다.

1 (X) テニスはおもしろいね(테니스는 재미있네)는 테니스가 재미
있다는 말이므로 오답이다.

2 (X) テニスを学んだことがあるの?(테니스를 배운 적이 있어?)
　　는 테니스를 배워본 적이 있는지 묻는 말이므로 오답이다.
3 (O) テニスを学びたいんだけど(테니스를 배우고 싶은데)는 테
　　니스를 가르쳐 달라고 요청하는 의도이므로 정답이다.

어휘 兄 あに 圆오빠, 형　テニス 圆테니스　教える おしえる 图가르치다
　　～てもらう ~(해) 받다　～たい ~(하)고 싶다
　　おもしろい い형재미있다　学ぶ まなぶ 图배우다
　　～たことがある ~(한) 적이 있다　～けど 조 ~는데

5

[문제지]

[음성]
友だちのメガネを壊してしまいました。何と言いますか。

M: 1　ごめん、新しい物を買うよ。
　　2　ありがとう、すてきなメガネだね。
　　3　新しいメガネ、おねがいね。

해석 친구의 안경을 부숴 버렸습니다. 뭐라고 말합니까?
　　M: 1　미안, 새로운 것을 살게.
　　　　2　고마워, 멋진 안경이네.
　　　　3　새로운 안경, 부탁해.

해설 친구에게 안경을 부숴 미안하다는 말을 고르는 문제이다.
　　1 (O) ごめん、新しい物を買うよ(미안, 새로운 것을 살게)는 안경
　　　을 부숴 친구에게 미안함을 전하는 의도이므로 정답이다.
　　2 (X) ありがとう、すてきなメガネだね(고마워, 멋진 안경이네)는
　　　안경을 선물해 줘서 고맙다는 말이므로 오답이다.
　　3 (X) 新しいメガネ、おねがいね(새로운 안경, 부탁해)는 친구가
　　　할 수 있는 말이므로 오답이다.

어휘 友だち ともだち 圆친구　メガネ 圆안경　壊す こわす 图부수다
　　～てしまう ~(해) 버리다　新しい あたらしい い형새롭다
　　買う かう 图사다　すてきだ な형멋지다

문제 4 즉시 응답
　　　　　　　　　　　　　　　　　　무료 MP3 바로듣기

실력 다지기
　　　　　　　　　　　　　　　　　　　　　　p.328

01 ②	02 ①	03 ①	04 ②	05 ②
06 ①	07 ①	08 ①	09 ②	10 ②

1

[음성]
F : 昨日のサッカー試合、途中で終わったの?
M: ①　ううん。試合にでたよ。
　　②　うん。雨が降ってしまってね。

해석 F : 어제 축구 시합, 도중에 끝난 거야?
　　M: ①　아니. 시합에 나갔어.
　　　　②　응. 비가 내려버려서.

어휘 昨日 きのう 圆어제　サッカー 圆축구　試合 しあい 圆시합
　　途中 とちゅう 圆도중　終わる おわる 图끝나다　でる 图나가다
　　雨 あめ 圆비　降る ふる 图내리다　～てしまう ~(해) 버리다

2

[음성]
M: しおをもう少し入れてください。
F : ①　これぐらいでいいですか。
　　②　少しだけ食べます。

해석 M: 소금을 조금 더 넣어 주세요.
　　F : ①　이것 정도로 괜찮습니까?
　　　　②　조금만 먹겠습니다.

어휘 しお 圆소금　もう 凰더　少し すこし 凰조금
　　入れる いれる 图넣다　～てください ~(해) 주세요
　　～ぐらい 조 ~정도　～だけ 조 ~만, 뿐　食べる たべる 图먹다

3

[음성]
F : 今日の夕食、一緒に食べない?
M: ①　いいよ。そうしよう。
　　②　それはそうだけど…。

해석 F : 오늘 저녁 식사, 같이 먹지 않을래?
　　M: ①　좋아. 그렇게 하자.
　　　　②　그건 그렇지만….

어휘 今日 きょう 圆오늘　夕食 ゆうしょく 圆저녁 식사
　　一緒に いっしょに 凰같이　食べる たべる 图먹다
　　～けど 조 ~지만

4

[음성]

F：スピーチの練習はいつにしようか？

M：① よく頑張って練習したね。

　　② 来週の月曜日ならいいよ。

해석 F：스피치 연습은 언제로 할까?

　　M：① 잘 힘내서 연습했네.

　　　　② 다음 주 월요일이라면 괜찮아.

어휘 スピーチ 圏스피치　練習 れんしゅう 圏연습　いつ 則언제

　　よく 則잘　頑張る がんばる 圄힘내서 하다

　　来週 らいしゅう 圏다음 주　月曜日 げつようび 圏월요일

　　～なら ~라면

5

[음성]

M：飲み物は何にしようか。

F：① ご飯は食べたよ。

　　② コーラにしよう。

해석 M：음료는 무엇으로 할까?

　　F：① 밥은 먹었어.

　　　　② 콜라로 하자.

어휘 飲み物 のみもの 圏음료, 마실 것　ご飯 ごはん 圏밥

　　食べる たべる 圄먹다　コーラ 圏콜라

6

[음성]

M：授業が終わったら、教室を掃除してください。

F：① はい、きれいにします。

　　② もうすぐ始まります。

해석 M：수업이 끝나면, 교실을 청소해 주세요.

　　F：① 네, 깨끗하게 하겠습니다.

　　　　② 이제 곧 시작됩니다.

어휘 授業 じゅぎょう 圏수업　終わる おわる 圄끝나다　～たら ~(하)면

　　教室 きょうしつ 圏교실　掃除 そうじ 圏청소

　　～てください ~(해) 주세요　きれいだ 圉깨끗하다

　　もうすぐ 則이제 곧　始まる はじまる 圄시작되다

7

[음성]

F：今日の会議の資料、社長に送った？

M：① すみません。今から送ります。

　　② 資料はもう作りました。

해석 F：오늘 회의의 자료, 사장님에게 보냈어?

　　M：① 죄송합니다. 지금부터 보내겠습니다.

　　　② 자료는 이미 만들었습니다.

어휘 今日 きょう 圏오늘　会議 かいぎ 圏회의　資料 しりょう 圏자료

　　社長 しゃちょう 圏사장(님)　送る おくる 圄보내다　今 いま 圏지금

　　～から 图~부터　もう 則이미　作る つくる 圄만들다

8

[음성]

F：週末に一緒にデパートに行こうよ。

M：① 週末には用事があってね。

　　② 僕もそれを買ったよ。

해석 F：주말에 함께 백화점에 가자.

　　M：① 주말에는 볼일이 있어서.

　　　　② 나도 그것을 샀어.

어휘 週末 しゅうまつ 圏주말　一緒に いっしょに 則함께

　　デパート 圏백화점　行く いく 圄가다　用事 ようじ 圏볼일

　　僕 ぼく 圏나, 저(남자의 자칭)　買う かう 圄사다

9

[음성]

M：田中さんの誕生日パーティーでは何を食べましたか？

F：① 本当に楽しかったです。

　　② おすしを食べました。

해석 M：다나카 씨의 생일 파티에서는 무엇을 먹었습니까?

　　F：① 정말로 즐거웠습니다.

　　　　② 스시를 먹었습니다.

어휘 誕生日 たんじょうび 圏생일　パーティー 圏파티

　　食べる たべる 圄먹다　本当に ほんとうに 則정말로

　　楽しい たのしい 이圉즐겁다　すし 圏스시

10

[음성]

M：この書類を山田さんに渡してくれない？

F：① 明日、発表するつもりです。

　　② はい、わかりました。

해석 M：이 서류를 야마다 씨에게 전달해주지 않을래?

　　F：① 내일, 발표할 예정입니다.

　　　　② 네, 알겠습니다.

어휘 書類 しょるい 圏서류　渡す わたす 圄전달하다

　　～てくれる (나에게) ~(해) 주다　明日 あした 圏내일

　　発表 はっぴょう 圏발표　つもり 圏예정　わかる 圄알다

1 1	**2** 3	**3** 2	**4** 2	**5** 1
6 3	**7** 1	**8** 3		

문제 4에서는, 그림 등이 없습니다. 먼저 문장을 들어 주세요. 그리고, 그 대답을 듣고, 1부터 3 중에서, 가장 알맞은 것을 하나 골라 주세요.

1

[음성]
M：明日の天気はどうですか。
F：**1 雨が降りそうです。**
　　2 昨日は雨でしたよ。
　　3 天気予報はネットで見られます。

해석 M : 내일의 날씨는 어떻습니까?
　　F : **1 비가 내릴 것 같습니다.**
　　　 2 어제는 비였어요.
　　　 3 일기예보는 인터넷에서 볼 수 있습니다.

해설 남자가 여자에게 내일의 날씨가 어떤지 묻고 있다.
　 1 (O) '비가 내릴 것 같습니다'는 내일 비가 내릴 것 같다는 말이므로
　　적절한 응답이다.
　 2 (X) 天気(날씨)와 관련된 雨(비)를 사용하여 혼동을 준 오답이다.
　 3 (X) 天気(날씨)와 관련된 天気予報(일기예보)를 사용하여 혼동
　　을 준 오답이다.

어휘 明日 あした 圏내일　天気 てんき 圏날씨　雨 あめ 圏비
　　降る ふる 圏내리다　～そうだ ~(일) 것 같다(추측)
　　昨日 きのう 圏어제　天気予報 てんきよほう 圏일기예보
　　ネット 圏인터넷　見る みる 圏보다

2

[음성]
M：田中さん、これコピーしてくれませんか。
F：1 すみません、私がコピーしました。
　　2 コピー機はあそこにあります。
　　3 はい、何枚必要ですか。

해석 M : 다나카 씨, 이것 복사해 주지 않겠어요?
　　F : 1 죄송합니다, 제가 복사했습니다.
　　　 2 복사기는 저쪽에 있습니다.
　　　 3 네, 몇 장 필요합니까?

해설 남자가 여자에게 복사를 요청하고 있다.
　 1 (X) コピー(복사)를 반복 사용하여 혼동을 준 오답이다.
　 2 (X) コピー(복사)와 관련된 コピー機(복사기)를 사용하여 혼동
　　을 준 오답이다.
　 3 (O) '네, 몇 장 필요합니까?'는 몇 장 복사하면 되는지 묻는 말이므

로 요청을 받아들이는 응답이다.

어휘 コピー 圏복사　～てくれる ~(해) 주다
　　コピー機 コピーき 圏복사기　何枚 なんまい 몇 장
　　必要 ひつよう 圏필요

3

[음성]
F：すみません、近くにコンビニありますか。
M：1 近くにコンビニがあると便利ですよ。
　　2 この辺にはないですよ。
　　3 コンビニって何ですか。

해석 F : 실례합니다, 근처에 편의점 있어요?
　　M : 1 근처에 편의점이 있다면 편리해요.
　　　 2 이 근처에는 없어요.
　　　 3 편의점이라는 것은 무엇입니까?

해설 여자가 남자에게 근처에 편의점이 있는지 묻고 있다.
　 1 (X) 近く(근처), コンビニ(편의점)를 반복 사용하여 혼동을 준 오
　　답이다.
　 2 (O) '이 근처에는 없어요'는 근처에는 편의점이 없다는 말이므로
　　적절한 응답이다.
　 3 (X) コンビニ(편의점)를 반복 사용하여 혼동을 준 오답이다.

어휘 近く ちかく 圏근처, 가까운 곳　コンビニ 圏편의점
　　便利だ べんりだ 圏편리하다　辺 へん 圏근처
　　～って 图 ~(라)는 것은

4

[음성]
M：来週が先生の誕生日だからプレゼントを用意しよう。
F：1 プレゼント？私にくれるの？
　　2 いいね、何にしようか。
　　3 先生は何を用意するの？

해석 M : 다음 주가 선생님의 생일이니까 선물을 준비하자.
　　F : 1 선물? 나에게 주는 거야?
　　　 2 좋네, 무엇으로 할까?
　　　 3 선생님은 무엇을 준비해?

해설 남자가 여자에게 선생님의 생일 선물을 준비하자고 제안하고 있다.
　 1 (X) プレゼント(선물)를 반복 사용하여 혼동을 준 오답이다.
　 2 (O) '좋네, 무엇으로 할까?'는 제안을 수락하는 말이므로 적절한
　　응답이다.
　 3 (X) 先生(선생님), 用意(준비)를 반복 사용하여 혼동을 준 오답
　　이다.

어휘 来週 らいしゅう 圏다음 주　先生 せんせい 圏선생(님)
　　誕生日 たんじょうび 圏생일　～から 图 ~니까　プレゼント 圏선물
　　用意 ようい 圏준비　くれる 圏주다

5

[음성]

F : 佐藤くんが来ないね。ちょっと電話してみてくれる？

M : 1 さっき、してみたけど、出なかったよ。

2 うん、電話お願いね。

3 そうなんだ。電話してくれたんだ。

해석 F : 사토 군이 오지 않네. 좀 전화해 봐 줄래?

M : 1 아까, 해 봤는데, 받지 않았어.

2 응, 전화 부탁해.

3 그렇구나. 전화해 주었구나.

해설 여자가 남자에게 사토 군에게 전화를 해 봐 달라고 요청하고 있다.

1 (O) '아까, 해 봤는데, 받지 않았어'는 사토 군에게 이미 전화를 해 봐서 하지 않겠다는 의도이므로 적절한 응답이다.

2 (X) 전화를 부탁하는 것은 여자이므로 주체가 맞지 않다.

3 (X) 電話(전화), ～てくれる(~해 주다)를 반복 사용하여 혼동을 준 오답이다.

어휘 来る くる 图오다　ちょっと 图좀, 조금　電話 でんわ 图전화　～てくれる ~(해) 주다　さっき 图아까　～けど 图~는데　出る でる 图(전화를) 받다, 나가다

6

[음성]

M : 松田さん、調子はどうですか。風邪は治りましたか。

F : 1 松田さんのパソコン、調子が悪いですね。

2 風邪だと聞いて心配していました。

3 今はもう大丈夫です。

해석 M : 마츠다 씨, 상태는 어떻습니까? 감기는 나았습니까?

F : 1 마츠다 씨의 컴퓨터, 상태가 좋지 않네요.

2 감기라고 들어서 걱정하고 있었습니다.

3 지금은 이제 괜찮습니다.

해설 남자가 여자에게 몸 상태가 어떤지 묻고 있다.

1 (X) 調子(상태)를 반복 사용하여 혼동을 준 오답이다.

2 (X) 몸 상태를 묻는 것은 남자이므로 주체가 맞지 않다.

3 (O) '지금은 이제 괜찮습니다'는 몸 상태가 괜찮다는 말이므로 적절한 응답이다.

어휘 調子 ちょうし 图상태　風邪 かぜ 图감기　治る なおる 图낫다, 치료되다　パソコン 图컴퓨터　悪い わるい い형좋지 않다, 나쁘다　聞く きく 图듣다　心配 しんぱい 图걱정　今 いま 图지금　もう 图이제, 이미　大丈夫だ だいじょうぶだ な형괜찮다

7

[음성]

F : 大阪から東京までは飛行機で何時間かかりますか。

M : 1 1時間半ぐらいかかります。

2 やっぱり飛行機は速いですね。

3 私は1時に来ました。

해석 F : 오사카에서 도쿄까지는 비행기로 몇 시간 걸립니까?

M : 1 1시간 반 정도 걸립니다.

2 역시 비행기는 빠르네요.

3 저는 1시에 왔습니다.

해설 여자가 남자에게 도쿄까지 비행기로 몇 시간 걸리는지 묻고 있다.

1 (O) '1시간 반 정도 걸립니다'는 오사카에서 도쿄까지 비행기로 1시간 반 정도 걸린다는 말이므로 적절한 응답이다.

2 (X) 飛行機(비행기)를 반복 사용하여 혼동을 준 오답이다.

3 (X) 도쿄까지 걸리는 시간이 아닌 도착한 시간을 말하는 말이므로 오답이다.

어휘 大阪 おおさか 图오사카(지명)　～から 图~에서　東京 とうきょう 图도쿄(지명)　～まで 图~까지　飛行機 ひこうき 图비행기　時間 じかん 图시간　かかる 图걸리다　半 はん 图반　～ぐらい 图~정도　やっぱり 图역시　速い はやい い형빠르다　～時 ～じ ~시　来る くる 图오다

8

[음성]

M : 歴史博物館のチケット、私の分も予約してくれない？

F : 1 チケット、もう予約したの？

2 歴史博物館に行こうよ。

3 分かった。チケットを2枚予約するよ。

해석 M : 역사박물관의 티켓, 내 몫도 예약해 주지 않을래?

F : 1 티켓, 벌써 예약했어?

2 역사박물관에 가자.

3 알겠어. 티켓을 두 장 예약할게.

해설 남자가 여자에게 자신 몫의 티켓도 예약해 달라고 요청하고 있다.

1 (X) チケット(티켓), 予約(예약)를 반복 사용하여 혼동을 준 오답이다.

2 (X) 歴史博物館(역사박물관)을 반복 사용하여 혼동을 준 오답이다.

3 (O) '알겠어. 티켓을 두 장 예약할게'는 요청을 수락한다는 말이므로 적절한 응답이다.

어휘 歴史 れきし 图역사　博物館 はくぶつかん 图박물관　チケット 图티켓　分 ぶん 图몫, 분　予約 よやく 图예약　～てくれる ~(해) 주다　もう 图벌써　行く いく 图가다　分かる わかる 图알다　～枚 ～まい ~장, 매

1 2	2 1	3 3	4 2	5 3
6 1	7 1	8 2		

문제 4에서는, 그림 등이 없습니다. 먼저 문장을 들어 주세요. 그리고, 그 대답을 듣고, 1부터 3 중에서, 가장 알맞은 것을 하나 골라 주세요.

1

[음성]

M: おかあさん、今日の昼ごはんは何？

F：1 昨日、おすし食べたじゃない。

   2 まだ決めてないよ。

   3 もう、おなか一杯だよね。

해석 M: 엄마, 오늘 점심은 뭐야?

F：1 어제, 스시 먹었잖아.

   2 아직 정하지 않았어.

   3 이제, 배부르네.

해설 아들이 엄마에게 점심 메뉴를 묻는 상황이다.

  1 (X) 昼ごはん(점심)과 관련된 おすし(스시)를 사용하여 혼동을 준 오답이다.

  2 (O) '아직 정하지 않았어'는 점심 메뉴를 정하지 않았다는 말이므로 적절한 응답이다.

  3 (X) 昼ごはん(점심)과 관련된 おなか一杯だ(배부르다)를 사용하여 혼동을 준 오답이다.

어휘 おかあさん 몡 엄마, 어머니   今日 きょう 몡 오늘
昼ごはん ひるごはん 몡 점심   昨日 きのう 몡 어제
すし 몡 스시, 초밥   食べる たべる 동 먹다   まだ 부 아직
決める きめる 동 정하다   もう 부 이제
おなか一杯だ おなかいっぱいだ 배부르다

2

[음성]

F：あのう、コーヒーを買ってきてほしいんだけど…。

M：1 わかった。買ってくるよ。

   2 えっ、買ってきてくれるの？

   3 コーヒーはおいしかったよ。

해석 F: 저기, 커피를 사 와 주길 바라는데….

M：1 알겠어. 사 올게.

   2 어, 사 와 주는 거야?

   3 커피는 맛있었어.

해설 여자가 남자에게 커피를 사 와 달라고 요청하고 있다.

  1 (O) '알겠어. 사 올게'는 요청을 수락하는 말이므로 적절한 응답이다.

  2 (X) 買ってくる(사 오다)를 반복 사용하여 혼동을 준 오답이다.

  3 (X) コーヒー(커피)를 반복 사용하여 혼동을 준 오답이다.

어휘 コーヒー 몡 커피   買う かう 동 사다   ～てほしい ~(해) 주길 바라다
～けど 조 ~는데   わかる 동 알다, 이해하다   ～てくれる ~(해) 주다
おいしい い형 맛있다

3

[음성]

M: これ、もっと大きいサイズありますか。

F：1 このサイズが人気ですよ。

   2 これ、サイズが小さいです。

   3 今はそのサイズしかありません。

해석 M: 이거, 더 큰 사이즈 있습니까?

F：1 이 사이즈가 인기예요.

   2 이거, 사이즈가 작습니다.

   3 지금은 그 사이즈밖에 없습니다.

해설 남자가 여자에게 더 큰 사이즈가 있는지 묻고 있다.

  1 (X) サイズ(사이즈)를 반복 사용하여 혼동을 준 오답이다.

  2 (X) 더 큰 사이즈를 요청하는 것은 남자이므로 주체가 맞지 않다.

  3 (O) '지금은 그 사이즈밖에 없습니다'는 더 큰 사이즈가 없다는 말이므로 적절한 응답이다.

어휘 もっと 부 더, 더욱   大きい おおきい い형 크다   サイズ 몡 사이즈
人気 にんき 몡 인기   小さい ちいさい い형 작다   今 いま 몡 지금
～しか 조 ~밖에

4

[음성]

F：週に3回ぐらいは運動した方がいいそうですよ。

M：1 趣味は運動じゃないです。

   2 でも、そんな時間はないです。

   3 週に3回も運動してるんですか。

해석 F: 주에 3회 정도는 운동하는 편이 좋다고 합니다.

M：1 취미는 운동이 아닙니다.

   2 그렇지만, 그럴 시간은 없습니다.

   3 주에 3회나 운동하고 있습니까?

해설 여자가 남자에게 주에 3회 정도 운동하는 것이 좋다고 말하고 있다.

  1 (X) 運動(운동)를 반복 사용하여 혼동을 준 오답이다.

  2 (O) '그렇지만, 그럴 시간은 없습니다'는 주 3회 운동할 시간이 없다는 말이므로 적절한 응답이다.

  3 (X) 週に3回運動する(주에 3회 운동하다)를 반복 사용하여 혼동을 준 오답이다.

어휘 週 しゅう 몡 주, 1주일   ～回 ～かい ~회   ～ぐらい 조 ~정도
運動 うんどう 몡 운동
～た方がいい ～たほうがいい ~(하)는 편이 좋다
～そうだ ~라고 한다(전언)   趣味 しゅみ 몡 취미
でも 접 그렇지만, 그래도   時間 じかん 몡 시간

5

[음성]

M : すみません、窓開けてくれませんか。
F : 1 彼が開けてくれました。
    2 寒いから開けないでください。
    3 はい、開けますね。

해석 M : 실례합니다, 창문 열어주지 않겠습니까?
  F : 1 그가 열어주었습니다.
    2 추우니까 열지 말아 주세요.
    3 네, 열게요.

해설 남자가 여자에게 창문을 열어달라고 요청하고 있다.
  1 (X) 開けてくれる(열어주다)를 반복 사용하여 혼동을 준 오답이다.
  2 (X) 開ける(열다)를 반복 사용하여 혼동을 준 오답이다.
  3 (O) '네, 열게요'는 요청을 수락하는 말이므로 적절한 응답이다.

어휘 窓 まど 圏창문　開ける あける 圏열다　～てくれる ~(해) 주다
  彼 かれ 圏그　寒い さむい い형춥다　～から 国~니까
  ～てください ~(해) 주세요

6

[음성]

F : 何の授業が好きなの？
M : 1 英語の授業。とても面白いよ。
    2 なんで英語の授業が好きなの？
    3 英語の授業は難しいね。

해석 F : 무슨 수업을 좋아해?
  M : 1 영어 수업. 정말 재미있어.
    2 어째서 영어 수업을 좋아해?
    3 영어 수업은 어렵네.

해설 여자가 남자에게 무슨 수업을 좋아하는지 묻고 있다.
  1 (O) '영어 수업. 정말 재미있어'는 영어 수업을 좋아한다는 말이므로 적절한 응답이다.
  2 (X) 授業が好きなの(수업을 좋아해)를 반복 사용하여 혼동을 준 오답이다.
  3 (X) 授業(수업)를 반복 사용하여 혼동을 준 오답이다.

어휘 授業 じゅぎょう 圏수업　好きだ すきだ 나형좋아하다
  英語 えいご 圏영어　とても 囝정말, 매우
  面白い おもしろい い형재미있다　なんで 囝어째서, 왜
  難しい むずかしい い형어렵다

7

[음성]

M : 明日はいつ会いましょうか。
F : 1 昼ごはんを食べた後はどうですか。
    2 いつ会うことにしましたか。
    3 昨日は 6 時に会いました。

해석 M : 내일은 언제 만날까요?
  F : 1 점심을 먹은 후는 어때요?
    2 언제 만나기로 했었나요?
    3 어제는 6시에 만났습니다.

해설 남자가 여자에게 내일 언제 만날지 묻고 있다.
  1 (O) '점심을 먹은 후는 어때요?'는 점심을 먹고 만나자는 말이므로 적절한 응답이다.
  2 (X) いつ(언제), 会う(만나다)를 반복 사용하여 혼동을 준 오답이다.
  3 (X) 会う(만나다)를 반복 사용하여 혼동을 준 오답이다.

어휘 明日 あした 圏내일　いつ 囝언제　会う あう 圏만나다
  昼ごはん ひるごはん 圏점심　食べる たべる 圏먹다
  後 あと 圏후, 뒤　～ことにする ~(하)기로 하다
  昨日 きのう 圏어제　～時 ~じ ~시

8

[음성]

F : 東京に着いたら、連絡お願いね。
M : 1 連絡まだないの？
    2 うん、電話するよ。
    3 昨日ここに着いたんだね。

해석 F : 도쿄에 도착하면, 연락 부탁해.
  M : 1 연락 아직 없어?
    2 응, 전화 할게.
    3 어제 여기에 도착했지?

해설 여자가 남자에게 도착 후 연락을 요청하고 있다.
  1 (X) 連絡(연락)를 반복 사용하여 혼동을 준 오답이다.
  2 (O) '응, 전화 할게'는 요청을 수락하는 말이므로 적절한 응답이다.
  3 (X) 着く(도착하다)를 반복 사용하여 혼동을 준 오답이다.

어휘 東京 とうきょう 圏도쿄(지명)　着く つく 圏도착하다
  ～たら ~(하)면　連絡 れんらく 圏연락　まだ 囝아직
  電話 でんわ 圏전화　昨日 きのう 圏어제

실전 테스트 3　　p.329

1 2	2 1	3 1	4 3	5 1
6 2	7 1	8 2		

문제 4에서는, 그림 등이 없습니다. 먼저 문장을 들어 주세요. 그리고, 그 대답을 듣고, 1부터 3 중에서, 가장 알맞은 것을 하나 골라 주세요.

1

[음성]

M : 昨日はどうして遅く帰りましたか。

F : 1 今朝仕事が多かったんです。
2 昨日は会議が遅く終わりました。
3 今日は約束があります。

해석 M : 어제는 어째서 늦게 돌아갔습니까?

F : 1 오늘 아침 일이 많았습니다.
2 어제는 회의가 늦게 끝났습니다.
3 오늘은 약속이 있습니다.

해설 남자가 여자에게 왜 늦게 돌아갔는지 묻고 있다.

1 (X) '오늘 아침 일이 많았습니다'는 오늘 아침에 일이 많았다는 말이므로 오답이다.
2 (O) '어제는 회의가 늦게 끝났습니다'는 어제 늦게 돌아간 이유를 설명하는 말이므로 적절한 응답이다.
3 (X) '오늘은 약속이 있습니다'는 질문과 시제가 맞지 않다.

어휘 昨日 きのう 圏어제 遅い おそい い형늦다
帰る かえる 圏돌아가다 今朝 けさ 圏오늘 아침 仕事 しごと 圏일
多い おおい い형많다 会議 かいぎ 圏회의
終わる おわる 圏끝나다 今日 きょう 圏오늘
約束 やくそく 圏약속

2

[음성]

F : 佐藤さんは何でここまで来るの?

M : 1 たぶん電車だと思う。
2 飛行機は速いよね。
3 バスに乗って来るの?

해석 F : 사토 씨는 무엇으로 여기까지 와?

M : 1 아마 전철일거라고 생각해.
2 비행기는 빠르네.
3 버스를 타고 오는거야?

해설 여자가 남자에게 사토 씨가 무엇을 타고 오는지 묻고 있다.

1 (O) '아마 전철일거라고 생각해'는 전철을 타고 온다는 말이므로 적절한 응답이다.
2 (X) 질문의 何でここまで来るの(무엇으로 여기까지 와?)와 관련된 飛行機(비행기)를 사용하여 혼동을 준 오답이다.
3 (X) 무엇을 타고 오는지 묻는 것은 여자이므로 주체가 맞지 않다.

어휘 ~まで 国~까지 来る くる 圏오다 たぶん 퇴아마
電車 でんしゃ 圏전철 ~と思う ~とおもう ~라고 생각하다
飛行機 ひこうき 圏비행기 速い はやい い형빠르다 バス 圏버스
乗る のる 圏타다

3

[음성]

M : 明後日の会議の時間をみんなに知らせてくれませんか。

F : 1 はい、3時ですね。みんなに知らせます。
2 え、会議の時間が3時だったんですか。
3 教えてくれてありがとうございます。

해석 M : 모레 회의 시간을 모두에게 알려주지 않을래요?

F : 1 네, 3시이지요. 모두에게 알리겠습니다.
2 어, 회의 시간이 3시였습니까?
3 가르쳐 주셔서 감사합니다.

해설 남자가 여자에게 회의 시간을 모두에게 알려 달라고 요청하고 있다.

1 (O) '네, 3시이지요. 모두에게 알리겠습니다'는 요청을 수락하는 말이므로 적절한 응답이다.
2 (X) 会議の時間(회의 시간)을 반복 사용하여 혼동을 준 오답이다.
3 (X) 知らせる(알리다)와 관련된 教える(가르치다)를 사용하여 혼동을 준 오답이다.

어휘 明後日 あさって 圏모레 会議 かいぎ 圏회의
時間 じかん 圏시간 みんな 圏모두 知らせる しらせる 圏알리다
~てくれる ~(해) 주다 ~時 ~じ ~시 教える おしえる 圏가르치다

4

[음성]

M : 雪が降るかもしれないから、いつもより早く帰りましょう。

F : 1 私だけ早く帰ってすみません。
2 すごい雪が降っていて今は帰れません。
3 はい、残った仕事は明日やりましょう。

해석 M : 눈이 내릴지도 모르니까, 평소보다 일찍 돌아갑시다.

F : 1 저만 일찍 돌아가서 죄송합니다.
2 굉장한 눈이 내리고 있어서 지금은 돌아갈 수 없습니다.
3 네, 남은 일은 내일 합시다.

해설 남자가 여자에게 일찍 돌아가자고 제안하고 있다.

1 (X) 早く帰る(일찍 돌아가다)를 반복 사용하여 혼동을 준 오답이다.
2 (X) 雪が降る(눈이 내리다), 帰る(돌아가다)를 반복 사용하여 혼동을 준 오답이다.
3 (O) '네, 남은 일은 내일 합시다'는 제안을 수락하는 말이므로 적절한 응답이다.

어휘 雪 ゆき 圏눈 降る ふる 圏내리다
~かもしれない ~일지도 모른다 ~から 国~니까
いつも 圏평소, 보통 때 ~より 国~보다 早く はやく 퇴일찍
帰る かえる 圏돌아가다 ~だけ 国~만 すごい い형굉장하다
今 いま 圏지금 残る のこる 圏남다 仕事 しごと 圏일
明日 あした 圏내일 やる 圏하다

해커스 JLPT N4 한 권으로 합격

정답

해설

5

F：デパートでハンカチを買ってきてくれない？

M：1 ハンカチ？ 何色が好き？

  2 これ僕にくれるの？

  3 このハンカチ、デパートで買ったよ。

해석 F：백화점에서 손수건을 사 와 주지 않을래?

  M：1 손수건? 무슨 색이 좋아?

    2 이거 나에게 주는 거야?

    3 이 손수건, 백화점에서 샀어.

해설 여자가 남자에게 손수건을 사 와 달라고 요청하고 있다.

  1 (O) '손수건? 무슨 색이 좋아?'는 요청을 수락하는 의도이므로 적절한 응답이다.

  2 (X) くれる(주다)를 반복 사용하여 혼동을 준 오답이다.

  3 (X) ハンカチ(손수건), デパート(백화점), 買う(사다)를 반복 사용하여 혼동을 준 오답이다.

어휘 デパート 圏백화점　ハンカチ 圏손수건　買う かう 圏사다
　　～てくれる ~(해) 주다　色 いろ 圏색　好きだ すきだ 녆형좋아하다
　　僕 ぼく 圏나, 저(남자의 자칭)　くれる 圏주다

6

F：すみません、私が注文したカレーはまだですか。

M：1 まだカレーはできません。

  2 すみません、今お客様が多くて。

  3 カレーはさっき出ました。

해석 F：실례합니다, 제가 주문한 카레는 아직인가요?

  M：1 아직 카레는 할 수 없습니다.

    2 죄송합니다, 지금 손님이 많아서.

    3 카레는 아까 나왔습니다.

해설 여자가 남자에게 카레가 언제 나오는지 묻고 있다.

  1 (X) まだ(아직), カレー(카레)를 반복 사용하여 혼동을 준 오답이다.

  ·2 (O) '죄송합니다, 지금 손님이 많아서'는 주문한 카레가 늦어지고 있는 이유를 설명하는 말이므로 적절한 응답이다.

  3 (X) カレー(카레)를 반복 사용하여 혼동을 준 오답이다.

어휘 注文 ちゅうもん 圏주문　カレー 圏카레　まだ 圉아직
　　できる 圏할 수 있다　今 いま 圏지금　客 きゃく 圏손님
　　多い おおい い형많다　さっき 圉아까　出る でる 圏나오다

7

M：田中さんは冬休みにどこに行くの？

F：1 今度は家で勉強するつもりだよ。

  2 休みに行ってきた海はすごくよかった。

  3 冬休みに海に行くの？

해석 M：다나카 씨는 겨울 방학에 어디에 가?

  F：1 이번은 집에서 공부할 예정이야.

    2 휴일에 갔다온 바다는 굉장히 좋았어.

    3 겨울 방학에 바다에 가?

해설 남자가 여자에게 겨울 방학에 어디를 가는지 묻고 있다.

  1 (O) '이번은 집에서 공부할 예정이야'는 겨울 방학에 어디에도 가지 않는다는 말이므로 적절한 응답이다.

  2 (X) 休み(휴일), 行く(가다)를 반복 사용하여 혼동을 준 오답이다.

  3 (X) 겨울 방학에 어디에 가는지 묻는 것은 남자이므로 주체가 맞지 않다.

어휘 冬休み ふゆやすみ 圏겨울 방학　行く いく 圏가다
　　今度 こんど 圏이번　家 いえ 圏집　勉強 べんきょう 圏공부
　　つもり 圏예정　休み やすみ 圏휴일, 쉬는 날　海 うみ 圏바다
　　すごく 圉굉장히, 몹시

8

F：あの、この資料をコピーしておいてくれる？

M：1 はい、資料のコピーは終わりましたか。

  2 今から会議があるので、あとでしますね。

  3 コピーして机の上においてくださいね。

해석 F：저기, 이 자료를 복사해 둬 줄래?

  M：1 네, 자료 복사는 끝났습니까?

    2 지금부터 회의가 있어서, 나중에 하겠습니다.

    3 복사해서 책상 위에 둬 주세요.

해설 여자가 남자에게 복사를 요청하고 있다.

  1 (X) 資料(자료), コピー(복사)를 반복 사용하여 혼동을 준 오답이다.

  2 (O) '지금부터 회의가 있어서, 나중에 하겠습니다'는 요청을 거절하는 말이므로 적절한 응답이다.

  3 (X) 복사를 부탁하는 것은 여자이므로 주체가 맞지 않다.

어휘 資料 しりょう 圏자료　コピー 圏복사　～てくれる ~(해) 주다
　　終わる おわる 圏끝나다　今 いま 圏지금　～から 조~부터
　　会議 かいぎ 圏회의　～ので 조~(해)서　あと 圏나중, 이후
　　机 つくえ 圏책상　上 うえ 圏위　おく 圏두다
　　～てください ~(해) 주세요

일본어도 역시,
1위 해커스

japan.Hackers.com

언어지식 (문자·어휘)

문제 1	**1** 2	**2** 4	**3** 2	**4** 3	**5** 1	**6** 3	**7** 2
문제 2	**8** 1	**9** 2	**10** 4	**11** 3	**12** 1		
문제 3	**13** 3	**14** 1	**15** 2	**16** 4	**17** 2	**18** 1	**19** 2
	20 3						
문제 4	**21** 3	**22** 1	**23** 2	**24** 4			
문제 5	**25** 1	**26** 1	**27** 2	**28** 1			

언어지식 (문법)

문제 1	**1** 1	**2** 3	**3** 4	**4** 3	**5** 1	**6** 4	**7** 2
	8 3	**9** 3	**10** 4	**11** 1	**12** 3	**13** 1	
문제 2	**14** 2	**15** 4	**16** 3	**17** 2			
문제 3	**18** 2	**19** 3	**20** 2	**21** 4			

독해

문제 4	**22** 4	**23** 2	**24** 2				
문제 5	**25** 2	**26** 4	**27** 3				
문제 6	**28** 2	**29** 3					

청해

문제 1	**1** 1	**2** 2	**3** 4	**4** 4	**5** 4	**6** 4	**7** 3
	8 1						
문제 2	**1** 1	**2** 2	**3** 2	**4** 4	**5** 3	**6** 4	**7** 3
문제 3	**1** 2	**2** 1	**3** 2	**4** 3	**5** 1		
문제 4	**1** 3	**2** 1	**3** 2	**4** 2	**5** 1	**6** 1	**7** 3
	8 1						

언어지식 (문자·어휘)

p.341

1

> 내일은 추워寒く진다고 합니다.

해설 寒く는 2 さむく로 발음한다.

어휘 寒い さむい [い형]춥다　暑い あつい [い형]덥다
　　暖かい あたたかい [い형]따뜻하다　涼しい すずしい [い형]선선하다
　　あした [명]내일　~そうだ ~라고 한다(전언)

2

> 무언가 얼굴顔에 붙어 있어요.

해설 顔는 4 かお로 발음한다.

어휘 顔 かお [명]얼굴　髪 かみ [명]머리카락　鼻 はな [명]코
　　頭 あたま [명]머리　つく [동]붙다

3

> 수영장은 9시부터 이용利用 가능합니다.

해설 利用는 2 りよう로 발음한다. り가 장음이 아닌 것과 よう가 장음인
　　것에 주의한다.

어휘 利用 りよう [명]이용　プール [명]수영장　~から [조]~부터
　　できる [동]가능하다

4

> 아이는 아까부터 자고眠って 있습니다.

해설 眠って는 3 ねむって로 발음한다.

어휘 眠る ねむる [동]자다　走る はしる [동]달리다　怒る おこる [동]화내다
　　笑う わらう [동]웃다　子ども こども [명]아이　さっき [부]아까
　　~から [조]~부터

5

> 공장에서 신발을 생산生産하고 있습니다.

해설 生産은 1 せいさん으로 발음한다. 生는 せい와 しょう 두 가지로 발
　　음할 수 있는데, 生産의 경우에는 せい로 발음하는 것에 주의한다.
　　さん이 탁음이 아닌 것에 주의한다.

어휘 生産 せいさん [명]생산　工場 こうじょう [명]공장　くつ [명]신발

6

> 여기는 저만의 특별特別한 장소입니다.

해설 特別는 3 とくべつ로 발음한다. とく가 탁음이 아닌 것과 べつ가 탁
　　음인 것에 주의한다.

어휘 特別だ とくべつだ [な형]특별하다　~だけ [조]~만, 뿐
　　場所 ばしょ [명]장소

7

> 장래에는 영업営業의 일을 하고 싶습니다.

해설 営業는 2 えいぎょう로 발음한다. えい가 장음인 것과 ぎょう가 요
　　음ょ인 것에 주의한다.

어휘 営業 えいぎょう [명]영업　しょうらい [명]장래　仕事 しごと [명]일
　　~たい ~(하)고 싶다

8

> 빨간あかい 우산을 가지고 있습니다.

해설 あかい는 1 赤い로 표기한다.

어휘 赤い あかい [い형]빨갛다　青い あおい [い형]파랗다
　　白い しろい [い형]하얗다　黒い くろい [い형]검다　かさ [명]우산
　　持つ もつ [동]가지다

9

> 일본어의 발음はつおん이 좋습니다.

해설 はつおん은 2 発音으로 표기한다. 1, 3, 4는 없는 단어이다.

어휘 発音 はつおん [명]발음　日本語 にほんご [명]일본어
　　きれいだ [な형](발음이) 좋다, 깨끗하다

10

> 이 가방은 매우 가볍かるい습니다.

해설 かるい는 4 軽い로 표기한다.

어휘 軽い かるい [い형]가볍다　多い おおい [い형]많다
　　短い みじかい [い형]짧다　速い はやい [い형]빠르다　かばん [명]가방
　　とても [부]매우

11

> 교실의 시계가 작동하지 않습니다うごきません.

해설 うごきません은 3 動きません으로 표기한다. 1, 4는 없는 단어이다.

어휘 動く うごく [동]작동하다, 움직이다　重い おもい [い형]무겁다
　　働く はたらく [동]일하다　勤める つとめる [동]근무하다
　　きょうしつ [명]교실　とけい [명]시계

12

> 밤에 혼자서 걷는 것은 위험きけん합니다.

해설 きけん은 1 危険으로 표기한다. 2, 3, 4는 없는 단어이다. 危(き, 위
　　태롭다)를 선택지 3과 4의 気(き, 기운)와 구별해서 알아두고, 険(け
　　ん, 험하다)을 선택지 2와 3의 検(けん, 검사하다)과 구별해서 알아
　　둔다.

어휘 危険だ きけんだ [な형]위험하다　よる [명]밤　あるく [동]걷다

실전모의고사 1

13

여행에 (　　　) 것을 사러 갑시다.

1 활기찬	2 안심할 수 있는
3 필요한	4 조용한

해설 선택지가 모두 な형용사이다. 빈칸 앞뒤의 내용과 함께 쓸 때 りょこうにひつようなもの(여행에 필요한 것)라는 문맥이 가장 자연스러우므로 3 ひつような(필요한)가 정답이다. 1은 にぎやかなまち(활기찬 거리), 2는 あんしんな場所(안심할 수 있는 장소), 4는 しずかなへや(조용한 방)와 같이 자주 쓰인다.

어휘 りょこう 圏 여행　かう 園 사다　いく 園 가다
にぎやかだ 圏 활기차다　あんしんだ 圏 안심할 수 있다, 안심이다
ひつようだ 圏 필요하다　しずかだ 圏 조용하다

버튼이 고장 나있었기 때문에, (　　　) 받았습니다.

1 교환해	2 권유해
3 회복되어	4 갈아타

해설 선택지가 모두 동사이다. 문장 전체를 보았을 때 ボタンがこわれていたので、とりかえてもらいました(버튼이 고장 나있었기 때문에, 교환해 받았습니다)라는 문맥이 가장 자연스러우므로 1 とりかえて(교환해)가 정답이다. 2는 デートにさそった(데이트를 권유했다), 3은 病気がなおった(병이 회복되었다), 4는 バスをのりかえた(버스를 갈아탔다)와 같이 자주 쓰인다.

어휘 ボタン 圏 버튼　こわれる 園 고장 나다　～ので 国 ~때문에
～てもらう ~(해) 받다　とりかえる 園 교환하다　さそう 園 권유하다
なおる 園 회복되다　のりかえる 園 갈아타다

15

저는 정원에서 토마토를 (　　　) 있습니다.

1 사고	**2 기르고**
3 만들고	4 늘어놓고

해설 선택지가 모두 동사이다. 문장 전체를 보았을 때 わたしはにわでトマトをそだてています(저는 정원에서 토마토를 기르고 있습니다)라는 문맥이 가장 자연스러우므로 2 そだてて(기르고)가 정답이다. 빈칸 바로 앞의 トマトを(토마토를)만 보고 1 買って(사고)를 정답으로 선택하지 않도록 주의한다. 1은 おみやげを買う(기념품을 사다), 3은 昼ごはんをつくる(점심 밥을 만들다), 4는 商品をならべる(상품을 늘어놓다)와 같이 자주 쓰인다.

어휘 にわ 圏 정원　トマト 圏 토마토　買う かう 園 사다
そだてる 園 기르다　つくる 園 만들다
ならべる 園 늘어놓다, 열거하다

이 강은 (　　　) 때문에 아이라도 노는 것이 가능합니다.

1 빠르기	2 딱딱하기
3 깊기	**4 얕기**

해설 선택지가 모두 い형용사이다. 문장 전체를 보았을 때 この川はあさいから子どもでもあそぶことができます(이 강은 얕기 때문에 아이라도 노는 것이 가능합니다)라는 문맥이 가장 자연스러우므로 4 あさい(얕기)가 정답이다. 빈칸 바로 앞의 この川は(이 강은)만 보고 3 ふかい(깊기)를 정답으로 선택하지 않도록 주의한다. 3 ふかい(깊기)는, '아이라도 노는 것이 가능한 강', 즉 '아이라도 안전하게 놀 수 있는 강'이라는 문맥과 어울리지 않으므로 오답이다. 1은 足がはやい(발이 빠르다), 2는 パンがかたい(빵이 딱딱하다), 3은 海がふかい(바다가 깊다)와 같이 자주 쓰인다.

어휘 川 かわ 圏 강　～から 国 ~때문에　子ども こども 圏 아이
～でも 国 ~라도　あそぶ 園 놀다　できる 園 가능하다
はやい 圏 빠르다　かたい 圏 딱딱하다　ふかい 圏 깊다
あさい 圏 얕다

한국에 산지 2년이 되기 때문에 생활에는 (　　　).

1 피로해졌습니다	**2 익숙해졌습니다**
3 괴로워했습니다	4 외웠습니다

해설 선택지가 모두 동사이다. 문장 전체를 보았을 때 かんこくにすんで2年になるのでせいかつにはなれました(한국에 산지 2년이 되기 때문에 생활에는 익숙해졌습니다)라는 문맥이 가장 자연스러우므로 2 なれました(익숙해졌습니다)가 정답이다. 1은 仕事でつかれる(일로 피로해지다), 3은 病気でくるしむ(병으로 괴로워하다), 4는 単語をおぼえる(단어를 외우다)와 같이 자주 쓰인다.

어휘 かんこく 圏 한국　すむ 園 살다　～ので 国 ~때문에
せいかつ 圏 생활　つかれる 園 피로해지다　なれる 園 익숙해지다
くるしむ 園 괴로워하다　おぼえる 園 외우다, 기억하다

다음 주 회사 근처의 (　　　) 로 이사할 예정입니다.

1 아파트	2 백화점
3 학교	4 공원

해설 선택지가 모두 명사이다. 빈칸 뒤의 내용과 함께 쓸 때 アパートにひっこす(아파트로 이사하다)라는 문맥이 가장 자연스러우므로 1 アパート(아파트)가 정답이다. 2는 デパートで買い物をする(백화점에서 쇼핑을 하다), 3은 がっこうで勉強をする(학교에서 공부를 하다), 4는 公園でさんぽをする(공원에서 산책을 하다)와 같이 자주 쓰인다.

어휘 らいしゅう 圏 다음 주　会社 かいしゃ 圏 회사　ちかく 圏 근처
ひっこす 園 이사하다　よてい 圏 예정　アパート 圏 아파트
デパート 圏 백화점　がっこう 圏 학교　こうえん 圏 공원

19

> 도와준 (   ) 로 친구에게 식사를 대접했습니다.
>
> 1 사죄　　　　　　　　2 답례
> 3 인사　　　　　　　　4 돈

해설 선택지가 모두 명사이다. 빈칸 앞의 내용과 함께 쓸 때 **てつだって
くれたおれいに**(도와준 답례로)라는 문맥이 가장 자연스러우므로
2 おれい(답례)가 정답이다. 3 **おじぎ**(인사)는 '머리를 숙여서 하는
인사' 라는 행동 자체를 의미하기 때문에, 주어진 문맥과 어울리지 않
으므로 오답이다. 1은 **おわびのことば**(사죄의 말), 3은 **おじぎのし
かた**(인사하는 방법), 4는 **おかねをはらう**(돈을 지불하다)와 같이
자주 쓰인다.

어휘 てつだう 图돕다　〜てくれる (나에게) 〜(해)주다　ともだち 图친구
ごはん 图식사, 밥　ごちそう 图대접　おわび 图사죄
おれい 图답례, 사례　おじぎ 图인사　おかね 图돈

20

> 먼 곳에서여도 산이 (   ) 보였습니다.
>
> 1 느긋하게　　　　　　2 일부러
> 3 명확히　　　　　　　4 슬슬

해설 선택지가 모두 부사이다. 빈칸 뒤의 내용과 함께 쓸 때 **はっきり見え
ました**(명확히 보였습니다)라는 문맥이 가장 자연스러우므로 3 **はっ
きり**(명확히)가 정답이다. 1은 **ゆっくり休む**(느긋하게 쉬다), 2는 **わ
ざわざ来てくれる**(일부러 와주다), 4는 **そろそろ帰る**(슬슬 돌아가
다)와 같이 자주 쓰인다.

어휘 とおく 图먼 곳　〜から 조〜에서　〜でも 조〜여도, 라도
やま 图산　見える みえる 图보이다　ゆっくり 凰느긋하게
わざわざ 凰일부러　はっきり 凰명확히　そろそろ 凰슬슬

21

> 빵집은 우체국의 뒤입니다.
>
> 1 빵집은 우체국의 앞입니다.
> 2 빵집은 우체국의 옆입니다.
> 3 빵집은 우체국의 뒤쪽입니다.
> 4 빵집은 우체국의 근처입니다.

해설 제시문에 사용된 **うら**가 '뒤'라는 의미이므로, 의미가 같은 **うしろ**
(뒤쪽)를 사용한 3 **パン屋はゆうびんきょくのうしろです**(빵집은
우체국의 뒤쪽입니다)가 정답이다.

어휘 パン屋 パンや 图빵집, 빵 가게　ゆうびんきょく 图우체국
うら 图뒤　まえ 图앞　よこ 图옆　うしろ 图뒤쪽　ちかく 图근처

22

> 여기에 주소를 써 주세요.
>
> 1 여기에 살고 있는 장소를 써 주세요.
> 2 여기에 찾고 있는 장소를 써 주세요.
> 3 여기에 일하고 있는 장소를 써 주세요.
> 4 여기에 공부하고 있는 장소를 써 주세요.

해설 제시문에 사용된 **じゅうしょ**가 '주소'라는 의미이므로, 이를 풀어 쓴
すんでいるばしょ(살고 있는 장소)를 사용한 1 **ここにすんでいる
ばしょを書いてください**(여기에 살고 있는 장소를 써 주세요)가 정
답이다.

어휘 じゅうしょ 图주소　書く かく 图쓰다　〜てください 〜(해) 주세요
すむ 图살다　ばしょ 图장소　さがす 图찾다　はたらく 图일하다
べんきょうする 공부하다

23

> 집의 열쇠를 잃어버렸습니다.
>
> 1 집의 열쇠를 찾았습니다.
> 2 집의 열쇠를 분실했습니다.
> 3 집의 열쇠를 주웠습니다.
> 4 집의 열쇠를 채웠습니다.

해설 제시문에 사용된 **なくしました**가 '잃어버렸습니다'라는 의미이므로,
의미가 유사한 **おとしました**(분실했습니다)를 사용한 2 **いえのか
ぎをおとしました**(집의 열쇠를 분실했습니다)가 정답이다.

어휘 いえ 图집　かぎ 图열쇠　なくす 图잃어버리다, 잃다
みつける 图찾다, 발견하다　おとす 图분실하다, 떨어뜨리다
ひろう 图줍다　かける 图 (열쇠, 자물쇠 등을) 채우다, 걸다

24

> 다나카 씨로부터 식사를 권유 받았습니다.
>
> 1 다나카 씨는 저에게 "고마워"라고 말했습니다.
> 2 다나카 씨는 저에게 "식사를 만들어줘"라고 말했습니다.
> 3 다나카 씨는 저에게 "맛있었네"라고 말했습니다.
> 4 다나카 씨는 저에게 "같이 먹자"라고 말했습니다.

해설 제시문 **たなかさんからしょくじにさそわれました**(다나카 씨로부
터 식사를 권유 받았습니다)와 가장 의미가 비슷한 4 **たなかさんは
わたしに「いっしょにたべよう」と言いました**(다나카 씨는 저에게
"같이 먹자"라고 말했습니다)가 정답이다.

어휘 〜から 조〜(으)로부터　しょくじ 图식사　さそう 图권유하다
言う いう 图말하다　ごはん 图식사, 밥　つくる 图만들다
おいしい い형맛있다　いっしょに 같이　たべる 图먹다

25

맞선

1 남편과는 맞선을 봐서 결혼했습니다.
2 입원해있는 할아버지의 <u>맞선</u>에 갔습니다.
3 친구를 역까지 <u>맞선</u>하고 왔습니다.
4 슬슬 아이의 <u>맞선</u>을 할 시간입니다.

해설 제시어 おみあい는 '맞선'이라는 뜻의 명사이다. 제시어 앞뒤의 내용에 유의하여 각 선택지를 읽어보면, 1의 だんなとはおみあいをしてけっこんしました(남편과는 맞선을 봐서 결혼했습니다)에서 문맥상 가장 올바르게 사용되었으므로 1이 정답이다. 참고로, 2는 おみまい(병문안), 3은 おみおくり(배웅), 4는 おむかえ(마중)를 사용하는 것이 올바른 문장이다.

어휘 おみあい 몡맞선　だんな 몡남편　けっこん 몡결혼
にゅういん 몡입원　そふ 몡할아버지　行く いく 동가다
ともだち 몡친구　えき 몡역　まえ 몡앞　くる 동오다
そろそろ 빋슬슬　子ども こども 몡아이　時間 じかん 몡시간

26

굵다

1 좀 더 굵은 펜으로 쓰는 편이 잘 보일 것이라고 생각합니다.
2 그녀와는 초등학생부터 친구로 <u>굵은</u> 관계입니다.
3 아버지는 너무 많이 먹어서 10킬로그램이나 <u>굵게</u> 되어 버렸습니다.
4 방이 <u>굵어서</u> 청소하는 것이 힘듭니다.

해설 제시어 ふとい는 '굵다'라는 뜻의 い형용사이다. 제시어 앞뒤의 내용에 유의하여 각 선택지를 읽어보면, 1의 もっとふいペン(좀 더 굵은 펜)에서 문맥상 가장 올바르게 사용되었으므로 1이 정답이다. 참고로, 2는 ふかい(깊다), 3은 太るように(ふとるように, 살찌게), 4는 広くて(ひろくて, 넓어서)를 사용하는 것이 올바른 문장이다.

어휘 ふとい い형굵다　もっと 빋좀 더　ペン 몡펜　かく 동쓰다
ほう 몡편　よく 빋잘　見える みえる 동보이다
～とおもう ~라고 생각하다　かのじょ 몡그녀
しょうがくせい 몡초등학생　～から 조~부터　ともだち 몡친구
かんけい 몡관계　父 ちち 몡아버지, 아빠
たべすぎる 너무 많이 먹다　キロ 몡킬로그램
～てしまう ~(해) 버리다　へや 몡방　そうじ 몡청소
たいへんだ 냐형힘들다

27

안전

1 누군가가 도와줄 거라는 <u>안전</u>한 생각은 좋지 않습니다.
2 사고나 부상이 없도록 안전하게 놉시다.
3 시간에 늦으면 안 되기 때문에 전철로 가는 편이 <u>안전</u>합니다.
4 그는 항상 웃고 있어서 <u>안전</u>한 성격인 것 같습니다.

해설 제시어 あんぜん은 '안전'이라는 뜻의 명사이고, あんぜんだ로 사용하면 '안전하다'라는 뜻의 な형용사이다. 제시어 앞뒤의 내용에 유의하여 각 선택지를 읽어보면, 2의 じこやけががないようにあんぜ

んに(사고나 부상이 없도록 안전하게)에서 문맥상 가장 올바르게 사용되었으므로 2가 정답이다. 참고로, 1은 安易(あんい, 안이), 3은 安心(あんしん, 안심), 4는 平穏(へいおん, 평온)을 사용하는 것이 올바른 문장이다.

어휘 あんぜんだ 냐형안전하다　だれ 몡누구　たすける 동돕다
～てくれる (나에게) ~(해) 주다　考え かんがえ 몡생각
じこ 몡사고　けが 몡부상, 상처　～ように ~(하)도록
あそぶ 동놀다　時間 じかん 몡시간　おくれる 동늦다
～ので 조~때문에　電車 でんしゃ 몡전철　いく 동가다
ほう 몡편, 쪽　かれ 몡그　いつも 빋항상　わらう 동웃다
せいかく 몡성격　～ようだ ~(인) 것 같다

쓰러지다

1 강한 바람 탓에 나무가 쓰러져 버렸습니다.
2 비로 지면이 젖어 있어서, <u>쓰러졌습니다</u>.
3 책이 책꽂이의 앞에 <u>쓰러져</u> 있었습니다.
4 머리가 아프기 때문에, 조금 침대에 <u>쓰러지고</u> 싶습니다.

해설 제시어 たおれる는 '쓰러지다'라는 뜻의 동사이다. 제시어 앞부분의 내용에 유의하여 각 선택지를 읽어보면, 1의 木がたおれて(나무가 쓰러져)에서 문맥상 가장 올바르게 사용되었으므로 1이 정답이다. 참고로, 2는 すべりました(미끄러졌습니다), 3은 おちて(떨어져), 4는 たおれたい(쓰러지고 싶다) 대신 よこになりたい(눕고 싶다)를 사용하는 것이 올바른 문장이다.

어휘 たおれる 동쓰러지다　つよい い형강하다　かぜ 몡바람
せい 몡탓　木 き 몡나무　～てしまう ~(해) 버리다　あめ 몡비
じめん 몡지면　ぬれる 동젖다　本 ほん 몡책
ほんだな 몡책꽂이　まえ 몡앞　あたま 몡머리
いたい い형아프다　～ので 조~때문에　少し すこし 빋조금, 약간
ベッド 몡침대　～たい ~(하)고 싶다

언어지식 (문법)

p.353

저 방에서 무엇인가 이상한 냄새 (　　　) 납니다.

1 가　　　　　　　　　2 는
3 에　　　　　　　　　　4 와

해설 빈칸에 들어갈 적절한 조사를 고르는 문제이다. 빈칸 앞의 명사 におい(냄새)와 빈칸 뒤의 동사 します(납니다)를 보면, '냄새가 납니다'라는 말이 문맥상 자연스럽다. 따라서 1 が(가)가 정답이다.

어휘 部屋 へや 몡방　～から 조~에서　なにか 무엇인가
へんだ 냐형이상하다　においがする 냄새가 나다　～が 조~가, 이
～は 조~는, 은　～に 조~에, 에게　～と 조~와, 과

2

지진 (　　　) 전철이 1시간 멈춰 있습니다.

1 이 　　　　　　　　　　　　 2 을
3 으로 　　　　　　　　　　 4 의

해설 빈칸에 들어갈 적절한 조사를 고르는 문제이다. 빈칸 뒤에 電車が 1
時間とまっています(전철이 1시간 멈춰 있습니다)라는 내용이 있으
므로 3 で(으로)가 정답이다.

어휘 地震 じしん 圏지진　電車 でんしゃ 圏전철　時間 じかん 圏시간
とまる 圏멈추다　～が 还~이, 가　～を 还~을, 를　～で 还~으로
～の 还~의

3

유명한 소바 가게는 대학 (　　　) 걸어서 30분입니다.

1 을 　　　　　　　　　　　　 2 에
3 까지 　　　　　　　　　　　 **4 에서**

해설 빈칸에 들어갈 적절한 조사를 고르는 문제이다. 빈칸 앞의 명사 大学
(대학)와 빈칸 뒤의 歩いて(걸어서)를 보면, 선택지 2 に(에), 3 まで
(까지), 4 から(에서)가 정답의 후보이다. 문장 전체를 보면 有名
なそば屋は大学から歩いて30分です(유명한 소바 가게는 대학에
서 걸어서 30분입니다)라는 말이 문맥상 자연스럽다. 따라서 4 から
(에서)가 정답이다.

어휘 有名だ ゆうめいだ 圥휑유명하다　そば屋 そばや 圏소바 가게
大学 だいがく 圏대학교　歩く あるく 圏걷다　～分 ～ふん ~분
～を 还~을, 를　～に 还~에　～まで 还~까지　～から 还~에서

4

A "지우개를 집에 잊고 와 버렸기 때문에, 시험 때, 빌려도 좋습
니까?"
B "저도 한 개 (　　　) 없습니다."

1 는 　　　　　　　　　　　　 2 에서
3 밖에 　　　　　　　　　　 4 만

해설 빈칸에 들어갈 적절한 조사를 고르는 문제이다. 빈칸 앞의 명사 ひ
とつ(한 개)와 빈칸 뒤의 동사 ないんです(없습니다)를 보면, 선택
지 1 は(는), 3 しか(밖에), 4 だけ(만)가 정답의 후보이다. 대화문에
서 A가 消しゴムを家に忘れてきてしまったので、テストのと
き、かりてもいいですか(지우개를 집에 잊고 와 버렸기 때문에, 시
험 때, 빌려도 좋습니까)라고 했으므로 '한 개밖에 없습니다'라는 말
이 문맥상 자연스럽다. 따라서 3 しか(밖에)가 정답이다.

어휘 消しゴム けしゴム 圏지우개　家 いえ 圏집
忘れる わすれる 圏잊다　くる 圏오다　～てしまう ~(해) 버리다
～ので ~때문에　テスト 圏시험　とき 圏때　かりる 圏빌리다
～てもいい ~(해)도 좋다　ひとつ 圏한 개　～は 还~는, 은
～で 还~에서　～しか 还~밖에　～だけ 还~만

5

(회사에서)
A "피곤하네요. 커피 (　　　) 어떻습니까?"
B "좋습니다. 회사 근처에 생긴 커피 가게, 맛있는 것 같아요."

1 라도 　　　　　　　　　　 2 에는
3 보다 　　　　　　　　　　　 4 만

해설 빈칸에 들어갈 적절한 조사를 고르는 문제이다. 빈칸 앞의 명사
コーヒー(커피)와 빈칸 뒤의 どうですか(어떻습니까)를 보면, 선택
지 1 でも(라도) 혹은 2 には(에는)가 정답의 후보이다. 대화문에
서 B가 いいですね。会社の近くにできたコーヒーショップ、お
いしいらしいですよ(좋습니다. 회사 근처에 생긴 커피 가게, 맛있는
것 같아요)라고 했으므로 '커피라도 어떻습니까'라는 말이 문맥상 자
연스럽다. 따라서 1 でも(라도)가 정답이다.

어휘 会社 かいしゃ 圏회사　つかれる 圏피곤하다, 지치다
コーヒー 圏커피　近く ちかく 圏근처　できる 圏생기다
ショップ 圏가게　おいしい 囚휑맛있다　～らしい ~(인) 것 같다
～でも 还~라도　～には ~에는　～より 还~보다　～ばかり 还~만

6

A "이제 곧 여름 방학이네요. 고향에 돌아가는데 (　　　) 걸립
니까?"
B "버스에 탄다면, 5시간, 신칸센에 타면, 2시간 정도입니다."

1 어떻게 해서 　　　　　　　 2 어떻게
3 어떤 　　　　　　　　　　　 **4 어느 정도**

해설 빈칸에 들어갈 적절한 의문사를 고르는 문제이다. 빈칸 뒤의 かかり
ますか(걸립니까)를 보면, '어느 정도 걸립니까'라는 말이 문맥상 자
연스럽다. 따라서 4 どのぐらい(어느 정도)가 정답이다.

어휘 もうすぐ 囝이제 곧　夏休み なつやすみ 圏여름 방학
ふるさと 圏고향　かえる 圏돌아가다　～のに 还~는데
かかる 圏걸리다　バス 圏버스　乗る のる 圏타다
～たら ~(하)면　時間 じかん 圏시간
新幹線 しんかんせん 圏신칸센　～ば ~(하)면　～ほど 还~정도
どうやって 어떻게 해서　どう 囝어떻게　どういう 어떤
どのぐらい 어느 정도

7

A "다나카 씨, 몸 상태는 이제 괜찮습니까?"
B "네, (　　　) 좋아졌습니다. 팀의 모두에게는 걱정을 끼쳐드렸
습니다."

1 단단히 　　　　　　　　　　 **2 완전히**
3 조금도 　　　　　　　　　　 4 결코

해설 빈칸에 들어갈 적절한 부사를 고르는 문제이다. 빈칸 뒤의 よくなりま
した(좋아졌습니다)를 보면, '완전히 좋아졌습니다'라는 말이 문맥상
자연스럽다. 따라서 2 すっかり(완전히)가 정답이다.

어휘 体 からだ 圏몸　具合 ぐあい 圏상태　もう 囝이제, 벌써
大丈夫だ だいじょうぶだ 囚휑괜찮다　チーム 圏팀

みんな 图모두　心配 しんぱい 图걱정　かける 图끼치다, 걸다
しっかり 图단단히　すっかり 图완전히　ちっとも 图조금도
けっして 图결코

8

(회사에서)
A "기무라 씨, 부탁하고 있던 회의실 준비는 해 주었어?"
B "죄송합니다, 아직입니다. 이 일이 (　　　), 바로 준비하겠습니다."

1 끝나서	2 끝나도
3 끝나면	4 끝났는데

해설　동사가 올바르게 활용된 문형을 고르는 문제이다. 모든 선택지가 빈칸 앞의 조사 が(이)에 접속할 수 있다. 앞 문장의 まだです(아직입니다)와 빈칸 뒤의 すぐにじゅんびします(바로 준비하겠습니다)를 보면 '아직입니다. 이 일이 끝나면, 바로 준비하겠습니다'라는 말이 문맥상 자연스럽다. 따라서 3 おわったら(끝나면)가 정답이다.

어휘　会社 かいしゃ 图회사　たのむ 图부탁하다
会議室 かいぎしつ 图회의실　じゅんび 图준비
～てくれる (나에게) (해) 주다　まだ 图아직　仕事 しごと 图일
すぐに 图바로, 곧　おわる 图끝나다　～たら ～(하)면
～のに 图~는데

9

에어컨을 (　　　) 채 자 버려서, 감기를 걸렸습니다.

1 켜	2 켜고
3 켠	4 켜지 않은

해설　빈칸 뒤의 문형에 접속하는 알맞은 동사 형태를 고르는 문제이다. 빈칸 뒤의 まま(채)는 동사 た형과 접속할 수 있으므로, つけたまま(켠 채)로 연결된다. 따라서 3 つけた(켠)가 정답이다. 동사 た형+まま가 '～(한) 채'라는 의미의 문형임을 알아둔다.

어휘　クーラー 图에어컨　～まま ~채　寝る ねる 图자다
～てしまう ~(해) 버리다　かぜをひく 감기를 걸리다　つける 图켜다

10

(전화로)
A "당신, 지금 어디야? 이제 곧 하루카의 피아노 발표가 시작돼 버릴거야"
B "아까 전철을 내려서 회장으로 향하고 있는 (　　　) 이야. 앞으로 5분이면 도착하니까 괜찮아."

1 것	2 것이 분명함
3 예정	**4 참**

해설　빈칸에 들어갈 적절한 문형을 고르는 문제이다. 모든 선택지가 빈칸 앞의 동사 사전형 いる(있다)에 접속할 수 있다. 빈칸 앞의 さっき電車をおりて会場に向かっている(아까 전철을 내려서 회장으로 향하고 있는)를 보면 '아까 전철을 내려서 회장으로 향하고 있는 참'이라는 말이 문맥상 자연스럽다. 따라서 4 ところ(참)가 정답이다. 1 こ

는 '것', 2 はず는 '것이 분명함', 3 つもり는 '예정'이라는 의미임을 알아둔다.

어휘　電話 でんわ 图전화　あなた 图당신　今 いま 图지금
もうすぐ 图이제 곧　ピアノ 图피아노　発表 はっぴょう 图발표
はじまる 图시작되다　～ちゃう ~(해) 버리다　さっき 图아까
電車 でんしゃ 图전철　おりる 图내리다　会場 かいじょう 图회장
向かう むかう 图향하다　あと 图앞으로　～分 ～ふん ~분
着く つく 图도착하다　～から ~니까
大丈夫だ だいじょうぶだ [な형]괜찮다　こと 图것, 일
～はず ~(것)이 분명함　つもり 图예정, 작정　～ところ ~참

11

이것은 (　　　) 어려우니까, 소설을 싫어하는 사람에게는 추천할 수 없습니다.

1 읽기	2 읽고
3 읽은	4 읽어서는

해설　빈칸 뒤의 문형에 접속하는 알맞은 동사 형태를 고르는 문제이다. 빈칸 뒤의 にくい(어렵다)는 동사 ます형과 접속할 수 있으므로, 読みにくい(읽기 어렵다)로 연결된다. 따라서 1 読み(읽기)가 정답이다. 동사 ます형+にくい가 '～(하)기 어렵다'라는 의미의 문형임을 알아둔다.

어휘　～にくい ~(하)기 어렵다　小説 しょうせつ 图소설
苦手だ にがてだ [な형]싫어하다, 서두르다　おすすめ 图추천
できる 图할 수 있다

12

선생님이 저에게 예쁜 손수건을 (　　　).

1 받았습니다	2 (상대방에게) 주었습니다
3 (나에게) 주었습니다	4 (동·식물에게) 주었습니다

해설　빈칸에 들어갈 적절한 동사를 고르는 문제이다. 모든 선택지에서 수수표현이 사용되었으므로 제시문을 읽을 때 주고받는 관계에 유의해야 한다. 빈칸 앞의 先生がわたしにきれいなハンカチを(선생님이 저에게 예쁜 손수건을)를 보면 빈칸에는 '상대방이 나에게 주다'라는 의미의 수수동사, くれました(주었습니다)가 와야 한다. 따라서 3 くれました(주었습니다)가 정답이다. 2의 あげました(주었습니다)는 내가 남에게 준다는 의미이며, 4의 やりました(주었습니다)는 주는 대상이 동·식물일 때 사용할 수 있음을 알아둔다.

어휘　先生 せんせい 图선생(님)　きれいだ [な형]예쁘다
ハンカチ 图손수건　もらう 图받다　あげる 图 (상대방에게) 주다
くれる 图 (나에게) 주다　やる 图 (동·식물에게) 주다

13

A "계속 사귀어 온 여자친구와 결혼 (　　　)."
B "정말로 축하합니다. 결혼식에 불러 주세요."

1 하게 되었습니다	2 하게 할 예정입니다
3 하고 싶다고 합니다	4 할 예정이었습니다

해설 빈칸에 들어갈 적절한 문형을 고르는 문제이다. 모든 선택지가 빈칸 앞의 명사 けっこん(결혼)에 접속할 수 있다. B가 本当におめでとうございます(정말로 축하합니다)라고 했으므로 '결혼하게 되었습니다'라는 말이 문맥상 자연스럽다. 따라서 1 することになりました(하게 되었습니다)가 정답이다. 2는 させる(하게 하다)라는 사역표현에 つもり(예정)가 접속하여 '하게 할 예정'이라는 의미가 되었고, 3은 たい(하고 싶다)에 そうだ(라고 하다)가 접속하여 '하고 싶다고 한다'라는 의미가 되었으며, 4는 する(하다)에 はずだった(예정이었다)가 접속하여 '할 예정이었다'라는 의미가 된 것임을 알아둔다.

어휘 ずっと 图계속, 쭉 つきあう 图사귀다
彼女 かのじょ 图여자친구, 그녀 けっこん 图결혼
本当 ほんとう 정말 けっこんしき 图결혼식 呼ぶ よぶ 图부르다
~てください ~(해) 주세요 つもり 图예정, 작정
~そうだ ~(라)고 한다(전언) ~はずだった ~(할) 예정이었다

14

내일은 문화제이기 때문에, 8시 까지 는 ★학교에 모이 도록 해 주세요.	
1 까지	2 학교에
3 모이	4 는

해설 선택지들끼리 연결 가능한 문형이 없으므로 빈칸 앞뒤를 본다. 빈칸 뒤의 ように(하도록)는 동사 보통형과 접속할 수 있으므로 3 集まる(모이다)를 가장 마지막 빈칸에 배열하여 '集まるように(모이도록)'를 만든다. 이후 나머지 선택지들을 의미적으로 연결하면 1まで 4には 2学校に 3集まる(까지는 학교에 모이)가 된다. 전체 문맥과도 자연스럽게 연결되므로 2 学校に(학교에)가 정답이다.

어휘 明日 あした 图내일 文化祭 ぶんかさい 图문화제
~ので 图~때문에, 므로 ~時 ~じ ~시
~ようにする ~(하)도록 하다 ~てください ~(해) 주세요
~まで 图~까지 学校 がっこう 图학교
集まる あつまる 图모이다 ~には ~(에)는

15

집 근처의 카페에서 아르바이트가 하고 싶어서 전화를 했습니다만 경험이 없는 ★사람에게는 어렵다 고 합니다.	
1 경험이 없는	2 전화를 했습니다만
3 어렵다	4 사람에게는

해설 선택지들끼리 연결 가능한 문형이 없으므로 빈칸 앞뒤를 본다. 빈칸 뒤의 そう(라고 한다)는 い형용사 보통형과 접속할 수 있으므로 1 経験がない(경험이 없다) 또는 3 難しい(어렵다)를 가장 마지막 빈칸에 배열하여 '経験がないそうです(경험이 없다고 합니다)' 혹은 '難しいそうです(어렵다고 합니다)'를 만든다. 이후 나머지 선택지들을 의미적으로 연결하면 4 人には 2 電話をしましたが 3 難しい 1 経験がない(사람에게는 전화를 했습니다만 어려운 경험이 없다) 혹은 2 電話をしましたが 1 経験がない 4 人には 3 難しい(전화를 했습니다만 경험이 없는 사람에게는 어렵다)가 된다. '전화를 했습니다만 경험이 없는 사람에게는 어렵다'로 배열하는 것이 전체 문맥

과 자연스럽게 연결되므로 4 人には(사람에게는)가 정답이다.

어휘 家 いえ 图집 近く ちかく 图근처, 가까운 곳 カフェ 图카페
アルバイト 图아르바이트 ~そうだ ~라고 한다(전언)
経験 けいけん 图경험 電話 でんわ 图전화
難しい むずかしい い형어렵다 ~には ~에게는

16

A "어머니의 날의 선물로 <u>무엇</u> 을 ★<u>줄</u> 지 이미 결정했습니까?"	
B "아니요, 아직 생각 중입니다."	
1 무엇	2 (할) 지
3 줄	4 을

해설 선택지들끼리 연결 가능한 문형이 없으므로 빈칸 앞뒤를 본다. 빈칸 앞뒤와도 연결 가능한 문형이 없으므로 전체 선택지를 의미적으로 연결하면 1 なに 4を 3あげる 2か(무엇을 줄 지) 혹은 1 なに 2か 4を 3あげる(무언가를 주다)가 된다. '무엇을 줄 지'로 배열하는 것이 전체 문맥과 자연스럽게 연결되므로 3 あげる(줄)가 정답이다.

어휘 母 はは 图어머니, 엄마 日 ひ 图날 プレゼント 图선물
もう 图이미, 벌써 決める きめる 图결정하다 まだ 图아직
考え かんがえ 图생각 中 ちゅう 图중 なに 图무엇
~か ~(할) 지 あげる 图주다 ~を 图~을, 를

17

A "이곳을 왼쪽으로 돌면 괜찮습니까?"	
B "네, 여기는 길이 좁으므로, 맞은 편에서 <u>오는</u> 차에 ★<u>주의하면서</u> 운전하지 않으면 안 됩니다."	
1 운전하지 않으면	2 주의하면서
3 차에	4 오는

해설 선택지들끼리 연결 가능한 문형이 없으므로 빈칸 앞뒤를 본다. 빈칸 뒤의 いけない(안 된다)는 なくては(하지 않으면)와 접속하여 なくてはいけない(하지 않으면 안 된다)라는 문형이 되므로, 1 運転しなくては(운전하지 않으면)를 가장 마지막 빈칸에 배열하여 '運転しなくてはいけません(운전하지 않으면 안 됩니다)'을 만든다. 이후 나머지 선택지들을 의미적으로 연결하면 4 来る 3 車に 2 注意しながら 1 運転しなくては(오는 차에 주의하면서 운전하지 않으면)가 된다. 전체 문맥과도 자연스럽게 연결되므로 2 注意しながら(주의하면서)가 정답이다.

어휘 左 ひだり 图왼쪽 曲がる まがる 图돌다 道 みち 图길
せまい い형좁다 ~ので 图~므로 向こう むこう 图맞은 편
~から 图~에서 運転 うんてん 图운전
~なくてはいけない ~(하)지 않으면 안 된다 注意 ちゅうい 图주의
~ながら 图~(하)면서 車 くるま 图차 来る くる 图오다

일본의 겨울

응우옌 안

일본에는 계절이 네 개 있습니다. 그 중에서 제가 가장 좋아하는 계절은 겨울입니다. 왜냐하면, 눈이 내리기 때문입니다. [18]게다가 스키 [18] 할 수 있습니다.

[19]우리나라는 일년 내내 따뜻해서, 눈이 내리지 않습니다. [19] 저는 일본에 와서, 처음으로 눈을 보았습니다. 하늘에서 내려 오는 눈은 정말 예뻤습니다. [20]눈을 보고 [20], 친구가 스키를 권유해 주었습니다.

스키는 생각했던 것보다도 어려워서, 많이 넘어졌습니다. [21]처음부터 잘 [21]. 그래도, 반짝반짝한 하얀 세계 속에서 스키를 탈 수 있어서, 즐거웠습니다.

고향에 있는 제 가족은 눈을 본 적이 없습니다. 언젠가 가족에게도 이 예쁜 하얀 세계를 보여 주고 싶습니다.

어휘 下 した 명아래 文章 ぶんしょう 명글, 문장

留学生 りゅうがくせい 명유학생 作文 さくぶん 명작문

日本 にほん 명일본 冬 ふゆ 명겨울 季節 きせつ 명계절

四つ よっつ 명네 개 中 なか 명중, 속 一番 いちばん 튀가장

好きだ すきだ な형좋아하다 なぜなら 쩝왜냐하면 雪 ゆき 명눈

ふる 통내리다 ～から 조~때문 それに 쩝게다가

スキー 명스키 できる 통할 수 있다 国 くに 명나라, 고향

一年中 いちねんじゅう 일년 내내 あたたかい い형따뜻하다

来る くる 통오다 はじめて 튀처음으로, 처음 見る みる 통보다

空 そら 명하늘 ～から 조~에서, 부터 本当 ほんとう 명정말

きれいだ な형예쁘다 友だち ともだち 명친구 さそう 통권유하다

～てくれる (나에게) ~(해) 주다 思う おもう 통생각하다

～より ~보다 難しい むずかしい い형어렵다 たくさん 튀많이

ころぶ 통넘어지다 最初 さいしょ 명처음

上手だ じょうずだ な형잘 하다 それでも 쩝그래도

キラキラ 튀반짝반짝 白い しろい い형하얗다

世界 せかい 명세계 楽しい たのしい い형즐겁다

家族 かぞく 명가족 いつか 튀언젠가 見せる みせる 통보여주다

～てあげる ~(해) 주다 ～たい ~(하)고 싶다

18

1 를	2 도
3 는	4 에

해설 빈칸에 들어갈 적절한 조사를 고르는 문제이다. 빈칸 앞의 명사 スキー(스키)와 빈칸 뒤의 동사 できます(할 수 있습니다)를 보면, 선택지 **2** も(도) 혹은 3 は(는)가 정답의 후보이다. 문장 맨 앞에 それに(게다가)가 있으므로 '스키도 할 수 있습니다'라는 말이 문맥상 자연스럽다. 따라서 2 も(도)가 정답이다.

어휘 ～を 조~를, 을 ～も 조~도 ～は 조~는, 은 ～に 조~에

19

1 그리고	2 예를 들면
3 그래서	4 왜냐하면

해설 빈칸에 들어갈 접속사 또는 부사를 고르는 문제이다. 빈칸 앞 문장의 **私の国は一年中あたたかくて、雪がふりません**(우리나라는 일년 내내 따뜻해서, 눈이 내리지 않습니다)은 빈칸 뒤의 **私は日本に来て、はじめて雪を見ました**(저는 일본에 와서, 처음으로 눈을 보았습니다)의 이유가 되는 내용이므로, 빈칸에는 인과 관계를 나타내는 접속사가 필요하다. 따라서 3 だから(그래서)가 정답이다.

어휘 そして 쩝그리고 たとえば 튀예를 들면 だから 쩝그래서

なぜなら 쩝왜냐하면

20

1 기뻐해 봐도	**2 기뻐하고 있으니**
3 기뻐하고 있어서는	4 기뻐해 버려서

해설 빈칸에 들어갈 적절한 문형을 고르는 문제이다. 모든 선택지가 빈칸 앞의 見て(보고)에 접속할 수 있다. 빈칸이 포함된 문장을 보면 雪を見てよろこんでいると、友だちがスキーにさそってくれました(눈을 보고 기뻐하고 있으니, 친구가 스키를 권유해 주었습니다)라는 말이 문맥상 자연스럽다. 따라서 2 よろこんでいると(기뻐하고 있으니)가 정답이다. 1의 てみる는 '~(해) 보다', 3의 ている는 '~(하)고 있다', 4이 てしまう는 '~(해) 버리다'라는 의미임을 알아둔다.

어휘 よろこぶ 통기뻐하다 ～てしまう ~(해) 버리다

21

1 타길 바랐습니다	2 탈 수 있을지도 모릅니다
3 타고 싶었다고 생각합니다	**4 탈 수 있을 리가 없습니다**

해설 빈칸에 들어갈 적절한 문형을 고르는 문제이다. 모든 선택지가 빈칸 앞의 **最初から上手に**(처음부터 잘)와 문맥상 어울린다. 빈칸 뒷 문장에서 それでも、キラキラした白い世界の中でスキーができて、楽しかったです(그래도, 반짝반짝한 하얀 세계 속에서 스키를 탈 수 있어서, 즐거웠습니다)라고 했으므로 '처음부터 잘 탈 수 있을 리가 없습니다'라는 말이 문맥상 자연스럽다. 따라서 4 すべれるはずがありません(탈 수 있을 리가 없습니다)이 정답이다. 1의 てほしい는 '~(하)길 바라다', 2의 かもしれない는 '~(일)지도 모른다', 3의 と思う는 '~(라)고 생각하다'라는 의미임을 알아둔다.

어휘 すべる 통(스키나 미끄럼틀 등을) 타다, 미끄러지다 ほしい い형바라다

～かもしれない ~(일)지도 모른다

～と思う ～とおもう ~(라)고 생각하다

～はずがない ~(일) 리가 없다

22

이것은 시민 수영장에 도착한 주민으로부터의 이메일입니다.

> 아오야마 시민 수영장 님
>
> 　저는 시민 수영장을 이용하고 있는 기무라입니다. 매일, 수영장을 깨끗하게 청소해 주셔서, 감사합니다. 그 덕분에, 저희는 기분 좋게 이용할 수 있습니다.
> 　오늘은 <u>부탁</u>이 있어서, 이메일을 보냅니다. 최근, 어린 아이가 혼자서 수영장에서 놀고 있는 것을 자주 봅니다. 매우 위험하다고 생각합니다. 어린 아이를 혼자 두는 가족의 사람들이 있다면, 주의시켜 주세요. 잘 부탁드립니다.
>
> 　　　　　　　　　　　　　　　　　　　　　　　기무라

기무라 씨는 어째서 <u>부탁</u>을 하고 있습니까?

1 수영장이 깨끗하지 않아서
2 매일 수영장을 청소하지 않아서
3 어린 아이들이 많아서 시끄러워서
4 아이가 혼자 있는 것이 위험해서

해설 이메일 형식의 실용문으로, 기무라 씨가 **お願い**(부탁)를 하는 이유를 묻고 있다. 지문에서 밑줄 친 부분의 뒷문장을 보면 最近、小さな子どもが一人でプールで遊んでいるところをよく見ます。本当にあぶないと思います(최근, 어린 아이가 혼자서 수영장에서 놀고 있는 것을 자주 봅니다. 매우 위험하다고 생각합니다)라고 언급하고 있으므로 **4 子どもが一人でいるのが危険だから**(아이가 혼자 있는 것이 위험해서)가 정답이다.

어휘 市民 しみん 圏시민　プール 圏수영장
　届く とどく 圏(보낸 것이) 도착하다, 닿다　住民 じゅうみん 圏주민
　~から 图~부터　メール 圏이메일, 메일　~様 ~さま ~님
　利用 りよう 圏이용　毎日 まいにち 圏매일
　きれいだ な型깨끗하다, 예쁘다　そうじ 圏청소
　~ていただく ~(해) 주시다　おかげで 덕분에
　気持ち きもち 圏기분　できる 圏할 수 있다　今日 きょう 圏오늘
　お願い おねがい 圏부탁　最近 さいきん 圏최근
　小さな ちいさな 어린, 작은　子ども こども 圏아이
　一人 ひとり 圏혼자　遊ぶ あそぶ 圏놀다　ところ 圏것, 경우
　よく 틧자주　見る みる 圏보다　本当に ほんとうに 매우, 정말
　あぶない い型위험하다　~と思う ~とおもう ~라고 생각하다
　一人にする ひとりにする 혼자 두다　家族 かぞく 圏가족
　~たら ~(하)면　注意 ちゅうい 圏주의　~てください ~(해) 주세요
　~から 图~라서　多い おおい い型많다　うるさい い型시끄럽다
　危険だ きけんだ な型위험하다

23

(회사에서)
야마다 씨의 책상 위에, 이 메모가 있습니다.

> 야마다 씨
>
> 　야마다 씨가 밖에 나가있던 때에, 부장님으로부터 전화가 있었습니다.
> 　오후 3시부터인 회의 시간을 바꾸길 바란다고 합니다.
> 　오후 4시 이후라면, 언제든지 괜찮다고 말했습니다.
> 　그리고, 야마다 씨 외에, 사토 씨도 회의에 출석해 주었으면 좋겠다고 합니다.
> 　제가 회의실의 예약을 하는 것으로 되어 있습니다.
> 　그러니까, 사토 씨에게 비어있는 시간을 묻고, 회의가 가능한 시간을 알게 되면, 우선은 저에게 연락 주세요.
> 　회의실 예약이 되면, 제가 부장님에게 전하겠습니다.
>
> 　　　　　　　　　　　　　　　　　　　　　　　스즈키

야마다 씨가 하지 않으면 안 되는 것은 무엇입니까?

1 회의 시간을 4시로 바꾸는 것
2 사토 씨에게 비어있는 시간을 묻는 것
3 회의가 가능한 시간을 부장님에게 전하는 것
4 회의실을 예약하는 것

해설 메모 형식의 실용문으로, 야마다 씨가 해야 할 일을 묻고 있다. 지문의 후반부에서 佐藤さんに空いている時間を聞いて、会議ができる時間が分かったら、まずは私に連絡ください(사토 씨에게 비어있는 시간을 묻고, 회의가 가능한 시간을 알게 되면, 우선은 저에게 연락 주세요)라고 언급하고 있으므로 2 佐藤さんに空いている時間を聞くこと(사토 씨에게 비어있는 시간을 묻는 것)가 정답이다. 1은 스즈키 씨가 해야 할 일이지만, 아직 회의 시간은 정해지지 않았고, 3과 4는 야마다 씨가 아니라 스즈키 씨가 해야 할 일이므로 오답이다.

어휘 会社 かいしゃ 圏회사　机 つくえ 圏책상　上 うえ 圏위
　メモ 圏메모　外 そと 圏밖, 바깥　出る でる 圏나가다　とき 圏때
　部長 ぶちょう 圏부장(님)　~から 图~로부터　電話 でんわ 圏전화
　午後 ごご 圏오후　~時 ~じ ~시　会議 かいぎ 圏회의
　時間 じかん 圏시간　変える かえる 圏바꾸다
　~てほしい ~(하)길 바라다　~そうだ ~라고 하다(전언)
　後 あと 圏이후　~なら ~라면　いつでも 틧언제든지
　大丈夫だ だいじょうぶだ な型괜찮다　それから 젭그리고
　他 ほか 圏외　出席 しゅっせき 圏출석　~てもらう ~(해) 받다
　~たい ~(하)고 싶다　会議室 かいぎしつ 圏회의실
　予約 よやく 圏예약　~ことになっている ~(하)는 것으로 되어 있다
　ですから 젭그러니까　空く あく 圏비다　聞く きく 圏묻다
　できる 圏가능하다, 되다　分かる わかる 圏알다, 이해하다
　まず 틧우선　連絡 れんらく 圏연락　伝える つたえる 圏전하다
　~なければいけない ~(하)지 않으면 안 된다

이 초등학교에서는 채소를 키우고 있습니다. 학교의 식사 시간에 채소를 먹지 않는 많은 아이들을 본 교장선생님이, 아이들이 채소를 좋아하게 되길 바란다고 생각하며, 채소를 키우기 시작했습니다. 채소를 싫어했던 아이들도, 자신들이 소중히 키운 채소라서인지 "맛있어, 맛있어"라고 자진하여 먹게 되었습니다. 지금은 대부분의 아이들이 학교 식사에서 나오는 채소도 전부 먹는다고 말합니다.

이 초등학교의 설명으로 <u>맞지 않는 것</u>은 무엇입니까?

1 이 학교에서는, 채소를 싫어하는 아이들이 많았습니다.
2 아이들은 교장선생님에게 채소를 키우고 싶다고 부탁했습니다.
3 이 학교에서는, 채소를 소중히 키우고 있습니다.
4 대부분의 아이들이 채소를 먹을 수 있게 되었습니다.

해설 에세이 단문으로, 지문에 언급된 초등학교의 설명으로 맞지 않는 것을 묻고 있다. 지문의 초반부에서 校長先生が、子どもたちにやさいを好きになってほしいと思って、やさいを育て始めました(교장선생님이, 아이들이 채소를 좋아하게 되길 바란다고 생각하며, 채소를 키우기 시작했습니다)라고 언급했는데, 2는 子どもたちは校長先生にやさいを育てたいと頼みました(아이들은 교장선생님에게 채소를 키우고 싶다고 부탁했습니다)라고 했으므로 지문의 내용과 일치하지 않는다. 따라서 2가 정답이다. 1은 지문에서 学校のごはんの時間にやさいを食べない多くの子どもたちを見た校長先生(학교의 식사 시간에 채소를 먹지 않는 많은 아이들을 본 교장선생님)라고 했고, 3과 4는 やさいが嫌いだった子どもたちも、自分たちが大切に育てたやさいだからか「おいしい、おいしい」と進んで食べるようになりました(채소를 싫어했던 아이들도, 자신들이 소중히 키운 채소라서인지 "맛있어, 맛있어"라고 자진하여 먹게 되었습니다)라고 했으므로 모두 지문의 내용과 일치한다.

어휘 小学校 しょうがっこう 圏초등학교　やさい 圏채소
育てる そだてる 圄키우다, 기르다　学校 がっこう 圏학교
ごはん 圏식사, 밥　時間 じかん 圏시간　食べる たべる 圄먹다
多く おおく 圏많음　子ども こども 圏아이　見る みる 圄보다
校長先生 こうちょうせんせい 圏교장선생(님)
好きだ すきだ 屁형좋아하다　〜てほしい 〜(하)길 바라다
〜と思う 〜とおもう 〜라고 생각하다
育て始める そだてはじめる 키우기 시작하다
嫌いだ きらいだ 屁형싫어하다　自分 じぶん 圏자신
大切だ たいせつだ 屁형소중하다　〜から 国〜라서, 니까
おいしい い형맛있다　進んで すすんで 团자진하여
〜ようになる 〜(하)게 되다　今 いま 圏지금　ほとんど 团대부분
出る でる 圄나오다　全部 ぜんぶ 圏전부　多い おおい い형많다
〜たい 〜(하)고 싶다　頼む たのむ 圄부탁하다

이것은 유학생이 쓴 작문입니다.

장래의 꿈

제 장래의 꿈은 고향에서 일본어 선생님이 되는 것입니다. 그 때문에 일본에 와서, 공부하고 있습니다. [25]제가 일본어 공부를 시작한 것은 고등학생 때입니다. 일본의 애니메이션을 보고, 일본어에 흥미를 가지기 시작했습니다. 학교에서는 일본어 수업이 없었기 때문에, 혼자서 공부했습니다. 일본어는 히라가나의 모양이 귀엽고, 소리도 예쁘기 때문에, 공부하는 것이 즐거웠습니다.

대학에 들어가서, 처음으로 일본의 사회나 문화를 배웠습니다. 일본의 애니메이션밖에 몰랐기 때문에, 일본은 인구가 많고, 큰 나라라는 것이나, 애니메이션 외에도 멋진 문화가 많이 있다는 것을 알고, 깜짝 놀랐습니다. 그리고, 저는 더욱 일본을 알고 싶다고 생각해서, 유학하게 되었습니다. 일본에 와서, 처음 일본인과 이야기했을 때는 기뻤습니다. 그리고, [26]일본 요리를 배우거나, 기모노를 입거나 했습니다. <u>고향에서 할 수 없는 것</u>을 많이 경험했습니다. 알고 싶었던 것을 공부할 수 있는 것, 새로운 것을 경험할 수 있는 것은 멋진 일입니다.

그러나, [27]우리나라에는 일본에 가고 싶어도, 돈 문제로 유학할 수 없는 사람이 많이 있습니다. 그런 사람들도 저와 같은 경험을 하길 바란다고 생각했습니다. 그래서, [27]제가 고향에서 일본어 선생님이 되어, 일본어와 일본 문화를 가르쳐 주고 싶습니다.

어휘 留学生 りゅうがくせい 圏유학생　書く かく 圄쓰다
作文 さくぶん 圏작문　将来 しょうらい 圏장래　夢 ゆめ 圏꿈
国 くに 圏고향, 나라　日本語 にほんご 圏일본어
先生 せんせい 圏선생(님)　ため 위함　日本 にほん 圏일본
来る くる 圄오다　勉強 べんきょう 圏공부
始める はじめる 圄시작하다　高校生 こうこうせい 圏고등학생
とき 圏때　アニメ 애니메이션　見る みる 圄보다
興味 きょうみ 圏흥미　持ちはじめる もちはじめる 가지기 시작하다
学校 がっこう 圏학교　授業 じゅぎょう 圏수업　〜ので 〜때문에
一人 ひとり 圏혼자　ひらがな 圏히라가나　形 かたち 圏모양, 형태
かわいい い형귀엽다　音 おと 圏소리　きれいだ 屁형예쁘다
楽しい たのしい い형즐겁다　大学 だいがく 圏대학
入る はいる 圄들어가다　初めて はじめて 团처음으로
社会 しゃかい 圏사회　〜や 〜나　文化 ぶんか 圏문화
学ぶ まなぶ 圄배우다　〜しか 国〜밖에　知る しる 圄알다
人口 じんこう 圏인구　多い おおい い형많다
大きな おおきな 큰　以外 いがい 圏이외　すてきだ 屁형멋지다
たくさん 团많이　びっくりする 깜짝 놀라다　そして 웹그리고
もっと 团더욱　〜たい 〜(하)고 싶다
〜と思う 〜とおもう 〜라고 생각하다　留学 りゅうがく 圏유학
〜ことにする 〜(하)기로 하다　話す はなす 圄이야기하다
うれしい い형기쁘다　それから 웹그리고　料理 りょうり 圏요리

習う ならう 图배우다　～たり 图~(하)거나　着物 きもの 图기모노

着る きる 图입다　経験 けいけん 图경험　できる 图할 수 있다

新しい あたらしい い휑새롭다　すばらしい い휑멋지다

でも 접그러나　行く いく 图가다　お金 おかね 图돈

問題 もんだい 图문제　いっぱい 囝많이

～てほしい ~(하)길 바라다　だから 접그래서

教える おしえる 图가르치다　～てあげる ~(해) 주다

25

어째서 일본어 공부를 시작했습니까?

1 고등학교에서 일어 수업을 받았기 때문에

2 일본의 애니메이션을 좋아했기 때문에

3 히라가나의 모양이 귀여웠기 때문에

4 일본어의 소리가 예뻤기 때문에

해설 질문의 日本語の勉強(일본어 공부)를 지문에서 찾아 그 주변을 주의 깊게 읽는다. 첫 번째 단락에서 私が日本語の勉強を始めたのは高校生のときです。日本のアニメを見て、日本語に興味を持ちはじめました(제가 일본어 공부를 시작한 것은 고등학생 때입니다. 일본의 애니메이션을 보고, 일본어에 흥미를 가지기 시작했습니다)라고 언급하고 있으므로, 2 日本のアニメが好きだったから(일본의 애니메이션을 좋아했기 때문에)가 정답이다. 지문에서 日本語はひらがなの形がかわいくて、音もきれいなので、勉強することが楽しかったです(일본어는 히라가나의 모양이 귀엽고, 소리도 예쁘기 때문에, 공부하는 것이 즐거웠습니다)라고 하였는데, 이는 일본어 공부를 시작한 이유가 아닌, 일본어를 공부할 때의 좋았던 점이므로 선택지 3과 4를 선택하지 않도록 주의한다.

어휘 受ける うける 图받다　好きだ すきだ な휑좋아하다

26

고향에서 할 수 없는 것이라고 있는데, 어떤 것입니까?

1 애니메이션을 일본어로 보는 것

2 일본어를 말하는 것

3 일본 요리를 먹는 것

4 일본의 옷을 입는 것

해설 지문에서 밑줄 친 国でできないこと(고향에서 할 수 없는 것)가 무엇인지를 앞부분에서 찾는다. 밑줄의 앞부분에서 日本料理を習ったり、着物を着たりしました(일본 요리를 배우거나, 기모노를 입거나 했습니다)라고 언급하고 있으므로 4 日本の服を着ること(일본의 옷을 입는 것)가 정답이다. 지문에서 일본 요리를 먹는 것이 아닌 일본 요리를 배우는 것을 언급하였으므로, 3 日本の料理を食べること(일본 요리를 먹는 것)는 오답이다.

어휘 食べる たべる 图먹다　服 ふく 图옷

27

'나'가 일본어 선생님이 되고 싶은 것은, 왜입니까?

1 더욱 일본의 문화에 대해 알고 싶기 때문에

2 일본 애니메이션을 고향에서 공부하고 있는 사람들에게 소개하고 싶기 때문에

3 유학할 수 없는 사람에게도 일본 문화를 가르쳐주고 싶기 때문에

4 일본에 가서 많은 경험을 하길 바라기 때문에

해설 질문의 日本語の先生(일본어 선생님)를 지문에서 찾아 그 주변을 주의 깊게 읽는다. 세 번째 단락에서 私の国では日本に行きたくても、お金の問題で留学できない人がいっぱいいます。(우리나라에는 일본에 가고 싶어도, 돈 문제로 유학할 수 없는 사람이 많이 있습니다)라고 언급했고, 私が国で日本語の先生になって、日本語と日本の文化を教えてあげたいです(제가 고향에서 일본어 선생님이 되어, 일본어와 일본 문화를 가르쳐 주고 싶습니다)라고 언급하고 있으므로 3 留学できない人にも日本の文化を教えてあげたいから(유학할 수 없는 사람에게도 일본 문화를 가르쳐주고 싶기 때문에)가 정답이다. 지문에서 私はもっと日本を知りたいと思って(저는 더욱 일본을 알고 싶다고 생각해서)라고 한 것은 유학을 하게 된 이유이므로 선택지 1은 오답이다.

어휘 紹介 しょうかい 图소개

28

하나코 씨는 수영 교실에 가고 싶다고 생각하고 있습니다. 수영은 좋아하지만, 10미터밖에 헤엄치지 못합니다. 여름 방학 기간은 매일 오후부터 영어 회화 수업이 있습니다. 하나코 씨가 고를 수 있는 것은, 어느 것입니까?

1 ①	2 ③
3 ①과 ②	4 ③과 ④

해설 하나코 씨가 고를 수 있는 수업을 묻는 문제이다. 질문에서 제시된 조건 (1) 10mしか泳げません(10미터밖에 헤엄치지 못합니다), (2) 毎日午後から英会話の授業があります(매일 오후부터 영어 회화 수업이 있습니다)에 따라 지문을 보면

(1) 10미터밖에 헤엄치지 못한다 : レベル(레벨)에서 中(중)를 보면, 25mは泳げないが、水泳を習ったことがある人(25m는 헤엄칠 수 없지만, 수영을 배운 적이 있는 사람)라고 하므로 하나코 씨는 ③과 ④를 고를 수 있다.

(2) 매일 오후부터 영어 회화 수업이 있다 : 時間(시간)을 보면, ③과 ④ 중에서 오후에 하는 수업은 영어 회화 수업으로 인해 참가할 수 없으므로 하나코 씨는 오전에 수업을 하는 ③만 고를 수 있다.

따라서, 2 ③이 정답이다.

어휘 お知らせ おしらせ 图안내문, 안내　水泳 すいえい 图수영

教室 きょうしつ 图교실　行く いく 图가다　～たい ~(하)고 싶다

～と思う ～とおもう ~라고 생각하다　好きだ すきだ な휑좋아하다

～しか 图~밖에　泳ぐ およぐ 图헤엄치다, 수영하다

夏休み なつやすみ 图여름 방학　期間 きかん 图기간

毎日 まいにち 图매일　午後 ごご 图오후　～から ~부터

英会話 えいかいわ 图영어 회화　授業 じゅぎょう 图수업

실전모의고사 1

해커스 JLPT **N4** 한 권으로 합격

켄 씨는 수영 교실에 가려고 생각하고 있습니다. 켄 씨는 어떻게 하지 않으면 안 됩니까?

1 8월 1일에 수영 교실의 돈을 지불합니다.

2 8월 1일에 수영 도구를 사러 갑니다.

3 8월 1일의 1주일 전까지 학교의 선생님에게 이야기합니다.

4 8월 1일의 1주일 전까지 수영 클래스의 선생님에게 전화합니다.

해설 질문에서 제시된 상황 けんさんは水泳教室に行こうと思っています(켄 씨는 수영 교실에 가려고 생각하고 있습니다)에 따라 켄 씨가 해야 할 행동을 파악한다. 수영 교실이 열리는 기간은 8月1日(月) ~ 31日(水)(8월 1일 (월) ~ 31일 (수))이며, 지문의 후반부에 水泳教室に行きたい人は7月25日(月)までに学校の先生に言ってください(수영 교실에 가고 싶은 사람은 7월 25일 (월)까지 학교의 선생님에게 말해주세요)라고 한다. 7월 25일 (월)은 수영 수업이 시작되는 8월 1일의 1주일 전이므로, 3 8月1日の1週間前までに学校の先生に話します(8월 1일의 1주일 전까지 학교의 선생님에게 이야기합니다)가 정답이다.

어휘 お金 おかね 圏돈　はらう 圄지불하다　道具 どうぐ 圏도구
買う かう 圄사다　前 まえ 圏전, 앞　～までに ~까지
学校 がっこう 圏학교　先生 せんせい 圏선생(님)
話す はなす 圄이야기하다　クラス 圏클래스, 반
電話 でんわ 圏전화

여름 방학의 수영 교실

여름 방학 기간에 학교의 수영장에서 수영 교실이 열립니다.
능숙하게 헤엄칠 수 있도록 되고 싶은 사람은, 이번 찬스에 꼭!!
[29]기간 : 8월 1일 (월) ~ 31일 (수)

● 수영 교실의 코스
자신의 레벨에 맞춰서, 클래스를 골라 주세요.
레벨 상①과 ②, 레벨 중③과 ④는 시간이 다를뿐으로, 배우는 것은 같습니다.

클래스	레벨		요일	시간
①	상	혼자서 25m 헤엄칠 수 있는 사람	월·목요일	10시~11시
②				14시~15시
③	중	[28]25m는 헤엄칠 수 없지만, 수영을 배운 적이 있는 사람	화·금요일	[28]9시~10시
④				13시~14시
⑤	하	처음인 사람 물이 무서운 사람	수요일	9시~11시

– 수영을 배우고 싶은 사람에게 –

▶ 수영 교실은 무료입니다.
수영 도구는 학교의 수업에서 사용하고 있는 도구로 괜찮기 때문에, 새롭게 사지 않아도 좋습니다.

▶ [29]수영 교실에 가고 싶은 사람은 7월 25일 (월)까지 학교의 선생님에게 말해 주세요.

▶ 클래스를 쉴 때는, 수영 교실의 선생님에게 스스로 전화해 주세요.
전화번호 : 080-9898-1215

어휘 プール 圏수영장　開く ひらく 圄열다
上手だ じょうずだ 匣혱능숙하다　～ように ~(하)도록
チャンス 圏찬스　ぜひ 囝꼭　コース 圏코스
自分 じぶん 圏자신　レベル 圏레벨　合わせる あわせる 圄맞추다
～てください ~(해) 주세요
時間 じかん 圏시간　違う ちがう 圄다르다　～だけ 图~뿐, 만
習う ならう 圄배우다　同じだ おなじだ 같다　曜日 ようび 圏요일
～たことがある ~(한) 적이 있다　初めて はじめて 囝처음
水 みず 圏물　こわい 匣혱무섭다　ただ 圏무료
使う つかう 圄사용하다　～ので 图~때문에
新しい あたらしい 匣혱새롭다　言う いう 圄말하다
休む やすむ 圄쉬다　とき 圏때　自分で じぶんで 스스로
番号 ばんごう 圏번호

청해 p.371

무료 MP3 바로듣기

☞ 문제 1의 디렉션과 예제를 들려줄 때 1번부터 8번까지의 선택지를 미리 읽고 내용을 재빨리 파악해둡니다. 음성에서 では、始めます(그러면, 시작합니다)가 들리면, 곧바로 문제 풀 준비를 합니다.

もんだい1では、まずしつもんを聞いてください。それから話を聞いて、もんだいようしの1から4の中から、いちばんいいものを一つえらんでください。では練習しましょう。

女の人が男の人に電話をしています。女の人は何を買って帰りますか。

F : これから帰るけど、晩ごはん買って帰ろうか。

M : あ、ありがとう。

F : 何が食べたい？

M : カレーはどう？

F : カレーはこの間食べたばかりじゃない。

M : じゃあ、ピザは？

F : それいいね。飲み物も買って帰るね。

女の人は何を買って帰りますか。

いちばんいいものは4ばんです。解答用紙のもんだい1のれいのところを見てください。いちばんいいものは4ばんですから、答えはこのように書きます。では、始めます。

해석 문제1에서는, 먼저 질문을 들어주세요. 그리고 이야기를 듣고, 문제 용지의 1부터 4 중에서, 가장 알맞은 것을 하나 골라주세요. 그러면

연습해봅시다.

여자가 남자에게 전화를 하고 있습니다. **여자는 무엇을 사서 돌아갑니까?**

F : 지금부터 돌아가는데, 저녁 사서 돌아갈까?

M : 아, 고마워.

F : 뭐가 먹고 싶어?

M : 카레는 어때?

F : 카레는 얼마 전에 먹은 참이잖아.

M : 그러면, 피자는?

F : **그거 좋네. 마실 것도 사서 돌아갈게.**

여자는 무엇을 사서 돌아갑니까?

가장 알맞은 것은 4번입니다. 정답 용지의 문제 1의 예시 부분을 봐주세요. 가장 알맞은 것은 4번이기 때문에, 정답은 그와 같이 표시합니다. 그러면, 시작합니다.

1 카레만
2 피자만
3 카레와 마실 것
4 피자와 마실 것

1

[음성]

<ruby>女<rt>おんな</rt></ruby>の<ruby>人<rt>ひと</rt></ruby>が<ruby>男<rt>おとこ</rt></ruby>の<ruby>人<rt>ひと</rt></ruby>に<ruby>電話<rt>でんわ</rt></ruby>をしています。<ruby>女<rt>おんな</rt></ruby>の<ruby>人<rt>ひと</rt></ruby>は<ruby>何<rt>なに</rt></ruby>を<ruby>何個<rt>なんこ</rt></ruby><ruby>買<rt>か</rt></ruby>いますか。

F : <ruby>今<rt>いま</rt></ruby>、<ruby>仕事<rt>しごと</rt></ruby>が<ruby>終<rt>お</rt></ruby>わったんだけど、<ruby>夕飯<rt>ゆうはん</rt></ruby>は<ruby>食<rt>た</rt></ruby>べた？

M : まだ。<ruby>僕<rt>ぼく</rt></ruby>も<ruby>今<rt>いま</rt></ruby><ruby>帰<rt>かえ</rt></ruby>ってきたところだよ。

F : <ruby>今<rt>いま</rt></ruby>から<ruby>準備<rt>じゅんび</rt></ruby>するのも、<ruby>時間<rt>じかん</rt></ruby>がかかるし、<ruby>何<rt>なに</rt></ruby>か<ruby>買<rt>か</rt></ruby>って<ruby>帰<rt>かえ</rt></ruby>ろうかなって。

M : そうだね。じゃあ、<ruby>駅<rt>えき</rt></ruby>の<ruby>近<rt>ちか</rt></ruby>くのハンバーガー<ruby>屋<rt>や</rt></ruby>さんは？

F : いいね。じゃあ、ハンバーガー<ruby>二<rt>ふた</rt></ruby>つでいい？

M : うん、それからポテトも<ruby>一<rt>ひと</rt></ruby>つお<ruby>願<rt>ねが</rt></ruby>い。

F : <ruby>分<rt>わ</rt></ruby>かった。<ruby>飲<rt>の</rt></ruby>み<ruby>物<rt>もの</rt></ruby>は？

M : <ruby>家<rt>いえ</rt></ruby>にコーラがあるから、それを<ruby>飲<rt>の</rt></ruby>もう。

F : うん、そうしよう。

<ruby>女<rt>おんな</rt></ruby>の<ruby>人<rt>ひと</rt></ruby>は<ruby>何<rt>なに</rt></ruby>を<ruby>何個<rt>なんこ</rt></ruby><ruby>買<rt>か</rt></ruby>いますか。

[문제지]

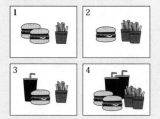

해석 여자가 남자에게 전화를 하고 있습니다. 여자는 무엇을 몇 개 삽니까?

F : 지금, 일이 끝났는데, 저녁은 먹었어?

M : 아직. 나도 지금 막 집에 온 참이야.

F : 지금부터 준비하는 것도, 시간이 걸리고, 뭔가 사서 집에 갈까 해서.

M : 그러네. 그럼, 역 근처의 햄버거 가게는?

F : 좋네. 그럼, 햄버거 두 개면 돼?

M : 응, 그리고 감자튀김도 하나 부탁해.

F : 알았어. 음료수는?

M : 집에 콜라가 있으니까, 그거를 마시자.

F : 응, 그렇게 하자.

여자는 무엇을 몇 개 삽니까?

해설 선택지가 햄버거, 감자튀김, 콜라 그림이고, 질문이 여자가 무엇을 몇 개 사는지를 물었으므로, 대화를 들을 때 여자가 햄버거, 감자튀김, 콜라를 각각 몇 개 사야 하는지를 파악한다. 여자가 ハンバーガー<ruby>二<rt></rt></ruby>つでいい？(햄버거 두 개면 돼?)라고 하자, 남자가 うん、それからポテトも<ruby>一<rt></rt></ruby>つお<ruby>願<rt></rt></ruby>い(응, 그리고 감자튀김도 하나 부탁해)라고 대답하므로 1 햄버거 2개와 감자튀김 1개가 정답이다. 2는 햄버거 1개, 감자튀김 2개이므로 오답이고, 3, 4는 콜라는 집에 있는 것을 마시기로 했으므로 오답이다.

어휘 <ruby>電話<rt>でんわ</rt></ruby> 몡전화　<ruby>何個<rt>なんこ</rt></ruby> 몡몇 개　<ruby>買<rt>か</rt></ruby>う 됭사다
<ruby>今<rt>いま</rt></ruby> 몡지금　<ruby>仕事<rt>しごと</rt></ruby> 몡일　<ruby>終<rt>お</rt></ruby>わる 됭끝나다
～けど 조～는데　<ruby>夕飯<rt>ゆうはん</rt></ruby> 몡저녁　<ruby>食<rt>た</rt></ruby>べる 됭먹다
まだ 부아직　<ruby>僕<rt>ぼく</rt></ruby> 몡나, 저(남자의 자칭)
<ruby>帰<rt>かえ</rt></ruby>る 됭집에 오다, 돌아오다　～たところ ~(한) 참이다
～から 조~니까　<ruby>準備<rt>じゅんび</rt></ruby> 몡준비　<ruby>時間<rt>じかん</rt></ruby> 몡시간
かかる 됭(시간이) 걸리다　<ruby>駅<rt>えき</rt></ruby> 몡역　<ruby>近<rt>ちか</rt></ruby>く 몡근처
ハンバーガー<ruby>屋<rt></rt></ruby> 몡햄버거 가게
ハンバーガー 몡햄버거　それから 접그리고　ポテト 몡감자튀김
<ruby>分<rt>わ</rt></ruby>かる 됭알다, 이해하다　<ruby>飲<rt>の</rt></ruby>み<ruby>物<rt>もの</rt></ruby> 몡음료수
<ruby>家<rt>いえ</rt></ruby> 몡집　コーラ 몡콜라　<ruby>飲<rt>の</rt></ruby>む 됭마시다

2

[음성]

<ruby>教室<rt>きょうしつ</rt></ruby>で<ruby>先生<rt>せんせい</rt></ruby>が<ruby>話<rt>はな</rt></ruby>しています。<ruby>学生<rt>がくせい</rt></ruby>はこれからまず<ruby>何<rt>なに</rt></ruby>をしますか。

M : <ruby>今日<rt>きょう</rt></ruby>のスケジュールです。<ruby>明日<rt>あした</rt></ruby>から<ruby>冬休<rt>ふゆやす</rt></ruby>みなので、<ruby>今日<rt>きょう</rt></ruby>は<ruby>授業<rt>じゅぎょう</rt></ruby>がありません。<ruby>午前中<rt>ごぜんちゅう</rt></ruby>、みなさんは<ruby>学校<rt>がっこう</rt></ruby>の<ruby>掃除<rt>そうじ</rt></ruby>をします。<ruby>一年間<rt>いちねんかん</rt></ruby>お<ruby>世話<rt>せわ</rt></ruby>になった<ruby>学校<rt>がっこう</rt></ruby>に<ruby>感謝<rt>かんしゃ</rt></ruby>しながら、<ruby>掃除<rt>そうじ</rt></ruby>をしましょう。ごはんを<ruby>食<rt>た</rt></ruby>べて、2<ruby>時<rt>じ</rt></ruby>から<ruby>校長先生<rt>こうちょうせんせい</rt></ruby>のお<ruby>話<rt>はなし</rt></ruby>があります。それが<ruby>終<rt>お</rt></ruby>わったら、<ruby>冬休<rt>ふゆやす</rt></ruby>みの<ruby>計画<rt>けいかく</rt></ruby>を<ruby>書<rt>か</rt></ruby>いて、<ruby>家<rt>いえ</rt></ruby>に<ruby>帰<rt>かえ</rt></ruby>ります。

<ruby>学生<rt>がくせい</rt></ruby>はこれからまず<ruby>何<rt>なに</rt></ruby>をしますか。

[문제지]

해석 교실에서 선생님이 이야기하고 있습니다. 학생은 이제부터 우선 무엇을 합니까?

M : 오늘의 스케줄입니다. 내일부터 겨울방학이므로, 오늘은 수업이 없습니다. 오전 중, 여러분은 학교의 청소를 합니다. 1년간 신세를 진 학교에 감사하면서, 청소를 합시다. 밥을 먹고, 2시부터 교장 선생님의 이야기가 있습니다. 그것이 끝나면, 겨울 방학 계획을 쓰고, 집에 돌아갑니다.

학생은 이제부터 우선 무엇을 합니까?

해설 선택지가 수업 듣기, 청소하기, 교장선생님 말씀 듣기, 겨울방학 계획 세우기 그림이고, 질문이 학생이 이제부터 무엇을 해야 하는지를 물었으므로, 선생님의 말을 들을 때 학생들이 해야 하는 일을 파악한다. 선생님이 午前中、みなさんは学校の掃除をします(오전 중, 여러분은 학교의 청소를 합니다)라고 했으므로, 2 '청소하기'가 정답이다. 1은 오늘은 수업이 없다고 하였고, 3, 4는 오후에 할 일이므로 오답이다.

어휘 教室 きょうしつ 圏교실 先生 せんせい 圏선생(님)
学生 がくせい 圏학생 まず 囝우선 今日 きょう 圏오늘
スケジュール 圏스케줄 明日 あした 圏내일 ～から 国~부터
冬休み ふゆやすみ 圏겨울방학 ～ので 国~므로, 니까
授業 じゅぎょう 圏수업 午前中 ごぜんちゅう 圏오전 중
みなさん 여러분 学校 がっこう 圏학교 掃除 そうじ 圏청소
～間 ～かん ~간, 동안 お世話になる おせわになる 신세를 지다
感謝 かんしゃ 圏감사 ～ながら 国~(하)면서 ごはん 圏밥, 식사
食べる たべる 圏먹다 ～時 ～じ ~시
校長先生 こうちょうせんせい 圏교장 선생(님) 話 はなし 圏이야기
終わる おわる 圏끝나다 ～たら 国~(하)면 計画 けいかく 圏계획
書く かく 圏쓰다 家 いえ 圏집 帰る かえる 圏돌아가다, 집에 가다

3

[음성]
会社(かいしゃ)で女(おんな)の人(ひと)と男(おとこ)の人(ひと)が話(はな)しています。二人(ふたり)はいつ病院(びょういん)に行(い)きますか。
F : ねえ、聞(き)いた? 部長(ぶちょう)、入院(にゅういん)したって。
M : 聞(き)いた。びっくりしたよ。ずっとおなかが痛(いた)いって言(い)ってたよね。
F : 心配(しんぱい)だし、お見舞(みま)いに行(い)こうと思(おも)うんだけど。
M : うん、一緒(いっしょ)に行(い)こう。明日(あした)は?
F : 明日(あした)は火曜日(かようび)だよね?ヨガのクラスがあるんだ。明後日(あさって)も用事(ようじ)があって。
M : そっか。僕(ぼく)も木曜日(もくようび)は友(とも)だちと約束(やくそく)があるから、その次(つぎ)の日(ひ)は?
F : うん、大丈夫(だいじょうぶ)。その日(ひ)に一緒(いっしょ)に行(い)こう。

二人(ふたり)はいつ病院(びょういん)に行(い)きますか。

[문제지]
1 かようび
2 すいようび

3 もくようび
4 きんようび

해석 회사에서 여자와 남자가 이야기하고 있습니다. 두 사람은 언제 병원에 갑니까?

F : 저기, 들었어? 부장님, 입원했대.
M : 들었어. 깜짝 놀랐어. 계속 배가 아프다고 말했었지.
F : 걱정되기도 하고, 병문안 가려고 생각하는데.
M : 응, 같이 가자. 내일은?
F : 내일은 화요일이지? 요가 수업이 있어. 모레도 일이 있고.
M : 그렇구나. 나도 목요일은 친구와 약속이 있으니까, 그 다음날은?
F : 응, 괜찮아. 그 날에 같이 가자.

두 사람은 언제 병원에 갑니까?

1 화요일
2 수요일
3 목요일
4 금요일

해설 선택지가 화요일, 수요일, 목요일, 금요일이고, 질문이 두 사람이 언제 병원에 가는지 물었으므로, 대화를 들을 때 두 사람이 무슨 요일에 병원을 가는지를 파악한다. 남자가 木曜日は友だちと約束があるから、その次の日は?(목요일은 친구와 약속이 있으니까, 그 다음날은?)라고 하자, 여자가 うん、大丈夫(응, 괜찮아)라고 했으므로, 4 きんようび(금요일)가 정답이다. 1은 여자가 요가 수업이 있다고 했고, 2는 여자가 일이 있다고 했으며, 3은 남자가 친구와 약속이 있다고 했으므로 오답이다.

어휘 会社 かいしゃ 圏회사 病院 びょういん 圏병원 行く いく 圏가다
聞く きく 圏듣다 部長 ぶちょう 圏부장(님)
入院 にゅういん 圏입원 びっくりする 깜짝 놀라다 ずっと 囝계속
おなかが痛い おなかがいたい 배가 아프다 心配 しんぱい 圏걱정
お見舞い おみまい 圏병문안 思う おもう 圏생각하다
～けど 国~는데 一緒に いっしょに 囝같이, 함께
明日 あした 圏내일 火曜日 かようび 圏화요일 ヨガ 圏요가
クラス 圏수업 明後日 あさって 圏모레 用事 ようじ 圏일, 용무
僕 ぼく 圏나, 저(남자의 자칭) 木曜日 もくようび 圏목요일
友だち ともだち 圏친구 約束 やくそく 圏약속
～から 国~니까, 해서 次 つぎ 圏다음 日 ひ 圏날
大丈夫だ だいじょうぶだ な형괜찮다 すいようび 圏수요일
きんようび 圏금요일

4

[음성]
スーパーで女(おんな)の人(ひと)と男(おとこ)の人(ひと)が話(はな)しています。男(おとこ)の人(ひと)は何(なに)をしなければなりませんか。
F : 山田(やまだ)さん、ごみは捨(す)ててきてくれた?
M : はい。捨(す)ててきました。次(つぎ)は何(なに)をすればいいですか。
F : じゃあ、野菜(やさい)を運(はこ)んでくれる?
M : それはさっき、田中(たなか)さんがやっていましたよ。

F：あ、本当？ じゃあ、山田さんはちらしをスーパーの壁に貼ってくれる？

M：はい、分かりました。

F：それが終わったら、スーパーが開く時間まで休んでてね。

男の人は何をしなければなりませんか。

[問題紙]

1 ア イ
2 ア ウ
3 イ ウ
4 ウ エ

해석 슈퍼에서 여자와 남자가 이야기하고 있습니다. 남자는 무엇을 하지 않으면 안 됩니까?

F : 야마다 씨, 쓰레기는 버리고 왔어?

M : 네. 버리고 왔습니다. 다음은 무엇을 하면 좋을까요?

F : 그럼, 채소를 옮겨 줄래?

M : 그거는 아까, 다나카 씨가 하고 있었어요.

F : 아, 정말? 그럼, 야마다 씨는 전단지를 슈퍼의 벽에 붙여 줄래?

M : 네, 알겠습니다.

F : 그것이 끝나면, 슈퍼가 여는 시간까지 쉬고 있어.

남자는 무엇을 하지 않으면 안 됩니까?

해설 선택지가 쓰레기 버리기, 야채 옮기기, 전단지 붙이기, 의자에 앉아서 쉬기 그림이고, 질문이 남자가 앞으로 해야 할 일을 물었으므로, 대화를 들을 때 남자가 해야 하는 일을 파악한다. 여자가 ちらしをスーパーの壁に貼ってくれる？(전단지를 슈퍼의 벽에 붙여 줄래?)라고 말한 후, それが終わったら、スーパーが開く時間まで休んでてね(그것이 끝나면, 슈퍼가 여는 시간까지 쉬고 있어)라고 했으므로, 그림 ウ, エ로 구성된 4가 정답이다. 그림 ア는 남자가 이미 한 일이고 그림 イ는 다나카 씨가 하고 있는 일이므로 오답이다.

어휘 スーパー 圏슈퍼 ごみ 圏쓰레기 捨てる すてる 圄버리다

〜てくれる (나에게) 〜(해) 주다 次 つぎ 圏다음 〜ば 조〜(하)면

野菜 やさい 圏채소 運ぶ はこぶ 圄옮기다 さっき 囲아까

やる 圄하다 本当 ほんとう 정말 ちらし 圏전단지 壁 かべ 圏벽

貼る はる 圄붙이다 分かる わかる 圄알다, 이해하다

終わる おわる 圄끝나다 〜たら 〜(하)면 開く あく 圄열다

時間 じかん 圏시간 〜まで 조〜까지 休む やすむ 圄쉬다

[음성]

男の人と女の人が話しています。男の人は何で体育館に行きますか。

M：週末、卓球の大会を見に体育館に行く予定なんです。何で行くのがいいですかね。

F：電車はどうですか。体育館から一番近い駅まで30分くらいでしたよ。

M：でも、駅から15分くらい歩かないといけないと聞きました。道を間違えるのが嫌だから、タクシーで行こうと思っていたんです。

F：タクシーはちょっと高いですよ。駅から体育館まで無料のバスがありますから、それに乗ったら、どうですか。

M：それは安心ですね。では、そうします。

男の人は何で体育館に行きますか。

[問題紙]

1 でんしゃ
2 タクシーと　バス
3 でんしゃと　タクシー
4 でんしゃと　バス

해석 남자와 여자가 이야기하고 있습니다. 남자는 무엇으로 체육관에 갑니까?

M : 주말에, 탁구 대회를 보러 체육관에 갈 예정입니다. 무엇으로 가는 것이 좋을까요?

F : 전철은 어때요? 체육관에서 가장 가까운 역까지 30분 정도였어요.

M : 그래도, 역에서 15분 정도 걷지 않으면 안 된다고 들었습니다. 길을 착각하는 것이 싫으니까, 택시로 가려고 생각하고 있었어요.

F : 택시는 조금 비싸요. 역에서 체육관까지 무료 버스가 있으니까, 그것을 타면, 어때요?

M : 그것은 안심이네요. 그러면, 그렇게 할게요.

남자는 무엇으로 체육관에 갑니까?

1 전철
2 택시와 버스
3 전철과 택시
4 전철과 버스

해설 선택지가 1 '전철', 2 '택시와 버스', 3 '전철과 택시', 4 '전철과 버스'이고, 질문이 남자가 무엇으로 체육관에 가는지를 물었으므로, 대화를 들을 때 남자가 무엇을 타고 체육관에 가는지를 파악한다. 여자가 電車はどうですか。体育館から一番近い駅まで30分くらいでしたよ(전철은 어때요? 체육관에서 가장 가까운 역까지 30분 정도였어요)라고 한 뒤, 駅から体育館まで無料のバスがありますから、それに乗ったら、どうですか(역에서 체육관까지 무료 버스가 있으니까, 그것을 타면, 어때요?)라고 했으므로, 4 でんしゃと　バス

(전철과 버스)가 정답이다. 1은 버스를 언급하지 않았고, 2, 3은 택시는 비싸다고 했으므로 오답이다.

어휘 体育館 たいいくかん 図체육관　行く いく 图가다

週末 しゅうまつ 図주말　卓球 たっきゅう 図탁구

大会 たいかい 図대회　見る みる 图보다　予定 よてい 図예정

電車 でんしゃ 図전철　～から 图~에서　一番 いちばん 图가장

近い ちかい い형가깝다　駅 えき 図역　～まで 图~까지

～分 ～ふん ~분　～くらい 图~정도　でも 图그래도

歩く あるく 图걷다　～ないといけない ~(하)지 않으면 안 된다

聞く きく 图듣다　道 みち 図길

間違える まちがえる 图착각하다, 잘못 알다　嫌だ いやだ な형싫다

～から 图~니까, 해서　タクシー 図택시

～と思う ～とおもう ~라고 생각하다　ちょっと 图조금

高い たかい い형비싸다　無料 むりょう 図무료　バス 図버스

乗る のる 图타다　～たら ~(하)면

安心だ あんしんだ な형안심이다

6

[음성]

大学で女の人と男の人が話しています。女の人はプレゼントに何を準備しますか。

F：もうすぐクリスマス会だね。プレゼントはもう準備した？

M：うん、サンタクロースのカップとクリスマスカードを準備したよ。高橋さんは？

F：わたしもクリスマスカードを準備しようと思ってた。あとはクッキーにしようと思ってる。

M：え、クッキー？クッキーでもいいかもしれないけど、食べ物は食べたらなくなっちゃうから、もっと思い出になるもののほうがいいんじゃない？

F：うーん、そうだね。思い出か…。じゃあ、サンタクロースの人形にしようかな。

M：うん、いいと思う。

F：じゃあ、明日にでも買いに行こう。

女の人はプレゼントに何を準備しますか。

[문제지]

해석 대학에서 여자와 남자가 이야기하고 있습니다. 여자는 선물로 무엇을 준비합니까?

F : 이제 곧 크리스마스 모임이네. 선물은 이미 준비했어?

M : 응, 산타클로스 컵과 크리스마스 카드를 준비했어. 다카하시 씨는?

F : 나도 크리스마스 카드를 준비하려고 생각하고 있었어. 그 외에는 쿠키를 하려고 생각하고 있어.

M : 어, 쿠키? 쿠키도 좋을지도 모르겠지만, 음식은 먹으면 없어져 버리니까, 좀 더 추억이 될 것으로 하는 편이 좋지 않아?

F : 으음, 그러네. 추억인가…. 그럼, 산타클로스 인형으로 할까.

M : 응, 좋다고 생각해.

F : 그럼, 내일이라도 사러 가야지.

여자는 선물로 무엇을 준비합니까?

해설 선택지가 크리스마스 카드, 산타클로스 컵, 쿠키, 산타클로스 인형 그림이고, 질문이 여자가 선물로 무엇을 준비하는지를 물었으므로, 대화를 들을 때 여자가 무엇을 준비해야 하는지를 파악한다. 여자가 クリスマスカードを準備しようと思ってた(크리스마스 카드를 준비하려고 생각하고 있었어)라고 말한 뒤 サンタクロースの人形にしようかな(산타클로스 인형으로 할까)라고 했으므로 4 '산타클로스 인형과 크리스마스 카드'가 정답이다. 1은 산타클로스 인형을 언급하지 않았고, 2의 산타클로스 컵은 남자가 준비하는 것이라고 했으며, 3의 쿠키는 먹어서 없어지는 것 보다 좀 더 추억이 될 것으로 하자고 반대했으므로 오답이다.

어휘 大学 だいがく 図대학　プレゼント 図선물　準備 じゅんび 図준비

もうすぐ 图이제 곧　クリスマス 図크리스마스

会 かい 図모임, 단체　もう 图이미, 벌써

サンタクロース 図산타클로스　カップ 図컵

クリスマスカード 図크리스마스 카드

～ようと思う ～ようとおもう ~(하)려고 생각하다　あと 図그 외, 나중

クッキー 図쿠키　～にする ~로 하다

～かもしれない ~(할)지도 모른다　～けど 图~지만

食べ物 たべもの 図음식　食べる たべる 图먹다　～たら ~(하)면

～ちゃう ~(해) 버리다　～から 图~니까　もっと 图좀 더, 더욱

思い出 おもいで 図추억　～ほう ~편　人形 にんぎょう 図인형

～と思う ～とおもう ~라고 생각하다　明日 あした 図내일

～でも 图~라도　買う かう 图사다　行く いく 图가다

7

[음성]

日本語学校で先生と留学生が話しています。留学生は明日何を持って来ますか。

F：キムさん、今日まで出さなければいけない作文は出しましたか。キムさんのものだけなかったようですが。

M：すみません、作文は書いたんですが、家に置いてきてしまいました。明日かならず出します。

F：それから、漢字の宿題も明日までですよ。

M：え、来週までだと思っていました。家に帰って、いそいでやります。

F：しっかりしてくださいね。

M：あ、このあいだのテストの結果はもう出ましたか。

F：はい、キムさん、よく頑張りましたね。明日の授業で返します。

りゅうがくせい あした なに も き
留学生は明日何を持って来ますか。

[문제지]

1 さくぶん

2 かんじの しゅくだい

3 さくぶんと かんじの しゅくだい

4 さくぶんと テスト

해석 일본어 학교의 선생님과 유학생이 이야기하고 있습니다. 유학생은
내일 무엇을 가지고 옵니까?

F : 김 씨, 오늘까지 내지 않으면 안 되는 작문은 냈습니까? 김 씨의
것만 없었던 것 같습니다만.

M : 죄송합니다, 작문은 썼습니다만, 집에 두고 와 버렸습니다. 내일
반드시 내겠습니다.

F : 그리고, 한자 숙제도 내일까지입니다.

M : 어, 다음 주까지라고 생각하고 있었습니다. 집에 돌아가서, 서둘
러서 하겠습니다.

F : 제대로 해 주세요.

M : 아, 일전의 시험 결과는 이미 나왔습니까?

F : 네, 김 씨, 대단히 노력했네요. 내일 수업에서 돌려주겠습니다.

유학생은 내일 무엇을 들고 옵니까?

1 작문

2 한자 숙제

3 작문과 한자 숙제

4 작문과 시험

해설 선택지가 1 '작문', 2 '한자 숙제', 3 '작문과 한자 숙제', 4 '작문과 시
험'이고, 질문이 유학생이 내일 무엇을 들고 와야 하는지를 물었으므
로, 대화를 들으면서 유학생이 가지고 와야 할 것이 무엇인지 파악한
다. 선생님이 作文は出しましたか(작문은 냈습니까?)라고 말하자
유학생이 明日かならず出します(내일 반드시 내겠습니다)라고 했으
며, 그 뒤 선생님이 漢字の宿題も明日までですよ(한자 숙제도 내
일까지입니다)라고 했으므로 3 さくぶんと かんじの しゅくだい
(작문과 한자 숙제)가 정답이다. 1은 한자 숙제를 언급하지 않았고, 2
는 작문을 언급하지 않았으며, 4는 선생님이 가져와야 하는 것이므로
오답이다.

어휘 日本語 にほんご 명일본어   学校 がっこう 명학교

先生 せんせい 명선생(님)   留学生 りゅうがくせい 명유학생

明日 あした 명내일   持って来る もってくる 들고 오다

今日 きょう 명오늘   〜まで 조~까지   出す だす 통내다

〜なければいけない ~(하)지 않으면 안 된다   作文 さくぶん 명작문

〜だけ 조~만, 뿐   〜ようだ ~인 것 같다   書く かく 통쓰다

家 いえ 명집   置く おく 통두다   〜てしまう ~(해) 버리다

かならず 부반드시   それから 접그리고   漢字 かんじ 명한자

宿題 しゅくだい 명숙제   来週 らいしゅう 명다음 주

〜と思う 〜とおもう ~라고 생각하다   家 いえ 명집

帰る かえる 통돌아가다, 집에 가다   いそぐ 통서두르다

やる 통하다   しっかり 부제대로, 확실하게

〜てください ~(해) 주세요   このあいだ 명일전

テスト 명시험, 테스트   結果 けっか 명결과   もう 부이미, 벌써

出る でる 통나오다   よく 부대단히, 잘

頑張る がんばる 통노력하다   授業 じゅぎょう 명수업

返す かえす 통돌려주다

8

[음성]

みせ ひと おんな ひと はな
デパートで店の人と女の人が話しています。女の人は何の
おんな ひと なん
か
ハンカチを買いますか。

F : 最近暑いので、ハンカチを探しているんですけど。
さいきんあつ   さが
どんなハンカチが人気ですか。
にんき

M : こちらの星のハンカチです。一番よく売れています。
ほし   いちばん   う

F : 夏らしくてかわいいですね。他にはどんなものが人気
なつ   ほか   にんき
ですか。

M : では、こちらはどうですか。大きな花がかかれている
おお   はな
ハンカチです。

F : うーん、これはちょっと。

M : では、こちらの小さな花がたくさんあるハンカチはどう
ちい   はな
ですか。

F : うーん、少し子どもっぽいですね。
すこ   こ

M : 他にはこのりんごのハンカチも人気です。
ほか   にんき

F : やっぱり、一番人気で、今の季節に合うものにします。
いちばんにんき   いま   きせつ   あ

おんな ひと なん
か
女の人は何のハンカチを買いますか。

[문제지]

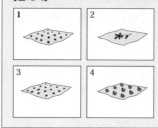

해석 백화점에서 가게 사람과 여자가 이야기하고 있습니다. 여자는 무슨
손수건을 삽니까?

F : 최근 더워서, 손수건을 찾고 있습니다만. 어떤 손수건이 인기인
가요?

M : 이쪽의 별 손수건입니다. 가장 잘 팔리고 있습니다.

F : 여름답고 귀엽네요. 다른 것은 어떤 것이 인기인가요?

M : 그러면, 이쪽은 어떠세요? 큰 꽃이 그려져 있는 손수건입니다.

F : 으음, 이거는 좀.

M : 그러면, 이쪽의 작은 꽃이 많이 있는 손수건은 어떠세요?

F : 으음, 조금 어린아이스럽네요.

M : 다른 것은 이 사과 손수건이 인기입니다.

F : 역시, 가장 인기이고, 지금 계절에 맞는 것으로 할게요.

여자는 무슨 손수건을 삽니까?

해설 선택지가 별무늬 손수건, 큰 꽃이 그려진 손수건, 작은 꽃이 많이 그
려진 손수건, 사과무늬 손수건이고, 질문이 여자가 무슨 손수건을 사
는지를 물었으므로, 대화를 들을 때 여자가 무슨 무늬의 손수건을 사

는지를 파악한다. 남자가 星のハンカチです。一番よく売れています(별 손수건입니다. 가장 잘 팔리고 있습니다)라고 하자, 여자가 一番人気で、今の季節に合うものにします(가장 인기이고, 지금 계절에 맞는 것으로 할게요)라고 했으므로, 1 '별무늬 손수건'이 정답이다. 2, 3, 4는 여자가 마음에 들어 하지 않았으므로 오답이다.

어휘 デパート 圏백화점　店 みせ 圏가게　ハンカチ 圏손수건
買う かう 圏사다　最近 さいきん 圏최근　暑い あつい い형덥다
～ので 图～(해)서, 므로　探す さがす 圏찾다　～けど 图～인데
人気 にんき 圏인기　星 ほし 圏별　一番 いちばん 团가장
よく 围잘　売る うる 圏팔다　夏 なつ 圏여름　～らしい ~답다
かわいい い형귀엽다　他 ほか 圏다름　では 圏그러면, 그렇다면
大きな おおきな 큰　花 はな 圏꽃　かく 그리다
ちょっと 围조금　小さな ちいさな 작은　たくさん 围많이
少し すこし 围조금　子ども こども 圏어린아이, 아이
～っぽい ~스럽다　りんご 圏사과　やっぱり 围역시
今 いま 圏지금　季節 きせつ 圏계절　合う あう 圏맞다
～にする ~로 하다

☞ 문제 2의 디렉션과 예제를 들려줄 때 1번부터 7번까지의 선택지를 미리 읽고 내용을 재빨리 파악해둡니다. 음성에서 では、始めます(그러면, 시작합니다)가 들리면, 곧바로 문제 풀 준비를 합니다.

음성 디렉션과 예제

もんだい２では、まずしつもんを聞いてください。そのあと、もんだいようしを見てください。読む時間があります。それから話を聞いて、もんだいようしの１から４の中から、いちばんいいものを一つえらんでください。では練習しましょう。

男の人と女の人が話しています。男の人は、どうして引っ越しをしますか。

M：木村さん、来週の金曜日、時間ある？

F：あるけど、どうして？

M：その日、引っ越しをするんだ。手伝ってくれない？

F：いいよ。今の部屋は狭いの？

M：ううん。部屋の大きさも、場所もちょうどいいんだけど、会社から遠いから通勤が大変でさ。

F：そうなんだ。

M：今住んでいる部屋のとなりの人がとても親切でよかったんだけど。

男の人は、どうして引っ越しをしますか。

いちばんいいものは３ばんです。解答用紙のもんだい２のれいのところを見てください。いちばんいいものは３ばんですから、答えはこのように書きます。では、始めます。

해석 문제 2에서는, 먼저 질문을 들어주세요. 그 후, 문제 용지를 봐주세요.

읽는 시간이 있습니다. 그리고 이야기를 듣고, 문제 용지의 1부터 4 중에서, 가장 알맞은 것을 하나 골라주세요. 그러면 연습해봅시다.

남자와 여자가 이야기하고 있습니다. 남자는, 어째서 이사를 합니까?

M : 기무라 씨, 다음 주 금요일, 시간 있어?

F : 있는데, 왜?

M : 그 날, 이사를 해. 도와주지 않을래?

F : 좋아. 지금 방은 좁아?

M : 아니. 방의 크기도, 장소도 딱 좋은데, **회사로부터 머니까 통근이 힘들어서.**

F : 그렇구나.

M : 지금 살고 있는 방의 이웃집 사람이 매우 친절해서 좋았는데.

남자는, 어째서 이사를 합니까?

가장 알맞은 것은 3번입니다. 정답 용지의 문제 2의 예시 부분을 봐주세요. 가장 알맞은 것은 3번이기 때문에, 정답은 그와 같이 표시합니다. 그러면, 시작합니다.

1 방이 좁으니까

2 장소가 안 좋으니까

3 회사로부터 머니까

4 이웃집 사람이 친절하지 않으니까

1

[음성]

デパートのアナウンスを聞いています。洋服売り場は何時から何時までやっていますか。

F：デパートの営業時間が変わりました。営業時間は午前11時から午後７時まででしたが、午前10時からのオープンになりました。デパートが閉まる時間は午後８時です。また、洋服売り場の運営時間は以前と同じです。デパートの中のカフェやレストランのオープン時間はデパートの営業時間と同じですが、午後９時まで開いていますので、ショッピングのあとでも利用できるようになりました。

洋服売り場は何時から何時までやっていますか。

[문제지]

1 午前11時から　午後７時まで

2 午前10時から　午後８時まで

3 午前11時から　午後９時まで

4 午前10時から　午後９時まで

해석 백화점의 방송을 듣고 있습니다. 옷 판매장은 몇 시부터 몇 시까지 하고 있습니까?

F : 백화점의 영업 시간이 바뀌었습니다. 영업시간은 오전 11시부터 오후 7시까지였습니다만, 오전 10시부터 오픈하게 되었습니다. 백화점이 닫히는 시간은 오후 8시입니다. 또한, 옷 판매장의 운영시간은 이전과 같습니다. 백화점 안의 카페나 레스토랑의 오픈 시간은 백화점의 영업시간과 같습니다만, 오후 9시까지 열

려있으므로, 쇼핑 후라도 이용할 수 있게 되었습니다.

옷 판매장은 몇 시부터 몇 시까지 하고 있습니까?

1 오전 11시부터 오후 7시까지

2 오전 10시부터 오후 8시까지

3 오전 11시부터 오후 9시까지

4 오전 10시부터 오후 9시까지

해설 1 '오전 11시부터 오후 7시까지', 2 '오전 10시부터 오후 8시까지', 3 '오전 11시부터 오후 9시까지', 4 '오전 10시부터 오후 9시까지' 중 옷 판매장이 몇 시부터 몇 시까지 하는지 묻는 문제이다. 여자가 営業時間は午前11時から午後 7 時まででした(영업시간은 오전 11시부터 오후 7시까지였습니다)라고 한 뒤, 洋服売り場の運営時間は以前と同じです(옷 판매장의 운영시간은 이전과 같습니다)라고 언급했으므로, 1 午前11時から 午後 7 時まで(오전 11시부터 오후 7시까지)가 정답이다. 2는 옷 판매장이 아닌 백화점의 운영시간이고 3, 4는 카페나 레스토랑이 오후 9시까지 영업하는 것이므로 오답이다.

어휘 デパート 圏백화점 アナウンス 圏방송, 아나운스

洋服 ようふく 옷, 양복 売り場 うりば 圏판매장, 파는 곳

何時 なんじ 圏몇 시 ~から 조~부터 ~まで 조~까지

やる 동하다 営業 えいぎょう 圏영업 ~時間 ~じかん ~시간

変わる かわる 동바뀌다 午前 ごぜん 圏오전 ~時 ~じ ~시

午後 ごご 圏오후 オープン 圏오픈 閉まる しまる 동닫히다

また 圏또한 運営 うんえい 圏운영 以前 いぜん 圏이전

同じだ おなじだ な형같다 中 なか 圏안, 속 カフェ 圏카페

レストラン 圏레스토랑, 식당 開く あく 동열리다

~ので 조~므로, 때문에 ショッピング 圏쇼핑 あと 圏후, 뒤

~でも 조~라도 利用 りよう 圏이용 できる 동할 수 있다

~ようになる ~(하)게 되다

2

[음성]

女の学生と男の学生が話しています。男の学生は最近、どのくらい料理をしますか。男の学生です。

F：林くん、一人で 住んでいるって 言ってましたよね。

M：はい、大学の近くのアパートで一人暮らししてます。

F：ごはんはどうしてるんですか？

M：一人暮らしを始めたばかりのときは、毎日自分で料理を作って、食べていました。でも、最近は忙しくて、コンビニの食べ物が多いです。

F：そうなんですね。

M：それでも、健康のために週に 2 回は料理してます。

F：わたしも 今は忙しくて、全然料理できてないんですけど、忙しくないときは週に 4 回は自分で作るようにしてます。

男の学生は最近、どのくらい料理をしますか。

[문제지]

1 まいにち　する

2 週に　2かい　する

3 週に　4かい　する

4 ぜんぜん　しない

해석 여학생과 남학생이 이야기하고 있습니다. 남학생은 최근, 어느 정도 요리를 합니까? 남학생입니다.

F : 하야시 군, 혼자서 살고 있다고 말했었지요.

M : 네, 대학 근처의 아파트에서 자취하고 있어요.

F : 밥은 어떻게 하고 있어요?

M : 자취를 막 시작했을 때는, 매일 스스로 요리를 만들어서, 먹었습니다. 하지만, 최근은 바빠서, 편의점 음식이 많습니다.

F : 그렇군요.

M : 그렇지만, 건강을 위해서 주에 2회는 요리를 하고 있습니다.

F : 저도 지금은 바빠서, 전혀 요리할 수 없지만, 바쁘지 않을 때는 주에 4회는 스스로 만들도록 하고 있습니다.

남학생은 최근, 어느 정도 요리를 합니까?

1 매일 한다

2 주에 2회 한다

3 주에 4회 한다

4 전혀 하지 않는다

해설 1 '매일 한다', 2 '주에 2회 한다', 3 '주에 4회 한다', 4 '전혀 하지 않는다' 중 남학생이 최근 어느 정도 요리를 하는지 묻는 문제이다. 대화 중, 남학생이 週に 2 回は料理してます(주에 2회는 요리를 하고 있습니다)라고 언급했으므로 2 週に　2かい　する(주에 2회 한다)가 정답이다. 1은 남학생이 자취를 처음 시작했을 때, 3은 여학생이 바쁘지 않을 때, 그리고 4는 여학생의 지금의 상황으로 언급되었으므로 오답이다.

어휘 学生 がくせい 圏학생 最近 さいきん 圏최근

どのくらい 어느 정도 料理 りょうり 圏요리

一人 ひとり 圏혼자, 한 사람 住む すむ 동살다 ~って 조~라고

言う いう 동말하다 大学 だいがく 圏대학 近く ちかく 圏근처

アパート 圏아파트 一人暮らし ひとりぐらし 圏자취, 혼자 삶

ごはん 圏밥 始める はじめる 동시작하다

~たばかりだ 막 ~(하)다 とき 圏때 毎日 まいにち 圏매일

自分 じぶん 圏스스로, 자기 作る つくる 동만들다

食べる たべる 동먹다 でも 접하지만

忙しい いそがしい い형바쁘다 コンビニ 圏편의점

食べ物 たべもの 圏음식 多い おおい い형많다

それでも 접그렇지만 健康 けんこう 圏건강 ~ために ~위해서

週 しゅう 圏주 ~回 ~かい ~회 今 いま 圏지금

全然 ぜんぜん 图전혀 できる 동할 수 있다 ~けど 조~지만

~ようにする ~(하)도록 하다

실전모의고사 1

해커스 JLPT N4 한 권으로 합격

[음성]

バスガイドが話しています。バスはいつ出発しますか。

F：みなさん、休憩所に着きました。今は1時です。トイレに行ったり、飲み物を飲んだりして、自由に休み時間を過ごしてください。休み時間は10分です。そのあと、すぐに出発しますので、出発の時間までにバスに戻ってきてください。みなさんがお楽しみにしている大阪タワーまではここから40分ほどかかります。

バスはいつ出発しますか。

[문제지]

1　1時
2　1時　10分
3　1時　40分
4　1時　50分

해석 버스 가이드가 이야기하고 있습니다. 버스는 언제 출발합니까?

　　F：여러분, 휴게소에 도착했습니다. 지금은 1시입니다. 화장실에 가거나, 마실 것을 마시거나 하며, 자유롭게 휴식 시간을 보내 주세요. 휴식 시간은 10분입니다. 그 후, 바로 출발하므로, 출발 시간까지 버스에 돌아와 주세요. 여러분이 기대하고 있는 오사카 타워까지는 여기에서 40분 정도 걸립니다.

　　버스는 언제 출발합니까?

　　1　1시
　　2　1시 10분
　　3　1시 40분
　　4　1시 50분

해설 1 '1시', 2 '1시 10분', 3 '1시 40분', 4 '1시 50분' 중 버스가 언제 출발하는지를 묻는 문제이다. 버스 가이드가 今は1時です(지금은 1시입니다)라고 한 후, 休み時間は10分です(휴식 시간은 10분입니다)라고 언급했으므로, 2 1時　10分(1시 10분)이 정답이다. 1 '1시'는 현재 시간이고, 3의 '40분'은 오사카 타워까지 걸리는 시간이며, 4 '1시 50분'은 오사카 타워에 도착 예정 시간이므로 오답이다.

어휘 バス 图 버스　　ガイド 图 가이드　　出発 しゅっぱつ 图 출발
　　みなさん 图 여러분　　休憩所 きゅうけいじょ 图 휴게소
　　着く つく 图 도착하다　　今 いま 图 지금　　～時 ～じ ~시
　　トイレ 图 화장실　　行く いく 图 가다　　～たり ~(하)거나
　　飲み物 のみもの 图 마실 것　　飲む のむ 图 마시다
　　自由 じゆう 图 자유　　休み やすみ 图 휴식　　時間 じかん 图 시간
　　過ごす すごす 图 보내다　　～てください ~(해) 주세요
　　～分 ～ふん 图 ~분　　あと 图 후, 뒤　　すぐに 图 바로　　～ので 图 ~므로
　　～までに ~까지(기한)　　戻る もどる 图 되돌아오다　　くる 图 오다
　　楽しみ たのしみ 图 기대, 즐거움　　大阪 おおさか 图 오사카(지명)
　　タワー 图 타워　　～まで ~까지(계속)　　～から 图 ~에서
　　～ほど 图 ~정도　　かかる 图 걸리다

[음성]

男の人と女の人が話しています。女の人はどうして元気がありませんか。

M：どうしたの？ 元気なさそうだけど。

F：うん、ちょっとね。

M：あ、昨日の難しい宿題のせいでしょ？ なかなか終わらなくて、よく眠れなかったんだ。

F：ううん、そんなんじゃないの。

M：じゃあ、友だちとけんかしたの？

F：ちがうよ。友だちといっしょに買った指輪をなくしちゃって。

M：それは大変だ。まずは事務室に届いてないか聞きに行こう。

女の人はどうして元気がありませんか。

[문제지]

1　しゅくだいが　むずかしかったから
2　よく　ねむれなかったから
3　ともだちと　けんかしたから
4　ゆびわを　なくしたから

해석 남자와 여자가 이야기하고 있습니다. 여자는 어째서 기운이 없습니까?

　　M：무슨 일이야? 기운이 없는 것 같은데.

　　F：응, 조금.

　　M：아, 어제의 어려운 숙제 때문이지? 좀처럼 끝나지 않아서, 제대로 잘 수 없었구나.

　　F：아니, 그런 거 아니야.

　　M：그럼, 친구와 싸웠어?

　　F：틀렸어. 친구와 같이 산 반지를 잃어버려서.

　　M：그건 큰일이네. 우선은 사무실로 전달된 것이 없는지 물어보러 가자.

　　여자는 어째서 기운이 없습니까?

　　1　숙제가 어려웠기 때문에
　　2　제대로 잘 수 없었기 때문에
　　3　친구와 싸웠기 때문에
　　4　반지를 잃었기 때문에

해설 1 '숙제가 어려웠기 때문에', 2 '제대로 잘 수 없었기 때문에', 3 '친구와 싸웠기 때문에', 4 '반지를 잃었기 때문에' 중 여자가 기운이 없는 이유를 묻는 문제이다. 대화 중, 여자가 友だちといっしょに買った指輪をなくしちゃって(친구와 같이 산 반지를 잃어버려서)라고 언급했으므로 4 ゆびわを　なくしたから(반지를 잃었기 때문에)가 정답이다. 1, 2, 3은 남자가 언급하였지만, 여자가 기운이 없는 이유가 아니라고 대답했으므로 오답이다.

어휘 元気 げんき 图 기운　　～そうだ ~(인) 것 같다　　～けど 图 ~는데
　　ちょっと 图 조금　　昨日 きのう 图 어제

難しい むずかしい [い形]어렵다　宿題 しゅくだい [명]숙제
〜せいだ ~때문이다　なかなか [부]좀처럼　終わる おわる [동]끝나다
よく [부]잘　眠る ねむる [동]잠자다　友だち ともだち [명]친구
けんか [명]싸움　ちがう [동]틀리다, 다르다　いっしょに [부]같이, 함께
買う かう [동]사다　指輪 ゆびわ [명]반지　なくす [동]잃다
〜ちゃう ~(해) 버리다　大変だ たいへんだ [な形]큰일이다
まず [부]우선　事務室 じむしつ [명]사무실
届く とどく [동](소포, 편지가) 전달되다, 오다　聞く きく [동]묻다, 듣다
行く いく [동]가다　〜から [조]~때문

5

[음성]

学校で女の先生と男の留学生が話しています。男の留学生はいつ先生の部屋に行きますか。

M：先生、来週の月曜日までのレポートを書いたんですが、一度見てもらえませんか。

F：いいですよ。

M：では、明日、火曜日に先生の部屋へ行ってもいいですか。

F：うーん、レポートを見てほしいという留学生が多くて、明日は難しいです。それにレポートを見る時間も必要ですし。

M：そうですか。

F：水曜日か木曜日なら、大丈夫ですよ。

M：木曜日は授業の後にアルバイトがあるので、明後日、先生の部屋へ行きます。

男の留学生はいつ先生の部屋に行きますか。

[문제지]

1 げつようび
2 かようび
3 すいようび
4 もくようび

해석 학교에서 여자 선생님과 남자 유학생이 이야기하고 있습니다. 남자 유학생은 언제 선생님의 방에 갑니까?

M : 선생님, 다음 주 월요일까지의 리포트를 썼습니다만, 한 번 봐 주실래요?

F : 좋아요.

M : 그럼, 내일, 화요일에 선생님의 방에 가도 괜찮습니까?

F : 음, 리포트를 봐 주길 바란다는 유학생이 많아서, 내일은 어렵습니다. 게다가 리포트를 볼 시간도 필요하고요.

M : 그렇습니까?

F : 수요일이나 목요일이라면, 괜찮습니다.

M : 목요일은 수업 후에 아르바이트가 있기 때문에, 모레, 선생님의 방에 가겠습니다.

남자 유학생은 언제 선생님의 방에 갑니까?

1 월요일

2 화요일

3 수요일

4 목요일

해설 1 '월요일', 2 '화요일', 3 '수요일', 4 '목요일' 중 남자 유학생이 선생님의 방에 가는 일정을 묻는 문제이다. 대화 중, 남자 유학생이 明日、火曜日に先生の部屋へ行ってもいいですか(내일, 화요일에 선생님의 방에 가도 괜찮습니까?)라고 한 후, 明後日、先生の部屋へ行きます(모레, 선생님의 방에 가겠습니다)라고 언급했으므로, 3 すいようび(수요일)가 정답이다. 1은 리포트의 기한이 월요일이라고 한 것이고, 2는 선생님이 리포트를 볼 시간이 필요하므로 안 된다고 하였으며, 4는 유학생이 수업 후에 아르바이트가 있다고 했으므로 오답이다.

어휘 学校 がっこう [명]학교　先生 せんせい [명]선생(님)
留学生 りゅうがくせい [명]유학생　部屋 へや [명]방
行く いく [동]가다　来週 らいしゅう [명]다음 주
月曜日 げつようび [명]월요일　〜まで [조]~까지　レポート [명]리포트
書く かく [동]쓰다　一度 いちど [명]한 번　見る みる [동]보다
〜てもらう ~(해) 받다　明日 あした [명]내일
火曜日 かようび [명]화요일　〜てもいい ~(해)도 괜찮다
〜てほしい ~(해) 주기 바라다　多い おおい [い形]많다
難しい むずかしい [い形]어렵다　それに [접]게다가
時間 じかん [명]시간　必要 ひつよう [명]필요
水曜日 すいようび [명]수요일　木曜日 もくようび [명]목요일
〜なら ~(라)면　大丈夫だ だいじょうぶだ [な形]괜찮다
授業 じゅぎょう [명]수업　後 あと [명]후, 뒤
アルバイト [명]아르바이트　〜ので [조]~때문
明後日 あさって [명]모레

6

[음성]

男の人と女の人が話しています。女の人は時計を誰に直してもらったと言っていますか。

M：あれ？時計、壊れたって言ってなかった？

F：うん、これね。

M：お店で直してもらったの？

F：ちがうよ。昨日、家で直してもらったんだ。

M：お父さん？あ、お兄さんがいるって言ってたよね。

F：ううん、妹が直してくれたの。パソコンも直せるんだよ。

M：妹さん、すごいね。

F：わたしもびっくりしちゃった。

女の人は時計を誰に直してもらったと言っていますか。

[문제지]

1 おみせの　ひと
2 ちち
3 あに
4 いもうと

해석 남자와 여자가 이야기하고 있습니다. 여자는 시계를 누가 고쳐 주었
다고 말하고 있습니까?

M : 어라? 시계, 고장났다고 말하지 않았어?

F : 응, 이거.

M : 가게에서 고쳤어?

F : 틀렸어. 어제, 집에서 고쳤어.

M : 아빠? 아, 오빠가 있다고 말했었지.

F : 아니, 여동생이 고쳐 주었어. 컴퓨터도 고칠 수 있어.

M : 여동생, 대단하네.

F : 나도 깜짝 놀라버렸어.

여자는 시계를 누가 고쳐 주었다고 말하고 있습니까?

1 가게 사람

2 아빠

3 오빠

4 여동생

해설 1 '가게 사람', 2 '아빠', 3 '오빠', 4 '여동생' 중 여자의 시계를 누가
고쳐 주었는지 묻는 문제이다. 대화 중, 여자가 妹が直してくれたの
(여동생이 고쳐 주었어)라고 언급했으므로, 4 いもうと(여동생)가 정
답이다. 1, 2, 3은 여자가 모두 아니라고 하였으므로 오답이다.

어휘 時計 とけい 圏시계 　誰 だれ 圏누구 　直す なおす 图고치다

　　　～てもらう ~(해) 받다 　言う いう 图말하다

　　　壊れる こわれる 图고장나다 　～って 图~(라)고 　店 みせ 圏가게

　　　ちがう 틀리다, 다르다 　昨日 きのう 圏어제 　家 いえ 圏집

　　　お父さん おとうさん 圏아빠, 아버지

　　　お兄さん おにいさん 圏오빠, 형 　妹 いもうと 圏여동생

　　　～てくれる (나에게) ~(해) 주다 　パソコン 圏컴퓨터

　　　すごい い형대단하다 　びっくりする 깜짝 놀라다

　　　～ちゃう ~(해) 버리다 　ひと 圏사람 　ちち 圏아빠

　　　あに 圏오빠, 형

7

[음성]

女の人と男の人が話しています。男の人は週末、何をした
と言っていますか。

F：この前、話してた週末のバーベキュー、どうでしたか？

M：それが雨で中止になってしまいました。みんなでお肉
を食べて、スポーツしたり、ゲームしたりしたかったん
ですけどね。

F：それは残念ですね。

M：でも、その代わりに映画を見に行きました。昨日は七
日だったので、ラッキーセブンデイで映画が安く見られ
ました。

F：それはよかったですね。

M：なかなかおもしろかったです。本が映画になったもの
らしいので、今度は本も読んでみようと思います。

男の人は週末、何をしたと言っていますか。

[문제지]

1 バーベキューを　した

2 スポーツや　ゲームを　した

3 えいがを　みた

4 ほんを　よんだ

해석 여자와 남자가 이야기하고 있습니다. 남자는 주말, 무엇을 했다고 말
하고 있습니까?

F : 일전, 이야기했던 주말 바비큐, 어땠어요?

M : 그게 비로 중지가 되어 버렸어요. 모두와 고기를 먹고, 운동하거
나, 게임거나 하고 싶었지만요.

F : 그건 유감이네요.

M : 하지만, 그 대신에 영화를 보러 갔습니다. 어제는 7일이었기 때
문에, 럭키 세븐 데이로 영화를 싸게 볼 수 있었습니다.

F : 그건 다행이었네요.

M : 꽤 재미있었습니다. 책이 영화로 된 것 같아서, 다음에는 책도 읽
어 보려고 생각합니다.

남자는 주말, 무엇을 했다고 말하고 있습니까?

1 바비큐를 했다

2 운동이나 게임을 했다

3 영화를 봤다

4 책을 읽었다

해설 1 '바비큐를 했다', 2 '운동이나 게임을 했다', 3 '영화를 봤다', 4 '책
을 읽었다' 중 남자가 주말에 무엇을 했는지 묻는 문제이다. 대화 중,
남자가 その代わりに映画を見に行きました(그 대신에 영화를 보
러 갔습니다)라고 언급했으므로, 3 えいがを みた(영화를 봤다)가
정답이다. 1은 바비큐를 하려고 했지만 비가 와서 중지되었다고 했
고, 2는 바비큐와 함께 하려고 했던 것인데 역시 비가 와서 중지된 것
으로 언급되었으며, 4는 주말에 본 영화의 원작이 책이라고는 언급되
었지만, 책을 읽은 것은 아니므로 오답이다.

어휘 週末 しゅうまつ 圏주말 　何 なに 圏무엇 　言う いう 图말하다

　　　この前 このまえ 圏일전 　話す はなす 图이야기하다

　　　バーベキュー 圏바비큐 　雨 あめ 圏비 　中止 ちゅうし 圏중지

　　　～てしまう ~(해) 버리다 　みんな 圏모두 　肉 にく 圏고기

　　　食べる たべる 图먹다 　スポーツ 圏운동, 스포츠 　ゲーム 圏게임

　　　～けど 图~지만 　残念だ ざんねんだ 圏유감이다 　でも 圏하지만

　　　代わり かわり 圏대신 　映画 えいが 圏영화 　見る みる 图보다

　　　行く いく 图가다 　昨日 きのう 圏어제 　七日 なのか 圏7일

　　　～ので 图~때문에 　ラッキーセブンデイ 럭키 세븐 데이

　　　安い やすい い형싸다 　なかなか 图꽤, 상당히

　　　おもしろい い형재미있다 　本 ほん 圏책 　今度 こんど 圏다음

　　　読む よむ 图읽다 　～と思う ～とおもう ~(라)고 생각하다

☞ 문제 3은 예제를 들려줄 때 1번부터 5번까지의 그림을 보고 상황
을 미리 떠올려봅니다. 음성에서 では、始めます(그러면, 시작합
니다)가 들리면, 곧바로 문제 풀 준비를 합니다.

[문제지]

![그림]

もんだい 3 では、えを 見ながらしつもんを 聞いてください。 ➡ (やじるし)の人は 何と 言いますか。 1 から 3 の中から、いちばんいいものを 一つえらんでください。では練習しましょう。

デパートでスカートを 履いてみましたが、少し 大きいです。お店の人に 何と 言いますか。

F：1 もう少し 小さくしてもらえませんか。
　　2 もう少し 小さくなったらいいんですが。
　　3 もう少し 小さいのはありませんか。

いちばんいいものは 3ばんです。解答用紙のもんだい 3 のれいのところを 見てください。いちばんいいものは 3ばんですから、答えはこのように 書きます。では、始めます。

해석 문제 3에서는, 그림을 보면서 질문을 들어주세요. ➡(화살표)의 사람은 뭐라고 말합니까? 1부터 3 중에서, 가장 알맞은 것을 하나 골라주세요. 그러면 연습해봅시다.

백화점에서 치마를 입어봤습니다만, 조금 큽니다. 가게 사람에게 뭐라고 말합니까?

F：1 조금 더 작게 해 줄 수 없을까요?
　　2 조금 더 작아졌으면 좋겠습니다만.
　　3 조금 더 작은 것은 없습니까?

가장 알맞은 것은 3번입니다. 정답 용지의 문제 3의 예시 부분을 봐주세요. 가장 알맞은 것은 3번이기 때문에, 정답은 그와 같이 표시합니다. 그러면, 시작합니다.

1

[문제지]

[음성]
先生が 大きなかばんを 持っています。何と 言いますか。

M：1 かばん、持っています。
　　2 かばん、持ちましょうか。
　　3 かばん、持ってきてもいいですか。

해석 선생님이 큰 가방을 들고 있습니다. 뭐라고 말합니까?
　M：1 가방, 들고 있어요.
　　　2 가방, 들까요?
　　　3 가방, 들고 와도 괜찮을까요?

해설 선생님에게 가방을 들어 드리겠다고 하는 말을 고르는 문제이다.
　1 (X) 持っています(들고 있어요)는 선생님이 할 수 있는 말이므로 오답이다.
　2 (O) かばん、持ちましょうか(가방, 들까요?)는 선생님의 가방을 자신이 들 지 묻는 말이므로 정답이다.
　3 (X) 持ってきてもいいですか(들고 와도 괜찮을까요?)는 자신의 가방을 들고 오겠다는 말이므로 오답이다.

어휘 先生 せんせい 圏선생(님)　大きな おおきな 큰　かばん 圏가방
　　持つ もつ 圏들다, 가지다　持ってくる もってくる 들고 오다
　　~てもいい ~(해)도 괜찮다

2

[문제지]

[음성]
日本語のパンフレットをもらいました。英語のパンフレットがほしいです。何と 言いますか。

F：1 英語のものはありますか。
　　2 英語のものが 易しいですよね。
　　3 英語のものもどうぞ。

해석 일본어 팸플릿을 받았습니다. 영어 팸플릿이 갖고 싶습니다. 뭐라고 말합니까?
　F：1 영어인 것은 있습니까?
　　　2 영어인 것이 쉽네요.
　　　3 영어인 것도 받으세요.

해설 영어 팸플릿을 받고 싶다는 말을 고르는 문제이다.
　1 (O) 英語のものはありますか(영어인 것은 있습니까?)는 영어 팸플릿을 달라는 의도이므로 정답이다.
　2 (X) 英語のものが 易しいですよね(영어인 것이 쉽네요)는 영어 팸플릿이 쉽다고 하는 말이므로 오답이다.
　3 (X) 英語のものもどうぞ(영어인 것도 받으세요)는 팸플릿을 주는 사람이 할 수 있는 말이므로 오답이다.

어휘 日本語 にほんご 圏일본어　パンフレット 圏팸플릿　もらう 圏받다

英語 えいご 図영어　ほしい い형갖고 싶다
易しい やさしい い형쉽다

3

[문제지]

[음성]
コピー機の使い方が分かりません。友だちに聞きたいです。何と言いますか。

F：1 これ、コピーお願いできる？
　　2 どうやるのか教えてもらえる？
　　3 この機械ではコピーできないよ。

해석 복사기의 사용 방법을 모릅니다. 친구에게 묻고 싶습니다. 뭐라고 말합니까?
　　F：1 이거, 복사 부탁할 수 있어?
　　　2 어떻게 하는 건지 가르쳐 줄 수 있을까?
　　　3 이 기계에서는 복사할 수 없어.

해설 친구에게 복사기의 사용 방법을 묻는 말을 고르는 문제이다.
　　1 (X) これ、コピーお願いできる？(이거, 복사 부탁할 수 있어?)는 복사를 해달라는 말이므로 오답이다.
　　2 (O) どうやるのか教えてもらえる？(어떻게 하는 건지 가르쳐 줄 수 있을까?)는 복사기 사용 방법을 물어보는 말이므로 정답이다.
　　3 (X) この機械ではコピーできないよ(이 기계에서는 복사할 수 없어)는 복사가 안 된다는 말이므로 오답이다.

어휘 コピー機 コピーき 図복사기　使い方 つかいかた 図사용 방법
　　分かる わかる 통알다, 이해하다　友だち ともだち 図친구
　　聞く きく 통묻다　コピー 図복사　お願い おねがい 図부탁
　　できる 통할 수 있다　教える おしえる 통가르치다
　　~てもらう ~(해) 받다　機械 きかい 図기계

4

[문제지]

[음성]
コンビニの前でタクシーを降りたいです。運転手さんに何と言いますか。

F：1 コンビニの前で降りたらどうですか。
　　2 コンビニの前まで行けばいいですか。
　　3 コンビニの前で止まってください。

해석 편의점 앞에서 택시를 내리고 싶습니다. 운전수에게 뭐라고 말합니까?
　　F：1 편의점 앞에서 내리면 어떻습니까?
　　　2 편의점 앞까지 가면 괜찮습니까?
　　　3 편의점 앞에서 서 주세요.

해설 운전수에게 편의점 앞에서 내려달라고 요청하는 말을 고르는 문제이다.
　　1 (X) コンビニの前で降りたらどうですか(편의점 앞에서 내리면 어떻습니까?)는 편의점 앞에서 내리는 것을 제안하는 말이므로 오답이다.
　　2 (X) コンビニの前まで行けばいいですか(편의점 앞까지 가면 괜찮습니까?)는 운전수가 할 수 있는 말이므로 오답이다.
　　3 (O) コンビニの前で止まってください(편의점 앞에서 서 주세요)는 편의점 앞에서 내려달라고 요청하는 말이므로 정답이다.

어휘 コンビニ 図편의점　前 まえ 図앞　タクシー 図택시
　　降りる おりる 통내리다　~たい ~(하)고 싶다
　　運転手 うんてんしゅ 図운전수　~たら ~(하)면　~まで 조~까지
　　行く いく 통가다　~ば 조~(하)면　止まる とまる 통서다
　　~てください ~(해) 주세요

5

[문제지]

[음성]
友だちが引っ越しを手伝ってくれました。何と言いますか。

F：1 忙しいのに悪いね。
　　2 引っ越し、お疲れさま。
　　3 引っ越し、いつするの？

해석 친구가 이사를 도와 주었습니다. 뭐라고 말합니까?
　　F：1 바쁜데 미안해.
　　　2 이사, 수고했어.
　　　3 이사, 언제 해?

해설 친구에게 이사를 도와줘서 고맙다는 말을 고르는 문제이다.
　　1 (O) 忙しいのに悪いね(바쁜데 미안해)는 이사를 도와준 친구에

게 고마움을 전하는 의도이므로 정답이다.

2 (X) 引っ越し、お疲れさま(이사, 수고했어)는 친구가 할 수 있는
말이므로 오답이다.

3 (X) 引っ越し、いつするの?(이사, 언제 해?)는 이사를 언제 하
는지 묻는 말이므로 오답이다.

어휘 友だち ともだち 圏 친구　引っ越し ひっこし 圏 이사
手伝う てつだう 圏 돕다　～てくれる (나에게) ~(해) 주다
忙しい いそがしい い형 바쁘다　～のに 조 ~는데
悪い わるい い형 미안하다　いつ 圏 언제

☞ 문제 4는 문제지에 아무것도 인쇄되어 있지 않습니다. 따라서,
예제를 들려줄 때, 그 내용을 들으면서 즉시 응답의 문제 풀이 전략
을 떠올려 봅니다. 음성에서 では、始めます(그러면, 시작합니다)
가 들리면, 실제 문제 풀 준비를 합니다.

음성 디렉션과 예제

もんだい4では、えなどがありません。まずぶんを聞いて
ください。それから、そのへんじを聞いて、1から3の中
から、いちばんいいものを一つえらんでください。では練
習しましょう。

M：山田さん、山田さんって料理がうまいんだね。
F：1 私は料理がとくじゃないから。
　　2 えっ、そんなことないよ。
　　3 うん、あの店、おいしいんだって。

いちばんいいものは2ばんです。解答用紙のもんだい4
の例のところを見てください。いちばんいいものは2ばん
ですから、答えはこのように書きます。では、始めます。

해석 문제 4에서는, 그림 등이 없습니다. 먼저 문장을 들어 주세요. 그리고,
그 대답을 듣고, 1부터 3 중에서, 가장 알맞은 것을 하나 골라 주세요.
그러면 연습해봅시다.

M : 야마다 씨, 야마다 씨는 **요리를 잘하네.**
F : 1 저는 요리를 잘하지 않으니까.
　　2 앗, 그런 거 아니야.
　　3 응, 저 가게, 맛있대.

가장 알맞은 것은 2번입니다. 정답 용지의 문제 4의 예시 부분을 봐
주세요. 가장 알맞은 것은 2번이기 때문에, 정답은 그와 같이 표시합
니다. 그러면, 시작합니다.

1

[음성]

F：キムさんは運転、得意?
M：1 うん、僕が運転するよ。
　　2 来年、車を買う予定なんだ。
　　3 上手ではないけどできるよ。

해석 F : 김 씨는 운전, 잘해?
M : 1 응, 내가 운전할게.
　　2 내년, 차를 살 예정이다.
　　3 잘하지는 않지만 할 수 있어.

해설 여자가 남자에게 운전을 잘하는지 묻고 있다.

1 (X) うん(응)이라고 답한 후 運転(운전)을 반복 사용하여 혼동을
준 오답이다.

2 (X) 運転(운전)과 관련된 車(차)를 사용하여 혼동을 준 오답이다.

3 (O) '잘하지는 않지만 할 수 있어'는 자신의 운전 실력에 대해 겸손
하게 대답하는 말이므로 적절한 응답이다.

어휘 運転 うんてん 圏 운전　得意だ とくいだ な형 잘하다
僕 ぼく 圏 나, 저(남자의 자칭)　来年 らいねん 圏 내년
車 くるま 圏 차　買う かう 圏 사다　予定 よてい 圏 예정
上手だ じょうずだ な형 잘하다　～けど 조 ~지만
できる 圏 할 수 있다

2

[음성]

M：なっとうを食べたことがありますか。
F：1 ううん、一度もないです。
　　2 おいしくないと思います。
　　3 食べませんでした。

해석 M : 낫토를 먹어본 적이 있습니까?
F : 1 아니요, 한 번도 없습니다.
　　2 맛있지 않다고 생각합니다.
　　3 먹지 않았습니다.

해설 남자가 여자에게 낫토를 먹어본 경험이 있는지 묻고 있다.

1 (O) '아니요, 한 번도 없습니다'는 먹어본 적이 없다는 말이므로 적
절한 응답이다.

2 (X) 食べる(먹다)와 관련된 おいしくない(맛있지 않다)를 사용하
여 혼동을 준 오답이다.

3 (X) 食べる(먹다)를 반복 사용하여 혼동을 준 오답이다.

어휘 なっとう 圏 낫토　食べる たべる 圏 먹다　一度 いちど 圏 한 번
おいしい い형 맛있다　～と思う ～とおもう ~(라)고 생각하다

3

[음성]

F：ここでたばこを吸ってはいけません。
M：1 あ、あそこで吸えますよ。
　　2 すみません、知りませんでした。
　　3 たばこはないみたいです。

해석 F : 여기에서 담배를 피워서는 안 됩니다.
M : 1 아, 저기서 필 수 있어요.
　　2 죄송합니다, 알지 못했습니다.
　　3 담배는 없는 것 같습니다.

해설 여자가 남자에게 여기에서 담배를 피우면 안 된다고 말하고 있다.

1 (X) 吸う(피우다)를 반복 사용하여 혼동을 준 오답이다.

2 (O) '죄송합니다, 알지 못했습니다'는 담배를 피우면 안 되는 곳에서 피워서 죄송하다는 말이므로 적절한 응답이다.

3 (X) たばこ(담배)를 반복 사용하여 혼동을 준 오답이다.

어휘 たばこ 圏 담배　吸う すう 圄 (담배를) 피우다, 들이마시다
　　　～てはいけない ～(해)서는 안 된다　知る しる 圄 알다
　　　～みたいだ ～(인) 것 같다

4

[음성]

M：仕事が終わったら、映画でもどう？

F：1 映画おもしろいらしいよ。

　　2 いいね、行こうよ。

　　3 もう見に行ったの？

해석 M : 일이 끝나면, 영화라도 어때?

　　　F : 1 영화 재미있는 것 같아.

　　　2 좋아, 가자.

　　　3 벌써 보러 갔어?

해설 남자가 여자에게 영화를 보러 가자고 제안하고 있다.

1 (X) 映画(영화)를 반복 사용하여 혼동을 준 오답이다.

2 (O) '좋아, 가자'는 제안을 수락하는 말이므로 적절한 응답이다.

3 (X) 映画(영화)와 관련된 見に行く(보러 가다)를 사용하여 혼동을 준 오답이다.

어휘 仕事 しごと 圏 일　終わる おわる 圄 끝나다　～たら ～(하)면
　　　映画 えいが 圏 영화　～でも 国 ～라도　おもしろい い형 재미있다
　　　～らしい ～인 것 같다　行く いく 圄 가다　もう 児 벌써
　　　見る みる 圄 보다

5

[음성]

F：林さんに約束に遅れるって伝えておいてくれる？

M：1 それは自分で言ってよ。

　　2 林さん、遅れるの？

　　3 伝えたそうだよ。

해석 F : 하야시 씨에게 약속에 늦는다고 전해 둬 줄래?

　　　M : 1 그건 스스로 말해.

　　　2 하야시 씨, 늦어?

　　　3 전했다고 해.

해설 여자가 남자에게 약속에 늦는다고 하야시 씨에게 전달해 줄 것을 요청하고 있다.

1 (O) '그건 스스로 말해'는 요청을 거절하는 말이므로 적절한 응답이다.

2 (X) 林さん(하야시 씨), 遅れる(늦다)를 반복 사용하여 혼동을 준 오답이다.

3 (X) 伝える(전하다)를 반복 사용하여 혼동을 준 오답이다.

어휘 約束 やくそく 圏 약속　遅れる おくれる 圄 늦다　～って 国 ～(라)고
　　　伝える つたえる 圄 전하다　～ておく ～(해) 두다
　　　～てくれる (나에게) ～(해) 주다　自分で じぶんで 스스로
　　　言う いう 圄 말하다　～そうだ ～(라)고 한다(전언)

6

[음성]

M：郵便局に行ってきましたか。

F：1 今から行くところです。

　　2 手紙を書いています。

　　3 郵便局は歩いて 5 分です。

해석 M : 우체국에 갔다 왔습니까?

　　　F : 1 이제부터 가려는 참입니다.

　　　2 편지를 쓰고 있습니다.

　　　3 우체국은 걸어서 5분입니다.

해설 남자가 여자에게 우체국에 갔다 왔는지 묻고 있다.

1 (O) '이제부터 가려는 참입니다'는 우체국에 아직 안 갔다는 말이므로 적절한 응답이다.

2 (X) 郵便局(우체국)와 관련된 手紙(편지)를 사용하여 혼동을 준 오답이다.

3 (X) 郵便局(우체국)를 반복 사용하여 혼동을 준 오답이다.

어휘 郵便局 ゆうびんきょく 圏 우체국　行く いく 圄 가다　くる 圄 오다
　　　今 いま 圏 이제, 지금　～から 国 ～부터
　　　～ところだ ～(하)려는 참이다　手紙 てがみ 圏 편지
　　　書く かく 圄 쓰다　歩く あるく 圄 걷다　～分 ～ふん ～분

7

[음성]

F：暑いから、窓開けてもらえる？

M：1 だんだん暑くなります。

　　2 開けてもいいですか。

　　3 わかりました。

해석 F : 더우니까, 창문 열어줄 수 있어?

　　　M : 1 점점 더워집니다.

　　　2 열어도 좋습니까?

　　　3 알겠습니다.

해설 여자가 남자에게 창문을 열어달라고 요청하고 있다.

1 (X) 暑い(덥다)를 반복 사용하여 혼동을 준 오답이다.

2 (X) 開ける(열다)를 반복 사용하여 혼동을 준 오답이다.

3 (O) '알겠습니다'는 요청을 수락한다는 말이므로 적절한 응답이다.

어휘 暑い あつい い형 덥다　～から 国 ～니까　窓 まど 圏 창문
　　　開ける あける 圄 열다　～てもらえる ～(해)줄 수 있다
　　　だんだん 児 점점　～てもいい ～(해)도 좋다　わかる 圄 알다

8

[음성]

M：この時間の電車は混んでいますか。

F：1 はい、いつも人が多いです。

2 道が混んでしまいますね。

3 え、電車よりもバスがいいですよ。

해석 M : 이 시간의 전철은 혼잡합니까?

F : 1 네, 항상 사람이 많습니다.

2 길이 혼잡해져 버리네요.

3 어, 전철보다도 버스가 좋아요.

해설 남자가 여자에게 전철이 혼잡한지 묻고 있다.

1 (O) '네, 항상 사람이 많습니다'는 전철이 항상 혼잡하다는 말이므로 적절한 응답이다.

2 (X) 混む(혼잡하다)를 반복 사용하여 혼동을 준 오답이다.

3 (X) 電車(전철)를 반복 사용하여 혼동을 준 오답이다.

어휘 時間 じかん 🖲시간　電車 でんしゃ 🖲전철　混む こむ 🖲혼잡하다

いつも 🖬항상　人 ひと 🖲사람　多い おおい 🖳많다

道 みち 🖲길　～てしまう ~(해) 버리다　～より 🖪~보다

バス 🖲버스

언어지식 (문자 · 어휘)

문제 1	1 1	2 2	3 2	4 2	5 3	6 4	7 1
문제 2	8 3	9 4	10 2	11 1	12 3		
문제 3	13 3	14 4	15 3	16 1	17 2	18 4	19 4
	20 3						
문제 4	21 2	22 4	23 1	24 3			
문제 5	25 1	26 2	27 2	28 3			

언어지식 (문법)

문제 1	1 3	2 2	3 4	4 3	5 2	6 4	7 1
	8 4	9 2	10 4	11 3	12 2	13 3	
문제 2	14 2	15 2	16 4	17 1			
문제 3	18 3	19 2	20 4	21 2			

독해

문제 4	22 2	23 4	24 3				
문제 5	25 2	26 1	27 3				
문제 6	28 4	29 2					

청해

문제 1	1 4	2 3	3 1	4 1	5 4	6 1	7 3
	8 4						
문제 2	1 4	2 2	3 3	4 4	5 3	6 3	7 2
문제 3	1 1	2 1	3 3	4 1	5 2		
문제 4	1 1	2 3	3 1	4 2	5 3	6 2	7 1
	8 2						

언어지식 (문자·어휘)

p.395

1

저는 운전運転이 능숙하지 않습니다.

해설 運転은 1 うんてん으로 발음한다. てん이 탁음이 아닌 것에 주의한다.

어휘 運転 うんてん 圏운전　じょうずだ 图능숙하다

2

다나카 씨는 졸린 것 같眠そう습니다.

해설 眠そう는 2 ねむそう로 발음한다.

어휘 眠い ねむい い형졸리다　寒い さむい い형춥다
嬉しい うれしい い형기쁘다　楽しい たのしい い형즐겁다
～そうだ ~(인) 것 같다

3

누나는 요리를 배우고習って 있습니다.

해설 習って는 2 ならって로 발음한다.

어휘 習う ならう 图배우다　待つ まつ 图기다리다
作る つくる 图만들다　手伝う てつだう 图돕다
姉 あね 圏누나, 언니　りょうり 圏요리

4

이 설명説明은 어렵습니다.

해설 説明는 2 せつめい로 발음한다. せつ가 탁음이 아닌 것에 주의한다.

어휘 説明 せつめい 圏설명　むずかしい い형어렵다

5

집의 근처에 호수湖가 있습니다.

해설 湖는 3 みずうみ로 발음한다.

어휘 湖 みずうみ 圏호수　池 いけ 圏연못　海 うみ 圏바다
港 みなと 圏항구　家 いえ 圏집　ちかく 圏근처

6

그는 열심熱心히 운동을 하고 있습니다.

해설 熱心은 4 ねっしん으로 발음한다. ねっ이 촉음인 것에 유의한다.

어휘 熱心だ ねっしんだ 图열심이다　かれ 圏그　うんどう 圏운동

7

몇 개 있는지 세어数えて 주세요.

해설 数えては 1 かぞえて로 발음한다.

어휘 数える かぞえる 图세다　教える おしえる 图가르치다
答える こたえる 图대답하다　考える かんがえる 图생각하다
いくつ 圏몇 개　～てください ~(해) 주세요

8

쓰레기를 버려すてて 주세요.

해설 すてて는 3 捨てて로 표기한다. 1, 2, 4는 없는 단어이다.

어휘 捨てる すてる 图버리다　拾う ひろう 图줍다
持つ もつ 图들다, 가지다　打つ うつ 图치다　ごみ 圏쓰레기
～てください ~(해) 주세요

9

슈퍼는 여기에서 멉とおい니다.

해설 とおい는 4 遠い로 표기한다. 3은 없는 단어이다.

어휘 遠い とおい い형멀다　追い おい 圏뒤쫓음
近い ちかい い형가깝다　道 みち 圏길　スーパー 圏슈퍼
～から 图~에서

10

슬슬 점심ひる 식사 시간이에요.

해설 ひる는 2 昼로 표기한다.

어휘 昼 ひる 圏점심, 낮　朝 あさ 圏아침　夕 ゆう 圏저녁
夜 よる 圏밤　そろそろ 图슬슬　ごはん 圏식사, 밥
じかん 圏시간

11

처음으로 여관りょかん에 묵었습니다.

해설 りょかん는 1 旅館으로 표기한다. 2, 3, 4는 없는 단어이다. 旅(りょ, 여행)를 선택지 2와 4의 族(ぞく, 친족)와 구별해서 알아두고, 館(かん, 건물)을 선택지 3과 4의 間(かん, 사이)과 구별해서 알아둔다.

어휘 旅館 りょかん 圏여관　はじめて 图처음으로
とまる 图묵다, 머물다

12

오늘은 무엇을 할 예정よてい입니까?

해설 よてい는 3 予定로 표기한다. 1, 2, 4는 없는 단어이다.

어휘 予定 よてい 圏예정　きょう 圏오늘

13

이런 (　　　　) 곳에서 책을 읽고 있으면, 눈이 나빠져요.
1 검은　　　　　　　　　2 하얀
3 어두운　　　　　　　4 밝은

해설 선택지가 모두 い형용사이다. 문장 전체를 보았을 때 こんなくらい

ところで本をよんでいたら、めがわるくなりますよ(이런 어두운 곳에서 책을 읽고 있으면, 눈이 나빠져요)라는 문맥이 가장 자연스러우므로 3 くらい(어두운)가 정답이다. 빈칸 바로 앞의 こんな(이런)와 ところで(곳에서)만 보고 4 あかるい(밝은)를 정답으로 선택하지 않도록 주의한다. 1은 くろいかばん(검은 가방), 2는 しろいくつした(하얀 양말), 4는 あかるいへや(밝은 방)와 같이 자주 쓰인다.

어휘 ところ 圏곳, 장소 本 ほん 圏책 よむ 图읽다 ~たら ~(하)면
め 圏눈 わるい い형나쁘다 くろい い형검다 しろい い형하얗다
くらい い형어둡다 あかるい い형밝다

14

방 안이 더우니까 ( ) 을 켭시다.	
1 냉장고	2 전등
3 히터	**4 에어컨**

해설 선택지가 모두 명사이다. 빈칸 앞뒤의 내용과 함께 쓸 때 あついのでエアコンをつけましょう(더우니까 에어컨을 켭시다)라는 문맥이 가장 자연스러우므로 4 エアコン(에어컨)이 정답이다. 1은 れいぞうこに入れる(냉장고에 넣다), 2는 でんきをつける(전등을 켜다), 3은 ヒーターがきえる(히터가 꺼지다)와 같이 자주 쓰인다.

어휘 へや 圏방 中 なか 圏안, 속 あつい い형덥다 ~ので 图~니까
つける 图켜다 れいぞうこ 圏냉장고 でんき 圏전등, 전기
ヒーター 圏히터 エアコン 圏에어컨

15

공원 앞에 자전거가 2대 ( ) 있습니다.	
1 달려	2 걸어
3 멈춰	4 끌어

해설 선택지가 모두 동사이다. 문장 전체를 보았을 때 こうえんのまえにじてんしゃが2だいとまっています(공원 앞에 자전거가 2대 멈춰 있습니다)라는 문맥이 가장 자연스러우므로 3 とまって(멈춰)가 정답이다. 1은 運動場をはしる(운동장을 달리다), 2는 こうえんをあるく(공원을 걷다), 4는 にもつをひく(짐을 끌다)와 같이 자주 쓰인다.

어휘 こうえん 圏공원 まえ 圏앞 じてんしゃ 圏자전거 ~だい ~대
はしる 图달리다 あるく 图걷다 とまる 图멈추다 ひく 图끌다

16

어머니가 학창 시절의 ( ) 을 이야기해 주었습니다.	
1 추억	2 사진
3 상담	4 기분

해설 선택지가 모두 명사이다. 빈칸 앞뒤의 내용과 함께 쓸 때 がくせいじだいのおもいでをはなして(학창 시절의 추억을 이야기해)라는 문맥이 가장 자연스러우므로 1 おもいで(추억)가 정답이다. 2는 しゃしんをとる(사진을 찍다), 3은 そうだんをする(상담을 하다), 4는 楽なきぶんになる(편한 기분이 되다)와 같이 자주 쓰인다.

어휘 はは 圏어머니, 엄마 がくせいじだい 圏학창 시절

はなす 图이야기하다 ~てくれる ~(해) 주다 おもいで 圏추억
しゃしん 圏사진 そうだん 圏상담 きぶん 圏기분

17

많이 먹었기 때문에, ( ) 배가 부릅니다.	
1 혹시	**2 이제**
3 좀 더	4 꼭

해설 선택지가 모두 부사이다. 빈칸 뒤의 내용과 함께 쓸 때 もうおなかがいっぱいです(이제 배가 부릅니다)라는 문맥이 가장 자연스러우므로 2 もう(이제)가 정답이다. 1은 もし雨がふったら(혹시 비가 온다면), 3은 もっと食べる(좀 더 먹다), 4는 きっと来る(꼭 온다)와 같이 자주 쓰인다.

어휘 たくさん 图많이 食べる たべる 图먹다 ~ので 图~때문에
おなかがいっぱいだ 배가 부르다 もし 图혹시 もう 图이제
もっと 图좀 더 きっと 图꼭

18

열심히 연습했는데, 시합에 ( ) 버리고 말았습니다.	
1 이겨	2 빌려줘
3 던져	**4 져**

해설 선택지가 모두 동사이다. 문장 전체를 보았을 때 がんばってれんしゅうしたのに、しあいにまけてしまいました(열심히 연습했는데, 시합에 져버리고 말았습니다)라는 문맥이 가장 자연스러우므로 4 まけて(져)가 정답이다. 빈칸 바로 앞의 しあいに(시합에)만 보고 1 かって(이겨)를 정답으로 선택하지 않도록 주의한다. 1은 試合にかつ(시합에 이기다), 2는 かさをかす(우산을 빌려주다), 3은 ボールをなげる(공을 던지다)와 같이 자주 쓰인다.

어휘 がんばる 图열심히 하다 れんしゅう 圏연습 ~のに 图~는데
しあい 圏시합 ~てしまう ~(해) 버리다 かつ 图이기다
かす 图빌려주다 なげる 图던지다 まける 图지다

19

유학을 간 덕분에 다양한 ( ) 이 가능했습니다.	
1 인사	2 기분
3 지식	**4 경험**

해설 선택지가 모두 명사이다. 빈칸 앞의 내용과 함께 쓸 때 りゅうがくに行ったおかげでいろいろなけいけん(유학을 간 덕분에 다양한 경험)이라는 문맥이 가장 자연스러우므로 4 けいけん(경험)이 정답이다. 1은 あいさつをする(인사를 하다), 2는 きもちがわるい(기분이 나쁘다), 3은 ちしきを教わる(지식을 배우다)와 같이 자주 쓰인다.

어휘 りゅうがく 圏유학 行く いく 图가다 おかげで 덕분에
いろいろだ な형다양하다, 여러 가지다 できる 图가능하다
あいさつ 圏인사 きもち 圏기분, 마음 ちしき 圏지식
けいけん 圏경험

20

기무라 씨에게 스피치를 (　　　　) 만, 할 수 없다고 들었습니다.

1 권했습니다 　　　　　　　　2 기억했습니다

3 부탁했습니다 　　　　　　4 보냈습니다

해설　선택지가 모두 동사이다. 문장 전체를 보았을 때 きむらさんにスピーチをたのみましたが、できないと言われました(기무라 씨에게 스피치를 부탁했습니다만, 할 수 없다고 들었습니다)라는 문맥이 가장 자연스러우므로 3 たのみました(부탁했습니다)가 정답이다. 1은 パーティーにさそう(파티를 권하다), 2는 なまえをおぼえる(이름을 기억하다), 4는 にもつをとどける(짐을 보내다)와 같이 자주 쓰인다.

어휘　スピーチ 몡스피치　できる 동할 수 있다　言う いう 동말하다
　　　さそう 동권하다, 권유하다　おぼえる 동기억하다
　　　たのむ 동부탁하다　とどける 동보내다, 신고하다

21

집의 컴퓨터가 고장 났습니다.

1 집의 컴퓨터가 늘었습니다.

2 집의 컴퓨터가 망가졌습니다.

3 집의 컴퓨터가 작동했습니다.

4 집의 컴퓨터가 고쳐졌습니다.

해설　제시문에 사용된 こしょうしました가 '고장 났습니다'라는 의미이므로, 의미가 같은 こわれました(망가졌습니다)를 사용한 2 家のパソコンがこわれました(집의 컴퓨터가 망가졌습니다)가 정답이다.

어휘　家 いえ 몡집　パソコン 몡컴퓨터, PC　こしょうする 고장 나다
　　　ふえる 동늘다, 증가하다　こわれる 동망가지다, 부서지다
　　　うごく 동작동하다　なおる 동고쳐지다

자동차 공장에 갔다 왔습니다.

1 자동차를 파는 곳에 갔다 왔습니다.

2 자동차를 닦는 곳에 갔다 왔습니다.

3 자동차를 조사하는 곳에 갔다 왔습니다.

4 자동차를 만드는 곳에 갔다 왔습니다.

해설　제시문에 사용된 車のこうじょう가 '자동차 공장'이라는 의미이므로, 이를 풀어 쓴 車をつくるところ(자동차를 만드는 곳)를 사용한 4 車をつくるところにいってきました(자동차를 만드는 곳에 갔다 왔습니다)가 정답이다.

어휘　車 くるま 몡자동차　こうじょう 몡공장　いってくる 갔다 오다
　　　うる 동팔다　ところ 몡곳　あらう 동닦다, 씻다
　　　しらべる 동조사하다　つくる 동만들다

23

남동생이 짐을 운반해 주었습니다.

1 남동생이 짐을 들어 주었습니다.

2 남동생이 짐을 정리해 주었습니다.

3 남동생이 짐을 보내 주었습니다.

4 남동생이 짐을 포장해 주었습니다.

해설　제시문에 사용된 はこんで가 '운반해'라는 의미이므로, 의미가 유사한 もって(들어)를 사용한 1 おとうとがにもつをもってくれました(남동생이 짐을 들어 주었습니다)가 정답이다.

어휘　おとうと 몡남동생　にもつ 몡짐　はこぶ 동운반하다, 옮기다
　　　～てくれる ~(해) 주다　もつ 동들다　かたづける 동정리하다
　　　おくる 동보내다　つつむ 동포장하다

가게를 시작한 이유를 가르쳐 주세요.

1 어디에서 가게를 시작했는지 가르쳐 주세요.

2 언제 가게를 시작했는지 가르쳐 주세요.

3 왜 가게를 시작했는지 가르쳐 주세요.

4 어떻게 가게를 시작했는지 가르쳐 주세요.

해설　제시문의 お店をはじめたりゆう(가게를 시작한 이유)와 의미가 같은 なぜお店をはじめたか(왜 가게를 시작했는지)를 사용한 3 なぜお店をはじめたかおしえてください(왜 가게를 시작했는지 가르쳐 주세요)가 정답이다.

어휘　お店 おみせ 몡가게　はじめる 동시작하다　りゆう 몡이유
　　　おしえる 동가르치다　～てください ~(해) 주세요　どこ 몡어디
　　　いつ 몡언제　なぜ 튀왜, 어째서　どうやって 어떻게

제발

1 매우 좋은 곡이니까, 제발 들어봐 주세요.

2 열심히 공부했기 때문에 제발 합격 가능할 거예요.

3 그는 성실하고, 시간을 제발 지키는 사람입니다.

4 대학의 식당은 제발, 8시까지였다고 생각합니다.

해설　제시어 ぜひ는 '제발'이라는 뜻의 부사이다. 제시어 뒷부분의 내용에 유의하여 각 선택지를 읽어보면, 1의 ぜひ聞いてみてください(제발 들어봐 주세요)에서 문맥상 가장 올바르게 사용되었으므로 1이 정답이다. 참고로, 2는 きっと(꼭), 3은 かならず(반드시), 4는 たしか(확실히)를 사용하는 것이 올바른 문장이다.

어휘　ぜひ 튀제발, 아무쪼록　とても 튀매우　曲 きょく 몡곡
　　　～ので 조~니까　聞く きく 동듣다　～てください ~(해) 주세요
　　　がんばる 동열심히 하다　べんきょう 몡공부　～から 조~때문에
　　　ごうかく 몡합격　できる 동가능하다　かれ 몡그
　　　まじめだ 나형성실하다　時間 じかん 몡시간　まもる 동지키다
　　　大学 だいがく 몡대학　しょくどう 몡식당　～まで 조~까지
　　　～と思う ～とおもう ~라고 생각하다

26

친절

1 이를 닦을 때는 친절하게 천천히 닦아 주세요.
2 그에게 역까지의 가는 방법을 묻자, 친절하게 가르쳐 주었습니다.
3 취미가 같은 것을 알아서 김 씨와 친절하게 되었습니다.
4 최근 자연에게도 사람에게도 친절한 비누가 인기입니다.

해설 제시어 しんせつ는 '친절'이라는 뜻의 명사이고, しんせつだ로 사용하면 '친절하다'라는 뜻의 な형용사이다. 제시어 앞뒤의 내용에 유의하여 각 선택지를 읽어보면, 2의 行き方を聞くと、しんせつに教えてくれました(가는 방법을 묻자, 친절하게 가르쳐 주었습니다)에서 문맥상 가장 올바르게 사용되었으므로 2가 정답이다. 참고로, 1은 しんせつに(친절하게) 대신 ていねいに(정성껏), 3은 しんせつに(친절하게) 대신 親しく(したしく, 친하게), 4는 しんせつな(친절한) 대신 やさしい(순한)를 사용하는 것이 올바른 문장이다.

어휘 しんせつだ [な형]친절하다　歯 は [명]이　みがく [동]닦다, 깨끗이 하다
とき [명]때　ゆっくり [부]천천히　〜てください 〜(해) 주세요
かれ [명]그　駅 えき [명]역　〜まで [조]〜까지
行き方 いきかた [명]가는 방법　聞く きく [동]묻다
教える おしえる [동]가르치다　〜てくれる 〜(해) 주다　しゅみ [명]취미
同じ おなじ 같음　分かる わかる [동]알다　最近 さいきん [명]최근
しぜん [명]자연　せっけん [명]비누　人気 にんき [명]인기

27

붐비다

1 큰 도시로 인구가 붐벼서 문제가 되고 있습니다.
2 불꽃놀이로 향하는 자동차로 길이 붐비고 있습니다.
3 책상의 서랍은 붐비고 있어서 아무것도 들어가지 않습니다.
4 많은 학생이 체육관에 붐비고 있었습니다.

해설 제시어 こむ는 '붐비다'라는 뜻의 동사이다. 제시어 앞부분의 내용에 유의하여 각 선택지를 읽어보면, 2의 車でみちがこんで(자동차로 길이 붐비고)에서 문맥상 가장 올바르게 사용되었으므로 2가 정답이다. 참고로, 1은 集中して(しゅうちゅうして, 집중해서), 3은 つまって(가득 차), 4는 集まって(あつまって, 모여)를 사용하는 것이 올바른 문장이다.

어휘 こむ [동]붐비다　大きな おおきな 큰　とし [명]도시
じんこう [명]인구　もんだい [명]문제　はなびたいかい [명]불꽃놀이
むかう [동]향하다　車 くるま [명]자동차　みち [명]길　つくえ [명]책상
ひきだし [명]서랍　はいる [동]들어가다　たくさん [부]많이
がくせい [명]학생　たいいくかん [명]체육관

28

경치

1 그것을 듣고, 여동생은 깜짝 놀란 경치였습니다.
2 부모와 자식이 행복한 듯이 식사하고 있는 경치는 멋졌습니다.
3 집 창문에서 보이는 거리의 경치는 대단히 예쁩니다.
4 김 씨는 얌전한 듯한 경치였지만 스포츠를 잘합니다.

해설 제시어 けしき는 '경치'라는 뜻의 명사이다. 제시어 앞뒤의 내용에 유의하여 각 선택지를 읽어보면, 3의 まちのけしきはとてもきれいです(거리의 경치는 대단히 예쁩니다)에서 문맥상 가장 올바르게 사용되었으므로 3이 정답이다. 참고로, 1은 ようす(모습), 2는 風景(ふうけい, 풍경), 4는 印象(いんしょう, 인상)를 사용하는 것이 올바른 문장이다.

어휘 けしき [명]경치　聞く きく [동]듣다　いもうと [명]여동생
びっくりする 깜짝 놀라다　おやこ [명]부모와 자식
幸せだ しあわせだ [な형]행복하다　〜そうだ 〜듯 하다, (인) 것 같다
しょくじ [명]식사　すてきだ [な형]멋지다　家 いえ [명]집　まど [명]창문
〜から [조]〜에서　見える みえる [동]보이다　まち [명]거리
とても [부]대단히　きれいだ [な형]예쁘다　おとなしい [い형]얌전하다
スポーツ [명]스포츠　とくいだ [な형]잘하다

언어지식 (문법)

p.407

1

빨간 가방 (　　　) 갖고 싶어서, 백화점에 갔습니다.

1 은	2 에
3 이	4 때문

해설 빈칸에 들어갈 적절한 조사를 고르는 문제이다. 빈칸 앞의 명사 かばん (가방)과 빈칸 뒤의 ほしくて(갖고 싶어서)를 보면, '가방이 갖고 싶어'라는 말이 문맥상 자연스럽다. 따라서 3 が(이)가 정답이다.

어휘 あかい [い형]빨갛다　かばん [명]가방　ほしい [い형]갖고 싶다
デパート [명]백화점　行く いく [동]가다　〜は [조]〜은, 는
〜に [조]〜에　〜が [조]〜이, 가　〜から [조]〜때문

2

저는 1년 (　　　) 두 번, 한국에 돌아갑니다.

1 에서	**2 에**
3 의	4 도

해설 빈칸에 들어갈 적절한 조사를 고르는 문제이다. 빈칸 앞의 명사 年 (1년)과 빈칸 뒤의 二回(두 번)를 보면, '1년에 두 번'이라는 말이 문맥상 자연스럽다. 따라서 2 に(에)가 정답이다.

어휘 年 ねん [명]1년　二回 にかい 두 번　韓国 かんこく [명]한국
帰る かえる [동]돌아가다　〜で [조]〜에서　〜に [조]〜에
〜の [조]〜의　〜も [조]〜도

3

연필이 아니라, 펜 (　　　) 이름을 써 주세요.

1 과	2 을
3 도	**4 으로**

해설 빈칸에 들어갈 적절한 조사를 고르는 문제이다. 빈칸 앞의 えんぴつ じゃなくて、ペン(연필이 아니라, 펜)과 빈칸 뒤의 書いてください (써 주세요)를 보면, '연필이 아니라, 펜으로 써 주세요'라는 말이 문

맥상 자연스럽다. 따라서 4 で(으로)가 정답이다.

어휘 えんぴつ 圏연필　ペン 圏펜　名前 なまえ 圏이름
書く かく 圄쓰다　～てください ~(해) 주세요　～と 죄~과, 와
～を 죄~을, 를　～も 죄~도　～で 죄~으로

손님 "실례합니다. 다음 주 토요일, 오후 6시에 4명으로 예약 가능
　　 합니까?"
점원 "네, 가능합니다. 다음 주 토요일, 오후 6시에 식사를 준비
　　 (　　　　)."

1 하겠습니다　　　　　　　2 방문하겠습니다
3 받겠습니다　　　　　　　4 말하겠습니다

해설 빈칸에 들어갈 적절한 경어 표현을 고르는 문제이다. 점원이 손님에
　　 게 이야기하는 상황이다. 식사를 준비하는 행동의 주체가 점원이므로
　　 자신을 낮추는 겸양 표현을 사용해야 한다. 빈칸 앞의 6時にお食事
　　 をご用意(6시에 식사를 준비)라는 말과 연결할 수 있는 겸양 표현은
　　 いたします(하겠습니다)이다. 따라서 1 いたします(하겠습니다)가
　　 정답이다. 2의 うかがう(방문하다), 3의 いただく(받다), 4의 もう
　　 す(말하다)가 겸양 표현임을 알아둔다.

어휘 客 きゃく 圏손님　来週 らいしゅう 圏다음 주
　　 土曜日 どようび 圏토요일　ごご 圏오후　～時 ~じ ~시
　　 ～人 ～にん ~명, 인　よやく 圏예약　できる 圄가능하다
　　 店員 てんいん 圏점원　食事 しょくじ 圏식사　用意 ようい 圏준비
　　 いたす 圄하다(する의 겸양어)
　　 うかがう 圄방문하다(たずねる의 겸양어)
　　 いただく 圄받다(もらう의 겸양어)　もうす 圄말하다(言う의 겸양어)

다나카 씨는 누구 (　　　　) 능숙하게 헤엄치는 것을 할 수 있습니다.

1 에게 보다　　　　　　　2 의 보다
3 보다도　　　　　　　　4 보다 다른

해설 빈칸에 들어갈 적절한 조사를 고르는 문제이다. 빈칸 앞의 명사 だれ
　　 (누구)와 빈칸 뒤의 じょうずに(능숙하게)를 보면, '누구보다도 능숙
　　 하게'라는 말이 문맥상 자연스럽다. 따라서 3 よりも(보다도)가 정답
　　 이다.

어휘 だれ 圏누구　じょうずだ 国형능숙하다, 잘하다
　　 泳ぐ およぐ 圄헤엄치다　できる 圄할 수 있다　～に 죄~에게, 에
　　 ～より 죄~보다　～の 죄~의　～も 죄~도　ほか 圏다른 것

A "야마다 선생님, 없네. 어디에 갔을까."
B "선생님이라면, (　　　　) 교실에서 봤어."

1 겨우　　　　　　　　　2 최근
3 대부분　　　　　　　　4 아까

해설 빈칸에 들어갈 적절한 부사를 고르는 문제이다. 빈칸 앞의 先生なら
　　 (선생님이라면)와 빈칸 뒤의 教室で見たよ(교실에서 봤어)를 보면,
　　 2 さいきん(최근) 혹은 4 さっき(아까)가 정답의 후보이다. 대화문
　　 에서 A가 山田先生、いないんだ。どこに行ったんだろう(야마다
　　 선생님, 없네. 어디에 갔을까)라고 했으므로 '선생님이라면, 아까 교
　　 실에서 봤어'라는 말이 문맥상 자연스럽다. 따라서 4 さっき(아까)가
　　 정답이다.

어휘 先生 せんせい 圏선생(님)　行く いく 圄가다　～なら ~라면
　　 教室 きょうしつ 圏교실　見る みる 圄보다　やっと 튄겨우
　　 さいきん 圏최근　ほとんど 튄대부분　さっき 튄아까

친구 (　　　　) 이메일을 아빠에게 보임 당했습니다.

1 와　　　　　　　　　　2 와의
3 와는　　　　　　　　　4 라든가

해설 빈칸에 들어갈 적절한 조사를 고르는 문제이다. 빈칸 앞의 명사 友だ
　　 ち(친구)와 빈칸 뒤의 メールを(이메일을)를 보면, 선택지 1と(와),
　　 2との(와의), 3とは(와는)가 정답의 후보이다. 문장 전체를 보면
　　 友だちとのメールを父に見られました(친구와의 이메일을 아빠에
　　 게 보임 당했습니다)라는 말이 문맥상 자연스럽다. 따라서 2との(와
　　 의)가 정답이다. 제시문에서 사용된 見る의 수동 표현인 見られる는
　　 자연스럽게 해석한 '들키다'라는 의미로도 많이 사용된다.

어휘 友だち ともだち 圏친구　メール 圏이메일　父 ちち 圏아빠, 아버지
　　 見る みる 圄보다　～と 죄~와, 과　～の 죄~의　～は 죄~는, 은
　　 ～とか 죄~라든가

A "열심히 해온 부 활동을 그만두었다는 것은 (　　　　) 일입니까?"
B "대학 시험 공부를 위해서 그만두었습니다."

1 어떻게　　　　　　　　2 어느 정도
3 어느　　　　　　　　　4 무슨

해설 빈칸에 들어갈 적절한 의문사를 고르는 문제이다. 빈칸 앞의 やめ
　　 たって(그만두었다는 것은)와 빈칸 뒤의 ことですか(일입니까)를 보
　　 면, '그만두었다는 것은 무슨 일입니까'라는 말이 문맥상 자연스럽
　　 다. 따라서 4 どういう(무슨)가 정답이다.

어휘 がんばる 圄열심히 하다　くる 圄오다
　　 部活 ぶかつ 圏부 활동(동아리 활동)　やめる 圄그만두다
　　 ～って 죄~라는 것은　大学 だいがく 圏대학　しけん 圏시험
　　 勉強 べんきょう 圏공부　～ために ~위해서　どうやって 어떻게
　　 どの 어느　～くらい 죄~정도　どういう 무슨, 어떤

A "좋은 냄새네요. 고기, 이제 구워졌다고 생각하는데, 어떻습니
　　 까?"
B "네, 슬슬 (　　　　). 접시를 내 주세요."

1 먹을 수 있다고 합니다　　　2 먹을 수 있을 것 같습니다
3 먹히고 있습니다　　　　　　4 먹힙니다

해설 빈칸에 들어갈 적절한 문형을 고르는 문제이다. 빈칸 앞의 부사 そろ
　　 そろ(슬슬)를 보면, 모든 선택지가 정답의 후보이다. 대화문에서 A가

お肉、もう焼けたと思うんですけど、どうですか(고기, 이제 구워졌다고 생각하는데, 어떻습니까)라고 했으므로 '슬슬 먹을 수 있을 것 같습니다'라는 말이 문맥상 자연스럽다. 따라서 2 食べられそうです(먹을 수 있을 것 같습니다)가 정답이다. 1은 전언의 そうだ로 '~(라)고 한다'라는 의미이고, 3은 수동 표현에 ている(하고 있다)가 접속하여 '당하고 있다'라는 의미가 된 것임을 알아둔다.

어휘 におい 圏냄새 肉 にく 圏고기 もう 圍이제
　　 焼ける やける 图구워지다 ～と思う ～とおもう ~라고 생각하다
　　 ～けど 图~는데 そろそろ 圍슬슬 皿 さら 圏접시
　　 出す だす 图내다 ～てください ~(해) 주세요
　　 食べる たべる 图먹다 ～そうだ ~(라)고 한다(전언)
　　 ～そうだ ~(일) 것 같다(추측)

10

갑자기 비가 내려 (　　　), 서둘러 창문을 닫았습니다.

1 오면	2 와서는
3 와도	**4 왔기 때문에**

해설 동사가 올바르게 활용된 문형을 고르는 문제이다. 모든 선택지가 빈칸 앞의 雨がふって(비가 내려)에 접속할 수 있다. 빈칸 앞의 雨がふって(비가 내려)와 빈칸 뒤의 いそいで(서둘러)를 보면, 선택지 1 きたら(오면), 3 きても(와도), 4 きたので(왔기 때문에)가 정답의 후보이다. 문장 전체를 보면 急に雨がふってきたので、いそいでまどを閉めました(갑자기 비가 내려 왔기 때문에, 서둘러 창문을 닫았습니다)라는 말이 문맥상 자연스럽다. 따라서 4 きたので(왔기 때문에)가 정답이다.

어휘 急に きゅうに 圍갑자기 雨 あめ 圏비 ふる 내리다
　　 いそぐ 图서두르다 まど 圏창문 閉める しめる 图닫다
　　 くる 图오다 ～たら ~(하)면 ～は 图~는, 은 ～も 图~도
　　 ～ので 图~때문에

11

스즈키 씨는 슬픈 일이 있었던 것인지, 갑자기 (　　　).

1 울어 봤습니다	2 울어 주었습니다
3 울기 시작했습니다	4 너무 울었습니다

해설 빈칸에 들어갈 적절한 문형을 고르는 문제이다. 빈칸 앞의 부사 いきなり(갑자기)를 보면, '갑자기 울기 시작했습니다'라는 말이 문맥상 자연스럽다. 따라서 3 泣きだしました(울기 시작했습니다)가 정답이다. 1의 てみる는 '~(해) 보다', 2의 てくれる는 '~(해) 주다', 3의 すぎる는 '너무 ~(하)다'라는 의미임을 알아둔다.

어휘 悲しい かなしい [い형]슬프다 いきなり 圍갑자기 泣く なく 图울다
　　 みる 图보다 ～てくれる (나에게) ~ (해)주다
　　 泣きだす なきだす 图울기 시작하다
　　 泣きすぎる なきすぎる 너무 울다

12

다나카 "사토 씨, 점심 밥 그것뿐이야? 사과 한 개밖에 안 먹어?"
사　토 "응, (　　　) 쉬우니까, 식사에는 조심하고 있어."

1 살찌다	**2 살찌기**
3 살쪄서	4 살찌지 않는

해설 빈칸 뒤의 문형에 접속하는 알맞은 동사 형태를 고르는 문제이다. 빈칸 뒤의 やすい(쉽다)는 동사 ます형과 접속할 수 있으므로, ふとりやすい(살찌기 쉽다)로 연결된다. 따라서 2 ふとり(살찌기)가 정답이다. 동사 ます형 + やすい가 '~(하)기 쉽다'라는 의미의 문형임을 알아둔다.

어휘 ひるごはん 圏점심 (밥) ～だけ 图~뿐, 만 りんご 圏사과
　　 ひとつ 圏한 개 ～しか 图~밖에 食べる たべる 图먹다
　　 ～やすい ~(하)기 쉽다 ～から 图~니까 食事 しょくじ 圏식사
　　 気をつける きをつける 조심하다 ふとる 图살찌다

13

아이의 자고 있는 얼굴을 (　　　) 면, 싫은 것도 잊을 수 있습니다.

1 보고	2 봤
3 보	4 봐

해설 빈칸 뒤의 문형에 접속하는 알맞은 동사 형태를 고르는 문제이다. 빈칸 뒤의 と(~(하)면)는 동사 사전형과 접속할 수 있으므로, 見ると(보면)로 연결된다. 따라서 3 見る(보다)가 정답이다. 동사 사전형 + と가 '~(하)면'이라는 의미의 문형임을 알아둔다.

어휘 子ども こども 圏아이 寝る ねる 图자다 顔 かお 圏얼굴
　　 ～と ~(하)면 いやだ [な형]싫다 忘れる わすれる 图잊다
　　 見る みる 图보다

14

A "집에서 만화만 읽고 있지 말고, 가끔은 밖에 나가서 영화라도 ★보고 오면, 어때?"
B "나는 집에서 느긋하게 하는 것이 좋아."

1 오면	**2 보고**
3 나가서	4 영화라도

해설 선택지들끼리 연결 가능한 문형이 없으므로 빈칸 앞뒤를 본다. 빈칸 앞뒤와도 연결 가능한 문형이 없으므로 전체 선택지를 의미적으로 연결하면 3 出て 4 映画でも 2 みて 1 きたら(나가서 영화라도 보고 오면)가 된다. 전체 문맥과도 자연스럽게 연결되므로 2 みて(보고)가 정답이다.

어휘 家 いえ 圏집 まんが 圏만화 ～ばかり 图~만
　　 読む よむ 图읽다 たまに 가끔 外 そと 圏밖
　　 ぼく 圏나, 저(남자의 자칭) ゆっくり 圍느긋하게
　　 好きだ すきだ [な형]좋다 ～たら ~(하)면 みる 图보다
　　 出る でる 图나가다 映画 えいが 圏영화 ～でも 图~라도

15

중학생 때 자주 <u>갔던</u> 학교의 ★<u>맞은편에</u> 있는 식당은, 없어져 있었습니다.

1 있는	**2 맞은편에**
3 갔던	4 학교의

해설 선택지 2의 조사 には는 선택지 1의 ある와 접속하여 にある(~에 있다)라는 문형이 된다. 그러므로 선택지 2 向かいに와 1 ある를 우선 연결할 수 있다. 이후 나머지 선택지들을 의미적으로 배열하면 3 行った 4 学校の 2 向かいに 1 ある(갔던 학교의 맞은편에 있는)가 된다. 전체 문맥과도 자연스럽게 연결되므로 2 向かいに(맞은편에)가 정답이다.

어휘 中学生 ちゅうがくせい 圏중학생　とき 圏때　よく 凰자주
食堂 しょくどう 圏식당　なくなる 图없어지다
~てしまう ~(해) 버리다　向かい むかい 圏맞은편
行く いく 图가다　学校 がっこう 圏학교

16

콘서트에 갔는데, 어제 늦게까지 <u>일해서</u> ★<u>지쳐 있었던 것인지</u> <u>모르는 사이에</u> 자 버렸습니다.

1 자 버렸	2 일해서
3 모르는 사이에	**4 지쳐 있었던 것인지**

해설 선택지들끼리 연결 가능한 문형이 없으므로 빈칸 앞뒤를 본다. 빈칸 뒤에 ます의 과거형인 ました가 있으므로, 동사 ます형인 1 眠って しまい(자 버렸)를 가장 마지막 빈칸에 배열하여 眠ってしまいました(자 버렸습니다)를 만든다. 이후 나머지 선택지들을 의미적으로 연결하면 2 働いて 4 疲れていたのか 3 知らない間に 1 眠ってしまい(일해서 지쳐 있었던 것인지 모르는 사이에 자 버렸)가 된다. 전체 문맥과도 자연스럽게 연결되므로 4 疲れていたのか(지쳐 있었던 것인지)가 정답이다.

어휘 コンサート 圏콘서트　行く いく 图가다　~のに 国~는데
きのう 圏어제　遅い おそい い형늦다　~まで 国~까지
眠る ねむる 图자다　~てしまう ~(해) 버리다
働く はたらく 图일하다　知る しる 图알다　間 あいだ 圏사이
疲れる つかれる 图지치다, 피로해지다

17

A "영어 문제를 가르쳐 주기를 바라는데, 지금 괜찮습니까?"

B "저도 잘하는 것은 아니기 때문에, <u>영어라면</u> <u>스즈키 군</u> ★<u>에게 가르쳐 받으</u> <u>면 좋아요</u>."

1 에게 가르쳐 받으	2 스즈키 군
3 면 좋아	4 영어라면

해설 선택지 3의 といい는 동사 사전형 뒤에 접속하여 '동사 사전형 + といい(~(하)면 좋다)'라는 문형이 된다. 그러므로 선택지 1 に教えてもらう와 3 といい를 우선 연결할 수 있다. 이후 나머지 선택지들을 의미적으로 배열하면 4 英語なら 2 鈴木くん 1 に教えてもらう 3 といい(영어라면 스즈키 군에게 가르쳐 받으면 좋아)가 된다. 전

체 문맥과도 자연스럽게 연결되므로 1 に教えてもらう(에게 가르쳐 받으)가 정답이다.

어휘 英語 えいご 圏영어　問題 もんだい 圏문제
教える おしえる 图가르치다　~てほしい ~(해)주길 바라다
~けど 国~는데　今 いま 圏지금　ぼく 圏저, 나(남자의 자칭)
得意だ とくいだ な형잘하다　~ので ~때문에
~てもらう ~(해) 받다　~なら ~라면

18-21

아래의 글은, 유학생의 작문입니다.

> ### 책
>
> 메리 잡스
>
> 　저의 취미는 책을 읽는 것입니다. 주말, 근처의 카페에서 책을 읽습니다. 일본에서는, 우리나라의 책이 그다지 팔리고 있지 않기 때문에, [18]컴퓨터로 다운로드해서 읽습니다. ▢18▢ , 저는 종이 책 쪽이 좋습니다. 종이 책만의 특별한 [19]냄새 ▢19▢ 나기 때문입니다. 그래서, 이 다음 우리나라에 돌아가면, 종이 책을 많이 사 오려고 생각합니다.
>
> 　그리고, 저는 일본의 작가도 좋아합니다. [20]우리나라의 말로 쓰여진 일본 책은 읽었습니다만, 일본어 책은 ▢20▢. 한자가 많이 있어서, 저에게는 어렵습니다. [21]더 공부해서, 일본어 책도 읽을 수 있도록 ▢21▢ .

어휘 下 した 圏아래　文章 ぶんしょう 圏글, 문장
留学生 りゅうがくせい 圏유학생　作文 さくぶん 圏작문
本 ほん 圏책　しゅみ 圏취미　読む よむ 图읽다
週末 しゅうまつ 圏주말　近く ちかく 圏근처　カフェ 圏카페
日本 にほん 圏일본　国 くに 圏우리나라, 고향, 나라
あまり 凰그다지　売る うる 图팔다　~ので ~때문에
パソコン 圏컴퓨터　ダウンロード 圏다운로드　紙 かみ 圏종이
ほう 圏쪽　好きだ すきだ な형좋아하다　~だけ 国~만
とくべつだ な형특별하다　においがする 냄새가 나다
~から 国~때문　だから 쩹그래서　今度 こんど 圏이 다음
帰る かえる 图돌아가다　~たら ~(하)면　たくさん 凰많이
買う かう 图사다　~と思う ~とおもう ~라고 생각하다
それから 쩹그리고　作家 さっか 圏작가　言葉 ことば 圏말
書く かく 图쓰다　日本語 にほんご 圏일본어　漢字 かんじ 圏한자
難しい むずかしい い형어렵다　もっと 凰더
勉強 べんきょう 圏공부　~ように ~(하)도록

18

1 예를 들어	2 게다가
3 하지만	4 또는

해설 빈칸에 들어갈 접속사 또는 부사를 고르는 문제이다. 빈칸 앞 문장의 パソコンでダウンロードして読みます(컴퓨터로 다운로드해서 읽습니다)는 빈칸 뒤의 私は紙の本のほうが好きです(저는 종이 책 쪽이 좋습니다)와 상반되는 내용이므로, 빈칸에는 역접을 나타내는 접속사가 필요하다. 따라서 3 でも(하지만)가 정답이다.

어휘 たとえば 🔢예를 들어   それに 🔢게다가   でも 🔢하지만
　　또는 🔢또는

19

1 를	**2 가**
3 는	4 에

해설 빈칸에 들어갈 적절한 조사를 고르는 문제이다. 빈칸 앞의 명사 にお
い(냄새)와 빈칸 뒤의 동사 する(나다)는 조사 が(가)와 함께 にお
いがする(냄새가 나다)로 사용된다. 따라서 2 が(가)가 정답이다.

어휘 ~を 🔢~를, 을   ~が 🔢~가, 이   ~は 🔢~는. 은   ~に 🔢~에

20

1 읽은 것이 됩니다	2 읽었을 리가 없습니다
3 읽었을 지도 모릅니다	**4 읽은 적이 없습니다**

해설 빈칸에 들어갈 적절한 문형을 고르는 문제이다. 모든 선택지가 빈칸
앞의 조사 は(은)에 접속할 수 있다. 빈칸 앞 부분인 私の国の言葉
で書かれた日本の本は読みましたが、日本語の本は(우리나라
의 말로 쓰여진 일본 책은 읽었습니다만, 일본어 책은)를 보면, '일본
어 책은 읽은 적이 없습니다'라는 말이 문맥상 자연스럽다. 따라서 4
読んだことがありません(읽은 적이 없습니다)이 정답이다. 1의 こ
とになる는 '~(하)게 되다', 2의 はずがない는 '~(일)리가 없다', 3
의 かもしれない는 '~(일)지도 모른다'라는 의미임을 알아둔다.

어휘 ~ことになる ~(하)게 되다   ~はずがない ~(일)리가 없다
　　~かもしれない ~(일)지도 모른다   ~たことがある ~(한) 적이 있다

21

1 되었습니다	**2 되고 싶습니다**
3 되어 보겠습니다	4 되어 주겠습니다

해설 빈칸에 들어갈 적절한 문형을 고르는 문제이다. 모든 선택지가 빈칸
앞의 문형 ように(~(하)도록)에 접속할 수 있다. 빈칸 앞 부분인 もっ
と勉強して、日本語の本も読めるように(더 공부해서, 일본어 책
도 읽을 수 있도록)를 보면, '읽을 수 있도록 되고 싶습니다'라는 말이
문맥상 자연스럽다. 따라서 2 なりたいです(되고 싶습니다)가 정답이
다. 3의 てみる는 '~(해) 보다', 4의 てあげる는 '~(해) 주다'라는
의미임을 알아둔다.

어휘 ~たい ~(하)고 싶다   ~てあげる ~(해) 주다

독해

p.414

22

체육관의 입구에 안내문이 있습니다.

○　　　　　　　　　　　　　　　　　○

체육관 이용에 대해서

【이용 시간】

오전 9시부터 오후 8시까지
※12시 반부터 1시 반까지는 청소 시간이므로,
체육관에 들어가지 말 것

【예약하는 방법】

이용하고 싶은 사람은 반드시 전화로 예약해 주세요.
전화번호 : 0238-02-1357

― 주의할 것 ―

① 체육관 안에서 음식을 먹어서는 안 됩니다. (음료는 괜
찮습니다)
② 체육관에는, 공이나 스포츠 도구는 없습니다.

○　　　　　　　　　　　　　　　　　○

이 안내문에서, 체육관에 대해서 알 수 있는 것은 무엇입니까?

1 12시 반부터 1시 반까지 체육관을 사용해도 괜찮습니다.
2 예약하지 않으면 체육관을 이용하는 것이 불가능합니다.
3 체육관 안에서 밥을 먹어도 괜찮습니다.
4 체육관의 공을 사용해서는 안 됩니다.

해설 안내문 형식의 실용문으로, 체육관에 대한 설명으로 알 수 있는 것을
묻고 있다. 지문의 중반부에서 利用したい人はかならず電話で予
約してください(이용하고 싶은 사람은 반드시 전화로 예약해 주세
요)라고 언급하고 있으므로, 2 予約しないと体育館を利用するこ
とができません(예약하지 않으면 체육관을 이용하는 것이 불가능
합니다)이 정답이다. 1은 지문에서 12時半から1時半まではそう
じの時間ですので、体育館に入らないこと(12시 반부터 1시 반
까지는 청소 시간이므로, 체육관에 들어가지 말 것)라고 했고, 3은 体
育館の中で食べ物を食べてはいけません(체육관 안에서 음식을
먹어서는 안 됩니다)이라고 했으며, 4는 体育館には、ボールやス
ポーツ道具はありません(체육관에는, 공이나 스포츠 도구는 없습
니다)이라고 했으므로 오답이다.

어휘 体育館 たいいくかん 🔢체육관   入り口 いりぐち 🔢입구
　　お知らせ おしらせ 🔢안내문, 알림   利用 りよう 🔢이용
　　~について ~에 대해서   時間 じかん 🔢시간   午前 ごぜん 🔢오전
　　~時 ~じ ~시   ~から 🔢~에서, 부터   午後 ごご 🔢오후
　　~まで ~까지   半 はん 🔢반   そうじ 🔢청소
　　~ので 🔢~므로, 때문에   入る はいる 🔢들어가다, 들어오다
　　予約 よやく 🔢예약   やり方 やりかた 🔢하는 방법
　　~たい ~(하)고 싶다   かならず 🔢반드시   電話 でんわ 🔢전화

~てください ~(해) 주세요   電話番号 でんわばんごう 圏전화번호
注意 ちゅうい 圏주의   中 なか 圏안, 속   食べ物 たべもの 圏음식
食べる たべる 图먹다   ~てはいけない ~(해)서는 안 된다
飲み物 のみもの 圏음료   ボール 圏공   スポーツ 圏스포츠
道具 どうぐ 圏도구   使う つかう 图사용하다   できる 图할 수 있다
ごはん 圏밥, 식사

23

왕 씨의 책상 위에 메모가 있습니다.

> 왕 씨에게
>
> 어제는 우산을 빌려줘서, 감사했습니다. 답례로 케이크를 만들었습니다. 꼭, 드셔주세요. 다 먹으면, 케이크의 접시를 제 책상 위에 놔 두어 주세요. 나중에, 맛의 감상도 가르쳐 주세요.
>
>   토마스로부터

왕 씨가 메모를 보고, 나중에 할 일은 무엇입니까?

1 토마스 씨에게 우산을 빌려줍니다.
2 토마스 씨에게 케이크를 만들어 줍니다.
3 케이크를 토마스 씨의 책상에 둡니다.
4 토마스 씨에게 케이크의 맛을 전합니다.

해설 메모 형식의 실용문으로, 왕 씨가 메모를 보고 할 일을 묻고 있다. 지문의 초반부에서 おれいにケーキを作りました(답례로 케이크를 만들었습니다)라고 언급하고, 지문의 후반부에서 あとで、味の感想も教えてくださいね(나중에, 맛의 감상도 가르쳐 주세요)라고 언급하고 있으므로, 4 토마스さんにケーキの味を伝えます(토마스 씨에게 케이크의 맛을 전합니다)가 정답이다. 1은 왕 씨가 어제 토마스 씨에게 해 준 일이고, 2와 3은 왕 씨가 해야 할 일이 아니므로 오답이다.

어휘 机 つくえ 圏책상   上 うえ 圏위   メモ 圏메모   きのう 圏어제
かさ 圏우산   貸す かす 图빌려주다
~てくれる (나에게) ~(해) 주다   おれい 圏답례   ケーキ 圏케이크
作る つくる 图만들다   ぜひ 囝꼭   食べ終わる たべおわる 다 먹다
~たら ~(하)면   皿 さら 圏접시   置く おく 图놓다
~てください ~(해) 주세요   あと 圏나중, 후   味 あじ 圏맛
感想 かんそう 圏감상   教える おしえる 图가르치다
~より ~로부터   ~てあげる ~(해) 주다
伝える つたえる 图전하다

24

 저는 개를 키우고 있습니다. 이름은 '시로'입니다. 시로는 비 오는 날에 산책하는 것을 좋아합니다. 비 오는 날에 밖에 나가는 것은 싫지만, 시로가 즐거운 듯 산책하고 있는 것을 보면, 저까지 즐거운 기분이 됩니다. 비 오는 날의 산책 후에는 시로가 지저분해지기 때문에, 씻겨 줍니다. 하지만, 시로는 샤워를 싫어합니다. 그래서, 항상 도망치려고 합니다. 비도 샤워도 같은 물인데, 어째서 샤워는 싫어하는 것인지 이해할 수 없습니다.

'나'는 어째서 시로를 이해할 수 없다고 말합니까?

1 시로가 비도 샤워도 좋아하기 때문에
2 시로가 비도 샤워도 싫어하기 때문에
3 시로가 비는 좋아하는데, 샤워는 싫어하기 때문에
4 시로가 비는 싫어하는데, 샤워는 좋아하기 때문에

해설 에세이 단문으로, 지문에 언급된 '나'가 시로를 이해할 수 없는 이유에 대해서 묻고 있다. 지문의 초반부에서 シロは雨の日に散歩するのが好きです(시로는 비 오는 날에 산책하는 것을 좋아합니다)라고 언급하고, 지문의 후반부에서 雨もシャワーも同じ水なのに、どうしてシャワーは嫌いなのか理解できません(비도 샤워도 같은 물인데, 어째서 샤워는 싫어하는 것인지 이해할 수 없습니다)이라고 언급하고 있으므로, 이와 일치하는 3 シロが雨は好きなのに、シャワーは嫌いだから(시로가 비는 좋아하는데, 샤워는 싫어하기 때문에)가 정답이다.

어휘 犬 いぬ 圏개   飼う かう 图키우다   名前 なまえ 圏이름
雨 あめ 圏비   日 ひ 圏날   散歩 さんぽ 圏산책
好きだ すきだ な형좋아하다   外 そと 圏밖, 바깥
出る でる 图나가다   いやだ な형싫다   楽しい たのしい い형즐겁다
~そうだ ~(인) 듯 하다, (인) 것 같다   見る みる 图보다
~まで 조~까지   気持ち きもち 圏기분   あと 圏후, 뒤
汚い きたない い형지저분하다   ~ので 조~때문에
洗う あらう 图씻다   ~てあげる ~(해) 주다   でも 젭하지만
シャワー 圏샤워   嫌いだ きらいだ な형싫어하다   だから 젭그래서
いつも 囝항상   逃げる にげる 图도망치다
~ようとする ~(하)려고 하다   同じ おなじ 같음   水 みず 圏물
~のに 조~인데   どうして 囝어째서   理解 りかい 圏이해
できる 图할 수 있다

25-27

이것은 카푸르 씨가 쓴 작문입니다.

> ### 슈퍼의 아르바이트
>   아이샤·카푸르
>
> 저는 지난달부터 슈퍼에서 아르바이트를 하고 있습니다. 저의 일은, 식료품을 옮기거나, 선반에 진열하거나 하는 것입니다. 그리고, 가게의 청소도 하지 않으면 안 됩니다. 계산대의 계산 등 일본어를 사용하는 일은, 아직 일본어가 능숙하지 않아서 할 수 없습니다.
>
> [25]슈퍼의 일은 생각보다 힘듭니다. 기억할 것이 많이 있습니다. 예를 들어, 식료품의 이름입니다. 채소만이라도 20종류 이상 있습니다. 같은 버섯이라도, 크기나 모양에 따라 이름이 다릅니다. 그런 단어는 학교에서는, 배우지 않습니다.
>
> 하지만, [26]모르는 것은 파트 타임으로 일하는 아주머니들이 하나하나 가르쳐 줍니다. 아주머니들은 정말로 상냥합니다. 일본어도 천천히 이야기해 줍니다. 그리고, 쉬는 시간이 되면, 아주머니들이 가지고 와 준 과자를 먹으면서, 잡담을 합니다. 일뿐만 아니라, 가족이나 취미에 대해서도 이야기합니다. [27]아주머니들은 어머니의 나이와 같습니다만, 저와

같은 나이의 친구 같습니다.

　일본에서 여러 가지 경험을 하고 싶다고 생각해서 시작한 아르바이트입니다만, [27]아르바이트 덕분에 (　　). 유학 생활이 끝날 때까지 계속 이 슈퍼에서 아주머니들과 함께 일하고 싶습니다.

어휘 書くかく 图쓰다　作文 さくぶん 图작문　スーパー 图슈퍼
アルバイト 图아르바이트　先月 せんげつ 图지난달
～から 图~부터　仕事 しごと 图일
食料品 しょくりょうひん 图식료품　運ぶ はこぶ 图옮기다
～たり 图~(하)거나　たな 图선반
並べる ならべる 图진열하다, 늘어놓다　それから 图그리고
店 みせ 图가게　そうじ 图청소
～なくてはいけない ~(하)지 않으면 안 된다　レジ 图계산대
会計 かいけい 图(물건값, 대금)계산　～など 图~등
日本語 にほんご 图일본어　使う つかう 图사용하다　まだ 图아직
上手だ じょうずだ な형능숙하다, 잘 하다　～ので 图~라서
できる 图할 수 있다　思う おもう 图생각하다　～より 图~보다
大変だ たいへんだ な형힘들다　覚える おぼえる 图기억하다
たくさん 图많이　たとえば 图예를 들어　名前 なまえ 图이름
やさい 图채소　～だけ 图~만, 뿐　～でも 图~라도
種類 しゅるい 图종류　以上 いじょう 图이상　同じ おなじ 같음
きのこ 图버섯　大きさ おおきさ 图크기　形 かたち 图모양
～によって ~에 따라, 의해　違う ちがう 图다르다
単語 たんご 图단어　学校 がっこう 图학교　習う ならう 图배우다
でも 图하지만　分かる わかる 图알다, 이해하다
パート 图파트 타임으로 일하는 것　おばさん 图아주머니
教える おしえる 图가르치다　～てくれる (나에게) ~(해) 주다
本当に ほんとうに 图정말, 매우　やさしい い형상냥하다
ゆっくり 图천천히, 느긋하게　話す はなす 图이야기하다
そして 图그리고　休み時間 やすみじかん 图쉬는 시간
持ってくる もってくる 가지고 오다　おかし 图과자
食べる たべる 图먹다　～ながら 图~(하)면서
おしゃべり 图잡담, 수다　家族 かぞく 图가족　しゅみ 图취미
～について ~에 대해서　母 はは 图어머니, 엄마　とし 图나이
友だち ともだち 图친구　～のようだ ~(인) 것 같다
日本 にほん 图일본　いろいろだ な형여러 가지이다
経験 けいけん 图경험　～たい ~(하)고 싶다
～と思う ～とおもう ~라고 생각하다　始める はじめる 图시작하다
おかげで 덕분에　留学 りゅうがく 图유학　生活 せいかつ 图생활
終わる おわる 图끝나다　～まで 图~까지　ずっと 图계속
いっしょに 图함께　働く はたらく 图일하다

25

왜, 슈퍼의 일이 힘들다고 말합니까?

1 일본어로 능숙하게 이야기하지 않으면 안 되기 때문에
2 많은 음식의 이름을 기억하지 않으면 안 되기 때문에
3 크기나 모양에 따라 식료품을 나누지 않으면 안 되기 때문에
4 학교에서 배운 것을 다시 한 번 생각해내지 않으면 안 되기 때문에

해설 질문의 スーパーの仕事(슈퍼의 일)와 大変だ(힘들다)를 지문에서 찾아 그 주변을 주의 깊게 읽는다. 두 번째 단락에서 スーパーの仕事は思ったより大変です。覚えることがたくさんあります。たとえば、食料品の名前です(슈퍼의 일은 생각보다 힘듭니다. 기억할 것이 많이 있습니다. 예를 들어, 식료품의 이름입니다)라고 언급하고 있으므로, 2 たくさんの食べ物の名前を覚えなくてはいけないから(많은 음식의 이름을 기억하지 않으면 안 되기 때문에)가 정답이다. 지문에서 同じきのこでも、大きさや形によって名前が違います(같은 버섯이라도, 크기나 모양에 따라 이름이 다릅니다)라고 한 것은 슈퍼에서 일을 할 때는 기억해야 할 것이 많아서 어렵다는 점을 언급한 것이므로 선택지 3은 오답이다.

어휘 食べ物 たべもの 图음식, 먹을 것　分ける わける 图나누다
もう一度 もういちど 다시 한 번　思い出す おもいだす 图생각해내다

26

'나'는 왜, 아주머니들은 정말로 상냥합니다라고 말합니까?

1 모르는 것을 친절하게 가르쳐 주기 때문에
2 간단한 일본어로 이야기해 주기 때문에
3 항상 맛있는 과자를 가지고 와 주기 때문에
4 가족이나 취미의 이야기를 해 주기 때문에

해설 지문에서 밑줄 친 おばさんたちは本当にやさしいです(아주머니들은 정말로 상냥합니다)의 이유가 무엇인지를 앞부분에서 찾는다. 밑줄의 앞부분에서 分からないことはパートのおばさんたちが一つ一つ教えてくれます(모르는 것은 파트 타임으로 일하는 아주머니들이 하나하나 가르쳐 줍니다)라고 언급하고 있으므로, 1 分からないことをていねいに教えてくれるから(모르는 것을 친절하게 가르쳐 주기 때문에)가 정답이다. 지문에서 休み時間になると、おばさんたちが持ってきてくれたおかしを食べながら、おしゃべりします。仕事のことだけではなく、家族やしゅみについても話します(쉬는 시간이 되면, 아주머니들이 가지고 와 준 과자를 먹으면서, 잡담을 합니다. 일뿐만 아니라, 가족이나 취미에 대해서도 이야기합니다)라고 한 것은 필자가 '나'가 쉬는 시간에 아주머니들과 하는 일을 언급한 것이므로 선택지 3과 4는 오답이다.

어휘 ていねいだ な형친절하다, 정중하다　かんたんだ な형간단하다
いつも 图항상　おいしい い형맛있다

27

(　　)에 넣을 것으로, 가장 알맞은 글은 무엇입니까?

1 일본어가 능숙해지게 되었습니다
2 많은 돈을 모았습니다
3 멋진 친구들이 생겼습니다
4 처음으로 경험을 했습니다

해설 빈칸에 들어갈 알맞은 글을 찾기 위해 빈칸 앞뒤 문장의 문맥을 확인한다. 빈칸 앞부분에서 おばさんたちは母のとしと同じですが、私と同じとしの友だちのようです(아주머니들은 어머니의 나이와 같습니다만, 저와 같은 나이의 친구 같습니다)를 보면, アルバイトのおかげですてきな友だちができました(아르바이트 덕분에 멋진 친구들이 생겼습니다)가 문맥상 가장 자연스럽다. 따라서 3 すてき

な友だちができました(멋진 친구들이 생겼습니다)가 정답이다.

어휘 おかね 图돈　ためる 图모으다　すてきだ 다형멋지다

できる 图생기다　はじめて 图처음으로

28

사토 씨는 5세인 아들과 음악회에 가고 싶다고 생각하고 있습니다. 평일은 바쁘기 때문에, 주말에 갈 수 있는 것이 좋습니다. 사토 씨가 고를 수 있는 것은, 어느 것입니까?

1 ①　　　　　　　　　　　2 ②
3 ①과 ③　　　　　　　　　4 ②와 ③

해설 사토 씨가 고를 수 있는 음악회를 묻는 문제이다. 질문에서 제시된 조건 (1) 5才のむすこと音楽会に行きたい(5세인 아들과 음악회에 가고 싶다), (2) 週末に行けるもの(주말에 갈 수 있는 것)에 따라 지문을 보면,

(1) 5세인 아들과 음악회에 가고 싶다 : こどものねんれい(아이의 연령)를 보면 3〜6才 / 小学生以下(3~6세 / 초등학생 이하)가 참가 가능한 ①과 ②, 小学校 2年生以下(초등학교 2학년 이하)가 참가 가능한 ③이 있으므로 사토 씨는 ①, ②, ③을 고를 수 있다.

(2) 주말에 갈 수 있는 것 : 日・時間(일・시간)을 보면, ①, ②, ③ 중에서 주말에 진행되는 음악회는 ②와 ③이므로 ②와 ③을 고를 수 있다.

따라서, 4 ②と③(②와 ③)이 정답이다.

어휘 お知らせ おしらせ 图안내문　〜才 〜さい ~세, 살　むすこ 图아들

音楽会 おんがくかい 图음악회　行く いく 图가다

〜たい ~(하)고 싶다　〜と思う 〜とおもう ~라고 생각하다

平日 へいじつ 图평일　いそがしい い형바쁘다　〜ので 图~때문에

週末 しゅうまつ 图주말

29

다카하시 씨의 딸은 초등학교 5학년입니다. 다카하시 씨는 딸과 함께 음악회에 가고 싶습니다. 노래보다도 악기의 소리를 즐기고 싶다고 생각하고 있습니다. 오후부터 시작되는 것이 좋습니다. 다카하시 씨가 고를 수 있는 것은, 어느 것입니까?

1 ③　　　　　　　　　　　2 ④
3 ⑤와 ⑥　　　　　　　　　4 ④와 ⑥

해설 다카하시 씨가 고를 수 있는 음악회를 묻는 문제이다. 질문에서 제시된 조건 (1) むすめは小学校 5年生(딸은 초등학교 5학년), むすめといっしょに音楽会に行きたい(딸과 함께 음악회에 가고 싶다), (2) 楽器の音を楽しみたい(악기의 소리를 즐기고 싶다), (3) 午後から始まるもの(오후부터 시작되는 것)에 따라 지문을 보면,

(1) 초등학교 5학년 딸과 함께 음악회에 가고 싶다 : こどものねんれい(아이의 연령)를 보면 小学校 5年生以上(초등학교 5학년 이상)가 참가할 수 있는 것이 ④, 小学生全学年(초등학생 전 학년)이 참가할 수 있는 것이 ⑤와 ⑥이므로 다카하시 씨는 ④, ⑤, ⑥을 고를 수 있다.

(2) 악기의 소리를 즐기고 싶다 : 악기의 소리를 즐기는 음악회는 ④와 ⑥이므로, 다카하시 씨는 ④와 ⑥을 고를 수 있다.

(3) 오후부터 시작되는 것 : 日・時間(일・시간)을 보면, ④와 ⑥ 중에

서 오후부터 시작되는 것은 ④ 뿐이므로 ④만 고를 수 있다.

따라서, 2 ④가 정답이다.

어휘 むすめ 图딸　小学校 しょうがっこう 图초등학교

〜年生 〜ねんせい ~학년　いっしょに 图함께　歌 うた 图노래

〜より 图~보다　楽器 がっき 图악기　音 おと 图소리

楽しむ たのしむ 图즐기다　午後 ごご 图오후　〜から 图~부터

始まる はじまる 图시작되다

28-29

	프로그램	일・시간	아이의 연령

～♪.♭ 부모와 아이가 함께 음악 ♫.♪#～

아오조라 문화 센터에서 행해지는 음악회를 소개합니다.
아이와 함께 참가해 주세요.

● 음악회의 안내

	프로그램	일・시간	아이의 연령
①	'그림책과 음악' 그림책을 보면서, 피아노를 듣습니다.	9/2 (수) 17:00〜	[28]3〜6세 / 초등학생 이하
②	'노래하고, 춤춰보자!' 음악에 맞춰서, 노래하거나, 춤추거나 할 수 있습니다.	[28]9/6 (일) 10:00〜	
③	'함께 즐기는 음악' 인기인 유명한 가수가 옵니다.	[28]9/12 (토) 17:00〜	[28]초등학교 2학년 이하
④	[29]'피아노와 기타의 하모니' 피아노와 기타의 콘서트입니다.	[29]9/13 (일) 15:00〜	[29]초등학교 5학년 이상
⑤	'애니메이션 곡을 부르자!' 5인의 가수가 애니메이션의 곡을 부릅니다.	9/17 (목) 18:00〜	[29]초등학생 전학년
⑥	[29]'피아노의 세계' 예쁜 피아노의 소리를 즐길 수 있습니다.	9/19 (토) 11:00〜	

아오조라 문화 센터 「음악회」 담당 ☎ : 02-3477-1212

어휘 親子 おやこ 图부모와 아이, 부모와 자식　音楽 おんがく 图음악

文化 ぶんか 图문화　センター 图센터　行う おこなう 图행하다

しょうかい 图소개　子ども こども 图아이　参加 さんか 图참가

〜てみる ~(해) 보다　〜てください ~(해) 주세요

案内 あんない 图안내　プログラム 图프로그램

時間 じかん 图시간　ねんれい 图연령　絵本 えほん 图그림책

見る みる 图보다　ピアノ 图피아노　聞く きく 图듣다

歌う うたう 图노래하다　踊る おどる 图춤추다

合わせる あわせる 图맞추다　できる 图할 수 있다

小学生 しょうがくせい 图초등학생　以下 いか 图이하

人気 にんき 图인기　有名だ ゆうめいだ 다형유명하다

歌手 かしゅ 图가수　来る くる 图오다　ギター 图기타

ハーモニー 图하모니　コンサート 图콘서트

以上 いじょう 图이상　アニメ 图애니메이션　曲 きょく 图곡

世界 せかい 图세계　きれいだ 다형예쁘다

全学年 ぜんがくねん 图전학년　係り かかり 图담당

☞ 문제1의 디렉션과 예제를 들려줄 때 1번부터 8번까지의 선택지를 미리 읽고 내용을 재빨리 파악해둡니다. 음성에서 では、始めます(그러면, 시작합니다)가 들리면, 곧바로 문제 풀 준비를 합니다. 음성 디렉션과 예제는 실전모의고사 1의 해설 (p.136)에서 확인할 수 있습니다.

1

[음성]

日本語学校で先生が話しています。学生は明日何を持ってこなければなりませんか。

F：みなさん、明日はスポーツ大会です。午前9時に始まって、午後4時に終わります。食べ物や飲み物は必要ありません。学校でお弁当を用意します。みなさんはタオルを用意してください。たくさん汗をかくと思います。それから、毎年けがをする人がかならずいます。けがをしたとき、すぐに病院に行かなければなりませんから、IDカードを忘れないでください。

学生は明日何を持ってこなければなりませんか。

[문제지]

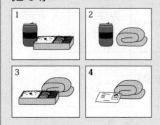

해석 일본어 학교에서 선생님이 이야기하고 있습니다. 학생은 내일 무엇을 가지고 오지 않으면 안 됩니까?

　F：여러분, 내일은 스포츠 대회입니다. 오전 9시에 시작돼서, 오후 4시에 끝납니다. 음식이나 음료수는 필요 없습니다. 학교에서 도시락을 준비합니다. 여러분은 수건을 준비해 주세요. 많이 땀을 흘릴거라고 생각합니다. 그리고, 매년 상처를 입는 사람이 반드시 있습니다. 상처를 입었을 때는, 바로 병원에 가지 않으면 안 되니까, 신분증명서를 잊지 말아 주세요.

학생은 내일 무엇을 가지고 오지 않으면 안 됩니까?

해설 선택지가 음료수, 도시락, 수건, 신분증명서 그림이고, 질문이 학생이 내일 가지고 와야 할 것을 물었으므로, 선생님의 말을 들을 때 학생이 내일 무엇을 가지고 와야 하는지를 파악한다. 선생님이 みなさんはタオルを用意してください(여러분은 수건을 준비해 주세요)라고 말한 후, IDカードを忘れないでください(신분증명서를 잊지 말아 주세요)라고 했으므로 4 '수건과 신분증명서'가 정답이다. 1, 2, 3의 음료수와 도시락은 모두 학교에서 준비한다고 하였으므로 오답이다.

어휘 日本語学校 にほんごがっこう 圏일본어 학교　先生 せんせい 圏선생(님)　学生 がくせい 圏학생　明日 あした 圏내일　持つ もつ 圏들다　みなさん 圏여러분　スポーツ 圏스포츠　大会 たいかい 圏대회　午前 ごぜん 圏오전　~時 ~じ ~시　始まる はじまる 圏시작되다　午後 ごご 圏오후　終わる おわる 圏끝나다　食べ物 たべもの 圏음식　~や 图~(이)나　飲み物 のみもの 圏음료수　必要 ひつよう 圏필요　学校 がっこう 圏학교　弁当 べんとう 圏도시락　用意 ようい 圏준비　タオル 圏수건, 타올　~てください ~(해) 주세요　たくさん 凰많이　汗をかく あせをかく 땀을 흘리다　~と思う ~とおもう ~라고 생각하다　それから 접그리고　毎年 まいとし 圏매년　けがをする 상처를 입다　かならず 凰반드시　とき 圏때　すぐに 凰바로, 즉시　病院 びょういん 圏병원　~なければならない ~(하)지 않으면 안 된다　~から 图~니까　ID カード 圏신분증명서　忘れる わすれる 圏잊다

2

[음성]

女の人と男の人が話しています。女の人はいつインタビューしますか。

F：今回のレポートのテーマは「働く人」なんです。

M：おもしろいテーマだね。

F：はい。働いている人に話を聞いて、レポートに書かなくちゃいけないんですけど、先輩にインタビューしてもいいですか？働いているところに行って、写真も撮りたいんですけど。

M：もちろん、いいよ。レポートはいつまでに出すの？

F：15日です。今日が8日だから、あまり時間がないんです。

M：じゃあ、明後日はどう？

F：明後日は、アルバイトがあるので、その次の日でもいいですか？

M：うん、大丈夫だよ。

女の人はいつインタビューしますか。

[문제지]

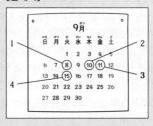

해석 여자와 남자가 이야기하고 있습니다. 여자는 언제 인터뷰합니까?

　F：이번 리포트의 테마는 '일하는 사람'입니다.

M : 재미있는 테마네.

F : 네. 일하는 사람에게 이야기를 듣고, 리포트를 쓰지 않으면 안 됩니다만, 선배를 인터뷰해도 괜찮을까요? 일하고 있는 곳에 가서, 사진도 찍고 싶습니다만.

M : 물론, 괜찮아. 리포트는 언제까지 내는거야?

F : 15일이에요. 오늘이 8일이니까, 그다지 시간이 없어요.

M : 그럼, 모레는 어때?

F : 모레는, 아르바이트가 있어서, 그 다음날이라도 괜찮을까요?

M : 응, 괜찮아.

여자는 언제 인터뷰합니까?

해설 선택지가 8일, 10일, 11일, 15일이고, 질문이 여자가 언제 인터뷰하는지를 물었으므로, 대화를 들을 때 여자가 인터뷰하는 날짜를 파악한다. 여자가 今日が8日だから(오늘이 8일이니까)라고 말한 후, 明後日は、アルバイトがあるので、その次の日でもいいですか？(모레는, 아르바이트가 있어서, 그 다음날이라도 괜찮을까요?)라고 하자, 남자가 うん、大丈夫だよ(응, 괜찮아)라고 했으므로, 3 '11일'이 정답이다. 1은 오늘 날짜이고, 2는 여자가 아르바이트가 있어서 안 된다고 했으며, 4는 리포트를 내는 날이므로 오답이다.

어휘 インタビュー 📖 인터뷰　今回 こんかい 📖 이번
レポート 📖 리포트　テーマ 📖 테마, 주제　働く はたらく 🈂️ 일하다
おもしろい 🈔 재미있다　話 はなし 📖 이야기　聞く きく 🈂️ 듣다
書く かく 🈂️ 쓰다　～なくちゃいけない ~(하)지 않으면 안 된다
～けど 🈯️ ~는데　先輩 せんぱい 📖 선배　行く いく 🈂️ 가다
写真 しゃしん 📖 사진　撮る とる 🈂️ 찍다　～たい ~(하)고 싶다
もちろん 🈔 물론　～までに ~까지　出す だす 🈂️ 내다, 제출하다
今日 きょう 📖 오늘　～から 🈯️ ~니까, 해서　あまり 🈔 그다지
時間 じかん 📖 시간　明後日 あさって 📖 모레
アルバイト 📖 아르바이트　～ので 🈯️ ~해서, 때문에
次 つぎ 📖 다음　日 ひ 📖 날　～でも 🈯️ ~라도
大丈夫だ だいじょうぶだ 🈔 괜찮다

3

[음성]

家で 弟と姉が話しています。弟はこれから何をしなければなりません。

M：お父さんもお母さんも旅行に行っちゃったから、家の仕事は僕とお姉ちゃんでやらなきゃね。

F：そうだね。トイレの掃除は私がやるから、ひろとは窓の掃除をお願いね。

M：どっちも僕がやるよ。

F：うーん、トイレの掃除をしてくれるのはうれしいんだけど、ひろとには花に水をあげる仕事をしてほしかったなあ。

M：でも、中と外の仕事を分けたほうが、早く終わると思うよ。

F：確かにそうね。じゃあ、わたしが庭の花に水をあげるね。

M：お願いね。それから、犬の散歩も行ってくれる？

F：うん、分かった。

弟はこれから何をしなければなりませんか。

[문제지]

1 ア イ
2 ア ウ
3 イ エ
4 ウ エ

해석 집에서 남동생과 누나가 이야기하고 있습니다. 남동생은 이제부터 무엇을 하지 않으면 안 됩니까?

M : 아버지도 어머니도 여행을 가 버렸으니까, 집의 일은 나와 누나가 하지 않으면 안 돼.

F : 그러게. 화장실 청소는 내가 하니까, 히로토는 창문 청소를 부탁해.

M : 어느 쪽도 내가 할게.

F : 으음, 화장실 청소를 해 주는 것은 기쁘지만, 히로토에게는 꽃에 물을 주는 일을 하길 바랐었는데.

M : 하지만, 안과 밖의 일을 나누는 편이, 빨리 끝날거라고 생각해.

F : 확실히 그러네. 그러면, 내가 정원의 꽃에 물을 줄게.

M : 부탁해. 그리고, 강아지 산책도 가 줄래?

F : 응, 알겠어.

남동생은 이제부터 무엇을 하지 않으면 안 됩니까?

해설 선택지가 화장실 청소, 창문 청소, 꽃에 물주기, 강아지 산책시키기 그림이고, 질문이 남동생이 앞으로 해야 할 일을 물었으므로, 대화를 들을 때 남동생이 무엇을 해야 하는지를 파악한다. 누나가 トイレの掃除は私がやるから、ひろとは窓の掃除をお願いね(화장실 청소는 내가 하니까, 히로토는 창문 청소를 부탁해)라고 하자, 남동생이 どっちも僕がやるよ(어느 쪽도 내가 할게)라고 했으므로, 화장실 청소를 하는 그림 ア와 창문 청소를 하는 그림 イ로 구성된 1이 정답이다. 그림 ウ와 エ는 누나가 해야 할 일이므로 오답이다.

어휘 家 いえ 📖 집　弟 おとうと 📖 남동생　姉 あね 📖 누나
お父さん おとうさん 📖 아버지　お母さん おかあさん 📖 어머니
旅行 りょこう 📖 여행　行く いく 🈂️ 가다　～ちゃう ~(해) 버리다
～から 🈯️ ~니까　仕事 しごと 📖 일　僕 ぼく 📖 나, 저(남자의 자칭)
お姉ちゃん おねえちゃん 📖 누나　やる 🈂️ 하다
～なきゃ ~(하)지 않으면 안 된다　トイレ 📖 화장실
掃除 そうじ 📖 청소　窓 まど 📖 창문　うれしい 🈔 기쁘다
～けど 🈯️ ~지만　花 はな 📖 꽃　水 みず 📖 물　あげる 🈂️ 주다
～てほしい ~(하)길 바라다　でも 🈔 하지만　中 なか 📖 안
外 そと 📖 밖　分ける わける 🈂️ 나누다　ほう 📖 편
早く はやく 🈔 빨리　終わる おわる 🈂️ 끝나다
～と思う ～とおもう ~라고 생각하다　確かに たしかに 확실히

庭 にわ 图정원　それから 图그리고　犬 いぬ 图강아지

散歩 さんぽ 图산책　〜てくれる ~(해) 주다

分かる わかる 图알다, 이해하다

4

[음성]

会社で男の人と女の人が話しています。男の人は何階の
会議室を予約しますか。

M：来週の会議、僕が部屋を予約しなくちゃいけないんで
　すけど、どの会議室がいいですかね。

F：会議の人数は何人ですか。

M：10人ほどです。少し大きい部屋がいいんですが。

F：それなら、3階の会議室がいいですよ。その上の階の
　会議室はせまいですから。

M：その会議室ではプロジェクターが使えますか。

F：いいえ、使えません。5階の会議室だったら、使えたと
　思います。部屋も広いです。

M：じゃあ、そこにします。

F：会議室の鍵は1階の事務室でもらえますよ。

M：そうなんですね。ありがとうございます。

男の人は何階の会議室を予約しますか。

[문제지]

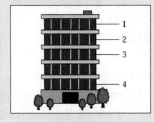

해석 회사에서 남자와 여자가 이야기하고 있습니다. 남자는 몇 층의 회의
　실을 예약합니까?

　M : 다음 주의 회의, 제가 방을 예약하지 않으면 안 되는데, 어느 회
　　　의실이 좋을까요.

　F : 회의 인원수는 몇 명인가요?

　M : 10명 정도입니다. 조금 큰 방이 좋습니다만.

　F : 그렇다면, 3층의 회의실이 좋아요. 그 위층의 회의실은 좁으니
　　　까요.

　M : 그 회의실에서는 프로젝터를 쓸 수 있나요?

　F : 아뇨, 쓸 수 없어요. 5층 회의실이라면, 쓸 수 있었던 것 같습니
　　　다. 방도 넓어요.

　M : 그러면, 거기로 할게요.

　F : 회의실 열쇠는 1층의 사무실에서 받을 수 있습니다.

　M : 그렇군요. 감사합니다.

　남자는 몇 층의 회의실을 예약합니까?

해설 선택지가 5층, 4층, 3층, 1층이고, 질문이 남자가 몇 층의 회의실을
　예약하는지를 물었으므로, 대화를 들을 때 남자가 예약하는 회의실의

층을 파악한다. 여자가 5階の会議室だったら、使えたと思いま
す(5층 회의실이라면, 쓸 수 있었던 것 같습니다)라고 하자, 남자가
そこにします(거기로 할게요)라고 했으므로, 1 '5층'이 정답이다. 2
는 4층 회의실은 좁다고 하였고, 3은 3층 회의실에서 프로젝터를 쓸
수 없다고 하였으며 4는 1층은 회의실 열쇠를 받을 수 있는 곳이라고
했으므로 오답이다.

어휘 会社 かいしゃ 图회사　〜階 〜かい ~층

　会議室 かいぎしつ 图회의실　予約 よやく 图예약

　来週 らいしゅう 图다음 주　会議 かいぎ 图회의

　僕 ぼく 图저, 나(남자의 자칭)　部屋 へや 图방

　〜なくちゃいけない ~(하)지 않으면 안 된다　〜けど 图~는데

　人数 にんずう 图인원수　〜ほど 图~정도　少し すこし 图조금

　大きい おおきい い형크다　それなら 图그렇다면, 그러면

　上 うえ 图위　せまい い형좁다　〜から 图~니까

　プロジェクター 图프로젝터　使う つかう 图쓰다, 사용하다

　〜たら ~라면　〜と思う 〜とおもう ~인 것 같다, 라고 생각하다

　広い ひろい い형넓다　鍵 かぎ 图열쇠

　事務室 じむしつ 图사무실　もらう 图받다

5

[음성]

女の人と男の人が話しています。女の人は何色のカーテン
を買いますか。

F：このカーテンもだいぶ古くなったよね。

M：そうだね。そろそろ新しいものに変えようか。

F：うん、買ったばかりのときは白かったのに、今では黄
　色に見えるよ。

M：そうだね。次は何色のカーテンにしようか。

F：うーん、黒はどう？ソファの色に合ってると思うよ。

M：うーん、部屋が暗く見えない？ みどりは？

F：いいかもしれない。目に優しい色っていうよね。じゃあ
　明日、買ってくるよ。

女の人は何色のカーテンを買いますか。

[문제지]

1 しろ

2 きいろ

3 くろ

4 みどり

해석 여자와 남자가 이야기하고 있습니다. 여자는 무슨 색의 커튼을 삽니
　까?

　F : 이 커튼도 상당히 낡아졌네.

　M : 그러게. 슬슬 새로운 것으로 바꿀까.

　F : 응, 막 샀을 때는 하얬는데, 지금은 노란색으로 보여.

　M : 그러네. 다음은 무슨 색의 커튼으로 할까?

　F : 음, 검정은 어때? 소파 색과 맞다고 생각해.

　M : 음, 방이 어두워 보이지 않나? 초록은?

F : 좋을지도 모르겠네. 눈에도 편안한 색이라고 하지. 그럼 내일, 사 올게.

여자는 무슨 색의 커튼을 삽니까?

1 하양
2 노랑
3 검정
4 초록

해설 선택지가 1 '하양', 2 '노랑', 3 '검정', 4 '초록'이고, 질문이 여자가 무슨 색의 커튼을 사는지를 물었으므로, 대화를 들을 때 여자가 살 커튼의 색을 파악한다. 남자가 みどりは?(초록은?)라고 하자, 여자가 いいかもしれない。目に優しい色っていうよね。じゃあ明日、買ってくるよ(좋을지도 모르겠네. 눈에도 편안한 색이라고 하지. 그럼 내일, 사 올게)라고 했으므로, 4 みどり(초록)가 정답이다. 1은 지금 집의 커튼을 막 샀을 때 하얀색이라고 했고, 2는 지금 커튼의 색이 노란색으로 보인다고 했으며, 3은 검정은 방이 어두워 보인다고 했으므로 오답이다.

어휘 色 いろ 圏 색　カーテン 圏 커튼　買う かう 图 사다
だいぶ 閘 상당히　古い ふるい い형 낡다　そろそろ 閘 슬슬
新しい あたらしい い형 새롭다　変える かえる 图 바꾸다
~たばかり 막 ~(하)다　とき 圏 때　白い しろい い형 하얗다
~のに 盃 ~는데　今 いま 圏 지금　黄色 きいろ 圏 노란색
見える みえる 图 보이다　次 つぎ 圏 다음　~にする ~로 하다
黒 くろ 圏 검정　ソファ 圏 소파　合う あう 图 맞다
~と思う ~とおもう ~라고 생각하다　部屋 へや 圏 방
暗い くらい い형 어둡다　みどり 圏 초록
~かもしれない ~일 지도 모른다
目に優しい めにやさしい 눈에 편안하다　明日 あした 圏 내일

6

[음성]
大学で先生が話しています。学生はこのクラスに何を持って来ますか。
M : この授業に必要なものについて話します。まずは「社会学1」のテキストです。大学の本屋に売っていますので、次の授業までに買っておいてください。それからパソコンも持って来てください。私が作った資料を見ることができますし、分からないことをすぐに調べることもできます。それに、ノートに書くよりも速くメモをとることができます。だから、ノートを持ってくる必要はありません。

学生はこのクラスに何を持って来ますか。

[문제지]

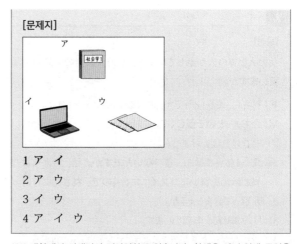

1 ア イ
2 ア ウ
3 イ ウ
4 ア イ ウ

해석 대학에서 선생님이 이야기하고 있습니다. 학생은 이 수업에 무엇을 가지고 옵니까?
M : 이 수업에 필요한 것에 대해 이야기합니다. 우선은 '사회학 1' 교과서입니다. 대학 서점에 팔고 있으므로, 다음 수업까지 사 두어 주세요. 그리고 컴퓨터도 가져와 주세요. 제가 만든 자료를 볼 수 있고, 모르는 것을 즉시 조사하는 것도 할 수 있습니다. 게다가, 노트에 쓰는 것보다도 빠르게 메모할 수 있습니다. 그러니까, 노트를 가지고 올 필요는 없습니다.

학생은 이 수업에 무엇을 가지고 옵니까?

해설 선택지가 교과서, 컴퓨터, 노트 그림이고, 질문이 학생이 수업에 무엇을 가지고 오는지 물었으므로, 선생님의 말을 들을 때 학생이 무엇을 가져와야 하는지 파악한다. 선생님이 「社会学1」のテキストです。大学の本屋に売っていますので、次の授業までに買っておいてください。それからパソコンも持って来てください('사회학 1' 교과서입니다. 대학 서점에 팔고 있으므로, 다음 수업까지 사 두어 주세요. 그리고 컴퓨터도 가져와 주세요)라고 했으므로, 교과서 그림 ア와 컴퓨터 그림 イ로 구성된 1이 정답이다. 그림 ウ는 노트는 가지고 올 필요 없다고 했으므로 오답이다.

어휘 大学 だいがく 圏 대학　先生 せんせい 圏 선생(님)
学生 がくせい 圏 학생　クラス 圏 수업, 클래스　持つ もつ 图 가지다
授業 じゅぎょう 圏 수업　必要だ ひつようだ な형 필요하다
~について ~에 대해　話す はなす 图 이야기하다
まずは 閘 우선은　社会学 しゃかいがく 圏 사회학
テキスト 圏 교과서　本屋 ほんや 圏 서점　売る うる 图 팔다
~ので 盃 ~므로　次 つぎ 圏 다음　~までに ~까지
買う かう 图 사다　~ておく ~(해) 두다　~てください ~(해) 주세요
それから 젭 그리고　パソコン 圏 컴퓨터, 노트북
作る つくる 图 만들다　資料 しりょう 圏 자료　見る みる 图 보다
できる 图 할 수 있다　分かる わかる 图 알다, 이해하다
すぐに 閘 즉시　調べる しらべる 图 조사하다　それに 젭 게다가
ノート 圏 노트　書く かく 图 쓰다　~より ~보다
速く はやく 閘 빨리　メモをとる 메모를 하다　だから 젭 그러니까

7

[음성]

女の人と男の人が話しています。女の人は男の人に何を買いますか。

F：林さん、もう12時です。お昼ごはんの時間ですよ。

M：今ちょっといそがしくて。この仕事を2時までに終わらせなければいけません。

F：えー！お昼ごはん、食べないんですか。私、今からお昼ごはんを買いにコンビニに行くので、林さんにも何か買ってきましょうか。

M：すみません、お願いします。

F：食べながら仕事ができるようにサンドウィッチはどうですか。

M：いや、パンはすぐにおなかが空くので、おにぎりをお願いできますか。

F：はい、分かりました。じゃあ、わたしはカップラーメンにしようかな。

女の人は男の人に何を買いますか。

[문제지]

해석 여자와 남자가 이야기하고 있습니다. 여자는 남자에게 무엇을 사 줍니까?

　F : 하야시 씨, 벌써 12시입니다. 점심 시간이에요.

　M : 지금 조금 바빠서요. 이 일을 2시까지 끝내지 않으면 안 됩니다.

　F : 어! 점심, 먹지 않는 건가요? 저, 지금부터 점심을 사러 편의점에 가니까, 하야시 씨에게도 뭔가 사 올까요?

　M : 죄송합니다, 부탁해요.

　F : 먹으면서 일할 수 있도록 샌드위치는 어때요?

　M : 아뇨, 빵은 바로 배가 고프니까, 주먹밥을 부탁할 수 있을까요?

　F : 네, 알겠어요. 그럼, 나는 컵라면으로 할까나.

　여자는 남자에게 무엇을 사 줍니까?

해설 선택지가 샌드위치, 빵, 주먹밥, 컵라면 그림이고, 질문이 여자가 남자에게 무엇을 사 주는지 물었으므로, 대화를 들을 때 여자가 남자에게 사 주는 것이 무엇인지 파악한다. 남자가 おにぎりをお願いできますか(주먹밥을 부탁할 수 있을까요?)라고 하자, 여자가 はい、分かりました(네, 알겠어요)라고 했으므로, 3 '주먹밥'이 정답이다. 1, 2는 빵은 먹으면 바로 배가 고프다고 했고, 4는 여자가 먹을 것이므로 오답이다.

어휘 買う かう 图사다 　もう 囝벌써 　〜時 〜じ 〜시

昼ごはん ひるごはん 图점심 　時間 じかん 图시간

今 いま 图지금 　ちょっと 囝조금 　いそがしい い형바쁘다

仕事 しごと 图일 　〜までに 〜까지 　終わる おわる 图끝나다

〜なければいけない 〜(하)지 않으면 안 된다 　食べる たべる 图먹다

今 いま 图지금 　〜から 조〜부터 　コンビニ 图편의점

行く いく 图가다 　〜ので 조〜니까 　〜ながら 조〜(하)면서

できる 图할 수 있다 　〜ように 〜(하)도록

サンドウィッチ 图샌드위치 　パン 图빵 　すぐに 囝바로, 곧

おなかが空く おなかがすく 배가 고프다 　おにぎり 图주먹밥

分かる わかる 图알다, 이해하다 　カップラーメン 图컵라면

〜にする 〜로 하다

8

[음성]

教室で男の留学生と先生が話しています。留学生は本をどこに置きますか。

M：先生、教科書重そうですね。僕が持ちますよ。

F：ありがとう。悪いんだけど、わたし図書館に行かないといけないから、教科書をオフィスまで運んでくれない？

M：はい。本だなか椅子の上に置いておけばいいですか？

F：うーん、本だなには他の本や資料がたくさんあると思うから、引き出しに戻しておいてほしい。

M：この教科書が引き出しのどこにあったのかちょっと分からないんですけど。

F：あ、そっか。じゃあ、パソコンのとなりに置いといてくれる？あとで明日の授業のプリントも作らないといけないし。

M：はい、分かりました。

留学生は本をどこに置きますか。

[문제지]

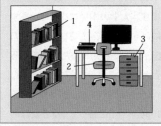

해석 교실에서 남자 유학생과 선생님이 이야기하고 있습니다. 유학생은 책을 어디에 둡니까?

　M : 선생님, 교과서 무거운 것 같네요. 제가 들게요.

　F : 고마워. 미안하지만, 나 도서관에 가지 않으면 안 돼서, 교과서를 사무실까지 옮겨 주지 않을래?

　M : 네. 책장이나 의자 위에 놔 두면 괜찮나요?

　F : 으음, 책장에는 다른 책이나 자료가 많이 있을 거라고 생각하니까, 서랍에 원래대로 되돌려 두길 바라.

M：この 教科書が 引き出しの どこに あったか ちょっと 分からないんですが。

F：あ、そうか。じゃあ、コンピューターの となりに 置いといて くれる？ あとで 明日の 授業の プリントも 作らないと いけないし。

M：はい、分かりました。

유학생은 책을 어디에 둡니까?

해설 선택지가 책장, 의자, 서랍, 컴퓨터 옆 그림이고, 질문이 유학생은 책을 어디에 놓는지 물었으므로, 대화를 들을 때 유학생이 책을 두는 장소를 파악한다. 선생님이 パソコンの となりに 置いといて くれる？(컴퓨터 옆에 놔 둬 줄래?)라고 하자, 유학생이 はい、分かりました(네, 알겠습니다)라고 했으므로, 4 '컴퓨터 옆'이 정답이다. 1, 2는 선생님이 이미 다른 책이나 자료가 있으므로 두지 말라고 하였고, 3은 남학생이 서랍의 어디에 책이 원래 있었던 것인지 몰라서 둘 수 없다고 했으므로 오답이다.

어휘 教室 きょうしつ 圆교실　留学生 りゅうがくせい 圆유학생
先生 せんせい 圆선생(님)　本 ほん 圆책　置く おく 图두다
教科書 きょうかしょ 圆교과서　重い おもい い형무겁다
～そうだ ~인 것 같다(추측)　僕 ぼく 圆저, 나(남자의 자칭)
持つ もつ 图들다　悪い わるい い형미안하다
～けど 조~지만, 는데　図書館 としょかん 圆도서관
行く いく 图가다　～ないといけない ~(하)지 않으면 안 된다
～から 조~(해)서　オフィス 圆사무실　～まで 조~까지
運ぶ はこぶ 图옮기다　～てくれる ~(해) 주다
本だな ほんだな 圆책장　椅子 いす 圆의자　上 うえ 圆위
～ば 조~(하)면　他 ほか 圆다름　～や 조~(이)나
資料 しりょう 圆자료　たくさん 児많이
～と思う ～とおもう ~라고 생각하다　引き出し ひきだし 圆서랍
戻す もどす 图(원래대로) 되돌리다　～てほしい ~(하)길 바라다
ちょっと 児좀, 조금　分かる わかる 图알다, 이해하다
パソコン 圆컴퓨터　となり 圆옆　あと 圆나중
明日 あした 圆내일　授業 じゅぎょう 圆수업　プリント 圆프린트
作る つくる 图만들다

☞ 문제 2의 디렉션과 예제를 들려줄 때 1번부터 7번까지의 선택지를 미리 읽고 내용을 재빨리 파악해둡니다. 음성에서 では、始めます(그러면, 시작합니다)가 들리면, 곧바로 문제 풀 준비를 합니다. 음성 디렉션과 예제는 실전모의고사 1의 해설 (p.142)에서 확인할 수 있습니다.

1

[음성]
男の人と女の人が話しています。女の人はどうして気分がいいですか。

M：それ、新しいワンピース？ きれいな色だね。

F：ありがとう。セールで2000円も安くなってたんだ。

M：そうなんだ。さっきから気分が良さそうだから、なにかいいことあったのかなって。

F：顔に出てる？ でも、理由はそれじゃないんだ。

M：そうなの？

F：これを買ったお店の店員が中学校の友だちだったの。

M：そんなことあるんだね。

F：うん、その子が中学校のクラス会に誘ってくれて、今日食事に行くんだ。本当に楽しみ。

M：それは楽しみだね。僕も学生時代の友だちに会いたいな。

女の人はどうして気分がいいですか。

[문제지]

1 ワンピースが　きれいだから

2 ワンピースが　やすく　かえたから

3 てんいんが　ともだちだったから

4 ともだちと　しょくじするから

해석 남자와 여자가 이야기하고 있습니다. 여자는 어째서 기분이 좋습니까?

M：그거, 새로운 원피스? 예쁜 색이네.

F：고마워. 세일로 2000엔이나 싸게 되어 있었어.

M：그렇구나. 아까부터 기분이 좋은 것 같으니까, 뭔가 좋은 일이라도 있었나 해서.

F：얼굴에 드러났어? 하지만, 이유는 그게 아니야.

M：그래?

F：이것을 산 가게의 점원이 중학교의 친구였어.

M：그런 일이 있구나.

F：응, 그 아이가 중학교의 학급회에 불러 주어서, 오늘 식사하러 가. 정말 기대돼.

M：그건 기대되지. 나도 학생 시절의 친구와 만나고 싶네.

여자는 어째서 기분이 좋습니까?

1 원피스가 예쁘기 때문에

2 원피스를 싸게 살 수 있었기 때문에

3 점원이 친구였기 때문에

4 친구와 식사하기 때문에

해설 1 '원피스가 예쁘기 때문에', 2 '원피스를 싸게 살 수 있었기 때문에', 3 '점원이 친구였기 때문에', 4 '친구와 식사하기 때문에' 중 여자가 기분이 좋은 이유를 묻는 문제이다. 대화 중 여자가 その子が中学校のクラス会に誘ってくれて、今日食事に行くんだ。本当に楽しみ(그 아이가 중학교의 학급회에 불러 주어서, 오늘 식사하러 가. 정말 기대돼)라고 언급했으므로, 4 ともだちと　しょくじするから (친구와 식사하기 때문에)가 정답이다. 1은 남자가 언급하였지만, 여자가 기분이 좋은 이유가 아니라고 말했고, 2, 3은 여자가 언급하였지만, 기분이 좋은 이유라고는 하지 않았으므로 오답이다.

어휘 気分 きぶん 圆기분　新しい あたらしい い형새롭다
ワンピース 圆원피스　きれいだ な형예쁘다　色 いろ 圆색
セール 圆세일　安い やすい い형싸다　さっき 児아까
～から 조~부터, 니까, 때문　良い よい い형좋다
～そうだ ~(인) 것 같다(추측)　なにか 뭔가　顔 かお 圆얼굴
出る でる 图드러나다, 나타나다　でも 접하지만

理由 りゆう 🄼 이유　買う かう 🄳 사다　店 みせ 🄼 가게
店員 てんいん 🄼 점원　中学校 ちゅうがっこう 🄼 중학교
友だち ともだち 🄼 친구　子 こ 🄼 아이
クラス会 クラスかい 🄼 학급회　誘う さそう 🄳 부르다, 권유하다
〜てくれる 〜(해) 주다　今日 きょう 🄼 오늘　食事 しょくじ 🄼 식사
行く いく 🄳 가다　本当に ほんとうに 정말
楽しみ たのしみ 🄼 기대　僕 ぼく 🄼 나, 저(남자의 자칭)
学生 がくせい 🄼 학생　時代 じだい 🄼 시절, 시대
会う あう 🄳 만나다

어휘 教室 きょうしつ 🄼 교실　先生 せんせい 🄼 선생(님)
学生 がくせい 🄼 학생　見学 けんがく 🄼 견학
工場 こうじょう 🄼 공장　作る つくる 🄳 만들다　みなさん 🄼 여러분
金曜日 きんようび 🄼 금요일　行く いく 🄳 가다
車 くるま 🄼 자동차　〜など 🄾 〜등　使う つかう 🄳 사용하다
丈夫だ じょうぶだ 🄽형 튼튼하다　ガラス 🄼 유리　〜だけ 🄾 〜만
スマートフォン 🄼 스마트폰　〜や 〜(이)나
飛行機 ひこうき 🄼 비행기　〜そうだ 〜(라)고 하다(전언)
前 まえ 🄼 전　家 いえ 🄼 집　学校 がっこう 🄼 학교
窓 まど 🄼 창문　見る みる 🄳 보다　〜ておく 〜(해) 두다
違い ちがい 🄼 차이　考える かんがえる 🄳 생각하다
おもしろい 🄸형 재미있다　〜と思う 〜とおもう 〜(라)고 생각하다

2

[음성]

<ruby>教室<rt>きょうしつ</rt></ruby>で<ruby>先生<rt>せんせい</rt></ruby>が<ruby>学生<rt>がくせい</rt></ruby>に<ruby>話<rt>はな</rt></ruby>しています。<ruby>見学<rt>けんがく</rt></ruby>する<ruby>工場<rt>こうじょう</rt></ruby>では<ruby>何<rt>なに</rt></ruby>を<ruby>作<rt>つく</rt></ruby>っていますか。

M：みなさん、<ruby>金曜日<rt>きんようび</rt></ruby>は<ruby>工場<rt>こうじょう</rt></ruby>の<ruby>見学<rt>けんがく</rt></ruby>に<ruby>行<rt>い</rt></ruby>きます。<ruby>私<rt>わたし</rt></ruby>たちが<ruby>見学<rt>けんがく</rt></ruby>する<ruby>朝山工場<rt>あさやまこうじょう</rt></ruby>では、<ruby>車<rt>くるま</rt></ruby>などに<ruby>使<rt>つか</rt></ruby>われている<ruby>丈夫<rt>じょうぶ</rt></ruby>なガラスが<ruby>作<rt>つく</rt></ruby>られています。<ruby>車<rt>くるま</rt></ruby>だけではなく、スマートフォンや<ruby>飛行機<rt>ひこうき</rt></ruby>にも<ruby>使<rt>つか</rt></ruby>われているそうですよ。<ruby>見学<rt>けんがく</rt></ruby>に<ruby>行<rt>い</rt></ruby>く<ruby>前<rt>まえ</rt></ruby>に<ruby>家<rt>いえ</rt></ruby>や<ruby>学校<rt>がっこう</rt></ruby>の<ruby>窓<rt>まど</rt></ruby>を<ruby>見<rt>み</rt></ruby>ておくといいでしょう。どんな<ruby>違<rt>ちが</rt></ruby>いがあるのか<ruby>考<rt>かんが</rt></ruby>えることもおもしろいと<ruby>思<rt>おも</rt></ruby>います。

<ruby>見学<rt>けんがく</rt></ruby>する<ruby>工場<rt>こうじょう</rt></ruby>では<ruby>何<rt>なに</rt></ruby>を<ruby>作<rt>つく</rt></ruby>っていますか。

[문제지]

1 くるま

2 ガラス

3 スマートフォン

4 まど

해석 교실에서 선생님이 학생에게 이야기하고 있습니다. 견학할 공장에서는 무엇을 만들고 있습니까?

M : 여러분, 금요일은 공장의 견학에 갑니다. 우리들이 견학할 아사야마 공장에서는, 자동차 등에 사용되어지고 있는 튼튼한 유리가 만들어지고 있습니다. 자동차만이 아니라, 스마트폰이나 비행기에도 사용되어지고 있다고 합니다. 견학에 가기 전에 집이나 학교의 창문을 봐 두는 것도 좋겠지요. 어떤 차이가 있는지 생각하는 것도 재미있다고 생각합니다.

견학할 공장에서는 무엇을 만들고 있습니까?

1 자동차

2 유리

3 스마트폰

4 창문

해설 1 '자동차', 2 '유리', 3 '스마트폰', 4 '창문' 중 견학하는 공장에서 무엇을 만들고 있는지 묻는 문제이다. 선생님이 ガラスが作られています(유리가 만들어지고 있습니다)라고 언급했으므로, 2 ガラス(유리)가 정답이다. 1, 3, 4는 선생님이 언급하였지만, 공장에서 만드는 것이 아닌 공장에서 만들어진 유리를 사용하여 만든 물건이므로 오답이다.

3

[음성]

プールで<ruby>利用案内<rt>りようあんない</rt></ruby>を<ruby>聞<rt>き</rt></ruby>いています。プールが<ruby>利用<rt>りよう</rt></ruby>できる<ruby>時間<rt>じかん</rt></ruby>は<ruby>何時間<rt>なんじかん</rt></ruby>ですか。

M：プールの<ruby>利用案内<rt>りようあんない</rt></ruby>です。このプールの<ruby>営業時間<rt>えいぎょうじかん</rt></ruby>は<ruby>午前<rt>ごぜん</rt></ruby>9<ruby>時<rt>じ</rt></ruby>から<ruby>午後<rt>ごご</rt></ruby>4<ruby>時<rt>じ</rt></ruby>までです。<ruby>受<rt>う</rt></ruby>け<ruby>付<rt>つ</rt></ruby>けは<ruby>営業時間<rt>えいぎょうじかん</rt></ruby>が<ruby>終<rt>お</rt></ruby>わる2<ruby>時間前<rt>じかんまえ</rt></ruby>までです。それから、<ruby>今月<rt>こんげつ</rt></ruby>はとても<ruby>混<rt>こ</rt></ruby>みますので、<ruby>一日<rt>いちにち</rt></ruby>の<ruby>利用時間<rt>りようじかん</rt></ruby>は3<ruby>時間<rt>じかん</rt></ruby>までです。<ruby>最後<rt>さいご</rt></ruby>に、<ruby>健康<rt>けんこう</rt></ruby>と<ruby>安全<rt>あんぜん</rt></ruby>のために1<ruby>時間<rt>じかん</rt></ruby><ruby>遊<rt>あそ</rt></ruby>んだら、10<ruby>分<rt>ぷん</rt></ruby><ruby>休<rt>やす</rt></ruby>むようにしてください。<ruby>規則<rt>きそく</rt></ruby>を<ruby>守<rt>まも</rt></ruby>って、<ruby>楽<rt>たの</rt></ruby>しく<ruby>遊<rt>あそ</rt></ruby>びましょう。

プールが<ruby>利用<rt>りよう</rt></ruby>できる<ruby>時間<rt>じかん</rt></ruby>は<ruby>何時間<rt>なんじかん</rt></ruby>ですか。

[문제지]

1 いちじかん

2 にじかん

3 さんじかん

4 よじかん

해석 수영장에서 이용 안내를 듣고 있습니다. 수영장을 이용할 수 있는 시간은 몇 시간입니까?

M : 수영장의 이용안내 입니다. 이 수영장의 영업 시간은 오전 9시부터 오후 4시까지 입니다. 접수는 영업 시간이 끝나기 2시간 전까지입니다. 그리고, 이번 달은 매우 붐비기 때문에, 하루의 이용 시간은 3시간까지입니다. 마지막으로, 건강과 안전을 위해 1시간 놀면, 10분 쉬도록 해 주세요. 규칙을 지키고, 즐겁게 놉시다.

수영장을 이용할 수 있는 시간은 몇 시간입니까?

1 1시간

2 2시간

3 3시간

4 4시간

해설 1 '1시간', 2 '2시간', 3 '3시간', 4 '4시간' 중 수영장을 몇 시간 이용할 수 있는지 묻는 문제이다. 남자가 一日の利用時間は3時間までです(하루의 이용 시간은 3시간까지입니다)라고 언급했으므로, 3

さんじかん(3시간)이 정답이다. 1은 1시간 놀면 10분 쉬라고 한 것이고, 2는 영업 시간이 끝나기 2시간 전까지 접수를 받는다고 한 것이며, 4는 오후 4시까지 영업한다고 한 것이므로 오답이다.

어휘 プール 囲 수영장　利用 りよう 囲 이용　案内 あんない 囲 안내
できる 圄 할 수 있다　時間 じかん 囲 시간　営業 えいぎょう 囲 영업
午前 ごぜん 囲 오전　〜時 〜じ 〜시　〜から 国 〜부터
午後 ごご 囲 오후　〜まで 国 〜까지　受け付け うけつけ 囲 접수
終わる おわる 圄 끝나다　前 まえ 囲 전　それから 國 그리고
今月 こんげつ 囲 이번 달　とても 則 매우　混む こむ 圄 붐비다
〜ので 国 〜때문　一日 いちにち 囲 하루, 일일
最後 さいご 囲 마지막, 최후　健康 けんこう 囲 건강
安全 あんぜん 囲 안전　〜ために 〜위해서　遊ぶ あそぶ 圄 놀다
分 ふん 囲 분　休む やすむ 圄 쉬다　〜ようにする 〜(하)도록 하다
〜てください 〜(해) 주세요　規則 きそく 囲 규칙
守る まもる 圄 지키다　楽しい たのしい い형 즐겁다

4

[음성]
会社(かいしゃ)で女(おんな)の人(ひと)と男(おとこ)の人(ひと)が話(はな)しています。男(おとこ)の人(ひと)は夏休(なつやす)みにどこに行(い)きますか。
F：もうすぐ夏休(なつやす)みですね。
M：そうですね。木村(きむら)さんは毎年(まいとし)家族(かぞく)と山(やま)に行(い)くって言(い)ってましたよね。
F：はい、今年(ことし)も行(い)く予定(よてい)です。あと友(とも)だちと海(うみ)にも行(い)きます。
M：いいですね。僕(ぼく)も毎年(まいとし)、家族(かぞく)で温泉(おんせん)に行(い)ってたんですけど、今年(ことし)は弟(おとうと)の大学(だいがく)の試験(しけん)があって、家族(かぞく)での旅行(りょこう)は中止(ちゅうし)になりました。
F：弟(おとうと)さん、勉強(べんきょう)頑張(がんば)っているみたいですね。
M：はい、だから一人(ひとり)でおばあちゃんのいなかに行(い)く予定(よてい)です。
F：いいですね。ゆっくり休(やす)めそうですね。

男(おとこ)の人(ひと)は夏休(なつやす)みにどこに行(い)きますか。

[문제지]
1 やま
2 うみ
3 おんせん
4 いなか

해석 회사에서 여자와 남자가 이야기하고 있습니다. 남자는 여름 휴가에 어디에 갑니까?
F : 이제 곧 여름 휴가네요.
M : 그렇네요. 기무라 씨는 매년 가족과 산에 간다고 말했었죠.
F : 네, 올해도 갈 예정이에요. 또 친구와 바다에도 가요.
M : 좋네요. 저도 매년, 가족과 온천에 갔었지만, 올해는 남동생의 대학 시험이 있어서, 가족 여행은 중지 되었어요.
F : 남동생, 공부 열심히 하고 있는 것 같네요.

M : 네, 그래서 혼자서 할머니의 시골에 갈 예정이에요.
F : 좋네요. 느긋하게 쉴 수 있을 것 같네요.

남자는 여름 휴가에 어디에 갑니까?

1 산
2 바다
3 온천
4 시골

해설 1 '산', 2 '바다', 3 '온천', 4 '시골' 중 남자가 여름 휴가에 어디를 가는지 묻는 문제이다. 남자가 一人(ひとり)でおばあちゃんのいなかに行(い)く予定(よてい)です(혼자서 할머니의 시골에 갈 예정이에요)라고 언급했으므로, 4 いなか(시골)가 정답이다. 1, 2는 여자가 여름 휴가 때 가는 곳이고, 3은 남자가 매년 가던 곳이지만 동생의 대학 시험 때문에 올해는 중지되었다고 했으므로 오답이다.

어휘 会社 かいしゃ 囲 회사　夏休(なつやす)み なつやすみ 囲 여름 휴가
行(い)く いく 圄 가다　もうすぐ 則 이제 곧　毎年 まいとし 囲 매년
家族 かぞく 囲 가족　山 やま 囲 산　言(い)う いう 圄 말하다
今年 ことし 囲 올해　予定 よてい 囲 예정　あと 則 또, 앞으로
友(とも)だち ともだち 囲 친구　海 うみ 囲 바다
僕 ぼく 囲 저, 나(남자의 자칭)　温泉 おんせん 囲 온천
〜けど 国 〜지만　弟 おとうと 囲 남동생　大学 だいがく 囲 대학
試験 しけん 囲 시험　旅行 りょこう 囲 여행　中止 ちゅうし 囲 중지
勉強 べんきょう 囲 공부　頑張(がんば)る がんばる 圄 열심히 하다
〜みたいだ 〜(인) 것 같다　だから 國 그래서　一人 ひとり 囲 혼자
おばあちゃん 囲 할머니　いなか 囲 시골　ゆっくり 則 느긋하게, 푹
休(やす)む やすむ 圄 쉬다　〜そうだ 〜(인) 것 같다(추측)

5

[음성]
会社(かいしゃ)で女(おんな)の人(ひと)と男(おとこ)の人(ひと)が話(はな)しています。男(おとこ)の人(ひと)はどうやって英語(えいご)を勉強(べんきょう)したと言(い)っていますか。
F：田中(たなか)さん、英語(えいご)上手(じょうず)ですよね。留学(りゅうがく)してたんですか？
M：いえ、外国(がいこく)に行(い)ったことはありません。
F：じゃあ、どうやって勉強(べんきょう)したんですか。あ、英会話教室(えいかいわきょうしつ)ですか？
M：いえいえ、実(じつ)はアメリカ人(じん)の友(とも)だちがいて、会話(かいわ)をしながら、単語(たんご)や文法(ぶんぽう)を覚(おぼ)えたんです。
F：そうなんですね。わたしも英語(えいご)が上手(じょうず)になりたくて、英語(えいご)の映画(えいが)を見(み)てるんですけど、全然(ぜんぜん)うまくならなくて。やっぱり、話(はな)すことが大事(だいじ)なんですね。

男(おとこ)の人(ひと)はどうやって英語(えいご)を勉強(べんきょう)したと言(い)っていますか。

[문제지]
1 りゅうがくに　いきました
2 えいかいわ　きょうしつに　かよいました
3 アメリカじんの　ともだちと　はなしました
4 えいごの　えいがを　みました

해석 회사에서 여자와 남자가 이야기하고 있습니다. 남자는 어떻게 영어를 공부했다고 말하고 있습니까?

F : 다나카 씨, 영어 잘 하네요. 유학했습니까?

M : 아니요, 외국에 간 적은 없습니다.

F : 그럼, 어떻게 공부했습니까? 아, 영어 회화 교실입니까?

M : 아니요 아니요, 사실은 미국인 친구가 있어서, 대화를 하면서, 단어나 문법을 외웠습니다.

F : 그렇군요. 저도 영어를 잘 하고 싶어서, 영어 영화를 보고 있는데, 전혀 잘 하게 되지 않아서. 역시, 이야기하는 것이 중요하네요.

남자는 어떻게 영어를 공부했다고 말하고 있습니까?

1 유학에 갔습니다

2 영어 회화 교실에 다녔습니다

3 미국인 친구와 이야기했습니다

4 영어 영화를 봤습니다

해설 1 '유학에 갔습니다', 2 '영어 회화 교실에 다녔습니다', 3 '미국인 친구와 이야기했습니다', 4 '영어 영화를 봤습니다' 중 남자가 영어를 공부한 방법을 묻는 문제이다. 대화 중 남자가 アメリカ人の友だちがいて、会話をしながら、単語や文法を覚えたんです(미국인 친구가 있어서, 대화를 하면서, 단어나 문법을 외웠습니다)라고 언급했으므로 3 アメリカじんの ともだちと はなしました(미국인 친구와 이야기했습니다)가 정답이다. 1, 2는 여자가 언급하였으나 남자가 아니라고 대답했고, 4는 여자가 하고 있는 방법이므로 오답이다.

어휘 会社 かいしゃ 圏회사　英語 えいご 圏영어
勉強 べんきょう 圏공부　上手だ じょうずだ な형잘 하다
留学 りゅうがく 圏유학　外国 がいこく 圏외국　行く いく 圏가다
~たことはない ~(한) 적은 없다　英会話 えいかいわ 圏영어 회화
教室 きょうしつ 圏교실　実は じつは 사실은
アメリカ人 アメリカじん 圏미국인　友だち ともだち 圏친구
会話 かいわ 圏대화　~ながら ~(하)면서　単語 たんご 圏단어
文法 ぶんぽう 圏문법　覚える おぼえる 圏외우다
映画 えいが 圏영화　見る みる 圏보다　~けど 国~는데
全然 ぜんぜん 国전혀　うまい い형잘 하다　やっぱり 国역시
話す はなす 圏이야기하다　大事だ だいじだ な형중요하다
かよう 圏다니다

6

[음성]
男の人と女の人が話しています。男の人はいつ結婚式に行くと言っていますか。

M：今日、買い物に付き合ってくれない?

F：今日って木曜だよね。木曜日は会議があるんだ。明日なら大丈夫。

M：そっか。じゃあ、明日よろしくね。

F：何か買いたいものでもあるの?

M：うん、土曜日に友だちの結婚式があって、新しいスーツを選んでほしいんだ。

F：なるほどね。いいよ。

M：買い物に付き合ってくれるお礼に、日曜日にお肉をごちそうするよ。

男の人はいつ結婚式に行くと言っていますか。

[문제지]

1 もくようび

2 きんようび

3 どようび

4 にちようび

해석 남자와 여자가 이야기하고 있습니다. 남자는 언제 결혼식에 간다고 말하고 있습니까?

M : 오늘, 쇼핑 같이 해 주지 않을래?

F : 오늘은 목요일이지. 목요일은 회의가 있어. 내일이라면 괜찮아.

M : 그렇구나. 그럼, 내일 부탁해.

F : 뭔가 사고 싶은 것이라도 있어?

M : 응, 토요일에 친구 결혼식이 있어서, 새로운 정장을 골라 주길 바라서.

F : 그렇구나. 좋아.

M : 쇼핑을 같이 해 주는 사례로, 일요일에 고기를 대접할게.

남자는 언제 결혼식에 간다고 말하고 있습니까?

1 목요일

2 금요일

3 토요일

4 일요일

해설 1 '목요일', 2 '금요일', 3 '토요일', 4 '일요일' 중 남자가 언제 결혼식을 가는지 묻는 문제이다. 대화 중, 남자가 土曜日に友だちの結婚式があって(토요일에 친구 결혼식이 있어서)라고 언급했으므로, 3 どようび(토요일)가 정답이다. 1은 오늘이 목요일이라고 했고, 2는 금요일에 여자와 함께 쇼핑을 가기로 한 것이며, 4는 일요일에 여자에게 고기를 대접한다고 한 것이므로 오답이다.

어휘 結婚式 けっこんしき 圏결혼식　行く いく 圏가다
今日 きょう 圏오늘　買い物 かいもの 圏쇼핑
付き合う つきあう 圏같이 하다, 사귀다　~てくれる ~(해) 주다
木曜 もくよう 圏목요일　木曜日 もくようび 圏목요일
会議 かいぎ 圏회의　明日 あした 圏내일　~なら ~(라)면
大丈夫だ だいじょうぶだ な형괜찮다　何か なにか 뭔가
買う かう 圏사다　~たい ~(하)고 싶다　土曜日 どようび 圏토요일
友だち ともだち 圏친구　新しい あたらしい い형새롭다
スーツ 圏정장, 수트　選ぶ えらぶ 圏고르다
~てほしい ~(해)주길 바라다　お礼 おれい 圏사례
日曜日 にちようび 圏일요일　肉 にく 圏고기　ごちそう 圏대접
きんようび 圏금요일

[음성]

<ruby>男<rt>おとこ</rt></ruby>の<ruby>人<rt>ひと</rt></ruby>と<ruby>女<rt>おんな</rt></ruby>の<ruby>人<rt>ひと</rt></ruby>が<ruby>話<rt>はな</rt></ruby>しています。<ruby>二人<rt>ふたり</rt></ruby>は<ruby>母<rt>はは</rt></ruby>の<ruby>日<rt>ひ</rt></ruby>に<ruby>何<rt>なに</rt></ruby>を<ruby>作<rt>つく</rt></ruby>りますか。

M：<ruby>今週<rt>こんしゅう</rt></ruby>の<ruby>日曜日<rt>にちようび</rt></ruby>は<ruby>母<rt>はは</rt></ruby>の<ruby>日<rt>ひ</rt></ruby>だから、<ruby>僕<rt>ぼく</rt></ruby>たちが<ruby>晩<rt>ばん</rt></ruby>ごはんを<ruby>準備<rt>じゅんび</rt></ruby>しよう。

F：いいね。ハンバーグはどう？

M：お<ruby>姉<rt>ねえ</rt></ruby>ちゃん、<ruby>作<rt>つく</rt></ruby>れるの？

F：うーん、<ruby>作<rt>つく</rt></ruby>れない。カレーなら<ruby>私<rt>わたし</rt></ruby>でも<ruby>簡単<rt>かんたん</rt></ruby>に<ruby>作<rt>つく</rt></ruby>れるよ。

M：うーん、カレーかあ。じゃあ、やっぱり<ruby>焼<rt>や</rt></ruby>き<ruby>肉<rt>にく</rt></ruby>とかおすしとか、<ruby>外<rt>そと</rt></ruby>に<ruby>食<rt>た</rt></ruby>べに<ruby>行<rt>い</rt></ruby>くのはどう？

F：それは<ruby>自分<rt>じぶん</rt></ruby>が<ruby>食<rt>た</rt></ruby>べたいものでしょ？<ruby>私<rt>わたし</rt></ruby>たちが<ruby>作<rt>つく</rt></ruby>ったもののほうがお<ruby>母<rt>かあ</rt></ruby>さん、<ruby>喜<rt>よろこ</rt></ruby>ぶと<ruby>思<rt>おも</rt></ruby>うよ。

M：そうだね。じゃあ、<ruby>簡単<rt>かんたん</rt></ruby>に<ruby>作<rt>つく</rt></ruby>れるものにしよう。

<ruby>二人<rt>ふたり</rt></ruby>は<ruby>母<rt>はは</rt></ruby>の<ruby>日<rt>ひ</rt></ruby>に<ruby>何<rt>なに</rt></ruby>を<ruby>作<rt>つく</rt></ruby>りますか。

[문제지]

1 ハンバーグ

2 カレー

3 やきにく

4 すし

해석 남자와 여자가 이야기하고 있습니다. 두 사람은 어머니의 날에 무엇을 만듭니까?

M : 이번 주 일요일은 어머니의 날이니까, 우리들이 저녁 식사를 준비하자.

F : 좋아. 햄버그는 어때?

M : 누나, 만들 수 있어?

F : 으음, 만들 수 없어. 카레라면 나라도 간단하게 만들 수 있어.

M : 으음, 카레. 그럼, 역시 불고기라든가 스시라든가, 밖으로 먹으러 가는 건 어때?

F : 그건 자기가 먹고 싶은 거잖아? 우리들이 만든 것 쪽이 엄마, 기뻐할 거라고 생각해.

M : 그렇네. 그럼, 간단하게 만들 수 있는 것으로 하자.

두 사람은 어머니의 날에 무엇을 만듭니까?

1 햄버그

2 카레

3 불고기

4 스시

해설 1 '햄버그', 2 '카레', 3 '불고기', 4 '스시' 중 두 사람이 어머니의 날에 만드는 음식이 무엇인지 묻는 문제이다. 대화 중 カレーなら私でも簡単に作れるよ(카레라면 나라도 간단하게 만들 수 있어)라는 여자의 말에 남자가 簡単に作れるものにしよう(간단하게 만들 수 있는 것으로 하자)라고 언급했으므로, 2 カレー(카레)가 정답이다. 1은 여자가 만들 수 없다고 했고, 3, 4는 밖에서 불고기나 스시를 먹는 것 보다 직접 음식을 만드는 것이 엄마가 기뻐할 거라고 했으므로 오답이다.

어휘 <ruby>二人<rt>ふたり</rt></ruby> ふたり 圏 두 사람　<ruby>母<rt>はは</rt></ruby>の<ruby>日<rt>ひ</rt></ruby> ははのひ 圏 어머니의 날　<ruby>作<rt>つく</rt></ruby>る つくる 圐 만들다　<ruby>今週<rt>こんしゅう</rt></ruby> こんしゅう 圏 이번 주　<ruby>日曜日<rt>にちようび</rt></ruby> にちようび 圏 일요일　～から 图 ~니까　<ruby>僕<rt>ぼく</rt></ruby> ぼく 圏 나, 저(남자의 자칭)　<ruby>晩<rt>ばん</rt></ruby>ごはん ばんごはん 圏 저녁 식사　<ruby>準備<rt>じゅんび</rt></ruby> じゅんび 圏 준비　ハンバーグ 圏 햄버그　お<ruby>姉<rt>ねえ</rt></ruby>ちゃん おねえちゃん 圏 누나, 언니　カレー 圏 카레　～なら ~(라)면　～でも 图 ~(라)도　<ruby>簡単<rt>かんたん</rt></ruby> かんたん 圏 간단　やっぱり 凰 역시　<ruby>焼<rt>や</rt></ruby>き<ruby>肉<rt>にく</rt></ruby> やきにく 圏 불고기　～とか 图 ~(라)든가　すし 圏 스시　<ruby>外<rt>そと</rt></ruby> そと 圏 밖　<ruby>食<rt>た</rt></ruby>べる たべる 圐 먹다　<ruby>行<rt>い</rt></ruby>く いく 圐 가다　<ruby>自分<rt>じぶん</rt></ruby> じぶん 圏 자기, 자신　～たい ~(하)고 싶다　ほう 圏 쪽, 편　<ruby>喜<rt>よろこ</rt></ruby>ぶ よろこぶ 圐 기뻐하다　～と<ruby>思<rt>おも</rt></ruby>う ～とおもう ~(라)고 생각하다

☞ 문제 3은 예제를 들려줄 때 1번부터 5번까지의 그림을 보고 상황을 미리 떠올려봅니다. 음성에서 では、始めます(그러면, 시작합니다)가 들리면, 곧바로 문제 풀 준비를 합니다.

음성 디렉션과 예제는 실전모의고사 1의 해설 (p.147)에서 확인할 수 있습니다.

1

[문제지]

[음성]

<ruby>道<rt>みち</rt></ruby>で<ruby>財布<rt>さいふ</rt></ruby>を<ruby>見<rt>み</rt></ruby>つけました。<ruby>交番<rt>こうばん</rt></ruby>で<ruby>警察<rt>けいさつ</rt></ruby>の<ruby>人<rt>ひと</rt></ruby>に<ruby>何<rt>なん</rt></ruby>と<ruby>言<rt>い</rt></ruby>いますか。

M：1 さいふが<ruby>落<rt>お</rt></ruby>ちていました。

　　2 さいふをなくしました。

　　3 さいふはどこですか。

해석 길에서 지갑을 발견했습니다. 파출소에서 경찰에게 뭐라고 말합니까?

M : 1 지갑이 떨어져 있었습니다.

　　2 지갑을 잃어버렸습니다.

　　3 지갑은 어디 있습니까?

해설 경찰에게 길에서 지갑을 발견했다고 하는 말을 고르는 문제이다.

1 (O) さいふが落ちていました(지갑이 떨어져 있었습니다)는 길에서 지갑을 발견했다는 말이므로 정답이다.

2 (X) さいふをなくしました(지갑을 잃어버렸습니다)는 지갑을 분실했다는 말이므로 오답이다.

3 (X) さいふはどこですか(지갑은 어디 있습니까?)는 지갑을 찾으러 온 사람이 할 수 있는 말이므로 오답이다.

어휘 <ruby>道<rt>みち</rt></ruby> みち 圏 길　<ruby>財布<rt>さいふ</rt></ruby> さいふ 圏 지갑

見つける みつける [동] 발견하다　交番 こうばん [명] 파출소
警察 けいさつ [명] 경찰　落ちる おちる [동] 떨어지다
なくす [동] 잃어버리다

2

[문제지]

[음성]
漢字の書き方が知りたいです。何と言いますか。

F：1 **どのように書きますか。**
　2 何を書いたらいいですか。
　3 きれいに書いてください。

해석 한자의 쓰는 법을 알고 싶습니다. 뭐라고 말합니까?
F : 1 **어떻게 씁니까?**
　2 무엇을 쓰면 좋습니까?
　3 예쁘게 써 주세요.

해설 한자의 쓰는 법을 알려달라는 말을 고르는 문제이다.
1 (O) **どのように書きますか**(어떻게 씁니까?)는 쓰는 방법을 물어보는 말이므로 정답이다.
2 (X) **何を書いたらいいですか**(무엇을 쓰면 좋습니까?)는 무엇을 써야 하는지 묻는 말이므로 오답이다.
3 (X) **きれいに書いてください**(예쁘게 써 주세요)는 글자를 예쁘게 써 달라고 요청하는 말이므로 오답이다.

어휘 **漢字 かんじ** [명] 한자　**書き方 かきかた** [명] 쓰는 법
知る しる [동] 알다　**～たい** ~(하)고 싶다　**～たら** ~(하)면
きれいだ [な형] 예쁘다　**～てください** ~(해) 주세요

3

[문제지]

[음성]
写真を撮ってほしいです。何と言いますか。

F：1 写真を撮りましょうか。
　2 写真を撮ってもいいですよ。
　3 **写真を撮ってくれませんか。**

해석 사진을 찍어 주기를 바랍니다. 뭐라고 말합니까?
F : 1 사진을 찍을까요?
　2 사진을 찍어도 괜찮습니다.
　3 **사진을 찍어 주시지 않을래요?**

해설 사진을 찍어달라고 요청하는 말을 고르는 문제이다.
1 (X) **写真を撮りましょうか**(사진을 찍을까요?)는 사진을 찍는 사람이 할 수 있는 말이므로 오답이다.
2 (X) **写真を撮ってもいいですよ**(사진을 찍어도 괜찮습니다)는 사진을 찍어도 된다고 허락하는 말이므로 오답이다.
3 (O) **写真を撮ってくれませんか**(사진을 찍어 주시지 않을래요?)는 사진을 찍어달라고 요청하는 말이므로 정답이다.

어휘 **写真 しゃしん** [명] 사진　**撮る とる** [동] 찍다
～てほしい ~(해)주길 바라다　**～てもいい** ~(해)도 괜찮다
～てくれる ~(해) 주다

4

[문제지]

[음성]
友だちをうちに招待したいです。何と言いますか。

M：1 **今度うちに来ませんか。**
　2 また誘ってくださいね。
　3 一緒にうちに帰りましょう。

해석 친구를 집에 초대하고 싶습니다. 뭐라고 말합니까?
M : 1 **이 다음에 우리 집에 오지 않을래요?**
　2 또 초대해 주세요.
　3 함께 집에 돌아갑시다.

해설 친구를 집에 초대하는 말을 고르는 문제이다.
1 (O) **今度うちに来ませんか**(이 다음에 우리 집에 오지 않을래요?)는 친구를 집에 초대하는 말이므로 정답이다.
2 (X) **また誘ってくださいね**(또 초대해 주세요)는 친구가 할 수 있는 말이므로 오답이다.
3 (X) **一緒にうちに帰りましょう**(함께 집에 돌아갑시다)는 집에 함께 살고 있는 사람에게 할 수 있는 말이므로 오답이다.

어휘 友だち ともだち 圏친구　うち 圏(우리) 집

招待 しょうたい 圏초대　～たい ~(하)고 싶다

今度 こんど 圏이 다음, 이번　来る くる 圏오다　また 囝또, 다시

誘う さそう 圏초대하다, 권유하다　～てください ~(해) 주세요

一緒に いっしょに 함께, 같이　帰る かえる 圏돌아가다, 집에 가다

5

[문제지]

[음성]

試験の開始時間が知りたいです。何と言いますか。

M：1 試験は思ったより易しかったです。

2 試験はいつ始まりますか。

3 何時間かかりますか。

해석 시험의 개시시간을 알고 싶습니다. 뭐라고 말합니까?

　　M：1 시험은 생각보다 쉬웠습니다.

　　　 2 시험은 언제 시작됩니까?

　　　 3 몇 시간 걸립니까?

해설 시험 시작시간을 묻는 말을 고르는 문제이다.

　　1 (X) 試験は思ったより易しかったです(시험은 생각보다 쉬웠습니다)는 시험이 쉬웠다는 말이므로 오답이다.

　　2 (O) 試験はいつ始まりますか(시험은 언제 시작됩니까?)는 시험의 시작 시간을 묻는 말이므로 정답이다.

　　3 (X) 何時間かかりますか(몇 시간 걸립니까?)는 시간이 얼마나 걸리는지 묻는 말이므로 오답이다.

어휘 試験 しけん 圏시험　開始 かいし 圏개시　時間 じかん 圏시간

知る しる 圏알다　～たい ~(하)고 싶다　思う おもう 圏생각하다

～より 조~보다　易しい やさしい い형쉽다　いつ 圏언제

始まる はじまる 圏시작되다　かかる 圏(시간이) 걸리다

☞ 문제 4는 문제지에 아무것도 인쇄되어 있지 않습니다. 따라서, 예제를 들려줄 때, 그 내용을 들으면서 즉시 응답의 문제 풀이 전략을 떠올려 봅니다. 음성에서 では、始めます(그러면, 시작합니다)가 들리면, 실제 문제 풀 준비를 합니다.
음성 디렉션과 예제는 실전모의고사 1의 해설 (p.149)에서 확인할 수 있습니다.

1

[음성]

M：週末はたいてい何をしますか。

F：1 家で小説を読みます。

2 あまりいそがしくないです。

3 映画を見に行きました。

해석 M：주말은 대개 무엇을 합니까?

　　F：1 집에서 소설을 읽습니다.

　　　 2 그다지 바쁘지 않습니다.

　　　 3 영화를 보러 갔습니다.

해설 남자가 여자에게 주말에 주로 무엇을 하는지 묻고 있다.

　　1 (O) '집에서 소설을 읽습니다'는 주말에는 집에서 소설을 읽는다는 말이므로 적절한 응답이다.

　　2 (X) 주말에 바쁘지 않다는 말이므로 오답이다.

　　3 (X) 見に行きました(보러 갔습니다)는 질문과 시제가 맞지 않으므로 오답이다.

어휘 週末 しゅうまつ 圏주말　たいてい 囝대개　家 いえ 圏집

小説 しょうせつ 圏소설　読む よむ 圏읽다　あまり 囝그다지

いそがしい い형바쁘다　映画 えいが 圏영화　見る みる 圏보다

行く いく 圏가다

2

[음성]

F：資料の間違いを直してください。

M：1 資料は必要ですか。

2 間違っていますよ。

3 はい、すみません。

해석 F：자료의 틀린 점을 고쳐 주세요.

　　M：1 자료는 필요합니까?

　　　 2 틀렸습니다.

　　　 3 네, 죄송합니다.

해설 여자가 남자에게 자료의 틀린 부분을 고쳐달라고 요청하고 있다.

　　1 (X) 資料(자료)를 반복 사용하여 혼동을 준 오답이다.

　　2 (X) 間違い(틀린 점)를 間違う(틀리다)로 반복 사용하여 혼동을 준 오답이다.

　　3 (O) '네, 죄송합니다'는 자료를 고치겠으며, 틀리게 작성하여 죄송하다는 의도이므로 적절한 응답이다.

어휘 資料 しりょう 圏자료　間違い まちがい 圏틀린 점, 잘못

直す なおす 圏고치다　～てください ~(해) 주세요

必要 ひつよう 圏필요　間違う まちがう 圏틀리다

[음성]

M：日本語の勉強はどうですか。

F：1　漢字が難しいです。
　　2　日本語が好きです。
　　3　留学するつもりです。

해석 M : 일본어 공부는 어떻습니까?

　　F : 1　한자가 어렵습니다.
　　　　2　일본어가 좋습니다.
　　　　3　유학할 예정입니다.

해설 남자가 여자에게 일본어 공부가 어떤지 묻고 있다.
　　1 (O) '한자가 어렵습니다'는 일본어 공부가 어렵다는 의도의 말이므로 적절한 응답이다.
　　2 (X) 日本語(일본어)를 반복 사용하여 혼동을 준 오답이다.
　　3 (X) 勉強(공부)와 관련된 留学(유학)를 사용하여 혼동을 준 오답이다.

어휘 日本語 にほんご 圏일본어　勉強 べんきょう 圏공부
　　漢字 かんじ 圏한자　難しい むずかしい い형어렵다
　　好きだ すきだ な형좋다　留学 りゅうがく 圏유학　つもり 圏예정

4

[음성]

F：図書館で勉強しませんか。

M：1　勉強しませんでした。
　　2　いっしょにしましょう。
　　3　図書館に行かないんですか。

해석 F : 도서관에서 공부하지 않을래요?

　　M : 1　공부하지 않았습니다.
　　　　2　같이 합시다.
　　　　3　도서관에 가지 않습니까?

해설 여자가 남자에게 도서관에서 공부하자고 제안하고 있다.
　　1 (X) 勉強(공부)를 반복 사용하여 혼동을 준 오답이다.
　　2 (O) '같이 합시다'는 제안을 수락하는 말이므로 적절한 응답이다.
　　3 (X) 図書館(도서관)을 반복 사용하여 혼동을 준 오답이다.

어휘 図書館 としょかん 圏도서관　勉強 べんきょう 圏공부
　　いっしょに 閉같이, 함께　行く いく 圏가다

[음성]

M：これはすずきさんのかばんですか。

F：1　かわいいかばんですね。
　　2　すずきさんはあそこにいますよ。
　　3　いえ、違いますよ。

해석 M : 이것은 스즈키 씨의 가방입니까?

　　F : 1　귀여운 가방이네요.

2　スズキ 씨는 저쪽에 있어요.

3　아니요, 틀려요.

해설 남자가 여자에게 이것이 스즈키 씨의 가방인지 묻고 있다.
　　1 (X) かばん(가방)을 반복 사용하여 혼동을 준 오답이다.
　　2 (X) すずきさん(스즈키 씨)을 반복 사용하여 혼동을 준 오답이다.
　　3 (O) '아니요, 틀려요'는 스즈키 씨의 가방이 아니라는 말이므로 적절한 응답이다.

어휘 かばん 圏가방　かわいい い형귀엽다　違う ちがう 圏틀리다, 다르다

6

[음성]

M：授業に遅れちゃうから、走ろうか。

F：1　速く走れないの？
　　2　うん、いそごう。
　　3　気をつけてね。

해석 M : 수업에 늦어 버리니까, 뛸까?

　　F : 1　빨리 뛸 수 없어?
　　　　2　응, 서두르자.
　　　　3　조심해.

해설 남자가 여자에게 수업에 늦지 않도록 뛰자고 제안하고 있다.
　　1 (X) 走る(뛰다)를 반복 사용하여 혼동을 준 오답이다.
　　2 (O) '응, 서두르자'는 제안을 수락하는 말이므로 적절한 응답이다.
　　3 (X) 走る(뛰다)와 관련된 気をつける(조심하다)를 사용하여 혼동을 준 오답이다.

어휘 授業 じゅぎょう 圏수업　遅れる おくれる 圏늦다
　　～ちゃう ～(해) 버리다　～から 至~니까
　　走る はしる 圏뛰다, 달리다　速く はやく 閉빨리
　　いそぐ 圏서두르다　気をつける きをつける 조심하다

[음성]

F：キムさんは泳げますか。

M：1　はい、学校で習いました。
　　2　え、プールで泳いだんですか。
　　3　いいえ、泳いではいけませんよ。

해석 F : 김 씨는 헤엄칠 수 있습니까?

　　M : 1　네, 학교에서 배웠습니다.
　　　　2　어, 수영장에서 헤엄쳤습니까?
　　　　3　아니요, 헤엄쳐서는 안 됩니다.

해설 여자가 남자에게 헤엄칠 수 있는지 묻고 있다.
　　1 (O) '네, 학교에서 배웠습니다'는 헤엄칠 수 있다는 말이므로 적절한 응답이다.
　　2 (X) 泳ぐ(헤엄치다)를 반복 사용하고, 泳ぐ(헤엄치다)와 관련있는 プール(수영장)를 사용하여 혼동을 준 오답이다.
　　3 (X) 泳ぐ(헤엄치다)를 반복 사용하여 혼동을 준 오답이다.

어휘 泳ぐ およぐ 圏헤엄치다　学校 がっこう 圏학교

習う ならう ⑧배우다   プール ⑲수영장
〜てはいけない 〜(해)서는 안 된다

8

[음성]

F：もう少しゆっくり話してください。

M：1 ゆっくりしてくださいね。

　　2 すみません、速かったですか。

　　3 少し話しませんか。

해석 F : 좀 더 천천히 이야기 해 주세요.

　　M : 1 천천히 해 주세요.

　　　　2 죄송합니다, 빨랐습니까?

　　　　3 좀 이야기하지 않을래요?

해설 여자가 남자에게 천천히 이야기 해 달라고 요청하고 있다.

　　1 (X) ゆっくり(천천히), してください(해 주세요)를 반복 사용하여
　　　　혼동을 준 오답이다.

　　2 (O) '죄송합니다, 빨랐습니까?'는 빠르게 이야기해서 미안하다는
　　　　의도이므로 요청을 받아들이는 응답이다.

　　3 (X) 少し(좀), 話す(이야기하다)를 반복 사용하여 혼동을 준 오답
　　　　이다.

어휘 もう ⑨더   少し すこし ⑨좀, 조금   ゆっくり ⑨천천히

　　話す はなす ⑧이야기하다, 말하다   〜てください 〜(해) 주세요

　　速い はやい ⓘ형빠르다

실전모의고사 3

언어지식 (문자·어휘)

문제 1	1	4	2	3	3	1	4	2	5	4	6	1	7	4
문제 2	8	3	9	2	10	3	11	2	12	1				
문제 3	13	3	14	1	15	4	16	3	17	2	18	1	19	4
	20	1												
문제 4	21	2	22	1	23	4	24	2						
문제 5	25	3	26	4	27	2	28	3						

언어지식 (문법)

문제 1	1	3	2	2	3	3	4	1	5	4	6	1	7	2
	8	3	9	4	10	3	11	4	12	4	13	2		
문제 2	14	3	15	4	16	1	17	4						
문제 3	18	1	19	2	20	4	21	2						

독해

문제 4	22	4	23	3	24	4								
문제 5	25	1	26	1	27	3								
문제 6	28	2	29	4										

청해

문제 1	1	4	2	4	3	3	4	4	5	1	6	3	7	1
	8	4												
문제 2	1	4	2	1	3	3	4	2	5	4	6	4	7	3
문제 3	1	3	2	1	3	2	4	1	5	3				
문제 4	1	1	2	2	3	1	4	3	5	2	6	1	7	2
	8	3												

1

새鳥의 사진을 찍었습니다.

해설 鳥는 4 とり로 발음한다.

어휘 鳥 とり 🈯새　犬 いぬ 🈯개　草 くさ 🈯풀　島 しま 🈯섬
しゃしん 🈯사진　とる 🈩(사진을) 찍다

2

당신의 의견意見을 이야기해 주세요.

해설 意見은 3 いけん으로 발음한다. い가 장음이 아닌 것에 주의한다.
見은 음독으로 けん, 훈독으로 み나 みる로 발음할 수 있는데, 意見
의 경우에는 けん으로 발음하는 것에 주의한다.

어휘 意見 いけん 🈯의견　あなた 🈯당신　はなす 🈩이야기하다
～てください ~(해) 주세요

3

아버지는 빵을 팔고売って 있습니다.

해설 売って는 1 うって로 발음한다.

어휘 売る うる 🈩팔다　買う かう 🈩사다　切る きる 🈩자르다
作る つくる 🈩만들다　父 ちち 🈯아버지, 아빠　パン 🈯빵

4

학교의 근처에 숲森이 있습니다.

해설 森은 2 もり로 발음한다.

어휘 森 もり 🈯숲　木 き 🈯나무　山 やま 🈯산　林 はやし 🈯수풀
学校 がっこう 🈯학교　ちかく 🈯근처

5

빨간 실糸의 이야기를 알고 있습니까?

해설 糸는 4 いと로 발음한다.

어휘 糸 いと 🈯실　花 はな 🈯꽃　紙 かみ 🈯종이　空 そら 🈯하늘
あかい 🈔빨갛다　はなし 🈯이야기　知る しる 🈩알다

6

아이 보살피는 것世話은 힘듭니다.

해설 世話는 1 せわ로 발음한다. せ가 장음이 아닌 것에 주의한다.

어휘 世話 せわ 🈯보살피는 것, 보살핌　子ども こども 🈯아이
たいへんだ 🈺힘들다

7

별의 연구研究를 하고 있습니다.

해설 研究는 4 けんきゅう로 발음한다. けん이 탁음이 아닌 것과 きゅう
가 장음인 것에 주의한다.

어휘 研究 けんきゅう 🈯연구　ほし 🈯별

8

같은 실수しっぱい를 해서는 안 됩니다.

해설 しっぱい는 3 失敗로 표기한다. 1, 2, 4는 없는 단어이다. 失(しつ,
잃다)를 선택지 1과 2의 矢(や, 화살)와 구별해서 알아두고, 敗(は
い, 실패하다)를 선택지 2와 4의 則(そく, 법칙)와 구별해서 알아둔
다.

어휘 失敗 しっぱい 🈯실수, 실패　おなじ 같은
～てはいけない ~(해)서는 안 된다

9

그는 유명ゆうめい한 가수입니다.

해설 ゆうめい는 2 有名로 표기한다. 1, 3은 없는 단어이다.

어휘 有名だ ゆうめいだ 🈺유명하다　かれ 🈯그　かしゅ 🈯가수

10

겨우 일이 정해졌습니다きまりました.

해설 きまりました는 3 決まりました로 표기한다. 1, 2, 4는 없는 단어이
다. 선택지 2와 4의 한자는 정답의 한자인 決와 비슷한 모양으로 만
든 없는 한자이다.

어휘 決まる きまる 🈩정해지다　快適だ かいてきだ 🈺쾌적하다
やっと 🈟겨우　しごと 🈯일

11

이 방은 매우 더럽きたない습니다.

해설 きたない는 2 汚い로 표기한다.

어휘 汚い きたない 🈔더럽다　寒い さむい 🈔춥다
狭い せまい 🈔좁다　古い ふるい 🈔오래되다　へや 🈯방
とても 🈟매우

12

늦잠ねぼう자서 수업에 늦었습니다.

해설 ねぼう는 1 寝坊로 표기한다. 2, 3, 4는 없는 단어이다. 선택지 2와
3의 한자는 정답의 한자인 寝와 비슷한 모양으로 만든 없는 한자이
다.

어휘 寝坊 ねぼう 🈯늦잠, 늦잠을 잠　じゅぎょう 🈯수업
おくれる 🈩늦다

13

돈을 (   ) 장소는 어디입니까?

1 줍는	2 비교하는
3 지불하는	4 여는

해설 선택지가 모두 동사이다. 문장 전체를 보았을 때 おかねをはらうばしょはどこですか(돈을 지불하는 장소는 어디입니까)라는 문맥이 가장 자연스러우므로 3 はらう(지불하는)가 정답이다. 빈칸 바로 앞의 おかねを(돈을)만 보고 1 ひろう(줍는)를 정답으로 선택하지 않도록 주의한다. 1은 ごみをひろう(쓰레기를 줍다), 2는 資料をくらべる(자료를 비교하다), 4는 大会をひらく(대회를 열다)와 같이 자주 쓰인다.

어휘 おかね 圏돈 ばしょ 圏장소 ひろう 圄줍다
くらべる 圄비교하다 はらう 圄지불하다 ひらく 圄열다

14

운동회가 중지되어서 (   ) 입니다.

1 유감	2 안전
3 소중	4 간단

해설 선택지가 모두 な형용사이다. 빈칸 앞의 내용과 함께 쓸 때 うんどうかいがちゅうしになってざんねん(운동회가 중지되어서 유감)이라는 문맥이 가장 자연스러우므로 1 ざんねん(유감)이 정답이다. 2는 このへやはあんぜんだ(이 방은 안전하다), 3은 家族はたいせつだ(가족이 소중하다), 4는 この問題はかんたんだ(이 문제는 간단하다)와 같이 자주 쓰인다.

어휘 うんどうかい 圏운동회 ちゅうし 圏중지
ざんねんだ 图형유감이다 あんぜんだ 图형안전하다
たいせつだ 图형소중하다 かんたんだ 图형간단하다

15

홈스테이하는 곳의 가족은 저를 따뜻하게 (   ) 주었습니다.

1 대답해	2 알아
3 옮겨	**4 맞이해**

해설 선택지가 모두 동사이다. 문장 전체를 보았을 때 ホームステイ先のかぞくはわたしをあたたかくむかえてくれました(홈스테이하는 곳의 가족은 저를 따뜻하게 맞이해 주었습니다)라는 문맥이 가장 자연스러우므로 4 むかえて(맞이해)가 정답이다. 빈칸 바로 앞의 あたたかく(따뜻하게)만 보고 1 こたえて(대답해)를 정답으로 선택하지 않도록 주의한다. 1은 しつもんにこたえる(질문에 대답하다), 2는 新しくしる(새롭게 알다), 3은 へやにはこぶ(방으로 옮기다)와 같이 자주 쓰인다.

어휘 ホームステイ 圏홈스테이 先 さき 圏곳 かぞく 圏가족
あたたかい 图형따뜻하다 ~てくれる (나에게) ~(해) 주다
こたえる 圄대답하다 しる 圄알다 はこぶ 圄옮기다
むかえる 圄맞이하다

16

길이 미끄러지기 쉬웠기 때문에 (   ) 해서 걸었습니다.

1 설명	2 감사
3 주의	4 실례

해설 선택지가 모두 명사이다. 빈칸 앞뒤의 내용과 함께 쓸 때 すべりやすかったのでちゅういして(미끄러지기 쉬웠기 때문에 주의해서)라는 문맥이 가장 자연스러우므로 3 ちゅうい(주의)가 정답이다. 1은 商品についてせつめいする(상품에 대해서 설명하다), 2는 心からかんしゃする(진심으로 감사하다), 4는 返事がおくれてしつれいした(답장이 늦어 실례했다)와 같이 자주 쓰인다.

어휘 みち 圏길 すべりやすい 미끄러지기 쉽다 ～ので 图~때문에
あるく 圄걷다 せつめい 圏설명 かんしゃ 圏감사
ちゅうい 圏주의 しつれい 圏실례

17

회사를 나와서, (   ) 집으로 향했습니다.

1 꼭	**2 곧장**
3 거의	4 결코

해설 선택지가 모두 부사이다. 빈칸 뒤의 내용과 함께 쓸 때 まっすぐ家へむかいました(곧장 집으로 향했습니다)라는 문맥이 가장 자연스러우므로 2 まっすぐ(곧장)가 정답이다. 1은 きっと合格する(꼭 합격할 것이다), 3은 ほとんど食べていない(거의 먹지 않고 있다), 4는 けっしてうそはつかない(결코 거짓말은 하지 않는다)와 같이 자주 쓰인다.

어휘 かいしゃ 圏회사 でる 圄나오다, 나가다 家 いえ 圏집
むかう 圄향하다 きっと 图꼭 まっすぐ 图곧장
ほとんど 图거의 けっして 图결코

18

어릴 때의 (   ) 의 꿈은 무엇이었습니까?

1 장래	2 예약
3 예정	4 약속

해설 선택지가 모두 명사이다. 빈칸 뒤의 내용과 함께 쓸 때 しょうらいのゆめ(장래의 꿈)라는 문맥이 가장 자연스러우므로 1 しょうらい(장래)가 정답이다. 2는 よやくの変更(예약의 변경), 3은 よていのしごと(예정된 일), 4는 やくそくの時間(약속 시간)과 같이 자주 쓰인다.

어휘 こどものころ 어릴 때 ゆめ 圏꿈 しょうらい 圏장래
よやく 圏예약 よてい 圏예정 やくそく 圏약속

19

야구의 (   ) 을 받았으니까, 같이 보러 갑시다.

1 모자	2 시합
3 룰	**4 티켓**

해설 선택지가 모두 명사이다. 빈칸 앞뒤의 내용과 함께 쓸 때 やきゅうのチケットをもらったから、いっしょに見にいきましょう(야구 티켓

을 받았으니까, 같이 보러 갑시다)라는 문맥이 가장 자연스러우므로 4 チケット(티켓)가 정답이다. 빈칸 바로 앞의 やきゅうの(야구의)만 보고 1 ぼうし(모자), 2 しあい(시합), 3 ルール(룰)를 정답으로 선택하지 않도록 주의한다. 1은 ぼうしをかぶる(모자를 쓰다), 2는 しあいをする(시합을 하다), 3은 ルールをまもる(룰을 지키다)와 같이 자주 쓰인다.

어휘 やきゅう 圏야구　もらう 图받다　～から 图~니까
　　 いっしょに 凰같이　見る みる 图보다　いく 图가다
　　 ぼうし 圏모자　しあい 圏시합　ルール 圏룰　チケット 圏티켓

20

만화를 사러 근처의 (　　　) 에 갔습니다.

1 서점　　　　　　　　　　2 정육점
3 채소 가게　　　　　　　　4 꽃 가게

해설 선택지가 모두 명사이다. 빈칸 앞의 내용과 함께 쓸 때 まんがを買いにきんじょのほんや(만화를 사러 근처의 서점)라는 문맥이 가장 자연스러우므로 1 ほんや(서점)가 정답이다. 2는 にくを買いににくやに行く(고기를 사러 정육점에 가다), 3은 やさいを買いにやおやに行く(채소를 사러 채소 가게에 가다), 4는 花を買いにはなやに行く(꽃을 사러 꽃 가게에 가다)와 같이 자주 쓰인다.

어휘 まんが 圏만화　買う かう 图사다　きんじょ 圏근처　いく 图가다
　　 ほんや 圏서점　にくや 圏정육점　やおや 圏채소 가게
　　 はなや 圏꽃 가게

21

몸 상태는 좋아졌습니까?

1 깨끗해졌습니까?
2 건강해졌습니까?
3 친해졌습니까?
4 아파졌습니까?

해설 제시문 ぐあいはよくなりましたか(몸 상태는 좋아졌습니까)와 가장 의미가 비슷한 2 げんきになりましたか(건강해졌습니까)가 정답이다.

어휘 ぐあい 圏(몸) 상태　よくなる 좋아지다　きれいだ [な형]깨끗하다
　　 げんきだ [な형]건강하다　したしい [い형]친하다　いたい [い형]아프다

22

다나카 씨의 생각에 찬성입니다.

1 다나카 씨의 생각은 좋다고 생각합니다.
2 다나카 씨의 생각은 좋지 않다고 생각합니다.
3 다나카 씨의 생각은 고루하다고 생각합니다.
4 다나카 씨의 생각은 신기하다고 생각합니다.

해설 제시문에 사용된 かんがえにさんせいです가 '생각에 찬성입니다'라는 의미이므로, 의미가 유사한 かんがえはいいとおもいます(생각은 좋다고 생각합니다)를 사용한 1 たなかさんのかんがえはいいとおもいます(다나카 씨의 생각은 좋다고 생각합니다)가 정답이다.

어휘 かんがえ 圏생각　さんせい 圏찬성　～とおもう ~라고 생각하다
　　 ふるい [い형]고루하다, 오래되다　めずらしい [い형]신기하다, 드물다

23

그녀는 친절한 사람입니다.

1 그녀는 무서운 사람입니다.
2 그녀는 밝은 사람입니다.
3 그녀는 차가운 사람입니다.
4 그녀는 상냥한 사람입니다.

해설 제시문에 사용된 しんせつな가 '친절한'이라는 의미이므로, 의미가 유사한 やさしい(상냥한)를 사용한 4 かのじょはやさしいひとです(그녀는 상냥한 사람입니다)가 정답이다.

어휘 かのじょ 圏그녀　しんせつだ [な형]친절하다　こわい [い형]무섭다
　　 あかるい [い형]밝다　つめたい [い형]차갑다　やさしい [い형]상냥하다

24

남동생은 고양이를 기르고 있습니다.

1 남동생은 고양이를 보고 있습니다.
2 남동생은 고양이를 키우고 있습니다.
3 남동생은 고양이를 만지고 있습니다.
4 남동생은 고양이를 씻기고 있습니다.

해설 제시문에 사용된 そだてて가 '기르고'라는 의미이므로, 의미가 유사한 かって(키우고)를 사용한 2 おとうとはねこをかっています(남동생은 고양이를 키우고 있습니다)가 정답이다.

어휘 おとうと 圏남동생　ねこ 圏고양이　そだてる 图기르다
　　 みる 图보다　かう 图키우다　さわる 图만지다
　　 あらう 图씻기다, 씻다

25

감싸다

1 저 병원은 나무로 감싸져 있습니다.
2 생각하고 있는 것을 감싸지 말고 이야기해 주세요.
3 선물을 예쁜 종이로 감싸 주었습니다.
4 마실 것은 냉장고에 감싸 두었습니다.

해설 제시어 つつむ는 '감싸다'라는 뜻의 동사이다. 제시어 앞부분의 내용에 유의하여 각 선택지를 읽어보면, 3의 きれいなかみでつつんで(예쁜 종이로 감싸)에서 문맥상 가장 올바르게 사용되었으므로 3이 정답이다. 참고로, 1은 かこまれて(둘러싸여), 2는 かくさないで(숨기지 말고), 4는 入れて(いれて, 넣어)를 사용하는 것이 올바른 문장이다.

어휘 つつむ 图감싸다, 포장하다　びょういん 圏병원　木 き 圏나무
　　 思う おもう 图생각하다　はなす 图이야기하다
　　 ～てください ~(해) 주세요　プレゼント 圏선물
　　 きれいだ [な형]예쁘다　かみ 圏종이　～てくれる (나에게) ~(해) 주다
　　 のみもの 圏마실 것　れいぞうこ 圏냉장고　～ておく ~(해) 두다

26

인구

1 나의 반의 <u>인구</u>는 30명입니다.
2 판다를 보고 싶은 <u>인구</u>가 동물원에 모였습니다.
3 대부분의 <u>인구</u>가 이미 버스에 타고 있습니다.
4 일본의 <u>인구</u>는 10년 전부터 계속 줄고 있습니다.

해설 제시어 じんこう는 '인구'라는 뜻의 명사이다. 제시어 앞뒤의 내용에 유의하여 각 선택지를 읽어보면, 4의 にほんのじんこうは10年前からへりつづけて(일본의 인구는 10년 전부터 계속 줄고)에서 문맥상 가장 올바르게 사용되었으므로 4가 정답이다. 참고로, 1은 人数(にんずう, 인원수), 2는 人々(ひとびと, 사람들), 3은 乗客(じょうきゃく, 승객)를 사용하는 것이 올바른 문장이다.

어휘 じんこう 圏 인구   クラス 圏 반, 클래스   ～人 ～にん ～명, 인   パンダ 圏 판다   見る みる 圏 보다   ～たい ～(하)고 싶다   どうぶつえん 圏 동물원   あつまる 圏 모이다   ほとんど 凰 대부분   もう 凰 이미   バス 圏 버스   のる 圏 타다   にほん 圏 일본   ～年 ～ねん ～년   前 まえ 圏 전   ～から 困 ～부터   へりつづける 계속 줄다

27

젊다

1 저 <u>젊은</u> 어린이는 계속 울고 있습니다.
2 이 회사의 사장은 나의 아버지보다 <u>젊은</u> 사람입니다.
3 생일에 <u>젊은</u> 컴퓨터를 살 예정입니다.
4 이 마을에는 영화관이 <u>젊</u>습니다.

해설 제시어 わかい는 '젊다'라는 뜻의 い형용사이다. 제시어 앞뒤의 내용에 유의하여 각 선택지를 읽어보면, 2의 父よりわかいひと(아버지보다 젊은 사람)에서 문맥상 가장 올바르게 사용되었으므로 2가 정답이다. 참고로, 1은 小さい(ちいさい, 어린), 3은 新しい(あたらしい, 새로운), 4는 少ない(すくない, 적다)를 사용하는 것이 올바른 문장이다.

어휘 わかい い형 젊다   子ども こども 圏 어린이, 아이   ずっと 凰 계속   なく 圏 울다   かいしゃ 圏 회사   社長 しゃちょう 圏 사장(님)   父 ちち 圏 아버지, 아빠   ～より 困 ～보다   たんじょうび 圏 생일   パソコン 圏 컴퓨터, PC   買う かう 圏 사다   つもり 圏 예정   まち 圏 마을   えいがかん 圏 영화관

28

답장

1 그녀는 만나면 반드시 답장을 해 줍니다.
2 문제의 답장을 함께 생각해봅시다.
3 어제 할머니에게 편지의 답장을 썼습니다.
4 이번 시험에 대해 선생님에게 답장하고 싶은 것이 있습니다.

해설 제시어 へんじ는 '답장'이라는 뜻의 명사이다. 제시어 앞뒤의 내용에 유의하여 각 선택지를 읽어보면, 3의 てがみのへんじを書きました(편지의 답장을 썼습니다)에서 문맥상 가장 올바르게 사용되었으

므로 3이 정답이다. 참고로, 1은 あいさつ(인사), 2는 答え(こたえ, 답), 4는 質問(しつもん, 질문)을 사용하는 것이 올바른 문장이다.

어휘 へんじ 圏 답장   かのじょ 圏 그녀   会う あう 圏 만나다   かならず 凰 반드시   ～てくれる (나에게) ~(해) 주다   もんだい 圏 문제   いっしょに 凰 함께   かんがえる 圏 생각하다   きのう 圏 어제   おばあさん 圏 할머니   てがみ 圏 편지   書く かく 圏 쓰다   こんど 圏 이번   テスト 圏 시험   ～について ~에 대해   先生 せんせい 圏 선생(님)   ～たい ~(하)고 싶다

언어지식 (문법)

p.461

어릴 때, 엄마 (   ) 피아노를 배웠습니다.

1 에서   2 의
3 에게   4 로

해설 빈칸에 들어갈 적절한 조사를 고르는 문제이다. 빈칸 앞의 명사 母(엄마)와 빈칸 뒤의 ピアノを習いました(피아노를 배웠습니다)를 보면, '엄마에게 피아노를 배웠습니다'라는 말이 문맥상 자연스럽다. 따라서 3 に(에게)가 정답이다.

어휘 子どものとき こどものとき 어릴 때   母 はは 圏 엄마, 어머니   ピアノ 圏 피아노   習う ならう 圏 배우다   ～で 困 ~에서   ～の 困 ~의   ～に 困 ~에게   ～へ 困 ~로

지갑 (   ) 발견되어서, 다행이네요.

1 에게   **2 이**
3 을   4 과

해설 빈칸에 들어갈 적절한 조사를 고르는 문제이다. 빈칸 앞의 명사 さいふ(지갑)와 빈칸 뒤의 見つかって(발견되어서)를 보면, 선택지 2 が(이) 또는 4と(과)가 정답의 후보이다. 문장 전체를 보면 さいふが見つかって、よかったですね(지갑이 발견되어서, 다행이네요)라는 말이 문맥상 자연스럽다. 따라서 2 が(이)가 정답이다.

어휘 さいふ 圏 지갑   見つかる みつかる 圏 발견되다   ～に 困 ~에게   ～が 困 ~이   ～を 困 ~을   ～と 困 ~과

스마트폰은 편리합니다. 쇼핑도 가능하 (   ), 영화도 볼 수 있습니다.

1 면   2 지만
3 고   4 기 때문에

해설 빈칸에 들어갈 적절한 조사를 고르는 문제이다. 빈칸 앞의 できる(가능하다)와 빈칸 뒤의 映画も見られます(영화도 볼 수 있습니다)를 보면, 선택지 1과(면), 3 し(고)가 정답의 후보이다. 문장 전체를 보면 買い物もできるし、映画も見られます(쇼핑도 가능하고, 영화

도 볼 수 있습니다)라는 말이 문맥상 자연스럽다. 따라서 3 し(고)가 정답이다. 2 が(지만)는 앞뒤의 내용이 상반되는 경우에 사용하므로 오답이다.

어휘 スマホ 圏 스마트폰　便利だ べんりだ 伝형 편리하다
買い物 かいもの 圏 쇼핑　できる 圄 가능하다　映画 えいが 圏 영화
見る みる 圄 보다　～と 区 ~면　～が 区 ~지만　～し 区 ~고
～から 区 ~때문에

4

장마의 계절에 접어들고 나서, 매일, 비 (　　　) 이라서 싫증이 납니다.

| 1 뿐 | 2 부터 |
| 3 밖에 | 4 까지 |

해설 빈칸에 들어갈 적절한 조사를 고르는 문제이다. 빈칸 앞의 명사 雨 (비)와 빈칸 뒤의 で(이라서)를 보면, '비뿐이라서'라는 말이 문맥상 자연스럽다. 따라서 1 ばかり(뿐)가 정답이다.

어휘 梅雨 つゆ 圏 장마　季節 きせつ 圏 계절
入る はいる 圄 접어들다, 들어가다　～てから ~(하)고 나서
毎日 まいにち 圏 매일　いやになる 싫증이 나다
～ばかり 区 ~뿐, 만　～から 区 ~부터　～しか 区 ~밖에
～まで 区 ~까지

5

A "그 하야시 씨가 연락도 하지 않고 쉬는 것은 (　　　) 생각해도 이상해요."
B "네, 그녀는 매우 성실한 사람이니까요."

| 1 어느 정도 | 2 어째서 |
| 3 어느 | **4 어떻게** |

해설 빈칸에 들어갈 적절한 의문사를 고르는 문제이다. 빈칸 앞의 休むのは(쉬는 것은)와 빈칸 뒤의 考えても変ですよ(생각해도 이상해요)를 보면, '쉬는 것은 어떻게 생각해도 이상해요'라는 말이 문맥상 자연스럽다. 따라서 4 どう(어떻게)가 정답이다.

어휘 連絡 れんらく 圏 연락　休む やすむ 圄 쉬다
考える かんがえる 圄 생각하다　変だ へんだ 伝형 이상하다
かのじょ 圏 그녀　とても 田 매우　まじめだ 伝형 성실하다
～から 区 ~니까　どのぐらい 어느 정도　どうして 어째서
どの 어느　どう 어떻게

6

A "아이가 다치는 것은 아닌가하는 걱정으로, 꾸짖어버리는 일이 많습니다. 성가시다고 여겨져 버리겠지요."
B "자녀분도 어머니의 기분을 (　　　) 알고 있을 거라고 생각해요."

| **1 충분히** | 2 언젠가 |
| 3 좀처럼 | 4 점점 |

해설 빈칸에 들어갈 적절한 부사를 고르는 문제이다. 빈칸 앞의 きもちを

(기분을)와 빈칸 뒤의 わかっていると(알고 있을 거라고)를 보면, '기분을 충분히 알고 있을 거라고'라는 말이 문맥상 자연스럽다. 따라서 1 じゅうぶん(충분히)이 정답이다.

어휘 子ども こども 圏 아이　けがをする 다치다　心配 しんぱい 圏 걱정
おこる 圄 꾸짖다, 화내다　～てしまう ~(해) 버리다
多い おおい 伝형 많다　うるさい 伝형 성가시다, 시끄럽다
思われる おもわれる 圄 여겨지다　お子さん おこさん 圏 자녀분
お母さん おかあさん 圏 어머니, 엄마　きもち 圏 기분
わかる 圄 알다　～と思う ～とおもう ~라고 생각하다
じゅうぶん 田 충분히　いつか 언젠가　なかなか 좀처럼
だんだん 田 점점

7

A "이제 곧 도착할 것 같습니다. 시합은 이미 시작되었습니까?"
B "마침 지금부터 (　　　) 참입니다. 서둘러 주세요."

| 1 시작되기 | **2 시작될** |
| 3 시작되었던 | 4 시작되고 있는 |

해설 빈칸 뒤의 문형에 접속하는 알맞은 동사 형태를 고르는 문제이다. 빈칸 뒤의 ところだ(참이다)는 동사 사전형 혹은 동사 た형과 접속할 수 있으므로, 선택지 2 はじまる(시작될) 혹은 3 はじまった(시작되었던)가 정답의 후보이다. 빈칸 앞의 今から(지금부터)를 보면 '지금부터 시작될 참입니다'라는 말이 문맥상 자연스럽다. 따라서 2 はじまる(시작될)가 정답이다.

어휘 もうすぐ 田 이제 곧　着く つく 圄 도착하다
～そうだ ~(할) 것 같다(추측)　しあい 圏 시합　もう 田 이미
始まる はじまる 圄 시작되다　ちょうど 田 마침　今 いま 圏 지금
～から 区 ~부터　～ところだ ~(할) 참이다　いそぐ 圄 서두르다
～てください ~(해) 주세요

8

번호는 맞을 (　　　) 인데, 그는 전화를 받지 않았습니다.

| 1 뿐 | 2 편 |
| **3 것** | 4 예정 |

해설 빈칸에 들어갈 적절한 문형을 고르는 문제이다. 모든 선택지가 빈칸 앞의 合っている(맞을)에 접속할 수 있다. 앞부분의 番号は合っている(번호는 맞을)를 보면 '맞을 것'이라는 말이 문맥상 자연스럽다. 따라서 3 はず(것)가 정답이다. 1의 だけ는 '~뿐', 2의 ほうは '~편', 4의 つもりは '~예정'이라는 의미임을 알아둔다.

어휘 番号 ばんごう 圏 번호　合う あう 圄 맞다　～のに 区 ~는데
かれ 圏 그　電話に出る でんわにでる 전화를 받다　～だけ 区 ~뿐
ほう 圏 편, 쪽　～はずだ (분명히) ~(일) 것이다　つもり 圏 예정

9

죄송합니다만, (　　　) 복사기의 스위치를 끄도록 해 주세요.

| 1 사용하기 시작하면 | 2 사용하기 시작하면 |
| 3 지나치게 사용하면 | **4 다 사용하면** |

해설 빈칸에 들어갈 적절한 문형을 고르는 문제이다. 빈칸 뒤의 コピー機
の(복사기의)를 보면 모든 선택지가 정답의 후보이다. 문장 전체를
보면 すみませんが、使いおわったらコピー機のスイッチを切
るようにしてください(죄송합니다만, 다 사용하면 복사기의 스위치
를 끄도록 해 주세요)라는 말이 문맥상 자연스럽다. 따라서 4 使いお
わったら(다 사용하면)가 정답이다. 1의 だす는 '~(하)기 시작하다',
2의 はじめる는 '~(하)기 시작하다', 3의 すぎる는 '지나치게 ~(하)
다'라는 의미임을 알아둔다.

어휘 コピー機 コピーき 圏복사기
スイッチを切る スイッチをきる 스위치를 끄다 　~ように ~(하)도록
~てください ~(해) 주세요 　使いだす つかいだす 사용하기 시작하다
使いはじめる つかいはじめる 사용하기 시작하다
使いすぎる つかいすぎる 지나치게 사용하다
使いおわる つかいおわる 다 사용하다

10

무라카미 "사사키 군, 잠깐 괜찮아? 다나카 씨로는 선반에 손이 닿
　　　지 않으니까, 사사키 군이 다나카 씨를 (　　　)."
사사키 "네, 알겠습니다. 상자를 선반의 위에 두면 괜찮지요?"

1 (나를) 도와줘　　　　　　2 도움 받아
3 (남을) 도와줘　　　　　　4 도와주셔

해설 빈칸에 들어갈 적절한 문형을 고르는 문제이다. 모든 선택지에서 수
수표현이 사용되었으므로 제시문을 읽을 때 주고 받는 관계에 유의해
야 한다. 빈칸 앞의 田中さんを(다나카 씨를)를 보면 빈칸에는 '남에
게 주다'라는 의미의 수수동사, あげる(주다)가 와야 한다. 따라서 3
手伝ってあげて(도와줘)가 정답이다. 1의 手伝ってくれる는 '(남이
나를) 도와주다'라는 의미, 2의 手伝ってもらう는 '도움 받다'라는 의
미, 4의 手伝っていただく는 '(윗 사람이) 도와주시다'라는 의미임
을 알아둔다.

어휘 ちょっと 團잠깐, 조금 　たな 圏선반 　手 て 圏손
届く とどく 圏닿다 　~から ~니까 　わかる 圏알다
はこ 圏상자 　上 うえ 圏위 　置く おく 圏두다, 놓다
手伝う てつだう 圏돕다 　~てくれる (나에게) ~(해) 주다
~てもらう ~(해) 받다 　~てあげる (남에게) ~(해) 주다
~ていただく ~(해) 주시다

11

A "잠깐, 당신. 그렇게 하루 종일 (　　　) 청소라도 하면, 어때?"
B "휴일이니까 좀 더 자게 해줘도 괜찮잖아. 청소는 나중에 할게."

1 자고 있어서　　　　　　2 자고 있지 않아서
3 자고 있다면　　　　　　4 자고 있지 말고

해설 빈칸에 들어갈 적절한 문형을 고르는 문제이다. 모든 선택지가 빈칸
앞의 명사 一日中(하루 종일)에 접속할 수 있다. 빈칸 뒤의 そうじで
もしたら、どうなの(청소라도 하면, 어때)를 보면 '하루 종일 자고
있지 말고'라는 말이 문맥상 자연스럽다. 따라서 4 寝ていないで(자
고 있지 말고)가 정답이다. 1의 ている는 '~(하)고 있다'라는 의미임
을 알아둔다.

어휘 ちょっと 團잠깐, 조금 　あなた 圏당신
一日中 いちにちじゅう 圏하루 종일 　そうじ 圏청소
休みの日 やすみのひ 휴일 　~から 困~니까 　もう 團더
少し すこし 圏좀, 조금 　寝る ねる 圏자다
~てくれる (나에게) ~(해) 주다 　あと 團나중, 후 　やる 圏하다

12

사쿠라다 선생님은 저에게 "자기가 좋아하는 것을 하는 편이 좋아"
라고 (　　　).

1 드셨습니다　　　　　　2 오셨습니다
3 왔습니다　　　　　　　**4 말씀하셨습니다**

해설 빈칸에 들어갈 적절한 경어 표현을 고르는 문제이다. 선생님이 아랫
사람인 자신에게 조언을 했다는 내용이므로, 행동의 주체인 선생님을
높이는 존경 표현을 사용해야 한다. 따라서 4 おっしゃいました(말
씀하셨습니다)가 정답이다. 1의 召し上がる(드시다)와 2의 いらっ
しゃる(오시다)는 존경 표현이며, 3의 まいる(오다)는 겸양 표현임
을 알아둔다.

어휘 先生 せんせい 圏선생(님) 　自分 じぶん 圏자기, 자신
好きだ すきだ [な형]좋아하다 　~たほうがいい ~(하)는 편이 좋다
召し上がる めしあがる 圏드시다(食べる의 존경어)
いらっしゃる 圏오시다(来る의 존경어) 　まいる 圏오다(来る의 겸양어)
おっしゃる 圏말씀하시다(言う의 존경어)

13

A "모리 씨는, 정말로 다양한 것을 잘 알고 있네요."
B "그런 것은 아닙니다만, 학생 때부터의 습관으로 모르는 것이나
　궁금한 것은 즉시 (　　　)."

1 조사하는 편이 좋았습니다　　**2 조사하기로 하고 있습니다**
3 조사하려고 생각했습니다　　4 조사하게 되고 싶습니다

해설 빈칸에 들어갈 적절한 문형을 고르는 문제이다. 빈칸 앞의 すぐに
(즉시)를 보면, 모든 선택지가 정답의 후보이다. 문장 전체를 보면,
そんなことはありませんが、学生のときからのしゅうかんで知
らないことや気になることはすぐに調べることにしています(그
런 것은 아닙니다만, 학생 때부터의 습관으로 모르는 것이나 궁금한
것은 즉시 조사하기로 하고 있습니다)라는 말이 문맥상 자연스럽다.
따라서 2 調べることにしています(조사하기로 하고 있습니다)가
정답이다. 1의 ほうがいい는 '~(하)는 편이 좋다', 3의 ようと思う는
'~(하)려고 생각하다', 4의 ようになる는 '~(하)게 되다'라는 의미임
을 알아둔다.

어휘 本当に ほんとうに 團정말로 　いろんな 다양한 　よく 團잘
知る しる 圏알다 　学生 がくせい 圏학생 　とき 圏때
~から 困~부터 　しゅうかん 圏습관 　気になる きになる 궁금하다
すぐに 團즉시 　調べる しらべる 圏조사하다
~ほうがいい ~(하)는 편이 좋다 　~ことにする ~(하)기로 하다
~ようと思う ~ようとおもう ~(하)려고 생각하다
~ようになる ~(하)게 되다 　~たい ~(하)고 싶다

14

> A "맛있을 것 같은 케이크가 많이 있네요."
> B "이 가게의 케이크는 전부 맛있을 것 같아서, 어느 것 을 ★살 지 고를 수 없어서 곤란해져 버립니다."
>
> 1 을   2 지
> 3 살   4 어느 것

해설 선택지들끼리 연결 가능한 문형이 없으므로 빈칸 앞뒤를 본다. 빈칸 앞뒤와도 연결 가능한 문형이 없으므로 전체 선택지를 의미적으로 연결하면 4 どれ 1 を 3 買う 2 か (어느 것을 살 지)가 된다. 전체 문맥과도 자연스럽게 연결되므로 3 買う(살)가 정답이다.

어휘 おいしい い형 맛있다　 ～そうだ ~(일) 것 같다(추측)
ケーキ 명 케이크　 たくさん 부 많이　 店 みせ 명 가게
全部 ぜんぶ 명 전부　 えらぶ 동 고르다　 こまる 동 곤란하다
～てしまう ~(해) 버리다　 ～を 조 ~을　 ～か 조 ~(일)지
買う かう 동 사다　 どれ 명 어느 것

15

> A "죄송합니다, 기다렸나요?"
> B "아니요, 저도 전철이 늦어서 지금 ★도착한 참 이기 때문에 신경 쓰지 말아 주세요."
>
> 1 참   2 지금
> 3 늦어서   4 도착한

해설 선택지 4의 동사 た형은 선택지 1의 ところ와 접속하여 たところ (~(한) 참)라는 문형이 된다. 그러므로 선택지 4 着いた와 1 ところ를 우선 연결할 수 있다. 이후 나머지 선택지들을 의미적으로 배열하면 3 遅れて 2 今 4 着いた 1 ところ(늦어서 지금 도착한 참)가 된다. 전체 문맥과도 자연스럽게 연결되므로 4 着いた(도착한)가 정답이다.

어휘 待つ まつ 동 기다리다　 電車 でんしゃ 명 전철　 ～ので 조 ~때문에
気にする きにする 신경 쓰다　 ～ないでください ~(하)지 말아 주세요
～たところ ~(한) 참　 今 いま 명 지금　 遅れる おくれる 동 늦다
着く つく 동 도착하다

16

> 입학식의 회장에는 안전을 위해서 학생과 그 가족 ★밖에는 들어가는 것이 불가능합니다.
>
> 1 밖에는   2 그 가족
> 3 학생과   4 들어가는

해설 선택지들끼리 연결 가능한 문형이 없으므로 빈칸 앞뒤를 본다. 빈칸 뒤의 こと(것)는 동사 보통형과 접속할 수 있으므로 4 入る(들어가는)를 가장 마지막 빈칸에 배열하여 入ること(들어가는 것)를 만든다. 이후 나머지 선택지들을 의미적으로 연결하면 3 学生と 2 その 家族 1 だけしか 4 入る(학생과 그 가족 밖에는 들어가는)가 된다. 전체 문맥과도 자연스럽게 연결되므로 1 だけしか(밖에는)가 정답이다.

어휘 入学式 にゅうがくしき 명 입학식　 会場 かいじょう 명 회장

安全 あんぜん 명 안전　 ～ために ~위해서　 できる 동 가능하다
～だけしか ~밖에는　 家族 かぞく 명 가족　 学生 がくせい 명 학생
入る はいる 동 들어가다

17

> 어제는 지쳐 있었기 때문에, 계속 집에 있을 예정이었습니다만 친구로부터 ★권유받아서 쇼핑 에 갔다 왔습니다.
>
> 1 친구로부터   2 쇼핑
> 3 예정이었습니다만   4 권유받아서

해설 선택지들끼리 연결 가능한 문형이 없으므로 빈칸 앞뒤를 본다. 빈칸 뒤의 조사 に(에)는 명사와 접속할 수 있으므로 2 買い物(쇼핑)를 가장 마지막 빈칸에 배열하여 買い物に(쇼핑에)를 만든다. 이후 나머지 선택지들을 의미적으로 연결하면 3 つもりでしたが 1 友だち から 4 さそわれて 2 買い物(예정이었습니다만 친구로부터 권유받아서 쇼핑)가 된다. 전체 문맥과도 자연스럽게 연결되므로 4 さそわれて(권유받아서)가 정답이다.

어휘 きのう 명 어제　 つかれる 동 지치다　 ～ので 조 ~때문에
ずっと 부 계속　 家 いえ 명 집　 行く いく 동 가다　 くる 동 오다
友だち ともだち 명 친구　 ～から 조 ~로부터
買い物 かいもの 명 쇼핑　 つもり 명 예정　 さそう 동 권유하다

18-21

> 아래의 글은 유학생의 작문입니다.
>
> > ### 여름 축제
> > 사이먼·패드
> >
> > 저는 여름 축제를 좋아합니다. 그래서 매년 축제에 가고 있습니다. [18]언제나 조용한 일본 사람도, 축제 때 **18** 음악에 맞춰서, 노래하거나, 춤추거나 합니다. [19]정말로 떠들썩합니다.
> > **19** , [19]작은 가게가 많이 있습니다. 게임이나 맛있는 음식을 즐길 수 있습니다. 저는 야키소바를 좋아하기 때문에, 축제에 가면, 반드시 삽니다. [20]그리고, 야키소바를 **20** 불꽃을 봅니다. 어두운 하늘에 올라가는 불꽃은 크고, 예쁩니다.
> > 여름 축제는 대단히 즐겁습니다. [21]내년, 가족이 일본에 놀러 **21** . 그 때는 가족과 함께 축제에 가고 싶습니다.

어휘 下 した 명 아래　 文章 ぶんしょう 명 글
留学生 りゅうがくせい 명 유학생　 作文 さくぶん 명 작문
夏 なつ 명 여름　 まつり 명 축제　 好きだ すきだ な형 좋아하다
それで 접 그래서　 毎年 まいとし 명 매년　 ～ている ~(하)고 있다
いつも 부 언제나　 しずかだ な형 조용하다　 日本 にほん 명 일본
とき 명 때　 音楽 おんがく 명 음악　 合わせる あわせる 동 맞추다
歌う うたう 동 노래하다　 ～たり ~(하)거나　 おどる 동 춤추다
本当に ほんとうに 부 정말로　 にぎやかだ な형 떠들썩하다
小さな ちいさな 작은　 店 みせ 명 가게　 たくさん 부 많이
ゲーム 명 게임　 ～や 조 ~(이)나, 랑　 おいしい い형 맛있다
食べ物 たべもの 명 음식, 먹을 것　 楽しむ たのしむ 동 즐기다

焼きそば やきそば 圏 야키소바(음식)　～ので 困 ~때문에
行く いく 圄 가다　～たら ~(하)면　かならず 旵 반드시
買う かう 圄 사다　そして 凰 그리고　花火 はなび 圏 불꽃
見る みる 圄 보다　暗い くらい い형 어둡다　空 そら 圏 하늘
あがる 圄 올라가다　大きい おおきい い형 크다
きれいだ な형 예쁘다　とても 旵 대단히, 매우
楽しい たのしい い형 즐겁다　来年 らいねん 圏 내년
家族 かぞく 圏 가족　遊ぶ あそぶ 圄 놀다　いっしょに 旵 함께
～たい ~(하)고 싶다

18

1 는	2 랑
3 가	4 도

해설 빈칸에 들어갈 적절한 조사를 고르는 문제이다. 빈칸 앞의 とき(때)
와 빈칸 뒤의 音楽に(음악에)를 보면 모든 선택지가 정답의 후보이
다. 빈칸이 포함된 문장을 보면 いつもはしずかな日本の人も、ま
つりのときは音楽に合わせて、歌ったり、おどったりします(언
제나 조용한 일본 사람도, 축제 때는 음악에 맞춰서, 노래하거나, 춤
추거나 합니다)라는 말이 문맥상 자연스럽다. 따라서 1 は(는)가 정
답이다.

어휘 ～は 困 ~는　～が 困 ~가　～も 困 ~도

19

1 그러나	2 그리고
3 그래서	4 만약

해설 빈칸에 들어갈 접속사를 고르는 문제이다. 빈칸 뒤의 小さなお店が
たくさんあります(작은 가게가 많이 있습니다)는 빈칸 앞의 本当に
にぎやかです(정말로 떠들썩합니다)에 추가되는 내용이므로, 빈칸
에는 앞뒤의 내용을 나란히 연결할 수 있는 접속사가 필요하다. 따라
서 2 それから(그리고)가 정답이다.

어휘 しかし 凰 그러나　それから 凰 그리고　だから 凰 그래서
もし 旵 만약

20

1 먹고 있어서	2 먹어도
3 먹으면	**4 먹으면서**

해설 빈칸에 들어갈 적절한 문형을 고르는 문제이다. 모든 선택지가 빈칸
앞의 조사 を(를)에 접속할 수 있다. 빈칸이 포함된 문장을 보면 そし
て、焼きそばを食べながら花火をみます(그리고, 야키소바를 먹
으면서 불꽃을 봅니다)라는 말이 문맥상 자연스럽다. 따라서 4 食べ
ながら(먹으면서)가 정답이다. 1의 ている는 '~(하)고 있다', 2의 て
も는 '~(해)도', 3의 ば는 '~(하)면'이라는 의미임을 알아둔다.

어휘 食べる たべる 圄 먹다　～ても ~(해)도　～ば ~(하)면
～ながら ~(하)면서

21

1 온 적이 있습니다	**2 오기로 되어 있습니다**
3 와도 좋습니다	4 와도 상관없습니다

해설 빈칸에 들어갈 적절한 문형을 고르는 문제이다. 모든 선택지가 빈칸
앞부분인 遊びに(놀러)에 접속할 수 있다. 빈칸 앞 부분인 来年、家族
が日本に遊びに(내년, 가족이 일본에 놀러)를 보면, 선택지 2 来る
ことになっています(오기로 되어 있습니다), 3 来てもいいです
(와도 좋습니다), 4 来てもかまいません(와도 상관없습니다)이 정
답의 후보이다. 빈칸 뒷 문장에서 そのときは家族といっしょにまつ
つりに行きたいです(그 때는 가족과 함께 축제에 가고 싶습니다)
라고 했으므로 '놀러 오기로 되어 있습니다'라는 말이 문맥상 자연스
럽다. 따라서 2 来ることになっています(오기로 되어 있습니다)가
정답이다. 1의 たことがある는 '~(한) 적이 있다', 3의 てもいい는
'~(해)도 좋다', 4의 てもかまわない는 '~(해)도 상관없다'라는 의
미임을 알아둔다.

어휘 来る くる 圄 오다　～たことがある ~(한) 적이 있다
～ことになる ~(하)게 되다　～てもいい ~(해)도 좋다
～てもかまわない ~(해)도 상관없다

독해
p.468

22

이 안내문이 유학생 센터에 있습니다.

> ● 아르바이트를 해 보지 않겠습니까 ●
>
> ─ 모리바 대학 유학생 여러분에게 ─
>
> 새롭게 온 유학생이 일본의 생활에 익숙해질 때까지 도와 주세요!
>
> 기　간 : 봄 학기
>
> 일 : 유학생의 생활 서포트
>
> 인원수 : 20명 정도
>
> ■ 이런 사람에게 부탁하고 싶습니다 ■
>
> ① 영어와 일본어 어느 쪽도 말할 수 있는 사람
>
> ② 학교 근처에 살고 있는 사람(모리바 시에 살고 있는 사람)
>
> ※ 흥미가 있는 사람은, 봄 학기가 시작되기 2주 전까지 유
>   학생 센터 사무실로 와 주세요.

이 안내문에서 아르바이트에 대해 알 수 있는 것은 무엇입니까?

1 생활에 익숙해진 학생을 도와주지 않으면 안 됩니다.
2 영어만 말할 수 있는 학생은 아르바이트를 하는 것이 가능합니다.
3 아르바이트는 봄 학기의 2주 전부터 시작됩니다.
4 아르바이트를 하고 싶은 학생은 유학생 센터에 갑니다.

해설 안내문 형식의 실용문으로, 아르바이트에 대한 설명으로 알 수 있는
것을 묻고 있다. 지문의 후반부에서 興味のある人は、春学期が始

まる2週間前まで留学生センターの事務室に来てください(흥미가 있는 사람은, 봄 학기가 시작되기 2주 전까지 유학생 센터 사무실로 와 주세요)라고 언급하고 있으므로, 4 アルバイトをしたい学生は留学生センターに行きます(아르바이트를 하고 싶은 학생은 유학생 센터에 갑니다)가 정답이다. 1은 지문에서 新しく来た留学生が日本の生活に慣れるまで手伝ってください(새롭게 온 유학생이 일본의 생활에 익숙해질 때까지 도와 주세요)라고 했고, 2는 こんな人にお願いしたいです(이런 사람에게 부탁하고 싶습니다)의 아랫부분을 보면, 英語と日本語がどちらも話せる人(영어와 일본어 어느 쪽도 말할 수 있는 사람)라고 했으며, 3은 興味のある人は、春学期が始まる2週間前まで留学生センターの事務室に来てください(흥미가 있는 사람은, 봄 학기가 시작되기 2주 전까지 유학생 센터 사무실로 와 주세요)라고 했으므로 오답이다.

어휘 お知らせ おしらせ 圆안내문, 알림 留学生 りゅうがくせい 圆유학생
センター 圆센터 アルバイト 圆아르바이트
大学 だいがく 圆대학 みなさん 圆여러분
新しい あたらしい い형새롭다 来る くる 圐오다
日本 にほん 圆일본 生活 せいかつ 圆생활
慣れる なれる 圐익숙해지다 ～まで 図~까지
手伝う てつだう 圐돕다 ～てください ~(해) 주세요
期間 きかん 圆기간 春 はる 圆봄 学期 がっき 圆학기
仕事 しごと 圆일 サポート 圆서포트, 도움
人数 にんずう 圆인원수 ～くらい 図~정도 ～たい ~(하)고 싶다
英語 えいご 圆영어 日本語 にほんご 圆일본어 どちら 어느 쪽
話す はなす 圐말하다, 이야기하다 学校 がっこう 圆학교
近く ちかく 圆근처 住む すむ 圐살다 興味 きょうみ 圆흥미
始まる はじまる 圐시작되다 ～週間 ～しゅうかん 圆~주, 주간
前 まえ 圆전, 앞 事務室 じむしつ 圆사무실 ～だけ 図~만
できる 圐가능하다 行く いく 圐가다

23

몰리 씨의 책상에 메모가 있습니다.

몰리 씨

어제, 몰리 씨로부터 빌린 교과서를 주스로 더럽혀 버렸습니다. 정말로 죄송합니다. 오늘, 새 것을 사러 갑니다.

몰리 씨의 일본어 I 수업은 1교시이지요. 제 교과서를 사용해 주세요. 저는 3교시에 일본어 I 수업이 있으니까, 그 때까지 돌려주세요.

내일, 새로운 교과서를 전달하겠습니다.

김

이 메모를 읽고, 몰리 씨는 무엇을 합니까?

1 오늘, 새로운 교과서를 사러 갑니다.
2 1교시까지 김 씨에게 교과서를 돌려줍니다.
3 3교시까지 김 씨에게 교과서를 돌려줍니다.
4 내일, 새로운 교과서를 사러 갑니다.

해설 메모 형식의 실용문으로, 몰리 씨가 메모를 읽고 할 일을 묻고 있다. 지문의 중반부에서 モーリーさんの日本語 I の授業は1時間目で

すよね。私の教科書を使ってください(몰리 씨의 일본어 I 수업은 1교시이지요. 제 교과서를 사용해 주세요)라고 언급하고, 私は3時間目に日本語 I の授業がありますから、そのときまでに返してください(저는 3교시에 일본어 I 수업이 있으니까, 그 때까지 돌려주세요)라고 언급하고 있으므로, 3 3時間目までにキムさんに教科書を返します(3교시까지 김 씨에게 교과서를 돌려줍니다)가 정답이다. 1과 4는 김 씨가 오늘 새로운 교과서를 사서 내일 전달하기로 했고, 2는 3교시까지 김 씨에게 교과서를 전달해달라고 했으므로 오답이다.

어휘 机 つくえ 圆책상 メモ 圆메모 きのう 圆어제
～から 図~로부터 借りる かりる 圐빌리다
教科書 きょうかしょ 圆교과서 ジュース 圆주스
汚す よごす 圐더럽히다 ～てしまう ~(해) 버리다
本当に ほんとうに 囲정말로 今日 きょう 圆오늘
新しい あたらしい い형새롭다 買う かう 圐사다
行く いく 圐가다 日本語 にほんご 圆일본어
授業 じゅぎょう 圆수업 ～時間目 ～じかんめ ~교시
使う つかう 圐사용하다 ～てください ~(해) 주세요
～から 図~니까 とき 圆때 ～までに ~까지
返す かえす 圐돌려주다 明日 あした 圆내일
渡す わたす 圐전달하다

24

어릴 때 자주 편지를 썼습니다. 하지만, 이메일을 자주 사용하게 되고부터, 지금은 편지를 그다지 쓰지 않게 되었습니다. 편지는 쓰는 것도 힘들고, 도착하는 데에도 시간이 걸립니다. 하지만, 시간이 걸리니까, 편지에는 따뜻함이 있습니다. 컴퓨터로 쳐진 글자는 전부 모양이 같지만, 손으로 쓰여진 글자는 하나 하나 다릅니다. 거기에서 사람의 마음이 전해져 옵니다.

글을 쓴 사람은 편지에 대해 어떻게 말하고 있습니까?

1 편지를 지금도 자주 쓰고 있습니다.
2 편지를 쓰는 것은 힘들지 않습니다.
3 편지의 글자는 전부 같습니다.
4 편지는 마음이 전해지기 쉽습니다.

해설 에세이 단문으로, 手紙(편지)에 대한 필자의 생각을 묻고 있다. 지문의 후반부에서 手で書かれた字は一つ一つ違います。そこから人の気持ちが伝わってきます(손으로 쓰여진 글자는 하나 하나 다릅니다. 거기에서 사람의 마음이 전해져 옵니다)라고 언급하고 있으므로, 4 手紙は気持ちが伝わりやすいです(편지는 마음이 전해지기 쉽습니다)가 정답이다.

어휘 子どものころ こどものころ 어릴 때 よく 囲자주
手紙 てがみ 圆편지 書く かく 圐쓰다 でも 囵하지만
Eメール 圆이메일 使う つかう 圐사용하다
～ようになる ~(하)게 되다 ～てから ~(하)고부터 今 いま 圆지금
あまり 囲그다지 大変だ たいへんだ な형힘들다
届く とどく 圐도착하다, 닿다
時間がかかる じかんがかかる 시간이 걸리다 ～から 図~니까, 해서
あたたかさ 圆따뜻함 パソコン 圆컴퓨터 打つ うつ 圐치다

字 じ 圏글자　ぜんぶ 圏전부　形 かたち 圏모양, 형태
同じだ おなじだ 녮혱같다　手 て 圏손　違う ちがう 圐다르다
気持ち きもち 圏마음, 기분　伝わる つたわる 圐전해지다
伝わりやすい つたわりやすい 전해지기 쉽다

やっと 閖겨우　～ようになる ~(하)게 되다
本当に ほんとうに 閖정말로　うれしい 凟혱기쁘다
大きな おおきな 큰　声 こえ 圏목소리　チャレンジ 圏도전
喜び よろこび 圏기쁨　忘れる わすれる 圐잊다
大人 おとな 圏어른　学ぶ まなぶ 圐배우다
初めて はじめて 閖처음　成長 せいちょう 圏성장
重要だ じゅうようだ 녮혱중요하다
～と思う ～とおもう ~라고 생각하다

25-27

자전거

모니카·리치

　일본에 와서, ①깜짝 놀란 것이 있습니다. [25]그것은 많은 사람이 자전거를 이용하는 것입니다. 우리나라에서는, 버스나 전철을 자주 사용해서, 자전거는 그다지 필요하지 않습니다. 그래서, 저는 자전거를 타 본 적이 없었습니다. 처음은 깜짝 놀랐지만, 자전거를 타는 사람들이 멋지게 보여서, 저도 타 보고 싶어졌습니다. 물론, 자전거를 사지 않으면 안 돼서, 돈도 들고, 버스를 타고 학교에 가는 것이 더 편합니다. 하지만, 무언가 새로운 것을 해 보고 싶다는 마음이 있었습니다.
　[26]무언가 새로운 것을 하는 것은 오랜만이라서, ②무서워졌습니다. '상처를 입으면, 어떡하지.', '주변 사람에게 비웃음 당할지도 몰라.' 라는 이상한 걱정으로 머리가 가득했습니다. 그래도, 자전거를 사서, 혼자서 자전거를 타는 연습을 시작했습니다. 연습을 1주일간 계속해서, 겨우 자전거를 탈 수 있게 되었습니다. 정말로 기뻐서, 큰 목소리로 '해냈어'라고 말했습니다.
　저는 이와 같은 무언가에 도전하는 기쁨을 잊고 있었습니다. 어른이 되고, 무언가를 새롭게 배운 것은 처음입니다. [27]이것은 저의 성장에 중요합니다. 그러므로, 무섭다고 생각하지 말고, 앞으로도 새로운 것을 해 보고 싶다고 생각합니다.

어휘 自転車 じてんしゃ 圏자전거　日本 にほん 圏일본
　来る くる 圐오다　びっくりする 깜짝 놀라다　たくさん 閖많이
　利用 りよう 圏이용　国 くに 圏나라　バス 圏버스
　電車 でんしゃ 圏전철　よく 閖자주　使う つかう 圐사용하다
　～ので 즈~해서　あまり 閖그다지
　必要だ ひつようだ 녮혱필요하다　だから 즢그래서, 그러므로
　乗る のる 圐타다　～たことがない ~(한) 적이 없다
　最初 さいしょ 圏처음, 최초　かっこいい 凟혱멋있다
　見える みえる 圐보이다　～たい ~(하)고 싶다　もちろん 閖물론
　買う かう 圐사다　～なければならない ~(하)지 않으면 안 된다
　お金がかかる おかねがかかる 돈이 들다　学校 がっこう 圏학교
　行く いく 圐가다　もっと 閖더　楽だ らくだ 녮혱편하다
　でも 즢하지만　新しい あたらしい 凟혱새롭다
　気持ち きもち 圏마음, 기분　ひさしぶり 圏오래간만
　こわい 凟혱무섭다　けがをする 상처를 입다　周り まわり 圏주변
　笑う わらう 圐비웃다, 웃다　～かもしれない ~(할) 지도 모른다
　変だ へんだ 녮혱이상하다　心配 しんぱい 圏걱정
　頭 あたま 圏머리　いっぱいだ 가득하다　それでも 즢그래도
　練習 れんしゅう 圏연습　始める はじめる 圐시작하다
　～週間 ～しゅうかん 圏~주일간　続ける つづける 圐계속하다

25

①깜짝 놀란 것 이라고 했습니다만, 어떤 것입니까?

1 일본에서는, 많은 사람이 자전거를 타는 것
2 일본에서는, 자전거보다도 버스를 자주 사용하는 것
3 일본에서는, 자전거를 탈 필요가 없는 것
4 일본에서는, 자전거를 타지 않는 사람이 없는 것

해설 지문에서 밑줄 친 びっくりしたこと(깜짝 놀란 것)가 어떤 것인지를 뒷부분에서 찾는다. 밑줄의 뒷부분에서 それはたくさんの人が自転車を利用することです(그것은 많은 사람이 자전거를 이용하는 것입니다)라고 언급하고 있으므로, 1 日本では、たくさんの人が自転車に乗ること(일본에서는, 많은 사람이 자전거를 타는 것)가 정답이다.

어휘 ～より 즈~보다

26

왜, ②무서워졌습니까?

1 오랜만에 새로운 것을 시작하기 때문에
2 상처를 입어서, 비웃음 당할 것이라고 생각했기 때문에
3 이상한 걱정을 해 버리기 때문에
4 혼자서 연습하지 않으면 안 되기 때문에

해설 지문에서 밑줄 친 こわくなりました(무서워졌습니다)라고 생각한 이유를 앞부분에서 찾는다. 밑줄의 앞부분에서 なにか新しいことをするのはひさしぶりなので(무언가 새로운 것을 하는 것은 오랜만이라서)라고 언급하고 있으므로, 1 ひさしぶりに新しいことを始めるから(오랜만에 새로운 것을 시작하기 때문에)가 정답이다.

27

왜, 앞으로도 새로운 것을 해 보고 싶다고 말하고 있습니까?

1 도전하는 기쁨을 잊어버리기 때문에
2 어른이 되고부터 할 수 있는 것이 있기 때문에
3 '나'가 성장하기 위해 중요한 것이기 때문에
4 새로운 것은 무섭지 않다고 알았기 때문에

해설 질문의 新しいことをやってみたい(새로운 것을 해 보고 싶다)를 지문에서 찾아 그 주변을 주의 깊게 읽는다. 지문의 후반부에서 これは私の成長に重要です。だから、こわいと思わないで、これからも新しいことをやってみたいと思います(이것은 저의 성장에 중요합니다. 그러므로, 무섭다고 생각하지 말고, 앞으로도 새로운 것을 해 보고 싶다고 생각합니다)라고 언급하고 있으므로, 3 「私」が成長

するために重要なことだから('나'가 성장하기 위해 중요한 것이기 때문에)가 정답이다.

어휘 できる 图할 수 있다　分かる わかる 图알다, 이해하다

28

오기 씨는 '책을 이야기하자!'에 가고 싶다고 생각하고 있습니다. 오기 씨는 일본문학을 읽고 싶습니다. 일이 오후 6시에 끝나므로, 그 후에 갈 수 있는 것이 좋습니다. 회사에서 서점까지는 15분 걸립니다. 오기 씨가 고를 수 있는 것은 무엇입니까?

1　①
2　②
3　③
4　①, ②

해설 오기 씨가 고를 수 있는 것을 묻는 문제이다. 질문에서 제시된 조건 (1) 日本文学が読みたいです(일본문학을 읽고 싶습니다), (2) 仕事が午後6時に終わるので、その後に行けるもの(일이 오후 6시에 끝나므로, 그 후에 갈 수 있는 것), 会社から本屋までは15分かかります(회사에서 서점까지는 15분 걸립니다)에 따라 지문을 보면,
(1) 일본문학을 읽고 싶다 : 日本文学(일본문학)를 읽는 프로그램은 ①, ②, ③이므로 오기 씨는 ①, ②, ③을 고를 수 있다.
(2) 오후 6시 이후에 갈 수 있는 것, 회사에서 서점까지는 15분 걸림 : 期間と日時(기간과 일시)를 보면, ①, ②, ③ 중에서 평일 오후 6시 15분 이후에 진행되는 프로그램은 ② 뿐이다.
따라서, 2 ②가 정답이다.

어휘 本 ほん 图책　話す はなす 图이야기하다　行く いく 图가다
～たい ～(하)고 싶다　～と思う ～とおもう ～라고 생각하다
日本 にほん 图일본　文学 ぶんがく 图문학　読む よむ 图읽다
仕事 しごと 图일　午後 ごご 图오후　～時 ～じ ～시
終わる おわる 图끝나다　～ので 조～므로, 라서　後 あと 图후, 뒤
会社 かいしゃ 图회사　～から 조～에서　本屋 ほんや 图서점
～まで 조～까지　～分 ～ふん ～분　かかる 图걸리다

29

아즈마 씨는 '책을 이야기하자!'에 영문학을 읽으러 가려고 생각하고 있습니다. 여름 방학이 끝나는 8월 말까지 끝나는 것이 좋습니다. 아즈마 씨는 얼마의 돈을 지불합니까?

1　500엔
2　1,400엔
3　1,600엔
4　1,700엔

해설 아즈마 씨가 지불해야 하는 금액을 파악한다. 질문에서 제시된 조건 (1) 英文学を読みに行こうと思っています(영문학을 읽으러 가려고 생각하고 있습니다)와 (2) 8月末までに終わるもの(8월 말까지 끝나는 것)에 따라 지문을 보면,
(1) 영문학을 읽으러 가고 싶다 : 英文学(영문학)를 읽는 프로그램은 ④와 ⑤이므로 아즈마 씨는 ④와 ⑤를 고를 수 있다.
(2) 8월 말까지 끝나는 것 : 期間と日時(기간과 일시)를 보면, ④와 ⑤ 중에서 8월 말 안으로 끝나는 것은 ④이므로 아즈마 씨가 고

를 수 있는 것은 ④이다. ④의 요금은 1,200엔이므로 1,200엔이 필요하다.
지문의 후반부를 보면 初めの日に料金を払ってください。英文学：500円(첫날에 요금을 지불해 주세요. 영문학: 500엔)이라고 언급하고 있으므로 1,200엔(④의 요금)+500엔=1,700엔이다.
따라서 4 1,700円(1,700엔)이 정답이다.

어휘 英文学 えいぶんがく 图영문학　夏休み なつやすみ 图여름 방학
～月 ～がつ ～월　～末 ～まつ ～말　～までに ～까지
お金 おかね 图돈　払う はらう 图지불하다

28-29

책을 이야기하자!

기타노 서점에서는, 책을 읽는 모임을 열고 있습니다.
함께 책을 읽고, 그 후, 어떻게 생각했는지 모두와 생각을
이야기합시다!

7월~9월의 예정

		책	기간과 일시
①	[28] 일본 문학	푸른 하늘 (900엔)	7월 1일 ~ 8월 26일 [28] (수요일 18:00~20:00)
②	[28] 일본 문학	벚꽃이 피었던 겨울 (1,000엔)	7월 3일 ~ 9월 25일 [28] (금요일 19:00~21:00)
③	[28] 일본 문학	해바라기 (800엔)	7월 4일 ~ 9월 5일 [28] (토요일 15:00~17:00)
④	[29] 영문학	[29] 밤의 달 (1,200엔)	[29] 7월 7일 ~ 8월 18일 (화요일 19:00~21:00)
⑤	[29] 영문학	고양이의 학교 (1,100엔)	[29] 8월 2일 ~ 9월 20일 (일요일 15:00~17:00)

— 요금 —
[29] ● 첫날에 요금을 지불해 주세요.
일본문학 : 300엔, 영문학 : 500엔
● 책은 스스로 준비해 주세요.

어휘 会 かい 图모임　開く ひらく 图열다　いっしょに 함께
思う おもう 图생각하다　みんな 图모두　考え かんがえ 图생각
予定 よてい 图예정　期間 きかん 图기간　日時 にちじ 图일시
青い あおい い형푸르다, 파랗다　空 そら 图하늘
水曜日 すいようび 图수요일　さくら 图벚꽃　咲く さく 图피다
冬 ふゆ 图겨울　金曜日 きんようび 图금요일
ひまわり 图해바라기　夜 よる 图밤　月 つき 图달
火曜日 かようび 图화요일　ねこ 图고양이　学校 がっこう 图학교
日曜日 にちようび 图일요일　料金 りょうきん 图요금
初め はじめ 图처음　日 ひ 图날　～てください ～(해) 주세요
自分で じぶんで 스스로　準備 じゅんび 图준비

☞ 문제1의 디렉션과 예제를 들려줄 때 1번부터 8번까지의 선택지를 미리 읽고 내용을 재빨리 파악해둡니다. 음성에서 では、始めます(그러면, 시작합니다)가 들리면, 곧바로 문제 풀 준비를 합니다.
음성 디렉션과 예제는 실전모의고사 1의 해설 (p.136)에서 확인할 수 있습니다.

1

[음성]
女の人と男の人が話しています。女の人は花をどこにかざりますか。

F：今日、会社で花をもらったの。

M：きれいな花だね。

F：そうでしょ。どこにかざったら、いいかな。

M：テーブルの上は？

F：子どもたちが遊んでぶつかると思うの。だから、たなの上もだめだね。

M：そうだね。キッチンはせまいからなぁ。うーん、玄関はどう？

F：いいかもしれない。そこならお客さんも見られるしね。じゃあ、そこにかざるね。

女の人は花をどこにかざりますか。

[문제지]

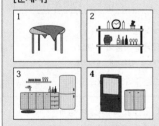

해석 여자와 남자가 이야기하고 있습니다. 여자는 꽃을 어디에 장식합니까?

F : 오늘, 회사에서 꽃을 받아.

M : 예쁜 꽃이네.

F : 그렇지. 어디에 장식하면, 좋을까.

M : 테이블의 위는?

F : 아이들이 놀다 부딪힐 거라고 생각해. 그러니까, 선반 위도 안 되네.

M : 그렇네. 부엌은 좁으니까. 음, 현관은 어때?

F : 좋을지도 몰라. 거기라면 손님도 볼 수 있고. 그럼, 그곳에 장식할게.

여자는 꽃을 어디에 장식합니까?

해설 선택지가 테이블, 선반, 부엌, 현관 그림이고, 질문이 여자가 꽃을 어디에 장식하는지 물었으므로, 대화를 들을 때 여자가 꽃을 장식하는 장소를 파악한다. 남자가 玄関はどう？(현관은 어때?)라고 하자, 여자가 いいかもしれない。そこならお客さんも見られるしね。じゃあ、そこにかざるね(좋을지도 몰라. 거기라면 손님도 볼 수 있고. 그럼, 그곳에 장식할게)라고 했으므로, 4 '현관'이 정답이다. 1, 2는 아이들이 놀다 부딪힐 수도 있다고 했고, 3은 부엌이 좁다고 했으므로 오답이다.

어휘 花 はな 圏꽃　どこ 圏어디　かざる 圏장식하다
今日 きょう 圏오늘　会社 かいしゃ 圏회사　もらう 圏받다
きれいだ な형예쁘다　～たら ~(하)면　テーブル 圏테이블
上 うえ 圏위　子ども こども 圏아이　遊ぶ あそぶ 圏놀다
ぶつかる 圏부딪히다　～と思う ～とおもう ~(라)고 생각하다
だから 圏그러니까　たな 圏선반　だめだ な형안 된다
キッチン 圏부엌, 키친　せまい い형좁다　～から 图~니까
玄関 げんかん 圏현관　～かもしれない ~(일)지도 모른다
～なら ~(라)면　客 きゃく 圏손님　見る みる 圏보다

2

[음성]
大学の日本語の授業で先生が話しています。学生はいつ作文の宿題を出さなければなりませんか。

F：では、作文の宿題について説明をします。今回の作文のテーマは家族です。今日が一日なので、1週間後に出してください。みなさん、長い作文を書くのは初めてですから、難しいと思います。だから、四日の作文の授業は質問の時間にします。授業の時間に作文を書いて、分からないところを聞いてください。その次の日は出張なので、質問に答えることができません。

学生はいつ作文の宿題を出さなければなりませんか。

[문제지]

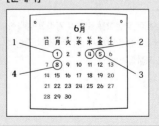

해석 대학의 일본어 수업에서 선생님이 이야기하고 있습니다. 학생은 언제 작문 숙제를 제출하지 않으면 안 됩니까?

F : 그럼, 작문 숙제에 대해서 설명하겠습니다. 이번 작문의 테마는 가족입니다. 오늘이 1일이므로, 일주일 뒤에 제출해 주세요. 여러분, 긴 작문을 쓰는 것은 처음이니까, 어려울 거라고 생각합니다. 그래서, 4일의 작문 수업은 질문 시간으로 하겠습니다. 수업 시간에 작문을 쓰고, 모르는 곳을 물어 주세요. 그 다음 날은 출장이므로, 질문에 대답할 수 없습니다.

학생은 언제 작문 숙제를 제출하지 않으면 안 됩니까?

해설 선택지가 1일, 4일, 5일, 8일이고, 질문이 학생이 언제 작문 숙제를
제출해야 하는지 물었으므로, 선생님의 말을 들을 때 학생이 작문 숙
제를 제출해야 하는 날짜를 파악한다. 선생님이 今日が一日なの
で、1週間後に出してください(오늘이 1일이므로, 일주일 뒤에
제출해 주세요)라고 했으므로, 4 '8일'이 정답이다. 1은 오늘 날짜이
고, 2는 작문 수업이 있는 날이라고 한 것이며, 3은 선생님이 출장인
날이므로 오답이다.

어휘 大学 だいがく 圏대학 日本語 にほんご 圏일본어
　　 授業 じゅぎょう 圏수업 先生 せんせい 圏선생(님)
　　 学生 がくせい 圏학생 作文 さくぶん 圏작문
　　 宿題 しゅくだい 圏숙제 出す だす 圏제출하다
　　 ~なければならない ~(하)지 않으면 안 된다 ~について ~에 대해서
　　 説明 せつめい 圏설명 今回 こんかい 圏이번
　　 テーマ 圏테마, 주제 家族 かぞく 圏가족 今日 きょう 圏오늘
　　 一日 ついたち 圏1일 ~ので 图~므로
　　 1週間 いっしゅうかん 圏일주일 後 ご 圏뒤, 후
　　 ~てください ~(해) 주세요 みなさん 圏여러분
　　 長い ながい い형길다 書く かく 圏쓰다 初めて はじめて 囝처음
　　 ~から 图~니까 難しい むずかしい い형어렵다
　　 ~と思う ~とおもう ~(라)고 생각하다 だから 囼그래서
　　 四日 よっか 圏4일 質問 しつもん 圏질문 時間 じかん 圏시간
　　 分かる わかる 圏알다 ところ 圏곳 聞く きく 圏묻다, 듣다
　　 次 つぎ 圏다음 日 ひ 圏날 出張 しゅっちょう 圏출장
　　 答える こたえる 圏대답하다 できる 圏할 수 있다

3

[음성]
男の人と女の人が話しています。男の人はパーティーに何
を持って行きますか。
M：明日は田中さんの引っ越しパーティーですね。なにを
　 持って行くか決めましたか。
F：わたしはケーキを持っていくつもりです。
M：僕はまだ決められていなくて。じゃあ、僕もピザとか食
　 べ物にしようかな。
F：他の人も食べ物にするって言っていたから、生活に必
　 要なものを持って行くのはどうですか。
M：それはいい考えだと思います。ティッシュはどうですか
　 ね。
F：毎日使うものだから、田中さん喜ぶと思いますよ。
M：じゃあ、僕はそれを持って行きます。
F：わたしも家にあるせっけん、持って行ってあげよう。

男の人はパーティーに何を持って行きますか。

[문제지]

1　
2　

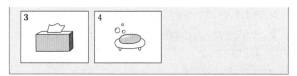

해석 남자와 여자가 이야기하고 있습니다. 남자는 파티에 무엇을 가지고
갑니까?
　 M : 내일은 다나카 씨의 이사 파티네요. 무엇을 가지고 갈지 결정했
　　　 어요?
　 F : 저는 케이크를 가지고 갈 예정입니다.
　 M : 저는 아직 결정하지 못해서. 그럼, 나도 피자라든가 먹을 것을 할
　　　 할까.
　 F : 다른 사람도 먹을 것으로 한다고 말했으니까, 생활에 필요한 것
　　　 을 가지고 가는 것은 어때요?
　 M : 그건 좋은 생각이라고 생각해요. 티슈는 어떨까요.
　 F : 매일 쓰는 것이니까, 다나카 씨 기뻐할 거라고 생각해요.
　 M : 그럼, 저는 그것을 가지고 갈게요.
　 F : 나도 집에 있는 비누, 가지고 가서 줘야지.

　 남자는 파티에 무엇을 가지고 갑니까?

해설 선택지가 케이크, 피자, 티슈, 비누 그림이고, 질문이 남자가 파티에
무엇을 가지고 가는지를 물었으므로, 대화를 들을 때 남자가 파티에
가지고 가는 물건을 파악한다. 남자가 ティッシュはどうですかね
(티슈는 어떨까요)라고 하자, 여자가 田中さん喜ぶと思いますよ
(다나카 씨 기뻐할 거라고 생각해요)라고 했으므로, 3 '티슈'가 정답이
다. 1, 2는 먹을 것은 다른 사람들이 가지고 오니까 생활에 필요한
것을 가지고 가자고 했고, 4는 여자가 가지고 갈 것이므로 오답이다.

어휘 パーティー 圏파티 持つ もつ 圏가지다 明日 あした 圏내일
　　 引っ越し ひっこし 圏이사 なに 圏무엇
　　 決める きめる 圏결정하다 ケーキ 圏케이크 つもり 圏예정
　　 僕 ぼく 圏저, 나(남자의 자칭) まだ 囝아직 ピザ 圏피자
　　 ~とか 图~(라)든가 食べ物 たべもの 圏먹을 것
　　 他 ほか 圏다른 것 ~って 图~(라)고 言う いう 圏말하다
　　 ~から 图~니까 生活 せいかつ 圏생활
　　 必要だ ひつようだ な형필요하다 考え かんがえ 圏생각
　　 ~と思う ~とおもう ~(라)고 생각하다 ティッシュ 圏티슈
　　 毎日 まいにち 圏매일 使う つかう 圏쓰다
　　 喜ぶ よろこぶ 圏기뻐하다 家 いえ 圏집 せっけん 圏비누
　　 あげる 圏주다

4

[음성]
男の人と女の人が話しています。男の人はよく眠るために
何をしますか。
M：さいきん、よく眠れないんです。
F：コーヒーの飲みすぎじゃないんですか。
M：いえ、僕コーヒーは飲まないんです。
F：そうですか。じゃあ、寝る前に熱いお風呂に入ったり、
　 携帯電話を使ったりしていませんか。眠りにくくなるそ
　 うですよ。

M：それもやっていません。

F：そうですか。あとは寝る前にホットミルクを飲むのもいいと聞きました。

M：牛乳好きなんですよ。今日からやってみます。

男の人はよく眠るために何をしますか。

[문제지]

1 ねる　前に　コーヒーを　のむ

2 ねる　前に　あつい　おふろに　はいる

3 ねる　前に　けいたいでんわを　つかう

4 ねる　前に　ホットミルクを　のむ

해석　남자와 여자가 이야기하고 있습니다. 남자는 잘 자기 위해서 무엇을 합니까?

M：최근, 제대로 잘 수 없어요.

F：커피를 너무 마시는 것 아니에요?

M：아니요, 저 커피는 마시지 않습니다.

F：그렇습니까. 그럼, 자기 전에 뜨거운 욕조에 들어가거나, 휴대전화를 쓰거나 하지 않습니까? 자기 어렵게 된다고 합니다.

M：그것도 하고 있지 않습니다.

F：그렇습니까. 다음은 자기 전에 뜨거운 우유를 마시는 것도 좋다고 들었습니다.

M：우유 좋아해요. 오늘부터 해 볼게요.

남자는 잘 자기 위해서 무엇을 합니까?

1 자기 전에 커피를 마신다

2 자기 전에 뜨거운 욕조에 들어간다

3 자기 전에 휴대전화를 쓴다

4 자기 전에 뜨거운 우유를 마신다

해설　선택지가 1 '자기 전에 커피를 마신다', 2 '자기 전에 뜨거운 욕조에 들어간다', 3 '자기 전에 휴대전화를 쓴다', 4 '자기 전에 뜨거운 우유를 마신다'이고, 질문이 남자가 잘 자기 위해서 무엇을 하는지를 물었으므로, 대화를 들을 때 잘 자기 위해 남자가 하는 일을 파악한다. 여자가 寝る前にホットミルクを飲むのもいいと聞きました(자기 전에 뜨거운 우유를 마시는 것도 좋다고 들었습니다)라고 하자, 남자가 牛乳好きなんですよ。今日からやってみます(우유 좋아해요. 오늘부터 해 볼게요)라고 했으므로, 4 ねる　前に　ホットミルクを　のむ(자기 전에 뜨거운 우유를 마신다)가 정답이다. 1, 2, 3은 잠을 자기 어렵게 하는 행동이라고 했으므로 오답이다.

어휘　よく 圓잘, 제대로　眠る ねむる 圖자다　～ために ~위해서

さいきん 圓최근　コーヒー 圓커피

飲みすぎる のみすぎる 너무 많이 마시다

僕 ぼく 圓저, 나(남자의 자칭)　飲む のむ 圖마시다

寝る ねる 圖자다　前 まえ 圓전　熱い あつい い형뜨겁다

お風呂 おふろ 圓욕조, 목욕　入る はいる 圖들어가다

～たり ~(하)거나　携帯電話 けいたいでんわ 圓휴대전화

使う つかう 圖쓰다, 사용하다　眠りにくい ねむりにくい 자기 어렵다

～そうだ ~(라)고 하다(전언)　やる 圖하다　あと 圓다음

ホットミルク 圓뜨거운 우유　聞く きく 圖듣다

牛乳 ぎゅうにゅう 圓우유　好きだ すきだ な형좋아하다

今日 きょう 圓오늘　～から 조~부터

5

[음성]

男の人と女の人が話しています。女の人はどこに案内を貼りますか。

M：これ、音楽会の案内だけど、近くのお店や学校に貼りにいかないといけないんだ。

F：わたしも手伝います。

M：本当？ じゃあ、これを花屋さんに貼ってきてくれるかな。

F：はい、わかりました。花屋さんは小学校の近くでしたよね。

M：うん、そうだよ。

F：じゃあ、小学校にも貼ってきます。

M：ありがとう。じゃあ、僕は中学校に行ってくるよ。

F：あのう、本屋は行かなくてもいいんですか。

M：そこも僕が行くから大丈夫。じゃあ、お願いね。

女の人はどこに案内を貼りますか。

[문제지]

1 はなやと　しょうがっこう

2 しょうがっこうと　ちゅうがっこう

3 ちゅうがっこうと　ほんや

4 しょうがっこうと　ほんや

해석　남자와 여자가 이야기하고 있습니다. 여자는 어디에 안내를 붙입니까?

M：이것, 음악회의 안내인데, 근처의 가게나 학교에 붙이러 가지 않으면 안 돼.

F：저도 도울게요.

M：정말? 그럼, 이것을 꽃집에 붙이고 와 줄래.

F：네, 알겠습니다. 꽃집은 초등학교 근처였지요.

M：응. 그래.

F：그럼, 초등학교에도 붙이고 올게요.

M：고마워. 그럼, 나는 중학교에 갔다 올게.

F：저, 서점은 가지 않아도 괜찮아요?

M：그곳도 내가 가니까 괜찮아. 그럼, 부탁해.

여자는 어디에 안내를 붙입니까?

1 꽃집과 초등학교

2 초등학교와 중학교

3 중학교와 서점

4 초등학교와 서점

해설　선택지가 1 '꽃집과 초등학교', 2 '초등학교와 중학교', 3 '중학교와 서점', 4 '초등학교와 서점'이고, 질문이 여자가 어디에 안내를 붙이고 오는지를 물었으므로, 대화를 들을 때 여자가 안내를 붙이러 가는 장소를 파악한다. 남자가 これを花屋さんに貼ってきてくれるかな

(이것을 꽃집에 붙이고 와 줄래)라고 하자, 여자가 はい、わかりました(네, 알겠습니다)라고 한 후, 小学校にも貼ってきます(초등학교에도 붙이고 올게요)라고 했으므로, 1 はなやと しょうがっこう(꽃집과 초등학교)가 정답이다. 2, 3, 4는 중학교와 서점에는 남자가 안내를 붙이러 가므로 오답이다.

어휘 案内 あんない 團안내　貼る はる 團붙이다
　　 音楽会 おんがくかい 團음악회　〜けど 图〜(인)데
　　 近く ちかく 團근처　店 みせ 團가게　学校 がっこう 團학교
　　 行く いく 團가다　〜ないといけない 〜(하)지 않으면 안 된다
　　 手伝う てつだう 團돕다　本当 ほんとう 團정말　花屋 はなや 團꽃집
　　 〜てくれる (나에게) 〜(해) 주다　わかる 團알다
　　 小学校 しょうがっこう 團초등학교　僕 ぼく 圃나, 저(남자의 자칭)
　　 中学校 ちゅうがっこう 團중학교　本屋 ほんや 團서점
　　 〜から 图〜니까　大丈夫だ だいじょうぶだ 囮形괜찮다
　　 お願い おねがい 團부탁

6

[음성]

男の人と女の人が話しています。男の人はイベントに来た子どもたちに何を渡しますか。

M：歴史のイベントに来てくれた子どもたちになにかプレゼントを渡したいんだけど、なにがいいかな。

F：そうですね、あめはどうですか。

M：いいね。でも、あめだけじゃ、プレゼントと言えるかな？なにかもう一つほしいな。

F：じゃあ、チョコレートもいっしょに渡すのはどうでしょうか。みんなチョコレート好きですし。

M：おいしいけど、イベントは8月だから、チョコレートはちょっと…。

F：うーん。じゃあ、ペンなどの文房具がいいかもしれませんね。

M：ペンなら学生でも社会人でも使えるね。その二つにしよう。

男の人はイベントに来た子どもたちに何を渡しますか。

[문제지]

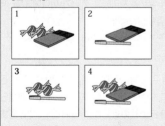

해석 남자와 여자가 이야기하고 있습니다. 남자는 이벤트에 온 아이들에게 무엇을 건네줍니까?

M : 역사 이벤트에 와 주는 아이들에게 무언가 선물을 건네주고 싶은데, 무엇이 좋을까.

F : 그렇네요, 사탕은 어떻습니까?

M : 좋네. 하지만, 사탕뿐이면, 선물이라고 말할 수 있을까? 무언가 하나 더 하고 싶네.

F : 그럼, 초콜릿도 같이 건네주는 것은 어떨까요? 모두 초콜릿 좋아하고요.

M : 맛있지만, 이벤트는 8월이니까, 초콜릿은 좀….

F : 음. 그럼, 펜 등의 문구가 좋을지도 모르겠네요.

M : 펜이라면 학생이라도 사회인이라도 쓸 수 있네. 그 두 개로 하자.

남자는 이벤트에 온 아이들에게 무엇을 건네줍니까?

해설 선택지가 사탕, 초콜릿, 펜 그림이고, 질문이 남자가 이벤트에 온 아이들에게 무엇을 건네주는지 물었으므로, 대화를 들을 때 남자가 아이들에게 무엇을 주는지를 파악한다. 여자가 あめはどうですか(사탕은 어떻습니까?)라고 하자, 남자가 いいね(좋네)라고 한 후, ペンなら学生でも社会人でも使えるね。その二つにしよう(펜이라면 학생이라도 사회인이라도 쓸 수 있네. 그 두 개로 하자)라고 했으므로, 3 '사탕과 펜'이 정답이다. 1, 2, 4는 초콜릿은 여름이라서 남자가 반대했으므로 오답이다.

어휘 イベント 團이벤트　来る くる 團오다　子ども こども 團아이
　　 渡す わたす 團건네주다　歴史 れきし 團역사
　　 〜てくれる (나에게) 〜(해) 주다　プレゼント 團선물
　　 〜たい 〜(하)고 싶다　〜けど 图〜(는)데, 지만　あめ 團사탕
　　 でも 图하지만　〜だけ 图〜뿐　言う いう 團말하다
　　 なにか 무언가　もう 團더　一つ ひとつ 團하나
　　 ほしい 囮形하고 싶다　チョコレート 團초콜릿
　　 いっしょに 團같이, 함께　みんな 團모두
　　 好きだ すきだ 囮形좋아하다　おいしい 囮形맛있다
　　 〜月 〜がつ 〜월　〜から 图〜니까　ちょっと 團좀　ペン 團펜
　　 〜など 图〜등　文房具 ぶんぼうぐ 團문구, 문방구
　　 〜かもしれない 〜(일)지도 모른다　〜なら 〜(라)면
　　 学生 がくせい 團학생　社会人 しゃかいじん 團사회인
　　 使う つかう 團쓰다, 사용하다　二つ ふたつ 團두 개

7

[음성]

日本語学校で先生が話しています。学生は何を用意しますか。

M：明日はみんなでアニメの美術館に行きます。3時間くらい見学するので、歩きやすいくつで来てください。それから、美術館の中は寒いので、脱いだり着たりできる洋服がいいです。あと、写真を撮りたい人もいると思いますが、美術館の中で写真を撮ってはいけません。だから、カメラは持ってこないでください。飲み物も飲んではいけません。

学生は何を用意しますか。

해커스 JLPT N4 한 권으로 합격

ア　イ

ウ　エ

1 ア イ
2 ア ウ
3 ア イ エ
4 イ ウ エ

해석 일본어 학교에서 선생님이 이야기하고 있습니다. 학생은 무엇을 준비합니까?

M : 내일은 모두 애니메이션 미술관에 갑니다. 3시간 정도 견학하므로, 걷기 쉬운 신발로 와 주세요. 그리고, 미술관 안은 추우므로, 벗거나 입거나 할 수 있는 옷이 좋습니다. 다음, 사진을 찍고 싶은 사람도 있다고 생각합니다만, 미술관 안에서 사진을 찍어서는 안 됩니다. 그러니까, 카메라는 가지고 오지 말아 주세요. 음료수도 마셔서는 안 됩니다.

학생은 무엇을 준비합니까?

해설 선택지가 신발, 셔츠, 카메라, 음료수 그림이고, 질문이 학생이 무엇을 준비해야 하는지를 물었으므로, 선생님의 말을 들을 때 학생이 준비해야 할 것을 파악한다. 선생님이 **歩きやすいくつで来てください**(걷기 쉬운 신발로 와 주세요)라고 한 후, **脱いだり着たりできる洋服がいいです**(벗거나 입거나 할 수 있는 옷이 좋습니다)라고 했으므로, 신발 그림 ア와 셔츠 그림 イ로 구성된 1이 정답이다. 그림 ウ, エ는 가지고 오지 말라고 했으므로 오답이다.

어휘 日本語 にほんご 圆일본어　学校 がっこう 圆학교
先生 せんせい 圆선생(님)　学生 がくせい 圆학생
用意 ようい 圆준비　明日 あした 圆내일　みんな 圆모두
アニメ 圆애니메이션　美術館 びじゅつかん 圆미술관
行く いく 圐가다　時間 じかん 圆시간　〜くらい 国〜정도
見学 けんがく 圆견학　〜ので 国〜므로
歩きやすい あるきやすい 걷기 쉽다　くつ 圆신발
来る くる 圐오다　〜てください 〜(해) 주세요　それから 圙그리고
中 なか 圆안, 속　寒い さむい い圐춥다　脱ぐ ぬぐ 圐벗다
〜たり 〜(하)거나　着る きる 圐입다　できる 圐할 수 있다
洋服 ようふく 圆옷　あと 다음　写真 しゃしん 圆사진
撮る とる 圐찍다　〜たい 〜(하)고 싶다
〜と思う 〜とおもう 〜(라)고 생각하다
〜てはいけない 〜(해)서는 안 된다　だから 圙그러니까
カメラ 圆카메라　持つ もつ 圐가지다　飲み物 のみもの 圆음료수
飲む のむ 圐마시다

[음성]

女の人と男の人が話しています。女の人は何の運動をしますか。

F : 実は5キロも太ってしまって、ダイエットしようと思っているんですけど、なにかいい運動はありますか。

M : 僕は毎日ジョギングをしていますよ。

F : 毎日ですか。わたしは走るのが好きではありません。

M : そうですか。

F : テニスやバスケットボールなどのスポーツもやってみたんですけど、長く続きませんでした。

M : じゃあ、水泳はどうですか。

F : 水泳ですか。やったことないな。

M : 先生が教えてくれるので楽しいし、それに海に行ったとき泳げたほうがいいじゃないですか。

F : そうですね。今日会社の近くのプールに行ってきます。

女の人は何の運動をしますか。

[문제지]

해석 여자와 남자가 이야기하고 있습니다. 여자는 무슨 운동을 합니까?

F : 실은 5킬로나 살쪄 버려서, 다이어트 하려고 생각하고 있는데, 무언가 좋은 운동은 있습니까?

M : 저는 매일 조깅을 하고 있어요.

F : 매일이요? 저는 달리는 것은 좋아하지 않아요.

M : 그렇습니까?

F : 테니스나 농구 등의 운동도 해 봤는데, 길게 계속하지 않았습니다.

M : 그럼, 수영은 어떻습니까?

F : 수영이요? 해 본 적 없네.

M : 선생님이 가르쳐 주기 때문에 재미있고, 게다가 바다에 갔을 때 헤엄칠 수 있는 편이 좋지 않습니까?

F : 그렇네요. 오늘 회사 근처의 수영장에 갔다 올게요.

여자는 무슨 운동을 합니까?

해설 선택지가 조깅, 테니스, 농구, 수영 그림이고, 질문이 여자가 무슨 운동을 하는지를 물었으므로, 대화를 들을 때 여자가 할 운동이 무엇인지를 파악한다. 여자가 **今日会社の近くのプールに行ってきます**(오늘 회사 근처의 수영장에 갔다 올게요)라고 했으므로, 4 '수영'이 정답이다. 1은 달리는 것을 좋아하지 않는다고 했고, 2, 3은 예전에 했으나 길게 계속하지 않았다고 했으므로 오답이다.

運動 うんどう 圏운동   実は じつは 실은   キロ 圏킬로

太る ふとる 图살찌다   ～てしまう ~(해) 버리다

ダイエット 圏다이어트   ～と思う ～とおもう ~(라)고 생각하다

～けど 困 ~인데   なにか 무언가   僕 ぼく 떼저, 나(남자의 자칭)

毎日 まいにち 圏매일   ジョギング 圏조깅   走る はしる 图달리다

好きだ すきだ い형좋아하다   テニス 圏테니스

バスケットボール 圏농구   ～など 困 ~등

スポーツ 圏운동, 스포츠   やってみる 해 보다

長い ながい い형길다   続く つづく 图계속하다

水泳 すいえい 圏수영   やる 图하다   先生 せんせい 圏선생(님)

教える おしえる 图가르치다   ～てくれる (나에게) ~(해) 주다

～ので 困 ~때문   楽しい たのしい い형재미있다   それに 젭게다가

海 うみ 圏바다   行く いく 图가다   とき 圏때

泳ぐ およぐ 图헤엄치다   ほう 圏편, 쪽   今日 きょう 圏오늘

会社 かいしゃ 圏회사   近く ちかく 圏근처   プール 圏수영장

行ってくる いってくる 갔다 오다

☞ 문제 2의 디렉션과 예제를 들려줄 때 1번부터 7번까지의 선택지를 미리 읽고 내용을 재빨리 파악해둡니다. 음성에서 では、始めます(그러면, 시작합니다)가 들리면, 곧바로 문제 풀 준비를 합니다. 음성 디렉션과 예제는 실전모의고사 1의 해설 (p.142)에서 확인할 수 있습니다.

1

[음성]
天気予報を聞いています。いつ晴れると言っていますか。

F：梅雨に入ってから、大阪では雨が降る日が続いています。1か月続いた梅雨ですが、今週末には梅雨が終わりそうです。木曜日までは雨が強く降りますが、金曜日からはだんだん弱くなるでしょう。土曜日はくもりですが、日曜日には晴れ、そのあとからはいい天気が続くでしょう。

いつ晴れると言っていますか。

[문제지]
1 もくようび
2 きんようび
3 どようび
4 にちようび

해석 일기 예보를 듣고 있습니다. 언제 맑다고 말하고 있습니까?

F : 장마에 들어가고부터, 오사카에서는 비가 내리는 날이 계속되고 있습니다. 한 달 계속된 장마입니다만, 이번 주말에는 장마가 끝날 깃 같습니다. 묙요일까지는 비기 세게 내립니다만, 금요일부터는 점점 약해지겠지요. 토요일은 흐립니다만, 일요일에는 맑고, 그 후부터는 좋은 날씨가 계속되겠지요.

언제 맑다고 말하고 있습니까?

---

1 목요일
2 금요일
3 토요일
4 일요일

해설 1 '목요일', 2 '금요일', 3 '토요일', 4 '일요일' 중 언제가 맑은 날씨인지 묻는 문제이다. 여자가 日曜日には晴れ、そのあとからはいい天気が続くでしょう(일요일에는 맑고, 그 후부터는 좋은 날씨가 계속되겠지요)라고 언급했으므로, 4 にちようび(일요일)가 정답이다. 1, 2는 금요일까지 비가 내린다고 했고, 3은 토요일은 흐리다고 했으므로 오답이다.

어휘 天気予報 てんきよほう 圏일기 예보   聞く きく 图듣다

晴れる はれる 图맑다   梅雨 つゆ 圏장마

入る はいる 图들어가다   ～から 困 ~부터

大阪 おおさか 오사카(지명)   雨 あめ 圏비   降る ふる 图내리다

日 ひ 圏날   続く つづく 图계속되다   1か月 いっかげつ 한 달

今週末 こんしゅうまつ 圏이번 주말   終わる おわる 图끝나다

～そうだ ~(인) 것 같다(추측)   木曜日 もくようび 圏목요일

～まで 困 ~까지   強い つよい い형세다

金曜日 きんようび 圏금요일   だんだん 閉점점

弱い よわい い형약하다   ～でしょう ~겠지요

土曜日 どようび 圏토요일   くもり 圏흐림

日曜日 にちようび 圏일요일   あと 圏후, 뒤   天気 てんき 圏날씨

2

[음성]
ニュースを聞いています。どうして牛丼の値段が上がりましたか。

M：350円で牛丼が食べられると人気な「にくにく屋」ですが、9月から400円に値段が上がるそうです。理由はお肉の値段が上がったからです。「にくにく屋」は最初、東京にある小さなお店でしたが、その安さから人気が出て、今では全国にたくさんお店ができました。これだけ人気が出ても、もっとおいしい牛丼にしようと今も頑張っているそうです。

どうして牛丼の値段が上がりましたか。

[문제지]
1 おにくが　たかくなったから
2 たくさん　にんきが　でたから
3 たくさん　おみせが　できたから
4 おいしい　ぎゅうどんに　したいから

해석 뉴스를 듣고 있습니다. 어째서 규동의 가격이 올랐습니까?

M : 350엔으로 규동을 먹을 수 있어서 인기인 '니쿠니쿠야'입니다만, 9월부터 400엔으로 가격이 오른다고 합니다. 이유는 고기의 가격이 올랐기 때문입니다. '니쿠니쿠야'는 처음, 도쿄에 있는 작은 가게였습니다만, 그 저렴함 때문에 인기를 얻어서, 지금은 전국에 많은 가게가 생겼습니다. 이 정도로 인기를 얻어도, 더 맛있는

규동을 하려고 지금도 열심히 하고 있다고 합니다.

어째서 규동의 가격이 올랐습니까?

1 고기가 비싸졌기 때문

2 많은 인기를 얻었기 때문

3 많은 가게가 생겼기 때문

4 맛있는 규동을 하고 싶기 때문

해설 1 '고기가 비싸졌기 때문', 2 '많은 인기를 얻었기 때문', 3 '많은 가게가 생겼기 때문', 4 '맛있는 규동을 하고 싶기 때문' 중 규동의 가격이 오른 이유를 묻는 문제이다. 남자가 お肉の値段が上がったからです(고기의 가격이 올랐기 때문입니다)라고 언급했으므로 1 おにくが　たかくなったから(고기가 비싸졌기 때문)가 정답이다. 2, 3, 4는 남자가 언급하였지만, 규동의 가격이 오른 이유는 아니므로 오답이다.

어휘 ニュース 圏뉴스　聞く きく 图듣다, 묻다　牛丼 ぎゅうどん 圏규동
値段 ねだん 圏가격　上がる あがる 图오르다
食べる たべる 图먹다　人気 にんき 圏인기　～月 ～がつ ~월
～から 国~부터, 때문　～そうだ ~(라)고 하다(전언)
理由 りゆう 圏이유　肉 にく 圏고기　最初 さいしょ 圏처음, 최초
東京 とうきょう 圏도쿄(지명)　小さな ちいさな 작은
店 みせ 圏가게　安さ やすさ 圏저렴함
人気が出る にんきがでる 인기를 얻다　今 いま 圏지금
全国 ぜんこく 圏전국　たくさん 图많이　できる 图생기다
これだけ 이 정도로　もっと 图더　おいしい い형맛있다
頑張る がんばる 图열심히 하다　たかい い형비싸다
～たい ~(하)고 싶다

3

[음성]
会社で男の人と女の人が話しています。女の人は昨日何をしましたか。

M：なんか疲れて見えるけど、仕事大変なの？

F：ううん、私、週末はいつも家でゆっくり過ごすんだけど、昨日はひさしぶりに遠くに行ったんだ。

M：山にでものぼったの？

F：ううん、友だちと買い物に行ったの。

M：え、それだけ？

F：うん、ちょっと買い物しただけで、こんなに疲れるのは私もびっくりだよ。

M：家にばかりいないでちょっと運動したほうがいいんじゃない？

女の人は昨日何をしましたか。

[문제지]

1 ゆっくり　すごした

2 やまに　のぼった

3 かいものに　いった

4 うんどうを　した

해석 회사에서 남자와 여자가 이야기하고 있습니다. 여자는 어제 무엇을 했습니까?

M : 뭔가 지쳐 보이는데, 일 힘들어?

F : 아니, 나, 주말은 언제나 집에서 느긋하게 보내는데, 어제는 오래간만에 멀리 갔었어.

M : 산이라도 오른 거야?

F : 아니, 친구와 쇼핑에 갔어.

M : 어, 그것뿐?

F : 응, 조금 쇼핑한 것 만으로, 이렇게 지치는 것에는 나도 깜짝 놀랐어.

M : 집에만 있지 말고 조금 운동하는 편이 좋지 않아?

여자는 어제 무엇을 했습니까?

1 느긋하게 보냈다

2 산에 올랐다

3 쇼핑에 갔다

4 운동을 했다

해설 1 '느긋하게 보냈다', 2 '산에 올랐다', 3 '쇼핑에 갔다', 4 '운동을 했다' 중 여자가 어제 무엇을 했는지 묻는 문제이다. 대화 중, 여자가 友だちと買い物に行った(친구와 쇼핑에 갔어)라고 언급했으므로, 3 かいものに　いった(쇼핑에 갔다)가 정답이다. 1은 평소에는 느긋하게 보내지만 어제는 쇼핑을 갔다고 했고, 2는 남자가 언급하였지만 여자가 아니라고 대답하였으며, 4는 남자가 운동을 하는 것이 어떨지 권유한 것이므로 오답이다.

어휘 会社 かいしゃ 圏회사　昨日 きのう 圏어제　なんか 뭔가
疲れる つかれる 图지치다, 피곤하다　見える みえる 图보이다
～けど 国~는데　仕事 しごと 圏일
大変だ たいへんだ な형힘들다, 큰일이다　週末 しゅうまつ 圏주말
いつも 图언제나, 항상　家 いえ 圏집　ゆっくり 图느긋하게
過ごす すごす 图보내다　ひさしぶり 圏오래간만
遠い とおい い형멀다　行く いく 图가다　山 やま 圏산
～でも 国~라도　のぼる 图오르다　友だち ともだち 圏친구
買い物 かいもの 圏쇼핑　～だけ 国~뿐, 만　ちょっと 图조금
びっくり 圏깜짝 놀람　～ばかり 国~만　運動 うんどう 圏운동
ほう 圏편

4

[음성]
男の人と女の人が話しています。男の人が初めて携帯を持ったのはいつですか。

M：最近、「時代はかわったな」って思うよ。

F：どうしたの？おじさんみたいなこと言って。

M：小学生が携帯電話でメールや電話をしているところを見て、びっくりしちゃったよ。

F：心配で持たせる親が多いみたいだよ。

M：僕が携帯を初めて持ったのは高校生のときだったのに。木村さんは？

F：私は中学生のときに買ってもらったよ。

M：10年後には、3歳の子どもが使うのもふつうになるか
　もね。

男の人が初めて携帯を持ったのはいつですか。

[문제지]

1　しょうがくせいの　とき

2　こうこうせいの　とき

3　ちゅうがくせいの　とき

4　さんさいの　とき

해석　남자와 여자가 이야기하고 있습니다. 남자가 처음으로 휴대전화를
　가진 것은 언제입니까?

M : 최근, "시대는 변했네"라고 생각해.

F : 어떻게 된거야? 아저씨 같은 말하고.

M : 초등학생이 휴대전화로 이메일이나 전화를 하고 있는 것을 보고,
　깜짝 놀라 버렸어.

F : 걱정돼서 지니게 하는 부모가 많은 것 같아.

M : 내가 휴대전화를 처음으로 가진 것은 고등학생 때였는데. 기무
　라 씨는?

F : 나는 중학생 때에 사 주셨어.

M : 10년 후에는, 3세의 아이가 쓰는 것이 보통이 될지도.

남자가 처음으로 휴대전화를 가진 것은 언제입니까?

1　초등학생 때

2　고등학생 때

3　중학생 때

4　세 살 때

해설 1 '초등학생 때', 2 '고등학생 때', 3 '중학생 때', 4 '세 살 때' 중 남자
　가 처음으로 휴대전화를 가진 것이 언제인지 묻는 문제이다. 대화 중,
　남자가 **僕が携帯を初めて持ったのは高校生のときだったのに**
　(내가 휴대전화를 처음으로 가진 것은 고등학생 때였는데)라고 언급
　했으므로, 2 こうこうせいの　とき(고등학생 때)가 정답이다. 1은
　요즘 아이들이 초등학생 때부터 휴대전화를 가진다고 한 것이고, 3은
　여자가 휴대전화를 처음 가진 때이며, 4는 미래에는 세 살 아이도 휴
　대전화를 쓸 지도 모른다고 한 것이므로 오답이다.

어휘　初めて はじめて 團 처음으로　携帯 けいたい 團 휴대전화
　持つ もつ 園 가지다, 지니다　いつ 團 언제　最近 さいきん 團 최근
　時代 じだい 團 시대　かわる 園 변하다　～って 國 ~라고
　思う おもう 園 생각하다　おじさん 團 아저씨
　～みたいだ ~(인) 것 같다　言う いう 園 말하다
　小学生 しょうがくせい 團 초등학생
　携帯電話 けいたいでんわ 團 휴대전화　メール 團 이메일
　電話 でんわ 團 전화　ところ 團 것, 곳　見る みる 園 보다
　びっくり 깜짝 놀람　～ちゃう ~(해) 버리다
　心配 しんぱい 團 걱정　親 おや 團 부모　多い おおい い형 많다
　僕 ぼく 團 나, 저(남자의 자칭)　高校生 こうこうせい 團 고등학생
　とき 團 때　～のに 國 ~는데　中学生 ちゅうがくせい 團 중학생
　買う かう 園 사다　～てもらう ~(해) 받다　～年 ～ねん ~년
　後 ご 團 후, 뒤　～歳 ～さい ~세, 살　子ども こども 團 아이

使う つかう 園 쓰다, 사용하다　ふつうだ な형 보통이다

～かも ~(일)지도

5

[음성]

女の学生と男の学生が話しています。女の学生は何を買
いたいと言っていますか。

F : 学校でフリーマーケットってなかなかおもしろいアイ
　ディアだよね。

M : うん、いらないものを捨てるよりも、必要な人に使って
　もらったほうがいいよね。

F : あの中国の本、ワンさんが持ってきたの?

M : ううん、あれはソンさんのだよ。僕はかがみ。

F : 大きいね。私はスカートを持ってきたよ。

M : すてきだね。この学校、女の子が多いから、かわいい
　アクセサリーもたくさん売られるんじゃない?

F : うん、かわいいものがあったら、買いたいな。

女の学生は何を買いたいと言っていますか。

[문제지]

1　ちゅうごくの　ほん

2　かがみ

3　スカート

4　アクセサリー

해석　여학생과 남학생이 이야기하고 있습니다. 여학생은 무엇을 사고 싶
　다고 말하고 있습니까?

F : 학교에서 벼룩시장이라니 꽤 재미있는 아이디어네.

M : 응, 필요없는 것을 버리기보다도, 필요한 사람에게 사용되는 쪽
　이 좋지.

F : 저 중국의 책, 왕 씨가 가져온 거야?

M : 아니, 저거는 손 씨꺼야. 나는 거울.

F : 크네. 나는 치마를 가지고 왔어.

M : 멋지네. 이 학교 여자 아이가 많으니까, 귀여운 액세서리도 많이
　팔리는 거 아냐?

F : 응, 귀여운 것이 있으면, 사고 싶네.

여학생은 무엇을 사고 싶다고 말하고 있습니까?

1　중국의 책

2　거울

3　치마

4　액세서리

해설 1 '중국의 책', 2 '거울', 3 '치마', 4 '액세서리' 중 여학생이 사고 싶
　은 것이 무엇인지 묻는 문제이다. 대화 중, **かわいいアクセサリーも
　たくさん売られるんじゃない?**(귀여운 액세서리도 많이 팔리는 거
　아냐?)라는 남학생의 말에 여학생은 **かわいいものがあったら、買
　いたいな**(귀여운 것이 있으면, 사고 싶네)라고 언급했으므로, 4 ア
　クセサリー(액세서리)가 정답이다. 1은 손 씨가 가져온 것이고, 2는

남학생이 가져온 것이며, 3은 여학생이 가져온 것이므로 오답이다.

어휘 学生 がくせい 圏학생　買う かう 图사다　～たい ~(하)고 싶다
　　　フリーマーケット 圏벼룩시장　～って ~(라)니
　　　なかなか 图꽤, 상당히　おもしろい い형재미있다
　　　アイディア 圏아이디어　いる 图필요하다　捨てる すてる 图버리다
　　　～より 조 ~보다　必要だ ひつようだ な형필요하다
　　　使う つかう 图사용하다　～てもらう ~(해) 받다　ほう 圏쪽, 편
　　　中国 ちゅうごく 圏중국　本 ほん 圏책　持つ もつ 图가지다
　　　僕 ぼく 圏나, 저(남자의 자칭)　かがみ 圏거울
　　　大きい おおきい い형크다　スカート 圏치마　すてきだ な형멋지다
　　　学校 がっこう 圏학교　女 おんな 圏여자　子 こ 圏아이
　　　多い おおい い형많다　～から 조 ~니까　かわいい い형귀엽다
　　　アクセサリー 圏액세서리　たくさん 图많이　売る うる 图팔다
　　　～たら ~(하)면

6

[음성]
会社で女の人と男の人が話しています。資料はどこにありましたか。

F：ごはんの時間ですよ。食堂に行きましょう。

M：すみません、今会議の資料を探してて、どこにもないんです。

F：会議室とか机の上に置いたんじゃないんですか。

M：いや、それがなくて。

F：変ですね。

M：あ！そうだ！机の引き出しに入れたんだ。風で資料が飛ばされたら、困ると思って。

F：よかったですね。見つかったし、ごはんを食べに行きましょう。

M：はい、そうしましょう。

資料はどこにありましたか。

[문제지]
1 しょくどう
2 かいぎしつ
3 つくえの　うえ
4 つくえの　ひきだし

해석 회사에서 남자와 여자가 이야기하고 있습니다. 자료는 어디에 있었습니까?

　F：밥 시간이에요. 식당에 갑시다.

　M：죄송합니다, 지금 회의 자료를 찾고 있는데, 어디에도 없어요.

　F：회의실이라든가 책상 위에 놓았던 거 아니에요?

　M：아니요, 그게 없어서.

　F：이상하네요.

　M：아！ 맞다! 책상의 서랍에 넣었었지. 바람에 자료가 날아가면, 곤란하다고 생각해서.

F：다행이네요. 찾게 되었으니, 밥을 먹으러 갑시다.

M：네, 그렇게 합시다.

자료는 어디에 있었습니까?

1 식당
2 회의실
3 책상 위
4 책상 서랍

해설 1 '식당', 2 '회의실', 3 '책상 위', 4 '책상 서랍' 중 자료가 어디에 있었는지 묻는 문제이다. 대화 중, 남자가 そうだ！机の引き出しに入れたんだ(맞다! 책상의 서랍에 넣었었지)라고 언급했으므로, 4 つくえの ひきだし(책상 서랍)가 정답이다. 1은 여자가 식당에 가자고 한 것이고, 2, 3은 여자가 언급하였지만, 남자가 그 곳에 없었다고 했으므로 오답이다.

어휘 会社 かいしゃ 圏회사　資料 しりょう 圏자료　どこ 圏어디
　　　ごはん 圏밥　時間 じかん 圏시간　食堂 しょくどう 圏식당
　　　行く いく 图가다　今 いま 圏지금　会議 かいぎ 圏회의
　　　探す さがす 图찾다　会議室 かいぎしつ 圏회의실
　　　～とか 조 ~(라)든가　机 つくえ 圏책상　上 うえ 圏위
　　　置く おく 图놓다　変だ へんだ な형이상하다
　　　引き出し ひきだし 圏서랍　入れる いれる 图넣다
　　　風 かぜ 圏바람　飛ばす とばす 图날리다　～たら ~(하)면
　　　困る こまる 图곤란하다　～と思う ～とおもう ~(라)고 생각하다
　　　見つかる みつかる 图찾게 되다, 발견 되다　食べる たべる 图먹다

7

[음성]
男の人と女の人が話しています。男の人は土曜日に何をしますか。

M：今週の土曜日に彼女にプロポーズするんだ。

F：え！もうすぐだね。どこでするの？

M：海が見えるレストラン。もう予約もしたよ。

F：すてきね。他の準備はしたの？

M：指輪も買ったし、花といっしょに渡す手紙も書いたよ。

F：え、お花は？

M：プロポーズする日に買う予定だよ。

F：そっか。うまくいくといいね。

男の人は土曜日に何をしますか。

[문제지]
1 レストランを　よやくする
2 ゆびわを　かう
3 はなを　かう
4 てがみを　かく

해석 남자와 여자가 이야기하고 있습니다. 남자는 토요일에 무엇을 합니까?

　M：이번 주 토요일에 여자친구에게 프러포즈 할거야.

　F：어! 이제 곧이네. 어디에서 할거야?

M : 바다가 보이는 레스토랑. 이미 예약도 했어.

F : 멋지네. 다른 것의 준비는 했어?

M : 반지도 사고, 꽃하고 같이 건네줄 편지도 썼어.

F : 어, 꽃은?

M : 프러포즈하는 날에 살 예정이야.

F : 그렇구나. 잘 되면 좋겠네.

남자는 토요일에 무엇을 합니까?

1 레스토랑을 예약한다

2 반지를 산다

3 꽃을 산다

4 편지를 쓴다

해설 1 '레스토랑을 예약한다', 2 '반지를 산다', 3 '꽃을 산다', 4 '편지를 쓴다' 중 남자가 토요일에 무엇을 하는지 묻는 문제이다. 대화 중, 남자가 土曜日に彼女にプロポーズするんだ(토요일에 여자친구에게 프러포즈 할거야)라고 하였고, お花は?(꽃은?)라는 여자의 말에 プロポーズする日に買う予定だよ(프러포즈하는 날에 살 예정이야)라고 언급하였으므로, 3 はなを かう(꽃을 산다)가 정답이다. 1, 2, 4는 이미 한 일이므로 오답이다.

어휘 土曜日 どようび 圏토요일 今週 こんしゅう 圏이번 주
彼女 かのじょ 圏여자친구, 그녀 プロポーズ 圏프러포즈, 청혼
もうすぐ 圏이제 곧 どこ 圏어디 海 うみ 圏바다
見える みえる 圏보이다 レストラン 圏레스토랑, 식당
もう 圏이미, 벌써 予約 よやく 圏예약 すてきだ 圏멋지다
他 ほか 다른 것 準備 じゅんび 圏준비 指輪 ゆびわ 圏반지
買う かう 圏사다 花 はな 圏꽃 いっしょに 圏같이, 함께
渡す わたす 圏건네주다 手紙 てがみ 圏편지 書く かく 圏쓰다
日 ひ 圏날 予定 よてい 圏예정 うまくいく 잘 되다

☞ 문제 3은 예제를 들려줄 때 1번부터 5번까지의 그림을 보고 상황을 미리 떠올려봅니다. 음성에서 では、始めます(그러면, 시작합니다)가 들리면, 곧바로 문제 풀 준비를 합니다.
음성 디렉션과 예제는 실전모의고사 1의 해설 (p.147)에서 확인할 수 있습니다.

1

[문제지]

[음성]
緑山公園に行くバスに乗りたいです。運転手さんに何と言いますか。

M : 1 緑山公園に行ってください。
　2 緑山公園はどこですか。
　3 緑山公園に止まりますか。

해석 미도리야마 공원에 가는 버스에 타고 싶습니다. 운전 기사에게 뭐라고 말합니까?

M : 1 미도리야마 공원에 가 주세요.
　2 미도리야마 공원은 어디입니까?
　3 미도리야마 공원에서 멈춥니까?

해설 버스 운전 기사에게 미도리야마 공원에 가는 버스를 타고 싶다고 하는 말을 고르는 문제이다.
1 (X) 緑山公園に行ってください(미도리야마 공원에 가 주세요)는 택시를 탔을 때 목적지를 말하는 말이므로 오답이다.
2 (X) 緑山公園はどこですか(미도리야마 공원은 어디입니까?)는 공원이 어디인지 묻는 말이므로 오답이다.
3 (O) 緑山公園に止まりますか(미도리야마 공원에서 멈춥니까?)는 버스가 공원에 가는지 묻는 말이므로 정답이다.

어휘 公園 こうえん 圏공원 行く いく 圏가다 バス 圏버스
乗る のる 圏타다 ～たい ~(하)고 싶다
運転手 うんてんしゅ 圏운전 기사 ～てください ~(해) 주세요
どこ 圏어디 止まる とまる 圏멈추다

2

[문제지]

[음성]
ひさしぶりに小学生のころの友だちに会いました。何と言いますか。

F : 1 ぜんぜん変わってないね。
　2 小学生のころからの友だちだよ。
　3 会えてうれしかったでしょ?

해석 오래간만에 초등학생 때의 친구를 만났습니다. 뭐라고 말합니까?

F : 1 전혀 변하지 않았네.
　2 초등학생 때부터의 친구야.
　3 만날 수 있어서 기뻤지?

해설 오랜만에 만난 초등학생 때의 친구에게 하는 말을 고르는 문제이다.
1 (O) ぜんぜん変わってないね(전혀 변하지 않았네)는 오랜만에 만난 친구에게 인사하는 말이므로 정답이다.
2 (X) 小学生のころからの友だちだよ(초등학생 때부터의 친구야)는 친구를 소개하는 말이므로 오답이다.
3 (X) 会えてうれしかったでしょ?(만날 수 있어서 기뻤지?)는 누군

가를 만나고 온 사람에게 할 수 있는 말이므로 오답이다.

어휘 ひさしぶり 圀 오래간만　小学生 しょうがくせい 圀 초등학생
ころ 圀 때　友だち ともだち 圀 친구　会う あう 图 만나다
ぜんぜん 囝 전혀　変わる かわる 图 변하다, 바뀌다
~から 图 ~부터　うれしい い형 기쁘다

3

[문제지]

[음성]
とも　　　　　かね　　か
友だちにお金を貸しました。友だちは忘れているようです。
なん　　い
何と言いますか。
M：1 はやくお金を貸してよ。
　　2 お金、いつ返してくれるの？
　　3 貸してくれてありがとう。

해석 친구에게 돈을 빌려주었습니다. 친구는 잊고 있는 것 같습니다. 뭐라고 말합니까?
　　M：1 빨리 돈을 빌려줘.
　　　　2 돈, 언제 돌려주는 거야?
　　　　3 빌려 줘서 고마워.

해설 친구에게 빌려준 돈을 돌려 달라고 하는 말을 고르는 문제이다.
　　1 (X) はやくお金を貸してよ(빨리 돈을 빌려줘)는 돈을 빌려달라는 말이므로 오답이다.
　　2 (O) お金、いつ返してくれるの？(돈, 언제 돌려주는 거야?)는 돈을 돌려달라는 의도이므로 정답이다.
　　3 (X) 貸してくれてありがとう(빌려 줘서 고마워)는 돈을 빌려간 친구가 할 수 있는 말이므로 오답이다.

어휘 友だち ともだち 圀 친구　お金 おかね 圀 돈
貸す かす 图 빌려주다　忘れる わすれる 图 잊다
~ようだ ~(인) 것 같다　はやく 囝 빨리　いつ 圀 언제
返す かえす 图 돌려주다　~てくれる (나에게) ~(해) 주다

4

[문제지]

[음성]
お客さんがテーブルにかさを置いたまま、お店を出ていこうとしています。何と言いますか。
F：1 かさ、忘れてますよ。
　　2 かさ、ありませんか。
　　3 かさはここに置いてください。

해석 손님이 테이블에 우산을 놓은 채, 가게를 나가려고 하고 있습니다. 뭐라고 말합니까?
　　F：1 우산, 잊었어요.
　　　　2 우산, 없습니까?
　　　　3 우산은 여기에 놓아 주세요.

해설 손님에게 우산을 가져 가라고 하는 말을 고르는 문제이다.
　　1 (O) かさ、忘れてますよ(우산, 잊었어요)는 우산을 잊은 손님에게 우산을 가져 가라는 의도이므로 정답이다.
　　2 (X) かさ、ありませんか(우산, 없습니까?)는 우산이 있는지 묻는 말이므로 오답이다.
　　3 (X) かさはここに置いてください(우산은 여기에 놓아 주세요)는 손님이 가게에 들어올 때 할 수 있는 말이므로 오답이다.

어휘 客 きゃく 圀 손님　テーブル 圀 테이블　かさ 圀 우산
置く おく 图 놓다　~まま ~(인) 채　店 みせ 圀 가게
出る でる 图 나가다　忘れる わすれる 图 잊다
~てください ~(해) 주세요

5

[문제지]

[음성]
ひとり　　　　はん　　た　　　　　とも　　　　こえ
一人でご飯を食べている友だちに声をかけたいです。何と言いますか。
M：1 一人で食べるのが好きです。
　　2 いっしょに声をかけませんか。
　　3 いっしょに食べましょうよ。

해석 혼자서 밥을 먹고 있는 친구에게 말을 걸고 싶습니다. 뭐라고 말합니까?
　　M：1 혼자서 먹는 것을 좋아합니다.
　　　　2 같이 말을 걸지 않을래요?
　　　　3 같이 먹읍시다.

해설 친구에게 밥을 같이 먹자고 하는 말을 고르는 문제이다.
　　1 (X) 一人で食べるのが好きです(혼자서 먹는 것을 좋아합니다)는 같이 먹자는 말을 거절할 때 할 수 있는 말이므로 오답이다.

2 (X) いっしょに声をかけませんか(같이 말을 걸지 않을래요?)는 말을 걸자고 제안하는 말이므로 오답이다.

3 (O) いっしょに食べましょうよ(같이 먹읍시다)는 밥을 같이 먹자고 하는 말이므로 정답이다.

어휘 一人 ひとり 圏 혼자, 한 사람　ご飯 ごはん 圏 밥
　食べる たべる 圏 먹다　友だち ともだち 圏 친구
　声をかける こえをかける 말을 걸다　〜たい 〜(하)고 싶다
　好きだ すきだ な형 좋아하다　いっしょに 囝 같이, 함께

☞ 문제 4는 문제지에 아무것도 인쇄되어 있지 않습니다. 따라서, 예제를 들려줄 때, 그 내용을 들으면서 즉시 응답의 문제 풀이 전략을 떠올려 봅니다. 음성에서 では、始めます(그러면, 시작합니다)가 들리면, 실제 문제 풀 준비를 합니다.
음성 디렉션과 예제는 실전모의고사 1의 해설 (p.149)에서 확인할 수 있습니다.

1

[음성]
F : きのう、お願いした資料できてる?
M : 1 はい、机の上に置いておきました。
　　2 いえ、お願いしました。
　　3 資料はまだ来ていませんよ。

해석 F : 어제, 부탁한 자료 되어 있어?
　　M : 1 네, 책상 위에 놓아 두었습니다.
　　　　2 아니요, 부탁했습니다.
　　　　3 자료는 아직 오지 않았어요.

해설 여자가 남자에게 부탁한 자료가 되었는지 묻고 있다.
1 (O) '네, 책상 위에 놓아 두었습니다'는 부탁한 자료가 되었다는 말이므로 적절한 응답이다.
2 (X) お願いする(부탁하다)를 반복 사용하여 혼동을 준 오답이다.
3 (X) 資料(자료)를 반복 사용하여 혼동을 준 오답이다.

어휘 きのう 圏 어제　お願い おねがい 圏 부탁　資料 しりょう 圏 자료
　できる 圏 되다, 생기다　机 つくえ 圏 책상　上 うえ 圏 위
　置く おく 圏 놓다　まだ 囝 아직　来る くる 圏 오다

2

[음성]
M : メール、見てくれましたか。
F : 1 メールを送るつもりです。
　　2 すみません、いそがしくて。
　　3 見てないんですか。

해석 M : 이메일, 봐 주었습니까?
　　F : 1 이메일을 보낼 예정입니다.
　　　　2 죄송합니다, 바빠서.
　　　　3 안 봤습니까?

해설 남자가 여자에게 메일을 봤는지 묻고 있다.

1 (X) メール(이메일)를 반복 사용하고, メール(이메일)와 관련된 送る(보내다)를 사용하여 혼동을 준 오답이다.
2 (O) '죄송합니다, 바빠서'는 메일을 보지 않았다는 말이므로 적절한 응답이다.
3 (X) 이메일을 보았는지 묻는 것은 남자이므로 주체가 맞지 않다.

어휘 メール 圏 이메일　見る みる 圏 보다　〜てくれる (나에게) 〜(해) 주다
　送る おくる 圏 보내다　いそがしい い형 바쁘다

3

[음성]
F : 木村さんが描いた絵はどれですか。
M : 1 ここにはないです。
　　2 木村さんは上手ですよ。
　　3 きれいな絵ですよね。

해석 F : 기무라 씨가 그린 그림은 어느 것입니까?
　　M : 1 여기에는 없습니다.
　　　　2 기무라 씨는 잘 해요.
　　　　3 예쁜 그림이네요.

해설 여자가 남자에게 기무라 씨가 그린 그림이 어느 것인지 묻고 있다.
1 (O) '여기에는 없습니다'는 기무라 씨의 그림이 없다는 말이므로 적절한 응답이다.
2 (X) 木村さん(기무라 씨)을 반복 사용하여 혼동을 준 오답이다.
3 (X) 絵(그림)를 반복 사용하여 혼동을 준 오답이다.

어휘 描く かく 圏 그리다　絵 え 圏 그림　どれ 圏 어느 것
　上手だ じょうずだ な형 잘 하다　きれいだ な형 예쁘다

4

[음성]
M : 分からないことがあったら、いつでも聞いてくださいね。
F : 1 どこが分かりませんか。
　　2 いつも聞いています。
　　3 ありがとうございます。

해석 M : 모르는 것이 있으면, 언제라도 물어 주세요.
　　F : 1 어디를 모릅니까?
　　　　2 항상 묻고 있습니다.
　　　　3 감사합니다.

해설 남자가 여자에게 모르는 것이 있으면 언제든 물어도 좋다고 말하고 있다.
1 (X) 分かる(알다)를 반복 사용하여 혼동을 준 오답이다.
2 (X) 聞く(묻다)를 반복 사용하고, いつでも(언제라도)를 いつも(항상)로 사용하여 혼동을 준 오답이다.
3 (O) '감사합니다'는 언제든지 질문해도 좋다는 남자에게 고마움을 전하는 의도이므로 정답이다.

어휘 分かる わかる 圏 알다　いつでも 언제라도　聞く きく 圏 묻다
　〜てください 〜(해) 주세요　いつも 囝 항상, 언제나

5

[음성]

F：席の番号は合っていますか。

M：1 はい、空いていますよ。

　　2 あ、となりの席でした。

　　3 ここには座れません。

해석 F : 자리 번호는 맞습니까?

　　M : 1 네, 비어 있습니다.

　　　　2 아, 옆 자리였습니다.

　　　　3 여기에는 앉을 수 없습니다.

해설 여자가 남자에게 자리 번호가 맞는지 묻고 있다.

　　1 (X) 席(자리)와 관련된 空く(비다)를 사용하여 혼동을 준 오답이다.

　　2 (O) '아, 옆 자리였습니다'는 자리 번호가 틀렸다는 말이므로 적절한 응답이다.

　　3 (X) 席(자리)와 관련된 座る(앉다)를 사용하여 혼동을 준 오답이다.

어휘 席 せき 圏 자리　番号 ばんごう 圏 번호　合う あう 匽 맞다
　　空く あく 匽 비다　となり 圏 옆　座る すわる 匽 앉다

6

[음성]

M：今日の夕食はカレーにしてくれる？

F：1 えー、もうからあげ作っちゃったよ。

　　2 ほんとう？カレー作ってくれるの？

　　3 わたしもカレーが大好きなんです。

해석 M : 오늘 저녁 식사는 카레로 해 줄래?

　　F : 1 어, 벌써 가라아게 만들어 버렸어.

　　　　2 정말? 카레 만들어 주는 거야?

　　　　3 저도 카레를 매우 좋아합니다.

해설 남자가 여자에게 저녁으로 카레를 만들어 달라고 부탁하고 있다.

　　1 (O) '어, 벌써 가라아게 만들어 버렸어'는 이미 저녁으로 다른 음식을 만들었다는 말이므로 적절한 응답이다.

　　2 (X) 카레를 만들어 달라고 부탁하는 것은 남자이므로 주체가 맞지 않다.

　　3 (X) カレー(카레)를 반복 사용하여 혼동을 준 오답이다.

어휘 今日 きょう 圏 오늘　夕食 ゆうしょく 圏 저녁 식사　カレー 圏 카레
　　~てくれる ~(해) 주다　もう 男 벌써　からあげ 圏 가라아게
　　作る つくる 匽 만들다　~ちゃう ~(해) 버리다　ほんとう 정말
　　大好きだ だいすきだ 🅽형 매우 좋아하다

7

[음성]

F：コーヒーをお願いしてもいいですか。

M：1 これからお願いしますね。

　　2 はい、砂糖はどうしますか。

　　3 コーヒーよりお茶がいいですよ。

해석 F : 커피 부탁해도 괜찮습니까?

　　M : 1 이제부터 부탁할게요.

　　　　2 네, 설탕은 어떻게 할까요?

　　　　3 커피보다 차가 좋아요.

해설 여자가 남자에게 커피를 만들어 달라고 요청하고 있다.

　　1 (X) お願い(부탁)를 반복 사용하여 혼동을 준 오답이다.

　　2 (O) '네, 설탕은 어떻게 할까요?'는 커피를 어떻게 만들어 주면 되는지 묻는 말이므로 요청을 수락하는 적절한 응답이다.

　　3 (X) コーヒー(커피)와 관련된 お茶(차)와 コーヒー(커피)를 반복 사용하여 혼동을 준 오답이다.

어휘 コーヒー 圏 커피　お願い おねがい 圏 부탁
　　~てもいい ~(해)도 괜찮다　~から 图 ~부터　砂糖 さとう 圏 설탕
　　~より 图 ~보다　お茶 おちゃ 圏 차

8

[음성]

M：家で料理するの？

F：1 そうそう、料理は難しいよ。

　　2 え、家で食べないの？

　　3 うん、週に2回くらい。

해석 M : 집에서 요리해?

　　F : 1 그래 그래, 요리는 어려워.

　　　　2 어, 집에서 안 먹어?

　　　　3 응, 일주일에 2회 정도.

해설 남자가 여자에게 집에서 요리를 하는지 묻고 있다.

　　1 (X) 料理(요리)를 반복 사용하여 혼동을 준 오답이다.

　　2 (X) 家(집)를 반복 사용하고, 料理(요리)와 관련된 食べる(먹다)를 사용하여 혼동을 준 오답이다.

　　3 (O) '응, 일주일에 2회 정도'는 주 2회 정도 집에서 요리를 한다는 말이므로 적절한 응답이다.

어휘 家 いえ 圏 집　料理 りょうり 圏 요리
　　難しい むずかしい 🅸형 어렵다　食べる たべる 匽 먹다
　　週 しゅう 圏 일주일, 주　~回 ~かい ~회　~くらい 图 ~정도

일본어도 역시,
1위 해커스

japan.Hackers.com

해커스
JLPT 일본어능력시험

N4
한 권으로 합격

초판 10쇄 발행 2024년 12월 16일
초판 1쇄 발행 2021년 1월 4일

지은이	해커스 JLPT연구소
펴낸곳	㈜해커스 어학연구소
펴낸이	해커스 어학연구소 출판팀

주소	서울특별시 서초구 강남대로61길 23 ㈜해커스 어학연구소
고객센터	02-537-5000
교재 관련 문의	publishing@hackers.com
	해커스일본어 사이트(japan.Hackers.com) 교재 Q&A 게시판
동영상강의	japan.Hackers.com

ISBN	978-89-6542-412-3 (13730)
Serial Number	01-10-01

일본어 교육 1위
해커스일본어(japan.Hackers.com)

해커스일본어

- 해커스 스타강사의 **본 교재 인강**(교재 내 할인쿠폰 수록)
- 언제 어디서나 편리하게 보는 **JLPT N4 필수 단어·문형 암기장**
- 청해 문제풀이와 단어 학습을 돕는 **다양한 무료 교재 MP3**
- **어휘 암기 퀴즈, 청해 받아쓰기, 실전모의고사** 등 다양한 JLPT 학습 콘텐츠

쉽고 재미있는 일본어 학습을 위한
체계적 학습자료

무료 일본어 레벨테스트

5분 만에 일본어 실력 확인
& 본인의 실력에 맞는 학습법 추천!

선생님과의 1:1 Q&A

학습 내용과 관련된 질문사항을
Q&A를 통해 직접 답변!

해커스일본어 무료 강의

실시간 가장 핫한 해커스일본어
과목별 무료 강의 제공!

데일리 무료 학습 콘텐츠

일본어 단어부터 한자, 회화 콘텐츠까지
매일매일 확인하는 데일리 무료 콘텐츠!

해커스
JLPT
일본어능력시험

N4

한 권으로 합격

JLPT N4

필수 단어·문형 암기장

해커스일본어 **japan.Hackers.com**

본 교재 인강(할인쿠폰 수록) · 교재 MP3 · 온라인 실전모의고사 1회분 ·
N4 필수 단어·문형 암기장 · 어휘 암기 퀴즈 · 청해 받아쓰기

ㅐ해커스 어학연구소

해커스
JLPT
일본어능력시험
N4
한 권으로 합격

JLPT N4

필수 단어·문형 암기장

PDF 다운로드
바로 가기

해커스 어학연구소

☑️ 잘 외워지지 않는 단어는 박스에 체크하여 복습하세요.

한자 읽기

[탁음·반탁음에 주의해야 하는 단어]

☐ かいがん 海岸	명 해안	☐ し あい ★ 試合	명 시합
☐ かい わ 会話	명 회화	☐ しつもん 質問	명 질문
☐ い がい ★ 以外	명 이외	☐ し みん 市民	명 시민
☐ おんがく 音楽	명 음악	☐ じ こ 事故	명 사고
☐ き かい 機会	명 기회	☐ すいどう ★ 水道	명 수도
☐ き こく 帰国	명 귀국	☐ ち ず 地図	명 지도
☐ でん き 電気	명 전기	☐ せ かい ★ 世界	명 세계
☐ ぎんこう 銀行	명 은행	☐ せ わ ★ 世話	명 보살핌
☐ くう き 空気	명 공기	☐ せんえん 千円	명 천 엔
☐ ぐ あい ★ 具合	명 상태, 형편	☐ あんぜん ★ 安全	명 안전
☐ い けん ★ 意見	명 의견	☐ そ ふ 祖父	명 할아버지
☐ げんかん 玄関	명 현관	☐ か ぞく 家族	명 가족
☐ がいこく 外国	명 외국	☐ たいいん 退院	명 퇴원
☐ こん や 今夜	명 오늘 밤	☐ たい し かん 大使館	명 대사관
☐ ご ご 午後	명 오후	☐ じ だい 時代	명 시대
☐ さい ご 最後	명 최후, 마지막	☐ だいがくせい 大学生	명 대학생
☐ や さい ★ 野菜	명 채소	☐ うんてん ★ 運転	명 운전
☐ けいざい 経済	명 경제	☐ こう さ てん 交差点	명 교차로, 사거리
		☐ じ てんしゃ ★ 自転車	명 자전거
		☐ てんいん ★ 店員	명 점원

★표시는 2010년 이후 기출 어휘입니다.

□ でんしゃ 電車	명 전철, 전차	□ ぶんがく 文学	명 문학
□ でんわ 電話	명 전화	□ じゅっぷん 十分	명 10분
□ とかい 都会	명 도회, 도시	□ へんじ★ 返事	명 답장
□ としょかん 図書館	명 도서관	□ べんとう お弁当	명 도시락
□ いちど★ 一度	명 한 번	□ べんり★ 便利	명 편리
□ うんどう 運動	명 운동	□ たんぺん 短編	명 단편
□ こんど★ 今度	명 이번, 이 다음	□ ほんや★ 本屋	명 서점, 책방
□ じどうしゃ 自動車	명 자동차	□ そぼ 祖母	명 할머니
□ はつおん 発音	명 발음	□ ぼうえき 貿易	명 무역
□ はんたい★ 反対	명 반대	□ ひゃっぽん 百本	명 백 송이(백 자루)
□ ばんぐみ 番組	명 방송		
□ せんぱい 先輩	명 선배	[장음에 주의해야 하는 단어]	
□ ひつよう 必要	명 필요	□ いじょう 以上	명 이상
□ びじゅつかん 美術館	명 미술관	□ おくじょう★ 屋上	명 옥상
□ びょういん 病院	명 병원	□ かちょう 課長	명 과장(님)
□ はっぴょう 発表	명 발표	□ きょういく 教育	명 교육
□ さいふ 財布	명 지갑	□ きょうしつ 教室	명 교실
□ がくぶ 学部	명 학부	□ きょうそう 競争	명 경쟁
□ さくぶん 作文	명 작문	□ きょうだい 兄弟	명 형제
□ しんぶんしゃ 新聞社	명 신문사	□ こうえん 公園	명 공원

☑️ 잘 외워지지 않는 단어는 박스에 체크하여 복습하세요.

☐	こうぎょう 工業	명 공업	☐	ねぼう ★ 寝坊	명 늦잠
☐	こうこう 高校	명 고등학교	☐	ぶんぽう 文法	명 문법
☐	こうじょう ★ 工場	명 공장	☐	ほうそう 放送	명 방송
☐	こうつう 交通	명 교통	☐	ほうりつ 法律	명 법률
☐	こしょう ★ 故障	명 고장	☐	ようい ★ 用意	명 준비
☐	さんぎょう 産業	명 산업	☐	ようふく 洋服	명 옷, 양복
☐	しゃちょう 社長	명 사장(님)	☐	よほう 予報	명 예보
☐	しょうかい ★ 紹介	명 소개	☐	りよう ★ 利用	명 이용
☐	しょうたい ★ 招待	명 초대	☐	りょうきん 料金	명 요금
☐	じょうぶ 丈夫だ	な형 튼튼하다	☐	りょうり ★ 料理	명 요리
☐	しょうらい ★ 将来	명 장래	☐	れいぞうこ 冷蔵庫	명 냉장고
☐	しょくりょうひん ★ 食料品	명 식료품	☐	れいぼう ★ 冷房	명 냉방
☐	せいよう 西洋	명 서양	☐	えいが 映画	명 영화
☐	せんそう 戦争	명 전쟁	☐	えいぎょう 営業	명 영업
☐	そうだん ★ 相談	명 상담	☐	えいご 英語	명 영어
☐	そつぎょう 卒業	명 졸업	☐	けいかく ★ 計画	명 계획
☐	つごう 都合	명 형편, 사정	☐	けいけん ★ 経験	명 경험
☐	てんきよほう 天気予報	명 일기예보	☐	せいさん ★ 生産	명 생산
☐	どうぐ 道具	명 도구	☐	せつめい ★ 説明	명 설명
☐	にゅうじょう 入場	명 입장	☐	せんせい 先生	명 선생(님)

★표시는 2010년 이후 기출 어휘입니다.

☐ だんせい 男性	명	남성
☐ よてい 予定 ★	명	예정
☐ くうこう 空港 ★	명	공항
☐ けんきゅう 研究 ★	명	연구
☐ しゅうちゅう 集中	명	집중
☐ じゅうどう 柔道	명	유도
☐ じゅうよう 重要だ	な형	중요하다
☐ すうがく 数学	명	수학
☐ たいふう 台風	명	태풍
☐ ちゅうい 注意 ★	명	주의
☐ ちゅうしゃ 注射	명	주사
☐ ちゅうしゃじょう 駐車場	명	주차장
☐ とちゅう 途中	명	도중
☐ にゅうがく 入学	명	입학
☐ ふくしゅう 復習	명	복습
☐ ゆうはん 夕飯	명	저녁밥
☐ ゆにゅう 輸入 ★	명	수입
☐ らいしゅう 来週	명	다음 주
☐ りゆう 理由	명	이유
☐ れんしゅう 練習	명	연습

[요음에 주의해야 하는 단어]

☐ いしゃ 医者 ★	명	의사
☐ かいしゃ 会社	명	회사
☐ きしゃ 汽車	명	기차
☐ じどうしゃ 自動車	명	자동차
☐ しゃかい 社会	명	사회
☐ しゃしん 写真	명	사진
☐ しゃしんか 写真家	명	사진가
☐ じょうきゃく 乗客	명	승객
☐ ちゃいろ 茶色	명	갈색
☐ とうちゃく 到着	명	도착
☐ はいしゃ 歯医者	명	치과 (의사)
☐ れっしゃ 列車	명	열차
☐ ぎじゅつ 技術	명	기술
☐ きゅうこう 急行 ★	명	급행
☐ ぎゅうにゅう 牛乳	명	우유
☐ こうきゅう 高級	명	고급
☐ しゅうかん 習慣 ★	명	습관
☐ しゅくだい 宿題	명	숙제
☐ しゅみ 趣味 ★	명	취미

☑️ 잘 외워지지 않는 단어는 박스에 체크하여 복습하세요.

☐ じゅんび ★ 準備	명 준비		**[촉음에 주의해야 하는 단어]**
☐ ちゅうし ★ 中止	명 중지	☐ いっしゅうかん 一週間	명 1주일
☐ ちゅうもん 注文	명 주문	☐ いっしょ 一緒	명 함께 함
☐ にゅういん 入院	명 입원	☐ いっぽう 一方	명 한쪽, 한편
☐ ゆしゅつ 輸出	명 수출	☐ がっき 楽器	명 악기
☐ よしゅう ★ 予習	명 예습	☐ かっこう 格好	명 모습
☐ りゅうがく 留学	명 유학	☐ がっこう 学校	명 학교
☐ えんりょ 遠慮	명 사양	☐ きって 切手	명 우표
☐ きょねん 去年	명 작년	☐ きっぷ 切符	명 표, 티켓
☐ こうちょう 校長	명 교장	☐ けっか 結果	명 결과
☐ しゅうしょく 就職	명 취직	☐ けっこう ★ 結構だ	な형 훌륭하다
☐ しょくどう ★ 食堂	명 식당	☐ けっこん 結婚	명 결혼
☐ じょせい 女性	명 여성	☐ けっしん 決心	명 결심
☐ たいりょく 体力	명 체력	☐ けってい 決定	명 결정
☐ ぶちょう 部長	명 부장(님)	☐ さっか 作家	명 작가
☐ べんきょう ★ 勉強	명 공부	☐ ざっし 雑誌	명 잡지
☐ ゆうびんきょく 郵便局	명 우체국	☐ しっぱい ★ 失敗	명 실패
☐ りょかん 旅館	명 여관	☐ しゅっしん 出身	명 출신
☐ りょこう 旅行	명 여행	☐ しゅっせき 出席	명 출석
		☐ しゅっぱつ ★ 出発	명 출발

★표시는 2010년 이후 기출 어휘입니다.

□ しょっき 食器	명 식기	□ たてもの 建物	명 건물
□ とっきゅう★ 特急	명 특급	□ けんぶつ 見物	명 구경
□ にってい 日程	명 일정	□ どうぶつ 動物	명 동물
□ ねっしん★ 熱心だ	な형 열심이다	□ へいじつ 平日	명 평일
□ はっけん 発見	명 발견	□ にっき★ 日記	명 일기
□ ぶっか 物価	명 물가	□ まいにち 毎日	명 매일
□ みっか 三日	명 3일	□ たんじょうび 誕生日	명 생일
□ よっか 四日	명 4일	□ しかた 仕方	명 하는 방법
□ りっぱ 立派だ	な형 훌륭하다	□ ゆうがた★ 夕方	명 저녁 무렵
		□ ほうこう 方向	명 방향

[발음이 두 개 이상인 한자를 포함하는 단어]

□ しごと★ 仕事	명 일	□ りょうほう 両方	명 양쪽, 양방
□ かじ 火事	명 화재	□ いか★ 以下	명 이하
□ しょくじ★ 食事	명 식사	□ ろうか 廊下	명 복도
□ ようじ★ 用事	명 용무, 볼일	□ げしゅく 下宿	명 하숙
□ きんじょ★ 近所	명 근처	□ したぎ 下着	명 속옷
□ じゅうしょ★ 住所	명 주소	□ いりぐち★ 入口	명 입구
□ ばしょ★ 場所	명 장소	□ くち 口	명 입
□ だいどころ 台所	명 부엌	□ まどぐち 窓口	명 창구
□ しなもの 品物	명 물건, 물품	□ じんこう 人口	명 인구
		□ じしん 地震	명 지진

☑ 잘 외워지지 않는 단어는 박스에 체크하여 복습하세요.

☐	<ruby>地下鉄<rt>ち か てつ</rt></ruby>	몡 지하철	☐	<ruby>四月<rt>し がつ</rt></ruby>	몡 4월
☐	<ruby>地図<rt>ち ず</rt></ruby>	몡 지도	☐	<ruby>今月<rt>こんげつ</rt></ruby>	몡 이번 달
☐	<ruby>地理<rt>ち り</rt></ruby> ★	몡 지리	☐	<ruby>来月<rt>らいげつ</rt></ruby>	몡 다음 달
☐	<ruby>一日中<rt>いちにちじゅう</rt></ruby>	몡 하루 종일	☐	<ruby>運転手<rt>うんてんしゅ</rt></ruby>	몡 운전수
☐	<ruby>中学校<rt>ちゅうがっこう</rt></ruby>	몡 중학교	☐	<ruby>歌手<rt>か しゅ</rt></ruby>	몡 가수
☐	<ruby>中心<rt>ちゅうしん</rt></ruby>	몡 중심	☐	<ruby>お手洗い<rt>て あら</rt></ruby>	몡 화장실
☐	<ruby>背中<rt>せ なか</rt></ruby>	몡 등	☐	<ruby>手袋<rt>て ぶくろ</rt></ruby>	몡 장갑
☐	<ruby>大使<rt>たい し</rt></ruby>	몡 대사	☐	<ruby>父親<rt>ちちおや</rt></ruby>	몡 아버지
☐	<ruby>大切だ<rt>たいせつ</rt></ruby> ★	な형 소중하다	☐	<ruby>母親<rt>ははおや</rt></ruby>	몡 어머니
☐	<ruby>大学<rt>だいがく</rt></ruby>	몡 대학	☐	<ruby>親切だ<rt>しんせつ</rt></ruby> ★	な형 친절하다
☐	<ruby>大学院<rt>だいがくいん</rt></ruby>	몡 대학원	☐	<ruby>両親<rt>りょうしん</rt></ruby>	몡 부모님
☐	<ruby>主人<rt>しゅじん</rt></ruby>	몡 남편, 주인	☐	<ruby>五分<rt>ご ふん</rt></ruby>	몡 5분
☐	<ruby>友人<rt>ゆうじん</rt></ruby>	몡 친구	☐	<ruby>気分<rt>き ぶん</rt></ruby> ★	몡 기분
☐	<ruby>何人<rt>なんにん</rt></ruby>	몡 몇 명	☐	<ruby>自分<rt>じ ぶん</rt></ruby>	몡 자기 자신
☐	<ruby>人形<rt>にんぎょう</rt></ruby>	몡 인형	☐	<ruby>三分<rt>さんぶん</rt></ruby>	몡 3분
☐	<ruby>会場<rt>かいじょう</rt></ruby>	몡 회장	☐	<ruby>小声<rt>こ ごえ</rt></ruby>	몡 작은 목소리
☐	<ruby>工場<rt>こうじょう</rt></ruby> ★	몡 공장	☐	<ruby>小鳥<rt>こ とり</rt></ruby>	몡 작은 새
☐	<ruby>場合<rt>ば あい</rt></ruby>	몡 경우	☐	<ruby>小学校<rt>しょうがっこう</rt></ruby>	몡 초등학교
☐	<ruby>場所<rt>ば しょ</rt></ruby> ★	몡 장소	☐	<ruby>小説<rt>しょうせつ</rt></ruby> ★	몡 소설
☐	<ruby>お正月<rt>しょうがつ</rt></ruby>	몡 설, 정월			

★표시는 2010년 이후 기출 어휘입니다.

[한자 읽기에 자주 출제되는 동사]

☐ 洗う^{あら} ★	동 씻다	☐ 落とす^お ★	동 떨어뜨리다
☐ 歌う^{うた}	동 노래하다	☐ 思い出す^{おも だ}	동 생각나다
☐ 行う^{おこな}	동 행하다	☐ 返す^{かえ} ★	동 돌려주다
☐ 買う^か	동 사다	☐ 貸す^か	동 빌려 주다
☐ 通う^{かよ}	동 다니다	☐ 消す^け ★	동 지우다, 끄다
☐ 使う^{つか}	동 사용하다	☐ 探す^{さが}	동 찾다
☐ 習う^{なら}	동 배우다	☐ 出す^だ	동 내다, 꺼내다
☐ 間に合う^{ま あ} ★	동 시간에 맞추다	☐ 待つ^ま ★	동 기다리다
☐ 開く^あ	동 열리다	☐ 持つ^も ★	동 가지다
☐ 歩く^{ある} ★	동 걷다	☐ 運ぶ^{はこ} ★	동 나르다, 운반하다
☐ 動く^{うご} ★	동 움직이다	☐ 喜ぶ^{よろこ} ★	동 기뻐하다
☐ 書く^か	동 쓰다	☐ 進む^{すす}	동 나아가다
☐ 着く^つ	동 도착하다	☐ 住む^す	동 살다
☐ 働く^{はたら}	동 일하다	☐ 休む^{やす}	동 쉬다
☐ 急ぐ^{いそ} ★	동 서두르다	☐ 読む^よ	동 읽다
☐ 泳ぐ^{およ} ★	동 헤엄치다	☐ 集まる^{あつ} ★	동 모이다
☐ 動き出す^{うご だ}	동 움직이기 시작하다	☐ 決まる^き ★	동 정해지다
☐ 写す^{うつ} ★	동 (사진을) 찍다	☐ 止まる^と ★	동 멈추다
☐ 押す^お ★	동 밀다	☐ 始まる^{はじ}	동 시작되다
		☐ 閉める^し ★	동 닫다

문자·어휘 해커스 JLPT **N4** 한 권으로 합격

✅ 잘 외워지지 않는 단어는 박스에 체크하여 복습하세요.

☐ 始める ^{はじ} ★	동 시작하다		☐ 通る ^{とお}	동 통하다, 지나다
☐ 上げる ^あ	동 (위로) 올리다		☐ 取る ^と ★	동 집다
☐ 開ける ^あ	동 열다		☐ 眠る ^{ねむ}	동 자다
☐ 売る ^う ★	동 팔다		☐ 乗る ^の ★	동 타다
☐ 起きる ^お ★	동 일어나다		☐ 入る ^{はい}	동 들어가다, 들어오다
☐ 送る ^{おく} ★	동 보내다		☐ 走る ^{はし}	동 뛰다
☐ 教える ^{おし} ★	동 가르치다		☐ 光る ^{ひか} ★	동 빛나다
☐ 終わる ^お ★	동 끝나다		☐ 見せる ^み	동 보이다
☐ 帰る ^{かえ}	동 돌아가다		☐ 見る ^み	동 보다
☐ 数える ^{かぞ} ★	동 세다			
☐ 借りる ^か	동 빌리다		**[한자 읽기에 자주 출제되는 い·な형용사]**	
☐ 考える ^{かんが} ★	동 생각하다		☐ 忙しい ^{いそが} ★	い형 바쁘다
☐ 切る ^き ★	동 자르다		☐ 美しい ^{うつく}	い형 아름답다
☐ 着る ^き	동 입다		☐ 嬉しい ^{うれ}	い형 기쁘다
☐ 答える ^{こた} ★	동 대답하다		☐ 悲しい ^{かな} ★	い형 슬프다
☐ 知る ^し ★	동 알다		☐ 寂しい ^{さび}	い형 외롭다
☐ 座る ^{すわ}	동 앉다		☐ 親しい ^{した}	い형 친하다
☐ 食べる ^た	동 먹다		☐ 涼しい ^{すず} ★	い형 선선하다
☐ 足りる ^た ★	동 충분하다		☐ 正しい ^{ただ}	い형 옳다, 바르다
☐ 出る ^で ★	동 나가다		☐ 楽しい ^{たの} ★	い형 즐겁다

★표시는 2010년 이후 기출 어휘입니다.

☐ 恥_はずかしい	[い형] 부끄럽다		☐ 遠_{とお}い ★	[い형] 멀다
☐ 珍_{めずら}しい	[い형] 드물다		☐ 長_{なが}い	[い형] 길다

☐ 恥_はずかしい	[い형] 부끄럽다
☐ 珍_{めずら}しい	[い형] 드물다
☐ 優_{やさ}しい	[い형] 상냥하다
☐ 青_{あお}い ★	[い형] 파랗다
☐ 赤_{あか}い ★	[い형] 빨갛다
☐ 明_{あか}るい ★	[い형] 밝다
☐ 暖_{あたた}かい	[い형] 따뜻하다
☐ 暑_{あつ}い	[い형] 덥다
☐ 多_{おお}い	[い형] 많다
☐ 大_{おお}きい ★	[い형] 크다
☐ 重_{おも}い ★	[い형] 무겁다
☐ 軽_{かる}い ★	[い형] 가볍다
☐ 暗_{くら}い ★	[い형] 어둡다
☐ 黒_{くろ}い ★	[い형] 검다
☐ 寒_{さむ}い ★	[い형] 춥다
☐ 白_{しろ}い ★	[い형] 하얗다
☐ 高_{たか}い ★	[い형] 높다, 비싸다
☐ 小_{ちい}さい	[い형] 작다
☐ 近_{ちか}い	[い형] 가깝다
☐ 強_{つよ}い ★	[い형] 세다, 강하다

☐ 遠_{とお}い ★	[い형] 멀다
☐ 長_{なが}い	[い형] 길다
☐ 眠_{ねむ}い ★	[い형] 졸리다
☐ 低_{ひく}い	[い형] 낮다
☐ 広_{ひろ}い	[い형] 넓다
☐ 太_{ふと}い	[い형] 굵다
☐ 古_{ふる}い	[い형] 낡다, 오래되다
☐ 短_{みじか}い	[い형] 짧다
☐ 安_{やす}い	[い형] 싸다
☐ 弱_{よわ}い ★	[い형] 약하다
☐ 悪_{わる}い	[い형] 나쁘다, 미안하다
☐ 明_{あき}らかだ	[な형] 분명하다
☐ 静_{しず}かだ	[な형] 조용하다
☐ 確_{たし}かだ	[な형] 확실하다
☐ 豊_{ゆた}かだ	[な형] 풍부하다
☐ 安心_{あんしん}だ ★	[な형] 안심이다
☐ 安全_{あんぜん}だ ★	[な형] 안전하다
☐ 同_{おな}じだ	[な형] 같다
☐ 簡単_{かんたん}だ ★	[な형] 간단하다
☐ 盛_{さか}んだ	[な형] 활발하다, 왕성하다

☑ 잘 외워지지 않는 단어는 박스에 체크하여 복습하세요.

☐ **残念だ** ざんねん *	な형 아쉽다		**[한자 읽기에 자주 출제되는 훈독 명사]**
☐ **自由だ** じゆう	な형 자유롭다	☐ **兄** あに	명 형, 오빠
☐ **十分だ** じゅうぶん *	な형 충분하다	☐ **姉** あね	명 누나, 언니
☐ **上手だ** じょうず *	な형 잘하다	☐ **妹** いもうと	명 여동생
☐ **親切だ** しんせつ *	な형 친절하다	☐ **弟** おとうと	명 남동생
☐ **心配だ** しんぱい *	な형 걱정하다	☐ **秋** あき *	명 가을
☐ **好きだ** す	な형 좋아하다	☐ **朝** あさ	명 아침
☐ **大事だ** だいじ *	な형 소중하다	☐ **夏** なつ *	명 여름
☐ **大切だ** たいせつ *	な형 중요하다, 소중하다	☐ **春** はる *	명 봄
☐ **丁寧だ** ていねい *	な형 정중하다	☐ **昼** ひる *	명 낮
☐ **適当だ** てきとう	な형 적당하다	☐ **冬** ふゆ *	명 겨울
☐ **特別だ** とくべつ	な형 특별하다	☐ **間** あいだ	명 사이, 동안
☐ **熱心だ** ねっしん *	な형 열심이다	☐ **糸** いと	명 실
☐ **必要だ** ひつよう	な형 필요하다	☐ **上** うえ	명 위
☐ **複雑だ** ふくざつ	な형 복잡하다	☐ **紙** かみ *	명 종이
☐ **不便だ** ふべん *	な형 불편하다	☐ **北** きた	명 북, 북쪽
☐ **便利だ** べんり *	な형 편리하다	☐ **切手** きって	명 우표
☐ **無理だ** むり	な형 무리하다	☐ **着物** きもの	명 옷, 일본 옷
☐ **有名だ** ゆうめい	な형 유명하다	☐ **皿** さら	명 접시
		☐ **下** した	명 아래

★표시는 2010년 이후 기출 어휘입니다.

☐	しなもの 品物	명 물품, 물건	☐	さかな 魚	명 생선
☐	そと 外	명 밖	☐	あめ 雨	명 비
☐	つくえ★ 机	명 책상	☐	いけ★ 池	명 연못
☐	てがみ 手紙	명 편지	☐	いし★ 石	명 돌
☐	でぐち 出口	명 출구	☐	いろ★ 色	명 색
☐	なか 中	명 가운데, 안	☐	かぜ 風	명 바람
☐	にし 西	명 서, 서쪽	☐	かわ 川	명 강
☐	ひだり 左	명 왼쪽	☐	き 木	명 나무
☐	ふく 服	명 옷	☐	くも★ 雲	명 구름
☐	まえ 前	명 앞	☐	そら★ 空	명 하늘
☐	まち 町	명 마을	☐	とり★ 鳥	명 새
☐	みぎ 右	명 오른쪽	☐	はな 花	명 꽃
☐	みせ 店	명 가게	☐	はやし★ 林	명 수풀, 숲
☐	みち 道	명 길	☐	みず 水	명 물
☐	みなと★ 港	명 항구	☐	みずうみ★ 湖	명 호수
☐	みなみ 南	명 남, 남쪽	☐	もり★ 森	명 숲
☐	むら 村	명 마을	☐	ゆき★ 雪	명 눈
☐	あじ★ 味	명 맛	☐	あし★ 足	명 다리, 발
☐	くすり★ 薬	명 약	☐	あたま★ 頭	명 머리
☐	こめ 米	명 쌀	☐	おやゆび 親指	명 엄지 손가락

☑️ 잘 외워지지 않는 단어는 박스에 체크하여 복습하세요.

☐	かお ★ **顔**	명 얼굴		☐	かぞく **家族**	명 가족
☐	からだ ★ **体**	명 신체, 몸		☐	かない **家内**	명 아내
☐	くび **首**	명 목		☐	えいが **映画**	명 영화
☐	こえ ★ **声**	명 목소리, 소리		☐	えいがかん **映画館**	명 영화관
☐	ちから **力**	명 힘		☐	おんがくかい **音楽会**	명 음악회
☐	て **手**	명 손		☐	とかい **都会**	명 도회, 도시
☐	みみ **耳**	명 귀		☐	かいかん **開館**	명 개관
☐	め **目**	명 눈		☐	はくぶつかん **博物館**	명 박물관
☐	ゆび **指**	명 손가락		☐	いっしゅうかん **一週間**	명 일주일
				☐	じかん **時間**	명 시간

표기

[발음이 같거나 비슷한 한자를 포함하는 단어]

☐	いけん ★ **意見**	명 의견		☐	きこく ★ **帰国**	명 귀국
☐	いみ **意味**	명 의미		☐	きたく **帰宅**	명 귀가
☐	いがい ★ **以外**	명 이외		☐	くうき **空気**	명 공기
☐	いない **以内**	명 이내		☐	にんき **人気**	명 인기
☐	こうむいん **公務員**	명 공무원		☐	きゅうこう ★ **急行**	명 급행
☐	てんいん ★ **店員**	명 점원		☐	とっきゅう ★ **特急**	명 특급
☐	だいがくいん **大学院**	명 대학원		☐	けんきゅう ★ **研究**	명 연구
☐	びょういん **病院**	명 병원		☐	けんきゅうかい **研究会**	명 연구회
				☐	きょうかい **教会**	명 교회
				☐	きょうしつ **教室**	명 교실

★표시는 2010년 이후 기출 어휘입니다.

☐ きょうちょう **強調**	명 강조	☐ しかた **仕方**	명 하는 방법
☐ べんきょう ★ **勉強**	명 공부	☐ しごと ★ **仕事**	명 일
☐ じゅぎょう **授業**	명 수업	☐ しっぱい ★ **失敗**	명 실패, 실수
☐ そつぎょう **卒業**	명 졸업	☐ しつれい ★ **失礼**	명 실례
☐ けいかく ★ **計画**	명 계획	☐ じ ぶん **自分**	명 자기 자신
☐ と けい **時計**	명 시계	☐ じ ゆう ★ **自由**	명 자유
☐ けいえい **経営**	명 경영	☐ こう じ ★ **工事**	명 공사
☐ けいざい **経済**	명 경제	☐ じ じょう **事情**	명 사정
☐ けんがく ★ **見学**	명 견학	☐ こんしゅう **今週**	명 이번 주
☐ けんぶつ **見物**	명 구경	☐ しゅうまつ **週末**	명 주말
☐ じっけん **実験**	명 실험	☐ じゅうしょ ★ **住所**	명 주소
☐ じゅけん **受験**	명 수험	☐ じゅうみん **住民**	명 주민
☐ ぎんこう **銀行**	명 은행	☐ しゅっせき **出席**	명 출석
☐ ひ こうじょう **飛行場**	명 비행장	☐ しゅっぱつ ★ **出発**	명 출발
☐ こうこう **高校**	명 고등학교	☐ じ む しょ **事務所**	명 사무소
☐ こうちょう **校長**	명 교장	☐ ちょうしょ **長所**	명 장점
☐ こう さ てん **交差点**	명 교차로	☐ じ しょ **辞書**	명 사전
☐ こうつう **交通**	명 교통	☐ と しょかん **図書館**	명 도서관
☐ し あい ★ **試合**	명 시합	☐ しょうがくせい **小学生**	명 초등학생
☐ し けん **試験**	명 시험	☐ しょうがっこう **小学校**	명 초등학교

☑ 잘 외워지지 않는 단어는 박스에 체크하여 복습하세요.

☐	以上 いじょう	명 이상	☐	宿題 しゅくだい	명 숙제
☐	上手だ★ じょうず	な형 잘하다	☐	問題 もんだい	명 문제
☐	食品 しょくひん	명 식품	☐	運転★ うんてん	명 운전
☐	昼食 ちゅうしょく	명 점심 식사	☐	自転車★ じてんしゃ	명 자전거
☐	安心★ あんしん	명 안심	☐	喫茶店 きっさてん	명 찻집, 카페
☐	心配★ しんぱい	명 걱정	☐	店長 てんちょう	명 점장
☐	親戚 しんせき	명 친척	☐	天気 てんき	명 날씨
☐	両親 りょうしん	명 부모님	☐	天気予報 てんきよほう	명 일기예보
☐	世界★ せかい	명 세계	☐	電車 でんしゃ	명 전철, 전차
☐	世話★ せわ	명 보살핌	☐	電灯 でんとう	명 전등
☐	生活 せいかつ	명 생활	☐	一度★ いちど	명 한 번
☐	先生 せんせい	명 선생(님)	☐	今度★ こんど	명 이번
☐	女性 じょせい	명 여성	☐	講堂 こうどう	명 강당
☐	男性 だんせい	명 남성	☐	食堂★ しょくどう	명 식당
☐	親切だ★ しんせつ	な형 친절하다	☐	道具 どうぐ	명 도구
☐	大切だ★ たいせつ	な형 소중하다	☐	道路 どうろ	명 도로
☐	季節 きせつ	명 계절	☐	半日 はんにち	명 반일, 한나절
☐	節約 せつやく	명 절약	☐	半分 はんぶん	명 반
☐	大使館 たいしかん	명 대사관	☐	晩ご飯 ばんごはん	명 저녁 식사
☐	大抵 たいてい	명 대부분	☐	昼ご飯 ひるごはん	명 점심 식사

★표시는 2010년 이후 기출 어휘입니다.

☐ ふべん 不便だ ★	な형 불편하다	☐ りゆう 理由	명 이유
☐ ふまん 不満だ	な형 불만이다	☐ りょうり 料理 ★	명 요리
☐ せいふく 制服	명 교복, 제복	☐ べんり 便利だ ★	な형 편리하다
☐ ようふく 洋服	명 옷	☐ りよう 利用 ★	명 이용
☐ じゅうぶん 十分だ ★	な형 충분하다	☐ りょかん 旅館	명 여관
☐ ぶぶん 部分	명 부분	☐ りょこう 旅行 ★	명 여행
☐ さくぶん 作文	명 작문	☐ しょくりょうひん 食料品 ★	명 식료품
☐ ぶんか 文化	명 문화	☐ しりょう 資料	명 자료
☐ せつめい 説明 ★	명 설명		

[모양이 비슷한 한자를 포함하는 단어]

☐ はつめい 発明	명 발명	☐ あ 会う	동 만나다
☐ ちめい 地名	명 지명	☐ てんらんかい 展覧会	명 전람회
☐ ゆうめい 有名だ	な형 유명하다	☐ にあ 似合う	동 어울리다
☐ こんや 今夜	명 오늘 밤	☐ まあ 間に合う ★	동 시간에 맞추다
☐ しんや 深夜	명 심야	☐ あした 明日	명 내일
☐ へや 部屋	명 방	☐ せつめい 説明 ★	명 설명
☐ ほんや 本屋 ★	명 서점	☐ あさ はん 朝ご飯	명 아침 밥
☐ ようい 用意 ★	명 준비	☐ まいあさ 毎朝	명 매일 아침
☐ ようじ 用事 ★	명 볼일, 용건	☐ かいてん 回転	명 회전
☐ せいよう 西洋	명 서양	☐ ころ 転ぶ	동 넘어지다
☐ とうよう 東洋	명 동양		

☑ 잘 외워지지 않는 단어는 박스에 체크하여 복습하세요.

□ 軽い ^{かる} ★	い형 가볍다		□ 昼間 ^{ひるま}	명 주간, 낮 동안
□ 手軽だ ^{てがる}	な형 손쉽다		□ 間違える ^{まちが}	동 틀리다
□ 動く ^{うご} ★	동 움직이다		□ 聞く ^き	동 듣다, 묻다
□ 自動車 ^{じどうしゃ}	명 자동차		□ 聞こえる ^き	동 들리다
□ 共働き ^{ともばたら}	명 맞벌이		□ 開ける ^あ	동 열다
□ 働く ^{はたら}	동 일하다		□ 開く ^{ひら}	동 열리다
□ 重い ^{おも} ★	い형 무겁다		□ 音 ^{おと} ★	명 소리
□ 重要だ ^{じゅうよう}	な형 중요하다		□ 発音 ^{はつおん}	명 발음
□ 送る ^{おく} ★	동 보내다		□ 暗記 ^{あんき}	명 암기
□ 放送 ^{ほうそう}	명 방송		□ 暗い ^{くら} ★	い형 어둡다
□ 遠慮 ^{えんりょ}	명 사양		□ 計算 ^{けいさん}	명 계산
□ 遠い ^{とお} ★	い형 멀다		□ 計る ^{はか}	동 (길이, 무게 등을) 재다
□ 速度 ^{そくど}	명 속도		□ 電話 ^{でんわ}	명 전화
□ 速い ^{はや} ★	い형 빠르다		□ 話す ^{はな}	동 이야기하다
□ 買い物 ^{か もの}	명 쇼핑		□ 経験 ^{けいけん} ★	명 경험
□ 買う ^か	동 사다		□ 試験 ^{しけん}	명 시험
□ 貸出し ^{かしだ}	명 대출		□ 危険 ^{きけん} ★	명 위험
□ 貸す ^か ★	동 빌려 주다		□ 険しい ^{けわ}	い형 험하다
□ 駅員 ^{えきいん}	명 역무원		□ 小指 ^{こゆび}	명 새끼손가락
□ 全員 ^{ぜんいん}	명 전원		□ 小さい ^{ちい}	い형 작다

★표시는 2010년 이후 기출 어휘입니다.

☐ すく 少ない	い형 적다	☐ しょうたい 招待 ★	명 초대
☐ た しょう 多少	명 다소	☐ ま 待つ ★	동 기다리다
☐ おとな 大人	명 어른	☐ き も 気持ち	명 기분, 감정
☐ だい じ 大事だ ★	な형 소중하다	☐ も 持つ ★	동 가지다, 들다
☐ ぶんがく 文学	명 문학	☐ はし だ 走り出す	동 뛰기 시작하다
☐ も じ 文字	명 문자	☐ はし 走る	동 뛰다
☐ うつく 美しい	い형 아름답다	☐ ある 歩く	동 걷다
☐ び じん 美人	명 미인	☐ さん ぽ 散歩	명 산책
☐ しんるい 親類	명 친척	☐ ゆうがた 夕方 ★	명 저녁 무렵
☐ りょうしん 両親	명 부모님	☐ ゆうはん 夕飯	명 저녁 식사
☐ あたら 新しい	い형 새롭다	☐ な まえ 名前	명 이름
☐ しんぶん 新聞	명 신문	☐ ゆうめい 有名だ	な형 유명하다
☐ さき 先	명 앞, 이전	☐ つよ 強い ★	い형 강하다, 세다
☐ せんしゅう 先週	명 지난 주	☐ べんきょう 勉強 ★	명 공부
☐ う 生まれる	동 태어나다	☐ よわ 弱い ★	い형 약하다
☐ せい と 生徒	명 학생	☐ よわ き 弱気	명 나약함
☐ じゅうたく 住宅	명 주택	☐ ひ 引く	동 끌다
☐ す 住む ★	동 살다	☐ ひ こ 引っ越す	동 이사하다
☐ とくしょく 特色	명 특색	☐ すいどう 水道 ★	명 수도
☐ とくべつ 特別だ	な형 특별하다	☐ みず 水	명 물

☑ 잘 외워지지 않는 단어는 박스에 체크하여 복습하세요.

☐ かき氷	명 빙수		☐ 会館	명 회관
☐ 氷★	명 얼음		☐ 旅館	명 여관
☐ 入れる	동 넣다		☐ 汚い★	い형 더럽다
☐ 入る	동 들어가다		☐ 汚れる★	동 더러워지다
☐ 人口★	명 인구		☐ 洗う★	동 씻다
☐ 人	명 사람		☐ 洗濯★	명 세탁
☐ 終わり	명 끝		☐ 場所★	명 장소
☐ 終点	명 종점		☐ 広場	명 광장
☐ 紙★	명 종이		☐ 地図	명 지도
☐ 手紙	명 편지		☐ 地理★	명 지리
☐ 薬★	명 약		☐ 気分★	명 기분
☐ 薬局	명 약국		☐ 分ける	동 나누다
☐ 音楽	명 음악		☐ 今日	명 오늘
☐ 楽しい★	い형 즐겁다		☐ 今朝	명 오늘 아침
☐ 小鳥	명 작은 새		☐ 数える	동 세다
☐ 鳥★	명 새		☐ 数学	명 수학
☐ 島	명 섬		☐ 教育	명 교육
☐ 半島	명 반도		☐ 教室	명 교실
☐ 食事	명 식사		☐ 書く	동 쓰다
☐ 食べる	동 먹다		☐ 葉書	명 엽서

★표시는 2010년 이후 기출 어휘입니다.

□ 返事 ^{へんじ} ★	명 답장	□ 会議室 ^{かいぎしつ}	명 회의실
□ 用事 ^{ようじ} ★	명 용무, 볼일	□ 教室 ^{きょうしつ}	명 교실
□ 工業 ^{こうぎょう}	명 공업	□ 講堂 ^{こうどう}	명 강당
□ 工場 ^{こうじょう} ★	명 공장	□ 食堂 ^{しょくどう} ★	명 식당
□ お土産 ^{みやげ} ★	명 기념품, 선물	□ 体育館 ^{たいいくかん}	명 체육관
□ 土曜日 ^{どようび}	명 토요일	□ 美術館 ^{びじゅつかん}	명 미술관

[의미가 관련된 한자를 포함하는 단어]

		□ 思い出す ^{おもだ}	동 생각해내다
		□ 思う ^{おも}	동 생각하다
□ 医者 ^{いしゃ} ★	명 의사	□ 考え方 ^{かんがかた}	명 사고방식
□ 歯医者 ^{はいしゃ}	명 치과(의사)	□ 考える ^{かんが} ★	동 생각하다
□ 会員 ^{かいいん}	명 회원	□ 文 ^{ぶん}	명 글
□ 店員 ^{てんいん} ★	명 점원	□ 文章 ^{ぶんしょう}	명 문장
□ 多い ^{おお}	い형 많다	□ 教科書 ^{きょうかしょ}	명 교과서
□ 多少 ^{たしょう}	명 다소	□ 読書 ^{どくしょ}	명 독서
□ 大きい ^{おお} ★	い형 크다	□ 光 ^{ひかり}	명 빛
□ 大勢 ^{おおぜい}	명 많은 사람	□ 光る ^{ひか} ★	동 빛나다
□ 成長 ^{せいちょう}	명 성장	□ 明るい ^{あか} ★	い형 밝다
□ 長い ^{なが}	い형 길다	□ 明らかだ ^{あき}	な형 분명하다
□ 屋上 ^{おくじょう} ★	명 옥상	□ 会話 ^{かいわ}	명 대화, 회화
□ 部屋 ^{へや}	명 방	□ 話 ^{はなし}	명 이야기

☑️ 잘 외워지지 않는 단어는 박스에 체크하여 복습하세요.

☐ しょうせつ ★ 小説	명 소설	☐ たいいん 退院	명 퇴원
☐ せつめい ★ 説明	명 설명	☐ にゅういん 入院	명 입원
☐ い 言う	동 말하다	☐ こうこうせい 高校生	명 고등학생
☐ こと ば 言葉	명 말	☐ ちゅうがっこう 中学校	명 중학교
☐ か 買う	동 사다	☐ えいぎょう ★ 営業	명 영업
☐ ばいばい 売買	명 매매	☐ きゅうぎょう 休業	명 휴업
☐ う ば 売り場	명 파는 곳	☐ じけん 事件	명 사건
☐ う ★ 売る	동 팔다	☐ し ごと ★ 仕事	명 일
☐ はじ 始まる	동 시작되다	☐ かし だ 貸出し	명 대출
☐ はじ ★ 始める	동 시작하다	☐ か 貸す	동 빌려주다
☐ お 終える	동 끝내다	☐ か 借りる	동 빌리다
☐ お ★ 終わる	동 끝나다	☐ しゃっきん 借金	명 빚
☐ あお 青	명 파랑	☐ ひる ★ 昼	명 낮
☐ あお ★ 青い	い형 파랗다	☐ ひるやす 昼休み	명 점심 시간
☐ あか ★ 赤い	い형 빨갛다	☐ よ なか 夜中	명 한밤중
☐ あか ぼう 赤ん坊	명 갓난아기	☐ よる ★ 夜	명 밤
☐ くろ 黒	명 검정	☐ うんてん ★ 運転	명 운전
☐ くろ ★ 黒い	い형 까맣다	☐ はこ ★ 運ぶ	동 옮기다
☐ おもしろ 面白い	い형 재미있다	☐ うんどうじょう 運動場	명 운동장
☐ しろ ★ 白い	い형 하얗다	☐ どうぶつえん 動物園	명 동물원

★표시는 2010년 이후 기출 어휘입니다.

☐ 兄 _{あに}	명 형, 오빠	☐ 午前 _{ごぜん}	명 오전
☐ 兄弟 _{きょうだい}	명 형제	☐ 前 _{まえ}	명 앞
☐ 姉 _{あね}	명 누나, 언니	☐ 後ろ _{うし}	명 뒤
☐ お姉さん _{ねえ}	명 (남의) 누나, 언니	☐ 午後 _{ごご}	명 오후
☐ 寝坊 _{ねぼう} ★	명 늦잠	☐ 住まい _す	명 사는 곳
☐ 寝る _ね	동 자다	☐ 住む _す ★	동 살다
☐ 眠い _{ねむ} ★	い형 졸리다	☐ 生きる _い	동 살다
☐ 眠る _{ねむ}	동 자다	☐ 生産 _{せいさん} ★	명 생산
☐ 海 _{うみ} ★	명 바다	☐ 行く _い	동 가다
☐ 海岸 _{かいがん}	명 해안	☐ 行う _{おこな}	동 행하다
☐ 空港 _{くうこう} ★	명 공항	☐ 来る _く	동 오다
☐ 港 _{みなと} ★	명 항구	☐ 将来 _{しょうらい} ★	명 장래
☐ 教える _{おし} ★	동 가르치다	☐ 暑い _{あつ}	い형 덥다
☐ 教わる _{おそ} ★	동 배우다	☐ 蒸し暑い _{む あつ}	い형 무덥다
☐ 科学 _{か がく}	명 과학	☐ 熱い _{あつ}	い형 뜨겁다
☐ 学校 _{がっこう}	명 학교	☐ 熱心だ _{ねっしん} ★	な형 열심이다
☐ 天気 _{てんき}	명 날씨	☐ 決まる _き ★	동 결정되다
☐ 天才 _{てんさい}	명 천재	☐ 決める _き ★	동 결정하다
☐ 空港 _{くうこう} ★	명 공항	☐ 指定 _{してい}	명 지정
☐ 空 _{そら} ★	명 하늘	☐ 予定 _{よ てい}	명 예정

문자·어휘 해커스 JLPT N4 한 권으로 합격

☑ 잘 외워지지 않는 단어는 박스에 체크하여 복습하세요.

☐	だいどころ **台所**	명 부엌		☐	あたら **新しい**	い형 새롭다
☐	ところ **所**	명 장소		☐	しんぶんしゃ **新聞社**	명 신문사
☐	かいじょう **会場**	명 회장		☐	ちゅうこ **中古**	명 중고
☐	ば あい **場合**	명 경우		☐	ふる **古い**	い형 낡다
☐	いた **痛い**	い형 아프다				
☐	いた **痛む**	동 아프다				

문맥 규정

[문맥 규정에 자주 출제되는 명사]

☐	びょういん **病院**	명 병원		☐	あし ★ **足**	명 발, 다리
☐	びょうき **病気**	명 병		☐	あんない ★ **案内**	명 안내
☐	ほんだな **本棚**	명 책장		☐	**うそ** ★	명 거짓말
☐	ほんとう **本当だ**	な형 정말이다		☐	**うで**	명 팔, 솜씨, 실력
☐	て がみ **手紙**	명 편지		☐	う ば **売り場**	명 매장
☐	ひょうし **表紙**	명 표지		☐	えんりょ **遠慮**	명 사양함, 삼감, 조심함
☐	たん き **短期**	명 단기		☐	**おいわい**	명 축하 선물, 축하
☐	みじか **短い**	い형 짧다		☐	おおぜい **大勢**	명 많은 사람, 여럿
☐	きんじょ ★ **近所**	명 근처		☐	**おじぎ** ★	명 인사, 절
☐	ちか **近い**	い형 가깝다		☐	**おつり**	명 잔돈
☐	し よう **使用**	명 사용		☐	おと ★ **音**	명 소리, 음
☐	つか **使う**	동 사용하다		☐	おも で ★ **思い出**	명 추억
☐	す **捨てる**	동 버리다		☐	**おもちゃ**	명 장난감
☐	つか す **使い捨て**	명 1회용				

★표시는 2010년 이후 기출 어휘입니다.

□ お礼 れい ★	명 감사의 말, 사례		□ 声 こえ ★	명 목소리
□ 会議 かいぎ	명 회의		□ 心 こころ ★	명 마음
□ 会場 かいじょう	명 회장		□ 故障 こしょう ★	명 고장
□ かがみ	명 거울		□ 最近 さいきん ★	명 최근
□ かんけい	명 관계		□ 最後 さいご	명 끝, 최후
□ かんごし	명 간호사		□ 最初 さいしょ	명 처음, 최초
□ きかい	명 기계		□ さか	명 비탈길, 고개, 언덕
□ 帰国 きこく ★	명 귀국		□ 賛成 さんせい ★	명 찬성
□ ぎじゅつ ★	명 기술		□ じゃま	명 방해
□ 季節 きせつ	명 계절		□ 習慣 しゅうかん ★	명 습관
□ きそく	명 규칙		□ 準備 じゅんび ★	명 준비
□ きょうそう	명 경쟁		□ 紹介 しょうかい ★	명 소개
□ 興味 きょうみ ★	명 흥미		□ 将来 しょうらい ★	명 장래, 미래
□ 禁煙 きんえん	명 금연		□ 新聞 しんぶん	명 신문
□ 具合 ぐあい ★	명 상태, 형편		□ すみ	명 구석, 모퉁이
□ 経験 けいけん ★	명 경험		□ 相談 そうだん ★	명 상담, 상의
□ 景色 けしき ★	명 경치		□ だんぼう	명 난방
□ 結果 けっか	명 결과		□ 遅刻 ちこく ★	명 지각
□ けんか ★	명 다툼, 싸움		□ 注意 ちゅうい ★	명 주의
□ こうがい	명 교외(학교의 밖)		□ におい ★	명 냄새

문자·어휘 해커스 JLPT N4 한 권으로 합격

☑ 잘 외워지지 않는 단어는 박스에 체크하여 복습하세요.

□ 人気 ^{にん き}	명 인기		**[문맥 규정에 자주 출제되는 가타카나어]**
□ 熱^{ねつ} ★	명 열	□ アイディア ★	명 아이디어
□ 寝坊^{ね ぼう} ★	명 늦잠	□ アクセサリー	명 액세서리
□ のど	명 목, 인후	□ アパート	명 아파트
□ はさみ	명 가위	□ アルバイト ★	명 아르바이트
□ 番組^{ばんぐみ}	명 (TV)프로그램	□ エアコン	명 에어컨
□ ひきだし	명 서랍	□ エスカレーター	명 에스컬레이터
□ ひっこし	명 이사	□ エレベーター	명 엘리베이터
□ 返事^{へん じ} ★	명 대답, 답장	□ ガソリンスタンド	명 주유소
□ 貿易^{ぼうえき}	명 무역	□ カッター ★	명 커터칼
□ ほうそう	명 방송	□ カラオケ	명 노래방
□ 本屋^{ほん や} ★	명 서점, 책방	□ ガラス	명 유리
□ ほんやく	명 번역	□ グラム ★	명 그램
□ 約束^{やくそく} ★	명 약속	□ ケーキ	명 케이크
□ 輸出^{ゆ しゅつ}	명 수출	□ ゲーム	명 게임
□ 夢^{ゆめ} ★	명 꿈	□ サービス	명 서비스
□ 用意^{ようい} ★	명 준비, 마련	□ サンダル	명 샌들
□ 留守^{る す} ★	명 부재중	□ スイッチ ★	명 스위치
□ 冷房^{れいぼう}	명 냉방	□ スーツ	명 정장, 양복
		□ センチ ★	명 센티미터

★표시는 2010년 이후 기출 어휘입니다.

☐ タイプ	명 타입, 유형	**[문맥 규정에 자주 출제되는 동사]**	
☐ チェック★	명 체크	☐ 謝る★	동 사과하다
☐ チケット	명 티켓	☐ 洗う★	동 씻다
☐ チャンス	명 기회, 찬스	☐ いのる	동 빌다, 기원하다, 바라다
☐ テキスト	명 교과서	☐ うえる	동 심다
☐ デパート	명 백화점	☐ うける	동 받다
☐ パートタイム	명 파트 타임	☐ 打つ	동 치다
☐ パソコン	명 컴퓨터	☐ 落とす★	동 떨어뜨리다
☐ バレーボール	명 배구	☐ 踊る	동 춤추다
☐ ヒーター	명 히터	☐ 驚く★	동 놀라다
☐ ビル	명 빌딩	☐ 覚える	동 외우다, 익히다
☐ プレゼント	명 선물	☐ おれる	동 부러지다, 접히다
☐ ホテル	명 호텔	☐ かかる	동 (시간이) 걸리다, (돈이) 들다
☐ メートル	명 미터	☐ かける	동 걸다, (안경을) 쓰다
☐ メニュー	명 메뉴	☐ 飾る★	동 장식하다
☐ ルール★	명 규칙, 룰	☐ 片づける★	동 정리하다
☐ レジ	명 계산대	☐ かむ	동 물다, 씹다
☐ レポート	명 리포트	☐ 消える	동 없어지다, 사라지다
		☐ 決める★	동 정하다
		☐ 比べる★	동 비교하다

☑ 잘 외워지지 않는 단어는 박스에 체크하여 복습하세요.

☐	込む ^こ	동 붐비다	☐	手伝う ^{てつだ}	동 돕다
☐	壊れる ^{こわ}	동 고장 나다, 부서지다	☐	届ける ^{とど}	동 보내다
☐	探す* ^{さが}	동 찾다	☐	止まる* ^と	동 멈추다, 서다
☐	さす	동 (우산을) 쓰다	☐	とめる*	동 세우다, 멈추다
☐	誘う* ^{さそ}	동 권유하다	☐	とりかえる	동 바꾸다
☐	騒ぐ ^{さわ}	동 떠들다	☐	直す ^{なお}	동 고치다
☐	さわる*	동 만지다	☐	治る* ^{なお}	동 낫다
☐	しかる*	동 혼내다	☐	習う* ^{なら}	동 배우다
☐	しらべる*	동 조사하다	☐	鳴る ^な	동 울리다
☐	空く ^す	동 비다	☐	慣れる* ^な	동 익숙해지다
☐	捨てる ^す	동 버리다	☐	似合う ^{に あ}	동 어울리다
☐	すべる	동 미끄럽다, 미끄러지다	☐	逃げる* ^に	동 도망가다
☐	住む* ^す	동 살다	☐	にる	동 닮다
☐	育てる* ^{そだ}	동 키우다	☐	ぬぐ	동 벗다
☐	たす	동 더하다, 보태다	☐	濡れる* ^ぬ	동 젖다
☐	たのむ	동 부탁하다	☐	のりかえる	동 갈아타다, 환승하다
☐	足りる* ^た	동 충분하다, 족하다	☐	払う* ^{はら}	동 지불하다
☐	疲れる ^{つか}	동 피곤하다	☐	はる*	동 붙이다
☐	伝える* ^{つた}	동 전달하다, 알리다	☐	冷える* ^ひ	동 식다, 차가워지다
☐	包む ^{つつ}	동 싸다	☐	増える* ^ふ	동 늘다

★표시는 2010년 이후 기출 어휘입니다.

☐ <ruby>太<rt>ふと</rt></ruby>る	동	살찌다
☐ ふむ	동	밟다
☐ ほめる	동	칭찬하다
☐ <ruby>負<rt>ま</rt></ruby>ける ★	동	지다
☐ <ruby>見<rt>み</rt></ruby>つかる ★	동	발견되다
☐ <ruby>迎<rt>むか</rt></ruby>える ★	동	맞이하다
☐ <ruby>戻<rt>もど</rt></ruby>る	동	되돌아가다(오다)
☐ もらう	동	받다
☐ やめる ★	동	그만두다
☐ ゆれる	동	흔들리다
☐ よる	동	들르다, 접근하다
☐ <ruby>喜<rt>よろこ</rt></ruby>ぶ ★	동	기뻐하다, 즐거워하다
☐ <ruby>割<rt>わ</rt></ruby>る ★	동	깨다

[문맥 규정에 자주 출제되는 い·な형용사]

☐ <ruby>浅<rt>あさ</rt></ruby>い	い형	얕다
☐ <ruby>危<rt>あぶ</rt></ruby>ない ★	い형	위험하다
☐ あまい	い형	달다
☐ <ruby>美<rt>うつく</rt></ruby>しい	い형	아름답다
☐ うまい ★	い형	맛있다, 잘하다

☐ うるさい	い형	시끄럽다
☐ おとなしい	い형	조용하다, 얌전하다
☐ <ruby>硬<rt>かた</rt></ruby>い ★	い형	딱딱하다, 단단하다
☐ <ruby>悲<rt>かな</rt></ruby>しい ★	い형	슬프다
☐ <ruby>暗<rt>くら</rt></ruby>い ★	い형	어둡다
☐ こまかい	い형	작다, 자세하다
☐ こわい	い형	무섭다
☐ <ruby>涼<rt>すず</rt></ruby>しい ★	い형	시원하다, 선선하다
☐ <ruby>楽<rt>たの</rt></ruby>しい ★	い형	즐겁다
☐ <ruby>小<rt>ちい</rt></ruby>さい	い형	작다
☐ <ruby>冷<rt>つめ</rt></ruby>たい	い형	차갑다
☐ ねむい ★	い형	졸리다
☐ はやい ★	い형	빠르다
☐ <ruby>深<rt>ふか</rt></ruby>い ★	い형	깊다
☐ めずらしい	い형	희귀하다, 드물다
☐ やわらかい	い형	부드럽다
☐ いっしょうけんめいだ	な형	매우 열심히 하다
☐ <ruby>危険<rt>きけん</rt></ruby>だ ★	な형	위험하다
☐ けっこうだ	な형	충분나, 훌륭하나
☐ さかんだ	な형	활발하다, 번성하다

☑️ 잘 외워지지 않는 단어는 박스에 체크하여 복습하세요.

□ ざんねん **残念だ** ★	な형	아쉽다
□ **しつれいだ** ★	な형	무례하다, 실례다
□ じゅうぶん **十分だ** ★	な형	충분하다
□ しんせつ **親切だ** ★	な형	친절하다
□ だい じ **大事だ** ★	な형	소중하다
□ **だいじょうぶだ**	な형	괜찮다
□ たいせつ **大切だ** ★	な형	소중하다
□ **たしかだ**	な형	확실하다
□ ていねい **丁寧だ** ★	な형	정중하다
□ ひつよう **必要だ**	な형	필요하다
□ ま じ め **真面目だ** ★	な형	성실하다

[문맥 규정에 자주 출제되는 부사]

□ **いつも** ★	부	항상
□ **かわりに**	부	대신에
□ **きっと**	부	분명
□ **けっこう** ★	부	제법, 충분히
□ けっ **決して**	부	결코
□ **さっき**	부	아까, 조금 전
□ **しばらく**	부	당분간, 오래간만

□ **すっかり**	부	모두, 온통
□ **ずっと**	부	계속
□ **ぜひ** ★	부	꼭, 반드시
□ **ぜんぜん**	부	전혀
□ **そろそろ**	부	슬슬
□ **だいぶ**	부	상당히, 어지간히
□ **ちょっと**	부	조금
□ **とうとう**	부	드디어, 결국
□ **ときどき**	부	가끔, 때때로
□ とく **特に**	부	특히
□ **どんどん**	부	점점
□ **なかなか**	부	상당히, 좀처럼
□ **なるべく**	부	가능한 한
□ **にこにこ**	부	싱글벙글
□ **はっきり**	부	분명히, 똑똑히
□ **ひじょうに** ★	부	매우
□ **ほとんど**	부	거의
□ **まず**	부	우선
□ **また**	부	또, 다시
□ **まだ**	부	아직

★표시는 2010년 이후 기출 어휘입니다.

□ まっすぐ★	부 곧장, 곧바로	□ 機会 きかい	명 기회
		チャンス	명 찬스
□ もう	부 더, 이미	□ 規則 きそく	명 규칙
□ もうすぐ	부 이제 곧, 머지않아	ルール★	명 룰
□ もし	부 만약	□ 喫茶店 きっさてん	명 찻집
□ もっと	부 더, 더욱	カフェ	명 카페
□ やっと	부 겨우	□ きんじょ★	명 근처
□ やっぱり	부 역시	近く ちか	명 근처
□ ゆっくり	부 천천히	□ 欠点 けってん	명 결점
		よくないところ	좋지 않은 점

유의 표현

[자주 출제되는 명사와 유의 표현]

□ 意見 いけん★	명 의견	□ 工場 こうじょう★	명 공장
考え かんが	명 생각	ものを作るところ★ つく	물건을 만드는 곳
□ うら	명 뒤	□ サイズ	명 사이즈
後ろ うし	명 뒤	大きさ おお	명 크기
□ おくさん	명 아내, 부인	□ 住所 じゅうしょ★	명 주소
かない	명 아내, 집사람	住んでいる場所 す ばしょ	살고 있는 장소
□ 家具 かぐ★	명 가구	□ 食堂 しょくどう★	명 식당
テーブルやベッド★	테이블이나 침대	レストラン	명 레스토랑
		□ 食料品 しょくりょうひん★	명 식료품
		肉や野菜 にく やさい	고기나 야채

☑ 잘 외워지지 않는 단어는 박스에 체크하여 복습하세요.

☐	じょせい 女性	몡 여성	☐	とかい 都会	몡 도회
	おんな ひと 女の人	몡 여자		とし 都市	몡 도시
☐	すいえい ★ 水泳	몡 수영	☐	にってい 日程	몡 일정
	およ ★ 泳ぐの	헤엄치는 것		スケジュール	몡 스케줄
☐	スポーツ	몡 스포츠	☐	に ねんまえ 二年前	2년 전
	うんどう 運動	몡 운동		おととし	몡 재작년
☐	せいかつ 生活	몡 생활	☐	ばしょ 場所	몡 장소
	く 暮らし	몡 생활		ところ	몡 곳
☐	そふ 祖父	몡 조부	☐	はんたい ★ 反対	몡 반대
	おじいさん	몡 할아버지		ぎゃく 逆	몡 역, 반대
☐	そぼ 祖母	몡 조모	☐	ゆうべ	몡 어젯밤
	おばあさん	몡 할머니		きのう よる 昨日の夜	어젯밤
☐	だいどころ 台所	몡 부엌	☐	ようい ★ 用意	몡 준비, 마련
	キッチン	몡 주방, 키친		じゅんび ★ 準備	몡 준비
☐	ただ	몡 무료, 공짜	☐	よてい ★ 予定	몡 예정
	むりょう 無料	몡 무료		つもり	몡 예정
☐	だんせい 男性	몡 남성	☐	りゆう 理由	몡 이유
	おとこ ひと 男の人	남자		わけ	몡 이유
☐	てんいん ★ 店員	몡 점원	☐	りょうしん 両親	몡 부모
	スタッフ	몡 스태프		ちち はは 父と母	아버지와 어머니

★표시는 2010년 이후 기출 어휘입니다.

[자주 출제되는 동사와 유의 표현]

あいさつする★	동 인사하다
「おはようございます」という	"안녕하세요"라고 말하다
あやまる★	동 사과하다
「ごめんなさい」という	"미안합니다"라고 말하다
案内する★ _{あんない}	동 안내하다
一緒に行く _{いっしょ い}	같이 가다
送る★ _{おく}	동 보내다
出す _だ	동 (편지를) 보내다
遅れる★ _{おく}	동 늦다
間に合わない _{ま あ}	시간에 맞추지 못하다
教わる★ _{おそ}	동 배우다
習う★ _{なら}	동 익히다
おどる	동 춤추다
ダンスをする	댄스를 하다, 춤추다
おどろく★	동 놀라다
びっくりする★	깜짝 놀라다
終わる★ _お	동 끝나다
済む★ _す	동 끝나다

確認する _{かくにん}	동 확인하다
チェックする★	동 체크하다
帰国する★ _{きこく}	동 귀국하다
国へ帰る _{くに かえ}	고국으로 돌아가다
故障する★ _{こしょう}	동 고장 나다
壊れる★ _{こわ}	동 부서지다
さわぐ★	동 소란 피우다, 떠들다
うるさくする	시끄럽게 하다
散歩する _{さんぽ}	동 산책하다
歩く★ _{ある}	동 걷다
仕事する _{しごと}	동 일하다
働く★ _{はたら}	동 일하다
修理する _{しゅうり}	동 수리하다
直す _{なお}	동 고치다
出発する★ _{しゅっぱつ}	동 출발하다
出る★ _で	동 나가다
食事する _{しょくじ}	동 식사하다
ごはんを食べる★ _た	밥을 먹다
知らせる _し	동 알리다
教える★ _{おし}	동 가르치다

☑ 잘 외워지지 않는 단어는 박스에 체크하여 복습하세요.

☐	せいさん **生産する** ★	동 생산하다
	つく **作る**	동 만들다
☐	そだ **育てる** ★	동 기르다
	か **飼う**	동 키우다
☐	つか **使う**	동 사용하다
	りょう **利用する** ★	동 이용하다
☐	とど **届く**	동 도달하다
	とうちゃく **到着する**	동 도착하다
☐	とど **届ける**	동 전하다
	も **持っていく**	가지고 가다
☐	**なくす**	동 잃다
	おと **落す** ★	동 잃어버리다, 떨어뜨리다
☐	はこ **運ぶ** ★	동 운반하다
	も **持つ** ★	동 들다
☐	はたら **働く** ★	동 일하다
	アルバイトする ★	동 아르바이트하다
☐	ひ こ **引っ越す**	동 이사하다
	いえ か **家が変わる**	집이 바뀌다
☐	ひ **冷やす**	동 식히다
	つめ **冷たくする**	차갑게 하다

☐	ふ **増える** ★	동 늘다
	おお **多くなる**	많아지다
☐	もど **戻る**	동 돌아오다
	かえ **帰ってくる**	돌아오다
☐	ゆ しゅつ **輸出する**	동 수출하다
	くに う **ほかの国に売る**	다른 나라에 팔다
☐	ゆ にゅう **輸入する** ★	동 수입하다
	くに か **ほかの国から買う** ★	다른 나라로부터 사다
☐	わた **渡す**	동 건네주다
	はこ **運ぶ** ★	동 운반하다
☐	わら **笑う**	동 웃다
	にこにこする	싱글벙글하다

[자주 출제되는 い·な형용사와 유의 표현]

☐	**あぶない** ★	い형 위험하다
	きけん **危険だ** ★	な형 위험하다
☐	いそが **忙しい** ★	い형 바쁘다
	し ごと おお **仕事が多い**	일이 많다
☐	**うつくしい** ★	い형 아름답다
	きれいだ ★	な형 예쁘다

★표시는 2010년 이후 기출 어휘입니다.

| □ | うまい * | い형 | 잘하다 |
| | <ruby>上手<rt>じょうず</rt></ruby>だ * | な형 | 잘하다, 능숙하다 |

| □ | おいしい | い형 | 맛있다 |
| | うまい | い형 | 맛있다 |

| □ | おかしい | い형 | 이상하다 |
| | <ruby>変<rt>へん</rt></ruby>だ | な형 | 이상하다 |

| □ | おとなしい | い형 | 조용하다, 얌전하다 |
| | <ruby>静<rt>しず</rt></ruby>かだ | な형 | 조용하다 |

| □ | <ruby>汚<rt>きたな</rt></ruby>い * | い형 | 더럽다 |
| | <ruby>汚<rt>よご</rt></ruby>れている | | 더럽혀져 있다 |

| □ | <ruby>厳<rt>きび</rt></ruby>しい * | い형 | 심하다 |
| | <ruby>大変<rt>たいへん</rt></ruby>だ | な형 | 힘들다 |

| □ | こわい | い형 | 무섭다 |
| | おそろしい | い형 | 두렵다 |

| □ | <ruby>冷<rt>つめ</rt></ruby>たい | い형 | 차갑다 |
| | <ruby>冷<rt>ひ</rt></ruby>えている * | | 차가워져 있다 |

| □ | <ruby>安全<rt>あんぜん</rt></ruby>だ * | な형 | 안전하다 |
| | あぶなくない | | 위험하지 않다 |

| □ | <ruby>簡単<rt>かんたん</rt></ruby>だ | な형 | 간단하다 |
| | やさしい | い형 | 쉽다 |

| □ | <ruby>残念<rt>ざんねん</rt></ruby>だ * | な형 | 유감이다, 아쉽다 |
| | おしい | い형 | 아쉽다, 아깝다 |

| □ | <ruby>上手<rt>じょうず</rt></ruby>だ * | な형 | 잘하다, 능숙하다 |
| | <ruby>得意<rt>とくい</rt></ruby>だ | な형 | 특히 잘하다 |

| □ | <ruby>親切<rt>しんせつ</rt></ruby>だ * | な형 | 친절하다 |
| | やさしい | い형 | 상냥하다 |

| □ | <ruby>大事<rt>だいじ</rt></ruby>だ * | な형 | 중요하다 |
| | <ruby>大切<rt>たいせつ</rt></ruby>だ | な형 | 중요하다, 소중하다 |

| □ | ねっしんだ * | な형 | 열심이다 |
| | まじめだ * | な형 | 성실하다 |

| □ | <ruby>必要<rt>ひつよう</rt></ruby>だ | な형 | 필요하다 |
| | いる * | 동 | 필요하다 |

| □ | <ruby>不便<rt>ふべん</rt></ruby>だ * | な형 | 불편하다 |
| | <ruby>使<rt>つか</rt></ruby>いにくい | | 사용하기 어렵다 |

[자주 출제되는 부사와 유의 표현]

| □ | いきなり | 부 | 갑자기 |
| | <ruby>急<rt>きゅう</rt></ruby>に | 부 | 갑자기 |

| □ | いっしょうけんめい | 부 | 열심히 |
| | ねっしんに * | | 열심히 |

☑️ 잘 외워지지 않는 단어는 박스에 체크하여 복습하세요.

| □ | 必ず
かなら | 🟦 반드시, 꼭 |
| | いつも * | 🟦 항상 |

| □ | まず | 🟦 먼저 |
| | はじめに | 🟦 우선 |

| □ | きっと | 🟦 꼭 |
| | 必ず
かなら | 🟦 반드시, 꼭 |

| □ | やっと | 🟦 겨우 |
| | ようやく | 🟦 겨우, 간신히 |

| □ | ぜひ * | 🟦 꼭 |
| | どうしても | 🟦 어떻게 해서라도 |

[자주 출제되는 구와 유의 표현]

| □ | 全然
ぜんぜん | 🟦 전혀 |
| | 少しも
すこ | 🟦 조금도 |

| □ | いいと思う
おも | 좋다고 생각하다 |
| | さんせいする | 찬성하다 |

| □ | だいたい | 🟦 대개 |
| | ほとんど | 🟦 대부분 |

| □ | 映画にさそう
えいが | 영화를 보러가자고 권유하다 |
| | 「映画を見に行
えいが み い
きませんか」と言う
い | "영화를 보러 가지 않을래요?"라고 말하다 |

| □ | ちょっと | 🟦 조금 |
| | 多少
た しょう | 🟦 약간 |

| □ | 起きるのが遅く
お おそ
なってしまう * | 일어나는 것이 늦어져 버리다 |
| | ねぼうする * | 🟩 늦잠 자다 |

| □ | 丁寧に *
ていねい | 주의 깊게, 정성껏 |
| | きれいに * | 깔끔하게 |

| □ | お店を始めた理由
みせ はじ りゆう | 가게를 시작한 이유 |
| | なぜお店を始め
みせ はじ
たか | 왜 가게를 시작했는지 |

| □ | ときどき | 🟦 때때로 |
| | たまに | 가끔 |

| □ | お礼を言う
れい い | 감사 인사를 말하다 |
| | 「ありがとうござ
いました」と言う
い | "감사했습니다"라고 말하다 |

| □ | なるべく | 🟦 되도록 |
| | できるだけ | 🟦 가능한 한 |

| □ | はじめに | 🟦 우선 |
| | 最初に
さいしょ | 처음에 |

★표시는 2010년 이후 기출 어휘입니다.

ぐあいがよくなる	몸 상태가 좋아지다
元気になる	건강해지다
ここでたばこをすっ てはいけない	여기에서 담배를 피워서 는 안 된다
ここはきんえんだ	여기는 금연이다
授業の前に勉強する★	수업 전에 공부하다
予習する★	예습하다
将来の計画★	장래의 계획
これからの計画★	앞으로의 계획
始まる時間に遅れる	시작되는 시간에 늦다
遅刻する	图 지각하다
バスがこんでいる★	버스가 붐비고 있다
バスに人がたくさん乗っている★	버스에 사람이 많이 타고 있다
人が少ない★	사람이 적다
すいている★	비어있다
「一人でいるのは いやだ」と言う	"혼자 있는 것은 싫다" 고 말하다
「さびしい」と言う	"외롭다"고 말하다

本当じゃない★	사실이 아니다
うそだ★	거짓말이다
理由を伝える	이유를 전달하다
理由を言う	이유를 말하다
留守のようだ	부재중인 것 같다
家にいないようだ	집에 없는 것 같다
AがBにしかられる★	A가 B에게 혼나다
BがAをおこる★	B가 A를 꾸짖다
AがBにほめられる★	A가 B에게 칭찬받다
BがAに「とてもよかったですよ」と言う	B가 A에게 "정말 좋았어요"라고 말하다

용법

[용법에 자주 출제되는 명사]

あいさつ★	图 인사
案内★	图 안내
以外★	图 이외
音★	图 소리, 음
お見合い	图 맞선

☑ 잘 외워지지 않는 단어는 박스에 체크하여 복습하세요.

☐ お見舞い ★	명 병문안	☐ 将来 ★	명 장래
☐ お土産 ★	명 기념품, 선물	☐ 人口 ★	명 인구
☐ お礼 ★	명 감사의 말	☐ スイッチ ★	명 스위치
☐ 機械	명 기계	☐ 生産 ★	명 생산
☐ 具合 ★	명 상태, 형편	☐ 世話 ★	명 보살핌, 도와 줌
☐ けが	명 부상, 상처	☐ 相談 ★	명 상담
☐ 景色 ★	명 경치	☐ チェック ★	명 체크, 확인
☐ 結果	명 결과	☐ 遅刻 ★	명 지각
☐ 原因 ★	명 원인	☐ チャンス	명 찬스, 기회
☐ けんか ★	명 싸움, 다툼	☐ 中止 ★	명 중지
☐ 見学 ★	명 견학	☐ 貯金 ★	명 저금
☐ 工事 ★	명 공사	☐ 途中	명 도중
☐ 故障 ★	명 고장	☐ 寝坊	명 늦잠을 잠
☐ 最近	명 최근	☐ 場所 ★	명 장소
☐ 支度	명 준비	☐ 引っ越し	명 이사
☐ 失敗 ★	명 실패, 실수	☐ 返事 ★	명 답장, 대답
☐ 習慣 ★	명 습관	☐ 約束 ★	명 약속
☐ 準備 ★	명 준비	☐ 輸出	명 수출
☐ 紹介 ★	명 소개	☐ 輸入 ★	명 수입
☐ 招待 ★	명 초대	☐ 留守 ★	명 부재중

★표시는 2010년 이후 기출 어휘입니다.

☐ <ruby>連絡<rt>れんらく</rt></ruby>	圆 연락

☐ さわる★	屠 만지다, 닿다
☐ しかる★	屠 꾸짖다, 야단치다
☐ しめる★	屠 닫다

[용법에 자주 출제되는 동사]

☐ あやまる★	屠 사과하다
☐ <ruby>急<rt>いそ</rt></ruby>ぐ★	屠 서두르다
☐ <ruby>遅<rt>おく</rt></ruby>れる★	屠 늦다
☐ <ruby>怒<rt>おこ</rt></ruby>る	屠 화내다, 꾸짖다
☐ <ruby>落<rt>お</rt></ruby>とす★	屠 떨어뜨리다, 잃어버리다
☐ おどる	屠 춤추다
☐ おどろく★	屠 놀라다
☐ <ruby>覚<rt>おぼ</rt></ruby>える	屠 외우다, 기억하다
☐ かざる★	屠 장식하다
☐ <ruby>片<rt>かた</rt></ruby>づける★	屠 치우다
☐ <ruby>乾<rt>かわ</rt></ruby>く★	屠 마르다, 건조하다
☐ <ruby>決<rt>き</rt></ruby>める★	屠 정하다
☐ <ruby>比<rt>くら</rt></ruby>べる★	屠 비교하다
☐ <ruby>込<rt>こ</rt></ruby>む	屠 붐비다, 혼잡하다
☐ <ruby>壊<rt>こわ</rt></ruby>れる	屠 고장 나다, 깨지다
☐ <ruby>探<rt>さが</rt></ruby>す★	屠 찾다
☐ <ruby>騒<rt>さわ</rt></ruby>ぐ	屠 소란 피우다, 떠들다

☐ <ruby>調<rt>しら</rt></ruby>べる★	屠 조사하다
☐ <ruby>空<rt>す</rt></ruby>く	屠 비다
☐ <ruby>捨<rt>す</rt></ruby>てる	屠 버리다
☐ <ruby>育<rt>そだ</rt></ruby>てる★	屠 기르다, 키우다
☐ <ruby>倒<rt>たお</rt></ruby>れる	屠 쓰러지다
☐ <ruby>建<rt>た</rt></ruby>てる	屠 짓다, 세우다
☐ <ruby>包<rt>つつ</rt></ruby>む	屠 포장하다, 싸다
☐ <ruby>治<rt>なお</rt></ruby>る★	屠 낫다, 치료되다
☐ <ruby>慣<rt>な</rt></ruby>れる★	屠 익숙해지다
☐ <ruby>似<rt>に</rt></ruby><ruby>合<rt>あ</rt></ruby>う	屠 잘 어울리다
☐ <ruby>逃<rt>に</rt></ruby>げる	屠 도망치다
☐ ぬれる★	屠 젖다
☐ <ruby>払<rt>はら</rt></ruby>う★	屠 지불하다
☐ <ruby>引<rt>ひ</rt></ruby>っ<ruby>越<rt>こ</rt></ruby>す	屠 이사하다
☐ <ruby>拾<rt>ひろ</rt></ruby>う★	屠 줍다
☐ <ruby>増<rt>ふ</rt></ruby>える★	屠 늘다
☐ ほめる	屠 칭찬하다

☑ 잘 외워지지 않는 단어는 박스에 체크하여 복습하세요.

□ むかえる*　　　동 맞이하다

□ 戻る^{もど}　　　동 돌아오다

□ 止む^や　　　동 (비가) 그치다

□ 汚れる^{よご}*　　　동 더러워지다

□ よろこぶ*　　　동 기뻐하다

□ わかす　　　동 끓이다, 데우다

□ 割る^わ*　　　동 깨뜨리다, 나누다

[용법에 자주 출제되는 い·な형용사]

□ 浅い^{あさ}　　　い형 얕다

□ 薄い^{うす}*　　　い형 연하다, 얇다

□ 軽い^{かる}*　　　い형 가볍다

□ 汚い^{きたな}*　　　い형 더럽다, 지저분하다

□ 厳しい^{きび}*　　　い형 엄하다

□ さびしい　　　い형 허전하다, 외롭다

□ 苦い^{にが}*　　　い형 쓰다

□ 恥ずかしい^は　　　い형 부끄럽다

□ 深い^{ふか}*　　　い형 깊다

□ 太い^{ふと}　　　い형 굵다

□ 若い^{わか}　　　い형 젊다

□ 安全だ^{あんぜん}*　　　な형 안전하다

□ 危険だ^{きけん}　　　な형 위험하다

□ 元気だ^{げんき}　　　な형 건강하다

□ 残念だ^{ざんねん}*　　　な형 유감이다

□ 十分だ^{じゅうぶん}*　　　な형 충분하다

□ 親切だ^{しんせつ}*　　　な형 친절하다

□ 大事だ^{だいじ}*　　　な형 중요하다, 소중하다

□ 丁寧だ^{ていねい}　　　な형 정중하다, 정성스럽다

□ 適当だ^{てきとう}　　　な형 적당하다

□ にぎやかだ　　　な형 떠들썩하다, 활기차다

□ 熱心だ^{ねっしん}*　　　な형 열심이다

□ まじめだ*　　　な형 성실하다

[용법에 자주 출제되는 부사]

□ いっぱい　　　부 가득

□ 必ず^{かなら}　　　부 반드시

□ けっして　　　부 결코

□ さっき　　　부 아까, 조금 전

□ しっかり　　　부 단단히, 똑똑히

□ しばらく　　　부 당분간, 잠깐

☐ **ずいぶん**	🅱	아주, 대단히
☐ **すぐに**	🅱	곧, 즉시
☐ **すっかり**	🅱	완전히
☐ **ずっと**	🅱	쭉, 계속
☐ **ぜひ** ★	🅱	꼭, 제발
☐ <ruby>全然<rt>ぜんぜん</rt></ruby>	🅱	전혀
☐ **そろそろ**	🅱	슬슬
☐ **だいたい**	🅱	대체로, 대개
☐ **たいてい**	🅱	대개, 대부분
☐ **とうとう**	🅱	드디어
☐ **にこにこ**	🅱	싱글벙글
☐ **はっきり**	🅱	분명히, 확실히
☐ **ほとんど**	🅱	거의, 대부분
☐ **もう**	🅱	벌써, 이미
☐ **やはり**	🅱	역시
☐ **ゆっくり**	🅱	느긋하게, 천천히

문자·어휘　해커스 JLPT N4 한 권으로 합격

☑️ 잘 외워지지 않는 단어는 박스에 체크하여 복습하세요.

독해에 자주 출제되는 단어

[문화 · 취미]

☐ あいさつ	명 인사	☐ カフェ	명 카페
☐ 遊ぶ	동 놀다	☐ 感動	명 감동
☐ 新しい	い형 새롭다	☐ ギター	명 기타
☐ アニメ	명 애니메이션	☐ 着物	명 기모노
☐ 歌う	동 노래하다	☐ 興味	명 흥미
☐ 美しい	い형 아름답다	☐ ご飯	명 밥
☐ 運動	명 운동	☐ コンサート	명 콘서트
☐ 映画	명 영화	☐ さくら	명 벚꽃
☐ 絵本	명 그림책	☐ 時間がかかる	시간이 걸리다
☐ お金がかかる	돈이 들다	☐ 趣味	명 취미
☐ 踊る	동 춤추다	☐ 上手だ	な형 잘하다, 능숙하다
☐ お弁当	명 도시락	☐ 小説	명 소설
☐ おみやげ	명 (여행지에서 사오는) 선물	☐ 好きだ	な형 좋다, 좋아하다
☐ おもしろい	い형 재미있다	☐ スクリーン	명 스크린
☐ 泳ぐ	동 헤엄치다	☐ すてきだ	な형 멋지다
☐ 音楽	명 음악	☐ スポーツ	명 스포츠
☐ 楽器	명 악기	☐ スマホ	명 스마트폰
☐ 活動	명 활동	☐ 生活	명 생활
		☐ 世界	명 세계
		☐ 楽しい	い형 즐겁다

☐ 食べ物	명 음식		☐ お知らせ	명 안내문
☐ テレビ	명 텔레비전		☐ 会員	명 회원
☐ 熱心だ	な형 열심이다		☐ 会議	명 회의
☐ 花火大会	명 불꽃놀이		☐ 会議室	명 회의실
☐ 場面	명 장면		☐ 会社	명 회사
☐ 番組	명 (방송) 프로그램		☐ 確認	명 확인
☐ 広場	명 광장		☐ 感謝	명 감사
☐ プール	명 수영장		☐ 期間	명 기간
☐ 文化	명 문화		☐ 経験	명 경험
☐ ホームステイ	명 홈스테이		☐ 掲示板	명 게시판
☐ ボランティア	명 자원 봉사		☐ 携帯電話	명 휴대전화
☐ マラソン	명 마라톤		☐ 工事	명 공사
☐ 料理	명 요리		☐ 答える	동 대답하다
			☐ サイト	명 사이트

[업무]

			☐ サポート	명 서포트, 도움
☐ 会う	동 만나다		☐ 参加	명 참가
☐ アルバイト	명 아르바이트		☐ 仕事	명 일
☐ 案内	명 안내		☐ 事務室	명 사무실
☐ 忙しい	い형 바쁘다		☐ 社会	명 사회
☐ いそぐ	동 서두르다		☐ 集中	명 집중

☑ 잘 외워지지 않는 단어는 박스에 체크하여 복습하세요.

☐	しゅっちょう 出張	명 출장		☐	やす と 休みを取る	휴가를 받다
☐	じゅん び 準備	명 준비		☐	ようじ 用事	명 볼일, 용건
☐	しょうかい 紹介	명 소개		☐	よ てい 予定	명 예정
☐	し りょう 資料	명 자료		☐	よ やく 予約	명 예약
☐	しんせいひん 新製品	명 신제품		☐	りよう 利用	명 이용
☐	スタッフ	명 직원, 스태프		☐	E メール	명 이메일
☐	セミナー	명 세미나				
☐	たんとう 担当	명 담당			**[학업]**	
☐	つた 伝える	동 전하다		☐	イタリア語 ご	명 이탈리아어
☐	データ	명 데이터		☐	えい ご 英語	명 영어
☐	でん わ ばんごう 電話番号	명 전화번호		☐	えいぶんがく 英文学	명 영문학
☐	とど 届く	동 도착하다, 도달하다		☐	おし 教える	동 가르치다
☐	ないよう 内容	명 내용		☐	おぼ 覚える	동 외우다, 기억하다
☐	にってい 日程	명 일정		☐	がいこく ご 外国語	명 외국어
☐	パート	명 파트 타임으로 일함		☐	かい わ 会話	명 회화
☐	バイト	명 아르바이트		☐	がくせい 学生	명 학생
☐	はたら 働く	동 일하다		☐	がっ き 学期	명 학기
☐	はっぴょうかい 発表会	명 발표회		☐	がっこう 学校	명 학교
☐	ぶ ちょう 部長	명 부장(님)		☐	かんこく ご 韓国語	명 한국어
☐	プログラム	명 프로그램		☐	き 聞く	동 듣다, 묻다

☐	きょうかしょ **教科書**	몡 교과서		☐	だいがく **大学**	몡 대학
☐	きょうしつ **教室**	몡 교실		☐	たんご **単語**	몡 단어
☐	**クラス**	몡 클래스, 반		☐	**チャレンジ**	몡 도전, 챌린지
☐	けんがく **見学**	몡 견학		☐	ちゅうがくせい **中学生**	몡 중학생
☐	げんご **言語**	몡 언어		☐	**テストを受ける**	시험을 보다
☐	こうきゅう **高級**	몡 고급		☐	なや **悩む**	동 고민하다
☐	こうこう **高校**	몡 고등학교		☐	なら **習う**	동 배우다
☐	こうちょうせんせい **校長先生**	몡 교장선생(님)		☐	にほんご **日本語**	몡 일본어
☐	さくぶん **作文**	몡 작문		☐	ひるやす **昼休み**	몡 점심시간
☐	じゅぎょう **授業**	몡 수업		☐	**フランス語**	몡 프랑스어
☐	しゅくだい **宿題**	몡 숙제		☐	ぶんぽう **文法**	몡 문법
☐	しょうがっこう **小学校**	몡 초등학교		☐	ほんや **本屋**	몡 서점
☐	しょうらい **将来**	몡 장래		☐	まな **学ぶ**	동 배우다
☐	し **知る**	동 알다		☐	もんだい **問題**	몡 문제
☐	せいちょう **成長**	몡 성장		☐	りゅうがく **留学**	몡 유학
☐	ぜんいん **全員**	몡 전원		☐	**レベル**	몡 레벨
☐	ぜんがくねん **全学年**	몡 전학년		☐	れんしゅう **練習**	몡 연습
☐	そだ **育てる**	동 키우다, 기르다		☐	**ロシア語**	몡 러시아어
☐	そつぎょう **卒業**	몡 졸업		☐	わ **分かる**	동 알다, 이해하다
☐	たいいくかん **体育館**	몡 체육관				

☑️ 잘 외워지지 않는 단어는 박스에 체크하여 복습하세요.

청해에 자주 출제되는 단어

[건강·음식]

☐ 汗をかく		땀을 흘리다
☐ 痛い	い형	아프다
☐ 運動	명	운동
☐ おいしい	い형	맛있다
☐ お菓子	명	과자
☐ お茶	명	차
☐ お腹が痛い		배가 아프다
☐ お腹が一杯だ		배가 부르다
☐ お腹が空く		배가 고프다
☐ おにぎり	명	주먹밥
☐ お見舞い	명	병문안
☐ お湯	명	따뜻한 물
☐ 風邪をひく		감기에 걸리다
☐ 牛丼	명	규동, 소고기 덮밥
☐ 牛乳	명	우유
☐ 気をつける		주의하다
☐ 薬	명	약
☐ 果物	명	과일

☐ けがをする		상처를 입다
☐ 健康	명	건강
☐ コーヒー	명	커피
☐ ご飯	명	밥
☐ サッカー	명	축구
☐ 砂糖	명	설탕
☐ サラダ	명	샐러드
☐ サンドイッチ	명	샌드위치
☐ ジョギング	명	조깅
☐ 食事	명	식사
☐ 水泳	명	수영
☐ スパゲッティ	명	스파게티
☐ スプーン	명	숟가락, 스푼
☐ 生活	명	생활
☐ ダイエット	명	다이어트
☐ 体力	명	체력
☐ 食べる	동	먹다
☐ チョコレート	명	초콜릿
☐ 強い	い형	세다
☐ なっとう	명	낫토

☐ 肉 ^{にく}	명	고기
☐ 入院 ^{にゅういん}	명	입원
☐ バーベキュー	명	바비큐
☐ ハンバーガー	명	햄버거
☐ 病院 ^{びょういん}	명	병원
☐ マラソン	명	마라톤
☐ もも	명	복숭아
☐ りんご	명	사과

[교통·날씨]

☐ 暖かい ^{あたた}	い형	따뜻하다
☐ 暑い ^{あつ}	い형	덥다
☐ 雨 ^{あめ}	명	비
☐ 安全 ^{あんぜん}	명	안전
☐ 移動 ^{いどう}	명	이동
☐ 運転 ^{うんてん}	명	운전
☐ 運転手 ^{うんてんしゅ}	명	운전수
☐ 駅 ^{えき}	명	역
☐ 駅員 ^{えきいん}	명	역무원
☐ 降りる ^お	동	내리다

☐ 傘 ^{かさ}	명	우산
☐ 風 ^{かぜ}	명	바람
☐ くもり	명	흐림
☐ 車 ^{くるま}	명	자동차
☐ 混む ^こ	동	붐비다
☐ 寒い ^{さむ}	い형	춥다
☐ 住所 ^{じゅうしょ}	명	주소
☐ 出発 ^{しゅっぱつ}	명	출발
☐ タクシー	명	택시
☐ 駐車場 ^{ちゅうしゃじょう}	명	주차장
☐ 冷たい ^{つめ}	い형	차갑다
☐ 梅雨 ^{つゆ}	명	장마
☐ 出口 ^{でぐち}	명	출구
☐ 天気予報 ^{てんきよほう}	명	일기예보
☐ 電車 ^{でんしゃ}	명	전철
☐ 到着 ^{とうちゃく}	명	도착
☐ 遠い ^{とお}	い형	멀다
☐ 飛ぶ ^と	동	날아가다
☐ 夏 ^{なつ}	명	여름
☐ 乗り換え ^{の か}	명	환승

청해 해커스 JLPT N4 한 권으로 합격

☑️ 잘 외워지지 않는 단어는 박스에 체크하여 복습하세요.

☐ 乗る (の)	동 타다	☐ イベント	명 이벤트
☐ バス	명 버스	☐ 絵 (え)	명 그림
☐ バス停 (てい)	명 버스 정류장	☐ 絵を描く (え か)	그림을 그리다
☐ 速い (はや)	い형 빠르다	☐ 映画 (えい が)	명 영화
☐ 晴れる (は)	동 맑다	☐ 映画館 (えい が かん)	명 영화관
☐ 東 (ひがし)	명 동쪽	☐ 面白い (おもしろ)	い형 재미있다
☐ 飛行機 (ひ こう き)	명 비행기	☐ 音楽会 (おんがくかい)	명 음악회
☐ 降る (ふ)	동 (비, 눈이) 내리다	☐ 温泉 (おんせん)	명 온천
☐ 変更 (へんこう)	명 변경	☐ ガイド	명 가이드
☐ 道 (みち)	명 길	☐ カメラ	명 카메라
☐ 南 (みなみ)	명 남쪽	☐ 興味 (きょう み)	명 흥미
☐ 目的地 (もくてき ち)	명 목적지	☐ クリスマス	명 크리스마스
☐ 戻る (もど)	동 되돌아오다	☐ ゲーム	명 게임
☐ 雪 (ゆき)	명 눈	☐ 公園 (こうえん)	명 공원
☐ 料金 (りょうきん)	명 요금	☐ サークル	명 서클, 동아리
☐ 列車 (れっしゃ)	명 열차	☐ 誘う (さそ)	동 초대하다, 권유하다
		☐ 参加 (さん か)	명 참가
[여가 생활]		☐ 散歩 (さん ぽ)	명 산책
☐ 遊ぶ (あそ)	동 놀다	☐ 写真 (しゃしん)	명 사진
☐ 犬 (いぬ)	명 개	☐ 自由だ (じ ゆう)	な형 자유롭다

☐	しゅ み 趣味	몡 취미		☐	ホテル	몡 호텔
☐	ショッピング	몡 쇼핑		☐	ほん や 本屋	몡 서점
☐	すいぞくかん 水族館	몡 수족관		☐	りょこう 旅行	몡 여행
☐	スケジュール	몡 스케줄		☐	りょこうさき 旅行先	몡 여행지
☐	スポーツ	몡 운동, 스포츠				
☐	たっきゅう 卓球	몡 탁구		[학교]		
☐	デザイン	몡 디자인		☐	うんどうかい 運動会	몡 운동회
☐	どうぶつえん 動物園	몡 동물원		☐	うんどうじょう 運動場	몡 운동장
☐	と しょかん 図書館	몡 도서관		☐	えいかい わ 英会話	몡 영어 회화
☐	と 泊まる	동 묵다, 숙박하다		☐	えい ご 英語	몡 영어
☐	と 撮る	동 찍다		☐	おく 遅れる	동 늦다
☐	なつやす 夏休み	몡 여름 휴가		☐	おんがくしつ 音楽室	몡 음악실
☐	ね 寝る	동 자다		☐	かばん	몡 가방
☐	パーティー	몡 파티		☐	けっ か 結果	몡 결과
☐	はくぶつかん 博物館	몡 박물관		☐	こえ 声をかける	말을 걸다
☐	ピクニック	몡 피크닉, 소풍		☐	こた 答える	동 대답하다
☐	び じゅつかん 美術館	몡 미술관		☐	こんがっき 今学期	몡 이번 학기
☐	プール	몡 수영장		☐	し けん 試験	몡 시험
☐	ふゆやす 冬休み	몡 겨울방학		☐	しず 静かだ	な형 조용하다
☐	フリーマーケット	몡 벼룩시장		☐	しつもん 質問	몡 질문

청해

해커스 JLPT **N4** 한 권으로 합격

☑ 잘 외워지지 않는 단어는 박스에 체크하여 복습하세요.

□ しゃかいがく 社会学	명 사회학		□ べんとう 弁当	명 도시락
□ しゅうちゅう 集中	명 집중		□ ほん 本	명 책
□ じゅうよう 重要だ	な형 중요하다		□ ほんだな 本棚	명 책장
□ じゅぎょう う 授業を受ける	수업을 듣다		□ まな 学ぶ	동 배우다
□ じょうず 上手だ	な형 잘하다		□ むずか 難しい	い형 어렵다
□ せつめい 説明	명 설명		□ もうしこみしょ 申込書	명 신청서
□ せんせい 先生	명 선생님		□ も じ 文字	명 글자, 문자
□ せんぱい 先輩	명 선배		□ もんだい 問題	명 문제
□ そう じ 掃除	명 청소		□ ゆうしょう 優勝	명 우승
□ そう じ き 掃除機をかける	청소기를 돌리다		□ りゅうがく 留学	명 유학
□ たいいくかん 体育館	명 체육관		□ りゅうがくせい 留学生	명 유학생
□ たいかい 大会	명 대회		□ れんしゅう 練習	명 연습
□ たん ご 単語	명 단어			
□ つくえ 机	명 책상		**[회사]**	
□ テキスト	명 교과서		□ アイディア	명 아이디어
□ テスト	명 시험, 테스트		□ あんない 案内	명 안내
□ なら 習う	동 배우다		□ いんさつ 印刷	명 인쇄
□ はっぴょう 発表	명 발표		□ インタビュー	명 인터뷰
□ ペン	명 펜		□ えいぎょう 営業	명 영업
□ べんきょう 勉強	명 공부		□ おく 送る	동 보내다

☐ お知らせ	명 알림	☐ 出張	명 출장
☐ お世話になる	신세를 지다	☐ 職員	명 직원
☐ オフィス	명 사무실	☐ 書類	명 서류
☐ 会議	명 회의	☐ 調べる	동 조사하다
☐ 開始	명 개시	☐ 資料	명 자료
☐ 会場	명 회장	☐ 頼む	동 부탁하다
☐ 係り	명 담당	☐ 担当者	명 담당자
☐ 確認	명 확인	☐ 電話	명 전화
☐ 課長	명 과장(님)	☐ 直す	동 고치다
☐ 関係者	명 관계자	☐ パソコン	명 컴퓨터
☐ 計画	명 계획	☐ 働く	동 일하다
☐ 工場	명 공장	☐ 引き出し	명 서랍
☐ コピー	명 복사	☐ 部長	명 부장(님)
☐ コピー機	명 복사기	☐ プリント	명 프린트
☐ 参加者	명 참가자	☐ プロジェクター	명 프로젝터
☐ 仕方ない	い형 어쩔 수 없다	☐ メール	명 이메일
☐ 仕事	명 일	☐ 用意	명 준비
☐ 事務室	명 사무실	☐ 予定	명 예정
☐ 社会人	명 사회인	☐ 連絡先	명 연락처
☐ 社長	명 사장(님)		

청해 해커스 JLPT N4 한 권으로 합격

☑ 잘 외워지지 않는 문형은 박스에 체크하여 복습햐세요.

명사 뒤에 접속하는 문형

□ **~にする**
~로 하다

私はカレーとサラダにします。
저는 카레랑 샐러드로 할게요.

□ **~について**
~에 대해서

日本の文化について調べている。
일본의 문화에 대해서 조사하고 있다.

□ **~になる**
~(이)가 되다

彼は昔からの夢だった先生になりました。
그는 예전부터의 꿈이었던 선생님이 되었습니다.

□ **~によって**
~에 의해서, ~에 따라서

この船は、100年前にアメリカ人によって作られました。
이 배는, 100년 전에 미국인에 의해서 만들어졌습니다.

□ **~によると**
~에 의하면, ~에 따르면

天気予報によると明日は雨だそうです。
일기 예보에 의하면 내일은 비라고 합니다.

□ **~がする**
~가 나다, ~이 든다

彼女からはいつもいい匂いがする。
그녀로부터는 항상 좋은 냄새가 난다.

□ **~と~とどちら**
~와 ~ 중 어느 쪽

飲み物は、コーラとジュースとどちらにしますか。
마실 것은, 콜라와 주스 중 어느 쪽으로 합니까?

□ **Aほど~Bはない**
A만큼 ~한 B는 없다

子どもほど大切なものはない。
아이만큼 소중한 것은 없다.

동사 뒤에 접속하는 문형

□ **〜おわる**
다 ~(하)다,
~(하)는 것이 끝나다

先週借りた本は読みおわった。
지난주 빌린 책은 다 읽었다.

□ **〜かた**
~(하)는 방법

新しいコピー機の使いかたを知っていますか。
새로운 복사기의 사용하는 방법을 알고 있습니까?

□ **〜たい**
~(하)고 싶다

夏休みには、海外旅行に行きたいです。
여름 방학에는, 해외 여행을 가고 싶습니다.

□ **〜だす**
~(하)기 시작하다

止まっていた車が急に動きだした。
멈춰 있던 차가 갑자기 움직이기 시작했다.

□ **〜つづける**
계속 ~(하)다

彼女はさっきから話しつづけている。
그녀는 아까부터 계속 이야기하고 있다.

□ **〜なさい**
~(하)세요, ~(하)시오

早く起きなさい。
빨리 일어나세요.

□ **〜にくい**
~(하)기 어렵다

字が小さくて、見にくいです。
글자가 작아서, 보기 어렵습니다.

□ **〜はじめる**
~(하)기 시작하다

ピアノを習いはじめて、もうすぐ1年になる。
피아노를 배우기 시작하고, 이제 곧 1년이 된다.

☑ 잘 외워지지 않는 문형은 박스에 체크하여 복습하세요.

□ **〜やすい**
~(하)기 쉽다

彼の説明はとても分かりやすかった。
그의 설명은 매우 이해하기 쉬웠다.

□ **〜ては(=ちゃ)**
~(하)면

そこに行っては(=行っちゃ)いけない。
그 곳에 가면 안 된다.

□ **〜てある**
~되어 있다

大事なことは最後に書いてある。
중요한 것은 마지막에 쓰여 있다.

□ **〜ていく**
~(하)고 가다

夕食は家で食べていきます。
저녁은 집에서 먹고 갑니다.

□ **〜ている**
~(하)고 있다, ~(한) 상태이다

そふがくれたペンを大切に使っています。
할아버지가 준 펜을 소중하게 쓰고 있습니다.

□ **〜ておく**
~(해) 두다

出かけるから、夕食を作っておいたよ。
외출하기 때문에, 저녁 식사를 만들어 두었어.

□ **〜てから**
~(하)고 나서

遊びに行くのは試験が終わってからだ。
놀러 가는 것은 시험이 끝나고 나서다.

□ **〜てしまう**
~(해)버리다

父の時計をこわしてしまいました。
아버지의 시계를 고장 내버렸습니다.

□ **～てばかりいる**
~(하)기만 하다

テスト期間なのに、遊んでばかりいた。
시험 기간인데, 놀기만 했다.

□ **～てほしい**
~(해) 주었으면 좋겠다,
~(하)면 좋겠다

英語の宿題を手伝ってほしいです。
영어 숙제를 도와주었으면 좋겠습니다.

□ **～てもいい**
~(해)도 좋다

6時をすぎたら、行ってもいいです。
6시가 지나면, 가도 좋습니다.

□ **～てもかまわない**
~(해)도 괜찮다

寒いときは窓を閉めてもかまいません。
추울 때는 창문을 닫아도 괜찮습니다.

□ **～たことがある**
~(한) 적이 있다
/～たことがない
~(한) 적이 없다

フランスの文学を読んだことがある。
프랑스 문학을 읽은 적이 있다.

食べてみたことがないので、ぜひ食べてみたい。
먹어본 적이 없기 때문에, 꼭 먹어보고 싶다.

□ **～たところ**
~(해) 보니, ~(한) 결과

なっとうを食べてみたところ、思ったよりもおいしかった。
낫토를 먹어보니, 생각보다도 맛있었다.

□ **～たばかり**
~(한)지 얼마 되지 않다,
막 ~(하)다

買ったばかりの服にソースをつけてしまった。
산지 얼마 되지 않은 옷에 소스를 묻혀버렸다.

□ **～たり～たりする**
~(하)거나 ~(하)거나 하다

週末はたいてい家で映画を見たり、本を読んだりする。
주말은 대개 집에서 영화를 보거나, 책을 읽거나 한다.

☑️ 잘 외워지지 않는 문형은 박스에 체크하여 복습하세요.

～ところだ
~(하)려는 참이다

今行くところだよ。
지금 가려는 참이다.

/～たところだ
~(한) 참이다

今家に帰ってきたところです。
지금 집에 돌아온 참입니다.

～ずに
~(하)지 않고

６年間一度も欠席せずに小学校を卒業した。
6년간 한 번도 결석하지 않고 초등학교를 졸업했다.

～ないで
~(하)지 않고

電話にも出ないで何をしていたの？
전화도 받지 않고 무엇을 하고 있었어?

～しかない
~밖에 없다

電車に乗って行くしかない。
전철을 타고 갈 수 밖에 없다.

～か～ないか
~(할)지 안 (할)지,
~인지 아닌지

今夜のパーティーに行くか行かないか、まだ決めていない。
오늘 밤의 파티에 갈지 안 갈지, 아직 결정하지 않았다.

～ことにする
~(하)기로 하다

けんこうのためにたばこをやめることにした。
건강을 위해서 담배를 그만두기로 했다.

アメリカ旅行に行かないことにした。
미국 여행에 가지 않기로 했다.

～ことになっている
~(하)게 되어 있다

毎週水曜日はお弁当を持って行くことになっています。
매주 수요일은 도시락을 가지고 가게 되어 있습니다.

これ以上は予約できないことになっています。
이 이상은 예약할 수 없게 되어 있습니다.

☐	**〜ことになる** 〜(하)게 되다	_{おっと} _{りゅうがく} _い 夫の留学でアメリカに行くことになりました。 남편의 유학으로 미국에 가게 되었습니다. _{かね} _{けっこんしき} お金がないので、結婚式はしないことになった。 돈이 없기 때문에, 결혼식은 하지 않게 되었다.
☐	**〜つもりだ** 〜(할) 계획이다, 〜(할) 생각이다	_{あした} _{はじ} 明日からダイエットを始めるつもりだ。 내일부터 다이어트를 시작할 계획이다. _{きょう} _{べんきょう} 今日は勉強しないつもりです。 오늘은 공부하지 않을 생각입니다.
☐	**〜ほうがいい** 〜(하)는 편이 좋다	_{かぜ} _{はや} _{かえ} _{やす} 風邪なら早く帰って、休むほうがいい。 감기라면 빨리 돌아가서, 쉬는 편이 좋아. _{きょう み} _い _{おも} 興味がないなら、行かないほうがいいと思う。 흥미가 없다면, 가지 않는 편이 좋다고 생각해. _{かれ} _{かい ぎ} _{じ かん} _{つた} 彼にも会議の時間を伝えたほうがいいですか。 그에게도 회의 시간을 전하는 편이 좋습니까?
☐	**〜(よ)うと思う** 〜(하)려고 생각하다	_{こんしゅう} _{うんどう} _{はじ} _{おも} 今週から運動を始めようと思っている。 이번 주부터 운동을 시작하려고 생각하고 있다.
☐	**〜(よ)うとする** 〜(하)려고 하다	_{べんきょう} _{とも} _{れんらく} 勉強しようとしたのに、友だちから連絡がきた。 공부하려고 했는데, 친구로부터 연락이 왔다.
☐	**〜ように言う** 〜(하)라고 말하다	_{あさ} _た _い 朝ごはんを食べるように言いました。 아침밥을 먹으라고 말했습니다. _{おっと} _す _い 夫にたばこを吸わないように言いました。 남편에게 담배를 피우지 말라고 말했습니다.

☐ **～ようにする** ~(하)도록 하다	まいにち じ お 毎日７時に起きるようにしています。 매일 7시에 일어나도록 하고 있습니다. ね まえ つか 寝る前はスマホを使わないようにしています。 자기 전에는 스마트폰을 사용하지 않도록 하고 있습니다.	
☐ **～ようになる** ~(하)게 되다	に ほん ご まな おも 日本語を学びたいと思うようになった。 일본어를 배우고 싶다고 생각하게 되었다.	

여러 품사 뒤에 접속하는 문형

☐ **～あいだ** ~사이, ~동안	はは わたし べんきょう ゆうしょく じゅん び 母は私が勉強するあいだ、夕食を準備しておいてくれた。 엄마는 내가 공부하는 사이, 저녁을 준비해 놓아주었다. なが か ぞく あ 長いあいだ、家族に会えなかったです。 오랫동안, 가족을 만나지 못했습니다. わたし なつやす い 私は夏休みのあいだアメリカに行ってきました。 저는 여름방학 동안 미국에 갔다 왔습니다.	
☐ **～ても** ~(해)도, ~라도	やくそく じ かん た なか こ 約束の時間をすぎても、田中さんは来なかった。 약속 시간이 지나도, 다나카 씨는 안 왔다. ふ べん わたし き かい な つか 不便でも、私はこの機械に慣れているからこれを使う。 불편해도, 나는 이 기계에 익숙해져 있기 때문에 이것을 사용한다. きょう き かぜ つよ さむ 今日はコートを着たから、風が強くても寒くない。 오늘은 코트를 입었으니까, 바람이 세도 춥지 않다. りょう り へた ひと かんたん つく ラーメンは、料理が下手な人でも簡単に作れる。 라면은, 요리가 서투른 사람이라도 간단하게 만들 수 있다.	

いくら〜ても 아무리 ~(해)도, 아무리 ~라도	私がいくら頑張っても彼には勝てない。 내가 아무리 열심히 해도 그에게는 이길 수 없다. いくら上手でも、毎日練習しないといけない。 아무리 잘해도, 매일 연습하지 않으면 안 된다. いくら貧しくても家族と一緒なら幸せだ。 아무리 가난해도 가족과 함께라면 행복하다. いくら先生でも間違えるときがある。 아무리 선생님이라도 틀릴 때가 있다.
どんなに〜ても 아무리 ~(해)도, 아무리 ~라도	どんなに練習してもできないことだった。 아무리 연습해도 할 수 없는 것이었다. どんなに大変でもあきらめないでね。 아무리 힘들어도 포기하지 마. どんなに忙しくても家族を忘れたことはない。 아무리 바빠도 가족을 잊은 적은 없다. どんなに優しい人でもそんなことをしたら怒りますよ。 아무리 상냥한 사람이라도 그런 것을 하면 화낼 거예요.
〜かどうか ~(할)지 어떨지, ~인지 어떤지	この仕事を彼に任せるかどうか、また考えてみます。 이 일을 그에게 맡길지 어떨지, 다시 생각해 보겠습니다. 彼女が親切かどうかは友だちの私が一番分かっています。 그녀가 친절한지 어떤지는 친구인 내가 가장 잘 알고 있습니다. その映画がおもしろいかどうかは見てみなければ分からない。 그 영화가 재미있는지 어떤지는 봐 보지 않으면 모른다. 来週の運動会が中止かどうかは当日の天気で決まります。 다음 주 운동회가 중지일지 어떨지는 당일의 날씨로 결정됩니다.

☑ 잘 외워지지 않는 문형은 박스에 체크하여 복습하세요.

~かもしれない
☐ ~(할)지도 모른다,
~일지도 모른다

午前中には用事があるので、遅れるかもしれません。

오전 중에는 볼일이 있기 때문에, 늦을지도 모릅니다.

木村さんは料理が苦手かもしれない。

기무라 씨는 요리가 서툴지도 모른다.

思ったよりおもしろいかもしれない。

생각보다 재미있을지도 몰라.

あの人はいろいろな病気について詳しいから医者かもしれない。

저 사람은 여러 가지 병에 대해 잘 알고 있기 때문에 의사일지도 모른다.

~がる
☐ ~(하)고 싶어 하다,
~(해) 하다

彼女は海外旅行に行きたがっている。

그녀는 해외 여행을 가고 싶어 하고 있다.

子どもが不安がるので、大きな声で騒がないでくれませんか。

아이가 불안해하기 때문에, 큰 소리로 떠들지 말아 주시겠습니까?

妹は犬を怖がる。

여동생은 개를 무서워한다.

~こと
☐ ~(할) 것, ~일

レポートは来週の金曜日までに提出すること。

리포트는 다음 주 금요일까지 제출할 것.

将来は私が好きなことをやりたい。

장래에는 내가 좋아하는 일을 하고 싶다.

彼女が学校に遅れるのは、めずらしいことだった。

그녀가 학교에 늦는 것은, 드문 일이었다.

明日の会議のこと、田中さんにも言った?

내일 회의의 일, 다나카 씨에게도 말했어?

~さ
~함

家族の<ruby>大切<rt>たいせつ</rt></ruby>さがやっとわかった。

가족의 소중함을 겨우 알았다.

<ruby>彼<rt>かれ</rt></ruby>は<ruby>足<rt>あし</rt></ruby>の<ruby>速<rt>はや</rt></ruby>さならクラスで<ruby>一番<rt>いちばん</rt></ruby>です。

그는 발의 빠름이라면 반에서 제일입니다.

~すぎる
너무 ~(하)다

<ruby>辛<rt>から</rt></ruby>い<ruby>物<rt>もの</rt></ruby>を<ruby>食<rt>た</rt></ruby>べすぎるのは<ruby>体<rt>からだ</rt></ruby>に<ruby>良<rt>よ</rt></ruby>くない。

매운 것을 너무 먹는 것은 몸에 좋지 않다.

このテストは<ruby>簡単<rt>かんたん</rt></ruby>すぎる。

이 시험은 너무 간단하다.

この<ruby>本<rt>ほん</rt></ruby>は<ruby>大<rt>おお</rt></ruby>きすぎて、かばんに<ruby>入<rt>はい</rt></ruby>らない。

이 책은 너무 커서, 가방에 들어가지 않는다.

~ために
~위해서

おいしい<ruby>野菜<rt>やさい</rt></ruby>を<ruby>育<rt>そだ</rt></ruby>てるためにはきれいな<ruby>水<rt>みず</rt></ruby>が<ruby>必要<rt>ひつよう</rt></ruby>です。

맛있는 야채를 키우기 위해서는 깨끗한 물이 필요합니다.

<ruby>太<rt>ふと</rt></ruby>らないために<ruby>運動<rt>うんどう</rt></ruby>を<ruby>始<rt>はじ</rt></ruby>めようと<ruby>思<rt>おも</rt></ruby>う。

살이 찌지 않기 위해서 운동을 시작하려고 생각한다.

<ruby>世界平和<rt>せかいへいわ</rt></ruby>のために<ruby>私<rt>わたし</rt></ruby>たちに<ruby>何<rt>なに</rt></ruby>ができるだろうか。

세계 평화를 위해서 우리들이 무엇을 할 수 있는가.

~たら
~(했)더니, ~(하)면

<ruby>薬<rt>くすり</rt></ruby>を<ruby>飲<rt>の</rt></ruby>んだら<ruby>少<rt>すこ</rt></ruby>し<ruby>楽<rt>らく</rt></ruby>になりました。

약을 먹었더니 조금 편해졌습니다.

まわりが<ruby>静<rt>しず</rt></ruby>かだったら、もっと<ruby>集中<rt>しゅうちゅう</rt></ruby>できたのに。

주위가 조용했으면, 더 집중할 수 있었을 텐데.

<ruby>服<rt>ふく</rt></ruby>がもうちょっと<ruby>大<rt>おお</rt></ruby>きかったら、よかったのに。

옷이 조금 더 컸으면, 좋았을 텐데.

あの<ruby>先生<rt>せんせい</rt></ruby>だったら、<ruby>許<rt>ゆる</rt></ruby>してくれると<ruby>思<rt>おも</rt></ruby>うよ。

저 선생님이라면, 용서해 줄 거라고 생각해.

☐ **~だろう**
~이겠지

来週にはさくらが咲くだろう。
다음 주에는 벚꽃이 피겠지.

彼は日本に住んだことがあるから、日本語が上手だろう。
그는 일본에서 산 적이 있으니까, 일본어를 잘하겠지.

家賃が安いから部屋はせまいだろう。
집세가 싸니까 방은 좁겠지.

留学して1年、そろそろ帰国するときだろう。
유학한 지 1년, 슬슬 귀국할 때겠지.

☐ **~でしょう**
~겠지요, ~이지요

明日は雨が降るでしょう。
내일은 비가 내리겠지요.

このかばん、すてきでしょう?
이 가방, 멋지지요?

ほら、ここから近いでしょう?
봐요, 여기에서 가깝지요?

本当に高い建物でしょう?
정말로 높은 건물이지요?

☐ **~と**
~(하)면

~ないと
~(하)지 않으면, ~가 아니면

さとうを入れると甘くなります。
설탕을 넣으면 달아집니다.

英語が上手じゃないと、授業を理解するのは難しい。
영어를 잘하지 않으면, 수업을 이해하는 것은 어렵다.

部屋があまりにも汚いと母に怒られる。
방이 너무나도 더러우면 엄마에게 혼난다.

島には空港がないから、船じゃないと行けないよ。
섬에는 공항이 없으니까, 배가 아니면 갈 수 없어.

☐ **～といい**
~(하)면 좋다

<ruby>肉<rt>にく</rt></ruby>と<ruby>野菜<rt>やさい</rt></ruby>を<ruby>一緒<rt>いっしょ</rt></ruby>に<ruby>食<rt>た</rt></ruby>べるといい。
고기와 야채를 함께 먹으면 좋다.

もう<ruby>少<rt>すこ</rt></ruby>し<ruby>積極的<rt>せっきょくてき</rt></ruby>だといいな。
조금 더 적극적이면 좋겠다.

<ruby>私<rt>わたし</rt></ruby>の<ruby>部屋<rt>へや</rt></ruby>がもっと<ruby>広<rt>ひろ</rt></ruby>いといいのに。
내 방이 더 넓으면 좋겠는데.

<ruby>息子<rt>むすこ</rt></ruby>しかいないから、<ruby>次<rt>つぎ</rt></ruby>は<ruby>女<rt>おんな</rt></ruby>の<ruby>子<rt>こ</rt></ruby>だといいな。
아들 밖에 없으니까, 다음은 여자 아이면 좋겠다.

☐ **～という**
~라고 하는, ~라는

<ruby>林先輩<rt>はやしせんぱい</rt></ruby>が<ruby>部活<rt>ぶかつ</rt></ruby>をやめるという<ruby>話<rt>はなし</rt></ruby>を<ruby>聞<rt>き</rt></ruby>きました。
하야시 선배가 동아리 활동을 그만둔다고 하는 이야기를 들었습니다.

<ruby>犬<rt>いぬ</rt></ruby>はかわいいが、<ruby>世話<rt>せわ</rt></ruby>が<ruby>大変<rt>たいへん</rt></ruby>だということを<ruby>忘<rt>わす</rt></ruby>れてはいけない。
개는 귀엽지만, 돌보는 것이 힘들다는 것을 잊어서는 안 된다.

<ruby>失敗<rt>しっぱい</rt></ruby>することが<ruby>恥<rt>は</rt></ruby>ずかしいという<ruby>人<rt>ひと</rt></ruby>は、ずっと<ruby>下手<rt>へた</rt></ruby>なままだ。
실패하는 것이 부끄럽다고 하는 사람은, 계속 서툰 그대로이다.

ひまわりというまんがを<ruby>読<rt>よ</rt></ruby>んだことがありますか。
해바라기라고 하는 만화를 읽은 적이 있습니까?

☐ **～とき**
~(할) 때

<ruby>祖父<rt>そふ</rt></ruby>は<ruby>新聞<rt>しんぶん</rt></ruby>を<ruby>読<rt>よ</rt></ruby>むときめがねをかけます。
할아버지는 신문을 읽을 때 안경을 씁니다.

まわりが<ruby>静<rt>しず</rt></ruby>かなとき、よく<ruby>集中<rt>しゅうちゅう</rt></ruby>できます。
주위가 조용할 때, 잘 집중할 수 있습니다.

<ruby>私<rt>わたし</rt></ruby>は<ruby>寂<rt>さび</rt></ruby>しいとき、この<ruby>音楽<rt>おんがく</rt></ruby>を<ruby>聞<rt>き</rt></ruby>きます。
나는 외로울 때, 이 음악을 듣습니다.

<ruby>森<rt>もり</rt></ruby>くんは<ruby>子<rt>こ</rt></ruby>どものとき、<ruby>先生<rt>せんせい</rt></ruby>になりたかったそうです。
모리 군은 어렸을 때, 선생님이 되고 싶었다고 합니다.

☑ 잘 외워지지 않는 문형은 박스에 체크하여 복습하세요.

☐ **～ないといけない**
~(하)지 않으면 안 된다

痛みがないときも薬を飲まないといけないんですか。
아픔이 없을 때도 약을 먹지 않으면 됩니까?

勉強するときは、机の上がきれいでないといけない。
공부할 때는, 책상 위가 깨끗하지 않으면 안 된다.

時間は3分しかないから発表する内容は短くないといけない。
시간은 3분밖에 없으니까 발표할 내용은 짧지 않으면 안 된다.

明日持っていくえんぴつは新しいものでないといけない。
내일 가지고 갈 연필은 새 것이지 않으면 안 된다.

☐ **～なければならない**
~(하)지 않으면 안 된다

先生に言うときは、話し方に気をつけなければならない。
선생님에게 말할 때는, 말하는 방법에 신경 쓰지 않으면 안 된다.

お客様へのサービスは丁寧でなければならない。
손님에의 서비스는 정중하지 않으면 안 된다.

時間がないので、説明は短くなければならない。
시간이 없기 때문에, 설명은 짧지 않으면 안 된다.

会議室は20人以上が入れる部屋でなければならない。
회의실은 20인 이상이 들어갈 수 있는 방이지 않으면 안 된다.

☐ **～なくて**
~(하)지 않아서, ~이 아니라

教室のルールを守らなくて先生にしかられました。
교실의 규칙을 지키지 않아서 선생님에게 혼났습니다.

店員の説明が十分でなくて、理解できなかった。
점원의 설명이 충분하지 않아서, 이해할 수 없었다.

この料理は思ったよりも辛くなくて、おいしかったです。
이 요리는 생각보다도 맵지 않아서, 맛있었습니다.

彼が言ったのはうそでなくて事実でした。
그가 말한 것은 거짓이 아니라 사실이었습니다.

☐ **〜なくてもいい** 〜(하)지 않아도 좋다	明日は何も準備しなくてもいいよ。 내일은 아무것도 준비하지 않아도 좋아. 英語が上手でなくてもいいです。 영어를 잘 하지 않아도 좋습니다. 一人で住むつもりだから、部屋は広くなくてもいい。 혼자 살 예정이기 때문에, 방은 넓지 않아도 좋다. 毎日でなくてもいいから、もっと練習してください。 매일이지 않아도 좋으니까, 더 연습해 주세요.
☐ **〜なくてもかまわない** 〜(하)지 않아도 상관없다	一日ぐらいは行かなくてもかまわない。 하루 정도는 가지 않아도 상관없다. 内容がよければ、文字がきれいでなくてもかまわない。 내용이 좋다면, 글씨가 예쁘지 않아도 상관없다. 車で行くから、近くなくてもかまわない。 차로 가기 때문에, 가깝지 않아도 상관없다. 英語が十分に上手であれば、ネイティブでなくてもかまいません。 영어를 충분히 잘한다면, 원어민이지 않아도 상관없습니다.
☐ **〜なら** 〜(한)다면, 〜라면	ペットが飼えるなら毎日世話をすると約束します。 애완 동물을 키울 수 있다면 매일 돌보겠다고 약속합니다. 一人でやるのが無理なら、誰かに頼みます。 혼자서 하는 것이 무리라면, 누군가에게 부탁하겠습니다. ご飯のりょうが少ないなら、ここから持って行ってくださいね。 밥의 양이 적다면, 여기에서 가져가 주세요. あしたは都合が悪いけど、あさってなら行けるよ。 내일은 형편이 좋지 않지만, 모레라면 갈 수 있어.

☑ 잘 외워지지 않는 문형은 박스에 체크하여 복습하세요.

~なる
~(하)게 되다

毎日練習して、上手になりました。
매일 연습해서, 잘 하게 되었습니다.

牛乳を飲んで、背が高くなりました。
우유를 마시고, 키가 커지게 되었습니다.

雨で明日の運動会は中止になりました。
비로 내일 운동회는 중지 되었습니다.

~に行く
~(하)러 가다

彼に会いに行きます。
그를 만나러 갑니다.

今日は先生と食事に行きます。
오늘은 선생님과 식사하러 갑니다.

~のだ
~(인) 것이다

来月大会に出るから、週末にも練習しているのだ。
다음 달 대회에 나가기 때문에, 주말에도 연습하고 있는 것이다.

この店はお昼だけ飲み物が無料なのだ。
이 가게는 낮에만 음료가 무료인 것이다.

弟は昨日からご飯も食べなくて、なんかおかしいのだ。
남동생은 어제부터 밥도 먹지 않고, 뭔가 이상한 것이다.

サッカー選手になることが、昔から私の夢なのだ。
축구 선수가 되는 것이, 옛날부터 나의 꿈인 것이다.

彼は明日、試験だから勉強しているはずだ。

그는 내일, 시험이니까 공부하고 있을 것이다.

スーパーで買ったばかりの卵だから新鮮なはずだ。

슈퍼에서 막 산 달걀이므로 신선할 것이다.

～はずだ
~일 것이다

今日は明日の発表の準備で忙しいはずです。

오늘은 내일의 발표 준비로 바쁠 것입니다.

今年はあの子も卒業のはずだ。

올해는 그 아이도 졸업일 것이다.

彼女がそこに行くはずがない。

그녀가 거기에 갈 리가 없다.

彼の部屋がきれいなはずがない。

그의 방이 깨끗할 리가 없다.

～はずがない
~일 리가 없다

彼が作った料理だから、おいしいはずがない。

그가 만든 요리니까, 맛있을 리가 없다.

今日は日曜日だから、木村さんが仕事のはずがない。

오늘은 일요일이기 때문에, 기무라 씨가 일 할 리가 없다.

タクシーに乗れば間に合うかもしれない。

택시에 타면 시간에 맞출 수 있을지도 몰라.

助けが必要ならば、いつでも手伝います。

도움이 필요하면, 언제든지 도울게요.

～ば
~(하)면

天気が良ければ、ここから東京タワーが見える。

날씨가 좋으면, 여기에서 도쿄 타워가 보인다.

彼が優しい人ならばよかったのに。

그가 상냥한 사람이라면 좋았을 텐데.

☐ **〜ほう** ~편, ~쪽	一緒に練習するほうがいいと思う。 함께 연습하는 편이 좋다고 생각해. 彼は田中さんに比べると、静かなほうだ。 그는 다나카 씨에 비하면, 조용한 편이다. 私の家は会社から近いほうだ。 우리 집은 회사에서 가까운 편이다. パスタよりピザのほうが好き。 파스타보다 피자 쪽이 좋다.
☐ **〜まま** ~(한) 채, ~(한) 그대로	弟は買ったまま着ていない服がたくさんあります。 남동생은 산 채 입지 않는 옷이 많이 있습니다. 遠藤さんは50歳になっても元気なままだ。 엔도 씨는 50세가 되어도 건강한 그대로이다. 1週間薬を飲み続けても、体の調子は悪いままだった。 1주일간 약을 계속 먹어도, 몸의 상태는 나쁜 그대로였다. いくら電話をかけても、留守番電話のままです。 아무리 전화를 걸어도, 부재중 전화인 채입니다.
☐ **〜より〜ほうが** ~보다 ~쪽이	一人で行くよりみんなで一緒に行くほうが楽しい。 혼자서 가기 보다 모두 함께 가는 쪽이 즐겁다. 車より電車のほうが速い。 자동차보다 전철 쪽이 빠르다.

肉_{にく}ばかり食_たべてはいけませんよ。

고기만 먹으면 안 돼요.

問題_{もんだい}が複雑_{ふくざつ}ではいけない。

문제가 복잡하면 안 된다.

☐ **〜てはいけない**
　~(하)면 안 된다

勉強_{べんきょう}するときは、部屋_{へ や}が暗_{くら}くてはいけない。

공부할 때는, 방이 어두우면 안 된다.

あまりにも昔_{むかし}の写真_{しゃしん}ではいけない。

너무나도 옛날 사진이면 안 된다.

☐ **〜あとで**
　~(한) 후에

宿題_{しゅくだい}をしたあとで、遊_{あそ}んでね。

숙제를 한 후에, 놀아라.

食事_{しょく じ}のあとでアイスクリームを食_たべに行_いこう。

식사 한 후에 아이스크림을 먹으러 가자.

-メモ-

-メモ-

일본어도 역시,
1위 해커스

japan.Hackers.com